复旦"985工程"项目 （2011SHKXZD005）

主　编：苏东水　苏宗伟
副主编：赵　渤　杨　懿

中国管理学术思想史

A History of Academic Thoughts of Chinese Management

经济管理出版社
ECONOMY & MANAGEMENT PUBLISHING HOUSE

图书在版编目（CIP）数据

中国管理学术思想史/苏东水等主编 . —北京：经济管理出版社，2013.12
ISBN 978-7-5096-2880-5

Ⅰ.①中… Ⅱ.①苏… Ⅲ.①管理学—思想史—研究—中国 Ⅳ.①C93-092

中国版本图书馆 CIP 数据核字（2013）第 295447 号

组稿编辑：贾晓建
责任编辑：贾晓建
责任印制：黄章平
责任校对：超　凡　王纪慧

出版发行：经济管理出版社
　　　　　（北京市海淀区北蜂窝 8 号中雅大厦 A 座 11 层　100038）
网　　址：www. E-mp. com. cn
电　　话：（010）51915602
印　　刷：三河市延风印装厂
经　　销：新华书店
开　　本：787mm×1092mm/16
印　　张：25.5
字　　数：605 千字
版　　次：2014 年 1 月第 1 版　2014 年 1 月第 1 次印刷
书　　号：ISBN 978-7-5096-2880-5
定　　价：58.00 元

代　序

中国管理科学的发展

苏东水

从历史经验来看，管理学最有希望、最有创造性的地方正是经济迅速起飞的国家和地区。目前，世界经济发展中心逐步由美国移向亚洲，中国的富强和东亚的繁荣是我们发展中国管理科学的物质基础和实验场所。中国作为发展中的大国、亚洲的中心，在新中国成立六十年来尤其是改革开放的三十余年来，GDP 保持了持续、快速、健康的发展，在国际舞台上发挥着越来越重要的作用。中国举办 97' 世界管理大会后，加拿大管理科学学会主席 L. R. 苏克莱博士指出："在中国召开世界管理大会不仅说明了中国的管理文化源远流长，也说明中国的经济发展受到世界的重视。中国经济的迅速发展再一次验证了中国文化的魅力。同时也向世人展示了中国管理科学新的发展前景。"日本千叶大学村山元英教授甚至表示："我不仅要在日本研究中国管理文化，而且希望参加中国的有关学术团体如中国国民经济管理学会，从而有机会与中国的学者一起研究和推广中国的管理思想、理论和方法。"

中国的强大和崛起正是以东方优秀传统文化为核心、以三十余年的改革开放为背景，研究中国管理科学的发展将使中国优秀的管理思想与文化和中国的经济与政治对世界的影响同样强大。中国管理科学是在全球经济发展的新形势下，在东西方管理文化融合与发展的基础上创建的，是从教学、原创到实践的探索而形成的一门融合"古今中外"管理思想精华，系统梳理，提炼中国古代、近代以及现当代经济与管理实践的经验与教训，特别是融合了中国改革开放三十余年来的经济、管理实践，紧密结合中国共产党领导下的社会主义事业所归纳出的具有中国特色、全球视野的现代管理模式的一门现代管理新科学。中国管理科学的发展历经原创、实践和创新三个重要阶段。

一、中国管理科学的原创

创建一门学科是非常艰辛的事情，从 20 世纪 70 年代，我们就从事中国社会主义的经济与管理方面的教学和研究，自 1980 年以来承接了国家重点学科教材建设《产业经济学》和《中国国民经济管理学》、国务院全国重点学科科研课题《中国外向经济发展战略研究》，1985 年起，开始对管理学科属性与功能进行研究，发表了《论管理科学的对象与性质》等文章，承接了国家自然科学基金《东方管理学思想研究》以及上海市高校重点科研教材《中国管理研究》等。自 1997 年起，结合东方管理文化和中国管理实践，融合古今中外管理精华，在十余届世界管理论坛与东方管理论坛专家研究的论文中，形成了首部创新领先的独具中国特色的研究著作《中国管理科学》，中国管理科学的原创性历程经历了"古为今用"、"洋为中用"、"创新发展"三个阶段。

1. 古为今用阶段

这一阶段主要归纳、提炼我国古代、近代的管理精髓，并在现代经济环境中进行现代性转换和应用。我们从 1976 年开始研究中国古代管理思想，从中国古代原典中提炼出管理精华，并应用于现代管理学科的建设。研究古典文献发表了如《红楼梦经济管理思想研究》、《中国古代行为学说研究》，对孙子兵法与经营管理的研究发表了《中国古代经营管理思想——孙子经营和领导思想方法》，古为今用的研究发表了《现代管理学中的古为今用》。《中国古代行为学说研究》一文将中国古代行为学说分为十类，是对中国管理中的行为模式最早的研究。发表的《中国企业管理现代化研究》等文章，首次提出"思想、组织、人才、方法、手段"五个管理现代化模式；1982 年编写中国第一部社会主义《国民经济管理学》，提出了"以人为本、人为为人"的观点和"道、变、人、威、实、和、器、法、信、筹、谋、术、效、勤、圆"管理哲学十五要素。在随后的中国管理科学研究中比较突出的有《中国管理通鉴（四卷）》（苏东水，1996）、《东西方文化与现代管理》（赵曙明，1995）、《中国古代思想与管理现代化》（潘承烈，1985）、《传统文化与现代管理》（潘承烈，1994）、《中国传统管理思想的新探索》（虞祖尧、沈恒泽，1988）、把孔子思想中的精华部分嫁接到管理领域（杨先举，2002）等。

国家经委、中国企业管理协会、上海企业管理协会和上海管理教育学会的企业家、学者等也积极进行中国企业管理理论的探索和实践。1982 年，中国国民经济管理学会开展了国民经济管理、企业管理、经济管理、管理心理学等大型电视讲座，听众逾千万人次；1984 年，袁宝华召集了二十多位学者、教授探讨中国传统管理思想研究工作的必要性与可能性。

2. 洋为中用阶段

这一阶段主要是基于我国经济管理理论，融合西方管理和华商管理精华，逐步提炼出具有中国特色的和全球视野的管理科学理论。

作为西方管理科学学派的"管理科学"最早是一种学派，长期以来，西方人对管理科学的认识大都将"管理科学"与管理科学学派相等同，中国有些学者也将二者混淆。所谓管理科学学派，其实就是管理学中的数量学派，也称运筹学。这个学派认为，解决复杂系统的管理决策问题，可以用电子计算机作为工具，用数学的定量方法，寻求最佳计划方案，以达到企业的目标。管理科学其实是管理中的数量分析方法。我们认为管理科学学派的适用范围非常有限，并不是所有管理问题都是能够定量的，要充分认识到它是一种重要的管理技术和方法，而起决定作用的还是人。我们从 1982 年起，在国家经委的组织下，最早应用西方的管理数学和运用西方管理科学的分析方法，分析了西方管理科学的三个阶段，从而形成了中国特色的管理行为科学"人为学"，也叫"人为科学"，出版了以人为学为基础的《管理心理学》，发行近 200 万册。

从 1992 年开始，我们组团参加了在日本、美国、法国、西班牙、加拿大、澳大利亚、瑞典、德国、中国召开的世界管理协会联盟（IFSAM）历届世界管理大会，并参加东亚管理学会联盟历届大会，在会上连续发表了《弘扬东方管理文化，建立中国特色的管理体系》、《东方管理文化的探索》、《东方管理文化的复兴》等主题演讲。迄今举办了十五届世界管理论坛暨东方管理论坛、97'世界管理大会、2008IFSAM 第九届世界管理大会、99'世界华商管理大会等，不断向世界经济管理学界宣传中国管理文化，同时也通过与国际管理学界的交流，深化和完善了中国管理科学的思想和理论体系。

华商管理是洋为中用的典范，它是华商基于中国传统管理文化与西方管理文化以及华商足迹所至的所在国管理文化相融合而形成的华人文化的管理与实践活动。华商管理中蕴含着浓厚的中国传统文化色彩，这是华商企业之所以能在海外激烈的商战中取胜，不断发展壮大的主要原因。所在国文化对华商管理影响的一个重要结果是使华商管理更具兼容性、适应性，从而使华商在异域他乡不断得以发展。我们通过对海外华商的研究，更是丰富了中国特色的管理理论，形成了独具特色的"五缘"（亲缘、地缘、文缘、商缘、神缘）管理理论。"五缘"网络是海外华裔在非政治的、形态不拘的联系中，凭借"五缘"纽带，基于经济利益而形成的泛商业网，它在卓有成效的海外华商经营中的影响突出，日益引人注目，是对华商发展网络关系的高度提炼。"五缘"包括亲缘、地缘、文缘、商缘、神缘。亲缘，就是宗族亲戚关系；地缘，就是邻里乡党关系；文缘，就是文化关系，通过它可组合起有共同文化渊源、有切磋与交流需要和愿望的人群；商缘，就是因物品（如土、特、名、优等）的交易而发生的关系；神缘，就是供奉之神祇宗教关系。亲缘同兴、地缘和邻、文缘共振、商缘共利、神缘共奉，正是由于强大的"五缘"网络的存在，使一个个相对封闭的家族企业与外部世界保持密切的信息、技术、资本、商品等的联系，保证了其一定范围的发展和进步。

中西方管理的研究，由于双方文化上的差异，其结果会存在很大的不同。传统的东西方管理研究各自具有不同的优势和劣势。中国管理科学的研究注重充分发挥中西方管理研究的各自优势，优势互补、取长补短，体现现代管理科学性和艺术性协调统一的特点，为现代管理学理论体系的创立和发展作出贡献。

3. 创新发展阶段

新中国成立以来的六十余年，中国管理科学的发展经历了曲折艰难的过程，中国共产党和人民一起进行了不懈的探索。

新中国成立后，中国共产党先后学习借鉴苏联、东欧各国的管理经验，总体上没有形成符合中国国情的具有中国特色的管理学理论。毛泽东同志提出了一些富有创造性的"治国、治身、治家、治生"理念和思想，包括《论十大关系》、《正确处理人民内部矛盾》等；当时也出现了一些管理思想，如创造性地提出"鞍钢宪法"与"两参一改三结合"管理模式（"两参"，工人参加管理，干部参加劳动；"一改"，改革企业不合理的规章制度，以适应生产发展的需要；"三结合"，技术工人、工人、干部三结合）；根据中国国情，毛泽东同志还提出了团结一切可以团结的力量、从中国实际出发，提出要走农村包围城市之路、狠抓思想政治工作，建立合格的具有铁的纪律的人民军队，提出了战略上藐视敌人，战术上重视敌人和二万五千里长征的战略大转移等举措，创造了世界军事史上以弱胜强的神话，并最终赢得中国革命的胜利。

在中国，管理科学这个概念首次在中国共产党第十二次全国代表大会报告中提出，胡耀邦同志在报告中指出："现代化的关键是科学技术的现代化，必须加强应用科学的研究，重视基础科学的研究，并组织各方面的力量对关键性的科研项目进行'攻关'；

必须加强经济科学和管理科学的研究和应用，不断提高国民经济的计划、管理水平和企业事业的经营管理水平；必须大力普及初等教育，加强中等职业教育和高等教育；必须加强社会主义的管理科学的研究和应用，对于加速实现经济建设的战略目标、战略重点、战略步骤具有重要意义。"①

十一届三中全会后，邓小平同志提出了以经济建设为中心的"一个中心、两个基本点"管理思想，提出了"三个有利于标准"等。邓小平把马克思主义和中国建设具体实践结合起来，"摸着石头过河"，探索出一条建设有中国特色的社会主义道路，实行改革开放，为我国社会主义经济建设开拓了前所未有的新局面。可以说，正是由于邓小平同志采取了正确的管理思想，我们才能在实践中成功地探索出一条建设有中国特色的社会主义道路，开创了中国特色社会主义建设新局面。以江泽民同志为核心的第三代中央领导集体，提出了"立党为公、执政为民"的管理思想和"三个代表"重要思想；同时继承和创新了中国古代儒家德治思想，提出以德治国的方略、"依法治国与以德治国"相结合的管理思想。中国共产党十六大后把"构建和谐社会"作为全面建设小康社会的重要目标，并强调必须要深入贯彻落实科学发展观，切实考虑到社会民生问题，并提出了"德才兼备、以德为先"的干部选拔标准等，并强调国学管理思想，彰显出中国新一代领导集体的管理思想与智慧。

目前，中国管理科学越来越得到学界、政界、商界等相关人士的高度关注。然而，对什么是管理科学，引起很大争议，对什么是管理科学的问题也存在很多不同看法，有的人把它等同于西方"管理科学"学派的内容，有的人仅理解为现代管理的方法，有的人则认为管理科学就是"电子计算机+数学"，还有人认为管理科学史研究以最佳的投入产出关系组织经济和社会活动，使系统良性运行，并使各利益主体需求获得相对满足的一门独立的应用性学科等，我们认为对管理科学的认识要从"三性"（规律性、二重性、融合性）来研究。从 20 世纪 80 年代开始，我们从宏观角度探索中国式国民经济管理学，从中观角度探索中国式产业经济学与应用经济学，从微观角度探索中国式管理学、管理心理学，从文化角度探索东方管理学等，创造性地首发了有中国特色的人为学——《管理心理学》、《中国企业管理现代化研究》、《产业经济学》、《中国国民经济管理学》、《中国管理通鉴》、《东方管理》与《东方管理学》、《中国管理科学》以及《应用经济学》等研究中国管理科学的著作；并将中国管理科学的本质概括为"以人为本、以德为先、人为为人"。

二、中国管理科学的实践

管理学是一门实践性、应用性很强的学科，既有科学的规律可循，又有艺术的运用之妙。中国的管理实践扎根于中国特色的管理实践中，积极应对管理实践中遇到的新课题，在与其他学科的相互融合及渗透中不断发展，充分发挥管理实践创新的潜能。新中国成立六十余年尤其是改革开放三十余年，是我国管理实践最为丰富的时期，也是管理

---

① 《全国开创社会主义现代化建设的新局面》，人民网，1982 年 9 月 8 日。

需求最大的时期，更是管理学体系发展形成、管理学快速发展形成的时期，是新中国成立以来管理学取得根本性突破与辉煌成就的时期；这三十余年是中国特色社会主义市场经济形成和发展的时期，是我国在各个方面都在不断探索和前进的时期；这三十余年中，中国经济走过了一条前所未有而又不可复制的转轨道路，我国的各领域经历了全方位的改革，作为经济细胞的企业始终处于改革的核心。经过三十余年的改革与发展，中国企业从经营理念到经营体制、从产权结构到治理方式都发生了根本性的转变。经过这三十余年管理实践的不断探索，我国在管理实践的各个方面都取得了巨大的成就，综合国力也走在了世界的前列。

无论是改革开放三十余年来的伟大管理实践，还是当代中国未来管理实践的发展，都具有自身的独创性，立足于这一管理实践之上的中国管理科学，也是完全不同于其他发达国家管理科学的发展道路。

新中国成立后，中国的管理实践先后经历了全面学习和实施苏联的中央集权计划经济体制阶段；不断地探索适合自己的管理思想与方式方法阶段，如"鞍钢宪法"等；引进西方国家的现代管理理论与方法，并尝试与中国国情相结合阶段，如"海尔日清日高管理模式"等。实践中我们一方面不断学习国外先进的管理方式，认真总结自己的经验教训；另一方面也在积极挖掘我国传统管理思想中的精华，我国也涌现出一批具有中国特色的企业管理模式，如宝钢的文化建设、邯钢的模拟市场、海尔文化和双星管理模式等。2009年《中欧商业评论》和网易共同发起"寻找中国管理未来——60年·中国管理20人"评选活动，以关键管理实践、管理理念梳理为主线，以关键代表人物为呈现方式，按不同时代对企业管理产生重大贡献和影响力的思想、理念和方法进行评选和评估，力图体现既代表历史，又超越历史，展现中国企业在企业实践和管理理念探索的时代路径，以及直到如今其影响力仍然获得肯定或仍被企业广泛沿用的企业管理实践，寻觅中国式管理进化的不变基因，俭省中国管理与国际管理的差异，以此促进中国企业管理实践的再进步。

在这种背景下，中国经济管理学界担负推进中国管理实践创新的重任，我们从1976年开始的中国特色的东方管理文化研究，将管理实践活动概括为"治国（国家管理）、治生（经营管理）、治家（家庭管理）、治身（自我管理）"的"四治"，对管理实践活动中的五种行为进行管理，这五种行为是"人道行为（管理哲学）、人心行为（管理心理）、人缘行为（管理沟通）、人谋行为（谋略管理）和人才行为（人才管理）"的"五行"，并在实践中遵循"以和为贵的人和思想、和合共赢的竞合思想以及实现和谐的思想"等，从而形成独具中国特色的管理实践。

三、中国管理科学的创新

改革开放三十余年来，我国对西方管理引进甚多，目前的管理理论体系也是以西方为主，然而事实已经证明，西方管理理论正受到质疑与挑战。中国经济社会的快速发展需要有中国特色的管理学理论和思想，国家也在倡导基于中国文化情境的管理理论创新。2010年国家自然科学基金委管理科学部已经明确提出将中国特色管理理论创新作为重点资助方向；国家社会科学基金委也明确提出东方管理与中国特色管理理论的研究课题。21世纪伊始，75位诺贝尔奖获得者在法国巴黎聚会，他们向世界呼吁："如果人类要在21世纪生存下去，必须回到2500年前去汲取孔子的智慧。"如何结合中国本土文化，构建中国特色的管理理论体系已经成为目前中国管理科学界的首要问题。我们在三十余年前就已经洞察到结合中国本土文化情境展开管理研究的重要性，并三十年磨一剑，创建出具有完整架构体系的中国东方管理理论。2010年我们在江苏省社会科学界联合会年会上做有关东方管理创新、发展与运用的报告后，一些与会专家高度认同，并提出"21世纪将是中国管理科学的世纪"、"东方管理学就是现代的中国管理科学"。

我们在长期对中国管理、东方管理和华商管理研究的基础上，出版了独具中国特色的《东方管理》、《东方管理学》、《中国管理科学》和《华商管理学》等。2003年1月56万字的《东方管理》这部鸿篇巨著，以道家、儒家、释家、法家、兵家、墨家文化等为主的东方管理文化为基点，融合提炼出以人为本、以德为先、人为为人的"三为"核心思想，并就中国东方管理"三为"思想的理论实质和实践指导意义展开深入讨论，详细阐述了"人本论"、"人德论"和"人为论"。该书不仅融合古代东方管理文化的精神实质，归纳总结与提升了东方各民族优秀文化中有关管理思想方面带有普遍性的内容，更追踪研究当今西方管理理论界的学科前沿，取其精华、洋为中用，深入剖析了西方管理的"失灵"，鞭辟入里。因其封面为红色设计，当时被媒体报道为"红色管理风暴"。2005年9月，作为中国东方管理学说著系15部的第一部的《东方管理学》由复旦大学出版社正式出版，该著作与《东方管理》一脉相承，在"以人为本、以德为先、人为为人"的"三为"思想指导下展开，在现代管理学"人本复归"的大前提下，以"学、为、治、行、和"的"五字经"的原创内容对中国管理科学体系加以论述，提出了中国管理科学的目标是构建"人和、和合、和谐"的和谐社会。

东方管理学派有关中国管理科学和东方管理学的研究，突出体现了中国管理科学与东方管理学的五大原创性思想：一是提出管理的哲学要素为"道、变、人、威、实、和、器、法、信、筹、谋、术、效、勤、圆"十五个观点；二是提出管理的精髓是"以人为本、以德为先、人为为人"的"三为"思想；三是提出管理的内容为"三学"（中国管理、西方管理、华商管理）、"四治"（"治国、治生、治家、治身"）、"五行"（"人道、人心、人缘、人谋、人才"）；四是融合古今中外管理精髓，创新了中国管理科学理论体系为"学"、"为"、"治"、"行"、"和"的"五字经"；五是提出中国管理科学的主旋律及其目标是实现"人和、和合、和谐"，构建"和谐社会"。

我们在中国管理科学领域的创新理论与思想体系，具有重要理论与实践价值：

在理论上，不仅填补了中国管理领域的一项研究空白，也为管理学研究带来了启发性思考，显示了东方管理思想的巨大魅力。通过"三学"、"三为"、"四治"、"五行"、"三和"以及"十五哲学要素"，原创性地构建了现代中国管理科学理论体系与一套融合古今中外的现代管理科学新教材；首提"人为为人"这一东西方管理的本质命题；首次将管理哲学概括为"十五"要素；创立了以人为本为基础的管理心理学科新体系和中国国民经济管理学科新体系；系统诠释了东方管理思想的当代意义，在国内外影响深刻，成不易之论，为"管理学向东方回归"作出了巨大贡献；在复旦大学创建国内外第一个东方管理学博士点、硕士点等。

在实践中，这些关于中国管理的原创性观点对推动我国社会经济发展产生了重大影响。所提出的"三为"思想等一系列原创性观点已得到广泛认同，应用到政府管理、企业管理等层面，与社会主义核心价值观、科学发展观完全一致；是对中国改革开放三十余年来成功经验在管理上进行的高度概括、提炼与升华；对于我国管理教育、公共管理和企业管理等极具指导意义；受惠于东方管理的教育并不断实践的各界领导干部和企业经营者不在少数，已将中国东方管理的"三为"思想成功运用于政府管理、航空航天事业管理、高等教育管理、政党外交领域以及区域经济发展等，产生了良好效果。

　　管理学是一门年轻的学科，至今不过100年的时间，已经形成了比较完整的理论体系；管理学又是一门应用性极强的学科，发展很快，对国家的经济建设、企业发展有着非常重要的作用；目前管理学的主体理论与方法是以美国为代表的管理理论与方法，虽然有其科学性的一面，但在应用于东方国家特别是中国时遇到了许多问题与障碍，因为东方国家特别是中国的人文社会环境与西方有很大的差异。因此迫切需要建立具有东方人文情景的中国管理科学理论与方法，以指导中国经济和企业的发展与管理的实践。

　　我们所构建的有中国特色的管理理论体系具有原创性、思想性、科学性、前瞻性、实践性，在国际管理丛林中独树一帜。表现为四个率先：①率先运用辩证唯物主义和历史唯物主义观点，对中国两千多年的传统文化作系统梳理，对其在当代中国的传承和弘扬作了创新性阐述；②率先融合中国管理、西方管理、华商管理理论，提炼创新，自成一家，创立中国特色管理学说，提出"以人为本、以德为先、人为为人"，对当代中国管理实践具有重要理论价值，开中国特色管理学说之先河；③率先将发展中的中国管理科学理论付诸生机勃勃的中国改革开放实践，取得丰硕成果，在国内外产生重大影响，得到广泛认同和推崇；④率先用东方特色管理理论解密中国改革开放三十余年取得重大成就的管理学原因，深入探讨如何用中国管理理论指导转型中的中国企业实践，对中国和平崛起、中国社会文化、经济可持续发展有重大影响。

前　言

　　《中国管理学术思想史》是本人主持的国家自然科学基金项目"东方管理思想研究"及复旦大学"985 工程"三期整体推进社会科学研究项目"中国管理模式研究——东方管理思想的创新"的研究成果之一，由上海外国语大学国际工商管理学院工商管理系主任、东方管理研究中心执行副主任、副教授苏宗伟，上海海事大学副教授赵渤，复旦大学经济学博士杨懿，博士后余自武和复旦大学经济学博士王军荣等将本人的研究资料与积累的成果进行整理，并将复旦大学管理学奖励基金项目"中国管理学学术发展史"相关研究内容重新进行分类汇集、整理与编撰，在本人与苏宗伟经过两年的反复修改、补充与完善后，最终得以付梓出版。

　　《中国管理学术思想史》是东方管理的重要组成部分，同时具有东方管理思想体系研究的客观历史背景与基础特征，研究意义重大。它的战略意义不仅表现在中国管理思想的研究基础首先是有关其客观形成的历史与实践的研究，更重要的意义还表现在面对海量复杂的中国历史文献与史实，向国内外研究者提供一个相对简明的中国管理学术思想的演变脉络与思想内容，从而也可以让世界上更多的学者、从业者、爱好者及学生等更为便捷和系统地了解中国管理哲学学术思想的产生和发展历程。

　　本书脉络清晰、重点突出，从渊源、流派、方法、创新等几大方面系统地介绍了中国管理学的历史探索和学术成就，可作为各类人文、管理领域学者的研究参考，也可作为大专院校工商管理类学生的教材或学习参考。本书内容分为五篇：第一篇介绍中国管理学术的哲学渊源，包括中国管理学的特征概念、管理的自然哲学背景以及《周易》生态、和谐观念与管理思想三方面的内容；第二篇介绍中国管理学主要学术流派的产生，包括中国管理思想的人文哲学来源和中国历史上管理学术流派的演变两方面的内容；第三篇介绍中国管理学的主要学术流派分析，包括儒家的治国思想分析与评价、以民为本和道家学说关于管理思想分析与评价、道法自然、墨家学说的管理思想分析与评价以及兵家的制度与领导理论分析、知人善用四方面的内容；第四篇介绍中国管理学主要学术流派管理方法，包括《易经》辩证管理思想方法应用分析、春秋战国时期《孙子兵法》管理方法实践、秦汉时期管理学术的方法与实践、唐宋时期的管理思维与实践方法、明清思想家管理方法与实践以及中国管理学学术思想的现代发展六方面的内容；第五篇介绍中国东方管理学的学术思想研究，包括中国"东学"思想的兴起、东方管理学的"三为"学术思想研究、东方管理学的"四治"学术思想研究、东方管理学的"五行"学术思想研究、东方管理学的"三和"学术思想研究以及华商管理的学术思想研究六方面的内容。最后，指出 21 世纪东西方管理融合与发展的趋势。

　　历史是人类的思想宝库，中华五千年历史蕴含的浩瀚的人文哲学思想是东方管理不竭的源泉。三十多年来，在本人创立的"世界管理论坛暨东方管理论坛"的传播与影响下，越来越多的学者、专家、政府官员及企业家加入到世界管理、东方管理、中国管理、西方管理及华商管理的研究中，对中国管理学术思想的研究越来越深化。本书也是东方管理学派的学者多年探索和积累的成果。由于本书研究的时间跨度大、观点丰富，因此难免有争议甚至不妥之处，谨请各位读者指正。

苏东水

2013 年 12 月 18 日于上海

目　录

第一篇　中国管理学术思想的哲学渊源

第二篇　中国管理学主要学术流派的产生

第三篇　中国管理学的主要学术流派分析

第四篇　中国管理学主要学术流派管理方法
——内容、特点及应用分析

第五篇 中国东方管理学的学术研究

第一篇

中国管理学术思想的
哲学渊源

第一章　中国管理学术思想体系形成特征

第一节　中国人文哲学思想与管理：历史背景发展脉络

一、管理学术产生：国家社稷治理的自然发展过程

中国是世界著称的四大文明古国之一，也是人类社会古代社稷与组织治理的起源较早的重要地区。约从公元前30世纪的炎黄时代起，随着原始氏族制度的瓦解和早期部落制国家的形成，中国古代社会与国家的治理即开始孕育降生。这种脱胎于史前社会的古代国家与社会秩序的治理，以源于原始习俗的习惯规则为主体，同时融合了人们不断丰富的人文思想内容。最初的管理形式以礼与刑二者为主要内容。前者由初民社会的信仰崇拜或宗教禁忌等祭祀礼仪规则及伦理道德习惯升华而成，后者系集制度惩戒或军事征讨等暴力手段及行为规范发展而来。经过炎黄以来尧、舜、禹时代国家与法的发展进化，公元前21世纪，夏禹传位于子夏启，正式建立以夏后氏为核心的夏政权。夏代共传十四世十七王，历时四百余年。公元前17世纪，商汤率部推翻夏桀统治，建立商政权。商代历经十七世三十一王约六百年，到公元前11世纪，为西周所亡。夏商两代是北方黄河流域相继建立的两个宗族部落国家集团联盟，是中国古代国家治理体系开始完善与发展的时期。

管理学术起源是古代文明起源的重要组成部分，是人类社会发展到一定历史阶段的产物，是随着人们日常交往的渐趋频繁，尤其是社会关系的日益复杂化而出现的。尽管某些简单的调整民事经济关系的伦理习惯或行为规范可能起源较早，但相对系统的制度体系的建立特别是辅助国家治理体系的法治的产生，则只能出现在相对复杂的政治组织或国家产生之后。①

二、群体活动与管理组织的伴生：社会经济发展催生管理学术的摸索

在以原始公有制为基础的氏族社会，聚落组织与社会关系比较简单，并不需要借助

---

① 苏东水：《东方管理》，山西经济出版社2003年版。

系统的管理学术制度及国家机器管理与调整社会活动各种内容，并为其提供规范。社会长期处于"刑政不用而治，甲兵不起而王"，"无制令而民从"的状态。当时，维持社会秩序，调整社会关系，主要依靠氏族内部的原始民主精神和初民们长期形成的生产生活习惯与伦理道德规范，并以群体组织规则、氏族首领威信及社会舆论监督等为保障。这就是恩格斯所说的"没有军队、宪兵和警察，没有贵族、国王、总督、地方官和法官，没有监狱，没有诉讼，而一切都是有条有理的。一切争端和纠纷，都由当事人的全体即氏族或部落来解决，或者由各个氏族相互解决"。"虽然当时的公共事务比今日更多"，"可是，丝毫没有今日这样臃肿复杂的管理机关。一切问题，都由当事人自己解决。在大多数情况下，历来的习俗就把一切调整好了"。在一些极端场合，有时也以决斗、复仇或战争等方式解决矛盾、纠纷与争端。但这完全是在民主、平等的名义下进行的，丝毫不具有征服、奴役或压迫性质。

随着生产力水平的提高和社会经济的发展，自公元前5000年左右起，人们的劳动生产率已能创造出维持简单再生产之类的最低消费需要之外的剩余产品，并且迅速转化为社会财富，逐渐被某些氏族首领据为己有。最晚到公元前3000年左右，社会劳动分工日渐扩大，脱离生产领域的商人阶层和从事精神生产的宗教神职人员以及从事脑力劳动的管理人员相继出现，私有制、贫富分化及社会分层日趋显著。少数垄断社会资源的上层人物，为了维护自身的特权利益，调整和解决矛盾冲突，开始建立国家机器，管理学术体系也就应运而生。

三、中国古代思想家关于管理学术思想的探索

中国古代的一些政治家、思想家，曾就管理学术起源问题分别提出过许多不同看法。例如：

有人认为，管理学术起源于天道与神意。如《魏书》卷一百一十一《刑罚志》称："德刑之设，著自神道。圣人处天地之间，率神祇之意。""是以明法令，立刑赏"。《汉书》卷二十三《刑法志》亦称："圣人因天秩而制五礼，因天讨而作五刑。"

也有人认为，管理学术起源于自然界的客观规律。如《老子》第二十五章提出："人法地，地法天，天法道，道法自然。"

还有人认为，管理学术起源于"理"，亦即宇宙绝对精神。如朱熹指出："法者，天下之理"；"理也者，形而上之道也，生物之本也"；"未有天地之先，毕竟是先有此理"。

也有人提出，管理学术起源于惩恶扬善的需要。如《荀子·性恶》称："古者圣人以人之性恶，以为偏险而不正，悖乱而不治，故为之立君上之势以临之，明礼义以化之，起法正以治之，重刑罚以禁之，使天下皆出于治、合于善也。"

还有人提出，管理学术起源于定纷止争的需要。如《管子·七臣七主》强调："法者，所以兴功惧暴也；律者，所以定纷止争也。"《商君书·君臣》指出："民众而奸邪生，故立法制、为度量以禁之，是故有君臣之义、五官之分、法制之禁。"《通典》卷一百六十三《刑》也谈到："人既群居，不能无喜怒交争之情，乃有刑罚轻重之理兴矣。"

就中国古代法起源的具体途径而言，历史上有刑"始于兵"的说法。这种说法表

明，中国古代的刑最初起源于军事战争，最早的法脱胎于军事战争中产生的军法。"黄帝以兵定天下，此刑之大者"。

第二节　自然演进环境下中国社会早期的管理制度

中国是世界历史上四大文明古国之一。早在五千年前就有了人类最古老的部落和王国，到了公元前 17 世纪的商、周时代，中国已形成了组织严密的奴隶制和封建制国家组织；公元二百多年前秦朝统一中国到以后的两千多年的漫长历史时期中，中国曾经发生过无数次战争和多次的外国入侵，经历了数百次的改朝换代，虽然也曾有过短暂的分裂，但历代统治者都能对如此辽阔的疆土和众多的人口进行有效控制和管理。从管理学的角度看，其中有关国家行政管理、军事管理、农业管理、经济管理、市场管理、社会管理等方面蕴藏着极为丰富的经验和思想理论，时至今日对我们的各项管理工作仍具有重要的指导作用。综观中国传统管理思想的变迁，从历史的角度可以分为四个阶段：先秦时期的管理思想、秦汉时期的管理思想、唐宋元时期的管理思想和明清时期的管理思想。

一、中国早期社会的管理体系

在中国古代法的起源史上，还有礼源于祭祀的说法。礼的本义是指盛放祭祀供品的器具。在殷墟出土的甲骨文中，礼字形状很有趣，像用器皿盛以玉珏。古人使用礼器举行祭祀活动，逐渐形成了一些祭神敬祖祈福的典礼仪式，这种祭祀活动与典礼仪式便成为礼的引申义。《说文解字·示部》所释"礼，履也，所以事神致福也"，即指这种引申义的礼。《礼记·礼运》曾叙述过这种礼的起源："夫礼之初，始诸饮食，其燔黍捭豚，污尊而抔饮，蒉桴而土鼓，犹若可以致其敬与鬼神。"据此，这种礼最初起源于普通的饮食供奉活动，如在石块上烤制粟米畜肉，在地上挖穴盛酒双手掬饮，用土制鼓槌敲击土制乐鼓，以表达对鬼神的崇敬。作为原始祭祀礼仪活动的一种朴素形式，其最初的仪式规则只是一些简单的习惯性规范，人们是发自内心虔诚自觉遵守的。随着社会的发展和统治者的需要，将日益复杂化的仪式规则加以改造确认，强化其神秘性与强制力，礼便成为强迫人们遵守的法律规范。于是，作为指导性规范的礼与作为惩罚性规范的刑，各有侧重，相互配合，共同奠定了中国古代的法律规范体系。

二、夏商时期的行政管理体制[①]

夏代的行政管理体制，由于资料匮乏，目前难以详考。而殷商政权的一些情况，古代文献及殷墟甲骨文均有反映。当时，各地仍存在众多的宗族国家与林立的方国，但商

---

① 曾宪义：《中国法制史》，北京大学出版社 2004 年版。

王国已成为中央王国，甲骨文称作"大邑商"，周人称为"大邦殷"。商政权实行宗法分封制，其势力范围划为两部分：王畿地区属于"内服"，由商王及其卿大夫直接控制；畿外地区属于"外服"，由各地受封诸侯独立管辖。在此之外的方国，则不在商政权势力范围之内。

商政权由王族、子族、卿族、臣族等各级宗族组织构成。商王及其王族地位最高，由王室分离出去者即为子族。商王是王族的宗主，王族是天下同姓宗族的大宗，"内服"卿大夫和"外服"诸侯则是各支卿族、子族的宗主，其身份地位是世袭的。他们作为王国、封国、封地或封邑的主人，直接掌握着各级宗族组织。

商政权实行贵族共政制，商王之下有各种执政贵族，其中以佐命之臣伊尹、阿衡、甘盘、傅说等人担任过的相地位最高，是仅次于商王的行政首脑。其下又有卿史、御史、史、尹等，协助商王处理内外大事。地位较低的是各种臣正，如小臣、小众人臣、小藉臣等，他们是服侍商王的管家和管事。由于各级贵族或普通臣正都有自己的宗族组织，并以此形成他们的宗族政权，故子族、卿族、臣族等即构成商王国的下属政权。夏商国家就是依靠各级宗主及其宗族政权行使其行政管理职能的。

三、夏商时期的国家司法制度[①]

夏商两代司法制度具有两个重要特征。第一个特征是行政、军事、司法职能不分。首先，夏王、商王作为最高军政首脑，同时拥有司法方面的最高审判权和最终裁决权。其次，夏王、商王以下的各级主要官吏，也同时兼掌军政司法等各项大权。夏商两代是一种宗族国家，其社会结构以家族宗族和宗法制度为基础，各级司法权实际掌握在各级宗主手中。因此，当时虽然设有一些司法官员，如士、士师、大理、司寇等，但司法权始终受军政权力的干预控制。

夏商两代属于神权法时代，天罚神判是其司法制度的又一特征。当时，不仅以"大刑用甲兵"去实施"天讨"、"天罚"，而且通过祭祀占卜活动请示神意，以"神判"来决定司法审判和定罪量刑。殷墟甲骨卜辞就有卜问用刑之类的神明裁判案例。

在刑罚执行方面，据说虞夏之际已发明监狱。前引《急就篇》即称："皋陶造狱法律存。"《竹书纪年》也有"夏帝芬三十六年作圜土"的记载。"圜土"即夏商时期监狱的通称，主要关押违法犯罪的劳役刑徒。至于夏桀关押商汤的夏台或均台，只是一座宫室；殷纣王囚禁周文王的羑里，则是一座城垣；它们仅仅是作为临时软禁囚所，而并非普遍意义的监狱。自从殷墟甲骨文被发现以来，商代监狱已得到可靠印证。在甲骨卜辞中，关于监狱或囚禁的各类文字达十余种之多。

---

① 曾宪义：《中国法制史》，北京大学出版社 2004 年版。

第二章 管理的自然哲学背景

第一节 中国自然哲学辩证思维的起源

一、天地认识之太极：开天辟地的古朴认识论

太极是中国思想史上的一个重要概念，最初来源于人类古老的开天辟地的传说。有文字记载源出于《易经》，后来在宋代理学中被进一步阐释。一般是指宇宙最原始的基因，阴阳未分的混沌状态。形成万物（宇宙）的本源。太极的概念，比较早使用的，一般在宇宙论、方法论上用的太极概念，主要继承自人类的天地崇拜，系统概念出现于《易传》。《易系辞传》："易有太极，是生两仪。两仪生四象，四象生八卦。"意思《易》成卦的过程，先是有个太极，尚未开始分开蓍草（易占用蓍草做工具），分蓍占后，便形成阴阳二爻，称做两仪。二爻相加，有四种可能的形象，称为四象。由它们各加一爻，便成八卦。这里讲是八卦画出的过程。不过在中国的典籍中，《易》素来是作为穷尽天地之奥秘的哲理书的，对成卦过程的分析，根本说来，也是对天地开辟的概述。太极生两仪，便是由太极的分化形成天地的过程，两仪，即是天地。前面提到的对太极的各种说法，便都是基于这一点。太极的概念经常与《易》学一起出现。道教的《易》学有自己的独特体系，太极的概念始终是道教《易》学的重要概念，也是其宇宙论、宗教修养理论和法术理论重要的基本概念。

道教长期来在自己的修行实践和理论探索中，使用太极的概念，并且大大地丰富了太极的内涵，形成了以太极为核心的系统学说，其中最重要的便是《太极图》。《太极图》最初由陈抟传出，原叫《无极图》：陈抟是五代至宋初的一位高道。他是位传奇性的人物，对内丹术和《易》学都有很深造诣。据史书记载，陈抟曾将《先天图》、《太极图》以及《河图》、《洛书》传给其学生种放，种放以之分别传穆修、李溉等人，后来穆修将《太极图》传给周敦颐。周敦颐写了《太极图说》加以解释。现在我们看到的太极图，就是周敦颐所传的。

中国古代的太极图有一种简捷的画法，就是用一个以曲线分隔的圆圈表示。

在这一图中，一条曲线将它分为两半，形成一半白一半黑，白者像阳，黑者像阴，白中又有一个黑点，黑中又有一个白点，表示阳中有阴，阴中有阳。分开的两半，酷似两条鱼，所以俗称阴阳鱼。这一图，与前面讲到的周敦颐太极图有密切关系，可以说是

前者更加简明的表述。它深刻而形象地说明了，世界上的一切，都是阴阳二气、二性这样两种对立的势力相互联结的统一体。这一图，过其圆心作任何一条直线将之分成两半，任何一半中都包含阴阳两个因素，绝不存在孤立的没有内在矛盾的成分。有时人们又在其外面围以先天六十四卦，表示太极是一切运动的发动者。

二、中国古朴自然辩证认识的起源：万物之阴阳关系的认识

在中国哲学概念里，阴阳指两种既对立又相连的力量，存在于世界上一切事物里。阴代表被动、阴暗、女性、夜间；阳代表主动、明亮、男性、日间。中国学术界认为，阴阳概念源起于古人对地势的向阳与背阴的认识。如《诗经·大雅·公刘》篇所说："笃公刘，既溥既长，既景乃冈，相其阴阳，观其流泉……"阴阳即指向阳的南麓和背阴的北麓。

阴、阳两字的古义是背日和向日，起初并无任何哲学内涵。阴，《说文解字》曰："暗也，水之南山之北也。"《说文系传》曰："山北水南，日所不及。"阳，《说文解字》曰："高明也。"《说文解字义证》："高明也，对阴言也。"老子在《道德经》中说："道生一，一生二，二生三，三生万物。万物负阴而抱阳，冲气以为和。"

对阴阳的这种原始认识在周朝迅速泛化概念化。周代人还开始用阴阳概念解释自然现象，如伯阳父将地震成因归于"阳伏而不能出，阴迫而不能蒸"。阴阳学说是对世界认识的一种二分法，阴与阳正是对天地、男女、昼夜、炎凉、快慢、上下、前后、内外等二分法的一种高度抽象与概括。

三、中国自然辩证哲学之形：宇宙之五行

五行是中国古代的一种物质观。最早形成于人类对宇宙的原始认识。后来西周时初步形成"五材"之说。到战国以后，获得了系统发展。多用于哲学、中医学和占卜方面。五行指金、木、水、火、土。认为大自然由五种要素所构成，随着这五个要素的盛衰，而使得大自然产生变化，不但影响到人的命运，同时也使宇宙万物循环不息。

五行学说认为宇宙万物，都由木、火、土、金、水五种基本物质的运行（运动）和变化所构成。它强调整体概念，描绘了事物的结构关系和运动形式。如果说阴阳是一种古代的对立统一学说，则五行可以说是一种原始的普通系统论。

中国在西周末年，已经有了一种朴素唯物主义观点的"五材说"。从《国语·郑语》"以土与金、木、水、火杂，以成万物"和《左传》"天生五材，民并用之，废一不可"到《尚书·洪范》"五行：一曰水，二曰火，三曰木，四曰金，五曰土。水曰润下，火曰炎上，木曰曲直，金曰从革，土爰稼穑。润下作咸，炎上作苦，曲直作酸，从革作辛，稼穑作甘"的记载，开始把五行属性抽象出来，推演到其他事物，构成一个固定的组合形式。

五行辩证思想的系统提出是在战国晚期。邹衍提出了五行相胜（克）相生的思想（用来说明王朝统治的趋势），且已把胜（克）、生的次序固定下来，形成了事物之间相互关联的模式，自发地体现了事物内部的结构关系及其整体把握的思想。就在这个时

期，《内经》把五行学说应用于医学，这对研究和整理古代人民积累的大量临床经验，形成中医特有的理论体系，起了重要的推动作用[1]。

到汉代，董仲舒又把五行赋予道德含义，认为木为仁，火为智，土为信，金为义，水为礼。五行的辩证关系：

五行相克：金克木，木克土，土克水，水克火，火克金。

五行相生：金生水，水生木，木生火，火生土，土生金。

古代劳动人民通过长期的接触和观察，认识到五行中的每一行都有不同的性能。"木曰曲直"，意思是木具有生长、升发的特性；"火曰炎上"，是指火具有发热、向上的特性；"土爱稼穑"，是指土具有种植庄稼、生化万物的特性；"金曰从革"，是指金具有肃杀、变革的特性；"水曰润下"，是指水具有滋润、向下的特性。古人基于这种认识，把宇宙间各种事物分别归属于五行，因此在概念上，已经不是木、火、土、金、水本身，而是一大类在特性上可相比拟的各种事物、现象所共有的抽象性能。

中国哲学史上的五行思想类别：直到现在，我们基本上已把五行的各种意义分析过了，为了清楚起见，我们再把这几种意义综合列举如下：

指五种行为原则，疑为荀子所持。

指五种物性，如《尚书·洪范》及《周子太极图》说所持。

指人类生活上的五种必需的物质条件，如《左传》里蔡墨所持。

为分类学上的五种分类原则，如《吕氏春秋》所持。

指借助阴阳二气之流动而存在的五种"存在形式"，如《白虎通》及《黄帝内经·素问》所持。

指木材（植物）、火炎、泥土、金属及流水。它们的象征意义分别为生机兴发，活动或变化，孕育或培植，禁制与伏藏。此为萧吉所持。

五行在中医里有着特殊的含义。

"木曰曲直"，代表生长、升发、条达、舒畅的功能，在人体为肝。

"金曰从革"，代表沉降、肃杀、收敛等性质，在人体为肺。

"水曰润下"，代表了滋润、下行、寒凉、闭藏的性质，在人体为肾。

"土爱稼穑"，代表了生化、承载、受纳等性质，在人体为脾。

"火曰炎上"，代表了温热、向上等性质，在人体为心。

五行与中国其他传统文化的关系：

在中国传统文化中，五行与方位、天干、颜色、神兽等都有密切关系。

东方：甲、乙：木：绿色：青龙

南方：丙、丁：火：红色：朱雀

西方：庚、辛：金：白色：白虎

北方：壬、癸：水：黑色：玄武

中央：戊、己：土：黄色：黄麟

---

① 苏东水：《世界管理论坛暨东方管理论坛论文集》(2004)，第81页。

四、哲学指导意义与指导价值

太极在《易经》中是具有普遍意义的范畴。万物生于太极：天为阳、地为阴，日为阳、月为阴，男为阳、女为阴。总之，宇宙的一切，都是由相互对立的阴、阳所组成。由于阴阳的交感或相互作用，促进事物的变化。《易经》的阴阳交感之说作为一种哲学的理念，是符合事物发展客观规律的。当事物发展到极点时，就会产生整体的质变。无论是自然界还是人类社会都具有这种变化特征。

在《易经》学说的理念上充分体现出万物始于一，而一生二，即阴阳，有了阴阳就有了"平衡"、"和谐"的原理。"平衡"、"和谐"是发展的基础，而要达到"和谐"，调整到"平衡"，归结点还在于"人"。《易经》强调天道、地道、人道的"和谐"。天道是阴阳对立体，地道是刚柔对立体，人道是仁义对立体。对立体之间可以互补，互补就是对立中的统一。人道"和谐"是人类社会生存和发展的重要条件。因此，《易经》告诫人们要法天则进而实现人道的"和谐"。

第二节　阴阳五行自然哲学辩证思想的现代价值[①]

一、阴阳学说蕴含的自然辩证思维

（一）阴阳学基本理解

阴阳学说是中国传统哲学思想之一，两千多年来曾被广泛运用于社会生活、思想文化、科学技术等诸多领域。阴阳学说在中国具有悠久的历史，其概念的出现，至迟在殷周之际已经见诸文字记载，而成为一种古代哲学范畴的阴阳学说，则盛行于春秋战国时期。根据历史文献分析，作为一种认识论和方法论，阴阳概念的提出和演变经历了不同的认识和发展阶段，反映出古人对阴阳学说的认识具有一个不断深化和完善的过程。阴阳概念的最早提出，其原来含义是很朴素的，不过是指日光的向背而已。如《吕氏春秋·重己篇》说："室大则多阴，台高则多阳。"是说房舍宽大则能遮阳，阴凉就多；地势高而无遮拦，阳光得以充分照射，阳热就多。进而认为，凡是向阳光或阳光照射充足的地方，即为阳；凡是背阳光或阳光照射不到的地方，则为阴。所以，《说文》注释说："阴，闇（闇，即暗的意思。）也。""阳，高明也。"可见，阴阳的最初理解，仅是阳光多少的直观认识而已。中国古代思想家看到一切现象都有正反两方面，就用阴阳这个概念来解释自然界两种对立和相互消长的物质势力，并认为阴阳的对立和消长是事物本身所固有的，如《老子》说："万物负阴而抱阳。"进而认为阴阳的对立和消长是

[①]　苏东水：《世界管理论坛暨东方管理论坛论文集》（2004），第 81 页。

宇宙的基本规律，如《易传》说："一阴一阳之谓道。"

（二）阴阳学说辩证思维的基本内容

阴阳学说，即是通过分析相关事物的相对属性以及某一事物内部矛盾双方的相互关系，从而认识并把握自然界错综复杂变化的本质原因及其基本规律。所以，阴阳学说与现代哲学中的矛盾概念有着类同之处，乃是对客观世界实际存在的许多特殊矛盾现象的概括。阴和阳，既可代表相互对立的事物，又可用以分析一个事物内部所存在的相互对立的两个方面。所以说："阴阳者，有名而无形。"① "阴阳者，一分为二也。"② 因此，阴阳乃是我国古代唯物主义哲学的重要范畴，具有对立统一的辩证观点。

阴阳，是对自然界相互关联的某些事物和现象对立双方的概括，即含有对立统一的概念。所以说："阴阳者，一分为二也。"③

阴阳学说认为世界是物质的，物质世界是在阴阳二气的相互作用下滋生着、发展着和变化着的。这种观念对中国古代唯物主义哲学有着深远的影响，并成为中国古代自然科学的唯物主义的世界观和方法论的基础。

1. 阴阳学说的本质与特征：属性的相关性及规定性

用阴阳来概括事物或现象的对立统一关系，其事物或现象必须具备如下两方面的条件，即对立事物或现象必须具有一定的相关性和对立双方阴阳属性的规定性。所谓相关性，是指这些事物或现象，必须是相互关联的，而不是毫不相关的。或者事物或现象是属于同一统一体中的相互关联的两部分，才能分属阴阳。如水与火，是相互关联而又相互对立的两种不同事物或现象。水性寒而下走，火性热而炎上，故水属阴，火属阳；所谓阴阳属性的规定性，是指用阴阳来分析事物和现象，不仅能概括其对立统一的两个方面，而且同时还代表着这两个方面一定的属性。事实上，自然界中相互关联的事物或现象对立着的这两个侧面，本身就具有着截然相反的两种属性，因而才可用阴或阳来概括。

阴阳属性的归类分析，仅列表 2-1 为例，举一反三，余类推之：

表 2-1　阴阳属性的分类

属性	空间	时间	季节	温度	湿度	重量	亮度	运动状态
阳	上、外	昼	春夏	温热	干燥	轻	明亮	上升、动、兴奋、亢进
阴	下、内	夜	秋冬	寒凉	湿润	重	晦暗	下降、静、抑制、衰退

阴阳学说规定，"阳"代表着积极、进取、刚强等特性和具有这些特性的事物或现象；"阴"则代表着消极、退守、柔弱等特性和具有这些特性的事物或现象。这就是事物或现象阴阳属性的规定性。

---

① 《灵枢·阴阳系日月》。
②③ 《类经·阴阳类》。

总之，阴阳既代表两种对立的物质属性，又表示两种对立的特定的运动趋向或状态。

2. 阴阳学说辩证的指导思想：阴阳互动的变化规律性

自然界中的一切事物都客观存在着相互对立的阴阳两个方面，事物内部存在着对立统一的阴阳两方面的运动变化，这是一切事物发展变化的根本原因。故凡事物运动变化的现象和规律，均可以用阴阳来加以概括，阴阳是自然界的一种根本规律，是一切事物生长发展、变化衰亡的根源，如人体的生、长、壮、老、已整个生命过程，就是人体阳气与阴精共同作用的结果。所以，阴阳乃是物质运动变化的总纲。正如《素问·阴阳应象大论》所说："阴阳者，天地（指宇宙和自然界）之道（即道理或规律）也，万物（泛指众多的事物）之纲纪，变化之父母，生杀之本始，神明（指物质世界的无穷变化。所谓神明之府，即是说物质世界万事万物的无穷变化，即在于阴阳的运动）之府也。"可以看出，古人已经认识到，自然界和宇宙间万事万物的发展变化，尽管错综复杂，但究其根源，无不是阴阳相互对立、相互斗争的结果。也就是说，阴阳决定着一切事物的生长、发展、变化，以及衰败和消亡，因此，阴阳规律乃是宇宙自然界中事物运动变化的一种固有规律。

（1）阴阳学说辩证统一思想：阴阳的对立制约。阴阳既是对立的又是统一的，统一是对立的结果。阴阳之间相辅相成、相互制约。阴阳的相互制约过程也就是相互消长过程，没有消长也就没有制约。只有阴与阳之间相互制约、相互消长，事物才能发展变化，自然界才能生生不息。如果阴阳的统一体没有阴阳的对立和消长，就不可能得到制约和统一。没有制约和统一，阴阳的对立也就终止了，事物便因之而消失。

（2）阴阳的互根互用。阴和阳是对立统一的，二者既相互对立，又相互依存，任何一方都不能脱离另一方而单独存在。如上为阳下为阴，没有上也就无所谓下；没有下也就无所谓上。所以说，阳依存于阴，阴依存于阳，每一方都以其相对的另一方的存在为自己存在的条件。阴阳之间的这种相互依存关系，称为阴阳的互根互用。阴阳的互根互用又是阴阳相互转化的内在依据。阴和阳可以在一定的条件下，各自向着自己相反的方面转化。如果阴和阳之间不存在互根互用的关系，也即是说阴和阳之间不是处在一个统一体中，那就不可能发生相互转化的关系。

（3）阴阳的消长平衡。阴和阳之间的对立制约、互根互用，并不是处于静止的和不变的状态，而是始终处于不断的消长变化之中，故说"消长平衡"。所谓"消长平衡"，即是指阴和阳之间的平衡，不是静止的和绝对的平衡，而是在一定限度、一定时间内的"阴阳消长"，"阴阳消长"之中维持着相对的平衡。也就是说，消长是绝对的，平衡是相对的。在绝对的消长之中维持着相对的平衡，在相对的平衡之中又存在着绝对的消长。事物就是在绝对的运动和相对的静止、绝对的消长和相对的平衡之中生化不息，而得到发生和发展的。阴阳的消长虽然是绝对的，平衡虽然是相对的，但绝不能忽视相对平衡的重要性和必要性。因为只有不断的消长和不断的平衡，才能推动着事物的正常发展。

（4）阴阳的相互转化。阴阳的转化是指阴阳对立的双方，在一定条件下，可以各自向其相反的方向转化，即阴可以转化为阳，阳也可以转化为阴。阴阳相互转化，一般都表现在事物变化的"物极"阶段，即"物极必反"。如果说"阴阳消长"是一个量变过程的话，则阴阳转化便是在量变基础上的质变。

二、五行学说辩证思想及其对管理学的价值：演变规律

1. 五行学说的基本理解：蕴含的自然辩证思维

（1）五行学说的基本要素。五行，即木、火、土、金、水五种物质的运动。五行学说是我国古代用于认识宇宙、解释宇宙事物发生发展过程中相互联系法则的一种学说。认为世界上的一切事物，都是由木、火、土、金、水五种基本物质之间的运动变化而生成的。以五行之间的生、克关系来阐释事物之间的相互联系，认为任何事物都不是孤立静止的，而是在不断的相生、相克的运动之中维持着协调平衡。

（2）五行学说基本特性。

木曰曲直：具有生长、升发、条达舒畅的事物归属于木。

火曰炎上：具有温热、升腾作用的事物归属于火。

土曰稼穑：具有生化、承载、受纳作用的事物归属于土。

金曰从革：具有清洁、肃降、收敛作用的事物归属于金。

水曰润下：具有寒原、滋润、向下运动的事物归属于水。

五行学说认为属于同一五行属性的事物，都存在着相关的联系。

2. 五行学说的基本辩证规律：对宇宙万物运行的古朴解释

（1）五行学说的基本辩证规律。

第一，相生规律：生，含有滋生、助长、促进的意义。五行之间，都具有互相滋生、互相助长的关系。这种关系简称为"五行相生"。

五行相生的次序是：木生火，火生土，土生金，金生水，水生木。在五行相生的关系中，任何一行都具有生我、我生两方面的关系，也就是母子关系。生我者为母、我生者为子。以水为例，生我者为金，则金为水之母；我生者是木，则木为水之子。其他四行，依此类推。

第二，相克规律：克，含有制约、阻抑、克服的意义。五行之间，都具有相互制约、相互克服、相互阻抑的关系，简称"五行相克"。

五行相克的次序是：木克土，土克水，水克火，火克金，金克木。在五行相克的关系中，任何一行都具有克我、我克两方面的关系，也就是"所胜"、"所不胜"的关系。克我者为"所不胜"，我克者为"所胜"。以木为例，克我者为金，则金为木之"所不胜"，我克者为土，则土为木之"所胜"。其他四行，依此类推。

第三，五行制化：在五行相生之中，同时寓有相克，在相克之中，同时也寓有相生。这是自然界运动变化的一般规律。如果只有相生而无相克，就不能保持正常的平衡发展；有相克而无相生，则万物不会有生化。所以相生、相克是一切事物维持相对平衡的两个不可缺少的条件。只有在相互作用、相互协调的基础上，才能促进事物的生化不息。例如，木能克土，但土却能生金制木。因此，在这种情况下，土虽被克，但并不会发生偏衰。其他火、土、金、水都是如此。古人把五行相生寓有相克和五行相克寓有相生的这种内在联系，名曰"五行制化"。制化规律的具体情况如下：

木克土，土生金，金克木。

火克金，金生水，水克火。
土克水，水生木，木克土。
金克木，木生火，火克金。
水克火，火生土，土克水。
关于五行相生、相克、制化及其内在联系见图2-1、图2-2、图2-3。

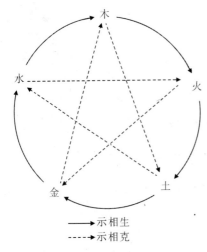

图 2-1　五行相生寓有相克图

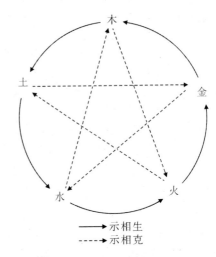

图 2-2　五行相克寓有相生图

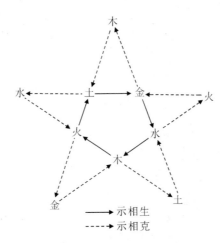

图 2-3　五行制化关系图

（2）五行学说的衍生规律：基本规律的辩证与发展。

①相乘规律：乘，是乘袭的意思。从五行生克规律来看，是一种反常现象。相乘与相克意义相似，只是超出了正常范围，达到了反常的程度。相乘与相克的次序也是一致的。即是木乘土，土乘水，水乘火，火乘金，金乘木。如木克土，当木气太过，金则不能对木加以正常的制约，因此，太过无制的木乘土，即过强的木克土，土被乘更虚，而不能生金，故金虚弱，无力制木。

②相侮规律：侮，是欺侮的意思。从五行生克规律来看，与相乘一样，同样属于反常的反常现象。但相侮与反克的意义相似，故有时又曰反侮。相侮的次序也与相克相反，即木侮金，金侮火，火侮水，水侮土，土侮木。

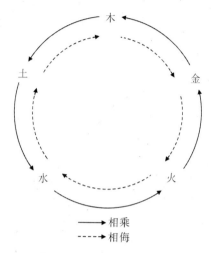

图 2-4　五行相乘相侮图

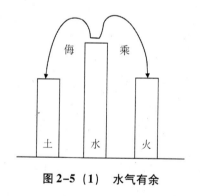

图 2-5（1）　水气有余

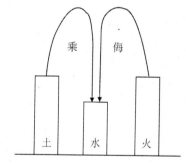

图 2-5（2）　水气不足

3. 五行学说对现代管理思维指导的价值：原始五行归类与管理体系要素互动之间的对应关系

五行	五元	五常	五脏	五方	企业管理
木	元性	仁	肝	东	人力资源管理
火	元神	礼	心	南	领导决策指挥系统
土	元气	信	脾	中	生产、员工及客户
金	元情	义	肺	西	营销、纪检安全
水	元精	智	肾	北	财务金融管理

（1）五行要素体系与现代管理要素之间的对应关系。

木：对应企业的人力资源管理，是企业人力的储备。木又可分为阴阳两种属性，阳木代表有发展潜力的人才，阴木代表怀才不遇或破坏团队建设的人才。

火：对应企业的领导决策指挥系统，是企业的战略导向。火又可分为阴阳两种属性，阳火代表企业正式组织的企业文化及决策指挥系统，阴火代表企业非正式组织的企业文化及决策指挥系统。

土：对应企业的生产员工及客户，是企业生存的土壤。土又可分为阴阳两种属性，阳土代表有利于企业发展的产品员工及客户，阴土代表不利于企业发展的产品员工及客户。

金：对应企业的营销、纪检安全，是企业发展的保证。金又可分为阴阳两种属性，阳金代表有利于企业发展的营销、纪检安全，阴金代表不利于企业发展的营销、纪检安全。

水：对应企业的财务金融管理，是企业运营的保证。水又可分为阴阳两种属性，阳水代表优良资产和利润，阴水代表企业负债和不良资产。

（2）管理中的阴阳五行演变规律及其现代价值。

第一，相生关系的演变。

木生火：木对应企业的人力资源管理，火对应企业的领导决策指挥系统，企业人力资源系统管理得好人才得以有效的发挥，则企业的领导决策指挥系统得以有效的生发。

火生土：火对应企业的领导决策指挥系统，土对应企业的生产、员工及客户，当企业文化建设及领导决策指挥正确时，可以使企业生产、员工及客户，即企业赖以生存的土壤得到生发。

土生金：土对应企业的生产、员工及客户，金对应企业的营销、纪检安全，当企业的生产、员工及客户都能相对满意时，企业的营销、纪检安全会得到促进。

金生水：金对应企业的营销、纪检安全，水对应企业的财务金融管理，当企业的营销、纪检安全做得较好时，会给企业带来利润及资金流。

水生木：水对应企业的财务金融管理，木对应企业的人力资源管理，企业利润的最大化可以促进人才的发展。

第二，相克关系的演变。

木克土：木对应企业的人力资源管理，土对应企业的生产、员工及客户，当企业的人力资源管理不善时会对企业的生产、员工及客户带来不利影响。

土克水：土对应企业的生产、员工及客户，水对应企业的财务金融管理，当企业的生产、员工及客户对企业不认可会造成企业利润下降。

水克火：水对应企业的财务金融管理，火对应企业的领导决策指挥系统，企业的财务金融管理不善，使企业的领导决策指挥系统难以有效的发挥。

火克金：火对应企业的领导决策指挥系统，金对应企业的营销、纪检安全，当企业的领导决策指挥错误，会带来企业的营销、纪检安全的问题。

金克木：金对应企业的营销、纪检安全，木对应企业的人力资源管理，企业的营销、纪检安全管理不善，制约企业人力资源发展。

总之，企业各系统之间的相互影响，可用五行生克制化的规律来阐释。但应从实际情况出发把握企业各管理系统间的相互影响的规律，从而使企业的发展步入良性的轨道。

第三节　自然辩证哲学对后世管理学术思维形成的影响

——"天人合一"思想与社会存在

一、中国历史文化精髓：社会发展哲学思想之"天人合一"

（一）"天人合一"理解：人类社会发展上的含义

在中国思想史上，"天人合一"是一个基本的信念。季羡林先生对其解释为：天，就是大自然；人，就是人类；合，就是互相理解，结成友谊。西方人总是企图以高度发展的科学技术征服自然掠夺自然，而东方先哲却告诫我们，人类只是天地万物中的一个部分，人与自然是息息相通的一体。"天人合一"的思想无处不在，甚至在中国特有的茶文化中，由盖、碗、托三件套组成的茶盏就分别代表了天、人、地的和谐统一、缺一不可。以"仁"为核心，"礼"为外观表现的儒学可以说是一种人学，其主要内容是讲为人之道，包括探讨人的本性、人生的价值、处理人际关系的原则等。儒家学说强调亲情仁爱，提出"血浓于水"、"老吾老以及人之老，幼吾幼以及人之幼"、"杀身成仁，舍生取义"等。比如中国人重团圆、以享受天伦之乐为人生之大喜，不像西方人那么讲求自我，有独立和冒险精神。

（二）"天人合一"思想起源：政治哲学思维

"天人合一"是中国古代的一种政治哲学思想。最早起源于春秋战国时期，经过董仲舒等学者的阐述，由宋明理学总结并明确提出。其基本思想是人类的政治、伦理等社会现象是自然的直接反映。

现代的中国哲学研究，几乎都认为"天人合一"是中国哲学的主要概念范畴。中国哲学中的"天人合一"观念，发源于周代，经过孟子的性天相通观点与董仲舒的人副天数说，到宋代的张载、二程而达到成熟。张载、二程发展了孟子学说，扬弃了董仲舒的粗陋形式，达到了新的理论水平。张载、二程的"天人合一"思想，分析起来，包括几个命题：

人是自然界的一部分。张载说："理不在人皆在物，人但物中之一物耳。"明确肯定人是一物。张载《西铭》说："天称父，地称母，予兹藐焉，乃浑然中处。"其主要意义是肯定人类是天地的产物即自然的产物。

自然界有普遍规律，人也服从这普遍规律。张载说："若阴阳之气，则循环迭至，聚散相荡，升降相求。此其所以屈伸无方，运行不息，莫或使之，不曰性命之理，谓之何哉？"阴阳相互作用相互推移的规律就是性命之理，自然界与人类遵循同一规律。

（三）人类道德准则与自然规律的一致性

人性即是天道，道德原则和自然规律是一致的。张载说："性与天道云者，易而已矣。"他认为性与天道具有同一内容，即是变易。程颐说："道与性一也。"又说："道未始有天人之别。"他认为天道、人性、人道是同一的，其内容即是理，也就是仁义礼智等道德原则。张程都肯定性与天道的同一性，但张载以为这道即是变易，程颐则以为道即是理，这是彼此不同的。

人生的理想是天人的调谐。这是《易传》提出的，以"范围天地之化而不过，曲成万物而不遗"为理想境界。张载、程颐亦接受这种观点，但是没有更详尽的发挥。

二、人类社会发展与管理：处理社会与自然发展协调关系

（一）人类社会与自然、宇宙协调发展相对完整的思想著述

关于人类应如何对待自然界，中国古代有如下几种典型性学说：一是庄子的因任自然（顺天）说，二是荀子的改造自然（制天）说，三是《易传》的天人调谐说。另外道家的老子将人类自然社会及宇宙协调发展的思想发展到了极致。

庄子的观点是消极的思想，荀子的观点是积极的思想。自从西方"戡天"（战胜自然）的思想传入中国后，荀子的学说受到高度赞扬。但是，如果一味讲"戡天"，也可能破坏自然。事实上自然界是人类生存的基础，如果盲目破坏自然，会引起破坏人类生存条件的严重后果。近年来人们强调保持生态平衡，是具有非常重要的意义的。《周易大传》主张"裁成天地之道，辅相天地之宜"、"范围天地之化而不过，曲成万物而不遗"，是一种全面的观点，既要改革自然，也要顺应自然；应调整自然使其符合人类的愿望，既不屈服于自然，也不破坏自然；以天人相互协调为理想。应该肯定，这种学说确实有很高的价值。

（二）从道家的"天人合一"的"大道"到人类社会治理思想的至高境界

1. 最早的管理思想

道家的源头则上溯至黄帝，所谓黄老之学，加之孔子本来就师承老子，就是在自己的学说里还是取之老子之道。道家早于儒家是确定无疑的。长期以来，儒家成为显家、官家，而道学处于隐学、民学的地位，孔孟思想的承结，多有经典文献，老庄之学的承结却比较少。可见，道家学说渗透到众家学说之中，寓于各派理论之中，恰恰说明道学应是中国乃至世界最早的管理思想。老子从直接否定天的权威为起点，立足理性思考，反对神创论，视"道"为根源性的存在，把"道"理解为宇宙间的最高法则、总规律，因而复始，从道出发，也以道回归。所以，我们说黄帝和老子是人类最先发现和运用宇宙真理的创始人①。

---

① 苏东水：《东方管理》，山西经济出版社 2003 年版。

2. 最深刻的人本管理思想

道家管理学说归根到底是对于人的生命的关怀，它揭示了生命的存在、如何存在、生命的意义，天地万物与人的关系以及怎样协调和合等基本问题，以求得人本身的完善。道家以人为根本出发点，勇敢地向人外之物宣战，将人与天地平等看待，以"天人合一"、"天、地、人一体"的思想，开辟了真正的理性人的发展道路。道家在高度概括人本思想的基础上，同时具体地指出了生活在现实世界和理想境界的人的价值取向，包括①：

（1）自爱精神。人只有靠自我爱护，"自爱，而不自贵"。自爱而不尊贵自我，不自私地去损害别人，那么，整个社会便能实现至爱。国家如能爱民、爱人，就可以不治而治，使民不争，民不盗，民不乱，达到"圣人之治"。人人自爱便能爱泽人人。

（2）自然精神。在人的生与死这一过程中，道家指出了人—地—天—道—自然，这样一个理性的途径，顺其自然，达到精神的逍遥、与道合一的自然境界。遵循自然规律，认识做人的道理，超越生死，珍惜生命，才能真正实现人对自由的向往和追求。

3. 人性的调节性与万物发展的统一②

（1）自理精神。人与自然、社会存在着普遍联系而且有其内在规律，那么，人应当具有自理精神。老子好喻水，"上善若水，水善利万物而不争"，水居下而迎上，宽容而柔弱，任何东西水皆能包容，水又可以被任何容器而改变自己的形状，既能容人，又能适人，这就是道家的阴柔品格。不与万物争斗而给其带来利益，虽然柔弱又非软弱可欺，"柔弱胜强"，内含无穷无尽、不可预测的内在力量。

（2）自强精神。"道之物，唯恍唯惚"，玄远状态是博大的基础，虚怀若谷，容纳一切，一视同仁，博大正是自强精神的体现。自强便能以柔克刚、以弱胜强、强中更强。宇宙之间，"道大，天大，地大，人亦大。国中有四大，而人居一焉"，在此四大中，人是最重要的，天、地无人，谁知其为大；道之所以大，是以人大而存在。这样，人的地位、价值、意义在与道、天、地的比较中得以彰显。

三、《易经》思想与万源归一

《易经》是我国最早的有文字记载的辩证哲学，其中包含了丰富的管理思想。它对我国百家思想的形成都具有指导价值。《周易》在人类与自然、宇宙协调发展上，从万物之源太极开始，进入万物的演化，形成复杂斑驳的人类世界。

在万物运行中它强调平衡、和睦、互补，平衡即阴阳平衡，无论阴阳哪一方过盛，都会带来动荡。和睦实质上是指在社会组织中，人心与人情应当建立在共同意愿的基础上，互相补充，互相促进，既表现出人的主观积极作用，又不违背自然法则，即重视人的价值观念。

另外，《易经》关于社会组织的构成所提到的"元永贞"是指为了永久和睦合作过

①② 苏东水：《东方管理》，山西经济出版社 2003 年版。

程中的"社会人"的概念。20 世纪 30 年代梅奥的人际关系学说，第一次提出了"社会人"的观念。在梅奥的眼中，人本管理不是局限在技术和经济的管理，同时管理者与被管理者的"友情"这种人际关系的调整也是非常必要的。梅奥的观点以及后来麦戈雷格的行为科学的观点与《易经》比卦的人本观点具有一定的融通性。

第三章 《周易》生态、和谐观念与管理思想

第一节 《易经》人文辩证哲学思维：古代哲学的最重要经典

一、《易经》——古代哲学的最重要经典

(一)《周易》思想的历史地位：人文辩证思维开端

《易经》是中国古代一部神秘的著作，甚至在哲学理念上，它引导了人文社会科学的发展，影响了我国包括儒、道、兵、医、五行等各家的人文思想、管理与发展的思想，它融合了各家之言，指导其对宇宙自然与社会的认识。这些思想的形成都受到《周易》哲学辩证思维的影响。从而《易经》也就成了中国人文辩证思想体系思维的开端。

(二)《易经》哲学体系的形成：对历代政治、经济与军事思想具有指导意义

关于《易经》的形成，《史记》载"文王拘而演周易"，故古人多依司马迁之说而认同《易经》乃周文王所著，今人则有不同观点。由于成书很早，文字含义随时代演变，《易经》的内容在春秋战国时便已不易读懂，为此古人专门撰写了《易传》以解读《易经》。今天我们所说的"周易"通常指《易经》和《易传》二者的结合。占卜之书的性质并不能掩盖《易经》作为一部伟大著作的价值。占卜起源于人类解释世界的渴望，哲学的萌芽从原始宗教中生发出来，《易经》为此提供了很好的例证。中国哲学中阴阳相生相克、对立统一的基础理论，便是根植于《易经》。后人从《易经》中发展出了复杂的哲学系统，儒家和道教的学说均明显受到《易经》的影响。今人更是从《易经》中解读出哲学、政治、历史、军事、民俗等诸多方面的研究价值。

二、《易经》哲学体系研究两个历史学派：义理派与象数派

（一）《易经》哲学体系研究两个历史学派

《易》被其后的诸多研究者所推崇，许多《易》学研究者都是当时公认的渊博学者。研究《周易》的大致可分为两个学派：义理派和象数派。义理派注重发掘《周易》的哲学价值，象数派则着重将《周易》用于占卜。前者如东汉王弼、北宋程颐，后者如西汉京房、北宋邵雍。像广为人知的河图洛书、太极图（含阴阳鱼的圆形图案）等，都是《易经》原著中没有、后人根据对《易经》的理解添加进去的。

《易》的流传也是磨难诸多，几乎淹没于历史中。秦始皇焚书坑儒之时，李斯偷偷将《易经》列入医术占卜之书而得以幸免。根据《周礼》的记载，占卜有"三易之法"，《易经》只是其中之一，另两部《连山》、《归藏》均已失传。

（二）八卦与《周易》的哲学体系的关系

八卦是《易经》的基本哲学概念，来源有二：一是中国古代的阴阳学说，所谓"无极生有极，有极生太极，太极生两仪（即阴阳），两仪生四象（即少阳，太阳，少阴，太阴），四象演八卦，八八六十四卦"，此为伏羲八卦，也叫先天八卦；二是周文王的乾坤学说，他认为先有天地，天地相交而生成万物，天即乾，地即坤，八卦其余六卦皆为其子女：震为长男，坎为中男，艮（gèn）为少男；巽（xun）为长女，离为中女，兑为少女，是为文王八卦，又称后天八卦。八卦乃由三爻演变而成。

八卦代表了早期中国《易经》朴素的哲学思想，对中国的文化和人文产生了深远影响，甚至还涉及中医、武术等方面。但到汉唐以后被修道者和炼金术士使用，逐渐向风水等预测未来的方向发展，开始走上另一条发展道路。

三、《易》学与《易经》和《易传》

《易》学包括《易经》与《易传》，就两者分别而论，《易经》的成书年代古老，从其文字的生僻程度看，至少比春秋要早，具体年代已不易考证，有说西周初的，有说西周末的。《易经》六十四卦体例完整和谐不可分割，文字风格前后一致，当属一气呵成，而非几个时代的断续之作。只是其中的卦画（即八卦和六十四卦的画法，不含文字），有可能是更早时流传下来的。

与《易经》相比，《易传》的文字则明显好懂得多，有古文基础的现代人就可通读。同时《易传》的不同篇目，甚至同一篇目中不同章节运用文字的风格及内容观点也明显多变，可能不是一时一人所写。关于《易传》的作者，《史记》载为孔子，今人有认为其成书于战国时期或秦汉的，也有认为是后人在孔子原《易传》的基础上添加修改而成的，各种观点不一而足。不过无可否认的是，《易传》中多有儒家观点出现，并且努力寻找《易经》的道德伦理价值。有时读起来会感觉《易传》并不是那么"忠实于原著"的，不过总的来说还是要感谢《易传》的，假如没有它的解释，《易经》就真成了一部彻头彻尾的天书了。

第二节 《周易》社会和谐管理思想①

一、《周易》与人文社会和谐文化

《易》是中国优秀的民族文化遗产。单纯从《周易》的文本出发做文字解读，由此来理解其社会价值是远远不够的。就是说，它对后世文人及政客治国思想的指导价值，特别是其对后世各代人文思想流派的形成与发展的指导意义，远不是由其文辞读解或无稽的义理发挥可以阐述的。

《易传》文本内容的理解。相传为孔子所作的《易传》，是迄今为止现存的最全面阐释《周易》义理的最早论著，有如一部权威的《周易》教材，分成七章（共七种十篇，亦称《十翼》）全面系统地介绍《周易》的创作历史、义理思想、解读义例、运用功能等，已经成为后世学人理解《周易》的必读书，成为《周易》学说的重要组成部分。有鉴于此，我们既要充分认识到《易传》文本思想的重要性，又要把《易传》与《易经》严格区分②，避免产生以传代经或读传忘经的错误做法。从文本内容看，《易传》明显蕴含着深刻的哲理思想，许多文句生动浅显，饶有哲思，容易发人深省；而《易经》大多是片言只语、佶屈聱牙的卦爻辞，尽管文辞中富有生动的形象及其象征意蕴，但却扑朔迷离，很难为一般人所理解。尽管《易传》中没有直接以"和谐"的字句申论，但与"和谐"意思相关的论述还是不少的。比较明显的，如《乾·象传》"保合太和"，《乾·文言传》"利者义之和也"、"利物足以和义"、"夫大人者，与天地合其德，与日月合其明，与四时合其序，与鬼神合其吉凶"，《周易·系辞下传》"阴阳合德，而刚柔有体。以体天地之撰，以通神明之德"、"履，和而至……履以和行"等，都强调了和合思想的重要性。比较隐晦的，就是要根据传文的思想再进行贯通和理解，如《系辞上传》"君子之道，或出或处，或默或语。二人同心，其利断金。同心之言，其臭如兰"，以"同心"论"同人"和谐相处的"君子之道"；如《系辞下传》"易穷则变，变则通，通则久"、"《易》之为书也不可远，为道也屡迁，变动不居，周流六虚，上下无常，刚柔相易，不可为典要，唯变所适"，以变化的道理示人不断调整自身趋于和谐的"变易之道"。需要加以理解和发挥的，如《说卦传》"昔者圣人之作《易》也，将以顺性命之理，是以立天之道，曰阴与阳；立地之道，曰柔与刚；立人之道，曰仁与义。兼三才而两之，故《易》六画而成卦；分阴分阳，迭用柔刚，故《易》六位而成章"，所论及的天、地、人三才之道，就是人与天地自然共生共荣的"和谐之

① 苏东水：《世界管理论坛暨东方管理论坛论文集》（2007），第174页。
② 相传先秦时期出现过三部《易经》：一曰《连山》，二曰《归藏》，三曰《周易》。此《周易》是指"文王拘而演《周易》"时的《易经》，是属于诞生在殷末周初的《易经》，没有包含《易传》。但是，秦汉以来，由于《易传》被尊崇并与《易经》（即《周易》）合为一书，也统称为《周易》，致使《周易》书名的含义容易被人误解。为了尊重史实，本书中所论的《周易》既指相传为文王所作的《易经》，也指包括《易经》、《易传》的合编本。具体的区分，只能根据语境来作理解，而非一概而论。

道"。更值得深入理解和感悟的，如《乾·文言传》"终日乾乾，与时偕行"、《损·象传》"损刚益柔有时，损益盈虚，与时偕行"、《益·象传》"凡益之道，与时偕行"，强调"时"的重要性，指出人与时相随相适的"和谐之道"。总体来看，《易传》是非常注重"和谐"的，既注重个人身心的和谐，又注重同人相处的和谐；既注重人类与天地自然万物的和谐，又注重人在不同阶段与时俱进的和谐。可以说，即使是以今天的和谐理论来反观《易传》的思想蕴涵，也都能找到相同或相似的基本观点。

二、《易经》辩证哲学的分析机理

1. 《易经》的卦爻卜辞的理解

《易传》的思想并不是凭空杜撰的，其主要思想就是来源于对《易经》卦爻辞的阐释，是透过卦爻辞的象征形象并联系人生实际而对其中蕴含哲理的揭示。因此，理解《周易》与和谐文化也离不开对卦爻辞的解读。笼统地说，《周易》中的六十四则卦辞和三百八十六则爻辞（包括"用九"、"用六"），都是强调和谐思想的。不妨以《比》卦爻辞为例，说明《易传》与《易经》的思想联系。

卦辞："比：吉。原筮元永贞，无咎。不宁方来，后夫凶。"

《彖》曰："比，吉也。比，辅也，下顺从也。'原筮元永贞，无咎'，以刚中也。'不宁方来'，上下应也。'后夫凶'，其道穷也。"

《象》曰："先王以建万国，亲诸侯。"

初六爻辞："有孚比之，无咎；有孚盈缶，终来有它，吉。"

《象》曰："《比》之初六，有它吉也。"

六二爻辞："比之自内，贞吉。"

《象》曰："'比之自内'，不自失也。"

六三爻辞："比之匪人。"

《象》曰："'比之匪人'，不亦伤乎？"

六四爻辞："外比之，贞吉。"

《象》曰："外比于贤，以从上也。"

九五爻辞："显比；王用三驱，失前禽，邑人不诫，吉。"

《象》曰："'显比'之吉，位正中也；舍逆取顺，失前禽也；邑人不诫，上使中也。"

上六爻辞："比之无首，凶。"

《象》曰："'比之无首'，无所终也。"

比卦，坤下坎上。从阴阳的关系看，是一阳与五阴的比邻相辅关系。因阳爻在五位，居中且正，处于一卦之主的地位，故此卦的阴阳关系象征为阳主阴从的比辅关系。既然是阳主阴从的比辅关系，要想趋于和谐，只有以下从上、上下相应才能趋吉避凶、免于咎害。不难发现，《彖传》、《象传》正是从这个角度来阐释《比》卦爻辞义理的。卦辞分别有"吉"、"无咎"、"凶"三种不同结果，充分体现与主上比辅的三种不同态度，说明与主上关系和谐的重要性。初六爻辞"吉"，是因"有孚比之"，即与人交往贵在诚信，越有诚信的交往关系就越和谐，也就有吉利的结果。六二爻辞"贞吉"，是因"自内"柔顺中正，即与人交往贵在正直谦顺，能与人交心则关系自然和谐而又吉利。六三爻辞虽不言吉凶，但因"比之匪人"，即与小人交往很难心心相印，也就难以和谐相处，其结果凶多吉少是不言可知的。六四爻辞"贞吉"，是因以柔顺"外比之"九五卦主而得其正，即与正直的对象交往也能使关系更加和谐，从而因柔得正而趋吉。九五爻辞"吉"，是因"显比"之主能顺从和谐之道，即与人交往能大公无私，如天子狩猎不合围而网开一面，使生物得以繁衍而不灭绝。上六爻辞"凶"，是因"比之无首"，即与人交往不能善始善终，不能持守中正诚信之道，则彼此关系必将出现不和谐而致"凶"。从《比》卦爻辞与其对应的《彖传》、《象传》所揭示的义理分析过程可以发现，《易传》的思想不仅与《易经》卦爻辞密切相关，而且大多以阴阳关系是否和谐为标准来评判吉凶休咎。

2. 《易经》的卦爻符号的理解

《易经》的卦爻符号主要是由阴爻和阳爻重叠而成的，意在说明阴阳之间的关系，来源于圣人的"观物取象"；而《易经》的卦爻辞就是对阴阳爻组合而成的卦象进行生动形象的解释，也是为了说明阴阳之间的关系，来源于圣人的"观象系辞"。从根本上说，卦爻符号与卦爻辞存在着对应的关系，有着共同的义理指向。有所不同的是，卦爻符号指称的意义是相对模糊和隐晦，不如卦爻辞蕴含义理的相对固定和清晰。换句话说，卦爻符号与卦爻辞尽管在表面上是符号与语言的区别，实际上都是符号或意象的一种。依此而论，我们对《周易》学说的理解，不仅要由《易传》来理解《易经》，更要懂得突破语言的藩篱进入对卦爻符号的理解，也就是对阴阳两爻之间关系的理解。否则，我们难免会被经传的文本内容所束缚，乃至被经传写作时期的思想观念所束缚，而大大妨碍了对《易经》作者所遇到的根本问题的深入思考。从这个角度看，不论是《易传》，还是《易经》的卦爻辞及其对应的卦爻符号，都只是对阴阳关系问题所作思考的一种答案而已，未必就是正确的答案，或者说这种答案的正确性是具有一定时间性的，未必能适合古往今来的任何时代。这从先秦时期相传夏、商、周三代各有不同卦序和文辞内容的《易经》版本，或许能够很好地说明问题。值得我们思考的是，《周易》既强调阳尊阴卑，又追求阴阳关系的和谐，并以是否合乎那种"和谐"的规则作为评判吉凶等级的主要标准，究竟在多大程度上合乎天理，或者说是符合人类社会演变的规律，或者说是符合当时社会发展的客观情况？而在今天，当阳尊阴卑的思想观念逐渐被这个祖先前辈曾饱受《周易》学说影响的当代中国人所淡化的同时，又该如何来理解阴阳之间的关系，才能使之达到时人所希望的某种最大程度的和谐？作这样的思考，与其说是对《周易》经传的挑战，不如说是借助《周易》学说对真理问题作继续思考。倘若我们不能从真理的意义上来理解"和谐"，那么我们所构想的和谐社会就不可能是完全真实的，我们所构建的和谐社会也就不可能是真正持久的。也许《周易》的作者早已认识到这个问题的关键所在，所以他们并不拘泥于语言文字层面的"和谐"思想理论，而是从变化的角度充分理解阴阳之间的复杂关系，指出运用"与时偕行"的思维方式来不断调整阴阳关系，使之在动态的发展过程中不断趋于和谐和平衡。理解这一点，我们就可以抛开许多由语言文字组合而成的传统思想观念，直接思考阴阳之间的关系问题，并运用平衡阴阳的基本理论与时代发展中具体的实际相结合，不断处理和解决人类社会生活中出现的各种问题，引领人类生存、生产、生活中日益走向和谐。

三、《易经》的研究成果：哲学思想研究与应用

1. 《易经》研究成果的理解

对阴阳关系问题的理解，看似简单，其实是困难和复杂的。圣人"观物取象"，尽管是人类思维的重大飞跃，但从文明史的进程来看，这仅仅是初步的智慧萌芽，是许多经验梳理总结的简单结果。圣人"观象制器"、"观象系辞"，乃至《易经》和《易传》的成书，无疑是我们祖先在阴阳关系问题思考上的重大进步，尽管也经历了数千年的思考和总结，但由于人类思维的局限性，这些思考的结晶从某种意义上仍是初步和粗疏的，并不能完全解决人类所面临的各种生存和生活问题。由于问题的存在，促使历朝历代的学人沿着先贤的学说线索思考解决问题的出路。于是，研究《易经》的成果日益增多。纵观中国易学发展史，孔子之前的情况因缺乏史料记载而鲜有定说，孔子之后的易学研究虽然有一定的传承路径，但随着时间的推移，后学思想与日俱增，至今也仍难定是非。不管怎么说，秦汉以来的易学研究成果，表面上与《周易》经传的内容有所差别，实际上所关注的问题从根本上说仍是对阴阳关系的理解。运用发展的观点看，虽然不能以为后世易学研究超越了先秦的《周易》学说，但无疑是对同样问题理解的深化和细化，或者说是打上不同时期思想观念的烙印，或者说是由于问题表象的变化而产生各种变异的理解。从这些角度看，举凡各种与《周易》经传思想或思维相关的各种研究成果，都有助于我们重新理解阴阳关系如何和谐的问题，都应该引起我们在研究《周易》与和谐文化时的充分重视。当然，要做到这一点是相当困难的。由于以往的研究成果既多且杂，良莠不齐，难辨是非，加上语言方面的障碍，都会导致许多研究者望而却步，或是浅尝辄止，或是全盘抛弃。然而，一旦我们的学术视野中忽视了对以往研究成果的扬弃，就有可能多走弯路，甚至是迷失在历史长河中而无所适从。

2. 《易经》相关学说的研究与理解

从实际情况来看，与《易经》相关的学说确实有助于我们对阴阳关系问题的理解。比如，众所皆知的太极图，一幅并不复杂的黑白图，充分说明了阴阳之间的关系——对立统一、整体对待、互相包含、互相依存、互相转化、互为其根等，只要作简明扼要的解说就可以把烦琐复杂的易学思想内容揭示出来。明于此，我们就能理解民国时期著名易学家杭辛斋《易楔》中所说："学者先辨图书，识其阴阳生化之原，奇偶交变之义，而后观象玩辞，有所准的，不致眩惑歧误而靡所适从，亦事半功倍之一道焉。"同理，倘若我们能够有效地借鉴以往的相关学说，紧密围绕最根本的阴阳关系问题展开思考，就能够不断推陈出新，产生出有利于不同时期趋于和谐的理论思想，真正达到《易传》提出的"与时偕行"的理想境界。值得我们注意的是，在援引相关学说的同时，切不可本末倒置，把相关学说简单等同于《周易》学说，甚至是完全遮蔽了《周易》学说本来面目及其源流演变。

第三节　《周易》社会发展的自然生态观的现代价值[①]

一、《周易》中蕴含的生态思想

关于《周易》中蕴含的生态思想，已有不少论者谈及。杨文衡《易学与生态环境》一书中对生态思想的阐发，是比较全面系统的。对此，他主要从三个方面加以归纳和概括：

（一）易学生态观

他认为易学的生态观主要体现在五个方面：

（1）化生说。即万物是天地互相感应发生变化生成的。

（2）物质运动说。即万物是在物质运动变化中生成的。

（3）周期说。即生态有一个过程，有生—旺—衰—死的周期规律。

（4）生生不息说。即生命形成以后，就一代一代地繁衍、发展。在繁衍过程中，一些种类灭绝了，但新的种类又会产生。一种生态平衡被打破后，又会出现新的生态平衡。

（5）"方以类聚，物以群分"的生物分类说。即天下万事万物以门类相聚合，世界上各种生物以群体相区分。

（二）易学环境观

他认为易学的环境观主要体现在五个方面：

（1）"辨物居方"的生境观。即只有为不同的生物选择合适的生态环境，令物各当其所，才能万事可成。

（2）重视土地的环境观。即把大地当做母亲，并加以重视和保护。

（3）"养而不穷"的水环境观。即明确指出水养生命，功德无穷无尽。

（4）环境整治观。即污染的环境可以通过整治变成好环境。

（5）易学的环境因素观。即八卦所象征的基本物质是构成环境的因素，与生态环境密切相关。

（三）易学自然观

他认为易学的自然观体现在两个方面：

（1）"天人合一"自然观。即体现在来源于爻位与筮法的"三才论"。

（2）"太和"观。即主张自然界和谐统一，持续发展。为能更全面地理解《周易》

① 苏东水：《世界管理论坛暨东方管理论坛论文集》（2007），第174页。

学说中的生态和谐思想，我们试图在杨文衡研究的基础上再谈一些粗浅的想法。

　　从总体上看，《周易》的思想倾向于以人为中心来面对自然，把"自然"理解成"天地"，把人与自然的关系理解成"三才"（天、地、人）之道，把"三才"之间的相依相宜相生理解成"和谐"。在《易传》中，《彖传》"大哉乾元！万物资始，乃统天"、"至哉坤元，万物资生，乃顺承天"体现的是天地感应而化生万物的思想；《系辞下传》"《易》之为书也，广大悉备：有天道焉，有人道焉，有地道焉。兼三才而两之，故六；六者，非它也，三才之道也"体现的是天、地、人"三才"相兼相生的思想；《乾·文言传》"夫大人者，与天地合其德，与日月合其明，与四时合其序，与鬼神合其吉凶……而况于鬼神乎"则描述了"天人合一"的理想境界。《周易·乾卦·象传》还提出"乾道变化，各正性命。保合太和，乃利贞"的思想。简而言之，《易传》是以整体和谐的思想来阐释《易经》义理的，对我们今天理解和把握生态和谐的思想无疑仍具有一定的指导作用和现实意义。值得继续思考的问题是，宇宙间万事万物在发展变化中，经常处于一种互相矛盾甚至是激烈冲突的不和谐状态中，如何才能达到整体和谐呢？

二、《易经》关于社稷发展的哲理：顺应规律，因地制宜

（一）顺应天时

　　人与自然的发展变化都有一定的周期性，是受时间规律支配的。人类只有掌握万事万物变化的时间规律，才能使人与自然都得到协调发展。《尚书·尧典》说："乃命羲和，钦若昊天，历象日月星辰，敬授民时。"可见，我们的祖先很早以前就懂得通过时间历法来了解和利用大自然。《周易》中除了《革卦·象传》说"君子以治历明时"，还多次强调"时之义大矣哉"，告诫人们要懂得"顺天应人"，把握最佳时机，做到见机行事，"与时偕行"。可见，《周易》作者已经充分意识到事物变化具有一定的时间规律性，而且主张人必须善于顺应时间规律，才能协调好人与天地自然的关系从而获得持续性的发展。如果我们能够对这条原则加以灵活运用，遵循时间发展的规律，不断调整人类自身的状态以适应时代的发展，那么也就不会偏离和谐之道。

（二）因地制宜

　　呈现在人类面前的大自然，除了让人感受到朝朝暮暮、四季交替的时间规律外，最为鲜明的视野就是能够容纳有形物体的广阔空间——大地。从古至今，与人类亲密接触的大地一直被视为大自然的代表，受到人们的重视和赞美。《周易·坤卦·象传》曰："坤厚载物，德合无疆；含弘光大，品物咸亨。"充分展示了对土地的赞美和热爱。我们的祖先似乎也因此意识到，人类只有合理利用土地才能更好地处理与自然的关系。《周易·系辞下传》曰："观鸟兽之文，与地之宜。"所谓"与地之宜"，就是指种种事物只有与土地相适宜才能生长繁殖。这些都说明先秦时期人们已认识到生物与土地的关系，并提倡"因地制宜"的生态观，这种思想一直影响到现在。古代中国是农业型的社会，比较强调土地在农业生产方面的重要性，但从根本上说是意识到了土地对于人类

生存和发展的重要性。在今天，我们生活中许多习以为常的思想，如"大地是人类的母亲"、"人类只有一个地球"、"合理开发土地"、"寸土寸金"等，实际上乃是对《周易》文化中"因地制宜"观念的延续与更新。因此，"因地制宜"所要解决的也是人类如何与自然保持和谐关系的问题。

（三）节制简朴

人类的生存与发展，是一个不断消耗自然资源的过程。大自然虽然地大物博，但也不是取之不尽、用之不竭的。从长远的眼光看，人类只有节制取用自然资源的行为，才能保护好自然生态。《周易·节卦·象传》说："节，亨。刚柔分而刚得中。苦节不可……天地节而四时成；节以制度，不伤财，不害民。"即认为合乎规律的节制，才有利于事物的发展。《周易·比卦》九五爻辞曰："王用三驱，失前禽，邑人不诫，吉。"即认为捕猎时不能四面包围，应该网开一面，才能使自然生物资源得到保护。

可见，《周易》中的生态和谐思想，全面系统，言简意赅，根深蒂固，影响深远，不仅直接包容了许多主张人与自然和谐的思想，而且包含许多解决生态问题的智慧，无疑是当代中国人处理自然生态问题的重要思想来源之一，值得我们加以重视、研究和运用。

第二篇

中国管理学主要学术
流派的产生

第四章　中国管理思想的人文哲学来源

春秋战国是一个社会剧烈动荡的年代，那个年代礼崩乐坏，有识之士纷纷起而著书立说，提出自己的治国之道。一时百家争鸣，诚如庄子所言："天下大乱，圣贤不明，道德不一。"隐藏在这一现象背后的是社会构成对比发生的一系列变化，各诸侯、新兴势力崛起，其内外矛盾在不同程度上激化，传统士大夫阶层利益受到威胁。社会动荡使得礼治、德治、法治成为学术争论的焦点之一，而名家思想就产生于这样的背景之下。

第一节　春秋战国时期的人文哲学思想家：代表人物与管理思想

一、孔子

孔子（公元前551年至公元前479年，春秋时期）是中国历史上著名的思想家、教育家、政治家，也是儒家学派的创始人，他的思想对中华民族的文化、心理特点、伦理道德等方面影响很大，在世界上也很有影响。

1. 孔子的生平

孔子，名丘，字仲尼。春秋时期鲁国人。人们尊敬地称他为"孔夫子"、"夫子"。孔子出生在公元前551年当时鲁国（今中国东部山东曲阜）的一个没落贵族家庭。孔子3岁时父亲去世，后来母亲也去世了。他的少年时代是贫困的，他管理过仓库，也看管过牛羊。孔子很喜欢读书，他认真地学习礼、乐、射、御、书、数六艺。学习刻苦而又虚心。他学习礼，就到很远的洛邑（今洛阳），请教学问很大的老子。他在齐国听到古代音乐的演奏，就专心学习，竟然达到"三月不知肉味"的程度。这样，孔子逐渐成为学问广博的学者。那时候，很多读书人愿拜孔子为师，于是，孔子就创办了私学。

孔子50岁时在鲁国做了官，他当官时间不长，却把鲁国治理得非常好，表现了他的政治才能。不久，孔子对昏庸的鲁国国君十分失望，就不做官了，带着他的学生周游各个诸侯国，宣传他的政治主张，希望各国的国君能采用他的意见。可是，他辛辛苦苦奔走了十几年，各国国君都不用他，他只好又回到鲁国。那时他已经68岁了。

孔子晚年仍不停地工作，一面继续讲学，一面整理古书。据说，他整理了《诗经》、《尚书》等几部书，还对鲁国史书《春秋》作了修订。孔子整理古书，对中国古代文化的保存和传播作出了贡献。

公元前 479 年，73 岁的孔子死在鲁国。他死后第二年，鲁国国君把孔子的家改建成庙，这就是孔庙。孔庙后来成了历代帝王祭祖的地方。

2. 孔子的政治思想："仁"治与社会秩序

孔子是一位大思想家。不过在当时，他的政治思想基本上是保守的。孔子所处的时代，奴隶社会正向封建社会转变，周王的势力越来越小，诸侯国的力量却越来越大。各诸侯国不听周王的命令，诸侯国之间经常发生战争。孔子对这种现实很不满意，他的理想是建立一个统一强大的王朝。他比较喜欢西周的奴隶制度，要求人们按"周礼"所规定的君臣父子的尊卑等级制度办事，这在当时只能是一种空想。

孔子思想的核心是"仁"。孔子特别强调"仁"，他说"仁"就是爱人。具体来说，"仁"就是孝悌和忠恕。孔子认为孝悌是家庭生活中最大的事，人应该对长辈孝（尊敬、服从），对平辈和下辈悌（友爱）；忠恕是社会生活中最大的事，人应该对上级忠（忠诚），对同级和下级恕（宽恕）。孔子的"仁"还认为统治阶级互相亲爱、互相合作。同时，要求统治阶级要爱惜民力，不要过度剥削人民。

可以看出，孔子很重视人的道德修养和人与人之间的和睦关系。这种"仁"的思想，实际上就是"和"的精神。"和"是中国传统文化的一个非常重要的特征。孔子重视人和现实生活。有一次马棚失火，孔子先问人烧伤没有，而没先问马的死活。孔子不相信鬼神，认为世间的一切事情都要由人去做。孔子的这种开明思想，对中国文化产生了深远的影响。

3. 孔子的教育管理思想：有教无类与因材施教的社会治理思想

孔子是个大教育家，又是当时杰出的教育管理思想家与教育活动家，他在中国教育史上占有重要的地位。

在奴隶社会只有贵族子弟才能享受文化教育，孔子认为这样太不公平，他认为每个人都有接受文化教育的权利。孔子创办私学，学生有贵族子弟，也有平民，据说他的学生有 3000 人，其中最优秀的有 72 人。孔子讲学的地方，有庭院、卧室、讲堂、郊外，有时在旅途的马车上就讲起学问来。他和学生一起生活，勤勤恳恳地教育学生，得到学生的尊敬。

孔子的教育思想非常丰富。他教育学生，只有通过艰苦的学习才能学到知识。他说"我非生而知之者"，意思是连我这个老师也不是刚出生就有学问的人。他要求学生学习要有老老实实的态度，"知之为知之，不知为不知"，就是说不要不懂装懂。他提倡"学而时习之"、"温故而知新"，意思是反复温习以前学的知识，才能获得新知识。他还用"三人行，必有我师"这个比喻，教育学生要虚心向别人学习。

在教学方法上，孔子提出了"因材施教"的主张，根据每个学生的不同特点、不同水平，采用不同的教学方法。孔子的这些教育思想和教学方法记载在《论语》一书中，这些可贵的教育方法，对今天的教学仍有一定的意义。

孔子重视学问，但是看不起生产劳动，他反对学生耕田种菜，认为这些事是没有出息的，这是不对的。

孔子死后一百多年，孟子继承了他的思想和学说。孟子也像孔子一样，从事教育、广收学生，周游各个国家。后世把他们合称"孔孟"。孔子和孟子的儒家思想，后来在封建社会被统治阶级利用，成为维护封建制度和统治人民的精神工具，并成为封建社会的正统思想，孔子因此也成为封建时代的大圣人，受到人们的崇拜。

二、老子

1. 老子生平

老子（公元前 570 年左右至公元前 471 年左右，春秋时期），姓李名耳，字伯阳，有人又称老聃。相传生活在春秋时期。道家学派创始人。在道教中，老子是一个很重要的神仙，被称为太上老君。

老子的籍贯是楚国苦县（今河南省周口市鹿邑县）厉乡曲仁里，鹿邑县境内仍有"老君台"遗址。老子曾经做周朝的守藏史，管理周朝的国家藏书。据说孔子曾向他学习礼法。后西出函关，幸被关令尹喜叫住，留下千言《道德经》才放行，不知所终。

2. 主要思想成就：修身与治国

老子作品的精华是朴素的辩证法。例如名句："祸兮，福之所倚；福兮，祸之所伏。物或损之而益，或益之而损"。虽然他的作品中存在许多时代的局限，但是这部流传 2000 年的《道德经》，的确是跨时代的作品。在不同的时代，这部作品会被解释出不同的含义。有人曾统计，《道德经》是仅次于基督教《圣经》被翻译语言最多的一部作品。《圣经》是传教士主动翻译的，这部作品则是被许多民族欣赏而自行翻译的。

在修身方面，老子是道家性命双修的始祖，讲究虚心实腹、不与人争的修持。在政治上，老子主张无为而治、不言之教。在权术上，老子讲究物极必反之理。其主要著作《道德经》，也叫《老子》。

3. 道教中的老子

在我国道教中老子被尊为道祖。从《列仙传》开始，把老子列为神仙，还说老子重视房中术。东汉时期，成都人王阜撰《老子圣母碑》，把老子和道合而为一，视老子为化生天地的神灵。成就了道教创世说的雏形。而在汉桓帝时，汉桓帝更是亲自祭祀老子，把老子当做仙道之祖。

三、墨子

1. 墨子生平

墨子名翟（约公元前 468 年至公元前 376 年，春秋战国时期）。生卒不能肯定是哪年，大概是在公元前 468 年至公元前 376 年，春秋战国时思想家、政治家，墨家创始人。相传原为宋国人，后长期住在鲁国。曾学习儒术，因不满"礼"之烦琐，另立新说，聚徒讲学，成为儒家的主要反对派。

2. 墨子学说的管理主张：承殷周传统，"兼相爱，交相利"与"尚贤"、"尚同"

其"天志"、"明鬼"学说，承袭殷周传统思想形式，但增入"非命"与"兼爱"等内容，反对儒家的"天命"和"爱有差等"说，以为"执有命"是"天下之大害"，力主"兼相爱，交相利"，不应有亲疏贵贱之别。处世奉行"摩顶放踵，利天下为之"精神。其"非攻"思想，反映当时人民反对战争的意向，其"非乐"、"节用"、"节葬"等主张，为反对贵族"繁饰礼乐"和奢侈享乐生活。又重视生产，强调"赖其力者生，不赖其力者不生"①，并提出"尚贤"、"尚同"等政治主张，以为"官无常贵，民无终贱"，"必使饥者得食，寒者得衣，劳者得息，乱则得治"。弟子众多，以"兴天下之利，除天下之害"为教育目的，尤重艰苦实践，服从纪律。墨学于当时对思想界影响很大，与儒家并称"显学"。

四、韩非子

韩非子生活于战国末期，为中国古代著名思想家，法家的代表人物。

韩非（约公元前280年至公元前233年）是韩国的贵族，"喜刑名法术之学"，后世称他为韩非子。他和李斯都是荀子的弟子。当时韩国很弱，常受邻国的欺凌，他多次向韩王提出富强的计策，但未被韩王采纳。韩非写了《孤愤》、《五蠹》等一系列文章，这些作品后来集为《韩非子》一书。秦王嬴政读了韩非的文章，极为赞赏。公元前234年，韩非作为韩国的使臣来到秦国，上书秦王，劝其先伐赵而缓伐韩。李斯妒忌韩非的才能，与姚贾一起进谗加以陷害，韩非被迫服毒自杀。

韩非注意研究历史，认为历史是不断发展进步的。他认为如果当今之世还赞美"尧、舜、汤、武之道"，"必为新圣笑矣"。因此他主张"不期修古，不法常可"，"世异则事异"，"事异则备变"②，要根据今天的实际来制定政策。他的历史观，为当时地主阶级的改革提供了理论根据。

韩非继承和总结了战国时期法家的思想和实践，提出了君主专制中央集权的理论。他主张"事在四方，要在中央；圣人执要，四方来效"③，国家的大权，要集中在君主（"圣人"）一人手里，君主必须有权有势，才能治理天下，"万乘之主，千乘之君，所以制天下而征诸侯者，以其威势也"④。为此，君主应该使用各种手段清除世袭的奴隶主贵族，"散其党"，"夺其辅"⑤；同时，选拔一批经过实践锻炼的封建官吏来取代他们，"宰相必起于州部，猛将必发于卒伍"⑥。韩非还主张改革和实行法治，要求"废先王之教"⑦，"以法为教"⑧。他强调制定了"法"，就要严格执行，任何人也不能例外，做到"法不阿贵"、"刑过不避大臣，赏善不遗匹夫"⑨。他还认为只有实行严刑重罚，人民才会顺从，社会才能安定，封建统治才能巩固。韩非的这些主张，反映了新兴封建地主阶级的利益和要求，为结束诸侯割据，建立统一的中央集权的封建国家，提供了理论依据。秦始皇统一中国后采取的许多政治措施，就是韩非理论的应用和发展。

---

① 《墨子·非乐（上）》。
②⑧ 《韩非子·五蠹》。
③ 《韩非子·物权》。
④ 《韩非子·人主》。
⑤ 《韩非子·主道》。
⑥ 《韩非子·显学》。
⑦ 《韩非子·问田》。
⑨ 《韩非子·有度》

五、公孙龙与名家

公孙龙（公元前320年至公元前250年），是名家的代表人物，他最有名的辩论是"白马非马"的假说。公孙龙说："白马为非马者，言白所以名色，言马所以名形也；色非形，形非色也。夫言色则形不当与，言形则色不宜从，今合以为物，非也。"

公孙龙的"白马非马"这个命题，以及他的关于这个命题的辩论，也反映辩证法中的一个重要问题——同一性与差别性的关系的问题。

个别与一般这两个对立面有矛盾又有统一，所以"白马是马"这个命题不是表示简单的等号而是表示一种辩证的统一。公孙龙一派发现了这个辩证统一中的对立面。他用"白马非马"这个命题表示个别与一般这两个对立面的矛盾。这是他对于客观辩证法某一方面的认识。

公孙龙认为每一个个别都是许多一般联合而成的，也就是说，个体是许多共相联合而成的。他认为天下之物，若将其分析，则唯见其为若干共相；但是共相却不是由共相组成的，不可再分析为共相。所以《指物论》开头说："物莫非指而指非指；天下无指，物无可以为物。"但共相必有所"定"，有所"与"，就是说，必通过个别的个体，通过物，才能在时、空中占有位置，成为感觉的对象，否则不在时、空之中，就不能为人所感觉，所以说："天下无物，可谓指乎？"又说："指也者，天下所无也；物也者，天下之所有也。"这两句话肯定，无所"定"、不"与物"的共相，是天下之所无；实际上是说，共相不是具体的事物，不是感觉的对象；这是正确的。不过他认为天下所无，还不就是没有，只是"藏"起来而已。这是客观唯心主义思想。

一般本来是寓于个别之中的，但当人认识事物的属性时，通过思维的能力，可以靠抽象的作用，把一般单独地作为思考的对象。这样，人就能更加深刻地了解事物的本质。但抽象化了的一般，仅仅存在于人的思维之中。它只是客观事物的属性在人思维中的反映，它本身却并没有独立的客观存在。公孙龙看到了一般可以单独地作为思考的对象，以及抽象在认识过程中所起的作用；但是，他把它片面夸大了。在他看来，既然一般可以抽象化而不存在于时、空（"指也者天下之所无"），可以概括许多特殊（"指也者天下之所兼"），它就可以不依赖特殊事物而独立存在（"奚待于物而乃与为指？"）。既然通过一般可以认识许多特殊（"天下无指，物无可以谓物"），特殊的东西就应该依靠一般而存在（"物莫非指"）。这些只是脱离实际的幻想，其结果把抽象化了的一般看成了客观存在的实体，从而导致了先有抽象的一般而后才有具体事物的倒因为果的结论。

就认识的过程说，共相或概念的不变，只有相对的意义。当客观具体事物发生了变化，或当人对具体事物的知识进一步深入以后，事物的共相或概念的内容是要随之改变、丰富和发展的。公孙龙不了解这一点，把共相或概念的相对固定性片面夸大，从而得出了共相永恒不变的结论。按《通变论》的理论，变的只是现实现象，现象虽在改变，还可以有永恒的不变存在。这种理论在社会实践上就会得出这样的结论：现实社会中的君主虽然变成了臣子，但君主的共相却永恒不变；旧的社会制度的共相是永恒不改变的，具体社会中的改变只是暂时的现象。这样，公孙龙的哲学就成了为旧事物存在的合理性进行辩护的工具。从这里可以看出，公孙龙的客观唯心主义是为旧的奴隶制度服务的。

第二节　秦汉两晋时期人文哲学思想家

一、秦汉时期人文哲学思想家

（1）贾谊，世称贾生，或贾长沙、贾太傅，洛阳（河南）人，西汉政治家、文学家。主要文学成就是政论文，有"疏"7篇，《新书》10卷58篇；代表作有《吊屈原赋》、《鵩鸟赋》。明朝人辑有《贾长沙集》，是以他曾做过长沙王太傅命名的。

（2）刘安，沛郡（江苏）人，西汉思想家、文学家，汉高祖孙，袭父爵封为淮南王。集体编著《淮南鸿烈》，也叫《淮南子》。

（3）司马迁，字子长，夏阳（陕西）人，太史令司马谈之子。西汉史学家、文学家。历尽艰辛撰成《史记》，原名《太史公书》。

（4）刘向，本名更生，字子政。西汉经学家、目录学家、文学家。撰有《说苑》、《新序》，还整理修订了《战国策》、《楚辞》。

（5）班固，字孟坚，扶风（陕西）人，东汉史学家、文学家，历尽二十余年修成我国第一部纪传体断代史《汉书》，开创了"包举一代"的断代史体例。辞赋方面以《两都赋》最著名。

二、三国两晋时期主要人文思想家

（1）曹操，字孟德，三国时政治家、军事家、诗人，汉献帝时官到丞相，后被封为魏王，死后其子曹丕代汉建魏，追尊曹操为魏武帝。有抒情诗《观沧海》、《龟虽寿》、《蒿里行》等乐府歌辞。

（2）诸葛亮，字孔明，三国时代政治家、军事家。官至蜀汉丞相，诗歌以《梁父吟》最著名，《出师表》是千古传诵的名篇。

（3）曹丕，字子恒，曹操次子，魏文帝。三国文学家，代表作《燕歌行》，他的《典论》是我国第一部批评专著。

（4）陶渊明，名潜，字渊明，世号靖节先生，自称五柳先生，东晋诗人，理想主义者。我国第一位田园诗人。散文有《桃花源记》、《五柳先生传》，诗歌有《归园田居》、《饮酒》。

（5）陈寿，字承祚（zuò），西晋史学家。著有国别体史书《三国志》。

（6）干宝，字令升，东晋史学家、文学家，撰写出我国第一部神话（志怪）小说集《搜神记》。

三、南北朝时期主要人文思想家

（1）刘义庆，南朝宋代小说家，著有我国第一部笔记小说集《世说新语》。这是一部记载魏晋人物言谈轶事的笔记小说，书中许多故事成为诗文和小说戏剧的典故和题材，有的成为人们常用的成语，如"望梅止渴"、"一往情深"、"口若悬河"等。

（2）刘勰，字彦和，南朝梁代文学理论家，著有我国第一部文学理论专著《文心雕龙》50篇，涉及创作的许多问题。

（3）范晔，字蔚宗，南朝宋史学家、散文家。《乐羊子妻》、《张衡传》选自他的《后汉书》，"后汉"即"东汉"。"志士不饮盗泉之水，廉者不受嗟来之食"出自他的《后汉书·列女传》。

（4）郦道元，字善长，北魏地理学家、散文家。撰写成《水经注》40卷，是富有文学价值的地理志。

（5）钟嵘，字仲伟，南朝梁代文学批评家，著有我国第一部诗歌理论专著《诗品》。

第五章 中国历史上管理学术流派的演变

第一节 儒学的发展及其管理的历史脉络

一、中国儒家流派

儒家传统指的是中华民族传统价值观中的儒学一支，它以强势的道德意识及政治理想成为贯串中华民族历史的主流价值观，时至今日，儒家传统的价值意识依然主导并决定着中国人社群的道德信念与家庭伦理。

孔子关于管理的主要观点①：

（1）天人关系的命题。儒学世界观基本上以对天的理解以及天人关系的各种形态的可能性之优劣比较与选择等两个问题为出发点，作为其建立世界观的主要脉络。而人的存在意义与价值，更可因而由其自身之努力与创造，得与天地的存在意义同其伟大。

（2）仁德治国的路径。孔子教导"为仁"的原理，孟子则提出"养浩然之气"、"求放心"、"尽心"的功夫论；荀子提出"化性起伪"；《大学》的"明明德、亲民、止于至善"三纲领。

儒家哲学最重视社会哲学，因为成就一个现世的人类理想社会是儒家最原始的关怀，为了设计与建立一个理想的人类社会，孔、孟、荀等人都可说是不断提出各项有关社会的、政治的、经济的或伦理的观点的思想家，同时这正可以说明何以社会哲学才是儒家思想起步的主要重心，亦即，就儒学传统的整体来说，儒家哲学的进路是社会哲学的。

儒家的社会哲学内容条理清晰，《大学》八条目是最具体的代表，《礼记》的《礼运大同篇》也是重要的社会哲学著作；此外，周公制礼作乐与孔、孟、荀三人所提出的许多政治制度与施政原则如行仁政、不重敛赋、礼乐化民等，都是儒家思想传统中极具代表性的观点。有这样一些主要观点：

"格物、致知、诚意、正心、修身、齐家、治国、平天下"八德目；《中庸》的"诚之者人之道也"、"慎独"的哲学；周敦颐的"主静立人极"功夫；张横渠的"存

---

① 苏东水：《东方管理》，山西经济出版社 2003 年版。

天理、去人欲"；程颢"识仁"、"体贴天理"；程颐"涵养须用敬，进学在致知"；朱熹的"格物致知"、"穷理尽性"；陆象山的"立其心之大者"；王阳明的"致良知"；刘蕺山的"慎独"与"诚意"等。

（3）主张身心自我修炼的社会体系。表现在汉代经学思想中的儒家思想就是以儒家经典为根据而设计出来的社会体制之学。同时，为建立理想的社会文化，家庭间的伦理关系更是其中的关键要目，因此孝道更是《论语》中孔子以之为一切德性的根本德性者。最后，《易经》哲学中借由《易传》注解之作而建立了儒家价值本位的情境伦理学，此即针对各种伦理冲突情境的知识解析提出进退智慧，从而作为儒者处世应世的操作知识根据。

不论这些儒家学者试图透过何种相近或相异的概念范畴或思想体系，对于人类自我修养及超越的可能提出各种设计，他们所共同承认并以此种共识为基础而发展其本身思想的观点，即是透过这些人类自身由内而外的功夫修养，追求并达至儒家理想的社会政治体制与文化理想。

二、儒学发展及其指导社稷活动的历史

1. 早期儒学

第一，早期儒学的根基。原始儒家是继承中华远古文明思想而来，并特别重视国家社群的维护及个人修养的实践的哲学，其中周文化的社会哲学理想更是儒学价值意识的根本基础。而先秦儒学的理论重点在于思想生活化的落实（如孔子的《论语》）与儒家社会哲学精神的提出（如孔子的礼乐教化思想、孟子的行仁政观点，以及荀子隆礼义知廉耻的说法等）。另外，透过孔子与孟子的若干直接明白的命题，与《中庸》、《易传》等整理后的文字，也提出了儒学理论中的形而上学思想部分。简言之，《论语》标出圣人境界的理想，《孟子》说出修养功夫哲学及性善主张的人性论观点，《中庸》明确化天道有德的德性本体论思想，《易传》即基于论孟庸的德性思想而建构儒学的宇宙论世界观。

第二，儒学的地位与对管理的方法与作用。孔子透过对夏、商典籍的整理与对周文化的反省，开启了儒家哲学的广大思想内涵，其与弟子们的讨论，被整理成《论语》、《易传》等原始儒家最重要的经典之作。孔子创造出"仁"的哲学，在政治、教育、伦理等日常生活作息与言行举止中，发挥人类的德性本能，建立人与人之间适当的人际关系的观念；对于天人关系的思考与应对，基本上是接受鬼神的存在，尊重天命的指示，但是全然以理性化的意义认定天与鬼神的作用，天自身彰显的只能是道德理性，而鬼神亦只在提供资讯上对圣人有所帮助，而不能干涉圣人的德性事业。也摆脱掉时人以现世得失与情绪为主而有的对天的赞颂与咒怨的态度，而以理性的认知建立适当的天人关系，既重视其崇高性，更强调其道德性。

2. 汉代的儒学思想走向

第一，汉代的儒学体系走向。首先是解经之学的出现，在解经的过程中，汉儒加入了当时的科技知识所提供的新的宇宙论的观点，主要是天人相感的天人关系之哲学，由于强调天人的互动性，使得汉儒发展出由天象以定人事的社会哲学，若就人文主体的开

发而言，当然，此一观点在汉儒彼此之间亦有着极大的辩论。汉儒的理论反而走了回头路。

第二，汉代的儒学与管理结合的路径。汉代儒学与社会与国家治理相结合的一条发展脉络则是两汉经学的出现，经学即是借由解经研究而制定礼法，礼法即作为国家政策的根本大法，这是儒学思想在社会科学领域的落实，是儒学中有具体实效性的知识部分。

汉以后儒学理论衰微，中国哲学思想的主要课题转向道家与道佛两教的宗教哲学之中，直至宋以后儒学才又恢复了理论创造的能力，并开始面向社会解决问题。

北宋五子的出现，反映了整个时代的精神生活文明已能回到儒家本位中来的现象，更反映了儒家哲学体系能够从自己的典籍诠释中回应道佛思想挑战的形而上学建构。至朱熹的集大成与王阳明活泼化生活化的开展，儒家思想不仅被尊为国学，直接为封建统治阶级所利用，同时影响了国家与社会的治理形态，它完全笼罩中国文明，同时它对日本、韩国等国发散出它的影响力，使得两国的民族哲学中有着深厚的儒学传统，形成两国人民精神文化的重要基石。儒学发展至当代，有当代新儒家熊十力、牟宗三、唐君毅等哲学家为儒学在经历西方哲学挑战之后重建理论体系，成为当代中国哲学发展中最具有创造力的一套哲学思想，影响所及，并成为当代中国哲学研究的方法论依据，颇有以儒学方法论笼罩道佛诠释之强势解释效力之势。

三、孟子对儒学的发展及其管理的主张

1. 孟子对儒学的发展[①]：管理的理论依据

在儒家哲学史上不能忽视的一个重要人物是孟子。孟子及其弟子所编的《孟子》一书，是在《论语》之后最生动的原始儒家作品之一。

孟子对社会秩序及社会结构治理上充分发挥"仁义礼知"的价值精神，强调国君"行仁政"的理想事业，他对人们自发的心性修养理论也有独到的见解，认为人可以通过自己的觉悟，而找回内在本具的善性，即性善论。

2. 孟子学说的发展及对社会秩序管理的影响

性善论是孟子社会治理学说主要观点的依据。因为善为恶全在于人们自己的一心之中，即求放心的主体性自觉功夫。他的理论传统在后来的儒学思想家中不断地受到发挥与扩充，中华民族成仁取义的精神即由孟子建立，而性善论的传统则影响中国大乘佛学准确地建立众生皆有佛性的命题。

而荀子作《荀子》一书，书中倡导化性起伪的思想，主张隆礼重法，认为人性本恶，因此人必须经过圣王的教化与自身的学习，才能知道善恶。使行为合乎礼义。对于人的认识能力，荀子反对认识的片面性与主观性，主张"虚壹而静"以"解蔽"，也就是可以经由训练而达至"大清明"的境界。

---

① 苏东水：《东方管理》，山西经济出版社2003年版。

四、两汉时期的学者对儒学思想的发展

1. 董仲舒的德治理念治国：政治及社会的设计与天人相感宇宙历史观

董仲舒，西汉经学大师，专治《春秋》、《公羊传》。后为武帝献策，倡"罢黜百家，独尊儒术"之说，使儒家哲学思想在中国思想史上因政治之势占正统地位。

董仲舒的管理主张见于"天人三策"及《春秋繁露》。

第一，政治与社会的设计。"天人三策"主张儒家的德治理念，提出各项关于政治与社会的设计。

第二，天人相感的宇宙论及历史观。《春秋繁露》在哲学思想的发挥中，强调天人相感的宇宙论及历史观。

董仲舒的哲学建构，正是儒者反映时代心灵的特殊写照，因为汉帝国建立之后，君权的绝对性已经使得所有的儒学理想非透过君王的教化不足以落实，因此思考如何使君王行仁政的方法成为儒家价值得以落实的关键要点，董仲舒一方面绝对化君权为君王是天之子故称天子，另一方面则立即借由天对天子的制约权而约束天子，借由天神对天子的赏罚谴告之说以恐吓君王不得行暴政，从而约束君权，可为苦心孤诣唯天可知。

2. 汉武后的管理理念评价

两汉经学，汉以军事行动取得政权。亦以之为治国原则，至武帝时国力强盛之后，罢黜百家独尊儒术，实则是以儒家意识形态为汉政权合法性诠释根基，并以儒家经典作为汉家政策制定的依据，从而展开基于经典诠释的政策理念的知识建构，此即两汉经学，经学即为由儒学价值转化而出的公共政策之学，此亦儒学史上极为重要的一页。

五、唐代儒家发展的代表学者思想：管理思想主张

1. 儒学的过度时期：魏晋南北朝至隋唐儒学发展形态

儒学在两汉之后的魏晋南北朝及隋唐期间发展不彰，并非这一段期间中国文化中完全没有儒家的质素，而是这一段期间的儒学义理并没有重要的思想创造，中国知识分子的高级心灵的理论创造皆贯注在道家道教及佛教理论中，儒学的复兴实意味着儒学理论建构的创新，这就要等到唐以后迄宋明时期的恢复了。

2. 唐代儒家发展的代表学者

（1）韩愈。唐朝著名文学家、古文运动领导者。在唐朝一片大乘佛学的思潮及社会风气中，独自振起儒学大旗，排斥佛教思想，倡导恢复中国儒家思想的传统，开启宋明时代新儒学思想发展的大方向。代表他这种苦心孤诣的作品，在其《原儒》一文中发挥得淋漓尽致。

（2）李翱。唐朝思想家及文学家，是韩愈的门人，也是侄婿，最重要的，他也是追随韩愈复兴儒学、反对佛教思想的一员大将，其哲学思想的造诣更有过于韩愈。代表其思想的重要著作是《复性书》，文章中以《中庸》的理论为基础，提出"性善情恶"的人性论，认为只要加强道德修养，消除情欲的干扰，便可恢复人的本然之性，便可成为圣人。

李翱在思想史上的重要地位，在其对于《中庸》理论的提揭与发挥，对宋明儒学的理论方向之确立有极大影响。

六、宋代学者儒家发展的代表学者

1. 北宋五子

周敦颐、张载、邵雍、程颐、程颢，世称"北宋五子"，他们是宋明新儒学的开创者，恢复并发展了先秦以后近千年的中国儒学传统，将儒家强调道德修养与天人关系的思考，重新注入一般中国人的生活中。他们的理论工作之开展，主要是在接受道家、道教、佛教等新文明的理论体系的挑战之后，从理论的高度上，而非感性的或情绪的角度上，重构出一套观念体系，用以回应道佛极高的抽象概念能力所建构出的极其广博高深的理论系统，使儒家哲学思想除了官方的提倡，以及长期以来在社会人心所造成的传统影响外，在理论效力的竞争上，回复其在中国文化思想体系中的一定地位。

2. 北宋五子对儒家发展的贡献①

（1）周敦颐的《太极图说》是一套参考道教思想而以儒学为本位的宇宙论系统，《通书》是上承《中庸》"诚"的哲学的本体理论、人性论、功夫论的系统。周敦颐之学的真正理论意义是建立圣人境界观念，将圣人境界的知识建置在宇宙论及本体论的架构之中，使圣人依天道而生并行天道于天下。

（2）张载的《正蒙》是一套《易经》哲学的新解之作，他以庄子的气化宇宙论哲学与易理的形而上学观点的配合，重造了一套易学主体的气化宇宙论，并以此理论体系攻击与批评了道佛两家的理论，主要观念即在论说天地万物之实有实存，而非道佛之以其为无或以其为虚幻之说者。他的重要著作还包括《横渠易说》、《经学理窟》、《张子语录》等。

（3）邵雍继承着道教的易学观点，强调先天象数学，且吸收佛教的世界生灭观，提出天地发生变化的元会运世阶段的历史演变观，但是在价值立场上，却仍谨守儒家的德性本体思想，也建立了以易学为主体的形而上学体系，其重要著作为《皇极经世》。

（4）二程思想则重新消化周、张的思想体系，回复孟子心学的传统，提出许多新的概念与命题，例如"天理"、"性即理"、"理一分殊"，并且建立存天理去人欲的功夫理论与理气二元的形而上学系统；由于程氏二兄弟长期在洛阳讲学，故世称其学为"洛学"。与周濂溪的濂学、张载的关学、朱熹的闽学并称"濂洛关闽"。大程子心思灵秀，所关心的理论问题多为圣人境界的展现之学，作《识仁篇》及《定性书》倡说价值主体的绝对自主性。小程子为学严谨，思考抽象概念问题建立德性知识的系统，注释《周易》，世称《易程传》，可谓在易学传统中迭经两汉象数易学之后，在继承王弼义理易之作中再度回复儒家心灵的注易大作。

3. 南宋朱熹对儒学的发展

朱熹，南宋大儒，他在本体论、宇宙论、人性论、政治哲学甚至文学理论上等都有

---

① 苏东水：《东方管理》，山西经济出版社 2003 年版。

其一定的处理及发展。独自完成了类似孔子删诗书、定礼乐的集大成之工作，对于北宋以来思想的发展及其内容，作了一番全面的整理与重构。

他将《论语》、《孟子》、《大学》、《中庸》辑为《四书》，定为儒学纲领，其《四书集注》是元明以后中国科举考试的教材，对中国人文精神的影响极大，对于日本、韩国思想界的影响亦不容忽视。因其长期在福建讲学，故其学世称"闽学"，重要的哲学思想经编辑有《朱子语类》、《朱子大全》、《朱文公文集》等。

七、明清学者儒家发展的管理思想主张

王阳明，明朝大儒，风格与朱熹迥异，服膺陆九渊象山先生的"宇宙便是吾心，吾心便是宇宙"的思想，提出"心即理、致良知、知行合一"的理论，与晚年的"四句教"，同为发扬儒家思想当中简易直接的思想力量以及活泼生动的实践方法论。对于儒家思想的深入人心，有着极大的贡献。其主要著作为《王文成公全书》[1]。

明代儒学中重要理论家还有刘宗周、王船山等人。刘宗周弟子黄宗羲及其门人作宋元学案及明儒学案，刘宗周的儒学理解贯串两部大作中，他自己的重要思想即为形上形下功夫义理合一的融贯哲学系统。其儒门道德生命意志促使他自己以及多数弟子在明亡时自缢殉国。

王船山在明亡时投身救国军事行动中，失败后深山论学著书，其重新诠释周易哲学，一反易学史上所有注易之作，建构他自己特有的乾坤并建的解易史观，另亦遍注群经，可谓中国儒学史上注经最多的一位，其创作量能不下于朱熹，且多有新论，船山学在当代研究及儒学史中尚待发掘的重要思想仍有极大空间。

八、民国以后儒家发展的管理思想主张

当代新儒家起源于民国以后学界对于儒学研究的重振，主要建构目的在回应西方哲学严密哲学理论体系的挑战，此挑战的知识意义在于哲学价值观念的论证能力，儒学始终是价值哲学，价值哲学的成立理据必须以论证形式表述，此建构论证系统的知识活动即是当代新儒家哲学建构的主要性格之一。而且，作为中国哲学的价值哲学的一支，儒学始终必须回应道佛两家价值观念的挑战，当代新儒家从熊十力至牟宗三皆以论说儒家形而上学是主张现实世界真实且永恒的理论体系以有别于道佛两家的价值系统的知识根据，此论理工程在牟宗三先生的主张儒学乃为一据德福一致的圆善论架构下建构完成，此一建构一方面在回应西方哲学对于价值主张的论理格式之辩争史，而以康德哲学之价值只在主体实践的实践理性中建构而出，另一方面就主体实践之学之主体之心性主张其即为天地万物的普遍原理的价值本体，从而由实践以开显价值真理以证成德性价值是为普遍原理。当代新儒家的理论建构的时代意义在于其为当代中国哲学之唯一建构体系庞大的新哲学系统者，并基于其论理方法的诠释架构，从而亦旁及道佛两家真理观的诠

---

① 苏东水：《东方管理》，山西经济出版社 2003 年版。

释，大有侵略道佛义理诠释霸权之势。当代新儒家首先在香港、台湾地区发生巨大哲学解释影响力，近年来亦在中国哲学界形成重要研究领域，其影响力仍在增长之中。

儒家学派是中国哲学思想中最重要的学派，中华民族的文明，如果粗略地说，则可以儒家文化作代表，这指的是在中国文明体制的价值观念方面，也就是表现在中国政治哲学及家庭伦理观念上，以儒家价值观为基本立场，从而展开公共政策的制定以及人际伦理的规范，是中华文明的主导思想。

第二节　道家的发展及其管理的历史脉络

道家起源应为远古的隐士传统，当然也有学者说老子是清庙之守，总之，道家的起源绝不是社会政治的积极参与者，他们从旁观察世局，认真思索宇宙的真相，使用着抽象度高且不带意识形态的执着的语言，描述天道与人事变化的法则，属于原理性研究的层次是他们的专长。

道家的理论奠定于老子，老子《道德经》一书上下五千言，字字珠玑，书中广论道的形而上学义、人生智慧义，提出一种有物混成且独立自存之自然宇宙起源论，也提出世界存在与运行原理是"反者道之动"的本体论思想，对于存活于其中的人类而言，其应学习的就是处世的智慧，于是老子也提出了众多的政治、社会与人生哲学观点，但重点都在保身而不在文明的开创，可以说他是以一套宗本于智慧之道的社会哲学与理论来应对混乱的世局，而无意制造社会的新气象，因为那些都不是大道的本体。

一、道家的发展历史脉络

1. 起源于春秋战国时期：重要思想家老子

（1）道家：黄帝、老子为创始人，并称黄老。道家是中国春秋战国诸子百家中最重要的思想学派之一。道家思想的起源很早，传说中，轩辕黄帝就有天人合一的思想。一般来说，公认第一个确立道家学说的是春秋时期的老子，老子在他所著的《老子》[①]中作了详细的阐述。道家思想其他的代表人物还有战国时期的庄周、列御寇、惠施等。道家倡导自然的世界观和方法论，尊黄帝、老子为创始人，并称黄老。

（2）道家思想的核心："道"。道家认为"道"，是宇宙的本源，也是统治宇宙中一切运动的法则。在社稷的治理中必须遵从"道"，在现代含义中我们也可以理解为"规律"。老子曾在他的著作中说："有物混成，先天地生。萧呵！寥呵！独立而不改，可以为天地母。吾未知其名，强名之曰道。"[②]

2. 两汉时期的巅峰与没落：罢黜百家，独尊儒术，道家走向非主流

西汉初年，汉文帝、汉景帝以道家思想治国，使人民从秦朝苛政中得以休养生息。历史称为文景之治。

---

① 《道德经》。
② 《老子》第 25 章。

其后，儒家学者董仲舒向汉武帝提倡"罢黜百家，独尊儒术"的政策，并被后世帝王采纳。道家从此成为非主流思想。虽然道家并未被官方采纳，但继续在中国古代思想的发展中扮演重要角色。宋明理学更是糅合了道学的思想发展而成。

道家思想后来被张鲁的五斗米道等宗教吸收，并演变成中国的重要宗教之一——道教。魏晋风流在清谈玄学时更着重炼丹。因此，道家与道教常被人混淆。

二、道家的发展及其管理：基本观点

1. 道家"道法自然"：自然主义治理观

（1）强调自然律法的作用①：事物遵循独立运行下的合力的作用。

第一，道法自然。道家哲学首先摆脱儒家社会哲学的进路，直接从天道运行的原理侧面切入，开展了以自然主义为主的"道"的哲学。天道运行有其自然而然的原理在，道的哲学即在解明此原理性内涵，而得以提出一个活泼自在的"道法自然"的世界空间与自然社会秩序。

第二，社会运行秩序。道家通过世界运行之"道"来塑造社会运行秩序。道家哲学发展出迥然不同于儒家的社会哲学，社会只是一方存在的客体，在其中生存的人们，应有其独立自存的自由性，而不受任何意识形态的束缚。基本上，道家哲学并不否定儒家的社会理想，但对于社会责任的态度并不先存立场，而能有更尊重人类自主性的态度与存在定位。

第三，人的个体与行为的分析。道家重视人性的自由与解放。解放一方面是人的知识能力的解放，另一方面是人的生活心境的解放，前者提出了"为学日益、为道日损"、"此亦一是非彼亦一是非"的认识原理，提出了"谦"、"弱"、"柔"、"心斋"、"坐忘"、"化蝶"等超然的生活理念来面对世界。

虽然它谈身心修炼、与世无争，回归自然，事实上它在烘托一种乌托邦似自然态的社会秩序。

（2）道家哲学自然观评价②。道家的社会哲学不是进取的、积极的，因为社会只是天道的过程，而不是目的本身。道家认为儒家的社会理想是合理的，但不是绝对的，因此基本上并不需要提出一套决定性的社会理想，因为天道变化，本身无所谓绝对的是非善恶之性能，因而道家强调得更多的是在社会中生存的智慧原理，而且这种智慧必须是能应在任何历史情境的社会之中都行之有效的生存之道。也就因为道家的社会哲学不以自己发展规格为主，而强调应对的智慧，因此利于人们休养生息的需求，故而让汉初的黄老之治有了实验的理论基础。同时也安定了千百年来中国士大夫失意于儒家本位的官场文化之后，也能有广大的心性世界以顺遂人生。

2. 道家的管理思想发展的历史脉络

（1）先秦—两汉学者：道家管理思想的发展。当先秦的老庄整理了道家思想的纲领之后，道家形上思想的深度立刻影响了儒家与法家的形上思想，儒家《易传》之作

---

①② 苏东水：《东方管理》，山西经济出版社 2003 年版。

与韩非子《解老》之作都是在其理论基础上建立起来的新说。

第一，道家在社会政治的实际影响力。老子之学要到汉初"黄老之治"的实施后才正式被实践。因为在迭经春秋、战国、灭秦、楚汉之争之社会战乱终告停止之时，人们终于发现争强斗争的害处以及休养生息的重要，于是老学原理的政治哲学观点遂被重视。等到西汉强盛，君王开始好大喜功，争战的岁月再度启幕，时代的风气再度转变，然后也再度败坏，等到魏晋清谈之风起，道家哲学又开始了它的生命力，何晏、王弼首开其风，王弼更以简洁有力的注经之作，从理论上深入道家之学并予以阐发，而向秀、郭象则发展庄学的注释工作。魏晋之后，道家思想并未有鲜明的创造传统再现，但是道家思想的理路却转为道教、易学与儒学理论的开创所借用的重要启示，尤其是源自庄子的气化宇宙观，更被广泛且深度地再开发着。而同一时期的佛学传播，亦曾有一段相当长的时间是以道家"无"的智慧原理来表达的，此即世称"格义佛学"时期。

第二，庄子内圣外王思想对道家的发展①。庄子是老子之后道家理论最重要的开创者，道家哲学基本上也就是老庄二型而已。庄子的道家学不同于老学之处在于，庄子更详尽地处理了人与自然的关系、人的可开创能力，包括智慧上、认识能力上、身体能量上，等等。庄子同样站在天道自然的命题基础上，提出了从人的自我修养到面对整个社会国家的治理之道，庄子书内七篇之作，就是他从世界观到知识论到功夫论到社会哲学的内圣外王之道的理论。

（2）三国、两晋学者：道家管理思想的发展。

第一，东晋张湛：现存有的《列子》（列子，战国时人）八篇，是东晋张湛所辑，一般认为该书反映了战国至魏晋间的思想。《列子》从道家思想出发，并对道家思想中无为的人生观有所改造，强调人在自然天地间的积极作用，并认为人在一种不任强使力的生存状态下，不忧天，不畏天，才是最好的生存状态。

第二，三国王弼：当两汉经学的发展已到尾声，社会政治一直在动乱与不义的情境中，知识分子转向玄学清谈的风气，王弼以其对老子哲学的深切体悟，注解老子《道德经》一书，重体用之分，有无之别，不但发展出诠释老学的宗旨——"贵无"的精神，并以此原理注解《易经》，甚至还因此改变了从汉易以来言象数易学的气化宇宙论，而将《易经》的研究方向代之以纯粹玄学思想，使中国易学史走向一个崭新的局面。

第三，西晋郭象：以《庄子注》闻名，主张"独化"理论是一种从高度抽象思维当中所发展出来的玄学式概念理论，认为宇宙万物都生于偶然的"玄冥"境界，因此提倡一种物无大小，各顺其适之精神，平等尊重每一个生命的人生观。

（3）道家学说对中国文化与管理的贡献。道家对中国文化的贡献是与儒家同等重要，只是在政治思想上一为表显一为裹藏之别而已。而道家在理论能力上的深厚度与辩证性，则为中国哲学思想中所有其他传统提供了创造力的泉源。至于道家文化在中国艺术、绘画、文学、雕刻等各方面的影响，则是占据绝对性的优势主导地位，即使说中国

---

① 苏东水：《东方管理》，山西经济出版社 2003 年版。

艺术的表现即为道家艺术的表现亦不为过。当然，道家哲学对中国政治活动也提供了活络的空间，使得中国知识分子不会因着有太强的儒家本位的政治理想而执着于官场的追逐与性命的投入，而能更轻松地发现进退之道，理解出入之间的智慧。

第三节　法家发展及其管理的历史脉络

一、法家学说基本思想：以法治国

韩非子，战国时韩人，其著《孤愤》、《五蠹》传到秦国，且令秦王政大喜。他集合前期法家的思想菁华将法术、势集中于君主一身，在政治上主张强国弱民，在制度上主张尊今不法古，重赏罚，废诗书，以吏为师，都是他的重要思想。表现出一种活生生竞存争夺的世界观。

1. 法家学说的核心理念：人性前提变革与法刑以治国

（1）以法治国①。法家是先秦诸子中对法律最为重视的一派。他们以主张"以法治国"的"法治"而闻名，而且提出了一整套的理论和方法。这为后来建立的中央集权的秦朝提供了有效的理论依据，后来的汉朝继承了秦朝的集权体制以及法律体制，这就是我国古代封建社会的政治与法制主体。

（2）基本观点。

第一，社会治理思想体系覆盖范围。法家在法理学方面作出了贡献，对于法律的起源、本质、作用以及法律同社会经济、时代要求、国家政权、伦理道德、风俗习惯、自然环境以及人口、人性的关系等基本的问题及其治理都做了探讨，而且卓有成效。

在法家思想里，世界就是国家，国家就是权力的国家。世界的太平必须要靠权威统治与法律的普遍奉行，才能可大可远。这种世界观，在理论预设方面，则有其承袭自道家对"道"的理性思考，认为自然界与人没有亲疏关系，只有其无意志的自然法则，而人也不能改变任何天道运行的规律，因此试图以天道影响人事的一切作为都是迷信，都是应该被打倒的对象，只有靠人为自身的努力才有可能发展人类福祉。这种素朴的宇宙自然观，为其重视现实的统治者之权威与利益的君主专制言论塑造了良好的理论基石。

第二，法家与儒墨两家思想观点差异的比较。面对中国春秋战国时代社会战争频、仍民生疾苦的现象，法家与儒墨两家都各自提出积极主张以挽救世局的危乱，恢复人心的安定，使国家走上正面建设之路。

而法家对于整体人类历史发展的主张，是放置在一种不断进化过程的观点来看，而进化的动力则在于掌握生杀大权的帝王能善用人性，以及法律制定的强制性与普遍性，奖励耕田的农民与打仗的战士，将国家一统在符合任何时代都行之有效的君主集权的专

① 苏东水：《东方管理》，山西经济出版社2003年版。

制统治之下，创造国家的富强与统一。

（3）法家的不足①。法家也有其不足的地方。如极力夸大法律的作用，强调用重刑来治理国家，"以刑去刑"，而且是对轻罪实行重罚，迷信法律的作用。他们认为人的本性都是追求利益的，没有什么道德的标准可言，所以，就要用利益、荣誉来诱导人民去做。比如战争，如果立下战功就给予很高的赏赐，包括官职，这样来激励士兵与将领奋勇作战。这也许是秦国军队战斗力强大的原因之一，灭六国统一中国，法家的作用应该肯定，尽管它有一些不足。

2. 法家管理的历史脉络

第一，法家三个代表人物。

商鞅（约公元前395年至公元前338年），卫国（今河南安阳市内黄梁庄镇一带），战国时期政治家、思想家，先秦法家代表人物。

慎到（约公元前395年至约公元前315年），先秦法家代表人物之一。赵国人，早年曾"学黄老道德之术"，是从道家分化出来的法家。

申不害（约公元前385年至公元前337年），亦称申子，郑韩时期人物（今河南新郑）。战国时期韩国著名的思想家。他在韩为相19年，使韩国国治兵强。作为法家人物，以"术"著称。

第二，韩非为法家集大成者：法与术——权势治理之所依者。

商鞅、慎到、申不害三人分别提倡重法、重势、重术，各有特点。到了法家思想的集大成者韩非时，提出了将三者紧密结合的思想。"法者，宪令著于官府，刑罚必于民心，赏存乎慎法，而罚加乎奸令者也，此臣之所师也。""术者，因任而授官，循名而责实，操杀生之柄，课群臣之能者也，此人主之所执也。""抱法处势则治，背法去势则乱。"法是指健全法制，势指的是君主的权势，要独掌军政大权，术指的是驾驭群臣、掌握政权、推行法令的策略和手段。主要是察觉、防止犯上作乱，维护君主地位。

第三，法家关于社会治理中的人性前提：民主与自由的政治条件。由于法家对于人性的看法是承袭荀子的性恶论，并且从经验层面观察人性的生理需求和实际行为，主张人性普遍好利恶害，贪婪自私，完全不能期望以礼乐化之，只有依靠法治统治才能禁民为非。因此，帝王君主的角色，即在于善用其本身的权势与法术，治理国家；而百姓个人的生存发展与创造自由只有在整体国家的利益考虑下，才谈得上真自由与真利益。

二、法家早期管理实践的历史脉络

1. 荀子及法家哲学

一般说来，在韩非子之前，荀子的思想已经充满了法治的精神，荀子可以说是儒与法的过渡性人物，唯其说仍保留对人性得以礼乐教化而于品德上有自我超升的可能性，并且推尊周孔，尚贤贵民，因之不能严格称其为法家人物。

---

① 苏东水：《东方管理》，山西经济出版社2003年版。

2. 法家治国实践的代表人物

早期法家代表人物有李悝、吴起、商鞅、申不害、慎到。李悝根据当时各国法律编著《法经》成为中国最早的一部法典。吴起善用兵，重视明法审令与耕战之策，较李悝更进一步。

商鞅在秦变法，强调并推广法律至上的观念，以重刑止罪，以及坚守平等原则，行之有年，秦国大治，奠定秦国未来一统天下的富强基础，并且建立了法的超越性及普遍性。

申不害以综核名实与言术著称。认为这是君主御用群臣，谋求政绩的重要统治方法。慎到是由道入法的关键人物，他的主要观点在因循与重势，也就是说明"因人之情，循人之欲"与君主统治权力赖以行使的威势在法治体系中的决定性地位①。

3. 法家管理实践及历史脉络：先秦法家的繁荣阶段

法家思想的传统早自春秋时代的管仲、子产已经发其端倪，"刑杀无赦"，尊君重法的观点已多有论及，而以法治国的理论建构与实际政权之设计，到了战国末期的韩非，便臻成熟阶段。

而在秦帝国建立以后，两千多年的政治统治形态，在儒家大旗帜的摆荡下，国君以法治民统臣集众权于一身的传统从未消失过。

然而，先秦时代的法家论者自来虽受有意富国强兵的国君极端赏识，相对于儒、墨两家而言，有更多施展理想抱负的机会，但是只要国君驾崩，这些法家人物即不免受害而惨死，实在是由于学说过分的刻薄寡恩，与当权贵族的利益严重冲突，因而有不得不然的结果。

也正因为先秦时代的法家思想当中缺乏对人性的正面肯定与价值创造的重视，是以日后法家的理论为求生存故，不得不进行修正，在汉以后，便以其对于统治者的诱惑性以及对试图对君权加以限制的相权设计，都在儒家尊君重民的口号，找到了新的发展空间。

三、法家对中国文化与管理哲学的贡献

中国历史上，秦帝国的统一结束了战国分裂混乱的局面，使中国正式走上统一的君主专政时代，进入另一形态的历史阶段。而统一之所以可能，法家的贡献则不遑多言；至于后世历朝的政治制度的设计或是变法的作为，也莫不受到法家思想的指导。但是法家思想中否定价值的主张，提倡君权却无控制君权之方，造成中国政治传统更易于走向人治的方向，实为民族遗憾②。

第四节　墨家的发展及其管理的历史脉络

墨家哲学代表人物即为墨子。其重要思想观点包括在下列内容之中：兼爱，非攻，

---

①② 苏东水：《东方管理》，山西经济出版社 2003 年版。

尚同，尚贤，非命，非乐，节用，节葬，尊天，事鬼。这些观点充分反映出其素朴的自然宗教观，并把一切政治的、社会的、道德伦理的各方面思想完全以宗教性的面纱加以合理化。值得注意的是墨子的科学精神，他不但对科学哲学中的概念定义有所主张。对于管理学科学方法的建立，管理制度科学研究的发展、实践等具有重要价值。可以看出，相比较西方制度化的管理而言，它使得中国管理科学的研究和应用很早就展现了高度智慧。

一、墨家思想的主要观点

墨家在中国历史上的地位：儒墨两家在历史上具有"显学"地位。

1. 墨家管理主张：兼爱兴利

第一，墨家与儒家思想差异：百姓立场。儒墨两家哲学堪称中国古代哲学思想"显学"。与儒学不同的是，墨学思想同样是站在西周文化的传统中，却主张应从一般百姓的立场上谈"兴天下之利"，除"天下之巨害"的重要性及其方法。

第二，墨家社会治理：遵循理想的平民主义。这种兴利除害的理论预设即为其著名的"兼爱"思想，提出了"爱无差等"的理想命题。此外，墨学的开创者墨子是有神论者，认为天与鬼的智慧和权威远远超过古代圣王，是因为天是掌握正义、赏善罚恶、爱利百姓的最高主宰。可以说，墨家思想是以宗教代替一切道德与权威而展现其理想的平民主义思想。

2. 墨家管理：民本治理体系的设计者

墨家是民本治理体系的设计者。由于墨家思想的平民性格，其涉及理论的内容也就特别着重于大众化的福利取得与平民式的自我超升。不论是主张和平的兼爱、非攻，或是"必顺乎天"的尊天、事鬼，其要点在于使人的能力的发展与一切动作仪型能如实地遵循天的意志。而且在社会中的举事任职，也都有一定的标准，这不仅是形式上的要求，还更是一种自我的反省与自觉。也正是这种对于标准的反省，逻辑性的思辨及理论验证的检查就格外重视。因此发展出相当严格的逻辑体系。体现如下几方面内容[①]：

兼爱，人平等互助互爱。

非攻，反侵略战争。

尚贤，不分贵贱唯才是举。

尚同，上下一心为人民服务，为社会兴利除弊。

天志，掌握自然规律。

明鬼，尊重前人智慧和经验。

非命，通过努力奋斗掌握自己的命运。

非乐，摆脱划分等级的礼乐束缚，废除烦琐奢靡的编钟制造和演奏。

节用，节约以扩大生产。

节葬，不把社会财富浪费在死人身上。

---

① 苏东水：《东方管理》，山西经济出版社 2003 年版。

3. 墨家管理思想覆盖的范围：尚同兼爱；贤人为政

墨家哲学中的社会哲学主张是积极进取的，充满"舍我其谁"的态度，不但从理论上发抒国与国、家与家、人与人之间兼爱、非攻的思想，主张贤人政治。还通过实际行动，亲身参与各种反战行动与建设事业，在知与行上完全奉行从百姓到天子"尚同于天"的原则，希望达到世界大同的理想。由于其站在平民角度上立论讲究节俭克苦、杜绝浪费使其文化哲学理论呈现素朴保守之风。

二、墨家思想的发展脉络：管理的历史脉络

1. 墨家学派的繁荣期

第一，在战国时代唯一能与儒家抗衡的就是墨家学派。虽然墨学不像儒学发展的那般源远流长。但其有关政治学上所主张的贤人政治与中央集权、在社会学上所主张的兼爱反战与重节俭反奢华、在宗教思想上尊天重鬼与非命、在科学态度上讲究理性与实践，无一不在中国思想界或大众日常生活中造成实质性的影响。比起许多言论在辩论台上的尔争我执、相抗不下，未尝不是一种幸运。

第二，墨子的思想在战国时代十分盛行。门人弟子遍布天下，影响层面很大。墨子以其务实的淑世理想，高越的人格情操，丰富的思想内容，完善的教材设计，形成了一个极其严密而充满宗教精神的团体，深深吸引了无数百姓与知识分子。

也因为墨家团体的切实践履态度，参加各小国反战保卫的活动，协助农耕及军事防御建设，左右墨氏之徒在各国的施政措施，显示出墨家势力的庞大。但在墨子死后，墨家团体无法出现德望、学识真正有领袖之风的"巨子"，而且墨氏思想与主政者的权力与利益有所抵触，受到政治势力的排挤，而其在哲学理论的建构上也不乏矛盾之处，更遭遇其他学派的严格挑战。

2. 墨家学派的分裂①

墨子死后，后期墨家分裂成许多派别，而它们的共同点都是以《墨经》为研读与发展思想的主要依据。

第一，基本上成两派。一派是从自然科学，逻辑思辨的法则与认识论问题着手，主张人的认识能力是获得知识的工具，但必须通过感官与思维作用始得，而逻辑真伪的标准，只有通过客观的自然世界或人类社会现况的检证，才能取得。另外一派是发展墨子的宗教理念，他们试图在现实政治权力无法取得或予以保护的情况下，仍能奉行墨子平等兼爱的社会理想，因而发展成劫富济贫的游侠之路。

第二，后期墨家在汉武后显出颓势。后期墨家各学派也彼此不服。是以在汉武独尊儒术以后，墨学便失去了学术上的传承。在这样一种颓势中，墨学重名实辨的思考与科学研究的热情，在一片强调伦理道德、法治武功的学术市场上便失去了一席之地。值得安慰的是墨子精神在民间的发展，游侠的侠义作风与方士的炼丹，不可不谓多少受到墨子学说的启发。

---

① 苏东水：《东方管理》，山西经济出版社 2003 年版。

第五节　阴阳家哲学的发展及其管理的历史脉络

阴阳学说是流行于战国末期到汉初的一种学派。战国末齐人邹衍是阴阳学派代表人物。《史记》称其：“深观阴阳消息，而作迂怪之变。”《吕氏春秋》则直接受到邹衍学说的影响。大体而言，邹衍的阴阳家思想表现在将自古以来的数术思想与阴阳五行学说相结合，并试图进一步的发展，用来建构宇宙图式，解说自然现象的成因及其变化法则。

一、阴阳哲学管理主张

1. 阴阳学说的思想核心

阴阳是古人对宇宙万物两种相反相成的性质的一种抽象，也是宇宙对立统一及思维法则的哲学范畴。中国贤哲拈出“阴阳”二字，表示万物两两对应、相反相成的对立统一，即《老子》所谓“万物负阴而抱阳”、《易传》所谓“一阴一阳之谓道”。《易经》便是讲“阴阳”变化的数理和哲理。

2. 基本思路

阴阳交感而生宇宙万物，宇宙万物是阴阳的对立统一。阴阳学说是在气说的基础上建立起来的，并在气说的基础上，进一步认为天地、日月、昼夜、晴明、水火、温凉等运动变化中一分为二的结果，这样就抽象出“阴”和“阳”两个相对的概念。阴阳是抽象的概念而不是具体事物，所以“阴阳者，有名无形”①。

阴代表消极、退守、柔弱的特性和具有这些特性的事物和现象，阳代表积极、进取、刚强的特性和具有这些特性的事物和现象。阴阳学说的基本内容可用“对立，互根，消长，转化”八字概括。

二、阴阳学说关于五行辩证分析的利用

《尚书·洪范》“五行：一曰水，二曰火，三曰木，四曰金，五曰土”。古人认为，宇宙万物就是由这五种基本物质构成的。它也是关于宇宙社会属性及其变化规律的范畴系统。五行的“行”字，有“运行”之意，故五行中包含着一个非常重要的观念，便是变动运转的观念，也就是“相生”与“相克”。

五行学说并非言木火土金水五种具体物质本身，而是指五种不同属性的抽象概括。它以天人相应为指导思想，以五行为中心，以空间结构的五方、时间结构的五季、人体结构的五脏为基本框架，将自然界的各种事物按其属性进行归纳。凡即具有生发，柔和特性者统属于木；具有阳热，上炎特性者统属于火；具有长养，发育特性者统属于土；

---

① 《灵枢·阴阳系日月》。

具有清静，收杀特性者统属于金；具有寒冷，滋润，就下，闭藏特性者统属于水。将人体的生命活动与自然界的事物现象联系起来，形成了联系人体内外环境的五行结构系统，用以说明人体及人与自然环境的统一性。

第六节　中国佛学在情绪智商管理中的应用①

在 21 世纪初，服务业约占美国 GNP 的88％，此数据告诉我们人与人之间的互动关系将成为现代管理学的研究主体。"相逢自是有缘"，在人际关系网络互动高密度的今日社会，如何在与人接触时产生良性的互动，是一个非常重要的课题。如何将佛学的爱人及物、与人为善、舍己为人思想本质应用在修持和提升自身行为和人际关系互动上，"情绪管理"便是一种能提升人际关系互动的智慧；借由彻底了解与觉察自己的感觉，进而接纳自我、表达自我，除了能对自己的情绪掌握得恰到好处外，也能够体贴地不伤害别人的情绪。人类的情绪有可塑性，借由修持佛学之修心养性以及与人为善本质，去改变个人情绪的思考方向以及表达方式，并且可以提升情绪管理的能力。最新的学术研究趋势，是把佛学和情绪管理两者融合，令各自的理论更完善。

一、佛学之心性修养

在心性修养方式方法上，在"极高明而道中庸"和"尽心知性"的传统影响下，促使禅师提出"平常心是道"和"明心见性"的心性修养命题；而佛教的一套性净情染理论和灭除情欲呈现本性的修持方法，也渐渐地成为现代企业管理者的道德修养方法。

1. "极高明而道中庸"与"平常心是道"

心性理论与人生理想是紧密相连的，心性理论的差异直接影响人生理想的实现途径、操作方式和内涵规定。相对而言，印度佛教，尤其是小乘佛教基于心性本净的学说，强调灭除人生的现实烦恼、痛苦，主张由烦恼心转化为清净心，由人转化为罗汉、菩萨或佛，并把理想的实现寄托于来世，极富外在超越的色彩。

2. 尽心知性与明心见性

"心、佛及众生，是三无差别者，但自观己心则为易。"认为观自己的心是一个比较容易修持的法门，提倡观心修持。明心见性思想，长期来一直成为禅修的基本原则和方法。佛家重视发明心或善心，都重视认知或体证人的本性，都重视反省内心（内省），重视心性修养的思维方式。

3. 情染性净与灭情复性

心由"动"到"静"，就是由"始觉"到"究竟觉"的众生解脱之途。至于灭情复性的方法——"弗思弗虑"，实同于禅宗的"无念"；灭情复性的境界——"心寂不动"，实也是禅宗的理想境界。佛理对人的心性修养是有益的。

---

① 苏东水：《世界管理论坛暨东方管理论坛论文集》（2005），第235页。

4. 顿悟与神悟

宋代心学家还在心性修养功夫上提倡"神悟"，如王信伯就说："到恍然神悟处，不是智力求底。"① 认为达到真正了悟，是在恍然之间，靠神秘的直觉体悟，而不是靠智力求得的。佛教，提倡顿悟，认为"一了一切了，一悟一切悟"，后来有的禅者甚至说"放下屠刀，立地成佛"。

5. 禅定与静坐

静坐是佛教禅定的重要方式之一，反观和止观的观心近似，至于天地万物通为一体，与禅宗的会万物为一的精神境界，即在自心的禅修了悟中达到消除主体与客体、此物与他物和部分与整体的差异、对立，实在没有本质的区别。

二、情绪管理理论基础

丹尼高曼的《破坏性情绪管理》（The Destructive Emotions）一书，讲述的是有关佛学与西方科学的智慧交流。为什么很多本来非常理性的人，却作出种种残暴行为？如何控制这类由于"破坏性情绪"腐蚀人心而引致的行为呢？丹尼高曼认为，习禅修行不仅能减少负面情绪，还可以增强对抗压力的免疫能力，同时更可以帮助管理人提高自觉，学习处理愤怒，从而减少"破坏性情绪"的负面影响。

Ford 和 Miura（1983）指出社会适应良好的人，热衷于社会活动，拥有这种能力的人能和不同性格的人相处，也能分享生活的点滴。心里分析家 Fromm 认为人有一种与他人建立稳固亲密关系的强烈需求，满足此种需求就能克服人类的孤独与寂寞。反之，则个体在情绪与性格方面都不容易有正常和平衡的发展。

Verderber 夫妇（1995）指出人际沟通的重要性应具有心理、社会和决策的功能。心理功能方面：通过与他人人际互动的满足感，进一步帮助我们认识自己。社会功能方面：借由人际沟通来建立、维持或改变各种社会关系。决策方面：我们每天都在做无数个决策，有些是和别人商量后决定的。在和他人交换想法的过程中，人际关系帮助我们获得更多元的信息，互动沟通的结果深深地影响着我们的学习与工作。Hamachek（1982）指出人际互动让个人获得回馈，在这过程中有助于个人的自我了解、自我接纳。与人相处可以减少孤独所带来身心上的伤害。

Novaco（1979）认为气愤情绪是一种情感上的压力反应，当要求超过了个人当时的因应资源时，个体无法有效的适应，引发了压力反应。当气愤情绪产生时，又干扰了信息处理，特别是干扰到我们无法想清楚及作出好的判断时，情绪反应就不适当了。如果气愤情绪能够适当掌握，即可利用此警告讯号，警觉自己遭到困境及压力，用此促动自己去面对威胁及挑战。此模式呈现出厌恶事件、认知过程、生理激发状态及行为反应间的循环影响历程。厌恶事件并不会直接影响个人的气愤情绪反应，而是个人对事件的期望和评价等因素决定了气愤情绪的产生，但会用什么行为来反映，易受到气愤被激起的程度及个人对激怒情绪的标签、期望、评价的交互影响，其行为的反应可能又会造成厌

---

① 《朱文公文集·记疑》。

恶事件，不断地恶性循环下去。Goleman（1996）认为 EQ 的高低代表对情绪管理智慧与能力的优劣，他认为依据下列五种能力向度可以用来判定 EQ 的高低：

（1）觉察自我情绪的能力。能立刻觉察自己的情绪、了解情绪的来源并能认知感觉与行为的差异。

（2）妥善管理情绪的能力。如何自我安慰，摆脱焦虑、灰暗或不安；能控制刺激情绪的根据；能忍受挫折并懂得纾解压力与愤怒。

（3）自我激励的能力。整顿情绪、克制冲动，让自己专注于一项目标，增加注意力与创造力并保持高度热忱。成就任何事情都要靠情感的自制力、保持高度热忱、克制冲动以及延迟满足的控制能力。

（4）认知他人情绪的能力。能用同理心对待别人，懂得倾听的艺术，能从细微的信息中，观察他人真正的需求。

（5）人际关系管理的能力。人际关系就是管理他人情绪的艺术。一个人际关系圆融的人，必定能够理解并因应他人的情绪。此种能力与一个人的人缘、领导能力、人际和谐程度有极大的关联性。De Beauport 和 Diaz（1996）提出 EQ 是一种可使我们有适当的感觉和欲望的智商内涵和能力，主要由三个部分所构成：①情感智商能力。受到某事物或某人的影响，有助于对人、地、物、想法或是情境发展出亲密感的能力。我们可以借由管理自己的感觉历程来让自己变得情感上有智慧，情感智商能力能够意识到感觉历程的开始以及转换，而且它们能够转换焦点和注意力到另一个具有吸引力的替代选择上。②心情智商能力。特别是一种在痛苦或是愉快时，能够转换心情的能力。心情智商能力使我们学得身心系统如何知觉所有完全外在环境的事实，对充实生活和保持健康的心情，有很大的影响。③激励智商能力。能够体悟自己的情绪状态，并且知道如何激励自己以及指引自己生活的能力。了解自己需要什么以及什么会驱使自己行动的能力。借由我们的需要、欲望、热情可以赋予自己生存的力量，这就是激励智商的能力。Schutz（1973）提出人际关系三向度理论（Three Dimensional Theory）。他主张每个人都有人际关系的需求，对于人际关系的需求可以分成三部分：接纳、控制和情感。不同需求类型的人，会发展成不同的人际反应特质，并且会随着时间而改变。①接纳。接纳是主张一种觉得自己重要有价值且有被爱、被关怀的感觉。个体如果能够被团体所接纳，就不会孤寂。相对地，较少接纳需求的人，则较倾向于内向和退缩。另外一种极端的人，则是过度地寻求别人的接纳。过与不及的接纳需求，都无法欢喜自在地处于人际关系中。②控制。控制指的是个人在权力、人际间，影响由权威之间做决定的过程。控制需求是从思想控制别人到被别人控制之间连续性的需求。控制需求的高低，在人际互动过程中扮演着主导的角色。一般而言，控制需求高的人，竞争性强。控制需求低的人，易于服从权威；然而两者都无法完全地负担责任。因此唯有适当地控制欲望，才能有优秀的人际关系展现。③情感。情感代表两人之间亲密的情绪感觉，尤其是指不同程度的爱恨感受。情感太少或极端渴求情感需求者，对爱与不爱存有强烈的焦虑感。薄情者，常忌讳谈感情的事，逃离人群，对自己的感情缺乏信心。多情者，则借助他人的喜欢，以减缓内心的不安。因此唯有情感需求合宜的人，才能够接受别人的感情，也能够释怀地面对别人的拒绝，圆满地处理自己的人际关系。EQ 的主要内容包括了自我克制欲望、为目标勤奋进取、遇到挫折不屈不挠、对人有同理心、克制一时情绪、良好应对进退、正确处理争端、爱人助人合群等待人处世之道。而本节所探讨之佛学应用在 EQ 管理能力研究，主要参考依据为 Goleman（1996）所提出的 EQ 在五大能力层面的影响力为：①认识自身的情绪层面；②妥善管理情绪层面；③自我激励层面；④认知他人的情绪层面；⑤人际关系的管理层面。

三、佛学在 EQ 情绪智商管理中的应用价值

1. 认识自身的情绪层面

中国的禅僧提出行、住、坐、卧皆是禅，如何能够在日常生活当中，沉淀心灵修行、领悟，才能够得到真正的智慧；禅宗所谓般若（Prajna），旨在唤醒世人观察管理事务时，要以"有所为、有所不为"的心态来灵活运用。所谓涉世、忘世、入世，便是要求人有自觉性，了解自己情绪上的问题。

2. 妥善管理情绪层面

禅的生活，是从三世因果及十方因缘里定位自我生命，即矛盾中求统一、来去间能自在。禅定有助于稳定情绪，更能促进身心的正常发展。习禅可以有效地平复个人情绪的不安，从而抗拒外界欲望的干扰和引诱，令习禅的人能够精神集中，步入心注一境的状况。

3. 自我激励层面

佛教把众生的行为思想称为"业"。业有善、恶之分。善业是净、恶业是染。业是众生结果的原因，称为业因。由业因得到的果报称为业果。根据佛教认为众生按照今生不同的业力（行为）在来世可以获得不同的果报，其原则是行善者得善报、行恶者得恶报。因此，为了来世能够得善果，今生必须要努力行善。

4. 认知他人的情绪层面

普度众生是大乘佛教的基本人生观。他们把面向众生、觉悟众生、解脱众生作为培植和累积个人成佛智德的杠杆。六度中的布施，是要信徒用自己的智慧、体力去救助穷困者和满足索取者，即是慷慨地施舍众生，为众生献命，这就是佛教的爱。

5. 人际关系的管理层面

禅学讲求同理心（Empathy），要求人人以设身处地的角度，站在对方的立场去思考，才能真实地体会别人的处境。作为一个领导者，需要掌握下属的困难，作出指导。不能了解别人的处境，是无法发挥领导的效率。利用同理心的精粹，便可明白他人的立场，从而发挥人际关系管理的作用。

整体而言，根据佛学的解释，习禅可以令人冷静地进行思考，通过正审思虑以应付难题，最终达到去恶从善、由痴而智的境界。透过禅定中有关肯定自我、提升自我和融合自我的锻炼，习禅的人可以对自己有更深入的认识。对于现代管理学来说，正好提供了一种东方管理思维的新（心）的另类情绪管理方法。

第三篇

中国管理学的主要学术流派分析

第六章 儒家的治国思想分析 与评价——以民为本

近年来，随着亚洲经济的腾飞，在世界范围内兴起了一股儒学热，而儒学则是具有数千年悠久历史的中国传统文化的核心之一。儒学产生于春秋战国时期，博大精深，源远流长。儒家提出了"修身、齐家、治国、平天下"的命题和以民为本的思想。《大学》中论述："古之欲明明德于天下者，先治其国；欲治其国者，先齐其家；欲齐其家者，先修其身；欲修其身者，先正其心；欲正其心者，先诚其意；欲诚其意者，先致其知；致知格物。"就是说古代那些要想在天下弘扬光明正大品德的人，先要治理好自己的国家；要想治理好自己的国家，先要管理好自己的家庭；要想管理好自己的家庭，先要修养自己的品性；要想修养自身的品性，先要端正自己的本心；要想端正自己的本心，先要使自己的意念真诚；要想使自己的意念真诚，先要使自己获得知识；获得知识的途径在于认识、研究、解析万事万物。儒家思想的中心概念是仁、义、礼、智、信。儒学提倡仁爱，崇尚礼仪，推崇道德，主张以德治国，以民为本。在人际关系上，主张以和为贵，以信取人；在人与自然的关系上，主张天人合一；在义利关系上，主张见利思义；在君民关系上，主张以民为本。其以民为本的管理思想在当代管理学中仍有深远影响。本章在阐述儒家以民为本、以和为贵思想的基础上，分析其在现代管理中的意义和作用，并从华商企业的管理实践中探寻其价值。

第一节 儒家管理思想的核心：以民为本①

一、儒家学说"以民为本"思想的传统

儒家文化的创始人孔子（公元前551年至公元前479年）提出"仁者爱人"②、"仁者，人也"③。其中"仁"是指能够身体力行的人，一个完美无缺的人，要想达到这个

---

① 苏东水：《东方管理》，山西经济出版社2003年版。
②《论语·颜渊》。
③《国语·周语下》。

境界，首先要做到爱人。孟子提出"仁者爱人"①，"民为贵，社稷次之，君为轻"② 的主张，强调民在国家和社会生活中的地位和重要作用。他还提出"天时不如地利，地利不如人和"，对人际关系予以高度的重视。荀子则提出"君者，舟也；庶民者，水也。水则载舟，水则覆舟"的至理名言，说明民为国家的基础，没有民也就没有国家。西汉的贾谊指出"民为政本"的思想。

1. 姜尚的民本思想：管理应用价值分析与评价

西周太师姜尚（生卒年不祥）最早提出民本思想。他说："庶民者，国之本。"③ "天下非一人之天下，乃天下人之天下也。同天下之利者则得天下，擅天下之利者则失天下。天有时，地有财，能与人共之者，仁也。仁之所在，天下归之。与人同忧同乐，同好同恶，义也。义之所在，天下赴之。凡人恶死而乐生，好德而归利，能生利者道也。道之所在，天下归之。"④ "治国安家，得人也。亡破家，失人也。"⑤ "驭民如父母之爱子，如兄之爱弟。见其饥寒则为之忧，见其劳苦则为之悲。赏罚如加诸身，赋敛如取于己，此爱民之道也。"⑥ 就是说，统治者应像父母爱护孩子一样爱护人民，把人民的痛苦、饥寒看做是自己的事。人民所遭受的赏罚和赋敛，就好像是统治者自己亲身经历。只有这样，才是真正的爱民之道。"军国之要，察众心，施百务"。⑦ 在姜尚看来，"得人"、"得心"是直接关系到国家生死存亡的关键。

"主之本在于宗庙，宗庙之本在于民"⑧，"人主有能以民为务者，则天下归之矣"，⑨ "古之君民者，仁义以治之，爱利以安之，忠信以导之"。⑩ 凡是人民拥护的君主，他的社稷就非常稳定，而要得到人民的支持与拥戴，就必须以仁爱之心对待他们，以丰厚的利益来安抚人心，并以忠诚、信义等道德规范来引导他们的行为。

2. 孔子的仁爱论：管理应用价值分析与评价⑪

儒家文化的创始人孔子（公元前 551 年至公元前 479 年），字仲尼，鲁国昌平乡陬邑（今山东曲阜）人，是儒家文化的开创者。提倡"爱民"、"养民"、"惠民"、"裕民"。人是最根本的，在人的管理上，必须施以"仁"、"爱"。

孔子一生从事教育事业，有三千弟子，贤弟子七十二人，为当时的社会培养了大批人才。孔子教导人们以"仁"为出发点，提倡人类重视孝悌忠信，礼义廉耻，做有道德有教养的公民；在人事管理方面，儒家主张以礼待人、讲求信用和尊重别人，促进人际关系的协调，主张上级对下属应宽厚谦和，而下属则应忠于职守。

在孔子之前就有关于"仁"的记载。最早在《尚书》和《诗经》就有了"仁"字，《左传》和《国语》中"仁"字出现的频率则更高了。因为在春秋时期，奴隶制走向崩溃，封建制开始建立，阶级矛盾和阶级斗争十分尖锐，奴隶起义此起彼伏，诸侯

---

① 《孟子·离娄下》。
② 《孟子·尽心下》。
③ 《三略·上略》。
④⑤ 《六韬·文韬·文师篇》。
⑥⑦ 《六韬·文韬·国务篇》。
⑧ 《吕氏春秋·务本》。
⑨ 《吕氏春秋·爱类》。
⑩ 《吕氏春秋·适威》。
⑪ 苏东水：《东方管理》，山西经济出版社 2003 年版。

之争愈演愈烈，生灵涂炭。孔子就是在这样的背景下提出"仁"的观念的。

　　"仁"是孔子思想的核心。"仁"字是人字旁加个二字，两个人相处之道即为"仁"。"仁"是人们相处、相知、相爱之道。东汉古文字学家许慎在《说文解字》中解释："仁，亲也。从人二。"清代文字学家段玉裁又进一步注解到："亲者，密至也。从人二，相人偶也。人偶犹言尔我亲密之词。独者无偶，偶者相亲，故其字从人二。"孔子在《论语》中反复论述"仁"，"仁"在《论语》中共出现过109次。"仁"的概念非常宽泛，如当樊迟问孔子什么是仁时，孔子回答"爱人"。孔子又说："克己复礼为仁。"要求人们"非礼勿视，非礼勿听，非礼勿言，非礼勿动"①。孔子以孝悌为仁之根本。孔子说："君子笃于亲，则民兴于仁。"② 孔子说："其为人也孝悌，而好犯上者，鲜矣。不好犯上而好作乱者，未之有也。孝悌也者，其为仁之本与？"③ "弟子入则孝，出则悌。"④仁的基本精神是"爱人"、"忠恕"、"己欲立而立人，己欲达而达人"、"己所不欲，勿施于人"。孔子仁者爱人的主张在一定程度上肯定了人的尊严和人的价值，顺应了当时奴隶解放的潮流。孔子用"爱人"来解释"仁"，用"忠恕"来实现"仁"。孔子的"仁"还包括"忠恕"之道。所谓"忠"是指"己欲立而立人，己欲达而达人"。强调君主只有"上孝于亲"，"下慈于民"，才谈得上臣民对君上的忠诚。居上位的君王应"守礼"、"正身"、"修己"，以身作则，这才能使臣下心悦诚服，真正做到以忠事君。所谓"恕"，就是要"己所不欲，勿施于人"⑤，即孔子所提倡的"以直报怨，以德报德"⑥ 的品德。孔子的忠恕之道，是一种推己之心以爱人的精神。"忠"者，有诚恳为人之心，"恕"者，无丝毫害人之意。在孔子的仁道中，"孝悌"占有重要的地位。孔子说："君子笃于亲，则民兴于仁。"⑦

　　对不同弟子对"仁"的提问，甚至是同一个人（如樊迟）的多次提问，孔子给出的回答也是不同的。仁学是儒家的精华所在。"仁爱"是道德之本，是人格的基础。孔子说："仁者，爱人。"又说："仁者，人也。"⑧ 其中"仁"是指"能行五者于天下，为仁矣"。这五者为"恭、宽、信、敏、惠。恭则不侮，宽则得众，信则人任焉，敏则有功，惠则足以使人"。⑨ 恭、宽、信、敏、惠即庄矜、宽厚、信义、勤敏、慈惠，这五条加起来即是"仁"。孔子认为只有庄重的人才不会受人侮辱，宽厚的人才能受人爱戴拥护，讲信义的人才能得到别人任用，勤奋机敏的人办事才会有成效，能给别人以恩惠的人才能指挥别人。那些能体察百姓、取信于民的君王能得到百姓的支持和拥护，而那些不能体察百姓的君王则无法得到百姓的支持和拥护。孔子非常重视统治者的这种德行。尽管"仁"的这一层概念是从统治者的角度出发的，但是它要求统治者把人民放在第一位，这在春秋时期是非常难能可贵的。

　　一个有"恭、宽、信、敏、惠"的人，就能够身体力行，达到完美无缺的境界，

---

　　① 《论语·颜渊》。

　　②⑦ 《泰伯》。

　　③④ 《论语·学而》。

　　⑤ 《卫灵公》。

　　⑥ 《宪问》。

　　⑧ 《中庸》。

　　⑨ 《论语·阳货》。

而要想达到这个境界，首先要做到爱人。"仁者"就要"爱人"。"爱人"是达到"仁者"境界的前提条件，而"仁者"是"爱人"的结果。为达到"修身、齐家、治国、平天下"的目的，要以个人的爱为出发点，最终形成人类的爱。"仁"是最高境界，是人在社会上立身处世的标准。"仁人"是品德高尚的人。孔子的仁学奠定了儒家以民为本的人本思想和仁政学说的理论基础。

3. 孟子的性善论：社会管理应用价值分析与评价①

孟子认为人具有先天或先验的善性。他说："恻隐之心，仁之端也；羞恶之心，义之端也；辞让之心，礼之端也；是非之心，智之端也。"② 在孟子看来，"四心"即为"四端"，为仁义礼智，而仁义礼智乃是道德上的善，所以说，人的本性是善的。恻隐之心，羞恶之心，恭敬之心，是非之心，人皆有之。恻隐之心属于仁，羞恶之心属于义，恭敬之心属于智。仁义礼智这些道德并非是外部赋予的，而是与生俱有的，关键在于能否充分发挥个人的善之本性。

孟子主张"性善论"。"乃若其情，则可以为善矣，乃所谓善矣。若夫为不善，非才之罪也。"③ 从人的天生素质来看，可以使他善良，这就是所谓的人性善。至于有些人不善良，不能归罪于他的素质。

孟子"性善论"包含三层意思：①人的素质，可以为善。这里的人的素质，指的是区别于动物的道德属性。"人之所以异于禽兽者无希。庶民去之，君子存之。舜明于庶物，察于人伦，由仁义行，非行仁义也。"④ 人和禽兽的区别只有一点点。老百姓丢弃它，君子保存它……这里的仁义，就是人区别于禽兽的属性。在孟子看来，仁义属性是人人具有的。无论是庶民丢弃它，还是君子保存它，人毕竟是人，而不是禽兽，他那一点点的道德本性，只需通过适当引导，就可以表现出来。因此，人的天生素质是可以为善的。②仁义礼智，人所固有。"仁"来自人的恻隐之心，"义"来自人的羞恶之心，"礼"来自人的恭敬之心，"智"来自人的是非之心。③求则得之，舍则失。既然人性本善，那么为什么有人为善，而有人作恶呢？这完全取决于人们对于其善之本性的取舍。孟子相信人的本性就是善良的，一经探求，便会得到；一经放松，便会失去。

孟子的性善论认为性善是属于先天的，而恶是起于后天的；善是内在因素，恶是外部因素。因此孟子主张尊重人们的道德修炼。

4. 荀子的性恶论：社会管理应用价值分析与评价

"人之性恶，其善者伪也"⑤ 是荀子人性论的中心命题，荀子的性恶是针对孟子的"性善论"的，他批评孟子的性善说是"不及知人之性而不察乎性伪之分"⑥。荀子所说的"性"，有两层意思：一是一种与生俱来的属性，而不是通过后天学习而形成的社会属性。"凡性者，天之就也，不可学，不可事。礼义者，圣人之所生也，人之所学而

---

① 苏东水：《东方管理》，山西经济出版社 2003 年版。

②《孟子·公孙丑下》。

③《孟子·告子上》。

④《孟子·离娄下》。

⑤⑥《荀子·性恶》。

能，所事而成者也。不可学、不可事而在天者，谓之性；可学而能，可事而成之在人者，谓之伪；是性伪之分也。"① "生之所以然者谓之性"，② 性是一种天生的、自然而然的东西。二是指"性"的具体内容相当宽泛、复杂，既包括人体的生理器官，如耳、鼻、口、舌等及其对衣食声色的情欲，"若夫目好色，耳好声，口好味，心好利，骨体肤理好愉佚。是皆生于人之性情也，感而自然，不待事而后生之者也。"③荀子所讲的"性情"，指的是人的本能，也包括心理方面的，即人与外界事物接触后所产生的本能反应，也是人的本性反应，因为这些反应都来自人的性情，一旦和外界事物接触，就会自然而然地产生这样的反应，而不是后天所能学到的，所以也是人的自然本性。

至于"伪"，荀子是这样阐述的："可学而能，可事而成之在人者，谓之伪。"④ "心虑而能为之动谓之伪；虑积焉，能习焉，而后成谓之伪。"⑤这前一个"伪"，指的是人的行为本身；后一个"伪"，指的是经过人类行为的反复积累而形成的一定的社会规范，是"圣人"经过反复思考、总结人类的行为习惯而制定的。这些社会规范并不是天生的，也不是自然而然产生的，因此并非来自人的本性，而是后天行为。荀子在《性恶》篇中，从各个角度论述了"人之性恶，其善者伪也"。①从"恶"和"化"的关系来分析，因为人有"若夫目好色，耳好声，口好味，心好利，骨体肤理好愉佚"的本性，如果任其发展而不加以引导，那么这些自然属性就会转变成恶劣的本性；②从"化"、"善"的角度，有着恶劣本性的人通过礼义教化也会弃恶从善；③从"生"、"学"的角度，人性是天生的，而礼义法规是后天制定的，是通过学习可以获得的；④从"朴"、"导"的角度，人的自然属性（朴）是"好利"、"有欲"的，善是对这些自然属性的引导（导）；⑤从"行"、"性"的角度，"行"为好的德行，而"性"为人的自然属性，好的德行并不一定是与生俱来的自然属性，是要经过后天的教育、引导才能得到的。在荀子看来，既然人的本性本来就是恶的，那么，国家的统治者们就要运用必要的礼义规范对人民百姓加以适当的引导，使之向善、从善，这样就有可能治理好国家。荀子"人性恶"的论断是："今人之性，生而有好利焉，顺是，故争夺生而辞让亡焉；生而有疾恶焉，顺是，故残贼生而忠信亡焉；生而有耳目之欲，有好声色焉，顺是，故淫乱生而礼义文理亡焉。"⑥ "今之人性，饥而欲饱，寒而欲暖，劳而欲休，此人之情性也。"⑦荀子认为这些生理和心理需求"必出于争夺，合乎犯分乱理而归于暴"⑧。因此，他得出结论：人性是恶，而非善。他认为人性是恶的，人的恶性是先天的，而人的善性是后天的；恶为内因，善为外因。所以他主张化性起伪，重视人们的后天教育和学习。

荀子的逻辑认为乱和穷的根源在于人们无穷无尽追求欲望的自私自利本性，所以人性是恶。这个恶字并不是凶恶、恶毒的意思，而是指引起争夺、动乱贫穷的人生而有好利的欲望。在荀子看来，人的欲望是天生的，是不学而会、不教而能的，人人都是一样

①③④⑥⑦⑧《荀子·性恶》。
②⑤《荀子·正名》。

的。他说："好利恶害，是君子小人之所同也。"① 由于"欲恶同，物不能澹则必争，争则必乱，乱则穷矣"②。荀子主张以政富民，即依靠国家实行正确的财政经济政策，使人民富裕起来。他说："轻田野之税、平关市之征，省商贾之数，罕兴力役，无夺农时，如是则富国矣。夫是之谓以政裕民。"③"轻田野之税"即减轻农民的负担，使农民有改善生活和积累向农业生产投资的能力，从而达到富民的目的。荀子主张减赋税："王者富民，霸者富士，仅存之国富大夫，亡国富筐箧，实府库。筐箧已富，府库已实而百姓贫，夫是之谓上溢而下漏；入不可以守，出不可以战，则倾覆灭亡，可立而待也。故我聚之以亡，敌得之以强，聚敛者，召寇肥敌、亡国危身之道也。"④ 荀子把轻税或厚敛当做关系到国家存亡至关重要的财政政策，同时他还提出了"上下俱富"⑤的思想。

二、以民为本的管理学含义：管理应用价值分析与评价⑥

儒家以民为本的思想，含义十分丰富。儒家的代表人物无不从各个方面来论证。

1. 民惟邦本

人本精神是中国文化的精髓之一，是儒家管理思想最鲜明的特色。《尚书·五子之歌》中就有"民可近，不可下，民惟邦本，本固邦宁"；《春秋·谷梁传》也提到："民者，君之本也。"充分肯定了人民大众是君王的治国之本；儒家主张"天生万物，唯人为贵"。孟子提出："民为贵，社稷次之，君为轻。"⑦ 人民百姓才是国家的根本，根本稳定，国家才能安宁。他认为："桀纣之失天下也，失其民也。失其民者，失其心也。得天下有道，得其民，斯得天下矣。得其民有道，得其心，斯得民矣。"⑧ 从桀纣失去天下的教训，得出"得民者得天下，失民者失天下"的结论，从而指出得民的关键是得其心，得民心者得天下，国家兴亡在于民心的向背。孟子的思想充分显示他很重视人对国家社稷的巨大作用，人是立国之本。荀子则提出"君者，舟也；庶民者，水也。水则载舟，水则覆舟"的至理名言。他以"舟"和"水"来分别形容"君"、"民"关系，没有水，舟就无从浮起、行驶，然而，如果水中掀起万丈巨浪，亦会把舟掀翻。这里的寓意是：如果得到民众的支持，君王的天下才有保证，失去民众的支持，君王的天下随时会被推翻。所以说民为国家的基础，没有民也就没有国家。"君舟民水"的比喻对后世君王的政治统治影响极大。《政观贞要·政体》中记载："贞观六年，太宗谓侍曰：可爱非君，可畏非民。天子者，有道则人推而为主，无道则人弃而不用，诚可畏也。魏征对曰：臣又闻古语云：君，舟也；人，水也。水能载舟，亦能覆舟。"

"水能载舟，亦能覆舟"的儒家名言，充分揭示了国家、组织建于民即人基础之上的道理，重视人，管理好人就成了组织取胜或成功的关键。

---

① 《荀子·荣辱第四》。
②③⑤ 《荀子·富国第十》。
④ 《荀子·王制第九》。
⑥ 苏东水：《东方管理》，山西经济出版社 2003 年版。
⑦ 《孟子·尽心下》。
⑧ 《孟子·离娄上》。

西汉初期的政治家、思想家贾谊，根据当时的政治局势，从总结秦王朝灭亡的教训出发，提出治国之道。贾谊认为秦王朝灭亡的主要原因是没有采用儒家的"仁义"之道。贾谊所谓的"仁义"，指的是要安定人民生活，使人民能够安居乐业。他说："管子曰：'仓廪实，知礼节。衣食足，知荣辱。'民非足也，而可治之者，自古及今，未之尝闻。"① 他认为"凡居于上位者，简士苦民是谓愚，敬士爱民者是谓智"②。贾谊认为，民为国本，因而主张爱民、利民、乐民、富民。他说："闻之于政也，民无不本也。国以为本，君以为本，吏以为本。故国以民为安危，君以民为威侮，吏以民为贵贱。此之谓民无不为本也。闻之于政也，民无不为命也。国以为命，君以为命，吏以为命。故国以民为存亡，君以民为盲明，吏以民为贤不肖。此谓民无不为命也……呜呼！戒之戒之……故自古至于今，与民为仇者，有迟有速，而民必胜。"③ "夫民者，万世之本也，不可欺。""故夫民者，大族也，民不可不谓也。故夫民者，多力而不可适也。呜呼！戒之哉！戒之哉！与民为敌者，民必胜之。"④贾谊把民描述为君的对立面，力量是相当强大的。因而，贾谊认为应该采取爱民、乐民、富民的方法来引导人民大众，使之为统治者所用。"吏以爱民为忠"⑤。任免官吏时，应考虑老百姓的反映："明上选吏焉，必使民与焉。故士民誉之，则明上察之，见归而举之。"⑥ 贾谊在此提醒西汉统治者要吸取秦朝灭亡的深刻教训，应注意到人民群众对国家生死存亡的巨大作用，并进一步揭示了民为国家基础的深刻含义。

2. 爱民、教民、富民

孔子人本思想的基本内涵就是"仁"。那么什么是"仁"？"樊迟问仁。子曰：爱人。"⑦ 这里的"爱人"，是指爱一切人，是不分阶级层次的，包括对下层人民的爱。孔子的仁爱思想是对人的发现，是人道主义思想的初步萌芽。　孔子认为人是天下万物中最为重要的。如弟子子路曾问事鬼神，孔子曰："未能事人，焉能事鬼。"⑧ 孔子的"爱人"前提是把所有人都当做平等的人来看待。如一次马厩失火，孔子问：" '伤人乎？'不问马。"⑨ 孔子还说："鸟兽不可与同群，吾非斯人之徒与而谁与。"⑩ 就是说，人与人在同一个社会相处，就必须互相尊重、互相关心、互相爱护、互相信任。孔子的"仁爱"之道还包括了忠恕之道。"仁爱"之道是用自己拥有的去帮助别人，忠是指"己欲立而立人，己欲达而达人"⑪；相反，恕则是指"己所不欲，勿施于人"⑫。忠恕体现了孔子与人交往时所遵循的一种尊重和理解原则。孔子指责滥杀无辜为"四恶"之一。"子张曰：'何谓四恶？'子曰：'不教而杀谓之虐，不戒视成谓之暴，慢令致期谓之贼，犹之与人也，出纳之吝谓之有司。'"⑬孟子全面继承了孔子的爱人思想，并

---

① 《无蓄》。
②③④⑤《大政上》。
⑥《大政下》。
⑦⑫《论语·颜渊》。
⑧《论语·先进》。
⑨《论语·乡党》。
⑩《论语·微子》。
⑪《论语·雍也》。
⑬《论语·尧曰》。

从爱民、富民思想出发，根据当时的封建小农经济的特点，提出争取民心的关键是使民安于农亩，"取于民有制"等。孟子指出，"爱人"就是"不忍"，即不忍心伤害别人，也不忍心看到别人受到伤害。"人皆有所不忍，达之于其所忍，仁也；人皆有所不为，达之于其所为，义也。"① "人皆有不忍之心。先王有不忍人之心，斯有不忍人之政矣。"② 孟子认为，国家的管理者具有怜惜别人的不忍之心，表明了他具有仁义礼智这四种道德属性的萌芽，将这四种萌芽加以发扬光大，便可实行仁政，使天下太平。"苟能充之，足以保四海；苟不充之，不足以事父母。"③

在爱民的基础上，孔子又提出"富而教之"的思想。"子适卫，冉有仆之。子曰：庶矣哉。冉有曰：既庶矣，又何加焉？曰：富之。曰：既富矣，又何加焉？曰：教之。"④ 孟子也提出让民致富的主张。而荀子则是我国古代第一个系统论证富国富民的思想家。他说："王者富民，霸者富土，仅存之国富大夫，亡国者富筐箧。"⑤ 荀子则更进一步解释道："足国之道，节用裕民……裕民则民富，民富则田肥以易，田肥以易则出实百信……如是则富国矣。"⑥ 就是说，使国家富裕的方法就是节约费用，使人民富裕起来。人民富裕了，国家自然也就富裕了。荀子提出了按照土地收获量的十分之一来征税，"田野什一，关市讥而不征。山林泽梁，以时禁发而不税。相地而衰政，理道之远近而致贡"。⑦ 国家对农民征税的比例减小，农民就可能积聚一定的财富用于生产投资，这样农业生产就会相应增长，而按十分之一比例缴纳的税收也就增加了，因此，"以政裕民"的财政政策就会产生经济的良性循环，而统治者所得到的则是"仁义圣良之名，而且有富厚丘山之积矣"。⑧ 在富民的基础上，荀子又提出"不富无以养民"⑨ 的思想，可见，富民是养民的基础。在此我们应该指出的是：古代儒学思想家似乎是从人民百姓的角度出发，站在人民的立场上，提出这些富民思想和观点的。实际在更大程度上，他们是站在封建统治阶级的立场上。他的这些富民思想的主要目的是取民，为国家创造更为丰富的财富，同时又可以换取民心，从而达到安抚民心，安定团结，稳定其统治的最终目的。不论他们是从什么立场和观点出发，在他们所生活的那个时代，能提出爱民、富民、教民的思想，确实是相当难能可贵的。

把富民思想运用到现代企业管理中，有着深刻的意义。现代企业间的竞争就是人才的竞争，在竞争异常激烈的今天，人才流动的速度是非常快的，尤其是具有真才实学的人才。每个企业在拥有了人才以后都想设法留住人才，但事实并非是每个企业都能留住人才，许多国营企业又要马儿跑得快，又要马儿不吃草，结果造成人才的严重流失。从国营企业中流动出来的人才都流到哪里去了呢？很多优秀的人才都流到了外资和合资企业中去了，他们看中的就是外资或合资企业的高额收入和良好的人才培训机制。要想真正留住人才就应该把儒家的爱民、富民、教民思想运用到企业管理中。作为企业领导，

---

① 《孟子·尽心下》。

②③ 《孟子·公孙丑上》。

④ 《论语·子路》。

⑤ 《荀子·王制》。

⑥ 《荀子·富国》。

⑦⑧ 《荀子·富国第十》。

⑨ 《荀子·大略》。

应该具备爱护员工的思想，一切以员工为出发点，让员工富起来，让他们拥有公司的一部分股权，把他们的利益和公司的利益紧紧地结合在一起，给他们创造各种各样的培训机会，这样就可以安定人心，减少人才的过分流失。

三、以民为本：儒家管理思想最鲜明的标志

1. 天人合一的世界观：强调人的主体地位与自然协调观①

早在殷商时期就有"天命"的传统观念："夏道遵命，殷人遵神。"② 据《尚书·泰誓》是这样记载武王讨伐商纣的："商罪贯盈，天命诛之。予弗顺天，厥罪惟钧。"当时人们把"天"看成是上帝的偶像，"天命就是上帝的意志"。西周初期，周人即通过"德"的观念，在天与人之间建立了联系，开始萌发天人合一的思想。孟子主张天人相通，并以心性作为沟通天人之间的桥梁。张载第一次明确提出了"天人合一"的思想："儒者则因明致诚，因诚致明，故天人合一，致学而可以成圣，得天而未始遗人。"③ 一些有思想的统治者和智者清醒地认识到，所谓的天命、上帝和鬼神，都是一些虚无缥缈的东西，因而开始对天命产生了怀疑，并开始更多地注重于人事和敬德保民，"周人遵礼，尚施，事鬼神而远之，近人而忠焉"。④他们意识到维护其统治，不仅要依靠天命和企求神灵的保护，还要依靠"敬德"、"保民"。"皇天无亲，惟德是辅；民心无常，惟惠之怀；为善不同，同归于治；为恶不同，同归于乱。"周代的思想家已经意识到了人民对国家江山社稷的重要作用，人的巨大威力，而天仍然是主宰一切的重要因素。孔子继承了周代思想家的思想，提出人是万物之灵："人者，天地之心也。"⑤孟子主张"尽心、知性"、而"知天"，以人心昭显天命，使天命和人性达到完美的统一，即达到天人合一。就能战胜一切事物。荀子提出：人"最为天下贵"。董仲舒则认为，人得"天地之精"而与天地同为万物之本，并"超然万物之上"⑥。人之所以成为天地之精华，是因为人不同于其他动物，是有道德思想作为行为规范的。"惟人万物之灵。"⑦

2. 爱人贵民：管理与社会秩序的价值导向⑧

儒家提出"爱人贵民"为特色的人本主义管理思想。孔子首创了人本主义的"仁学"，后来的孟子和荀子都对这一命题进一步发扬光大。从孔子的仁爱，到孟子的仁政，再到荀子的礼法，其中心思想就是如何从以人为本的角度来管理社会，通过爱人贵民来实现长治久安的目的。他们始终从人的角度去看待、审视社会，大胆地否定天的绝对权威，怀疑神鬼的存在可能"未能事人，焉能事鬼"⑨、"未知生，焉知死"⑩、"不语

---

① ⑧ 苏东水：《东方管理》，山西经济出版社 2003 年版。
② ④《礼记·表计》。
③《张载集》。
⑤《礼记·礼运》。
⑥《春秋繁露·天地阴阳》。
⑦《尚书·泰誓》。
⑨ ⑩《论语·先进》。

怪、力、乱、神"①，要求人们少过问鬼神的事情，而把更多的时间和精力放在人的身上，放在对人所在的社会治理上。在治理社会和管理国家的过程中，强调以人为本，人是最重要的因素，是一切社会活动的中心。"人者，天地之心也。"② 儒家以人为本、爱人贵民的管理思想无论是在当时，还是在现在，都对统治者的管理提供了可贵的思想基础，其意义是相当深远的。"惟人为万物之灵。"③ "天地之性人为贵"④、"民惟邦本"⑤在儒家学说中，重民、民本、民贵思想，一直是其基本的理论演化逻辑和重要的理论目标。因为人心的向背，历来都是政治成败之关键。儒家主张欲得政必先得民心，以仁爱之心来处理人与人之间的关系，以仁政来治理国家，争取民心。"上者尊严而危，民者卑贱而神，爱之则存，恶之则亡，长民者必明此之要。"⑥

孟子十分关心民心之向背问题。通过分析历史上桀、纣灭亡的经验教训，他总结道："桀、纣之失天下也，失其民也。失其民者，失其心也。得其民，斯得天下也，得其民有道；得其心，斯得民矣。得其民有道；所欲与之聚之，所恶勿施尔也。民之归仁也，犹之就下、兽之走圹也。"⑦ 桀、纣失去天下，遭到灭亡的主要原因是他们失去了民众的支持，而失去民众支持的主要原因又是他们失去了民心；只有得到民众支持的君主才能得天下；得到民众支持的关键在于得到民心。要想得到民心，就要给予民众所希望得到的东西，而千万不能把他们所不希望得到，甚至是厌恶的东西强加给他们。由此可见，得民心者，得天下；失民心者，失天下。孟子认为："得其心有道：所欲与之聚之，所恶勿施，尔也。"⑧要想得到民众的支持，首先要了解他们的想法、要求和欲望，其次是帮他们实现他们的愿望，得到他们想得到的东西；千万不能把老百姓所厌恶的东西强加给他们。这样民众就会自然而然地向有仁德、施仁政的统治者归顺，就像水往低处流，野兽在旷野里奔跑一样。"诸侯之宝三：土地、人民、政事"⑨，而在这三宝中，人民又是最重要的。"民为贵，社稷次之，君为轻"⑩、"得民心者得天下"、"失其民者失天下"⑪，就是说，民为天下本，只有"得民"、"得心者"，才能得天下。

荀子指出："天下归之之谓王，天下去之之谓亡"、"得百姓之力者富，得百姓之死者强，得百姓之誉者荣。三得者具，而天下归之。"⑫ "君者，舟也；庶人之，水也。水则载舟，水则覆舟。"⑬ "人之所以为人者，何已也？曰：以其有辨也。"⑭

后世的儒家学者大都遵循以民为本的思想。西汉的贾谊提出"民为政本"的思想，唐代君王李世民"国依于民"、《三国制》"夫民者，国之根也。诚宜重其食，爱其命，民安则君安，民乐则君乐"，乾隆"以养民为本"等思想无不闪耀着民本思想的伟大光

---

① 《论语·述而》。
② 《礼记·礼运》。
③ 《尚书·泰誓》。
④ 《白虎通义》。
⑤ 《尚书·五子之歌》。
⑥ 《入官》《孔子家语》。
⑦⑧⑪ 《孟子·离娄上》。
⑨⑩ 《孟子·尽心下》。
⑫ 《荀子·王霸》。
⑬ 《荀子·王制》。
⑭ 《荀子·非相》。

辉。无论是身处哪一个朝代、哪一个国家的君王，要想治理好一个国家，就必须懂得这样的道理：一个政权的获得，要合乎民意；一个政权的巩固，要得民心，顺民意。任何违背民意的政权是注定要垮台的。得民心者得天下。"道得众则得国，失众则失国。"① 爱民、利民、富民的思想是经得起考验的。任何治理得好的朝代，其君主往往是能重视人民群众的明君，如唐代李世民、清代乾隆皇帝等。

第二节　以和为贵：社会秩序治理的价值导向分析与评价

一、"以和为贵"的文化价值观导向

以儒家为代表的中国传统文化讲究"和"。在儒家看来，"和"是管理活动的最佳境界。孔子认为"君子和而不同，小人同而不和"，就是说有道德修养的人应讲究协调，但承认差别，并不随波逐流。这里的"和"是指矛盾双方经统一而达成的和谐，"同"是指否定矛盾的存在。孔子的学生有子认为："礼之用，和为贵。先王之道，斯为美，小大由之。有所不行：知礼而和，不以礼节之，亦不可行也。"② "和为贵"就成为著名的儒家名言。孟子指出："天时不如地利，地利不如人和。"③ "人和"即是指人与人之间团结和睦，人际关系和谐。组织内部上下齐心，组织外部搞好公共关系。荀子指出："下不失地利，中得人和，而百事不废。"④ 汉代董仲舒说："夫德莫大于和，而道莫大于中。"⑤ 可见人和的重要性。

儒家之"和"在国家管理活动中的作用，一是用来协调管理者与一般老百姓的关系，达到二者的团结；二是用来协调最高管理者与各级管理人员的关系，取得二者之间的和谐。孔子主张，在国家管理者与一般老百姓之间，关键是要取得和谐。"盖均无贫，和无寡，安无倾"。⑥ 若是财富平均，便无所谓贫穷；境内和睦团结，便不会觉得人少；境内平安，便不会倾危。把儒家以和为贵的思想用于企业管理，其作用也是非常巨大的。在一个组织内部，相互协调，人们的积极性得到充分发挥，而组织内部的团结得到了保证，同心协力，坚如磐石，就能够迎战外来的竞争。

孟子也十分重视"和谐"在管理中的作用。他举例说，譬如有一座小城每边长只有三里，它的外部也只有七里，可谓小之又小，但敌人围攻它，却不能取胜。在长期围攻过程中，一定会有合乎天时的战机，却还是不能取胜，这就证明"天时不如地利"。又譬如另一座城，其城墙不是不高，拥有的兵器也很锐利，备战的粮食也很多，但当敌人围攻之时，守城的人却弃城逃跑，这就证明"地利不如人和"。那么如何得到"人

---

① 《大学》。
② 《论语·学而》。
③ 《孟子·公孙丑下》。
④ 《荀子·王霸》。
⑤ 《春秋繁露》卷十四《循天之道》。
⑥ 《论语·季氏》。

和"呢？"得道者多助，失道者寡助。寡助之至，亲戚畔之；多助之至，天下顺之。"①
荀子分析道："和则一，一则多力，多力则强，强则胜物。"② 也就是说，只要人们和睦
相处，就能团结一致；而只要人们团结一致，就能加强有力，由此可见，儒家文化是非
常重视人际关系的协调与和谐，重视人的价值的实现，强调群体和谐，注重个人对集体
的奉献，因此东方人本思想带有浓郁的群体主义色彩。

二、"以和为贵"的内涵③："和"与"同"两个因素的把握及"度"

儒家管理文化十分重视"和"。那么，什么是"和"呢？史伯说："以他平他谓之
和。"④ 贾谊说："刚柔得道谓之和。"⑤ 春秋时的晏婴认为"和"就是"济其不及，以
泄其过"⑥。这里的"济"是"增加"的意思；"泄"是减少的意思。不足之处要增加，
过多之处要减少。而孔子则进一步阐述道："君子和而不同，小人同而不和。"⑦ "和而
不同"又成为人们处理一切事物都应该遵循的原则。在此基础上，后来的儒家提出
"中和"的概念："中也者，天下之大本也；和也者，天下之达道也。天地位焉，万物
育焉。"⑧

"和"和"同"有原则的区别。"和"是不同事物之间的和谐，是不同事物、不同
方面相互补充、相互协调，最终达到主体上的和谐。史伯说："夫和实生物，同则不
继。"⑨孔子提出"君子和而不同，小人同而不和"⑩。事物要达到和谐，它的各个方面
就要确定一种关系，而这种关系又确定了各个方面之间应有的度。这个度的分寸要掌握
得当，否则不是过分，就是不足。儒家把这个度的最佳分寸定为中庸。中就是和的要
求，只有事物的各个方面都能适度，即中的程度，事物的总体才能达到协调、和谐的状
态。中庸的目的是要达到事物总体和谐，因此要求事物的各个方面要以事物的总体要求
出发，正确处理好各个方面的关系。当某些方面出现不同意见，甚至是矛盾时，每个方
面都应该从事物的总体要求出发，以和为贵，把各方面的矛盾降到最低程度。

三、内和外争⑪：和与争之间辩证的协调

有人认为，儒家只一味地讲究以和为贵而不主张竞争。其实这是一种误解。事实
上，儒家是既主张和为贵又主张竞争的。首先，儒家的"和"是有原则的"和"。孔子
曰："君子和而不同。"⑫ "君子和而不流。"⑬ 即真正有德行的人是善于与人和睦相处，
善于协调各种关系的，但并不是意味着盲目苟同，并不是意味着无原则的附和、随波逐

---

①《孟子·公孙丑下》。

②《荀子·王霸》。

③⑪ 苏东水：《东方管理》，山西经济出版社 2003 年版。

④⑨《国语·政语》。

⑤《贾子·道术》。

⑥《左传·昭公二十年》。

⑦⑩⑫《论语·子路》。

⑧⑬《礼记·中庸》。

流。这里的"和"是指协调、和谐,而"同"是指无差别的同一。其次,儒家在"和"与争的关系上,主张以和为主,以竞争为辅的原则,和是目的,竞争是手段,争是为了在更高层次上取得和,竞争并不排斥人和。儒家坚持以和为贵为手段和方法来解决现实生活中一切的矛盾与冲突,因此,儒家的基本原则是能和则和,内部和谐的最终目的是为了进一步增强对外竞争的实力,即"内和"、"外争"。在激烈的市场竞争中,即在和外部企业竞争的过程中,如果没有内部的人和是绝对没有竞争优势的。对外竞争优势的基础是内部的人和。正如诸葛亮在《将苑·和人》中所言:"夫用兵之道,在于人和,人和则不劝而自战矣,若将吏相猜,士卒不服,忠谋不用,群下谤议,谗匿互生,虽有汤、武之智,而不能取胜匹夫,况众人乎。"

人们在研究日本企业成功的原因时,发现其成功主要来自内部极强的凝聚力。"和"是日本文化的重要基础。日本民族是一个典型的"内和""外争"民族。在本企业内部,日本人强调雇员与公司紧密结合,以"和"的观念来处理上下级和同事的关系,鼓励以团体目标为导向,个人目标服从团体目标,形成利益共同体。日本企业在国内市场上的相互竞争是相当激烈的,但是,当日本企业面对的是外国企业时,所有的日本企业就会联合在一起,形成一股强大的力量,最终战胜对方。松下幸之助曾经说过:"事业的成功,首在人和。""公司上下能不能团结一致,往目标上努力,是企业成功与失败的关键。"在世界经济中占有重要地位的日本企业,并不只是一两个企业,而是大量的企业,是整个日本经济。日本企业之所以成功,是由于它们强调"以和为贵"、"内和"、"外争"。

第三节　儒家思想在现代管理中的运用

一、"以民为本"思想在现代管理中的运用[①]

1. 儒家思想对日本的影响

第二次世界大战以后,日本处于一片废墟之中,但日本民族并没有垮下去,而是勇敢地面对现实。他们花了三十多年的时间,赶上了世界发达国家,成为世界经济强国之一。这其中的原因尽管是多方面的,包括欧美国家的支持政策,日本民族的自强特性,最主要的是日本民族是一个善于向别人学习而又不生搬硬套的民族,它善于吸收别人的长处并加以消化,使之成为具有自己特色的东西。日本人向西方国家学习了它们的先进技术,并使之转化为日本技术;他们学习并接受了中国的儒家思想,吸收了其精华部分,剔除了其糟粕,使之成为其发展经济的指导思想,尤其是儒家以人为本的思想。

日本受儒家文化的影响可以追溯到唐宋时期。日本圣德太子当政时所制定的《十六条宪法》就明确以儒家思想为治国的指导思想。被誉为"日本近代工业之父"的涩

① 林善浪、张禹东、伍华佳:《华商管理》,复旦大学出版社2006年版。

泽荣一倡导"论语加算盘"的管理理念，用儒家伦理来指导经济。20 世纪后半叶日本经济的飞速发展在很大程度上得益于儒家思想。儒家思想从中国传入日本以后，日本人没有对它全盘皆收，而是对它进行了实用主义的改造。如它完全接受了以和为贵的思想，但把儒家文化中的灵魂"仁、义、礼、智、信"改为"忠、礼、勇、俭、信"，即忠诚、礼义、勇敢、节俭、信义。儒家文化的"仁、义、礼、智、信"，是以"仁"为核心，提倡仁者爱人，以仁治国，"义、礼、智、信"都是为"仁"服务的。而日本的"忠、礼、勇、俭、信"，是以"忠"为核心，以忠诚为目的讲究下级对上级的忠诚，臣民对天皇的忠诚，从而使日本这个"大和"民族变得特别具有凝聚力。日本接受了儒家文化中和为贵的思想，但只把它看成是一种手段和工具，强调内部协调的主要目的是为了进一步增强对外竞争。日本的管理模式善于发挥人的主观能动性和积极性。一些成功的日本公司使其员工感到只要好好干，就一定会出人头地，就有希望、有前途，因此具有极强的凝聚力。

2. 儒家思想对韩国的影响

作为中国的邻国，韩国受儒家文化的影响非常大。司马迁的《史记·朝鲜列传》第 55 曾记载，自春秋战国时期，儒家思想就开始传播到朝鲜半岛。在李朝时代，儒教被定为国教，强化纯粹儒教原理，建立了儒教政治体制，并进行思想教化，形成相当正统的儒学体制。维系了 500 年之久的李朝使儒家思想在朝鲜半岛上深入人心，儒家的道德伦理成了人们的行为准则。韩国在 20 世纪后半叶的经济腾飞深受儒家思想的影响。

3. 民本管理思想在华商经营过程中的运用

（1）华商在世界经济中的地位和作用。所谓华商，是指除中国大陆与台湾地区以外的，包括中国香港、澳门在内的广泛分布于世界各地的、从事各种工商活动的华人。由于东南亚的特殊地理位置（离中国的广东省和福建省等东南沿海地区较近），历史上迁移到东南亚地区的华侨人数最多，所以最初的华商经济实际上就是指东南亚地区的华侨经济。中国人漂洋过海到达以前被称为南洋的东南亚地区从事各类经济活动的历史悠久。在长期的经济活动中积累了大量的资本，其积累的资本和经营规模随着历史的不断发展而不断扩大。但是，真正意义上的华商资本的形成，则出现在 19 世纪后半期。为了躲避鸦片战争的战火，广东、福建东南沿海民众大规模地移民东南亚，为东南亚国家带去了大量的财富和廉价劳动力，使华商的财富与华侨雇佣劳动力得以结合，形成了现代意义上的资本，但当时的华商经济还没有成气候。

到了 20 世纪初，出现了最早的一批华侨银行，华侨银行的出现说明华商资本的规模已达到了一定的水平。第一次世界大战爆发后，那些与战争有关的企业得以迅速发展，而当时欧洲资本对东南亚国家的投资大大减少，这就给华人企业创造了得以发展的巨大空间。但第二次世界大战却给东南亚的华商企业带来了致命的打击。第二次世界大战结束以后，东南亚各国纷纷宣布独立，各国政府的中心工作是致力于经济发展，而作为这些国家经济主要组成部分的华商企业抓住这个千载难逢的好机会，运用中国人特有的聪明才智和以儒家思想为指导的管理理论，使企业得到了飞速发展。20 世纪 70～80 年代以后至 1997 年 6 月之前，亚太地区的经济进入了持续、稳定增长的旺盛时期，华商随着亚洲"四小龙"的崛起而得以迅速发展。东南亚华商企业的发展尤为令人瞩目。

表 6-1　1996 年东南亚原东盟五国市值最大的上市公司中华商控制的情况

项目	国别	新加坡	印度尼西亚	泰国	马来西亚	菲律宾
市值最大的上市公司数（家）		85	45	83	100	29
其中华商控制的公司数（家）		54	26	56	40	14
华商控制的公司占总市值的比例（%）		43	60	64	31	38

资料来源：饶志明：《东南亚华人财团的地位和作用论析》，《华侨大学学报（哲学社会科学版）》，1999 年第 1 期。

　　从表 6-1 可以看出华商在东南亚地区各国的经济实力和地位，充分说明华商雄厚的经济实力和在东南亚各国经济中所占据的重要地位，因此华商对东南亚各国经济的发展起着不可或缺的重要作用。

　　华商对世界经济的影响越来越大，对世界经济发展的贡献也越来越大，因而受到世界各国经济界专家和学者的广泛重视和浓厚兴趣，纷纷致力于学习华商成功的秘诀。那么华商有什么经营秘诀吗？

　　首先，华商的管理模式主要是家长制的集权管理；其次，华商经营模式是多元化的；再次，利用华人网络关系共谋发展；第四，谋求全球化跨国经营；第五，以儒家道德规范人的行为，讲究以诚信待人；第六，以儒家思想为指导，强调以人为本，用人之长，重视人才的作用。

　　作为受儒家思想领导和影响了两千多年的国家，儒家思想在华人心中早就根深蒂固。作为深受儒家思想影响的华商，其处事、行为、经商方式无不深深地烙上了儒家思想的烙印。儒家思想教导人们要爱人、见利思义、以诚取信，仗义疏财。

　　遍布海外的华人是中国儒家思想的主要传播者和实践者。尤以东南亚地区为盛，因为海外华人的 80% 聚集在东南亚地区，他们在东南亚各国经济中的特殊地位和他们所取得的卓越成就，充分证明了儒家思想的强大生命力和对经济无与伦比的指导意义。成功华商的例子有很多，如新加坡的华商泰斗陈嘉庚、香港地区巨富李嘉诚、菲律宾经济显要陈永栽等，不胜枚举。在此，笔者以陈嘉庚的女婿李光前为例。

　　新加坡橡胶大王李光前可以称得上是落实儒家以人为本思想的典范。深谙儒教的李光前深深懂得"得民心者得天下"这句古训的深刻含义，因而在他的公司中，处处为职工着想，把职工的利益放在第一位。他属下的南益橡胶有限公司采取终身雇佣制度，职工 55 岁以后仍然可以留在公司工作。退休后仍可以拿到原来工资的一半。这在很大程度上增强了公司的凝聚力，使职工对公司产生依赖感，给了职工极大的安全感。从 1951 年开始，南益公司开始实行"保养金"制度（类似于公积金制度），比新加坡政府实行公积金制度早了三年。为了使职工对公司产生归属感，1950 年，南益公司专门从其盈利中拨出一大笔款项，作为年终奖奖励给对公司作出过贡献的个人，其中得到最多的有 300 万元。这些职工用这笔钱以较低的价格购置房地产，现在这些房地产价格飞涨，许多南益职工成了百万富翁，乃至千万富翁。儒家"富民"思想得到了实际落实，既稳定了公司职工队伍，又使公司对职工产生了极强的向心力和凝聚力。正因为李光前以仁爱之心善待公司职工，才使南益公司得到了迅猛的增长。而李光前本人也成了南洋有名的橡胶大王。

（2）儒家民本管理思想对企业竞争力的影响。当今社会是一个竞争十分激烈的社会，而企业的竞争归根结底是人才的竞争。儒家思想主张人是万物之本，企业的一切经营活动都应该以人为中心。华商企业往往是家长制企业。

华商在企业中往往以家长自居，对企业员工就像对待自己的孩子一样，在严格管理的同时又对他们十分的呵护，设身处地地为员工考虑，把"爱人，人亦爱己"作为对待下属员工的信条。员工在这样的企业中工作，心情舒畅，主观能动性得到最大的发挥，把自己的聪明才智完全奉献出来。印度尼西亚华商林绍良十分信奉孟子的"性善论"，相信人是一个巨大的聚宝盆，而作为企业领导就应该懂得怎样来打开这个聚宝盆，这是一门很深奥的学问。他的用人原则是：用人不疑，疑人不用；量才任职，不必求全。因为人的能力是有大小的，但天生我才必有用，每个人都有其长处和短处，只要企业领导能"量体裁衣"，根据不同员工的实际情况，给他们指定不同的工作，能够信任他们，放手让他们干他们力所能及的事，以此来挖掘他们的才干，让他们在这种人本环境中得以充分发挥，那么整个企业的发展就有保障了。

二、"以和为贵"思想在现代企业管理中的运用[1]

在现代企业的管理中，应把以和为贵的思想运用到企业的人际关系管理中去。现代企业的人际关系相当复杂，有企业与企业之间、劳方与资方之间、上级与下级之间、同事之间的关系。而这些关系又因为人们的价值观念、利益、生活经历的不同而变得更为复杂。在如此复杂的背景下，如何调节好各种关系就变得十分必要和重要。"和"则是调节这些关系的良方。如果处于这些关系的任何一方都能"以和为贵"，那么，整个管理系统就达到了管理的理想目标——"人和"。因为有了人和，人与人之间就能够相互沟通、相互理解、人们的各种需要就能够得到满足，各种矛盾都可以化解，任何问题都能迎刃而解。

被誉为松下"经营之神"的松下幸之助曾十分重视"和"在企业管理中的作用。他说："事业的成功，首在人和。""一群人在一起做事情，最重要的是同心协力，团结一致。""公司上下能不能团结一致，往目标上努力，是企业成功与失败的关键。"[2] 儒家的仁爱思想，对于建立和谐的人际关系，增进员工之间、员工与企业之间的感情，建设企业文化，具有重要的现实意义。东亚一些国家和地区，如日本及亚洲四小龙，继承儒家学说，在企业经营中，以"和为贵"、"和气生财"作为重要的经营准则，形成了"以人为本"的管理思想，在整个经营过程中强调对人的关心、爱护和尊重，重视人的积极性和创造性的发挥，讲究富有人情味的管理因而取得了明显的效果。中国儒家思想对日本企业界影响相当广泛，许多企业家把儒家思想如以人为本、任人唯贤、贵在人和等作为企业的经营信条和原则。日本企业相当重视人在企业中的作用，善于吸引人才，注重对员工的培训，想方设法留住人才，从而使员工对企业产生极大的归属感，培养了员工的团队精神。具体操作上，日本许多企业实行终身雇佣制、年功序列制、合股股票等方式来强化员工的忠诚意识和归属感。由于企业员工对企业具有共同的忠诚度，因而

---

① 林善浪、张禹东、伍华佳：《华商管理》，复旦大学出版社 2006 年版。

② ［日］松下幸之助：《松下经营成功之道》，军事谊文出版社 1987 年版。

为了企业的利益和大家的共同目标，企业员工之间关系和睦，上下同心协力。日本企业家松下幸之助曾经说过："一群人在一起做事情，最重要的是同心协力。由 50 人组成团结的团体，比 100 个人聚集的乌合之众力量要大得多，成就也大得多。"① 日本企业正是极大地发挥了中国传统儒家思想，在世界经济领域起到了不可忽视的作用。日本企业的成功是有目共睹的，其在世界经济领域的领先地位和突出贡献也是不可抹杀的。在第二次世界大战后短短的 30 多年时间里，日本人民把日本从废墟中建设成世界强国之一的重要事实，进一步证明了儒家以人为本思想对经济的实际指导作用。

1. 协调企业内部劳资双方的关系

在任何企业中，都存在着劳资双方的关系，如何协调好双方的关系是决定企业对外竞争力的关键。为了使企业具有竞争力，企业的管理者就应该懂得如何使企业职工的各种需要得到最大程度的满足。而为了了解职工的各种需要，企业管理者就应该采取各种办法，加强同职工的各种交流，如管理者和职工一起外出旅游、开设各类比赛项目，增强彼此间的了解，融洽双方的感情，使职工对企业产生强烈的信任感和依赖感，充分调动他们的积极性、创造性和主动性，充分发挥他们的聪明才智，从而全身心地投入到工作中去。当管理者与职工之间产生矛盾时，劳资双方都应以公司的利益为重，遵循以和为贵的原则，作为管理者应首先检讨自己的错误，而不是一味地怪罪部下，如果确实是部下的错误，也不能一棍子把人打死，而要给人以改过自新的机会；而作为企业职工也应该体谅管理者的难处。只有这样，才能处理好劳资双方的关系；而只有内部和谐、团结、有凝聚力的企业，才能在对外竞争中立于不败之地。

2. 协调企业之间的关系

在现代经济生活中，企业之间的关系往往表现为相互竞争的关系，似乎只有相互竞争，才能促使各企业加强技术改造，提高企业产品的竞争力，使企业立于不败之地。然而，如果企业一味地强调竞争，把竞争当做企业制胜的法宝，那么各企业之间就会采取各种办法封锁技术，其后果则是整个社会技术的停滞不前，甚至倒退。为了进一步提高全社会的技术水平，在适当时候，企业之间应加强技术交流与合作，在竞争过程中也要考虑给其他企业留有生路。可见，以和为贵的竞争观强调的是建立一种竞争与合作并存的竞合关系，追求的是"双赢"。

在中国历史上有辉煌业绩的徽商是以和为贵思想的成功实践者。商人之间十分重视信息交流，在行动上相互支持、相互协调，他们之间相当团结，尤其是在对待其他商人时，他们之间的合作就更加密切，因而形成了一股强大的力量，足以战胜他们的共同对手，以集体的力量来实现自己的利益。现代企业如果都能像历史上的徽商如此经营，那么任何困难都可以克服，任何目标都可以实现。

三、儒家管理思想总结与评价

1. 中国儒家思想源远流长、内涵丰富

儒家思想的创始人孔子提出"仁者，爱人"这个命题；孟子提出"民为贵，社稷

---

① 蔡鑫：《和商——塑造企业亲和魅力》，中国统计出版社 1999 年版。

次之，君为轻"的思想，其精华是以民为本的民本思想。西方现代管理学经过长期的努力也日益重视人的作用，形成了人本主义的思潮，对现代企业的管理起到了重要的指导作用。东西方人本思想有共同之处，也有不同之处。

2. 以和为贵的思想也是儒家人本思想的核心所在

以和为贵的目的就是为了充分发挥每个人的积极性和创造性，使企业价值最大化。但和并不意味着无条件的和谐，而是为了更好的去竞争。和谐是目的，竞争是手段。儒家强调"内和外争"。

第七章 道家学说关于管理思想分析与评价——效法自然

两千五百多年前，在古老的中国大地上，诞生了另一位重要思想家——老子，其学说对后世影响是深远的。这位先哲的《道德经》奠定了道家学说的形成。历代许多学者对道家学说所做的大量深入研究，使得关于道家学说的研究典籍极为丰富，而《道德经》作为道家学说的奠基之作，集中表述了道家学说的基本观点和核心思想。本章从探索道家学说人本管理思想出发，研究道家学说中人本管理思想的内容、运用和特征，揭示其逻辑结构、原理原则、方法艺术和目标，说明其地位、作用和现代价值，以期达到弘扬东方管理文化，促进中国式管理学发展的目的。

第一节 道家有关管理的核心思想分析与评价

一、道家学说的渊源与背景：现世意义分析[①]

道家学说由老子开创。老子，春秋战国时期楚国苦县（今安徽省涡阳县）人，曾任周藏书室史官，著《道德经》，凡五千字，作为经典传于后世。后有杨朱、尹文、慎到、田骈等人发展老子思想，他们把自己的道统源头上溯到黄帝，由于他们俱游于齐稷下学宫，故称稷下黄老之学。再后，庄子秉承道家思想之主流，成为道家学说的集大成者，因此道家学说又称老庄之学。黄老之学与老庄之学是有区别的，前者所关心的是如何把握和应对人世间的祸福利弊，后者则追求的是如何摆脱现实束缚以求精神上的超越。本章所探讨的是黄老之学的道家学说，并且以《道德经》中人本管理思想为主要研究内容。

据《史记》记载，"黄帝者，少典之子，姓公孙，名曰轩辕"。他为人类的生存和发展作出了重大的贡献，是中华民族的祖先。相传《黄帝内经》和作为三《易》之一的《归藏》为黄帝所作。这些典籍的最重要意义在于把人类对外在事物的崇拜转变为对人本身的崇拜。黄帝的《归藏》易，以坤为首卦，是女性生殖崇拜的表征。古人在直观的观察中，认为女性在生殖人类万物中，有着关键的作用。万物、人类出于此而归

---

① 苏东水：《东方管理》，山西经济出版社 2003 年版。

于此。坤为女为女阴，坤为地为地母。地、母、女相对于天、父、男来说，属于阴性；相对于天、父、男的刚健来说，属于柔顺；相对于天、父、男的自强不息来说，就是自然无为。后来道家受黄帝《归藏》"易"的阴柔文化思想的启迪，发挥贵柔尊阴的思想，崇尚自然无为，绍承黄帝道统。

道家创始者老子从女性生殖崇拜而推及天地万物的产生和成长。从元气化生万物的宇宙生成论出发，本着天人合一，国身相同的观点，力图用自然法则来论述治国养人之道，寻求能使国家太平长治、个人成功长生的方法。不论是治国还是治身，都是人之所为，都是有规律可循的。如《老子》第一章所述："道，可道也，非恒道也。名，可名也，非恒名也。无名，万物之始也。有名，万物之母也。故恒无欲也，以观其眇；恒有欲也，以观其所徼。两者同出，异名同谓。玄之又玄，众妙之门。"这就表明了天、地、人三者，人是最重要的；同时也表明了老子对经验的自然、社会、人生现象本质的探索。从人出发，又回归到人并以成道为对人的终极关怀，道贯天、地、人则是道学的核心逻辑结构。显然黄老之学一脉相承，而且人本思想在老子那里得到更深刻的表达和全面的发展。

二、道家学说的核心思想分析与评价①

所谓道家学说，是以黄老之学的发生、发展、演变为对象，以探索自然、社会、人生所当然和所以然为宗旨。其核心思想为"道"。以道贯天、地、人为核心，以自然秩序、社会秩序和心灵平衡的自然和合一体为目标，并以成道为终极关怀的学说。

1. "道"的含义分析："道"为道家思想的核心

春秋时期，道家学说在自然性和人为性、巫术性与哲学性的激烈冲突中，老子的道学表示了人类哲学的自觉，即对于经验的自然、社会、人生现象背后的所以然的探索。道最初的含义是指道路，也就是说，道是有形的、多变的、可名的。道也可以理解为研究、认识或处理某一问题的方法和途径，实际上，这种意义上的道也是可名的。然而老子说的道不是"常道"或"可道之道"，而是那种揭示事物之间必然联系的本质东西，是一种无形的、不变的、不可名的恒道。因此，首先，道是无。"天下万物生于有，有生于无。"② 无不是空洞的东西，而是万事万物的本原，既是万物之所出，又是万物之所归。无不是什么都没有，而是相对于有的概念，相对于有形、多变、可名的存在。无，一定不是具体的东西，而是抽象的事物内部的本质，它寓于具体事物之中，并通过具体事物表现出来，它是事物矛盾运动的法则和规律，它不可能被感觉，却可以被理性所认识；不可能被改变，却可以被遵循和利用。其次，道是朴。朴有混浊之义，既存在于人的意识之外，并无常形常态而又起决定性作用的客观存在。所以"视之不见、听之不闻、搏之不得"。朴有真之义，"返璞归真"，在这里朴与真同义，是真实的东西又是具有真理性的道理。朴有本之义。朴是事物之本，"朴散则为器"③，朴从根本上构成

---

① 苏东水：《东方管理》，山西经济出版社 2003 年版。

②《道德经》第四十章。

③《道德经》第二十八章。

现实的万事万物。再者，道法自然。宇宙万事万物的形成，其本源，其真理，不是有意识地、人为地产生的，不依人们的意志而存在，而是自然而然的演变过程。所以，"道常无为而无不为"，"独立而不改，周行而不殆"，看起来什么都没做，实际上没有任何不做的事，无时不在、无处不在。老子为什么要创立道家学说，道的目的何在？当然是为了理世平乱、治国治身。道是治的大本，是人用来管理的大法。用现在苏东水教授所总结的至理名言来说，就是"以人为本，以德为先，人为为人"。只要相信并深刻领会"道常无为，而无不为"① 的管理智慧，掌握并运用"为无为，则无不治"② 的管理法则，我们就踏上了成功之道。用道治国，则"治大国若烹小鲜"，复杂的事会如此简单，困难的事会如此容易，劳作成为艺术、枯燥成为滋味。用道来治身，则"其鬼不神，其神不伤人。非其神不伤人，圣人亦不伤人，夫两不相伤，故德交归焉"③。人类管理的理想目标，万物和谐、人寿年丰、国泰民安就会实现。

2. 道家的辩证思想分析的结构与层次：通过万事万物辩证看待社会自然关系

道家学说以"道"为基石。"道"是老子通过对自然和社会现象多方面观察的结果，从而根据这个结果抽象出一个可以统括天、地、人即整个宇宙结构的基本根源。"吾不知其名，强字之曰道。"在道家那里，观察世界，对待事物，为人处世是以"道"为规律为根本的。道家把自己的学说建立在这种定义下的"道"之上，就为自己的思想理论奠定了坚不可摧的基础。所以，道家的辩证思想是尊重客观现实的，是唯物的。

道家认为，在"大道"之下，事物是发展变化的并且是矛盾运动的结果，矛盾运动是对立统一的。一本五千字的《道德经》，竟有数以百计的"对子"。从本源上看，有清混、阴阳、有无等；从性质上看，有虚实、动静、寒热、生死、存亡、难易等；从数量上看，有大小、多少、有无、厚薄等；从态势上看，有高下、内外、轻重、长短、强弱、先后、始末、开闭等；从事理上看，有正反、黑白、是非、曲直、善恶、真伪、巧拙、成缺、满冲、利害等；从为人上看，有贵贱、贫富、得失、祸福、荣辱、进退、损益、坚柔、胜负、辩讷等。如此全面，如此周详，令人赞叹。实际上道家已明确发现了事物矛盾的普遍性和统一性。不仅如此，道家还发现了矛盾的斗争性和互相转化，十分清晰地表明矛盾的主要方面。"有无相生、难易相成，长短相形、高下相倾，音声相和、先后相随"④。如能"虚其心"便可"实其腹"，如能"弱其志"就可"强其骨"⑤。道之妙谛在于"虚者实之，实者虚之"。"曲则全，枉则直，洼则盈，敝则新，少则得，多则惑"⑥，是事物变化的法则。懂得矛盾的发展变化，便可洞察并把握，"将欲翕之、必固张之，将欲弱之、必固强之，将欲废之、必固与之，将欲夺之、必固与之，是谓微明"⑦。还告诉大家要"宠辱若惊"，"大成若缺、大满若冲、大直若屈、大巧若拙、大辩若讷"，可受益无穷。道家还指出，"柔弱胜刚强"，"大者宜为下"。明白如此道理，正确处理矛盾，应当是"天之道利而不害，圣人之道为而不争"，达到得心

---

① 《道德经》第三十七章。
②⑤ 《道德经》第三章。
③ 《道德经》第六十章。
④ 《道德经》第二章。
⑥ 《道德经》第二十二章。
⑦ 《道德经》第三十六章。

应手、炉火纯青。运用辩证思想，指导我们的行动，老子说："成功遂事，百姓谓我自然。"顺其自然而行可矣！"人法地、地法天、天法道、道法自然"。顺理成章，"圣人治处无为之事"，"无为无不为"，"不为而成"。从而，得出道家"自然"与"无为"这两个基本命题。那么，人们应当尊道贵德，才能学有所成，而尊道贵德的最高境界，是以人为本，以德为先，人为为人。我们不仅应当很好地学习道家学说中的辩证思想，也要用辩证的方法去学习道家的管理思想。很长时间以来，我国思想理论界人士为道家学说正名辨义作出了巨大的贡献，但在一些人那里，对道家思想的理解也确实存在着不少误区，这是发扬道家文化科学价值道路上的障碍。因此，有必要进一步说明。

（1）效法自然。自然是什么？如何效法？在道家看来，自然就是万物发生、发展的实质。效法自然，就是认识、遵循客观规律，利用规律为我所用。所以效法自然不是无知盲从，不是随心所欲，也不是什么玄而又玄、可望不可及的东西。效法自然给予我们最重要的启迪就是看事物要寻求其本源和内在运动规律，既反对无所事事、放任自流，也反对贸然行事，搞"大呼隆"，否则就会带来无谓的遗憾和损失。

（2）清静无为。首先，无为不是无所作为，而是有所为，有所不为。其次，无为是"无"在作为，"无"在道家那里是无形无象、潜在的本质规律，规律不以人们的意志为转移有所作为。最后，无为要求人们不要妄为而要善于抓住本质，从根本上解决问题，标本兼治，治本为主，从无为到无不为。

（3）尊道贵德。在道家学说中的道与德是与道教等封建迷信中的概念大相径庭的，前者是唯物的，后者将物的东西异化为超自然的东西，是唯心的。效法自然，清静无为运用到对待"人"的问题上的时候，"以人为本"是逻辑的结论。也就是说以"天地"为本，必然要以"人"为本。这与人性论也是有着根本区别的。

用辩证思想理论指导的管理，称为辩证管理。这是东方管理的实质精华所在，是我们应当深入研究，继承发掘，大力提倡力行的。辩证管理含义丰富、内容深刻，应用广泛，修身、齐家、从事、为人、理财、治国，学之用之，无不受益。

为政者用辩证管理治理国家，则有利于国家经济建设、发展和稳定。"清静为天下政"①，"以政治国"②。改革开放初期的"简政放权"，"按市场规律搞经济建设"，到现在提出"有所为，有所不为"，都与辩证管理不无关系。邓小平曾指出，过去政府干了许多不该管、管不了也管不好的事情，这是违背科学管理的。"治大国若烹小鲜"③，治国像烧小鱼，不能老是折腾，否则鱼碎，应当自然清静无为一些，否则伤民。当政者保持政策连续性、稳定性，清静为民、简政安民局势才能平稳，才能保证改革、建设健康发展。

为事者用辩证管理处理事务，则能够有效。"善者不辩，辩者不善"，"处无为之事，行不言之教"，这是告诉我们应当少争论，更不要诡辩，而应当以身作则，多做实事，力戒空谈，真抓实干，才能处理好事务。

领导者用辩证管理行政，则事半功倍。领导就是服务，这是对自然无为的现代注

---

① 《道德经》第四十五章。
② 《道德经》第五十七章
③ 《道德经》第十六章。

释，导演不代演员演戏，领导者不可越权指挥。领导者"大权独揽，小权分散"，自己少为（干预）一些，让下属多为（勤政）一些，才能充分调动各方面的积极性和活力。

三、道家的人生价值观①：自然和谐的社会秩序的构建原则

人类自有文化以来，就不断地进行人在这个世界上的意义、价值、地位的追求和探索。中国先秦文化思想在这方面道家和儒家最有代表性，影响也最大。儒家从人异于禽兽领悟到人与动物的联系和区别，人有自己的生存意义和价值；人不仅有生命还有精神，动物则没有，因此人是世界上最宝贵的。所以，儒家是从人与自然物、生物的比较中，从道德法则的实践活动中来把握、认识人生价值。道家则不是这样，而是从道大、天大、地大、人亦大的人与物的统一中来定位人的价值。道家的人生价值观有其独特而深刻的理解，是更高层次、更全面的人生价值观。这表现在以下几个方面：第一，把人与道、天、地统一起来并且等量齐观，清楚地表现了更高的人生价值，自觉认识到人生自我存在的意义。外在的一切，是客观的，但又不是纯客观的对象；它既为其自身而存在，又为人类作为对象而存在。自然是这样，社会也是这样。第二，道家更加注重个体的自我价值。老子总是把"独"、"我"放在低下、卑贱、不利的地位。他指出："众人有余，我独遗；俗人昭昭，我独昏；俗人察察，我独闷闷；众人皆有以，我独顽以鄙。"②这正是揭示了违反自然规律的人为会破坏人生自然价值的道理。道家强调个体在无为中体现其朴质的独立人格，凸显了主体自我的价值。第三，儒家也承认自我价值，也主张个体价值的实现，但同时又提出众多的清规戒律约束人们的行为，如"克己复礼"、"三纲五常"等，发展成桎梏人生、人的精神的枷锁。儒家还把道德具体化、世俗化，人生价值和人们精神的需要屈从于道德，道德反而异化为驾驭控制人生的力量。道家冲破了这种局限，还道德于本来面目，把人的精神自由和解放作为人的需要和价值。

道家学说的思想精髓，从宏观的方面说，就是"道"之学。从微观方面说，就是"为我"之学。道学本来就是人发明创立的，所以就不能不为人讲一番道理，这个道理就是告诫人们——"为我"。道家既然更高更全面地珍惜生命、提高人生的价值，它就必须回答怎样对待"人生"和"人死"的问题。在"人生"的时候，老子主张人应当守处下，不与人争，宽以待物，主张生而不有、为而不持、长而不宰。这种处世的方法目的就是确保自己不走向争强不道的方向去，不使自己招祸引灾。

老子更注重解答"人死"的问题。道家认识到人在现实生活中要承受那么多的痛苦和折磨，所以要无为慎行，这当然不是消极的，而是告诉人们更加主动地注重人生。老子说："民不畏死，奈何以死惧之。""若使民常畏死。"有了对死的畏惧，反衬出对生的可贵，从而更加努力地追求人生的意义和价值。老子不仅告诉人们"养生之道"，而且对死也是很达观的。老子说："使民重死。"③老子又说："谷神不死。""死而不亡

---

① 苏东水：《东方管理》，山西经济出版社 2003 年版。
②《道德经》第二十章。
③《道德经》第八十章。

者寿。"就是说道、谷神和得道的人一样都是不死的，只不过是得道之人以生命的延续和超越来表达不死的。所以，从某种意义上说，道家学说是对于人的生命的关怀，是彻底的人本思想学说。

第二节　道家的人本管理思想分析

一、道家人本管理的核心理念①

我们已经知道，道家管理的宗旨是"为无为，则无不治"，通过"无为"达到"无不为"之高效，取"无不治"之结果。我们还知道，道家管理学说归根到底是对于人的生命的关怀的理论，道家管理最高智慧和原则是效法自然。

我们还应该知道，"大道泛兮，其可左右"。也就是说，道家管理思想具有十分广泛普遍的适用性。道家管理思想的产生和形成来源于实践，也服务指导于实践。中国历史上，在理论界，《管子》、《吕氏春秋》、《新语》（陆贾著）、《新书》（贾谊著）、《淮南子》（刘安主编）等对黄老之学的运用作了很丰富的研究；在实践上，汉代的"文景之治"、唐代的"贞观之治"和清代的"康乾盛世"，许多事业和个人的成功等，都是运用道家管理的结果。

道学的基础和逻辑结构是以人为本，道家管理的核心在于"固本"。何为"本"？本者，民也，人也。"民者，万世之本"，"民为政本"。毫无疑问，人民是管理的根本。我们说抓工作要抓根本，看问题要看本质，做事情要有本事，不论干什么都要有本领等，都是以人为本的引申之义。

1. 管理的主体

讲到管理，必然涉及在管理活动中的人和事物，人和事物两者之间人是主要的。在人的范围内则有管理者和被管理者之分，在这里，管理者是主要的。负责管理的人就是领导者。领导者是管理这个矛盾统一体中主要矛盾的主要方面，是决定管理水平的关键。所以，学习运用道家管理学说一个主要问题首先在于如何使管理的领导者真正能够胜任自己的工作，成为一个"有道之人"。

管理者学道用道，必要记住"曲则全，枉则直，洼则盈，敝则新，少则得，多则惑，是以圣人抱一为天下式"②。自古以来，有道的人——圣人，必是"抱一为天下式"，不可动摇，不能偏颇，应固守一个原则自处。什么是"一"？"一"者，道也。人生于世，做人做事，要有一个准则。做教授、做木匠、做医生、做农民或做公务员等，职业不尽相同，就是在相同的职业中扮演的角色也不尽相同。但是，人格仍然是一样的。人要认定一个人生的目标，确定自己要做什么，要扮演何种角色。比如要做一个学者，就得准备脱俗，还可能要受穷，如果怕穷，怕清静，又想当学者，是很难兼顾两

① 苏东水：《东方管理》，山西经济出版社 2003 年版。
② 《道德经》第二十二章。

全的。

做领导，就得做好孤独、不自由、奉献的准备，不然，最好辞职另谋他就。领导者是管理的责任者，是计划的制定者，既要以身作则，身先士卒，更要号令畅通，具有权威。行而有信，乃可使人。一个领导者要有威信，就要做出常人做不出的事情。比如要保守秘密，要舍利取义，这就必然要和被管理者保持一定的距离。深入群众，同甘共苦固然可贵，但忍受孤独，舍弃利益，才能令人尊敬爱戴，所以，老子说："人之所恶，唯孤、寡、不毂，而王公以为称。"领导者地位越高，权力越大，则越孤独。同样，领导者地位越高，责任越重，荣誉越多，他的自由就越少。诸如随便游览的自由，交往的自由，谈笑的自由，申辩的自由，等等。时间对每一个人都是公平的，分配在此事上就不能兼顾到彼事上，用到他人身上多，用到自己身上就少，有为人民服务的权利，就不能有以权谋私的企图。做领导不仅是责任，而且是奉献。"绝学，无忧。唯之与阿，相去几何？善之与恶，相去几何？人之所畏，不可不畏。荒兮，其未央哉！"老子告诉管理者要有恒心，坚韧不拔地学习知识，有了真正的本领就可以无忧无畏了。如果在官场中不去学习，不愿实干，又为自己打算，虚伪奉事，那么是非善恶之间又有多少距离呢？不愿做"有道之人"的管理者，必然在行为中畏首畏尾，像陷入荒漠之中，永远找不到出路。

管理者做到了"抱一而为天下式"，还需要有一定的品格修养。老子要求"圣人"："不自见故明，不自是故彰，不自伐故有功，不自矜故长。""不自见故明"就是说不可以自以为聪明，固执己见，否则就要犯主观主义的错误。不自见但要自知，人贵有自知之明。知道自己有弱点，就去学习提高自己，多向群众请教。兼听则明，兼收并蓄。多吸收他人智慧，自己的智慧更大。博采众长，集思广益，领导者的管理就更加有效。"不自是故彰"就是说不可自以为是。"自我感觉良好"或"一贯正确"的领导者最终招来的只能是挫折和失败。不要自以为是，而要实事求是才能开彰大业。"不自伐故有功"。"自伐"就是自我表扬。爱听表扬的话，有了成绩爱表功，"表扬和自我表扬"是常人所为。但作为领导者千万不可"自伐"。"自伐"，有功等于无功。领导者不以一点成绩而洋洋自得，应当更加努力去做"功在天下"、"功在国家"的事业，功高再加上谦虚才能望重。不自伐甚而闻过则喜，应当是领导者应有的风范。"不自矜故长"。"自矜"就是自尊心过重，过重的自尊心等同于清高傲慢。"谦虚使人进步，骄傲使人落后"，自矜之人既不利他，也无益于己，怎么能够成长前进呢？自矜的领导者，必然伴随着浮躁浮夸，或好大喜功或文过饰非或不思进取，给事业带来不应有的损失。

"抱一"、"四不"的领导者，有志也有心，有能力也有素质，管理必定有方，事业定会成功，这是不言而喻的。

2. 管理的要求

道家管理的核心是"固本"，本即民众，要"固本"，必取民心。得民心者得天下，这是自古以来的道理。"民安是国安也，心治是国治也。治也者，心也；安也者，心也"①。几乎是所有的管理者都承认人心向背至关重要，但是结果却不尽相同，有的大

---

① 《管子·心术》。

相径庭。道之纯厚，处理问题实实在在，虽然口头不说为人民服务，人心向之；道之不厚，处理问题诈伪并起，就是为人民服务总是挂在嘴上，人心也背之。所以，老子说："圣人常无心，以百姓心为心。"① 管理者怎样取得民心呢？应当在实际管理的过程中，实施合民情、利民富、促民强的方略。

（1）合民情。合乎民情，首先要顺应民之自然天性。"彼民有常性，织而衣，耕而食，是为同德"②。古人早就知道，老百姓有享乐的需要，富贵的需要，安全的需要和传续的需要，当政者满足人民这些起码的自然天性需要，才能获取民心。反之，织不衣，耕不食或者衣不织，食不耕又不能给社会作出贡献，老百姓怎么能满意呢？其次要体察民情。现实的民情到底是什么样子，当政者要心中有数，关心人民生活，减轻人民疾苦，自然就会受到老百姓的拥戴。要体察民情，就必须获取第一手资料，深入群众调查研究，才能准确地、有预见性地制定出合乎民情的政策。最后，要有切实可行的措施。只是知民情、察民情还是不够的，要做到合民情还必须适时地实行具体的措施。管子在齐国治理国家事务时，用过"老老、慈幼、恤孤、养疾、合独、问病、通穷、振困、接绝"九种措施，使齐国上下同心同德，国泰民安。当然，现代管理与其不可同日而语，要更复杂得多，措施相应也更加复杂，但是合民情的理念是值得借鉴的。

（2）利民富。民情是指人民的情性、情绪、情感等，合民情就是要合乎人民多方面、各层次的需要，主要侧重管理中的精神因素。利民富则是着重经济角度，侧重于管理中的物质因素。当然，两者不可分开。马克思主义认为，一个最基本的事实是人生来就需要衣食住行，经济决定其他社会活动，而且人类越发展对物质的要求会越高。人们为了满足物质上的需求才发生经济活动。民富乃人之天性本能之一。天下之路，熙熙攘攘，皆为利来，又为利往。既是如此，作为管理者就应当多做有利于人民致富的事情，从经济上固民。利民富是道家一贯的主张。老子非常重视民生，希望百姓都能"甘其食，美其服，安其居，乐其俗"，有人称老子之学为养生之道也不无道理。管子发挥了道家学说，提出"凡治国之道，必先富民。民富则易使也，民贫则难治也……是以善为国者，必先富民，然后治之"③。的确，一般来说，人有恒产，才有恒心；仓廪实，衣食足，才知礼节荣辱。古往今来，治国管事，正反两方面经验教训都证明了利民富的重要性，领导者不得不察。

（3）促民强。仔细想来，姑且不论最终结局如何，人一来到世间，就开始了顽强拼搏、自强不息的过程。还在婴儿时，人就会呼喊挣扎，从爬到走。少年苦读修身，"十年寒窗"。青年择业、成家、立事。老来与疾病抗争。真是历尽坎坷。民强也是人的天性本能之一。人有争先、好胜、夺标、成就的要强欲望。古人云："人存政举，人亡政息。"管理之事，贵在人才。因此，管理者应当促使人才的成长，形成人才辈出的局面。诸葛亮说过："夫治国犹于治身，治身之道，务在养神；治国之道，务在举贤。"④ 管理者既要培养人才，发现人才，拥有人才；还要善于识别人才，锻炼人才，

① 《道德经》第二十七章。
② 《庄子·马蹄》。
③ 《管子·治国》。
④ 《便宜十六策·举措》。

用好人才。实力的竞争归根到底是人才的竞争，民强至要，必力促之，这也是人本管理的一大要义。

二、道家的人本管理原则①

道作为治理天下的大本，能够具体解决人与自然、社会、心灵的冲突。在这一原理下，老子明确提出了道家学说的管理原则。

第一，尊道原则。天地万物皆由冥冥之中的道支配，道是绝对的、永恒的，是不可改变和亵渎的，只可以体会、尊重、顺应。否则就不能"知常"，施之现实用于管理就会招致祸害。"道者，万物之奥"。② 这就是说道是极深奥极尊贵的。庄子这样说："夫道，有情有信，无为无形；可传而不可受，可得而不可见；自本自根，未有天地，自固以固存；神鬼神帝，生天生地；在太极之先而不为高，在六极之下而不为深，先天地生而不为久，长于上古而不为老。"道如此高深莫测，久远难定，必须信之尊之顺之。怎样尊道呢？老子回答："人法地，地法天，天法道，道法自然。"从"道法自然"可以推出管理要符合人的自然本性的结论，尊道和尊人在道学管理原则中是统一的。

第二，得道原则。要掌握并运用道，既要做到对天地万物的吉凶祸福的转化有一个清醒而又彻底的认识，还要使自己的精神修养与道契合。如何才能达到这种精神境界从而得道呢？老子回答：必须做到虚、静、一、守，"致虚极，守静笃，万物并作，吾以观其复。夫物芸，名复归其根。归根曰静，是谓复命，复命曰常，知常曰明。不知常，妄作凶。"先使自己虚，由虚致静，由静认知规律——"一"，坚决按照规律去做就是守。虚、静、守、一和无为、好静、无事、无欲是一致的。从个别来看，无为—自化、好静—自正、无事—自富、无欲—自朴，从整体上看，全部得道过程正是从无为到无不为的循环演变。

第三，御道原则。道学管理既是理论的结晶，也是实践的智慧。得道的目的在于应用——御道而行，实施到现实中去。"江海所以能为百谷王者，以其善下之，故能为百谷王。是以故上民，必以言下之，欲先民，必以身后之；是以圣上处上而民不重，处前而民不害。"统治者必须顺应百姓，服务人民，才能利己安民。管理者在实践中还要懂得"将欲夺之，必因与之"的取予之道，"夫为不争，故天下莫能与之争"的不争之理，"无私，故能以天而私之"的为人之术。道学管理是自然而然的，也是最高明的；是最容易被接受的，也是最不易达到的。"失道"的管理必然给社会带来种种灾害，"失道而后德，失德而后仁，失仁而后义，失义而后礼。"③ 大道不行，人们才求助于道德、仁义、礼治。实践道学管理，才可兴利去害，减少损失，成功有效。试想，如果真的能把上述原则内化为自己的血肉、灵魂和行动，那么，还有什么事不可为？还有什么为不能成呢？

---

① 苏东水：《东方管理》，山西经济出版社2003年版。
②《道德经》第二十六章。
③《道德经》第三十八章。

三、道家的人本管理艺术①

"上善若水"。道家管理的学说真是太耐人寻味了。老子唯恐人们对其理论难以理解，笔锋一转，引入一个千古绝唱的范例，既让人深入浅出地领会道理，又使人惊叹不已地品尝甘味，真难为我们的祖先怎么会有如此之智慧。道学管理学说，其理论深不可测，其艺术妙不可言。

老子说："水善利万物而不争，处众人之所恶，故几于道。"② 水造福利益人间万物而又不争不悔，能接纳百川不分混浊污垢而自质清洁，这几乎就是"道"了。的确，人们所知的宇宙间又有何物能似水那样至柔、至刚、至净、至爱、能容、能大呢？管理者是否应该学习水那种效法自然之道的胸襟和气度呢？

无独有偶，中国自古以来的贤达哲人多有崇尚水者。《论语·雍也》谈到"智者乐水，仁者乐山"。《孙子·虚实篇》里也有论述，"夫兵形象水，水之行，避高而趋下，兵之行，避实而击虚。水因地而制流，兵因敌而制胜。故兵无常势，水无常形，能因敌变化而取胜者，谓之神"。民间百姓亦深解水的德性，古人云："到江送客棹，出岳润民田。"水不像世俗那样而有其独有的个性，"人往高处走，水往低处流"，所以"水唯能下方成海，水不矜高自及天"。

水确有许多美德，正如老子所说："居善地，心善渊，与善仁，言善信，正善治，事善动，动善时。"而且"夫唯不争，故无尤"。孔子赞美水以"逝者如斯夫"的前进，永恒的"不分昼夜"勇迈古今的精神。佛家赞美水性至洁，"大海不容死尸"，说明水不为外物所污染的本质。道家则劝人效法自然，学习水之道，要善于自处，居下地而不卑微；要善于修心养性，包容一切而深沉；要善于助人，给予而不索取；要涨落有则，言而守信；要公平公正，正直稳衡；像水一样能够协调融和；像水一样把握机会，适时而动。

管理者既要研究理论，又要勤于实践；既要有领导的果敢魄力，同时应必备方略艺术。这就是道家管理所要求的。观水悟道，是有益处的；有了一定的收获或遇到什么曲折的时候，再反过来以道观水，那将会更有启示。水能载舟也能覆舟。水柔弱至极，但咆哮泛滥起来，谁能阻挡？激水之疾，可以漂石。所以，在管理上，强和弱、得和失、利和弊、曲和直都是可以转化的。水越处下势，就越能大，水满则溢。所以，管理者要永远保持虚怀若谷、谦虚谨慎、不骄不躁、善于学习的精神，能容才能长久，不断地吐故纳新、改革进取、开拓创新，才能立于不败之地。水"反者道之动"③，"千里之堤，可以溃于蚁穴"。所以，管理者要摆脱单纯的线性思维偏见，采取多维思考问题可能效益更高。管理者还应具有敏锐的洞察力和预见性，居安思危，未雨绸缪、防微杜渐。水"善利万物"。所以，管理者要永远记住造福谋利于社会的宗旨，视百姓为父母，待人民为上帝，"以人为本"，才是真正把握道家管理的真谛。

---

① 苏东水：《东方管理》，山西经济出版社 2003 年版。

②《道德经》第八章。

③《道德经》第四十章。

道家的管理艺术是非常精妙的，真正把握起来并非易事，只有不断地努力修炼。汉文帝是老老实实地实行老子的哲学来治国的，他奠定了两汉四百年天下的基础。清朝康熙皇帝善于艺术地运用黄老之道，取得了超过汉文帝的成就。一个十多岁的少年，处在内有权臣、外有强藩的情况下，能除害兴邦，内收人才，外开疆土，都自然而然地合于老子的"冲而用之或不盈"、"挫其锐，解其纷"的管理艺术，深得老子的妙用。因此，学习运用道家管理艺术不仅是必需的，也是肯定可以获得成功的。

第三节　道家人本管理思想的现代应用价值

一、道家人本管理思想在实践中的发展①

任何一种理论，必须运用到实践中去，才能体现它的价值；任何一种思想，必须不断发展才能永葆青春生机盎然。否则，再好的思想理论也是没有什么意义的。道家学说产生、形成、完善的历史就是不断实践发展的过程，这已经被大量的事实所证明。它应运时代而生，集人类知识所成，为千年社会采用。可以说世界上还没有任何一门学说像道学这样深刻、广泛、持久地影响着人类的意识和文化，它植根于人们的心灵之中，营养着人们的精神世界，指导着人们的活动。因此，道学的生命在于实践，灵魂在于创新，它本质上就是发展的学说。

道家管理学说是一个严密的逻辑体系，它以人为核心，以天地人一体为研究对象，提出效法自然、无为无不为（无为而治）两大基本命题，从而推而广之，涵盖万象，得出涉及各个领域的结论。道家学说的两大基本命题本身就是告诉我们一个道理：要尊重客观规律，顺应自然，打破一切清规戒律和不合时宜的思想束缚，"抱一为天下式"。

道家学说具有海纳百川，包容一切的思想品格。它吸收人类思想文化的一切具有价值的因素，又融合到各种文化思想内部。在中国是这样，在世界范围也是这样。有人说，现在是知识和信息时代，是经济全球化时代，还去研究黄老之学这个古董干什么？不是有些复古迂腐之嫌吗？还有人干脆说"西方管理优胜论"，我们绝不应该妄自菲薄，更不应该文化虚无主义，如果人们深入学习道家学说，体会今天的现实，再看一下道学对西方的影响，就可以自己来回答这个问题。列子说过："东方有圣人出焉，西方有圣人出焉，此心同，此理同。"道"独立而不改，周行而不殆，可以为天下母，吾不知其名，字之曰道，强为名曰大"②。"大曰逝，逝曰远"，道无远弗届，四通八达，"放之四海而皆准"，通于古今，尽未来际。

当然，任何一种学说都是有其历史局限性的。但这绝不能肤浅地被用来作为指责它的理由。重要的是，无以比拟的是道家学说给我们开辟了一条通往管理的理想境界的道

---

① 苏东水：《东方管理》，山西经济出版社 2003 年版。
② 《道德经》第二十五章。

路。适应时代需要，吸收现代科技成果，继往开来，丰富和发展人类的文化瑰宝——道家学说，正是我们责无旁贷的历史责任。

二、继承、发扬道家管理文化①

诸家管理学说的创造和发展，是人类文明史的宝贵财富，也是东方管理的经典，就像诸条涓涓细流，汇成中国管理文化博大精深的海洋。河流奔腾难免泥沙俱下，我们应当去伪存真，去粗取精；河流相汇必然撞击而产生曲折，我们应当看到它们之间相互联系、相互补充的关系。在对诸家管理分析比较中，我们不仅可以明确道家原理的独到之处，而且可以看到道家原理海纳百川，包容大度的风范。知道这一点，对于克服中国传统管理思想中的某些缺陷和弊病，服务于现代管理是大有益处的。

1. 最早的管理思想

我们知道儒家"祖述尧舜，宪章文武"，可谓源远流长，而道家的源头则上溯至黄帝，所谓黄老之学，加之孔子本来就师承老子，就是在自己的学说里还是取之老子之道。道家早于儒家是确定无疑的。长期以来，儒家成为显学、官学，而道学处于隐学、民学的地位，孔孟思想的承结，多有经典文献，老庄之学的承结却比较少见。可是，道家学说渗透到众家学说之中，寓于各派理论之中，恰恰成为道家是最早的管理思想的佐证。提醒注意要深刻理解"内用黄老，外显儒术"的含义。中华民族的文明史正像人类思想发展史一样，从真正人类自己的文化角度而言，中国哲学是在摆脱原始宗教和天命的影响下，开辟发展道路的，这正是人类理性的开始。老子从直接否定天的权威为起点，立足理性思考，反对神创论，视道为根源性的存在，把道理解为宇宙间的最高法则、总规律，从而无愧地成为中国思辨哲学的开山。道家管理思想与道家学说同时产生，它自成体系，周而复始，从道出发，也以道回归。道家管理思想内涵丰富，同时，因时、因地、因人、因势、因需要，取之于道，便可以发挥成一家之说，同样道学向四面八方辐射、穿透，也必然会产生某些新的学说。儒、法、墨、农、名、兵、纵横、阴阳等学说散而为众，合而为一。所以，我们说黄帝和老子是人类最先发现和运用宇宙真理的创始人。

2. 最高的管理形态

"无为而治"，"不争而争"，"治大国若烹小鲜"，这些都是道家的管理方略。老子说"万物负阴而抱阳"。《易经》指出："一阴一阳之谓道。"用现在的话来讲，道就是矛盾的统一，道的管理就是运用规律来正确认识和解决矛盾。道家的处世智慧就体现在对人世间一系列利害转化关系的洞察，在这种转化中去取得最大的效率和利益。道作为治理天下的大本，在此之下具体解决人与自然、人与人之间的矛盾应当以无为而自化、以好静而自正、以无事而自富、以无欲而自朴为原则，从而理乱求治，建立人与自然、与社会和谐的秩序，达到三者合一管理的最高境界。道的管理原则具有强烈的现实性，老子认为人与自然失调、人与社会失序、人自身失衡，就是由于"有为"、"好功"、

---

① 苏东水：《东方管理》，山西经济出版社 2003 年版。

"有事"、"有欲"造成的。"企者不立，跨者不行，自见者不明，自是者不彰，自伐者无功，自矜者不长，其在道也。"① 对于管理者说来，"上诚好知而无道，则天下大乱矣"，应当清静无为，顺事物自然本性而不用私意，天下方才真正可以治理好。综观中国的传统治国方法，道家的思想何尝不是时时处处起着作用，只是这种作用往往处于潜隐状态罢了。实际上，只要我们深入研究，就会看到道家思想起到根基性的作用。历史证明，黄帝从道的原理为指导，经营发展国家。周朝之后，至秦统一中国历经百家争鸣，交替使用各家之说。汉初返回黄老之道，出现文景之治。唐初取道之方略，造成贞观、开元之治。治理国家必须知道、得道、循道，才能达到长治久安。但是做到这一点是不容易的，加之纷繁复杂的社会因素，管理的方式不得已会采用兵、法、礼、义、仁、德治，或同时几种并用。无论如何，道治不仅在每一种方略中体现，而且确实是管理的最高形态。

3. 最深刻的人本管理思想

道家管理学说归根到底是对于人的生命的关怀，它揭示了生命的存在、如何存在、生命的意义，天地万物与人的关系以及怎样协调和合等基本问题，以求得人本身的完善。道家以人为根本出发点，勇敢地向人外之物宣战，将人与天地平等看待，高举"天人合一"、"天、地、人一体"的旗帜，开辟了真正的理性人的发展道路。"人法地，地法天，天法道，道法自然。"② 这里既讲到了道贯穿于天—地—物—人之中，又说明了离道不得。天以"清"、"覆"呈现道的某些品格，地以"宁"、"载"体现道的另一些品格。人是地所育养，所以人法地，但并不是说不法天和道。"道生一，一生二，二生三，三生万物。"万物中最有灵气的当然是人。所以，道家学说的核心逻辑结构是从人出发，回归到人，最深刻全面地表现了人本思想。道家在高度概括人本思想的基础上，同时具体地指出了生活在现实世界和理想境界的人的价值取向。第一，自爱精神。道家认为，现实社会的不爱人，摧残人性的种种问题，源于失道。那么人应该怎么办？人只有靠自我爱护，"自爱，而不自贵"。自爱而不尊贵自我，不自私地去损害别人，那么，整个社会便能实现至爱。"爱民治国，能毋以知乎"。国家如能爱民、爱人，就可以不治而治，使民不争，民不盗，民不乱，达到"圣人之治"。人人自爱便能爱泽人人。第二，自然精神。人从生到死，生活在社会之中，首要的问题是维持生命的存在，首先要解决衣、食、住、行，然后才能从事其他活动。维持生命不可避免地要受到奔波之累，情感之苦。在人的生与死这一过程中，道家指出了人—地—天—道—自然，这样一个理性的途径，顺其自然，达到精神的逍遥、与道合一的自然境界。遵循自然规律，认识做人的道理，超越生死，珍惜生命，才能真正实现人对自由的向往和追求。第三，自理精神。人与自然、社会存在着普遍联系而且有其内在规律，那么，人应当具有自理精神。老子好喻水，"上善若水，水善利万物而不争"③，水居下而迎上，宽容而柔弱，任何东西水皆能包容，水又可以被任何容器而改变自己的形状，既能容人，又能适人，这就是道家的阴柔品格。不与万物争斗而给其带来利益，虽然柔弱又

---

① 《道德经》第四十二章。
② 《道德经》第二十五章。
③ 《道德经》第八章。

非软弱可欺，"柔弱胜强"①，内含无穷无尽、不可预测的内在力量。第四，自强精神。"道之物，唯恍唯忽"②，玄远状态是博大的基础，虚怀若谷，容纳一切，一视同仁，博大正是自强精神的体现。自强便能以柔克刚、以弱胜强、强中更强。宇宙之间，"道大，天大，地大，人亦大。国中有四大，而人居一焉"，在此四大中，人是最重要的，天、地无人，谁知其为大；道之所以大，是以人大而存在。这样，人的地位、价值、意义在与道、天、地的比较中得以彰显。

三、道家人本管理思想的应用③

1. 道家天人合一思想的运用

道家的人本思想强调道德伦理的作用。管理者先"修己"作出道德示范，在无形中影响被管理者的行为，从而达到"安人"，实现共同发展的目的。这个命题包含着两方面的内容：①人与人的关系；②人与自然的关系。儒家提出著名的"修身、齐家、治国、平天下"的命题。可以看出中国管理文化的起点是"修身"。而《大学》中也说："德者本也。"事实上就目前我们经常说到的，管理的人性化就是对以人为中心的管理根本点的说明。儒家强调通过管理者的道德威望的感昭示范，在无形中影响群体，每个人在感召下"修己"激发群体社会网络的协调和睦与创造性，从而达到社会整体在激发的网络整体合力下，共享资源、优化结构，从而管理者引导群体创造精神的发挥，推动生产力的发展。

人与自然关系的主题"天人合一"是人与自然界的和睦与关系的协调，这在东方古老哲学中就有史料记载。当前经济发展的绿色革命、生态经济、可持续发展等主题，是道家管理文化中"天人合一"的具体写照。"以德为先"是"天人合一"的自然观，它不仅体现在社会中人与人的关系上，还体现在社会人与自然的共生、共栖的关系上。中国"德"的概念反映的内涵极为广泛，它将会是世界经济持续发展中应该首要考虑的重要问题之一。

道家管理思想代表了国家经济发展模式适应世界万物规律化发展的一种客观趋势性的管理，也标志了企业管理人性化的、持续化的发展方向。道家管理强调社会与自然，国家与经济主体以及企业与个人整体共生"人为为人"的管理价值观。社会、企业与个人正进一步走向整合化、柔性化和人性化。东方管理是无形资产管理的精髓，东方管理对无形资产的管理上展现了"人为为人"的本质内容，各种管理必将会实现以"人"为中心、"人为为人"观念的殊途同归。

2. 道家辩证管理思想的结构与方法

中国古代道家的管理思想具有很强的辩证意义。用辩证思想、理论指导下的管理，称为辩证管理，也是东方管理的精华。应当深入研究，继承与发掘中国古老的传统文化在管理思想中的重要应用。辩证管理含义丰富、内容深刻，应用广泛，修身、齐家、从

---

① 《道德经》第三十六章。
② 《道德经》第二十一章。
③ 苏东水：《东方管理》，山西经济出版社 2003 年版。

事、为人、理财、治国，学之用之，无不受益。

前述为政者用辩证管理治理国家，是有利于国家经济建设、发展和稳定的。"清静为天下政"，"以政治国"是中国古代道家治理国家的重要思想。中国在当代经济发展的重要转折时期——改革开放初期的"简政放权"，"按市场规律搞经济建设"，到中国经济奇迹般地发展，在世界的舞台中扮演重要的角色，体现了中国古老管理文化在治理国家中的重要所在。当前，对国家的经济发展提出"有所为，有所不为"的阶段性国家经济发展战略，都是与道家的辩证管理不无关系的。邓小平曾指出，过去政府干了许多不该管、管不了也管不好的事情，这是违背科学管理的。"治大国若烹小鲜"，不能老是折腾，政治的稳定与经济的发展是治理国家的硬道理。当然自然清静无为是辩证的，它的真实含义是遵循事物的自然规律科学地治理国家，否则会达不到政治稳定与经济发展的目的。当政者保持政策连续性、稳定性，清静为民、简政安民局势才能平稳，才能保证改革、建设健康发展。

国家的管理者要用辩证管理处理事务，则能够有效。"善者不辩，辩者不善"，"处无为之事，行不言之教"，这是告诉我们应当少争论，更不要诡辩，而应当以身作则，多做实事，力戒空谈，真抓实干，才能处理好事务。

领导者用辩证管理行政，则事半功倍。领导就是服务，这是对自然无为的现代注释，导演不代演员演戏，领导者不可越权指挥。领导者"大权独揽，小权分散"，自己少为（干预）一些，让下属多为（勤政）一些，才能充分调动各方面的积极性和活力。

现代道家管理的核心要素可以集中反映在东方管理理论所概括的"道、变、人、威、实、和、器、法、信、筹、谋、术、效、勤、圆"十五个方面。对于这十五个字的深入研究并加深对道家辩证而科学管理思想的正确认识可以指导当代国家管理的实践。

3. 道家管理思想现实应用的发展趋势

道家管理思想虽然是中国各族人民在过去长期的生产实践中逐步积累起来的理论和方法，但这并不意味着它是僵死的、落后的。道家管理思想也是在不断发展，不断融合西方管理中先进优秀的成分，走向现代化的。

中国古代哲学说："间于天地之间莫贵于人。"《管子·心术》篇中说："心安是国安也，心治是国治也，治也者治心、安也者安心。"这是人的行为规律，也是社会的发展规律，同时又是社会与自然的发展规律。经济全球化与知识经济的发展是相辅相成的。这是一个世界性群体社会网络与创造更新周期互相推动的良性发展过程。其中的主题就是"人为"与"为人"的关系。"人为"是以人为中心的人的创造性的发挥而带来的生产力的发展；"为人"是社会的可持续发展。

东方管理指出道家管理精髓在某种意义上代表了国家经济发展模式上体现的一种管理精神、企业管理人性化发展的方向。

道家管理的现代化并非是电脑化或管理手段的现代化，而是涉及生产力的合理组织、利用和发展，以及生产关系的合理调整和变革、创新等诸方面，其核心就是"道法自然"，才能达到管理的目的。

东方管理学派认为，道家管理思想的现代化包括管理思想的科学化、民主化、高效化和系统化四个方面。

从管理学的科学化方面来看，现代管理学经过世界各国长期的实践和研究，现在已经发展成为融自然科学和社会科学于一体的多学科综合性的科学，其中包括了许多现代经济学、数学、物理学、社会学、心理学和众多技术科学的最新研究成果。研究证明，当代管理工作中每一个问题的解决，都需要用到相应的科学知识。

随着日本及东南亚新兴工业国家与地区经济的迅速崛起和发展的进一步深入，人们对东方哲学思想抱有偏见的抱残守缺的观点发生了一些变化。在一些学者们的积极努力下，在探索日本、东南亚经济发展奇迹的同时，开始重新认识和思考，并逐步接受寂寞已久的东方管理思想。在研究中他们发现，这些国家与企业家的管理中有一种东方思想方式，包含一种"遵循自然"、"返璞归真"与"天人合一"的精神理念，他们随着经济发展逐渐注意到了自然规律给人类提出的警告。这一时代西方学者的代表人物有美国的塞缪尔·亨廷顿，以及对日本与苏联做社会比较研究的历史学家 E. 布莱克等，都曾对此进行了研究与探讨，提出了"后儒家文化主义"的影响说。但是这种蕴含于以中国两千年的历史文化为背景的东西到底是什么？它与生产力和生产关系之间的作用关系与作用机制又是什么？对经济发展的作用与激励又是如何进行的？这一直是世界学术界要探根索源的问题。

事实上，由于中国传统管理思想体系本身所具有的复杂性、纵深性，也由于研究资料的分散性、多样性，道家、儒家等百家的思想对中国管理文化的影响交错纵横，前人对此的研究实际上是个空白，二次开发每一家的思想都有对管理与社会规律独到的见解。如不分别加以深入研究与综合将会极大地限制研究的视野。而就从历史与现代的双重角度，全面整理、系统分析中国传统百家思想的精髓，现实意义是极其重大的，中国的道家思想在中国的百家思想中占有极其重要的地位，而目前对其进行系统研究的基础性研究专著一直付之阙如。但毕竟表明道家的"道法自然"的管理思想已经开始影响当今世界的管理。

历史是发展的，最终要走向与自然的整合，遵循自然规律办事。历史证明，管理学理论、思想和方法的发展往往又都是与人类赖以生存的自然和社会环境密切相关。因此，现代管理学的理论、思想和方法必然与现代化大生产，特别是信息网络技术的进步息息相关。既然信息社会的到来会剧烈地冲击人类社会固有的生产、生活方式，那么管理学的革命性变革就将成为管理学现代化的重要内容。这些变革对于管理的现代化来说无疑是重要的，但信息技术给人际关系以及人们生存、生活和思维的方式所带来的变革，才是更重要的，因为毕竟技术是为人服务的。道家的"以人"理念是管理思想现代化的目的所在。

道家人本管理思想是民主思想在管理思想发展过程中的又一体现，它突出反映的是当代被管理者参与意识的复苏。按照东方管理的观点来看，管理者和被管理者都是管理活动中的主体，两者只是分工不同，但是管理的目的是根本一致的，那就是充分依靠人，最终服务于人，满足人的需要。只有人才是知识、技术和一切文明的重要载体。

从道家管理思想的高效化来看，东西方管理在推进管理高效化问题上所走过的道路是有根本不同的。西方的管理从泰罗制开始其主流便一直是在抛开人性研究提高效率的路径，虽然后来遭到以梅奥为首的行为科学学派的冲击，然而其主流地位一直根深蒂固。近几十年来，随着西方管理学者逐步在研究中大量引入最新的数学成果，管理科学在高效化研究上取得了突破性的进展，但与此同时，其"数学化"的倾向也愈演愈烈，引起越来越多的有识之士的担忧。

道家思想则一直强调"天人合一"的管理理念。提高管理效率应该从人的方面入手，提高人与人、人与自然的和谐程度，人的行为规律符合自然的发展规律。这样才会达到提高效率，发挥人的积极性和创造性的目的。这是提高管理效率的一切手段的基础。既要从生产率的角度，也就是从投入和产出的角度来衡量管理的效率，同时也要从组织成员的士气、上下同心同德的一致程度、组织与社会关系的协调程度以及组织对自然界环境的适应性等方面，去考察管理的具体效果。

另外，道家管理思想的现代化也还必须坚持系统化。系统思想作为东方哲学思想的重要组成部分，早在《周易》的六十四卦中便有体现。六十四卦之间的相互衔接、相互配合，反映了系统的整体性和层次性等特性。这也是中国自然科学中中医整体施治的诊疗思想在道家哲学中的体现，是西医"头痛医头，脚痛医脚"思想所不及的。但是，由于西方的管理思想中缺乏正确的哲学思想来准确描述事物之间的相互关系，应用性和可传承性，所以在随着社会的发展，其在发展的科学化等方面逐步开始受到各方面因素的限制。

中国的古老哲学道家思想将会以博大精深的内涵与真理性的论断与系统的思想体系充实并丰富现代管理思想的发展。西方管理思想开始向东方回归，东方管理理论将不断完善丰富与发展。

第八章　墨家学说的管理思想分析与评价
——兼爱利人

　　墨子是先秦时期著名的思想家、哲学家、政治家、科学家、军事家和逻辑学家。胡适称墨子是"伟大的科学家、逻辑学家和哲学家"；鲁迅称墨子"是中国的脊梁"；毛泽东说："墨子是个劳动者，他是比孔子高明的圣人。"[①] 尽管墨子未被冠以管理学家的美誉，但他的管理思想却非常丰富。本章论述了墨子的兼爱、尚同、尚贤的人本管理思想，分析了墨家的用人、激励理论以及现代意义，研究了墨子的管理思想对建立和谐的人际关系、健全的企业文化、宽松的经营环境，对促进管理科学的发展都具有理论指导作用。

第一节　墨子人本思想的现代意义

一、墨子兼爱利人思想形成、背景与客观影响[②]

　　墨子（约公元前 468 年至公元前 376 年）名翟，春秋战国之际鲁国人。墨子是先秦时期声望仅次于孔子的思想家。墨子自称"贱人"，当过工匠，他的门徒大多来自社会下层。如果说孔子的思想具有贵族的色彩，那么墨子则是"平民哲学家"、"平民思想家"[③]。墨子是个勤奋好学的学者。墨子曾学儒家之术，但提出与孔学不同的学说，经常批驳儒学。《淮南子·要略训》记载："墨子学儒者之业，受孔子之述，以为其礼烦扰而不说，厚葬靡财而贫民，久服丧生而害事，故背周道而用夏政。"因此，墨子创建的墨家学派是作为儒家学派的对立面而出现的。墨子对周礼持批评态度，认为周礼过于烦琐，而推崇夏禹的做法，节财薄葬，一切从简。他要求他的弟子穿粗布衣，着木麻鞋，日夜辛勤劳动。主张兼爱、尚同、尚贤、节用、非攻、非乐，并奔走各国，广泛宣传。墨子提出了一套不同于儒家的政治伦理学说和治国安民思想，赢得生徒遍天下，从而形成墨家学派，对当时的社会产生了巨大的影响，其影响仅次于儒家学说。韩非在其所著的《显学》中称："世之显学，儒墨也。"墨学的影响与作用，由此可见一斑。墨

　　① 徐希燕：《墨学研究》，商务印书馆 2001 年版。
　　② 苏东水：《东方管理》，山西经济出版社 2003 年版。
　　③ 孙中原：《墨者的智慧》，生活·读者·新知三联书店 1997 年版。

子的影响是如此之大，当他还是壮年时，就有了"北方贤圣人"的美誉。到孟子时，墨学成为对立于儒学的一大学派，力量非常强大。《墨子》一书共七十一篇，现存五十三篇，记载了墨子一生言行，被胡适称为先秦时期"真正有价值的唯一著作"，可见墨学的地位之高，影响之大，以至于比墨子后出世的儒家另一位重要人物孟子清醒地认识到墨子之说不息，孔子之道不著，因此惊呼"墨翟之言盈天下"。但是从秦始皇尊法家、焚烧百家书到汉代的汉武帝接纳董仲舒的建议，罢黜百家，独尊儒术，儒学逐渐占绝对优势，而墨学则从此由先秦的兴盛逐渐走向衰落，就此沉睡了两千多年，直至明、清晚期，才逐渐走向复苏。近年来，随着亚洲经济的强势运行，亚洲"四小龙"的崛起，东方管理文化的复兴，人们通过对墨学的研究，发现墨学中存在着相当丰富的管理思想，因此引起越来越多的管理学界、哲学界、经济界专家、学者的兴趣。

墨子的思想在《墨子》一书中得到了充分的阐述。墨子的管理思想非常丰富。兼爱利人的思想是墨子思想的精华所在；其次是尚贤和尚同思想；第三是非攻、节用、节葬、非乐等思想。

二、墨子兼爱利人思想的内涵与合理性

1. 兼爱的含义①：社会秩序治理的价值

兼爱是墨子思想的核心，是墨子学说的基本论题之一。"兼"字的本义是一只手拿两只稻穗，引申为同时涉及几种事物，即不分你我，彼此等同。墨子大力提倡兼爱，所谓兼爱，就是"周爱人"，是不分老少、贵贱的兼爱，是指普遍平等的爱，即不分血缘亲疏和等级贵贱的无差别的爱，是一种博爱。这种爱不同于儒家的偏爱，即局部的、有差别的爱。因此墨子提出用兼爱代替偏爱。

墨子说："兼即仁矣，义矣。"② 后期的墨家学者也说："仁，爱己者，非为用己也，不若爱马者。"③ 这是说真正的仁爱一定要爱人如爱己，再把每个人都看成是与自己一样的主体，而不是像牛马那样仅仅是供人使用的工具。这就明确地强调了人道主义原则，即肯定了人的尊严和价值。墨子认为即使"贱人"也要实行"兼爱"的原则。墨子生活的年代正值春秋战国时期，新旧社会交替之时，旧的奴隶制日见衰落，而新的封建制刚刚萌芽，诸侯争战，战事连绵，弱肉强食，造成君臣、父子、兄弟之间相互残杀、彼此仇视的丑恶现象。面对当时社会上这种"强之劫弱、众之暴寡、诈之谋愚、贵之敖贱"的情况，墨子指出造成这些丑恶现象的根本原因在于"以不相爱生也"，他因而提出："以兼相爱交相利之法易之。" 就是说，用所有的人都相互爱护同时相互给予利益的方法来改变丑恶的时弊。只有用兼爱的原则来治理国家，才能达到天下大治的目的。墨子认为："若使天下兼相爱，爱人若爱自身，尤有不孝者乎？若使天下兼相爱，国与国不相攻，家与家不相乱，盗贼无有，君臣父子皆能孝慈，若此，则

---

① 苏东水：《东方管理》，山西经济出版社2003年版。
② 《墨子·兼爱下》。
③ 《经说上》。

天下治。"①"做有利他人之事，并不意味着只利于他人，其实利益是相互的，因而决不可做牺牲他人的事情。牺牲他人利益的同时亦将损害自己。只有人们各不相害，彼此相利，把个人利益建立在整体利益之中，并把两者糅合在一起，才能实现富国安民之愿望。"墨子认为整体利益是个人利益实现的保障，因为只有在整体利益实现的基础上，个人利益才有实现的可能。在处理各种社会利益时，应把国家利益放在第一位，集体利益放在第二位，最后才是个人利益。天下人若都能兼爱，相互间不再因利益关系而产生冲突，把国家利益放在第一位，那么就可以达到天下大治的目的。因此墨子得出结论："故天下兼相爱则治，交相恶则乱。故墨子曰：'不可以不劝爱人者，此也。'"② 墨子的意思是，不可以不劝人互相亲爱，道理就在天下所有的人都互相相爱，国家就可以治理得秩序井然，否则就会天下大乱。

2. 兼爱的合理性③：社会秩序治理的客观性

在墨子看来，人与人之间应该相爱，因为"凡天下祸篡怨恨其所以起者，以不相爱生也。是以仁者非之"④。墨子的意思是说：凡是天下的灾祸、篡夺、埋怨、仇恨，其之所以产生，都是因为人们不能相爱而产生的，因此有仁德的人都指责人们不相爱。"既以非之，何以易之？墨子曰：'以兼相爱、交相利之法易之。'"既然已指责人们不相爱，那么用什么来改变它呢？用同时都相爱，交互都有利的办法来改变它。墨子不仅谈爱，还谈利，认为爱和利是因果关系，兼相爱必然导致交相利的结果，而交相利又是兼相爱的物质基础。那么怎样才能做到"兼相爱，交相利"呢？墨子认为："视人之国若视其国，视人之家若视其家，视人之身若视其身。"就是说，看待别人的国家，好像看待自己的国家，看待别人的家族，好像看待自己的家族，看待别人的身体，好像看待自己的身体一样。可见兼爱即是爱人如己，爱无差等，"视人若己"，对待别人就要像对待自己一样，多从对方的角度考虑问题，从对方的立场来看待问题，这样可以增加相互间的理解，避免不必要的误解，消除冲突。

正因为人们"兼相爱，交相利"，才能做到"诸侯相爱则不野战，家主相爱则不相篡，人与人相爱则不相贼，君臣相爱则惠忠，父子相爱则慈孝，兄弟相爱则和调。天下之人皆相爱，强不执弱，众不劫寡，富不侮贫，贵不敖贱，诈不欺愚。凡天下祸篡怨恨可使毋起者，以相爱生也，是以仁者誉之"⑤。就是说，诸侯之间相爱，就不会野战；家主之间相爱，就不会互相篡夺；人与人之间相爱，而不再会互相残害；君臣之间相爱，就会变得仁惠、忠诚；父子之间相爱，就会变得慈爱、孝敬；兄弟之间相爱，就使得相互关系变得和谐、协调。天下的人都相爱，强者就不再会控制弱者，人多就不会掠劫人少的，富裕的就不会欺侮贫穷的，尊贵的就不会傲视低贱的，狡诈的就不会欺骗愚笨的。凡是天下所有的灾祸、篡夺、埋怨、仇恨等都不再产生的原因，是因为相爱而产生的，因此有仁德的人都赞誉人们之间能相爱。

在墨子看来，由于人们"兼相爱，交相利"，社会上的一切祸患都可以得以清除；

---

① 《墨子·兼爱中》。

② 《经说上》。

③ 苏东水：《东方管理》，山西经济出版社 2003 年版。

④⑤ 孙中原：《墨者的智慧》，生活·读者·新知三联书店 1997 年版。

由于人们"兼相爱"，每个人都能"视人若己"，这样就能协调好人际关系，在"兼爱"的基础上建立和谐社会。墨子的"兼相爱，交相利"思想对增强企业的凝聚力，塑造成功的企业文化具有实际指导意义。在企业中实施"兼爱"思想，能沟通、协调企业内同事关系、上下级关系以及企业间关系。如果企业内人人相爱、互相理解，同事之间及上下级之间都能从对方的角度看待问题、思考问题，那么就可以避免许多矛盾，大家就能拧成一股绳，共同为企业的繁荣昌盛而努力；如果企业间关系和睦、合作竞争就能促进企业间的共同发展；如果企业与顾客互相理解，企业就能满足顾客的需求，顾客能为企业提供信息，那么顾客就能得到他们想要的东西，而企业则能以更快的速度发展。而"交相利"就是互相给予对方利益，就是让利于人，为他人的利益着想。在企业管理中，"交相利"思想是实现"兼相爱"原则的基础。按"交相利"思想，在处理企业内同事间及上下级之间的各种关系、企业间关系、企业与顾客的关系时，从他人的立场、观点出发。这样就可以增进相互间的理解，形成企业内外的良性和谐关系。

墨子的"兼相爱，交相利"思想，实际上"是一种柔性管理，它通过人们之间的互动的相爱来改善人际关系，消除破坏性冲突，创造良好的社会环境，使人们既能'自爱'又能'爱人'，从而每个人的利益都能得到满足，这符合人的自然性的需要，又符合社会道德法律规范"。[①] 从以上的分析中，我们可以得出这样的结论：墨子的"兼爱"思想是相当合理的。

三、墨子人本思想的现代意义

20世纪后叶，东亚国家和地区，尤其是日本及亚洲"四小龙"的经济出现了异乎寻常的增长速度。这一现象引起了世界各国经济专家的高度重视和浓厚兴趣，人们开始对东方管理学表现出极大的兴趣，而作为东方管理学中的重要组成部分，墨子思想也越来越受到重视，研究墨学的仁人志士也越来越多。

通常，人们将以人为中心的学说称为"人本主义"，所谓人本管理，就是通过确立人在管理过程中的主导地位。继而围绕调动人的主动性、积极性和创造性去展开的一切活动。[②] 正因为墨子提倡兼爱、利人，要求管理者爱护部下，为其着想，所以能充分调动部下的积极性与创造性。墨子从修身，到爱他人，利他人，为他人。终究其实质，提出了管理学上的"人本管理"思想。墨子重视修身，注重德行，强调为人、利他、利国，可以说，墨子是将中国管理思想之要义淋漓尽致地体现出来了，所以，对于墨子的管理思想应予以高度的重视。

---

① 徐希燕：《墨学研究》，商务印书馆2001年版。
② 苏东水：《弘扬东方管理文化，促进世界经济发展》，《世界经济文汇》，1999年特刊。

第二节　墨家的用人和激励理论分析与评价

一、墨子尚同思想的启示

（一）尚同的含义①

尚，崇尚、尊敬的意思，"尚与上同"，同，同一，即统一的意思。"尚同"是说人们关于是非善恶的意见，都要统一于他们的上级，最后统一于天子，统一于天。墨子认为，上同而下不比（结党），是避免社会纷乱，使社会、国家安定、和平得到治理的根本措施。

墨子提出的"尚同"② 思想实际上就是"上同"思想。《墨子·尚同上》云："上之所是，必皆是之；所非，必皆非之……上同而不下比者，此上之所赏，而下之所誉也。"意思是说，上司所认为是正确的，必须都要认为是正确的；上司认为是错误的，必须都要认为是错误的……与上司保持高度同一，而不与下面朋比结党，这是上司所要奖赏的，而且也是下面所要赞誉的。统治者的意志和是非标准，就是被统治者的意志和是非标准，被统治者应和统治者保持高度的一致，服从统治者的一切命令。墨子的"尚同"思想与孙子的"上下同欲者胜"③ 的思想是一脉相承的。但是，墨子的尚同思想忽略了一个重要事实，即被统治者也是有血、有肉、有思想的独立人，他们的思想不可能一直与上司保持一致。所以，尚同原则实际上就是要求下级应顾全大局，从整体利益出发，在自己的意见和上司的意见出现分歧时，在判断了是非、分析了利弊的前提下，尽量与上司的意见保持一致，唯有如此个体和整体利益才能得到保证。那么为什么下级的思想一定要和上级保持统一呢？《墨子·尚同上》云："是故选天下之贤可者，立以为天子。天子立，以其力为未足，又选择天下之贤可者，置立之以为三公。天子、三公既以立，以天下为博大，远国异土之民、是非利害之辩，不可一二而明知，故划分万国，立诸侯国君，诸侯国君既已立，以其力为未足，又选择其国之贤可者，置立之以为正长。"墨子的意思是说，首先选择天下最贤能且可胜任的人为天子，天子立，认为他的力量不够充足，次而选择天下贤能之人而且能够胜任的人，把他们立为三公④，天子、三公既已立，认为天下博大，对于边远国家、异邦的百姓、是非、利害的分辨，不可能一是一、二是二地明白、知晓，因此划分为万国，设立诸侯国君主。诸侯国君主已立，但认为他们的力量不足，最后选择诸侯国贤能人士立为政长。墨子按照人的贤能程度来设立职位，让最贤能的人担任最重要的职务，然后选择贤能程度略逊一筹抽调人担任次一级的职务，然后再选择贤能程度更低一等的人担任其下的职务，依此类推。墨子

① 苏东水：《东方管理》，山西经济出版社 2003 年版。
② （清）毕沅校注：《墨子》，上海古籍出版社 1995 年版。
③ 孙中原：《墨者的智慧》，生活·读者·新知三联书店 1997 年版。
④ 徐希燕：《墨学研究》，商务印书馆 2001 年版。

这种选贤的方法对于企业管理与行政管理来说，同样是具有借鉴意义的。对于一个企业而言，如果其企业内部最贤能的人担任领导，各个级别的职务都按人才的贤能程度来设立，那么所有员工对上一级领导所作出的决定就会心服口服，对领导的工作也会大力支持，因此企业就有可能获得效益最大化。

（二）尚同是为政之本①：治理结构中的重要分析要素

墨子"尚同"思想的核心就是要求全国上下的思想行动，都要统一于天子，上同于天，这样天下就太平了、统一了、安定了。这种上同思想究其实质是为统治者服务的，是提倡天子一人说了算的专制统治，这种思想在当时是具有积极意义的。

墨子说："国君者，国之仁人也。国君发政国之百姓，言曰：'闻善而不善，必以告天子。天子之所是，皆是之；天子之所非，皆非之。去若不善言，学天子之善言；去若不善行，学天子之善行。'则天下何说以乱哉？察天下之所以治者何也？天子唯能壹同天下之义，是以天下治也。"② 就是说，国君是一国最贤能的人，国君向全国发布政令，说："无论听到好的言行与不好的言行，都必须报告给天子，天子所赞成的，大家都赞成；天子所反对的，大家都反对。去除你的不好的言论，学习天子的好言论；改掉你的不好的行为，学习天子的好行为。"那么天下哪里还会混乱呢？考察天下安定的原因，就是由于天子能统一天下百姓的意见，所以天下就安定。

那么怎样来统一天下所有人的思想呢？《墨子·尚同中》云："上有隐事遗利，不得而利之；下有蓄怨积害，上得而除之。是以数千里之外，有为善者。其室人未遍知，乡里未遍闻，天子得而赏之。数千里之外，有为不善者，其室人未遍知，乡里未遍闻，天子得而罚之。是以举天下之人，皆恐惧振动惕栗，不敢为淫暴。曰：'天子之视听也神。'先王之言曰：'非神也，人唯能使人之耳目助己视听，使人之吻助己言谈，使人之心助己思虑，使人之股肱助己动作。'助之视听者众，则其所闻见者远矣。助之言谈者众，则其德音之所抚循者博矣，助之思虑者众，则其谈谋度速得矣。助之动作者，即举其事速成矣。"这里的意思是说，上级有隐微的事或被遗忘的事，下级知道后就会去办妥，因而对上级有利。下级有积蓄起来的怨恨祸害，上级得知后就会去排除。因此数千里之外，有做善事的人，他的家人还未完全知道，乡里还未完全听说，天子得悉后就嘉奖他。数千里之外，有做坏事的人，他的家人还未完全知道，乡里还未完全听说，天子得知后就惩罚他。因此，天下百姓都恐惧、颤慑、战战兢兢，不敢做淫荡、暴虐的事。都说天子的视觉、听觉像神灵。先王说，"并不神啊，只不过是使别人的耳目帮助自己去看、去听；使别人的嘴巴，帮助自己讲话；使别人的心灵，帮助自己思考；使别人的手脚，帮助自己行动而已。帮助他视听的人多了，那么他的所见所闻的知识就广远；帮助他言谈的人多了，那么他的善言所安抚的范围就广博；帮助他思考的人多了，那么他的计谋、计划就会迅速获得；帮助他行动的人多了，那么他所办的事就会迅速成功"。

墨子的意思是说，为了达到巩固天子的统治地位的目的，天子应该有灵通的消息来源和及时的奖惩措施，使国人心甘情愿地为他出谋划策，把他们的所见、所闻及时地传

---

① 苏东水：《东方管理》，山西经济出版社 2003 年版。
② （清）毕沅校注：《墨子》，上海古籍出版社 1995 年版。

递给天子，这样就大大地拓宽了天子的知识面，并给他提供了更多的决策依据；同时天子制定了治国思想后，应该有人帮助宣传，为他摇旗呐喊，这样有利于上下沟通，有利于臣民的思想统一，从而巩固中央集权统治；在统一思想的基础上，如果国人都能为天子出谋划策，那么，天子很快就能得到最佳的治国方略，并在此基础之上及时作出正确的决策，从而大大地提高了行政效率，和国人的沟通也大大加强了。上下思想统一的国家能不昌盛吗？

墨子的这些思想，对于当今的企业管理来说也具有相当指导价值。首先，在企业的内外部均建立信息收集系统；在企业内部，加强了上下级的沟通，增强了相互间的了解，协调了上下级的关系，统一了上下级的思想；在企业外部，在企业与消费者之间架起了沟通的桥梁，消费者的信息反馈能让企业及时了解市场信息、把握市场动态，以便合理组织企业的生产与经营。其次，企业领导应对员工宣传企业的核心理念，让员工及时了解领导的决策，以便增强员工的凝聚力。最后，企业员工应协助企业领导，把企业的利益放在个人利益之上，一起从企业的利益出发，听从企业领导的指挥，只有这样，企业才能较快地达到目标，提高企业的效率。

墨子认为，天子、臣民之间的关系是可以互相沟通和交流的。这一思想完全符合现代企业管理理论。在世界500强的许多企业中，企业老总和普通员工的关系是相当和谐的，企业领导和员工之间的沟通渠道也是十分畅通的，由于劳资双方都把企业的利益放在首位，彼此间加强了解和沟通，上下级关系融洽，因而形成良性循环，大大促进了企业的发展。由此可见，墨子的兼爱、利人思想是具有广泛的现实意义的。

"由君王来统一天下的义，人们的思想才能统一，社会不致发生混乱，国家就得到治理。"① 尚同思想至今仍然具有较强的生命力。对于企业来说，作为汇集来自不同文化背景的人的组织，企业领导必须将企业的价值观念、核心理念、行为准则等反复向员工宣传，使全体员工高度认同，从而形成强大的精神凝聚力。客观地说，所谓企业文化也就是通过传播文化的方式加强对员工思想的同化与控制，从而使员工在认同企业目标的前提下，激发巨大的凝聚力与创造力。

墨子在春秋战国时期提出尚同的思想是难能可贵的，但这种思想也有其负面因素。中国几千年的封建统治就是专制统治，天子一人说了算，不管大臣的意见和建议是否是对的，都一律要听从天子的指挥。如果天子是明君，则会造成太平盛世，如唐皇李世民的"贞观之治"；但如果天子是昏君，那么，他就会把专制统治用到极致，绝不会听从任何人的忠言，最后必将走向灭亡，如秦二世。

二、墨子尚贤思想的启示：管理重要的分析要素

（一）尚贤的含义②

尚贤思想是墨子思想体系的又一个重要内容。尚，崇尚、尊敬的意思；贤，则是贤

---

① 苏东水、王龙宝：《中国管理通鉴·人物卷》，浙江人民出版社1996年版。
② 苏东水：《东方管理》，山西经济出版社2003年版。

人、有才德之人，即德才兼备之人。所谓"贤人"就是"厚乎德行、辩乎言谈、博乎道术"的人，是德行宽厚、言谈雄辩、博悟道术的人，即德才兼备的能人。因此，"尚贤"的意思就是尊重贤人并努力使之向上处于政府的高位。① 墨子对于贤能人才的价值有着极其深刻的认识，认为尚贤是管理国家的根本。《墨子·亲士》篇云："入国而不存其士，则亡国矣。见贤而不急，则缓其君矣。非贤无急，非士无与虑国。缓贤忘士，而能以其国存者，未曾有也。"意思是说，到一个国家主政却不能蓄纳贤士，那就要亡国了。发现贤人却不急于举用，贤人就会怠慢其国君。没有贤才就不能处理危难，没有贤才就不能与之谋虑国事。怠慢贤才、忘记良士，而能使其国家保存的事，从未有过。贤人对于国家是如此重要，对于竞争日趋激烈的企业，又何尝不是这样呢？企业价值说到底就是人的价值，企业竞争就是人才的竞争。企业价值体系中最根本的就是人的价值。因此，尊重人才、知人善用，是管理企业的根本所在。王安公司的成与败就是最好的例子。20 世纪 80 年代，华裔企业家王安创办的王安电脑公司正处于巅峰状态，其分公司遍布全球 103 个国家，员工逾 3 万人，总营业额高达 23.5170 亿美元。1983 年，美国《幸福》杂志列出美国十大富豪的名字，王安名列第五。王安的成功靠的是他独特的识人、用人之道。王安深知人才对企业的重要作用，以及知人善用的真正含义。在王安试验室里，有三个杰出的计算机天才，即考尔科、考布劳和斯加尔，但他们三人之间的关系总是无法处好，因此，王安就把他们分开，让他们各自负责一个项目，互相展开竞争，然后择优录取用为新产品。这样，既发挥了他们的聪明才智，又减少了他们之间的矛盾，推动了公司的发展，给王安公司创造了数十亿美元的利益。然而，自从王安把帅印交给其子王列，情况就发生了变化。王列强调内部合作，让他们三人统一思想。因此他把统一试验室产品的计划交给三个不同的研制小组来承担。结果，考布劳辞职，斯加尔于 1980 年、考尔科于 1985 年分别离开王安公司。1990 年 8 月，王安公司破产。尽管王安公司的破产有许多原因，但考布劳等三人的辞职无疑是其中一个很重要的原因。由此可见人才对企业存亡的重要意义。

（二）领导者尚贤之道②：领导行为的重要原则

墨子在《墨子·尚贤上》中指出："……国有贤良之士众，则国家之治厚；贤良之士寡，则国家之治薄。故大人之务，将在于众贤而已。"意思是说，一个国家拥有贤良人士多，那么国家的治理就厚重；一个国家拥有的贤良人士少，那么国家的治理就衰薄。因此领导者的当务之急，就是使贤良人士增多罢了。国家治理好坏的关键在于贤良之士的多少。那么对于现代企业而言又何尝不是如此呢？企业成败的关键也在于人才的发掘、吸引、提拔和利用。作为领导者应懂得怎样来发掘人才、用好人才并留住人才，让他们成为企业发展的顶梁柱。对于如何吸引并留住人才，两千多年的墨子就用"善射御之士"的例子生动地说明了其中所隐含的深刻道理："譬若欲众其国之善射御之士

① 苏东水：《中国管理通鉴·人物卷》，浙江人民出版社 1996 年版。
② 苏东水：《东方管理》，山西经济出版社 2003 年版。

者，必将富之，贵之，敬之，誉之，然后国之善射御之士，将可得而众也。况又有贤良之士，厚乎德行，辩乎言谈，博乎道术者乎，此固国家之珍，而社稷之佐也，亦必且富之，贵之，敬之，誉之。然后国之良士，亦将可得而众也。"[1] 就是说，譬如想要他的国家善于射箭、驾车的人士增多，就必定要使他们富贵，使他们受到尊敬、受到赞誉，然后国内善于射箭、驾车的人士将会获得并且增多。何况又有贤良人士，德行敦厚，言谈思辨，道术广博，这本来就是国家的珍宝，社稷的辅佐，也必将使他们富贵、受到尊敬和赞誉。然后国内的贤良之士也将可以得到并且会增多。墨子在此提出的吸引并留住人才的方法，不仅有助于国家的治理，也有助于现代企业人才观的建立和改善，因为一个企业的用人之道和一个国家的用人之道有许多相似之处。对真正德才兼备的贤才，无论其出身的高低、贵贱，都应该广而招之，举而用之，使企业对人才产生巨大的吸引力和向心力，使人才乐于投奔到企业中，为企业的发展、壮大发挥出他们的一切聪明才智。

那么，怎样才能真正地留住人才呢？墨子说："故古者圣王之为政，列德而尚贤，虽在农与工肆之人，有能则举之。高予之爵，重予之禄，任之以事，断予之令。"[2] 其意思是，所以古代圣贤帝王施政，使有德者列于位次，使贤能的人得到尊重，即使是农民或工匠、商人，（只要他们）有能力就举荐他们，给他们以高爵位，给他们以厚禄，任用他们以政事，给他们以断令之权。领导者的为官之道就是要按照人才的德行、能力来安排他们的职位，而不应该在乎他们的出身是否卑贱，使每一个德才兼备的人都能充分发挥自己的能力。墨子的平民思想在这里一览无疑。他又说："故官无常贵，而民无终贱，有能则举之，无能则下之。"[3] 意思是说，所以做官的不会长久的富贵，而百姓也不会终生贫贱，有才能的就举荐他们，没有能力的就撤下他们。墨子的这种以才举人、以德举人的思想对当代企业领导的指导和启发作用是显而易见的。如果我们的领导都能按照才能和道德，而不考虑私人交情、裙带关系，那么他们在任命下一级干部时就会更多地从公司的集体利益而不是个人的利益出发。被他们任命的干部就都会是德才兼备的真正人才，有了这样的人才为企业出谋划策，这样的企业一定会兴旺发达，在残酷的商业竞争中立于不败之地。青岛海尔的总裁张瑞敏就是这样一位帅才：他把海尔的所有员工都看成是可以造就的人才，一切以人为本，一切以人为中心，在企业内部营造了一种尊重人、信任人、关心人、理解人的文化氛围。选拔人才以德才兼备为基本条件而根本不在乎他们的出身贵贱和年龄的高低，为海尔创造了一个有利于每个人最大限度发挥自己特长的机制，充分调动了每个人的积极性和创造性，使企业形成了巨大的凝聚力。海尔的人才机制保证了海尔的人才滚滚而来，也使人才留在了海尔。而凭借人才优势，海尔从 1984 年的一家濒临倒闭的集体小厂起步，发展成为 2000 年全球营业额达 406 亿元的国际化大集团。2013 年上半年，该集团全球营业额已实现 309 亿元。

---

①②③《墨子·尚贤上》。

三、墨家的用人与激励理论的运用：古为今用的现实性探讨

（一）墨子用人理论的运用①

1. 墨家的人员挑选理论

春秋战国时期，各国的用人，总是使用自己的亲属。这样一来，弄得真正为国家出了力做了事的人，并没有得到一点赏赐，得到赏赐的却是没有出力甚至妨碍国家发展的人；反过来，那些有真凭实据的贪赃枉法的人，照理应当受到严厉处分，但他们却得以逍遥法外；而在不知不觉间那些社会上所公认的好人倒反而受了罪。② 正因为墨子对这种用人之道的深恶痛绝，对于贤人的挑选与任用，他认为应"不党父兄，不偏贵富，不嬖颜色"③。就是说，挑选贤才，不要因为是父兄就结党，不要因为其富贵而偏重，不要因为有姿色而宠爱。"不辩贫富、贵贱、远迩、亲疏"④，即不考虑血缘关系的远近亲疏、等级的贵贱、财产的贫富、不偏爱漂亮的人，用人时，尽量不用自己的亲朋好友，不巴结有钱之人，不看重人是否长得漂亮，而只注重人的才德，"虽在农与工肆之人，有能则举之。"⑤ 虽然是农民或工匠、商人，只要他有能力就举荐他、任用他。

2. 人才培养理论

墨子作为一位有远见卓识的古代思想家，十分重视人才培养和教育。他也像孔子一样开办私人学校，一生从事教育事业，所招门徒遍天下，所谓"徒属弥众，弟子弥丰，充满天下"。墨子举了美女与知识的例子来说明教育的重要性。墨子说："今夫世乱，求美女者众，美女虽不出，人多求之；今求善者寡，不强说人，人莫之知。"就是说，现在世间混乱，善行太少，追求美女是人之常情，所以美女尽管不出门，却有很多人追求她们，而追求知识善行的人太少了，我如果不努力去劝说，恐怕就没有人知道求知求善了。

在当今时代，企业不仅是生产产品的地方，还是一个让人继续成才的场所。许多年轻人学习知识、技能的自觉性不高，因为外面的世界充满诱惑。作为企业领导，就应该正确引导年轻人，通过举办各种形式的培训活动，让他们有足够的机会通过学习知识、技能不断充实自己，做对企业有贡献的人才，企业应给人才创造良好的学习环境。

在培养人才的过程中，领导人应明白因材施教的原理。墨子曰："譬若筑墙然，能筑者筑，能实壤者实壤，能晞者晞，然后墙成也。为义犹是也，能谈辩者谈辩，能说书者说书，能从事者从事，然后义事成也。"⑥ 就像修筑城墙一样，能筑的人筑，能填土的人填土，能挖土的人挖土，这样城墙才能筑成。为人也是如此，能辩的人辩，能解说典籍的人解说典籍，能做事的人做事，这样，义的事业就可以办成了。

---

① 苏东水：《东方管理》，山西经济出版社 2003 年版。

② 杨荣国：《孔墨的思想》，生活·读书·新知三联出版社 1950 年版。

③④《墨子·尚贤中》。

⑤《墨子·尚贤上》。

⑥《墨子·耕柱》。

3. 墨家的人员考核理论

墨子认为在提拔了人才以后还应该注重对人才作全面的考察，尤其是对人才的道德及才能进行考察。"墨子曰：'今使子有二臣于此，其一人者见子从事，不见子则不从事；其一人者见子亦从事，不见子亦从事，子谁贵于此二人?'巫马子曰：'我贵其见我亦从事，不见我亦从事者。'"① 墨子的意思是说：现在假使你有两个家臣，其中一个看到你来就做事，没有看见你来就不做事；另外一个见到你也做事，没有见到你也做事。这两个人当中，你更会看重谁? 巫马子回答说："我看重那个见到我做事，没有见到我也做事的人。"在这里，墨子强调的是对人才的全面考察，不仅要注重人才的才能，更要注重人才的品德。

墨子的人才考察理论对现实生活有极大的指导意义：最近几年有多少位居高官者被查处，究其原因首先是这些人的思想品德有问题，但他们往往把自己隐藏得很深；其次是由于监督、考察机制不够健全，对人才尤其是位居高官者缺乏长期、全面的考察，给他们钻了空子，给党和社会造成了巨大的损失。这种血的教训是非常惨痛的。因此，在今后的工作中，无论是企业工作还是政治工作，对各种人才都应该建立健全长期的监督、考察机制，这是对人才最好的保护，而人才是造就一流品牌、一流企业最宝贵的资源。

(二) 墨家的激励理论的运用

1. 墨家的人员激励理论

《墨子·尚同中》提到："譬若欲众其国之善射御之士者，必将富之，贵之，敬之，誉之，然后国之善射御之士，将可得而众也。况又有贤良之士，厚乎德行，辩乎言谈，博乎道术者乎，此固国家之珍，而社稷之佐也，亦必且富之，贵之，敬之，誉之。然后国之良士，亦将可得而众也。"墨子先用"善射御之士者"的例子说明激励人才的手段为"富之，贵之，敬之，誉之"，从而又进一步说明奖励贤才也应该如此的道理，说明奖励政策的重要性。《墨子·尚同上》云："故古者圣王之为政，列德而尚贤，虽在农与工肆之人，有能则举之。高予之爵，重予之禄，任之以事，断予之令，曰：爵位不高，则民弗敬；蓄禄不厚，则民不信；政令不断，则民不畏。举三者授之贤者，非为贤赐也，欲其事之成。"其意思就是说，所以古代圣贤帝王施政，使有德者列于位次，使贤能的人得到尊重，即使是农民或工匠、商人，（只要他们）有能力就举荐他们，给他们以高爵位，给他们以厚禄，任用他们以政事，给他们以断令之权。因为爵位不高，则百姓不尊敬；俸禄不厚，则百姓不信任；政令不专，则民众不畏惧。将爵、禄、权三者授予贤能之人，并非是为了赏赐贤能，而是想要他的事业成功。要想做到真正的圣贤，就必须具备这三个条件。对人才的激励是必不可少的，因为这是由人的本性需求所决定的，而人的本性需求又是复杂多样的，包括心理需求、生理需求等，因此在实际工作中应该根据各种不同的需求，给予不同的激励措施，这样就可以进一步调动人才的积极性、发挥他们的创造性。

① 《墨子·耕柱》。

2. 墨家义利结合的激励措施

墨家主张义利一体论，而在义利一体中，认为义是首要的、根本性的东西。义即是利。墨子指出："义，利也。"[①] 墨子认为"利"是相互的，利民即利国，利人即利己。因此，他特别强调"兼相爱"，"交相利"[②]，反对"亏人自利"，强调统治者要"爱利万民"，"兴天下之利"，这样才能"富国家，众人民……安社稷"。

墨子的"兼相爱，交相利"思想完全不同于儒家的"义"、"利"观。儒家思想往往把"义"、"利"放在对立的位置，从"见利忘义"、"君子喻于义，小人喻于利"这些词语中，我们可以明确地看到儒家对"利"根本不屑一顾，而对"义"推崇备至。而墨子却使"义"、"利"二者从对立走向了和谐统一。墨子的义利相统一的思想，对于当代的管理实践极富借鉴意义。无论是管理者对下属，还是下属对管理者，都应该讲究"义利统一"。作为管理者，在管理下属的过程中，应注意除了对下属经常口头表彰外，还应该对工作成绩突出者经常给予物质奖励，应该注意精神与物质两者并重。而作为下属，也不能只追求物质奖励，还应该顾全大局，以公司、企业的利益为重，在个人利益与企业利益发生矛盾时，应首先从企业的利益出发，把个人的利益放在第二位。只有管理者与被管理者之间都遵守这样的原则，才能齐心合力把企业搞上去。比尔·盖茨认为微软公司的成功是"聘用了一批精明强干的人"。其实，这不过是充分证实了墨子尚贤思想的正确性与合理性。

第三节　墨家的人际关系原则：社会秩序治理中的基本问题

一、博爱尊重原则[③]

墨子在《兼爱》篇中一再强调"兼相爱"。墨家的爱其实是一种博爱。墨子认为"兼爱"是一种理想的道德境界，是一切善恶的标准。墨子认为人们之间的相互憎恨、仇视、欺诈、残害都是因为人们之间不相爱，因此他主张用"兼相爱"来取代"别相恶"。墨子认为"兼即仁矣，义矣"，凡是兼爱之人就是仁人、义人。如果在企业内部人人相爱、企业爱员工、员工爱企业；在外部，企业爱顾客、爱社会，那么顾客、社会也会爱企业，从而形成一种良性循环，营造一种和谐的社会气氛。

兼爱另一个层面的意思是尊重、互惠原则。就是对待别人要像对待自己一样，多从对方的角度考虑问题，这样可以增加相互间的理解，加强沟通，互相尊重，化解矛盾，促进群体和谐。墨子的"爱无差等，投桃报李"的思想可以有效地协调组织内部的各种关系，当双方发生冲突时，若能冷静下来从对方的角度看问题，考虑一

---

① 《墨子·经上》。

② 《墨子·兼爱中》。

③ 苏东水：《东方管理》，山西经济出版社 2003 年版。

下对方的利益、心情和处境，再调整一下自己的行为方式，这样就可化解矛盾，取得和谐的局面。

二、任人唯贤原则①

墨子强调"尚贤事能"，"尚贤者，政之本也"②。把尚贤当做治国的十大对策之一，可见墨家对人才的重视程度。墨子用晋文公、齐桓公、勾践用贤复国的例子来强调用人的重要性："昔者文公出走而正天下，桓公去国而霸诸侯，越王勾践遇吴王之丑而尚慑中国之贤君。三子之能达各成功于天下也，皆于其国抑而大丑也。太上无败，其次败而有以成，此之谓用民。"③ 从前晋文公出奔国外，而后来却成为天下的盟主；齐桓公出奔国外，而后来却称霸诸侯；越王勾践遭遇到吴王的屈辱，而后来却成为威慑中原的贤君。这三个人能功成名就于天下，都是因为他们在自己的国家中忍受过极大的耻辱。最上等的是不遭失败，其次是失败了，有办法获得成功，这就叫善于用人。

三、义利统一原则④

《墨子·兼爱中》云："墨子言曰：'仁人之所以为事者，必兴天下之利，除去天下之害，以此为事者也。'" 其意为，仁人所要做的事，必然是兴盛天下之利，除去天下之害，以此作为事业。《经上八》又云："义，利也。"在墨子看来，所谓"义"，就是"利"。为天下人做了有利于他们的事，使天下的人都能得到这种利，实际上就是"义"。

四、墨子管理思想总结

（1）墨子是春秋战国时期与孔子齐名的一位思想家、政治家，他的思想内涵丰富，涉及面广。墨子的思想在《墨子》一书中得到了充分的阐述。墨子的管理思想非常丰富。兼爱利人的思想是墨子思想的精华所在；其次是尚贤和尚同思想；最后是非攻、节用、节葬、非乐等思想。

（2）兼爱是墨子思想的核心，是墨子学说的基本论题之一。墨子大力提倡兼爱，所谓兼爱，就是"周爱人"，是不分老少、贵贱的兼爱，是指普遍平等的爱。同时，阐明了"兼相爱，交相利"的思想，论证了"兼爱"的合理性，进而阐述了"尚同"的思想。"尚同"是说人们关于是非善恶的意见，都要统一于他们的上级，最后统一于天子，统一于天。同时，阐述了"尚同"是为政之本的思想。尚贤思想是墨子思想体系的又一个重要内容，就是说尊重贤人并努力使之向上处于政府的高位。墨子对于贤能人才的价值有着极其深刻的认识，认为尚贤是管理国家的根本。

①④ 苏东水：《东方管理》，山西经济出版社 2003 年版。
②《墨子·尚贤》。
③《墨子·亲士》

（3）墨家的用人理论与激励理论。墨家的人员挑选理论在于重视人员的才能；人才培养理论体现在注重人才的培养，在培养人才的过程中，领导人应明白因材施教的原理。人员考核理论主要是指注重人才的全面考察，同时侧重考察人才的品德和才能。墨家的激励理论主要是说明激励人才要"富之，贵之，敬之，誉之"，同时又说明了奖励政策的重要性。激励人才的措施应体现在义利结合上。

（4）墨家的人际关系原则。博爱尊重原则，任人唯贤原则，义利统一原则。最后，论述了墨家思想的现代意义。概括为墨子从修身，到爱他人，利他人，为他人。终究其实质，是提出了管理学上的"人本管理"思想。墨家的人本管理思想具有很强的现代意义。

第九章 兵家的制度与领导理论分析——知人善用

中国历史上兵家如林，兵书浩瀚。据不完全统计，从先秦到晚清，兵家学说总计约有 3380 部，共 23503 卷，实为世界罕见。这些纵横几千年，洋洋千万言，不仅是我国古代军事思想的瑰宝，也是几千年民族智慧的结晶；不仅是我国历代军事家决胜千里、克敌制胜的实践总结，也是政治家、思想家"治国平天下"的思想精粹。千百年来，它们一直放射着绚丽的光芒，并以深刻的思想吸引、影响和滋润着一代又一代的军事家、政治家、思想家，乃至企业家。它们所总结和揭示的战争的一般规律、克敌制胜的方法，以及丰富多彩的军事辩证思想，早已超时空、越国界、跨行业，成为人类共同的财富。近几十年来，世界各国的经济学家和企业家通过对兵家学说的研究、探索，认识到中国古代军事理论蕴含着深刻的科学管理思想，对于现代企业寻求经济发展、参与市场竞争，具有很强的指导意义。

第一节 兵家人本思想分析：管理学分析

在"和平与发展"成为时代主题的当今世界，在高度重视智力因素的知识经济逐步成为主导经济的当今世界，国与国之间实力的较量已从当年侧重军事力量的较量让位于经济力量的较量，特别是科技与人才的较量。在激烈的国际、国内市场竞争中，经营者的决策稍有不慎，就有可能使企业陷入破产的境地，使经济面临衰败的危机。在西方，屈特和赖斯首先喊出"行销就是战争"的口号；在东方，精明的日本人也看到商场如战场，商战如兵战，提出把《孙子兵法》作为商战的教科书。

研究发现，兵法与企业管理之间存在许多共同的内在机理和原则，表现出某些理论、方法具有相通性和普遍适用性。美国著名管理思想史教授克劳德·小乔治，在论及早期军事家对管理的贡献时说："如果我们把工业组织的管理同军事机构的管理相比较，就会发现在管理上取得成功的主要条件是相同的。管理中的一些重要因素——授权、直线人员与参谋人员的区分、激励等，有许多是从军事上移植过来的。"

一、兵家管理理论产生的历史背景

在浩如烟海的兵家典籍中，尤以先秦时期兵法对后代影响最为深远，其中以《孙子兵法》（春秋）、《吴子兵法》（战国）、《孙膑兵法》（战国）、《尉缭子》（战国）、

《六韬》（战国）等最为出名。这与当时政治、社会状态有直接联系。当时，天下纷争、诸侯争霸、战乱频发。据史料记载，春秋时期发生战争四百余次，春秋前后共有一百四十多个国家，经不断兼并，到战国初年，见于文献者的仅有十几个国家。战国时期，七雄争霸更是战乱不止。战争成为当时国家主要的政治生活，促使有识之士竭其心智于兵书战策，于是"兵林名家云集，将星璀灿"。其中《武经七书》具有一定的代表性，《七书》中又以《孙子兵法》最为杰出，可谓兵法之冠，对后代影响也最为深刻持久。

二、兵家学说以人为本的思想内涵[①]

自古以来，所有的兵法都强调人在战争中的重要作用。由于战争中敌对双方的较量是势不两立、你死我活的，为了使自己立于不败之地，同时又能消灭敌方，军事指挥家充分运用各种资源，尤其是人力资源的运用，达到克敌制胜的目的。企业之间的竞争是通过市场竞争的方式来进行的，可以说是一场不流血的战争，但是要赢得市场、扩大商业利益，同样得斗智斗勇、周密筹划，因为这关系着企业的存亡。兵战与商战的共同特征都是以人为主体，同时通过对信息的搜集分析、组织的调整、决策的计划、实施、反馈、控制等阶段来实现组织的目标。正是由于人对利益的无限追求，产生了推动社会经济发展的动力，也正是这种对利益的共同兴趣使兵家和企业家获得了共同语言。

（一）"圣人所贵，人事而已"[②]

得人者昌，失人者亡。任何事业的成功都有天时、地利、人和的影响，但其中人的因素是首要的、决定性的。无论是兵战、商战，起关键作用的是人，人是竞争的核心资源。古往今来历朝历代，取得竞争优势的国家或集团之间都是相对集中了一批优秀的人才。战国时期这种情形尤为明显，春秋五霸、战国七雄无不是因为获得了各自所需的优秀人才，才能形成相互对抗、多足鼎立的局面，随着人才分布的变化或人才的消失，鼎立局面也随之消失。所以决定军事竞争胜败的是人才，决定经济或科技竞争成败的同样是人才。

企业在其运营过程中，需要人、财、物等资源的投入，而人、财、物等资源的取得和利用，同样由人来管理和实施。人们发现人力资本与实物资本最显著的区别，就在于人力资本不能作为一种财产被占有。因此知识经济时代员工与企业的力量对比呈正比关系，这使得劳动与资本的相对地位发生了根本性变化。起决定作用的生产要素不再是资本，而是员工及其头脑里的知识；决定企业成败的关键不再是企业的大小和成本，而是员工的创造性和灵活性。

由于知识经济的迅猛发展，人越来越成为企业中最宝贵的资源。尤其是在企业内外部环境日益复杂、市场竞争日趋激烈的情况下，企业必须从战略的角度来研究、重视对人才的开发、培养和使用，以便使企业适应复杂的市场竞争环境，并在激烈的竞争中立于不败之地。

---

① 苏东水：《东方管理》，山西经济出版社2003年版。
②《尉缭子·战威》。

（二）"间于天地之间，莫贵于人"①

早在战国时期，著名的兵家代表人物孙膑就鲜明地提出了"人为贵"的思想观点，主要表现在他对战略各个部分构成要素的分析中，单独地把人作为一项与天地对应的制胜要素加以提出。与孙武相比，孙膑在注重将帅选拔的同时，认为士卒的能动性也是克敌制胜的重要因素，提出了"兵不能胜大患，不能合民心者也"，乃至兵强"在于休民"以及"得众胜"等观点，为丰富和完善中国古代兵家学说作出了突出贡献。

随着社会生产力的发展，对人性回归的呼唤，要求个性的表现，促使人的需求从层次单一走向丰富多彩，传统的经济手段、行政手段已难以形成良好的激励效果。20 世纪 30 年代后，对于开发人的内在潜能的需要更为迫切，管理界掀起了一股"人性化"的热潮，人们发现在纷繁多变的客观世界面前，人类的理性原则已经不能概括一切，特别是对人的行为活动的控制更是如此。对人的逻辑行为可以通过制度控制进行理性管理，但对人们基于情感、意志等心理因素产生的非逻辑行为，仅靠制度和权力就难以控制，而人际关系的状态更对人力资源的效能具有决定性影响。于是研究人的心理、针对人的需要，引发动机和强化目标行为从而使人保持高涨情绪，创造更高效率的人性化管理模式应运而生。

（三）"善战者，求之于势，不责于人，故能择人而任势"②

善于作战的人能利用形势去寻求胜利，而不苛求部下，所以能根据才能选择贤才而且善于利用形势。贤才好比一匹千里马，需要伯乐的发掘，更需要好的培养、任用机制及施展才华的环境。兵家不仅特别强调人才和人力资源的开发，注意采用激励的方法来充分发挥人的潜能，注重士卒的教育训练及人员的合理配置，从而达到增强战斗力的目的；而且，在强调选用人才的过程中，还应十分重视组织整体的上下同心，认为好的人才只有融合到组织的整体中去，才能充分发挥其聪明才智，帮助组织在危机四伏的竞争环境中立于不败之地。明代戚继光抗倭，充分发挥集体的力量，注重对不同素质、不同个性士兵的合理搭配，产生了很好的实际效果。而赵王错用赵括，以致长平之败，万卒被坑。孔明误遣马谡，才有街亭之失，损兵折将，西城弄险。用人如用器，舍短用长，则物物可用；舍长用短，则物物可弃。所以，用人应慎，须择其长而用之。

在现代企业发展过程中，人力资源的重要性更加凸显，企业的发展因素，已由对资金、物资的占有转变为对人才的占有；企业的管理方法、生产经营活动的组织方式与结构，已由单纯地考虑物质工艺流程的合理性，转变为同时兼顾发挥人的主动性和创造精神，合理协调企业内的人际关系，重视企业文化的培育和发展。日本企业在用人制度方面有很多值得我们借鉴的地方，如长期聘用制度、与职业发展紧密联系的培训制度、科学的奖励制度等，不仅促进了企业的发展，而且增强了企业的竞争力和凝聚力。

---

① 《孙膑兵法·月战》。
② 《孙子兵法·兵势》。

三、兵家人本思想对当代企业经营管理的意义[①]

作为中国传统文化的精粹——兵家学说，之所以备受中外军事家、政治家、企业家的青睐，其重要的原因是兵家以人为本的管理思想与现代市场经济竞争和现代企业管理存在许多共同的机理和原则，从冷兵器时代战争的运用，到今天知识经济时代的"商战"都可以找到它的用武之地，给现代企业家很多的启迪。

（一）人是企业发展的核心

人类在20世纪后半叶既获得了空前的发展，但也遇到了一系列难堪的"发展危机"。单纯的经济发展引发了生态环境恶化、贫富差距拉大、价值信仰危机等社会问题。西方传统管理理论一个致命的缺陷，是忽视对人的真正幸福的关注。在这种企业发展的框架中，人生的全部意义被淹没于对物的片面追求中，人性的丰富内容被消融在物性的纯粹释放里，人对自我的认识和关怀服从于逐物的需要。社会发展的这种物本倾向，导致了人的自我异化。古代兵家的人本管理理念正好填补了西方传统管理理论中人性的匮乏，注重以人为中心的综合发展观，揭示了人的发展实际上是人的需要的发展，顺应了时代发展的需要。

（二）人本性是社会发展的需要

法国著名学者佩鲁指出，社会发展应该被看做是社会灵魂的一种觉醒，企业作为社会的基本组成，其发展的目标是为了一切人和完整人的发展，使人们能够自己养活自己，有意识地自己教育自己，并且不用暴力来实现自己的解放。兵家人本思想的复兴，正是顺应了社会发展的潮流，突出了人作为社会发展的目标和动因。1992年里约"世界环境与发展"大会提出的可持续发展的理论，从表面上看，关心的是环境和资源，但实质上它关注的是人类的发展，它通过社会经济、政治、文化、生态自然协调互动的社会发展模式，来追求人的完整性、完善人的生存价值。

知识经济时代，具有无限延伸性的知识决定了企业是否拥有高质量的权利，未来企业家的制胜砝码，亦将是拥有掌握更为先进知识的人才或对知识产品未来走势的敏锐把握。"上兵伐谋"，知识经济时代中的企业要谋取其自身优于竞争对手的战略优势，首先必须具备不断创新的能力，其最基本要求是人员的高素质，不仅指良好的知识背景，更重要的是具备获得新知识和创造性思维的能力。网景公司作为一家高科技企业，没有高耸入云、富丽堂皇的办公大楼，有的只是在拥挤不堪的大厅里没日没夜辛勤工作的年轻技术人员。其之所以能够在激烈的市场竞争中异军突起，靠的就是这样一群富有朝气、勇于创新的高智商人才。另外，扁平化的组织结构、科学民主的管理方式将使人力资本的优势进一步发挥。纵横交错的信息渠道突破了管理幅度的限制，造就了扁平的平行网络组织系统，蓝领工人和中层管理人员的锐减，形成了菱形化的人员结构，信息的全局共享性又为企业的民主化决策管理提供了物质基础。最后，管理者对未来动态的战

---

① 苏东水：《东方管理》，山西经济出版社2003年版。

略把握，将成为竞争的有力砝码。

（三）企业的成功离不开择人任势

"任势者，其战人也，如转木石。木石之性，安则静，危则动，方则止，圆则行。故善战人之势，如转圆石于千仞之山者，势也。"①《武经总要》说："夫大将受任，必先料人，知其才之勇怯，艺能之精粗，所使人各当其分，此军之善敌也。"这就是择人任势。杜牧解释说："言先战者先料兵势，然后量人之才，随短长以任之，不责成于不材者也。器有其用，人有短长，贵在用其长而避其短。"现代企业的竞争，归根到底是人才的竞争，人才是企业经营管理中的首要资源，能否正确的选用人才，是决定企业成败的关键。选贤择能，择人任势是每个企业领导的责任。美国著名管理学家杜拉克说过，有效的管理者从来不问："他能跟我合得来吗？"而问的是："他贡献了些什么？"从来不问："他不能做什么？"而问的是："他能做些什么？"所以在用人时，他们用的都是某一方面有专长的人，而不是各方面都很完美的人。日本著名的企业经营管理者土光敏夫曾经说过："以尽可能少的部下完成既定工作的人，那些将部下培养成才并尽快输送出去的人，以及那些培养自己的接班人并随时准备让贤的人，才是真正出色的管理者。"

第二节　兵家人本管理思想的特征与运用

《孙子兵法》开篇说道："兵者，国之大事，死生之地，存亡之道，不可不察也。"自古不谋万世者，不足谋一时，不谋全局者，不足谋一域。作为国家大事的战争，关系到军民的生死，国家的存亡，需要指挥者加以认真的考察研究。因而兵家历来重视战略决策对战争成败的关键作用。楚汉相争，项羽历经七十余战，战战皆捷，但因战略上的失误，最后还是遗恨乌江。刘邦几经挫折，甚至一败涂地，但因战略决策正确，终于平定天下，奠定四百多年的汉朝基业。对于企业而言，它的经营战略同样决定着企业的命运，维系着企业的兴衰存亡，任何疏忽、懈怠都会造成难以估量的经济损失，这一点对于现代企业的战略家具有特殊的现实意义。一个好的经营战略首先在谋略、外交上形成竞争性优势，然后再通过没有硝烟的市场竞争将这种优势转化为具体利润、市场份额、企业形象等成果，从而"不战而屈人之兵，善之善者也"。因此企业在决策的过程中，应认真考查研究、反复论证，以作出正确的经营战略决策。

一、兵家人本战略制胜思维的特征②

传统经营管理理论，强调对企业当前资源投入、物质转换和产品产出等静态管理过程。而战略管理则在时间和空间维度上扩大了投入和产出的动态管理过程，特别注重对

---

① 《孙子兵法》。
② 苏东水：《东方管理》，山西经济出版社 2003 年版。

未来的投入和未来产出的管理。其根本的差别是，经营管理是根据现有投入和产出的条件来适应外部环境；战略管理则是通过对未来的投入和产出的预测，一方面适应环境，另一方面创造和改变环境。这与中国古代兵家的管理思想有很多相似之处，兵家的管理理论也强调动态管理即用兵无定法，并提出了一系列指导方针和决策原则，如知己知彼、造势任势、曲线成物等。概括起来，兵家的战略制胜思维有以下几方面的特征：人本性、宏观性、整体性。这与企业的战略管理理论是一致的。

（一）人本性原则

即重视人在企业战略管理中的重要作用，古代兵家强调"上兵伐谋"①，也是要求通过人的谋略，来完善战略决策制定的正确性、科学性，从而达到克敌制胜的目的。这种思维方式同样体现于现代企业战略管理之中，我们知道适于时代发展的高素质人才是企业实力的象征，是企业最富有挑战力和竞争力的资本，任何战略决策的制定都离不开人的能动作用，决策的贯彻和实施也需要人的参与，人是企业战略管理资源中最重要的一环，决定着战略管理的成败。因此，企业要生存，要搞活，要发展，必须尽快转变观念，树立"以人为本"的战略管理思想，重视人力资源的开发和利用，注重开发培养人才、合理使用人才和有效管理人才的有机结合，只有这样才能保证企业战略管理决策的前瞻性、科学性。

（二）宏观性原则

即立足全局，审时度势。中国古代兵家认为"自古不谋万世者，不足谋一时，不谋全局者，不足谋一域"。就是强调长远和周密的计划、决策，《孙子兵法》中的"经之以五事"也是要求决策的全面考虑、通盘谋划。同时，《孙子兵法》还提出"全胜而非战"的战略思想，这与企业追求利润最大化的目标是不矛盾的，都要求战略的制定不能只顾眼前的利益，而忽视全局和长远利益，企业只有通过缜密的研究，避免因盲目的对抗和过度的竞争，而造成两败俱伤。

20 世纪 70 年代，瑞士钟表业由于错误的战略决策，使其失去了钟表王国的宝座。1969 年，瑞士钟表正处在黄金时代，垄断了 70% 的世界钟表市场，每年创造近 20 亿美元的价值，稳坐世界钟表业的"王位"。但是一次错误的战略决策，否决了马克思·赫泰尔工程师提出的"发展电子石英表"的建议，使日本得到了战胜瑞士的良机。而本来处于劣势的日本，由于十分重视新技术发展的动态，经过充分的市场调查、情报搜集、技术分析，坚决组织战略实施，生产了大批优质电子石英钟表，到 1978 年就打垮了瑞士 187家钟表商，使瑞士失去了名震世界的钟表皇冠。真是"一着不慎，满盘皆输"。

相反，包玉刚由于采用了正确的战略措施，最终成为世界船王。1955 年，包玉刚从经营航运事业开始，就坚持实行低租金、长期合同的稳健经营战略。1956 年，埃及关闭苏伊士运河，租船运费飞涨，租金提高一倍，包玉刚不为所动，坚持低租金长合同战略，逐步建立了稳定的客源。随着埃及战争的终结，运河重新开放，船只需求减少，

---

① 《孙子兵法》。

运费暴跌，许多船东纷纷破产。而坚持"薄利多销"、"信誉第一"的经营战略，包玉刚最终登上世界船王的宝座。

（三）整体性原则

企业要实现管理绩效的最大化，就必须使企业的内部环境和外部环境有机的协调起来。首先是内部系统的相互配合，"古善用兵者，譬如率然，率然者，常山之蛇也，击其首而尾至，击其尾而首至，击其中则首尾俱至"。① 要实现企业的战略目标，就必须使各子系统有机结合，局部力量与整体力量相统一。美国著名军事家、管理学家威廉·A. 科恩认为，无论是军事战略，还是市场竞争战略都需要协同原则。他强调组织内部各个部分通过协同，使次优现象降到最低限度，以便使节约和集中的原则易于实现，从而取得最佳的协同效果。同时，还要加强内部和外部环境的联合。即在分析的基础上，把内部系统和外部环境联合成一个整体统一考虑、统筹安排，其特点是多角度、多层次、开环性。它克服了传统管理理论中孤立、片面、闭环的弱点，突出企业的社会性。

二、兵家人本思想在现代企业战略管理中的运用②

（一）信息是决策的依据

"知己知彼者，百战不殆；不知彼而知己，一胜一负；不知己不知彼，每战必殆。"③信息是完成管理决策、推动系统运作、进行过程控制的依据和前提，信息的运行是触发管理行为最为活跃的因素。信息的采集、加工、储存、传播，特别是加工环节，形成了信息的价值，而信息的识别又促进了利用水平，决定了信息使用价值的发挥水平。

企业要实现自己的组织目标，就必须了解外部环境中哪些方面会对企业构成威胁，哪些方面则会带来机遇，而后了解企业内部资源条件是否充足、资源配置是否合理，从而能够应对环境的挑战，充分利用可能的机遇。只有全面深入地把握企业优势和劣势状况，权衡损益得失、风险大小，才能使战略不偏离实际，避免不应有的损失。

当今社会正处于知识经济时代，在信息大爆炸的年代里，衡量一个国家、一个企业的标准不再是看其拥有的有形资产，而是看它创造、吸收、消化、再生信息的能力。信息的掌握包含两个方面，对竞争对手信息和自身的内外环境的了解，以及相关的吸收、消化、再生过程。企业只有掌握了信息，才能够达到"知己知彼，胜乃不殆，知天知地，胜乃不穷"的境界。

要在如此纷繁复杂的竞争环境中取得竞争优势，企业在运营过程中必须从其所处的环境中不断收集各方面的信息，同时进行相应的信息处理，它包括信息的采集、分析、传播、储存以及进一步信息需求的确定等环节。没有充分有效的信息资源，企业其他资

---

①③《孙子兵法》。
② 苏东水：《东方管理》，山西经济出版社 2003 年版。

源的运动就失去了方向，战略的制定、实施就无从谈起。因此，重新认识、研究中国古代兵家的信息管理理论，就具有很强的现实意义。

（二）战略决策的制定

"无所不备，则无所不寡。寡者备人者也，众者使人备己者也"。①

兵力到处分布，容易造成防御的薄弱，之所以这样是由于被动地进行防御，要想使敌人被动地防备我们，就必须集中优势兵力。制定企业的战略应在充分了解对手的基础上，还需清醒地了解自己，扬长避短。因此，在制定过程中企业必须对其所处的复杂环境作一个整体性的考查和评估，并在此基础上来确定企业的发展方向。

为此，企业在决策的过程中要分三步走：第一步是市场细分，即以用户的差异性为出发点，把需求相同的用户划分为一个群体，从而把整体市场划分为若干个"分市场"的全过程，企业可运用不同的方法来划分市场。第二步是选择目标市场，即评估和选择所要进入的一个或多个市场区划。这其中要考虑目标市场区划的规模与发展潜力、目标市场区划的吸引力、企业目标和资源状况等。第三步是市场定位，拟定一个竞争性的市场位置，目的是为了扩大差异化。其中特别要重视四个基本要素，即市场定位的四个C：顾客（Customers）、渠道（Channels）、竞争（Competition）以及公司（Company）自身的特点。

同时，制定的过程应通过让员工参与战略酝酿、沟通与控制职能，从而增强企业的凝聚力，提高管理的效率和水平。

（三）战略的执行

"将通于九变之利者，知用兵矣。"②

将帅在统兵作战的时候要通晓九种应变的方法。我们生活的环境是一个流动着的系统，大乎天地，小乎微观世界，宇宙万物无时无刻不在变化。企业生存于这样一个眼花缭乱的变化环境中，任何的决策都要适应于当时特定的时代、环境的需要，同时要加强自身的应变能力，只有这样才能立足于这个激烈竞争的社会，增强企业对环境的应变能力和市场竞争力。

战略的制定是一个长期酝酿的过程，具有一定的稳定性。但是由于环境的不断变化，要求一个好的战略应具备适度的弹性。因此，战略在其实施过程中，要求企业管理层不断检查和评估目前战略的价值与合理性，时刻关注企业的未来，不断审视当前决策对企业未来运营所产生的影响，实际运用中可以采取滚动计划法，不断修正企业发展的战略目标。同时，企业在实施过程中应努力寻求业务发展最具潜力的领域，不断通过各种方案的比较来作出最具价值的选择。执行过程包括分阶段的计划、组织、执行和控制。最终，通过战略的实施来优化资源的结构，使资源的绩效得到最大限度的利用和发挥，从而使资源达到合理配置。

---

① 《孙子兵法》。
② 《孙子兵法·九变》。

三、兵家人本组织用人方略的运用①

"总文武者，军之将也；兼刚柔者，兵之事也。"②

大凡气势恢宏的征伐战事、商业竞争，都不是个人与个人之间的行为，也不是三两个勇士、企业家个人的拼厮、搏杀，而是一个或数个群体对群体、集团同集团，有组织、有计划的规模性行为。这种行动，既有层次性、阶段性，又具有时效性、主体性。要想在这样的"征伐"、"商战"行动中掌握先机、决胜千里，不仅需选用高人一等、别出心裁的计谋和韬略，更需要精密地组织、协调，制定具体的实施、操作的组织方略，合理地运用激励机制，从而保证组织目标的顺利实现。否则，任何战略、决策都是空中楼阁，纸上谈兵。

（一）兵家人本思想的组织方略

综观古今中外对"征战"与"商战"事务的组织、管理，大体上分为两大门类，一曰"人制"，二曰"法制"。

1. 什么是"人制"

"人制"，就是用人的"机制"。就是发现人、培育人、组织人、凝聚人、激励人，充分发挥人的主观能动作用机制。由于社会上的事物都是人办的，人的素质越高，积极性发挥得越充分，组织化程度越严密，办事的速度与质量就越符合要求，事情的成效也就越突出、越理想。兵战，是人与人之间，人们所掌握并支配的物质与物质之间的较量；商战，也是人与人之间，人与人所左右并控制的资源与资源之间的比拼。不把握准"人制"的基本关键部位，不善于选择优秀人才、培养实用人才，合理而恰当地组织、调配、使用人才，使之配合默契地去实现预定目标，就无法达到克敌制胜的目标。

2. "法制"与企业管理

古语云，"不以规矩不能成方圆"。兵家"法制"，就是调配、使用参与征战之人、财、物诸要素的机制，包括规章制度、法律条令、组织程序等。这是使一切军事、商事的群体或集团，步调一致、进退有序地去夺取既定目标的最根本保证。"主孰有道？将孰有能？天地孰得？法令孰行？兵众孰强？士卒孰练？赏罚孰明？吾以此知胜负矣。"③从中我们不难发现，孙子重视建立规章制度，并加以严格贯彻实施，同时又注重规章的内容切合实际、顺应人心。

当然，要实现这两种机制的有机结合，以此提高组织的管理效能，并不是一件容易的事，需要结合以下几方面因素：

第一，内部环境与外部环境相结合。

企业的内在需要必须与其生存环境的实际情况、外部环境有机结合起来。无论是对人或物的管理或使用，既要以自身的目标需要为基点，又不能超越社会和个人的承受能

---

① 苏东水：《东方管理》，山西经济出版社 2003 年版。

② 《吴子·论将》。

③ 《孙子兵法·计篇》。

力。否则，便会事与愿违，适得其反。

第二，物质与精神的有机结合。

对于员工，既要重视物质报酬与公平分配，也要注意对人的思想引导、精神激励、观念灌输，做到名与利、恩与威、软与硬的紧密结合、双管齐下，并在不同时期各有侧重点。既可最大限度地调动、调配人、财、物的积极性和作用力，也要显示政策、法规、制度的推动和制约作用。

第三，宏观与微观的有效结合。

企业在用人过程中，既要从本集团、本企业的目标出发，也要从国家利益和社会要求的宏观角度出发。

第四，近期目标与远期战略相结合。

这种结合，既包括集团或组织的人、财、物发展目标，也包括对参与成员个人利益的照顾与补偿。既让企业员工从组织的长远战略目标得到支持和鼓励，也能从近期目标中获取相应的物质利益。

（二）兵家以人为本的人事管理方略

在企业任何管理决策的制定、实施过程中，起决定作用的是企业的员工，如何提高管理水平和管理绩效，决策者特别是领导者的水平如何，将是直接关系企业竞争成败的关键。兵圣孙武就十分强调将帅的地位和作用，"夫将者，国之辅也，辅周则国必强，辅隙则国必弱"[1]，"故知兵之将，生民之司命，国家安危之主也。"[2]

1. 以人为本的选才标准

《孙子兵法·计篇》提出了选才的五条标准："将者，智、信、仁、勇、严也。"具体地说，就是：

第一，智，即智谋才能。《十一家注孙子·王晳》解释说："智者，先见而不惑，能谋虑，通权变也。"《孙子兵法·谋攻》中指出："上兵伐谋，其次伐交，其次伐兵，其下攻城。"意思是说，用兵的上上之策是以谋略胜敌，最下策才是攻城拔寨。自古以来，胜人一筹的智谋是一个领导者应首先具备的素质。《孙子兵法·计篇》讲道："夫未战而庙算胜者，得算多也；未战而庙算不胜者，得算少也。多算胜，少算不胜而况于无算乎！"唐太宗李世民以他的深谋远虑和超人智慧，成就了中国历史上最辉煌的一页——贞观之治。朱元璋由一介平民，成为明朝的开国帝王，同样是由于其卓越的智慧和领导才能。东汉末年，曾经雄踞冀、青、幽、并四州，拥兵百万、猛将如林、谋士如云的袁绍却被弱势的曹操击败，其重要的原因就在于"弱势只因多算胜，兵强却为寡谋亡"。

在知识、信息、科学技术日新月异的现代社会，"智"的要求同样适用于现代，企业领导者要领导好现代企业，必须具备高度的智慧和战略谋划能力。此外，由于现代企业面对众多的竞争对手，企业领导者还应具备精于预测判断的能力，《孙子兵法·地形》提出："料敌制胜，计险厄远近，上将之道也。知此而用战者必胜，不知此而用战

---

① 《孙子兵法·谋攻》。
② 《孙子兵法·作战》。

者必败。"在日益激烈的现代商战环境中，领导者只有对竞争者的情况和决定竞争胜负的各种要素进行缜密的分析，才能作出清晰明确的预测和判断，避免由于盲目的决策导致企业失败。

第二，信，即信用、信任、威信。"信者，使人不惑于刑赏也。"信是管理者立足之本，只有讲究信誉、信守诺言以及赏罚有信，管理者才能拥有权威，才能使管理决策得到有效执行。良好的信誉可以使松散的人际关系、商业联系变得紧密，使各种人际交往和商业交往活动变得富有生气。反之，其结果必然会危及各种交往关系本身。松下幸之助曾说过："信任，是使对方潜能发挥的出口，并且也是使属下从工作中获得成就感的秘诀。"英国管理学家罗杰·福尔克说："世界上最容易损害一个经理威信的，莫过于被人发现其在进行欺骗。"因此，诚实、谦恭应成为当代企业管理者自我修养的重要组成部分。

第三，仁，即与人为善，关心下属。"视卒如婴儿，故可以与之赴深溪，视卒如爱子，故可与之俱死。"① 对企业管理者而言，"仁"主要体现在以下两个方面：一是企业管理者要关心下属的疾苦和需求，视员工为企业最宝贵的资源，让员工工作在一个充满相互关心、爱护、帮助的工作环境中。二是要尊重员工的价值，对企业实行民主管理，并充分运用群众的集体智慧来丰富决策思想，使员工与组织同呼吸、共命运，最终使企业具有更强的凝聚力和更充沛的活力。

第四，勇，即勇敢、果敢。"勇者，决胜乘势，不逡巡也。"说的就是制定决策要果敢，执行决策要勇敢、不退缩，面对困难要有超人的意志力，勇于拼搏，敢于创新。美国通用电气公司总裁杰克·韦尔奇有句名言："迟迟做出一个正确决定无异于做出一个错误的决定，其结果是一样的。"面对日益激烈的市场竞争环境，现代企业的发展要求管理者具备开拓精神，勇于探索、勇于创新、敢于冒风险，同时又要勇于承担责任。面对变幻莫测的市场竞争，管理者要果敢决断，抓住瞬息万变的市场机遇。

第五，严，即严格。现代企业是一个复杂、科学的系统，要使这个系统保持快速、高效、有序、协调的运转，企业管理者就必须善于运用科学严密的管理手段。离开严格的管理，企业将陷于混乱无序之中，效益也自然不复存在。松下幸之助说过："身为一个企业管理者，最重要的是能做到宽严并济。如果一味宽大为怀，人们就会松懈而不求上进；但如果一味严格，部下就会退缩，不敢以自主的态度面对工作。所以宽严并济非常重要。"另外，作为企业的管理者，其本身首先要严于律己、坚持原则、以身作则，为员工起到模范带头作用。只有这样，管理者才能在日常经营过程中严格管理，保证企业规章制度的顺利执行。

值得注意的是，《孙子兵法》对将帅的五种素质要求中，"智"放在第一位。《孙子兵法》全书十三篇，其核心就是"用智"亦即"能力"。这种"能力"又集中体现为高超的"创造性能力"。具体可分为：用计的能力、用谋的能力、用间的能力、造势的能力、利用地形的能力和临场指挥的能力。总之，作为"一国之辅"和"生民之司

---

① 《孙子兵法·地形》。

命"，将帅的创造性能力是极为关键的，而且是多方面的。这种视"创造性能力"为领导者重要要件的人才观，对我们今天的企业家队伍建设仍有重要的理论借鉴意义。企业家对企业兴衰成败所起的作用，绝不亚于将帅对国家兴亡荣辱所起的作用。西方新古典经济学代表熊彼特指出，"创新"是企业家的真正职能和必备素质，并把企业家看成是企业的"创新者"。当代的管理学家更进一步提出了"异质性人力资本"的企业家理论新模式。而早在两千多年前的春秋战国时期，孙武就已经深刻地意识到"创新"对管理者的重要性。

除此之外，孙子对将帅的使命感提出了极高的要求。这种要求源于他的"慎战"思想。他认为，"凡兴师十万，出征千里，百姓之费，公家之奉，日费千金；内外骚动，怠于道路，不得操事者七十万家"。在这种情况下，一旦战败，"亡国不可以复存，死者不可以复生"。为确保社稷安稳，将帅一定要有一种"进不求名，退不避罪"的使命感。同样，企业的发展也需要管理者具备这样的使命感，在经营管理的过程中重视以人为本，"唯人是保"；从国家和企业的利益出发，"利合于主"；按战争规律行事，"战道必胜，主曰无战，必战可也；战道不胜，主曰必战，无战可也"。日本的"经营之神"松下幸之助，中国台湾地区的"经营之神"王永庆，都有一种振兴民族实业甚至"实业救国"的神圣使命感，正是这种使命感，支撑着他们辉煌的人生之路。对于企业家队伍的建设而言，具备使命感，不只是加强职业道德的问题，更需要具备"崇高理想和非凡人格的力量"。

同时，我们还可以发现，兵家上述的人才观及魏汉时期《三略》中论述的"智、勇、仁、信、忠"，宋代陈亮提出的"成天下之功者，有天下之深谋者也。制天下之深谋者，志天下者也"，反映了中国古代兵家人才观的演变过程，其人才的定义逐步加入了"忠"和"志"。从中我们不难发现，兵家渐趋倾向于对人才德、能的全面要求，现代企业选才观的发展也是如此。实践证明，任何对德、能的偏颇，都会给企业的发展带来潜在的危害①。

2. 以人为本的用人策略

兵家在用人的过程中，非常重视"适"、"恩"、"威"、"恕"、"严"等几个方面的相机抉择。

第一，适。就是给优秀的人才以充分的信赖和适宜的工作环境，通过相应的激励机制，使其个人目标与组织目标相结合。避免设置各种障碍、束缚，让人才陷入进退维谷的境地。《韩非子》的"饰罿困马"描述了这样一个故事，延陵卓子要乘马出行，不仅车子极其华丽考究，连拉车的马都装扮得与众不同，马的前后布满了错钩铜锥。由于对马的动作制约过于严格，欲进不能，欲退不可，当这马想要逃脱这种不合理的羁绊时，竟被驾车者砍去马蹄。为周穆王驾驭过八骏的造父看见卓子这样对待骏马，竟难过得哭了，连饭也吃不下。此事比喻当时的封建统治者对人才的使用，被任用者就像"饰锥"中的马那样，因进退不能、不知所措而无所作为。

第二，恩。对人才在精神和物质上给予特别优厚的待遇，使其知恩图报，把个人的

---

① 苏东水：《东方管理》，山西经济出版社 2003 年版。

目标融合到组织的目标中去。这需要组织创造良好的企业文化、公平的竞争机制、以人为本的管理理念，领导者要有为群体或个人作出牺牲的奉献精神。"吴起吮毒"和"昭辛旧事"这两个例子，就是最好的体现。在春秋战国时期，作为带兵征战的将领，吴起在发现兵士得病的时候，却能不避污秽，亲自用嘴把疽毒中的浓血吸出来。当兵士的母亲听到这件事后竟伤心地哭了。因为这个士兵的父亲曾在吴起的军中当兵，也曾被吴起用嘴吸伤口的毒液。为此他父亲感恩戴德，奋勇杀敌，最后捐躯沙场。正是这种爱兵如子、身先士卒的表率作用，使吴起成为中国古代著名军事家。昭辛的老板借他结婚之机，明为苛刻，实际花了一大笔钱，把昭辛的婚事办得十分妥当，使昭辛在一怒一喜中感激涕零，死心塌地。这些都是对"恩"的巧妙应用。

第三，威。威是恩的对立面，恰当地运用个人的威望和手中的权力，对有作为却桀骜不驯的人才进行压制、强迫，使其为我所用。据《资治通鉴》记述，唐太宗李世民有匹骏马，性极暴烈，无人能驯服。武则天自告奋勇，担保此任。条件是给她三件武器：铁鞭、铁棍和匕首。若铁鞭不能驯服，便用铁棍敲击它的脑袋，再不服，就用匕首割断它的喉咙。正是通过这种手段，武则天达到了策动、使用各类人才的目的。

第四，恕。就是要宽以待人。在一定条件下，对犯有某些错误的人员，不予追究，并加以宽恕，从而赢得人心。三国时期，袁绍在官渡之战中兵败，由于仓促败退，很多军机文书未来得及带走，被曹军收缴。其中竟有不少是曹军将领和朝中大臣与袁绍勾结的来往书信。许多谋士建议曹操设立专门机构，严加追究，但曹操不仅不加以审查，反而下令一把火烧掉了。于是一些因参与此事而惶惶不安的官员，都为曹操的宽宏大度如释重负，感激不尽，以致"全军上下，欢呼雀跃"。

第五，严。《孙子兵法·计》中把"法令执行"作为比较敌我双方力量强弱的"七计"之一。严是一个组织具有强大战斗力的保证。对那些公然藐视法纪、抗拒权威而胡作非为者进行严肃处理，从而起到震慑他人、令行禁止的作用。《宋裨类钞》中记载着这样一件事。宋初年间纲纪法令不正，社会风气败坏，有个叫张咏的人，去四川崇阳当官，发现一个管钱库的小吏，在鬓边系了一个小钱，一问竟是从库中偷出的官钱，便下令责打。可由于小吏平时蛮横惯了，不仅不服责打，还出言不逊，说不过这点小钱，你就责打我，还敢杀我吗？张咏听罢立即下笔写道："一日一钱，千日千钱，绳锯木断，水滴穿石。"亲自动手斩杀此人。从此之后，当地的社会风气一改以前的颓势，为之一振，受到老百姓的广泛赞扬。

3. 人力资源的柔性化管理

"激水之疾，至于漂石者，势也。"① 意思是说：激流飞下，能够冲走石头，是因为迅猛的水势所造成的，并且提出："故善战者，求之于势。"因此，如何动态地提升自己的竞争平台，取得更大的竞争势能，就成为企业谋求生存与发展的重要任务。现代企业人力资源的柔性化管理，正是顺应了"择人任势"的需要，成为未来管理理论发展的方向，是适应现代企业管理对象特征变化的必然选择。

第一，建立新型的企业人际关系。首先，要建立有利于人际沟通的企业制度。企

---

① 《孙子》。

业应该通过健全民主管理制度、合理化建议制度、人事商谈制度等，广泛吸取员工参与企业管理。其次，提倡管理者与员工之间的双向沟通。一个企业组织只有形成了有效的信息沟通渠道和传递方式，员工在工作中才能很好地理解上级的意图，在相互交流中提高认识、更好地协调行动。最后，要优化人才群体结构，减少工作积极性发挥的阻力。

第二，高度重视工作的再设计。组织中的工作设计应注意考虑体现个人的意愿及价值，为防止工作的枯燥无味，特别是满足人们为应付现代生活的紧张节奏而越来越需要灵活性的要求，在不断丰富或增加员工工作内容、为员工提供更多工作轮换机会的同时，可逐步实行弹性工作制。企业管理者只有从工作本身高度重视工作再设计，尽可能地为员工创造一个既安全又舒畅的工作环境，不断扩大工作范围，丰富工作内容，使工作多样化、完整化，并富有自主性和挑战性，使员工觉得工作本身就是一种享受，能在工作中大显身手，充分实现自我价值，最大限度地发挥员工工作的积极性和创造性。

第三，善于运用形象管理。成功的管理者必然是有效的管理者。这种管理的有效性，除了运用岗位赋予的权力进行经济驱动和制度规范之外，另一个重要的方面就是运用岗位之外的非权力影响力，即靠自身较完美的形象，在被管理者心目中产生一种魅力，从而使被管理者在信任与鼓舞中努力工作，这就是"形象管理"。因此，现代企业管理者应充分认识到形象管理的重要性，全面提高自己的管理素质，运用好形象管理的影响力，以提高管理的有效性。

第四，培育独具特色的企业文化。在激烈的现代企业竞争中，一个企业只有在长期运作中，形成了独具特色且为全体员工普遍认同、遵守和奉行的共有价值观念、经营理念、行为准则、道德规范等为核心的企业文化，才能使企业具有强大的凝聚力和向心力。这种企业文化环境，有利于从根本上调动全体员工为企业奉献的积极性和主动性，增强企业员工的归属感，使员工心情舒畅地为企业工作。

4. 兵家以人为本的管理思想在现代企业管理中的成功运用

汉高祖刘邦在总结自己所以能够战胜项羽的原因时说：论带兵打仗，我不如韩信；论管理钱粮，我不如萧何；论运筹帷幄、决胜千里，我不如张良。"三人皆人杰，吾能用之，此吾所以取天下者也。"

微软的董事长比尔·盖茨与刘邦虽属不同时代、不同类型的人物，但在用人方面却有异曲同工之妙。盖茨经常讲，他的主要工作就是迅速发掘和雇用最优秀的人才。为了帮助 IBM 开发个人计算机操作系统，盖茨购买了西雅图另一家公司的早期成果，雇用该公司最顶尖的工程师蒂姆·帕特森，在此基础上推出了 MS-DOS 操作系统。

盖茨不仅注意网罗人才，而且十分重视创造良好环境，以发挥人才的积极性。微软是世界上第一批对所有员工实行股票期权，而不是只针对高级管理人才进行激励的企业之一。因此，微软不仅造就了数以千计的百万富翁和少数亿万富翁，而且在这个跳槽现象普遍的时代和产业，使员工对企业忠心耿耿。盖茨既重视提供有竞争力的待遇，又重视创造开放自由的良好工作环境，鼓励员工在没有等级限制、不必担心影响前途的气氛中，实现与任何人在任何时候的交流，或挑战任何事情，进而把自己的创意贡献给企业、奉献给社会。公正待人、奖罚分明、不徇私情是盖茨用人的又一鲜明特点。同时，盖茨还认为，如果员工有很好的想法，却因种种原因不敢表达，不仅是对人才的不尊重，对公司本身也是一种很大的损失，为此微软在管理人员和员工之间建立了一系列畅通的沟通机制。

正是由于微软这种以人为本的管理方式，支撑起微软这个庞大的软件帝国，通过短短的十多年时间，就登上了世界软件业霸主的宝座，造就了企业界的神话。

第四篇

中国管理学主要学术流派
管理方法
——内容、特点及应用分析

第十章 《易经》辩证管理思想方法应用分析

从管理学角度，总结《易经》关于阴阳平衡、刚柔相济、仁义兼备、辩证变易和保合太和五个核心理念，并逐一分析它们对管理者的重要启迪，这在东方研究视角，无疑对西方管理思维是一种重大的变革。

第一节 《周易》蕴含的管理方法：领导者行为分析①

作为中华民族的优秀文化遗产，《易经》的思想博大精深，对东方文化以及东方管理思想有着极其深远的影响。通观整部《易经》，有五个核心思想对管理者来说是非常重要的：一是阴阳平衡；二是刚柔相济；三是仁义兼备；四是辩证变易；五是保合太和。

阴阳平衡，之谓"天道"；刚柔相济，之谓"地道"；仁义兼备，之谓"人道"。天道、地道、人道"三才"合一的思想，就是中国传统文化中天人合一思想的最初起源。"三才"合一，是《易经》人文精神的根本；辩证变易，是《易经》人文精神的核心；保合太和，是《易经》人文精神的精髓。"三才"合一、辩证变易、保合太和，既是世界观，又是方法论，为东方管理思想提供了不竭的理论营养。对当今管理者来说，更具有重要的启迪意义。

一、阴阳平衡：管理者的成事之基

一阴一阳之谓道（《系辞》）。"阴阳平衡"的思想，把自然、社会、人事中的对立现象，统统纳入阴阳对立之中，一阴一阳既冲突对立，又统一融合，由阴阳的融合、对立统一而演为变易转化。当阴、阳的交感处于平衡时，事物处于"变"的状态；当阴、阳消长失去平衡时，事物处于"化"的状态，将发生整体的质变。这是一种普遍的、符合规律的存在，这就是"道"。

"阴阳平衡"原理对管理者的启示之一：管理者欲成就事业，必须整体地、全面地、联系地把握事物的本质。"阴阳平衡"的思想不仅要求是共时的，同时也要求是历

---

① 苏东水：《世界管理论坛暨东方管理论坛论文集》（2007），第432页。

时的；即不仅表现在空间上，同时也表现在时间上；在空间上要注意把握好上下、左右、内外的关系，在时间上注意要把握好过去、现在、未来的状况和发展态势。我们在战略管理上经常使用的 SWOT 分析方法，实际就是这种思想的体现。

"阴阳平衡"原理对管理者的启示之二：管理者欲成就事业，必须以发展的、变异的、变通的观点去分析问题和认识问题。任何事物都不是绝对的。福兮祸所伏，祸兮福所倚。要同时看到事物正、反两方面的优劣，要懂得物极必反的道理，做到审时度势，未雨绸缪。人们经常所说的"失败是成功之母"、"人无远虑、必有近忧"，讲的就是这个道理。

"阴阳平衡"原理对管理者的启示之三：管理者欲成就事业，要懂得综合平衡，要学会统筹协调，注意随时保持各方面的均衡发展。现代企业既是由各种物质资源组成的经济组织，又是由不同专业的人组成的协作系统。因此，在一个成熟的企业组织中，任何一个机构或部门，任何一个岗位或个人，任何一项工作任务，都是重要的，否则就没有存在的必要。作为一个成熟的管理者，应该学会让组织中的每一个人及其所做的每一件事，都感到是重要的，都要尽最大努力去认真完成。

"阴阳平衡"原理对管理者的启示之四：管理者欲成就事业，要注意充分留有余地。凡事不可用极，物极必反，凡事做过了头就不能长久。因此，企业在制定生产经营计划时要留有余地，在控制生产能力上要留有余地，在策划市场销售上要留有余地，在决定收入分配上也要留有余地，在人力资源的储备上更要留有余地。只有留有余地，才能使企业具有足够的能力抵御市场风险。也许有人会说，凡事都留有余地岂能发挥资源的最大效益？实际上这种"余地"就是组织运行的必要成本，JIT 生产所以要留有 1/3 的富余能力，为的就是使系统有足够的应急能力。

二、刚柔相济：管理者的处世之道

"天行健，君子以自强不息。① 地势坤，君子以厚德载物。②""自强不息"、"进德修业"，是对管理者的基本要求。

"刚柔相济"的原理告诉我们，管理者要以刚健、进取的精神谋事；以宽厚、柔顺的品格处世。对待事业，要刚强、刚健、刚劲，坚持不懈，锲而不舍；对待人际，要宽容、宽让、宽厚。外圆内方，智欲圆而行欲方。"达则兼善而不渝，穷则自得而无闷。"在剧烈的市场竞争环境中，企业不可能一帆风顺，总会遇到各种风险和曲折；事业不可能万事如意，总会遇到各种困难和阻力。这就要求管理者有坚定的信念，有足够的勇气和信心，不管在任何时候任何情况下，始终带领组织朝着看准了的目标努力进取。进而乐观奋斗，止于至善。振作精神，迁善改过，自强不息。但是，在人际关系上，管理者则不能用处事的方法去对待人，也不能用自己的标准去衡量人和要求人。俗话说"宰相肚里能撑船"，管理者如果不能容人，尤其是不能与自己意见不同的人和睦相处，最后往往会成为孤家寡人。

---

① 《乾·象》。
② 《坤·象》。

"刚柔相济"的原理还告诉我们，管理者欲成就事业，要懂得文武之道，一张一弛。现代管理理论认为，在管理者与被管理者之间，始终存在着信息不对称、激励不相容、责任不对等这三大难题。怎样解决这三个难题？《易经》指出了管理者的行为特征：一要有感化、威严、钳制［咸（感）临、咸（威）临、甘临］的手段；二要有躬亲（至临）的行为；三要有睿智、敦厚（知临、敦临）的态度。①

"刚柔相济"的原理又告诉我们，管理不能追求尽善尽美。世间任何事物都不可能十全十美，在通常情况下，管理者只应追求次优，而不应追求最优。用人不应求全责备。金无足赤，人无完人。一般而言，越是有才干的人，个性越鲜明，缺点和优点都越突出。管理者用人，要能够用人之长，避人之短。规划和方案不必追求完美。因为管理者的理性是有限的，管理者的信息也是有限的，一味追求完美，其实就是看不见管理者有限理性的客观事实，不仅不可能，反而会因此丧失许多机遇。俗话说"长绳缚物，效果反差"，从某种意义上说，就是因为一味追求而造成的。

三、仁义兼备：管理者的立身之本

《易经》所称的"仁"，是指处理人际关系与社会关系的道德原则。仁的重要内涵是爱。爱是外在的表现，仁是内在的德性。爱是双向的爱，包括自爱与爱人。通过人际网络而实现对他人的爱，就是仁的实现。人各自从自身的主体地位出发施爱于对象，构成了人我之间的普遍联系。"君子进德修业，忠信所以进德也。"② 道德修养的目的，在于增进人的道德素质。做事要守信用，处人要讲诚信。

《易经》所称的"义"，是指处理人与人、人与物关系的道德原则。"敬以内直，义以方外"。③ "义"是适宜的意思。君子主敬内心正直，处事合宜对外方正。确定了主敬和合宜的道德，这就是"和顺于道德而理于义"。④ "义"也有节义的意思，如不食不义之食，"义不食"。⑤

"仁义兼备"的思想，提出了作为一个合格管理者应该具备的基本素质和基本品德标准。爱人、诚实、守信、缜密、适宜，是管理者应该具备的基本素质和基本品德，也是管理者的安身立命之本。现代领导科学认为，所谓领导，就是影响力。影响力来自两方面的权力：一是来自于正式权力（职位权力）的影响力；二是来自于非正式权力（非职位权力）的影响力。二者所构成的领导力，是管理者最重要的核心能力。来自于正式权力的影响力是暂时的，它会随着管理者在组织中的职位形成或消失而自然产生或丧失；来自于正式权力的影响力具有强制性，因而在一般情况下被管理者所接受的影响力不是自发的而是非自发的。与之相反，来自于非正式权力的影响力则是持久的、自发的，因而对被管理者的影响也是更主要的。而管理者所以会形成非职位权力的影响力，

---

① 《临卦》。

② 《乾·文言》。

③ 《坤·文言》。

④ 《说卦》。

⑤ 《明夷初九·象》。

则是由管理者自身的为人、品行、学识、才能、修养、经验、亲和力、感召力等决定的。不仁不义之人，自然不会对别人产生非正式权力的影响力。

"仁义兼备"的思想，是人本管理的基本行为准则。管理的对象既有物也有人，而对于物的管理，最终也是通过人去实现的。所有管理学把管理定义为"同别人一起，或通过别人使活动完成得更为有效的过程"。可见管理的一切活动，都是围绕着人去展开、去实现的。以人为本，是现代管理科学最重要的理念，无论是行为科学还是最前沿的企业教练、神经语言程序学等管理新思维，都是立足于人本思想的。以人为本的浅表内涵，是将人视为管理的首要因素，一切管理工作都围绕着如何调动人的积极性、主动性和创造性来展开。以人为本的深层内涵，则是通过给人提供充分施展才华的空间，不断运用挑战来锻炼人的智力、体力乃至意志品质，并在此全面发展的基础上，努力实现摆脱自然束缚的自由发展，提高人的生命存在质量。这就要求管理者的一切管理行为，都要从尊重人、爱护人、关心人的前提出发，去谋划自己的管理策略和处理人与人之间的相互关系。

四、辩证变易：管理者的谋事之术

"主变"，是《易经》坚守的一条基本原则。《系辞》称："易之为书也不可远，为道也屡迁。变动不居，周流六虚，上下无常，刚柔相易，不可为典要，惟变所适。"在易学的视野中，绝没有凝固不变、孤立静止之物，一切都在变化中生存发展。变化与存在一样，是宇宙的最高原则。所以主张："穷则变，变则通，通则久。"① 变易、变通是宇宙间普遍规律，天地万物只有在变通中，才能获得自身的形态和本质。

"辩证变易"的原理告诉我们，管理者要善于创新。什么叫创新？创新就是要变，创新就是要改变游戏规则。当游戏规则改变以后，大家都在同一条起跑线上了，竞争重新开始。管理者如何捕捉创新的机会呢？一般来讲，在意外情况发生的时候、在实际和设想不一致的时候、在过程的需要之中、在行业和市场的变化之中、在新知识新技术出现的情况下，往往存在着创新机会，这正是管理者需要关注的重点。在很多时候，当我们用一种新的观点去看待旧的事物时，事情往往会发生戏剧性的变化；有的时候，当我们把问题反过来认识，进行逆向思维时，往往会出现新的结果。这些都是创新的机会。当然，要创新就要敢于承担风险，管理者最可贵的精神就是敢于承担风险的精神。"辩证变易"的原理还告诉我们，管理法无定法。世间一切事物都处于不停的变化之中，变化是事物存在的根据，也是事物发展的源泉。管理者要想正确把握事物的发展变化规律，就要遵循客观的变化规律用辩证的观点去进行主观的自觉思维，并根据变化了的情况去及时调整自己的管理制度和管理行为。进一步引申下去，管理者要做到抓大事、把方向、管全局，就应该把主要精力用于非常规性的活动，从事非常规性决策，把常规性的活动和常规性的决策放权于被管理者或操作者。

---

① 《系辞》。

五、保合太和：管理者的理想境界

人文世界所应然和所以然的规则，是对人的生命和人生意义的关怀，这种关怀的价值取向，是使人与自然、社会、人际以及人心灵的冲突，获得和谐、协调和平衡，这就是"和"或者"太和"。"乾道变化，各正性命，保合太和，乃利贞。"① "太和"思想是化解现代人类所共同面临的五大冲突（人与自然、社会、人际、心灵、文明）和五大危机（生态、社会、道德、精神、文明）的最佳之道，也是管理者的最高境界。

"保合太和"的原理告诉我们，人际关系的协调与和睦是实现组织目标的关键。人际关系的价值理想，是相互之间的和合，"和同者众，以济大事"。② 一个组织就是一个人群，有人群就会产生利益的冲突，有了冲突必须化解，才能达到组织的和谐。和合才会有凝聚力，才能成就事业；冲突离散，则组织利益和个人利益都会受到损害。

《易经》称："物不可以终，故受之以同人。"③ "否则思通，人人同志，故可以出门同人，不谋而合。"生活在否闭之世，人人自困于狭隘之域，天地万物不交通，上下左右之间不往来，"小人道长，君子道消"，国家处于"无邦"之世。为了打通这种否闭的局势，人与人之间的和谐交往是至关重要的。

《易经》称："同人于野，亨，利涉大川，利君子贞。"④ 意思是说，在旷野、在社会上与众多的人和平共处，当然事事亨通，有利于克服一切艰难险阻，有利于道德高尚的人坚守正道。

"保合太和"的原理，对于如何保持组织中人际关系的协调与和睦，给我们提供了非常精辟、深刻的思想。

要与人和睦相处，首先必须破除狭隘的门户之见。在中国长期形成的以家庭为基本细胞的社会里，人们也很容易形成门户之见，往往站在一家一户的立场上来观察、处理问题。而社会事务、公共事业则是纷繁复杂的，它所涉及的是各种方面的关系。要协调好这种关系，如果抱有门户之见，肯定是无济于事的。只有破除门户之见，保持开放、开阔的胸襟，才能求得广泛的协调、和同与团结。相反，拉帮结派，只谋求小团体的自身利益，而置他人与社会于不顾，则是管理者必须避讳的。

要与人和睦相处，其次必须破除狭隘的宗派利益和宗派偏见。《易经》称："涣者离也。"⑤ "涣其群，元吉。涣有丘，匪夷所思。"⑥ 这里的意思是说，涣散私心结聚的朋党或小团体，至善大吉；而通过涣散小宗派而聚合成山丘般高大而公正的大群落，其功德之大，实在不是平常之人所能想象的。《易经》把解散私党、消除派系，看做光明正大的举动，表明了古代人对结党营私、拉帮结派的深恶痛绝，和对灭私为公、消除派系的良好愿望。管理者要能够懂得并运用这个道理，对于协调好人际关系，搞好大团结，是大有帮助的。

---

① 《乾·彖》。
② 《二三子》。
③⑤ 《序卦传》。
④ 《同人》。
⑥ 《涣·六四》。

在一个组织中，人与人之间协调与和睦的关系是至为重要的。如何处理好这种关系呢？在这方面，《周易》也有非常精辟、深刻的思想。这一思想，集中表现在对《比》卦的论述中。

人与人交往第一重要的是相亲相辅。《易经》称："地上有水，比。"① 地得水而柔，水得地而流，这是相亲相辅的象征。人与人相亲相辅是好事，是吉祥的。永远坚守这一信条，就不会有灾祸。而有的人只是在感到不安宁、不安全时，才去和别人表示友好，像这样一种人，不仅是靠不住的，而且还会有凶险。交友本无先后，关键是一个"诚"字。"不宁方来"，指感到危机、不安全之后，才来结交朋友，显然是有求而来，有浓厚的"利用"的意味。管理者对这种做法，应该持强烈的反对态度。

以诚信为交往之道，在《比》卦的爻辞中，还有更为具体的说明。《比·初六》称："有孚比之，无咎。有孚盈缶，终来有他，吉。"意思是说，用讲信用来结交朋友，没有什么害处。讲信义就像装满酒缸的酒，又满又浓，必然会引来他人与自己结交，这是很吉祥的。这里也可以引申为管理者与被管理者的相处应当从诚信开始。诚信是友好相处的基础。基础越充实，关系会越友好、越持久，组织也就越和谐。

以诚信为交往之本的另一条要求是，与人交往，须发自内心。《比·六二》称："比之自内，贞吉。"象征其相亲相助是发自内心，并不是勉强的、被迫的。这种发自内心的相亲相助，得正而不偏颇，所以为吉祥。与人交必须发自内心，必须动机纯正，只有这样，才能得到被管理者的真正信任。

诚信不仅是处理人与人之间关系的基础，在《易经》看来，诚信还是教化天下、统御天下的锐利武器。"中孚，柔在内而刚得中。说而巽，孚乃化邦也。"② 也就是说，内心之中谦虚待人而柔顺于物。在上者谦逊，在下者悦服，所以说诚信。以诚信为基础来建立企业文化、来教育广大员工，使诚信成为组织共同遵守的行为准则。只要上上下下都以诚信态度相待，就不愁协调不好关系，不愁搞不好团结。而组织团结了，自然就会促进组织的发展。所以，上下以诚相待，志同道合，通力协作，是搞好组织人际关系的前提和基础，也是事业兴旺发达的根本保证。

第二节　《周易》蕴含的指挥方法：指挥艺术分析

管理作为一种独立的社会职能，是协作劳动的产物。马克思在《资本论》中就指出，一切规模较大的直接社会劳动或共同劳动，都或多或少地需要指挥。所谓指挥，是领导的重要内容，是指通过下达命令、指示等形式，使系统内部每个人的意志服从一个权威的统一意志，将计划和领导者的决心变成统一行动，使全体成员履行自己的职责，全力以赴地完成所担负的任务的过程。③ 关于指挥，《周易》蕴含了丰富的思想，现提炼概括如下：

---

① 《比·象》。
② 《中孚·象》。
③ 苏东水：《管理学》，东方出版中心 2001 年版。

一、《周易》蕴含的指挥思想[①]

1. 统一指挥

这是指挥过程中的重要原则,其含义是无论对哪一件工作来说,一个下属人员应该只接受一个领导人的命令。"威不两错,政不二门"所要求的权威不能放在两处,政令不能从两个地方出来就是这个道理。法约尔在总结该项原则时认为这是一项普遍的、必要的准则。在他看来,如果这条准则遭到破坏,那么权力将受到损害,纪律将受到危害,秩序将受到扰乱,稳定将受到威胁,他认为这条准则是基本的。如果两个领导人同时对一个人或同一件事行使他们的权力,尤其是在两者之间存在矛盾和冲突的时候,就会产生混乱。在这种情况下,最好的处理办法是撤销其中一个领导人,停止双重领导,使组织秩序得到恢复,因为在任何情况下,都不会有适应双重指挥的社会组织。《师》卦六五:"田无禽,利执言,无咎。长子帅师,弟子舆尸,贞凶。"大意是说,如同为了消灭害稼之禽而打猎一样,两军对仗时应先向对方晓以大义,这样既可以压制对方锐气,又可助长己方为正义而战的斗志。军队只能交付一人统帅,全权指挥,如果让一些志大才疏的人分权干扰,必然载尸而归,即使正义之师也难逃厄运。《师》卦六五阴爻居,尊位,象征中庸、仁慈。这里在指挥作战的关键问题上,六五信任九二,也就是说把统一指挥权赋予刚健中正,指挥有方的九二。这里九二是指"长子"。"弟子"这里指六三、六四,《周易正义》谓"若使君子任事,而又使小人参之,则是使之'舆尸'而归",这里把统一指挥权赋予九二,就不能让六三、六四这样不懂指挥的人占用指挥权。这虽然是强调维护统帅的统一指挥权,保持军队中"一元化"领导,在我国军事史上多有违反统一指挥原则而军队败北的教训,尤其北宋时期,所谓"监军"制,造成军队指挥的混乱、统帅指挥权的削弱以及积极性的压抑。

而在组织管理中,特别是强调层级和等级的规模较大组织中,统一指挥在很大程度上仍是普遍适用的原则。

2. 纪律严明

指挥,强调使系统内部每个人的意志服从一个权威的统一意志,将计划和领导者的决心变成统一行动。而这要靠严明的纪律来加以保证,否则指挥失灵,组织涣散。一般来说,领导要在指挥前申明纪律,而纪律是保证组织目标的实现。

首先,对于领导者来说,领导者在指挥过程中下达的指令虽然有的不同,但是应该一致围绕组织目标的实现而进行,就是说纪律不是目的,纪律是为组织目标服务。其次,领导者在同时指挥几个下属时,对于同样的工作和任务,对不同下属的指令和要求应该一致,这就是要体现所做的工作都是为了组织目标的实现这一精神,不允许因为下级部门或个人的不同而不同。也就是说在纪律面前不能搞特殊化,不能搞小团体,不能过于讲人情面子。此外,纪律要贯彻到底。要求领导者的指挥应该一直指向目标,绝不能"朝令夕改"或相互矛盾,使下级部门或人员无所适从,造成工作秩序混乱,从而影响目标的实现。

---

① 苏东水:《世界管理论坛暨东方管理论坛论文集》(2007),第432页。

《师》卦初六："师出以律，否藏凶。"军队出征的第一件事是申明纪律，纪律不好的军队，前途必然凶险。初九是第一爻，象征军队出发征战的初期阶段。战争初期，以严明纪律为首要，否则即便侥幸打了胜仗，最后仍难逃厄运。可见纪律严明以及申明时机的重要性。《噬嗑》卦更强调了纪律严明的威慑作用。《噬嗑》卦上为离下为震，象征雷电合在一起，象征严明的纪律的威慑作用。《象》曰："先王以明罚敕法。"这是说彰明刑法，端正法治。纪律必须要公开，让每一个人清清楚楚，同时纪律所包含的惩罚要有轻重，要合情合理，因此要明。雷电的震慑人心的作用，使得纪律的作用主要在于震慑作用，同时雷电有照亮的作用，每一个都难逃其中，所以组织中的任何一个人都要受纪律的约束，纤毫必究。

不过，纪律严明也要考虑情境。不是说任何时期都要过于强调纪律严明，这样就过于教条和僵硬。《解》卦象辞："雷雨作，解。君子以赦过宥罪。"君子看到春天来了，春雨出现，天地从冻结封闭的状态下解放出来。因此，赦免有过失的人，宽宥有罪之人。这里强调赦过宥罪要注重时。战争时期小有变节，可能严惩；战争胜利局势稳定，大的战犯可以赦免。因为，战争时期一点小的变节行为可能导致大局的毁败，小过也不能饶恕；大局稳定，大罪的人只要真正悔过，赦免可以有益社会。当然，如果赦免引起强烈的民愤，就不能赦免。所以，在组织初创期、在组织遇到很大困难时，纪律严明至关重要。而当组织较为稳定，可采取合情合理的放宽政策。其实，西方管理学对此也有研究，菲德勒的权变领导理论就是典型代表。菲德勒认为领导情境的三个关键方面：一是职位权力；二是领导作风；三是领导者与被领导者的关系。"菲德勒模型提出当领导职位权力不足，任务结构不明确，领导与其成员关系恶劣，领导者的处境不利，则关心任务的领导者将是最有成效的。同样，在另一极端情况下，职位权力很高，任务结构明确，领导与其成员关系良好——领导者的处境不利，菲德勒发现关心任务的领导者也是最有成效的。但当情况仅是有些不利或是有利，注重人际关系的领导者是最有成效的。在结构高度明确的情况下，例如战争期间的军队，领导者拥有很高的职位权力，与其成员保持良好的关系，在这种有利的情况下，注重任务则是最得当的。"① 我们看到《师》卦注重纪律也是因为强调指挥作战中纪律的重要性，可以引申到组织任务明确，指挥者拥有权力，这里突出纪律是必要的，而《噬嗑》卦也是强调任务明确，对涉及带有根本性的整体利益的原则问题决不姑息手软。

3. 果决谨慎

指挥中果决与审慎是不可缺少的，离开审慎的果决是鲁莽，鲁莽的指挥必将惨败。而没有果决的审慎是无能。《师》卦："贞，丈人吉。无咎。"这里丈人是指九二，《师》卦全卦只有九二一个刚爻，统帅五个柔爻，位在下卦中位，众望所归，居中不偏。丈人不是大人，是有待升迁。《师》九二："在师中，吉，无咎，王三锡命。"这是说统帅指挥有方，持中不偏可获吉祥，必无咎害；君王多次给予奖赏，委以重任。

《周易》强调果决的卦当属《履》卦。领导的素质中不畏惧风险的素质非常重要。世界上的事，顺顺当当的当然有，但也有好些是并不顺当的，有些事真要去办，还要冒

① 孔茨：《管理学》（第十版），经济科学出版社 1998 年版。

些风险。当然，不去冒险，自然较为平安（也只是一般而言），但也必然是平庸；无大成就。世上凡干大事者，无不历经风险，没有风险意识，没有敢闯难关的勇气，没有临事果决的魄力，怎能取得超乎寻常的业绩呢？在战争中两军对垒，战局风云莫测，取胜者，大多是指挥果决、敢出奇兵、敢冒风险的一方。而且，在形势大为有利的时候过于谨慎将会贻误时机，关于《升》卦爻辞："升虚邑，无所疑也。"看准了的事，不要迟疑，要勇往直前。

而指挥中谨慎的重要性，最明显的莫过于《师》卦六三爻："师或舆尸，凶。"这里统帅轻举妄动，载尸败阵，其凶无比。六三阴柔失正，上无阳应，下又乘刚，有力微任重、贪功冒进之象，因而惨败。而与此形成鲜明对比的是《师》卦六四爻："师左次，无咎。"这是指统帅依照兵法布阵于高地左前方，便不会出差错。六四阴柔不在中位，本无胜算；然阴爻阴位得正，又与"坎"险比邻，因而遇事小心谨慎，故有"无咎"之象。果决、勇敢必须以科学的分析作基础，必须以审慎相辅佐，否则就事与愿违。《履》卦上乾下兑，卦中唯六三爻是阴爻，其他全是阳爻，六三爻是成卦之主，它可以说是处在群阳的包围之中。《彖传》曰："履，柔履刚也。"履，踩的意思，一柔踩在五刚之上，局势是危险的，卦辞曰："履虎尾，不嗫人，亨。""履虎尾"形象地说明了局势的危险，但何以老虎没有被激怒，没有去吃人呢？原因是势单力薄的六三爻巧妙地借刚护柔。一方面，六三爻与上九爻相应，可以借上九的力量给予帮助；另一方面它又"乘"九四爻，可以取得九四的庇护。当然，它"乘"九二，是有些不利的，但有利的因素比不利的因素要大，因而虽"履虎尾"，但无害。就字义来说，"履"通"礼"。《序卦传》说："物畜然后有礼，故受之以履。"这就是说，虽然践履但没有违礼。"礼"指礼制，引申可作规范、规律理解。履虎尾是很危险的，很危险却没有产生严重的后果，跟不违礼很有关系。"履虎尾"，需要勇敢，需要果决，但不违礼，需要审慎，需要智谋。《周易》就是这样强调指挥中勇与谋、果决与审慎很好地结合起来。

而果决谨慎要在指挥之中贯彻始终。《周易》最后一卦"未济"卦值得我们重视。未济卦上离下坎，"火在水上，不相为用"，意味着事情没有办成功。事情既然还没有办成功，当然还要努力。《周易》这一思想是非常深刻的。这种卦序，使得《周易》成为一个开放的体系，一个生生不已、不断发展进取的体系。现在，我们再来谈这种不成功的原因。从卦象来看是水在火下，水火不相为用，从卦爻辞来看是正在渡河的小狐失之审慎。卦辞曰："未济，亨，小狐汔济，濡其尾，无攸利。""汔济"，几乎要渡过去了。小狐也就在这个即将胜利的时刻掉以轻心，也许是太高兴了，它不慎将尾巴濡湿了，结果因尾巴的拖累没能渡过河去。功败垂成，其教训是无比惨痛的。

果决而谨慎是对变化的环境而言，也不能教条。《周易》名之为"易"。易的解释很多，"变易"是其中重要内涵。《周易》不论从它的内容还是从它的形式来看，它都是讲变化的书，讲宇宙自然怎么变，人类社会怎么变。讲这些变，落脚点还是人应该怎样在这种变化的环境中求生存、求发展。《系辞》中有这样一段话："易之为书也不可远，为道也屡迁，变动不居，周流六虚，上下无常，刚柔相易，不可为典要，唯变所适。"这句话的意思是：《易经》作为一种筮书是不可以离开的。它讲的道，屡屡变化，没有停止的时候，道的变化就普遍流转在六爻的位子上，上下位爻的变化也没有一定，刚柔相互转换，或刚变为柔，或柔变为刚，不可作为定规。对于人来讲，最重要的是根据变化的情况来调整自己的行动，以适变作为自己行事的法则，因此指挥中该果决时一定要果决，该谨慎时一定要谨慎。

二、《周易》领导与指挥艺术：蕴含的协调思想①

组织目标的实现除了需要正确的决策和有效的指挥外，离不开人际关系的协调，领导者如何进行沟通和调整，使员工与管理者相互信任、相互配合，员工之间相互帮助、相互协作，这是关系管理绩效的重要问题。《周易》蕴含了丰富的协调思想，现总结提炼如下：

1. 求同存异

大众对求同存异较为熟悉，但《周易》对此的论述却包含了更深的含义，《睽》卦《象》曰："上火下泽，睽；君子以同而异。"火性炎上，泽性润下，象征乖背睽违，君子因此谋求大同而存小异。这里蕴含了领导艺术，这里求同存异要注意情境和求同存异的结果，这里不妨参考一下《彖》，"二女同居，其志不同行。说而丽乎明，柔进而上行，得中而应乎刚。是以小事吉。天地睽而其事同也；男女睽而其志通也。"这里，可以看出二女同居心愿不同，联系到管理中，表明每个人的利益有差别，个人利益是不同的，如果组织不能有效整合个人利益，那么人心背离就会更为严重。而过多关心自身利益即使获得，也只能是"小事吉"，也就是说不是社会的大事而是个人的小事吉祥如意。这里又可以看出天与地分开，但化育万物的事相同，男女性体不同，但相互求爱的心愿相通。在管理过程中，每个人的利益不同，但满足个人利益的愿望还是相同的，因此管理者要善于决策、协调满足相同的需求，进而提高管理绩效。但可以看到，此种求同存异，没有提升人生境界，实质上是个人利益关系的分配和合理划分而已。也是很必要的，因为每个组织的文化是不完全一样的，况且文化具有稳定性，因此在不同的组织文化背景下。选择适宜的求同存异艺术也是决定协调成功与否的重要因素。

而《同人》卦肯定求同存异，但更强调志同道合。《象》曰："天与火，同人君子以类族辨物。"天体在上，火性炎上，两相亲和，这里古人受到启发天与火不同，但有共同的本性。六二与九五阴阳相感，《同人》："同人，于野，亨。利涉大川，利君子贞。"这里表明志同道合，艰难险阻将安然度过，对君子的正义事业有益无害。这里求同存异更强调组织目标，涉及组织群体的利益乃至社会的利益。因此，《同人》卦强调为组织的符合管理道德的目标而相互理解、相互信任、相互帮助，形成巨大的合力，战胜困难。这类似于学习型组织提出的共同愿景，为了共同愿景，组织成员同心同德，克服困难，去实现远景。因此，《同人》卦是在更高层面的求同存异，是对个人利益的超越。因为个人利益已经融入组织目标中，大家具有坚定实现组织目标的信念，团结一致，勇往直前。而《泰》卦："小往大来，吉亨。"《泰·象》："上下交，而其志同也。"更强调了上下同心同德，至诚交感所带来的通泰局面，这里小为阴爻，大为阳爻，也就是说关注更大的利益，对更大群体负责，为此上下一心，前途一片光明。反

---

① 苏东水：《世界管理论坛暨东方管理论坛论文集》（2007），第432页。

之，相互猜疑，不精诚团结则结果不会好。《颐》卦之爻辞说："六二征凶，行失类也。"六二前进必有凶险，说明前行得不到志同道合之人。这表明同事相处，不管同级之间或上下级之间，应精诚团结，不可相疑相煎，否则结局不妙。这里需要补充的是求同存异应该体现平等宽松的工作氛围，特别是现在随着全球化程度的不断提高，跨国公司内部员工民族、风俗习惯差异较大。这里要借鉴《謇》卦"反身修德"的精神，重视内省的力量。不仅如此，中国几千年来，道德已经成为巨大的社会力量，它在现代管理中极大地增加了领导者的人格魅力并调节人际关系。有关道德的作用与重要性，中国管理文化尤为擅长。对于忍耐的强大作用，苏洵曾有"一忍可以支百勇，一静可以制百动"的名言。全球著名的第三大 PC 制造厂商 ACER 的创始人，杰出的华商施振荣曾谈到老板所应有的宽容，"老板必须首先养成容忍部属做事比自己差的耐心。否则，授权管理便成为空谈。其次老板要能接纳部属和自己不同的做事方式。而且不仅接受，更要学会欣赏"。

2. 虚怀若谷

作为一名领导，虚怀若谷的品质也是非常重要的。在协调中，难免出现一些令人不快的事情，难免出现误会，难免出现脾气、性情略有古怪的下属，为了实现组织目标，领导者要有包容性，不能小肚鸡肠，斤斤计较，这样难以团结下属，调动其积极性。《周易》中表现此种品质又有很多卦，比如《坤》卦的六五："黄裳，元吉。"这里强调六五获元吉在于能以柔和宽厚的品性对待下属。《象》曰："地势坤，君子以厚德载物。"强调君子应效法大地的品德，以深厚的品德负载万物。大地所象征的品德很多，但其中土地具有的包容性至关重要。这也可以从《师》卦看出，《象》曰："地中有水，师。君子以容民蓄众。"《师》卦上卦为坤为地，下卦为坎为水。现在科学证明，地球70%的面积是水，然而水却容蓄于大地中，地中有水是一种能容蓄众多的象。管理者应效法大地的胸怀，虚怀若谷，能包容被管理者的一些不影响组织目标的不足之处，而且包容得彻底，不是忍气吞声，而是包容得博大，不计较包容要得到什么，是把生命本性中的包容释放出来。

虚怀若谷会起到和谐人际关系，愉悦人心的作用。《咸》卦上卦为艮为山，下卦为兑为泽，是山上有泽之象，这个卦象显示了大山能够包容的广阔胸怀。而且，这里艮代表少男，兑代表少女，少男少女两情相悦，这里更提倡一种和谐式的包容，因为《咸》卦代表感应，也就是说如果管理者包容被管理者，被管理者也会感受到管理者的包容，以及由此而带来的心情舒畅，进而人际关系和畅，管理效率提升。当然，现实中我们常看到组织冲突的发生。这里，虚怀若谷的最低表现是不能乱发脾气，不能让自己的情绪肆意破坏人际关系，进而造成冲突。因此，包容性也表现在要学会控制情绪。《损》卦，正好与《咸》卦相反，山下有大泽之象，《周易正义》有"泽在山下，泽卑山高，似泽之自损以崇山之象也"。所以，《象》曰："君子以惩忿窒欲。"因此，管理者要遏制怒气，不可乱发脾气；同时抑制邪欲，也就是减损自己身上无益的东西，让它像泽一样低之又低；增益自己的道德，让它像山一样高之又高。管理者可从中受到启示，增益虚怀若谷、和畅通达的品德，减损乱发脾气、傲慢无礼、睚眦必报的心性，创造良好的人文环境，促进组织目标的实现。

同时，虚怀若谷在处理上下级关系上体现为上级领导善于给可信赖的下级充分的自主权，调动其积极性，不要事无巨细包揽一身。《临》卦六五："知临，大君之宜，吉。"这里《临》卦是坤上兑下，上卦坤有宽厚之质，六五阴爻居中，象征有宽厚仁慈的管理者。下应六二阳爻，因此，引申开来，上级能把宽厚的品质融于管理中，信任下级，给下级创造宽松的环境，特别是"大君"，这里可以引申为组织规模很大的上层领导者，因为组织规模很大，领导者无力事必躬亲，所以在大型组织特别要强调领导者宽厚的品质。同时上级选择的下级也有独当一面的能力。因此，这样形成了良性循环的管理模式，产生巨大的合力。

3. 消除派系

协调要注意不要产生严重的派系，派系之间的相互倾轧，会妨碍整体的团结，损害组织整体的利益，阻碍组织目标的实现。因此，应消除派系，力求实现高层面的团结。《涣》卦之爻辞说："涣其群，元吉；光大也。"解散自私的小党派，促成大团结。这种灭私为公的行为，是光明正大的。"文化大革命"虽然已过多年，但其酿成的帮派之风，还仍有延续，有时表现得很明显，影响班子乃至整个企业的团结和战斗力，这是应当克服和警戒的。要消除派系，首先要破除注重小圈子的狭隘观念，比如应该破除门户之见和宗族观念。《同人》卦的初九爻辞说："同门于人，无咎。"《象》曰："出门同人，又谁咎也。"从取义上讲，出门就是走出门外与外界接触，范围扩大，也就是说能不拘于同门同宗的关系，摆脱门户之见而与人同心同德，心地公正不狭隘，不会遭到咎害。这里，可以引申为在组织中不要搞派系，不要把眼光拘泥于自己和派系的得失，这样结果自然会无害。反之，则是狭隘自私的表现。《同人》六二："同人于宗，吝。"这是说只与同族的人同心同德，把宗族以外的人都抛在门外，对人亲疏有间，厚薄不一，心胸狭隘，不能着眼于长远和组织的大利益。《象》曰："同人于宗，吝道也。"说的是狭隘的小团体主义是自取其辱，最终结局会导致憾惜。现在有的企业领导者搞"裙带风"，兴小团伙主义，在几千年前的古人眼中，这也是不可取的。类似的思想还可以见于《损》卦上九："弗损，益之，无咎。贞吉。利有攸往，得臣无家。"这里是说身居上位之人自身充实，不仅不让别人受损，而且还会使人受益，太平无事，吉祥如意，这有利于事业的发展，也会使人臣服，一心为国，以至忘了自己的家。《损》卦上九是《损》卦的最终一爻，正值损极而益的时刻；《损》卦总趋势是损下益上，而上九以阳刚之爻居于最上位，本身十分充实，不仅不需要下面受损以助益，反而会让下面受益。在上的领带者要竭尽全力帮助别人，这样才能取信于人，做到公而忘私。海尔集团首席执行官张瑞敏曾就中国企业家精神提出自己的看法："要我说在中国做企业家，干企业不顾'家'就成企业家了。"这里不是否定家庭的作用，不是否定家庭的合情合理的要求，而是强调管理者更应注重组织的利益，不能损公肥私，这个私包括小群体利益。而有时消除派系，克服小群体利益，需采用强硬手段来排除障碍。同人卦之爻辞说："同人之先，以中直也，大师相遇，言相克也。"为了和衷共济，必要时可以不惜动用强硬手段，这在现代企业管理中，也是可以。如有的企业严重内耗，钩心斗角，总解决不了，就必须采取一些强硬手段加以解决。

总之，《周易》所蕴含的指挥和协调思想内涵深邃，相得益彰，二者共同构成了较为完整的《周易》领导思想，相信领悟《周易》领导思想，活学活用，必将能在纷繁复杂的变化中以简御繁，百变从容，游刃有余，和谐快乐，并促进组织绩效提升，社会文明的进步和实现可持续发展。

第十一章 春秋战国时期《孙子兵法》管理方法实践

——战略、谋略、制度与辩证艺术

近代以来，军事家、政治家和学者们从不同角度对战略这一概念作出很多新界定，从而衍生出了"大战略"、"国家战略"、"总体战略"等许多新的词汇。但是，今天，人们往往在同一层次上使用这四个名词，"在当前的战略环境中，这些名词所代表的实为同一观念。"① 不过，这些新名词的出现还是赋予传统的战略概念一些新的内涵：①在战争中除了军事手段之外还可以使用非军事手段；②视线应超越战争而看到战后的和平。然而，当代战略学家们所十分看重的这几点战略新内涵，其实一点也不新，我国两千五百多年前的《孙子兵法》（简称《孙子》）早就对此作过明确的论述，如"上兵伐谋，其次伐交，其次伐兵，其下攻城"② 指的就是，实现战略目标的手段首先应该采用较高层次的"伐谋"（攻打对方的战略）、"伐交"（外交）两种非军事手段；而"胜敌而益强"③、"夫战胜攻取而不修其功者凶"④ 等论断，说明《孙子》不仅注重如何获胜，也引导人们重视战后重建和战后和平。

不仅如此，"《孙子兵法》十三篇是全世界有史以来第一部真正的战略思想著作，其在战略研究领域中所居的地位是任何其他著作所不能及的"。⑤《孙子》以"庙算"为核心，对"战略"的各个主要方面都作出了极为精辟的论述，形成一个完整的具有鲜明特色的战略思想体系。

第一节 孙子战略思想体系的主要特点⑥

《孙子》的战略思想涉及战略的"各主要方面"，形成一个完整的具有鲜明特色的战略思想体系：①"慎战"与"敢战"相结合的战略态度；②以"五事"、"七计"为基础的战略运筹框架；③以"不战而屈人之兵"的"全胜"思想作为最高战略境界；④以"知兵之将"作为战略实施主体；⑤以"度量数称胜"为基础的综合国力作为战

---

① 钮先钟：《战略研究》，广西师范大学出版社 2003 年版。
②《孙子·谋攻》。
③《孙子·作战》。
④《孙子·火攻》。
⑤ 钮先钟：《孙子三论》，广西师范大学出版社 2003 年版。
⑥ 苏东水：《世界管理论坛暨东方管理论坛论文集》（2005），第 105 页。

略后盾；⑥以"兵以利动"作为战略出发点；⑦以"先知"作为战略决策依据；⑧以"兵者，诡道也"作为战略指挥原则；⑨以"避实击虚"作为战略行动原则；⑩以"伐谋"、"伐交"作为基本战略手段。

一、《孙子兵法》"慎战"与"敢战"相结合的战略态度

孙子对战争持十分慎重的态度。他开篇就说道："兵者，国之大事也。死生之地，存亡之道，不可不察也。"① 把战争看成是事关民众生死、国家存亡的重大事情，应当认真加以考察、研究。因而，他特别强调"主不可怒而兴师，将不可愠而致战，合于利而动，不合于利而止……故明君慎之，良将警之，此安国全军之道也"②，极力反对君主、将帅对战争持轻率态度，而是要求他们以国家利益、民众生死为重，谨慎言"战"。当然，孙子强调"慎战"、"重战"，并不是说要放马南山，刀枪入库，从此不再言"战"。相反，孙子正是在"慎战"、"重战"的基础上，对战争保持一种高度的警惕，做到常备不懈，有备无患。"夫未战而庙算胜者，得算多也；未战而庙算不胜者，得算少也。多算胜，少算不胜，而况于无算乎！"③可见，"慎战"不是畏战，更不是不战，只是要求在开战前慎重计算、策划、论证，没有绝对把握就绝不用兵。因此，孙子的战略态度是"重战"与"备战"的结合，"慎战"与"敢战"的结合，是一种冷静的、现实的战略态度。

二、《孙子兵法》"五事"、"七计"为基础的综合战略要素观

孙子没有就战争论战争，而是站在一个更高层次上，跳出战争看战争。他在《计》篇中说道："故经之以五，校之以计以索其情：一曰道，二曰天，三曰地，四曰将，五曰法……主孰有道？将孰有能？天地孰得？法令孰行？兵众孰强？士卒孰练？赏罚孰明。"从中我们可以看出，《孙子》对战争的考察远远超出了"战争"本身，而是从更加宏观、综合、全面的角度来预知战争的胜负，他对战略要素的考察既考虑到了天时、地利等客观因素，也考虑到政治、法制等上层建筑条件，更重要的是也考虑到了将帅、士卒等主观因素，是一种综合的战略要素观。同时，从"日费千金，然后十万之师举矣"④、"国之贫于师者远输，远输则百姓贫"⑤、"百姓之费，公家之奉，日费千金，怠于道路，不得操事者七十万家"⑥ 等论断可以看出，孙子对于战争对经济、国力的巨大依赖关系有着深刻的认识。另外，孙子还强调"不知诸侯之谋者，不能豫（预）交"⑦，要求深入了解诸侯列国的意图，此我们可称为"加强对国际形势的了解"。

---

①③《孙子·计》。
②《孙子·火攻》。
④⑤《孙子·作战》。
⑥《孙子·用间》。
⑦《孙子·军争》。

三、《孙子兵法》"不战而屈人之兵"的"全胜"境界

孙子在《谋攻》篇里提出了他的最高用兵境界："凡用兵之法，全国为上，破国次之；全军为上，破军次之；全旅为上，破旅次之；全卒为上，破卒次之；全伍为上，破伍次之。是故百战百胜，非善之善者也；不战而屈人之兵，善之善者也"，认为用兵的最高境界并不是"百战百胜"，而是不通过直接交战而获取战争的胜利，即"上兵伐谋，其次伐交……屈人之兵而非战也，拔人之城而非攻也，毁人之国而非久也，必以全争于天下，故兵不顿而利可全"①，这也就是后世注家所说的"全胜"，即"完全的胜利"：力争在不损耗自己人力、物力、财力的情况下，使敌人完全地降服，从而获得完全的战争果实，享受"完全的胜利"。因此，"完全的胜利"，就是主要通过伐谋、伐交等非军事手段获得的胜利，也是一种没有后遗症的"胜敌而益强"②的胜利，也即是利德尔·哈特所说的"更加完善的和平"（Better Peace）的胜利，这是一个令人神往的最高用兵境界！

四、《孙子兵法》"知兵之将"的人本管理结构

孙子将"知兵之将"作为最主要的战略实施主体。他强调指出，"知兵之将，生民之司命，国安危之主也"③、"将者，国之辅也，辅周则国必强，辅隙则国必弱"④，认为将帅是决定战争胜负、国家兴衰存亡的关键因素，将"知兵之将"的地位和作用抬高到无以复加的地步。在十三篇中，孙子对"知兵之将"提出了严格的素质要求：首先，要具备"智、信、仁、勇、严"⑤这五种素质。其次，应努力避免"必死"、"必生"、"忿速"、"廉洁"、"爱民"这五种性格缺陷。最后，还要具有"进不求名，退不避罪"的崇高道德境界，进军不为贪求百战百胜的名声，退兵不回避违抗君命的罪责，不计个人荣辱得失，只求能够保全民众和士卒，并符合国君的利益。可见，孙子对于"知兵之将"有多么严格的要求！

五、《孙子兵法》"度量数称胜"的综合竞争力概念

"综合国力"是一个现代新名词，是指以政治、经济、军事、科技、文化等为基础的国家整体实力，古人不可能对此有系统地论述。但通过上文对战略要素的分析，我们发现，《孙子》含有朴素的综合国力思想，如他强调从道、天、地、将、法五个方面全面考察敌我双方实力，即是对敌我双方综合国力的考察。另外，孙子在《形》篇中进一步说道："地生度、度生量、量生数、数生称、称生胜"，认为国家幅员面积的"度"，决定国家物质资源的"量"，"量"决定兵员多寡（即武装力量多少）的"数"，"数"

①②④《孙子·谋攻》。
③《孙子·作战》。
⑤《孙子·计》。

决定国家整体实力对比的"称"，而"称"则决定战争的胜负，这里的"称"就有点类似于我们今天所说的"综合国力"。孙子这一关于综合国力的"称胜"推演公式，在当时科学技术尚不发达的农业社会，是能够成立的，是有其科学性的，因为它已涉及了农业社会综合国力的各主要方面。

六、《孙子兵法》"以利动，利而制权"的战略出发点

孙子进行战略决策的唯一标准就是"利"，认为一切军事行动的根本出发点就是夺得"利"，或者是化害为利，转危为安。他说，"兵以诈立，以利动"①、"非利不动，非得不用，非危不战。合于利而动，不合于利而止"②、"势者，因利而制权也"③，强调军队要根据是否有"利"来决定自己的行动，有"利"则行，无"利"则止。另外，孙子在《军争》中说"以迂为直，以患为利"，在《九变》中又说"智者之虑，必杂于利害。杂于利而务可信也；杂于害而患可解也"，强调要创造有利条件，化害为利，转危为安。因此，孙子战略思想体系的根本出发点就是"利"，处处强调的是如何趋利避害，《孙子》十三篇也是一部"谋利"的哲学。

七、《孙子兵法》"先知"的情报先行

"知彼知己，百战不殆"④。"知"就是对敌我双方情报的了解和掌握，它是谋略思维的起点，是一切战争决策的依据和战争行动的基础，没有正确的"知"就没有对"行"的正确谋划。因此，孙子特别强调战前了解敌情的重要性，认为"相守数年，以争一日之胜，而爱爵禄百金，不知敌情者，不仁之至也，非人之将也，非主之佐也，非胜之主也。故明君贤将，所以动而胜人，成功出于众者，先知也"⑤，大声疾呼"先知"敌情对于战争胜负的极端重要性，认为"此兵之要，三军之所恃而动也"⑥。何为"先知"？其义有二：一是在事物发生前获取信息并采取行动；二是先于对手获得信息并采取行动。因此，虽然"知"是思与行的基础，但为了达到战争目的，不仅要先知，更要有先行。在十三篇中，"知"是名词也是动词：作为名词，知的意义即为知识，无知也就是缺乏必要的知识，有知就是指将帅能够及时、准确、全面地掌握有关战争的各类信息和情报；作为动词，知的意义即为获致知识的动作与步骤，以求不仅知道（Know），而且更深入到了解（Understand）的层次。这也就是"知"的方法：包括"相敌"之法，讲述如何透过表象看到敌情的真相；在《虚实》篇提出"策"、"作"、"形"、"角"四种方法；在《用间》篇中说先知的关键是用间。总之，"先知"是制定和实施其战略的前提和基础，是孙子战略思想体系的灵魂。

---

①《孙子·军争》。
②《孙子·火攻》。
③《孙子·计》。
④《孙子·谋攻》。
⑤⑥《孙子·用间》。

八、《孙子兵法》"兵者，诡道"的计道

战争对象是敌人，能够最大程度的消灭敌人、保全自己，就是最大的义、最大的仁，舍此并无他求。因此，吴起明确指出："当敌而不进，无逮于义矣；僵尸而哀之，无逮于仁矣。"① 而孙子更是旗帜鲜明地提出"兵者，诡道也"②、"兵以诈立"③，认为战争指挥艺术的精华归根到底都不外乎用诡诈欺骗、迷惑敌人，使敌人失其所主，然后"攻其无备，出其不意"④打击敌人。联系上下文，我们发现，"诡道"也好、"诈"也好，在《孙子》十三篇中并非特定名词，而是与西方战略学家通常所说的"奇袭"之意大体相当，只是表示一种随机应变、毫无常规的用兵形式，凡是属于这种形式的方法或行动都可以算做是诡道、算做是诈。也就是说，欺诈的确是诡道，但诡道却非仅限于欺诈，而是所有战争指挥艺术的内核都可归结为"诡道"。"诡道"原则是孙子对战争指挥原则的天才揭示。

九、《孙子兵法》"避实击虚"的虚实之道

为了达到战争目的，不仅要先知，更要有先行，以做到"致人而不致于人"⑤，掌握战争的主动权。那什么是战略行动的基本法则？孙子以水作喻，给出了形象的回答："夫兵形象水，水之形（行），避高而趋下，兵之形（胜），避实而击虚，水因地而制流，兵因敌而制胜。"⑥强调要在对敌我"虚实"关系全面认识和把握的基础上做到"避实击虚"。虚实，指虚敌实己的方法，也指作战行动中虚虚实实、示形佯动等手段。唐太宗说："朕观诸兵书无出孙武，孙武十三篇无出虚实。夫用兵，识虚实之势，则无不胜焉。"⑦ 这一认识，无疑抓住了《孙子》战争制胜韬略的精髓，因为"避实击虚"是代价最小而成果最大的战争力学法则，可以做到"胜于易胜"⑧，胜敌于未萌。如果说"先知"是一切战争制胜的前提和先决条件，是一切军事谋略的基础的话，那么，把握虚实和避实击虚就是一切战争制胜的必由之路和必然措施，是一切战争活动的行动法则。

十、《孙子兵法》"伐谋"、"伐交"的全胜观

孙子的高明不仅仅在于它为人们提出了"全胜"这一至高用兵境界，更在于他还指明了实现目标的有效手段。《孙子》十三篇虽然都是言用兵，但孙子并不崇尚两军直接交战，最好的战略手段是不通过直接交战而获取战争的胜利，"伐谋"、"伐交"，就

---

① 《吴子兵法·图国》。
②④ 《孙子·计》。
③ 《孙子·军争》。
⑤⑥ 《孙子·虚实》。
⑦ 《唐李问对·卷中》。
⑧ 《孙子·形》。

是孙子为人们提出的能够"不战而屈人之兵"以获"全胜"的新颖手段。当然,"不战而屈人之兵"并不是说真的刀枪入库,马放南山,也不是消极避战、躲战,而是一种主动出击,只不过出击手段是非军事的而已,也就是说,孙子的"不战"观是一个以军事手段的"不战"为表象,以谋略、外交等非军事手段的"激战"为实质的杰出命题。孙子这种主要通过非军事手段达到战争目的的观念,在人类已进入核时代的今天,正日益受到世界各国有识之士的关注,被誉为"人类和平大道上的灯塔"。

总之,《孙子》的战略思想是一种冷静的、理智的、现实的战略观念,这是任何负责任的军事指挥家都不可或缺的战略观念,对我们今天亦有很强的现实指导意义。

第二节　中国传统谋略思想:《孙子兵法》谋略特征分析①

一、中国传统谋略文化及其三种基本形态

当前中国企业经营管理的思想主要来自于两类资源:一类是对西方企业管理的学习,在市场体制改革的背景中,这种学习构成了当前中国企业管理建设的主要内容。另一类是中国传统管理文化思想资源,而企业对这些传统管理文化的学习与继承却处于一种非自觉的状态。在中国企业越来越需要融入世界市场的时候,这种不平衡本身将会给企业的经营管理创新带来诸多问题。对中国传统管理文化如何认识,对传统管理文化在现代企业组织之中如何与西方的管理思想相互作用,将是中国企业经营管理创新的非常有现实意义的课题。

在中国传统管理文化中,"谋略"一直对中国人具有特殊的意义,其影响遍及社会生活的各个环节。从历史发展看,传统谋略诞生于所谓"道术为天下裂"的"轴心时代"的春秋战国时期(葛兆光,1998),这一时期正处于诸侯争霸的战乱之中,诸子思想纷呈,但以王霸天下为导向的王道之学成为各种思想争论的中心。不仅诸子的思想都不约而同地体现为诸侯争霸的政治活动服务的治国学说,而且还产生了一个独特的"谋士"阶层,他们以自己的学说、思想服务于诸侯的治国政治活动,大众今天所认识的"谋略"思想与他们的学说与活动有直接的关系。百家争鸣的结果产生了影响至今的中国传统管理文化,其中包含了非常丰富的谋略知识体系。对于这一时期甚至被称为中国文化的"谋略突破"(吴兴明,1990),使中国传统文化在王道之学的百家争鸣之中,形成了独特的谋略特征。

中国传统谋略文化在历史发展中的另一个非常重要的特征是在秦汉的统一过程中迅速达到了成熟阶段。秦汉的统一结束了诸子百家的争鸣,然而却是以一种融合创新的方式结束这一百家争鸣时期的。存在于道家学说、法家学说等中的诸多谋略思想随着儒道

---

① 苏东水:《世界管理论坛暨东方管理论坛论文集》(2005),第37页。

法的融合与独尊儒术时代的来临而进入正统的儒家管理文化之中，日益成为儒家治国思想的一部分。一个值得注意的现象就是，专注于军事谋略的兵家思想几乎在秦汉以后处于停滞状态，后人的兵家著作基本没有超越先秦兵家谋略思想，主要是各种术的创造和先秦兵家谋略的不断阐释。

先秦的谋略文化高峰可以说是中国管理文化历史上的一个奇迹，但也留下了许多值得思考的问题。尤其当中国的企业面临巨大的经营管理创新挑战时，传统谋略文化带给企业的绝不仅仅是一些兵法思想的运用而已。

二、中国传统谋略中三种形态及其主要特征

从基本形态上，在中国悠久历史进程中逐渐积淀的深厚谋略文化既包含博大的军事谋略，也有诡谲的政治谋略，而人生谋略更是贯穿在普通人平常生活中。军事谋略、政治谋略和人生谋略构成传统谋略文化最基本的形态。中国当前企业的经营管理就是存在于这样一种历史文化背景之中。

（一）传统政治谋略与“治国之道”

传统政治思想体现在“治国之道”之中，在中国传统文化的传承之中占据独特而重要的地位，整个传统文化发展的核心任务就是解决社会秩序的建立和国家治理。“治国之道”也是中国传统管理思想的主体，“治国之道是一种实施和指导古代社会组织——把构成社会诸要素（主要指人、自然环境和文化）组织成一个有序的整体的思想，正因为是把管理的基本职能定在社会组织，所以我们称‘治国之道’为中国古代管理思想”（何似龙，2001）。治国之道作为一个完整的管理体系，有效地维系了封建体制几千年之久。

传统政治谋略主要体现在政治运作的方法与操作上，也即治理国家事务的方法与操作，因而必须与统治者的政治思想一致，体现治国政治理想的要求。中国传统政治思想的基本内容可以归纳为大一统的君主专制思想（刘泽华，1996），“大一统”所体现的基本价值取向是“一而不二，合而不分”，而君主专制和王权一统又是相伴而生。在这样的政治思想下形成中国古代的治国理政思想，其基本的思想结构特征可以概括为儒、道、法的谐协。

因此，在结构上，这样一个独特的治国思想空间结构为治国管理中众多的政治谋略提供了运作环境，同时，这样的治国思想空间结构也只有通过高度强调“变易”和“整体性”的政治谋略才能加以维持。

在内容上，道家的政治谋略构成了中国传统政治谋略的主体，在君主的权力运作上“无为而治”则转换为“弱用之术”，班固在《汉书·艺文志》中对道家的总结非常精辟地揭示了道家治国谋略的特征：“道家流者，盖出于史官，历记成败存亡祸福古今之道，然而知秉本执要，清虚以自守，卑弱以自恃，此君人面南之术也。”因此，道家思想进入政治领域后转化为政治谋略，与儒法家思想的结合，最终形成以道家政治谋略为主要内容，在阳儒阴法治国结构之中的中国传统政治谋略。

（二）传统军事谋略《孙子兵法》及其属性及特征：主客体性质与方法分析

以《孙子兵法》为代表的中国兵学包含了今天所谓的战争战略层面和战争战术与军事操作层面的两大部分内容。传统军事谋略主要指前者，属于人谋的范围。《孙子兵法》的谋略是兵家谋略的精华和代表，但除此以外中国传统军事谋略思想以两类典籍的形式存在着。第一类是兵学典籍，第二类是各种存在于史书中的军事战例，其中兵学典籍是最主要的。传统军事谋略知识特征却非常独特，与中国传统管理文化的知识特征是一致的，可以在传统管理文化知识特性研究之中把握军事谋略，形成我们认识传统军事谋略思想的基本前提。

第一，在主客不分而不是主客相分的整体观中把握传统军事谋略的思想，以此来理解军事谋略中"谋"的含义。

中国传统管理文化中的整体观建立在主客不分、主客相通（天人合一）之上的，天道与人道相通，最终还是要回到人道。因此，所谓"谋"就不能脱离人对于内外世界的体悟，人对于各种军事因素的安排来自于整体的谋算，这个整体不是外在于谋划者自己的，而且包含自己在内。这种"谋"就不能简单等同于客观的分析与规划。

第二，传统军事谋略以变易为特征。中国兵家谋略最基本特征之一是体现《易》哲学的"变易"思想，这是兵家谋略的基本内容，也是"谋"的另一注解。《孙膑兵法》中也强调"兵势无穷"，"夫兵者，非士恒势也，此先王之传道也"，《史记·孙子吴起列传》中也有"因其势而利导之"的说法，也就是说用兵变化无穷，没有一个固定不变的模式。这种思想在中国著名的兵书战例之中无不处处显现，兵家谋略之"诡道"与"生生而易"的哲学是一脉相承的。

第三，传统军事谋略是"知行合一"的存在方式。

传统军事谋略难以用现代知识体系来表述，这不是经验与理论之间的差别，而是涉及不同的知识存在方式的问题。中国古代兵家谋略与"知行合一"的认识方式高度契合，体现出独特的中国传统管理文化特征。

（三）传统人生谋略的复杂性：差异性分析及社会治理的艺术手段选择

所谓人生谋略乃是个人在社会生活之中的策略与处世思想。如果按照现代以组织为基础的战略知识标准衡量，这种个人社会生活策略虽然与组织战略有关，但并不在其知识考察范畴内。不过，在一个强调整体与融合贯通的社会管理思想之中，我们不能用还原论的方法来分析，个人的社会生活与组织的管理构成的是一种类推与贯通的关系，这也正是中国企业谋略管理存在的重要原因之一。

人生谋略广泛存在于中国人的社会生活之中，但是与治国谋略、军事谋略不同，根本没有体系化的文献表述，其存在常常只有在日常的生活之中才能感知。相对于一个军事组织或一个国家而言，人生谋略只是一些处世的计谋与策略，但事物相类、相推的思维方式使得人生、战争、治国并没有不可逾越的障碍。这方面的知识有些只能是一些存在于个人经历之中的独特经验。

"三十六计"是军事战争的计谋，但中国人更多地用于处理日常生活所遇到的难题，儒家的"中庸"蕴含着丰富的治国思想，但普通人更多视之为处世的哲学，"中庸之道"在日常人们的意识中是与他们的生活联系在一起的。《老子》中的思想在治国者看来是治国之道，在治军者看来是治军之道，在普通人看来是人生谋略。中国文化就是这样将人世万物视为一个不可分割而又贯通的整体。

普通人的日常生活是非常具体的，时时面对利益之争，也时时面对个人与集体的利益交织，人们对人生谋略的学习是通过历史、戏剧、小说乃至自己的亲身经历来把握。现代对人生谋略的研究随着文化交流而受到重视。

三、中国传统谋略对现代企业管理的影响

尽管近代以来中国传统谋略不再作为主导性的管理文化内容发挥作用了，但是它的影响却已深入社会的各个层面，对企业经营管理的影响同样如此。传统谋略对现代中国企业的影响可以从两个层面分析。其一是管理文化层面，传统管理文化在近代以来经历了巨大的变化，这被许多学者称为"管理转型"。正是在这种管理文化转型的背景下，中国企业不自觉或自觉地将传统谋略运用于经营管理之中。中国企业的经营管理发展总体上是一个向西方学习的过程，迄今为止，西方的企业经营管理依然是中国企业的主要学习模板，占有主导地位。但是由于传统管理文化的影响以及中国社会发展经历了一种非常特殊的变革历程，传统谋略因素以各种形式进入企业改革之中，寻找与之对应的经营管理知识以获得一定的知识地位。例如，企业战略管理在被企业接受后，许多传统谋略资源以各种形式进入企业战略管理活动之中，这实际是整体管理文化转型的一个现象。

其二是微观企业组织层面，在形成企业文化的过程中，企业领导者将自己的社会体验带进经营管理之中，其中传统谋略资源通过领导者以及管理者个体的运用体现在企业经营管理之中，构成企业文化的一部分。但是，这种学习实际上是非常零散的、实用主义的。

从传统谋略的内容看，它们对现代企业的影响有一定的差异。传统政治谋略资源进入企业更多地是与企业的组织管理联系在一起，这实际上是一种类推思维的逻辑，将企业管理视为一种国家的治理，在许多民营企业中都可以看到传统治国的身影。因此，在企业管理中儒、道、法的政治权谋又活跃起来。传统军事谋略对企业的影响是最为乐道的，《孙子兵法》已经成为一种管理教科书，更是与企业战略联系在一起，但相对而言，人们更多地是在企业竞争中运用传统军事谋略，一句俗语"商场如战场"非常典型地体现了这种影响。传统人生谋略对现代企业经营管理的影响则比较复杂，可以说体现在企业内外的各种管理活动之中，但基本是作为个体的管理行为来对待的。例如，"人际关系"以及带来的各种市场伦理、企业伦理问题就引起了许多争议。企业经营管理需要处理各种内外的组织与个人关系，这些关系夹杂着各种利益问题，使得人们借助传统人生谋略来指导各自的行为。一些涉及传统人生谋略的书籍甚至成为许多管理者案头的管理书籍。

传统谋略思想对中国企业的影响是一个值得关注的现象，有几个问题值得思考。首先，从企业管理者面对的客观环境上，越来越严酷的竞争环境为传统谋略发挥作用提供了条件。传统谋略直接面对各种利害关系，这使它在现代竞争中显示出重要性，然而，

它的作用究竟是如何发挥的呢？值得进一步研究。其次，传统谋略通过管理者个人的体验和运用而进入企业经营管理，形成企业中不可忽视的一类特殊知识，那么，我们又应该以何种态度与方式来对待这种知识呢？最后，传统谋略发挥作用的环境是治国、军事战争和传统的社会，但是在现代的市场环境中和企业组织体制中存在哪些适应与不适应？这些问题对于中国企业的经营管理创新非常重要。从企业经营管理发展的历史看，管理创新都离不开对自身管理文化的学习继承，对传统管理文化资源认识的缺乏恰恰是管理创新的最大障碍。

第三节　《孙子兵法》中"分数"思想①

《孙子兵法》共计十三篇，是以权谋为经线，以战争的一般进程为纬线来谋篇布局的，蕴含了丰富的军事战略思想，由于其实质和现代企业的经营环境、目标相似，被逐渐应用到企业的具体实践中。

在我国古代先秦时期，陶朱公等将其中的原理应用到商业经营管理中，改造了古代商业经营管理学——"积著之理"和"治生之本"。在近现代时期，刘国钧、张振勋、陈嘉庚等实业家也将其基本原理应用到实业管理上。但是真正意义上把《孙子兵法》的思想用来为近现代企业管理服务则是从日本企业界开始的。日本把美国的科学管理和中国的古代思想作为企业管理的"两个轮子"，尤其是《老子》、《论语》、《孙子兵法》、《三国演义》。而我国把《孙子兵法》中的思想具体应用到企业管理中，则是在20世纪80年代初。1984年，《孙子兵法与企业管理》一书出版，这是我国第一部研究古代文化与现代管理相结合的专著。

当前研究《孙子兵法》的思想应用于管理，大体上有三种类型：首先，从总体上研究《孙子兵法》的宏观管理思想和原则，如系统、优化、时效、权变、信息、组织、制衡等原则。其次，从某个侧面研讨《孙子兵法》的具体管理思想。如责权利思想，激励思想，领导思想，系统思想等。最后，理论联系实际，即研究《孙子兵法》思想在企业管理中的具体运用，如市场营销、变革创新、企业竞争等。

一、《孙子兵法》中"分数"思想

孙武称："凡治众如治寡，分数是也；斗众如斗寡，形名是也。"《势篇》。孙武认为，管理人数众多的军队像管理人数很少的军队那样应付自如，这是由于军队的编制和组织合理。"分数"，是对组织编制而言。"分"是指在军队里按偏将、裨将……卒、伍分成若干等级；"数"指各个等级所管辖的人数，如伍辖五人、卒领百人……偏、裨各按规定统领若干人。这种组织编制，从横向而言，每一级领导在其管理幅度、规定任务范围内行使责、权、利，有其权威性、灵活性；从纵向而言，是由上而下、一级管一

① 苏东水：《世界管理论坛暨东方管理论坛论文集》（2004），第47页。

级，能够管理有序，忙而不乱。

关于"分数"的含义，众多名家都给予了注译。东汉曹操（公元 155～220 年）解释说："部曲为分，什伍为数。""部曲"和"什伍"都是古代军队编制中的基层单位。唐朝杜牧（公元 803～853 年）解释说："分者，分别也；数者，人数也。"综合曹杜的说法，"分数"就是把军队按一定人数组合起来，编成大小不同的战斗单位，便于进行有效管理。明代思想家李贽（公元 1527～1602 年）的解释是："分，是卒扭之分；数，是十百千万之数，是各有统制。"李贽的解释是把"分"作为各个部分，"数"作为整体来看。于是，"治众如治寡，分数是也"揭示了管理上的局部和整体的辩证关系。

组织编制并不是孙武的创造，他秉承了以往朝代的军队编制，如"五人为伍，五伍为两，四两为卒，五卒为旅，五旅为师，五师为军"《周礼·地官司徒》，但是孙武发现了组织编制的妙用。他认为管理人数众多的军队和管理人数较少的军队同样能够成功的关键在于组织编制。他把组织编制问题看成是提携全军的关键性问题，是管理军队的首要问题。正是因为他认识到这个问题，所以才有兵法中的破敌之计："凡用兵之法，全国为上，破国次之；全军为上，破军次之；全旅为上，破旅次之；全卒为上，破卒次之；全伍为上，破伍次之"《谋攻篇》。

在春秋战国时期，管仲（约公元前 730 年至公元前 645 年）在组建齐国军队时，以"作内政而寄军令"为基本原则，以"卒伍整于里，军旅整于郊"为具体内容，以"寓兵于农"和"兵农合一"为编组形式，把社会组织作为军队编制的依据，将行政组织和军事组织结合起来，即所谓"制国五家为轨，轨为之长；十轨为里，里有司；四里为连，连为之长；十连为乡，乡有良人焉。以为军令，五家为轨，故五人为伍，轨长帅之，十轨为里，故五十人为小戎，里有司帅之；四里为连，故二百人为卒，连长帅之；十连为乡，故二千人为旅，乡良人帅之；五乡一帅，故万人为一军，五乡之帅帅之"。这样将行政组织与军事编管高度结合起来，可以使官兵之间、兵兵之间互知根底，可以人尽其才，有效地发挥互助和互相监督的作用。

孙武的"分数"思想被后来的军事家、变革家所重视，如孙膑（孙子后裔，生卒不详）认为军队取得胜利，在于经过挑选的精兵，作战时部队表现出整体威力，在于编制的严密。即"兵之胜在于篡（选）卒，其勇在于制。"① 孙膑是从军队整体威力的发挥，说明组织编制的作用。秦国商鞅（约公元前 390 年至公元前 338 年）变法，以什伍为基本单位，实行连坐，"五（十）人一屯长，百人一将，其战，百将、屯长不得，斩首；得三十三首以上，盈论，百将、屯长赐爵一级"。即以编伍配合军功，并且实行连坐赏罚，以发挥每个编组的最大战斗力，商鞅变法最终使秦国一统天下。后来，在三国时期，诸葛亮（公元 181～234 年）则从对战争胜败所起的作用，突出组织编制的重要性。《诸葛亮·兵要》中称："有制之兵，无能之将，不可以败；无治之兵，有能之将，不可以胜。"就是说军事组织严密，即使将领无能，也不会打败仗；否则军队组织涣散，即使是有能的将领，也不会取得胜利。

---

① 《孙膑兵法·篡卒》。

二、《孙子兵法》"分数"思想编制方法

现代组织是为了完成特定工作，把分散的人或事物按照一定的关系，有秩序地组合在一起，把各个人员、部门合理地组织起来，以利于统一领导分级管理，使集体领导与个人负责相结合，并通过严密的编制把众多的人员有效地组织管理起来。在现代组织中，如学校、企业、国家、军队，"分数"思想的应用十分广泛（见表11-1）。

表11-1　春秋战国军队编制与现代组织之间的类比

春秋战国军队编制	学　校	国　家	军　队	企　业
军	校	省（直辖市）	军	董事会
师	院（处）	地区	师	经理层
…	系（科）	…	…	车间（部门）
伍	教研室	组（队）	班	班（组）

现代军事管理的核心，是把千军万马、人数众多的军队组织起来，从基层编制单位的各个部分抓起，层层节制，按级负责，统一指挥，使其发挥整体上的威力。"分数"思想在军事管理的应用的目标是统率"三军之众"，其管理的组织性和严密性应像"常山之蛇"那样，身体各部位都能相互照应，达到"击其首则尾至，击其尾则首至，击其中则首尾俱至"。[①] 同时我们也会惊奇地发现，我国现代军队编制和古代军队编制如此相似，这绝不是偶然的，而是我们祖先在实际管理军队中总结出来的科学经验。

在现代企业中，组织结构是多种多样的，如直线制、直线职能制、事业部制、矩阵结构、网络结构等，但总体归纳起来主要有两种模式：一种是偏于扁平结构的流程化组织，一种是偏于高耸结构的官僚化组织。两种模式在关注重点、执行标准、变革效率、部门职能等方面存在很大的不同，在此我们不作讨论。组织是扁平结构，还是高耸结构，是由管理层次和管理幅度来构成的。管理层次是指组织内部纵向管理系统所划分的等级数，不同的层次，有不同的权力和职责。一般来说，它可以划分为上、中、下三层。上层是领导和指挥机构，中层是辅助传递机构，下层或基层是具体执行机构。而管理幅度是指管理人员所直接有效管理下级人员的人数。管理层次一般决定了组织的纵向结构，而管理幅度决定了横向结构。层次和幅度是此消彼长的，在组织人数稳定的情况下，其层次多，则管理的幅度就小；其层次少，则管理的幅度就大，高耸的组织结构层次多，管理幅度小，扁平的组织结构层次少，管理幅度大。

---

① 《九地篇》。

表11-2 春秋战国时期军队编制和现代企业组织结构的比较

春秋战国时期军队编制	管理层次	管理幅度	现代企业的组织结构	管理层次	管理幅度（以4人计算）
	军	12500		1	4
	师	2500		2	16
	旅	500		3	64
	卒	100		4	256
	两	25		5	1024
	伍	5		6	4096

从表11-2中我们可以看出，在春秋战国时期，我们的祖先就已经意识到军队编制中幅度和层次对于军队战斗力的影响，在军队编制中必须建立合理的层次和幅度，借鉴到现代企业中，就是企业组织结构的层次和幅度问题。

三、《孙子兵法》"分数"思想对我国企业管理的借鉴

孙武采用军级辖五师，师级辖五旅，旅级辖五卒，卒级辖四两，两级辖五伍，伍级辖五人的方式进行军队编制，认为按此原则，运用"奇正"之思，可使用兵之法"无穷如天地，不竭如江河"，"终而复始"，"死而更生"。这种"分数"而治的思想在企业管理中应该得到借鉴。

在西方管理思想中，关于管理幅度具体适合人数的研究主要有：英国管理学家 Lyndall F. Urwick 在《管理的要素》（1944）中指出："每一个上级所管辖的相互之间有工作联系的下级人员不应超过 5~6 人。"他还指出："如果说下属的人数以算术级数增加，则需由上级加以注意的他们相互关系的排列和组合是以几何级数增加的。"这在法国管理顾问 V. A. Craicunas 根据管理幅度计算上下级相互关系总和的公式中可以体现：$r = n \times (2^{n-1} + n - 1)$，其中 r 为上下级相互关系总和，n 为管理幅度。从公式中可看出，随着下属人数的扩大，他们之间相互关系数目的上升速度是惊人的，从而增大主管的时间成本和监督成本。另一个兵学大师汉弥尔顿在其《军队的灵魂与实体》一书中认为组织管理的幅度应该以3~6人为最适宜。总之，古典学派倾向于确定一个普遍适用的管理幅度，他们得出的经验数据一般为3~8名下属人员。而现代经营管理学派的理论家则认为，管理所依据的可变因素太多，不能得出具体结论，只能说一名主管人员能够有效管理的人数是有限的，但确切的人数则取决于那些管理工作的难易和所需时间的多少等因素。根据实践的检验，现代经营管理学派的随机制宜的观点得到了大多数人的承认。而据美国管理协会统计，在一般行业管理工作中，高层领导的管理幅度较大，为1~24人，中层为8~9人。

因此，结合古代和现代研究的认识，我们研究管理幅度的着眼点不是去假设一种普遍适用的数量界限，而是要找出影响管理幅度的各种因素，从而在各种具体情况下有助于最优管理幅度的决定。

在现代组织设计中，为了使管理幅度得到一种可以具体参照数目，我们可以根据影响管理幅度的具体因素，通过分配权重的方法，粗略地计算出管理幅度的具体人数。影响管理幅度的主要因素有：

（一）工作能力

工作能力主要是主管和下属的各种能力，包括决策能力、理解能力、表达能力、沟通能力、应变能力等。对主管而言，可以迅速把握问题的关键，对下属提出恰当的指导建议，使下属明确理解，缩短与每一位下属的接触时间和接触频率。而对下属而言，下属具备符合要求的能力，受过良好的系统培训，可以自主去解决，减少请示和占用主管时间的频率。"管理幅度与管理者的水平和管理手段先进程度成正比例关系。"

（二）工作内容和性质

1. 工作任务的相似程度

工作任务越相似，应加大管理幅度，减少管理层次；管理工作任务差异大，则应缩小管理幅度。

2. 工作岗位的接近程度

在员工工作岗位接近的情况下，可以加大管理幅度；反之，减小管理幅度。

3. 员工心理的成熟程度

员工的平均成熟度高，工作的自觉性高，责任感强，有工作经验和能力，又善于管理自己，能发挥创造性，增大管理幅度；反之，应缩小管理幅度。

4. 工作任务需要协调的程度

工作任务要求各部门高度的协调，则应缩小管理幅度；如果工作任务要求的协调程度不高，管理的幅度还可以加大些。

（三）工作条件

1. 参谋的配备

主管配备了直线参谋，由参谋和下属进行一般的联络，并直接处理一些明显的次要问题，则可以大大减少主管的工作量，主管可以增加其管理幅度。

2. 信息技术的使用

利用先进的技术收集、处理、传输信息，不仅可以帮助主管全面了解下属工作情况，及时地提出忠告和建议，而且下属也可以更多的了解自己工作情况，自主地处理分内的事务。同时利用信息技术还可以减小中间管理层次，减少信息传递的长度和信息失真的概率，减少管理成本。

（四）工作环境

组织环境稳定与否会影响组织活动内容和政策的调整频度和幅度。环境的变化会牵涉主管人员的更多精力来考虑应变措施，会使主管人员的管理幅度受到限制。

根据以上影响企业管理幅度的主要因素，我们可以根据下面公式确定：

$$n = \alpha f(x_1) + \beta f(x_2) + \chi f(x_3) + \cdots$$

其中：n 为管理幅度；

α，β，χ 为修正后的权重（如主管的工作能力根据直线参谋的能力来修正），且权重之和为 1；

f 为某项影响因素的计算法则；

x_i（i=1，2，…）为具体的影响因素。

以上只是对确定管理幅度的具体人数的一种粗略计算方法。企业还需根据组织自身的特点和实际的工作需要来进行调整，以确定适当的管理幅度、相应的管理层次。

孙武的"分数"思想，至今仍为其他各行业所借鉴，其最主要的目标是使组织按系统、分层次、有条理、井然有序、形成合力。在现代企业的组织设计中，应该借鉴"分数"思想，设计出适合企业发展的组织模式，使组织稳定、高效率发展，同时确保企业在动态变化的环境中有应变能力。

第十二章 秦汉时期管理学术的方法与实践

第一节 秦代经济活动中的标准化管理方法与实践
——基于中西管理理论的历史与方法比较

虽然谈到标准化管理，我们首先想到的是西方资本主义工业化生产时代泰罗的科学管理，或者是随着工业化大生产的深化，我们采取管理科学对工业活动运筹与生产最优进行安排设计。

但是，当我们回顾中国历史的管理活动，我们发现标准化生产却并不显得陌生，甚至历史可以追溯到秦代。当时，标准化管理已经在我国秦代农业生产和兵器制造业等生产中运用。秦代的管理者通过标准化管理实现了劳动生产效率的大幅度提高，从而为秦国统一中国奠定了坚实的基础。

中国历史上的秦朝是个伟大的朝代。秦国能够统一天下的原因不仅仅在于秦初游牧民族强壮的体魄，更关键的原因在于秦国在农业和兵器铸造业中推行了先进的管理方法。

人们都普遍接受这样一个事实：管理学开始于一百多年前，源于西方，初步成熟后传到中国。管理学的始祖是科学管理之父泰罗，他利用先进的研究方法进行一系列的科学试验，开发出科学管理的方法和理念。然而，从历史唯物主义的观点来看，科学管理的源头并非始于泰罗。中国的考古学家们从种种史实中发现：早在两千多年前的中国秦代就已经有了先进的科学管理方法。在两千年前农业文明刚刚开始成熟的时代，秦人就已经进行了标准化农业和兵器生产。当世界大部分地方仍然被蛮荒和蒙昧包围的时候，秦人就以他们超越了自己时代的思维方式和智慧创造出了那个时代最发达的农业和最强大的兵器制造业。

本节举例阐述秦代标准化管理在现代生产中的改进和完善。认为早于泰罗科学管理两千多年的秦代标准化管理思想，体现了现代科学管理的诸多思想。

一、标准化管理

标准是组织生产的依据，是衡量、评定产品质量的尺度和准则。高质量的产品，首先要有合理、先进的产品标准以及相配套的其他标准。同时，必须把这些标准贯彻到企业生产经营的各个环节、各个岗位上，以人的工作质量来最终确保企业的产品质量。标准化就是经验积累下来的一种科学工作方法。这种方法可以使员工的工作流程得到最大的简化和统一，提高工作效率。

管理标准是指对标准化领域中需要协调统一的管理事项所制定的标准。其中的管理对象主要是指在营销、设计、采购、工艺、生产、检验、能源、安全卫生环保等管理中与实施技术标准有关的重复性事物和概念。管理标准化是在管理实践中，以提高产品质量为目的，以提高经济效益为中心，以企业生产、技术、经营活动的全过程及其相应要素为主要内容，对重复性事物和概念通过制定、发布和实施管理标准达到统一，以求得最佳管理秩序和社会效益的全部活动。

中国考古学家和历史学家发现，两千年前的秦代是世界最早贯彻推行标准化管理的时代，秦国的强大是归功于推行了先进的标准化管理方法。

二、标准化管理在秦代农业：量化播种和推行先进农具①

秦国国家制度规定：播种的时候，水稻种子每亩用二又三分之二斗，谷子和麦子用一斗，小豆三分之二斗，大豆半斗。如果土地肥沃，每亩撒的种子可以适当减少一些。从这些制度可以看出，秦国的农业生产已经实现了耕种量化。

国家还用制度保证所有农户都用最先进的方法种庄稼，国家对耕作的管理也非常具体，牛开始代替人耕田。秦国规定：各县对牛进行严加登记，如果由于饲养不当，一年死三头牛以上，养牛的人有罪，主管牛的官吏要惩罚，县丞和县令也有罪；如果一个人负责喂养十头成年母牛，其中的六头不生小牛的话，饲养牛的人就有罪，相关人员也要受到不同程度的惩处。

相关制度还规定农户归还官府的铁农具，因为使用时间太长而破旧不堪的，可以不用赔偿，但原物得收下。制度还规定农民统一使用先进的生产工具。当时的铁农具在秦国的价值非同寻常，当军队还在使用青铜兵器厮杀时，秦国就鼓励农民大量使用铁制农具，与牛耕一样，铁农具的应用也是革命性的。中国最早应用铁农具的很有可能就是秦人。

在那个以自耕农为主的时代，秦国却通过严谨的制度实现了对农业有效的标准化管理，这种管理即使在今天看来也是相当先进的。先进的农业标准化管理大大提高了农业的生产效率，最终造就了秦人发达的农业。这为秦国的发展壮大提供了非常重要的经济基础和物质保证。

三、标准化管理在秦代兵器铸造业应用

秦国兵工厂制作的兵器是当时最先进的，这些兵器帮助秦军成为一支无往不胜的勇猛之师。秦弩和三棱箭头是当时最先进的配备；秦兵马俑的三棱箭头有四万多支，但它们都制作得极其规整，箭头底边宽度的平均误差只有±0.83毫米。它们的金属配比也是

① 吕君、颜光华：《秦代标准化管理思想研究》，《世界管理论坛暨东方管理论坛论文集》（2004）。

基本相同，数以万计的箭头都是按照相同的技术标准铸造出来的。地处秦国各地的兵器作坊都是在按照某个固定的技术标准生产兵器的。比如：秦军的青铜铍和青铜戈，是起源于短剑的长柄兵器，它的形式曾经五花八门，但是秦代的铍尽管生产日期相隔十几年，造型和尺寸却都完全一样。

秦人的标准化，不仅在于兵器的互换，而是将优选出来的兵器技术标准固定，国家再通过法令将这些技术标准发放到所有的兵工厂。尽管按今天的工业标准看，这些兵器的标准化仍旧是比较粗糙和初步的，但是在两千多年前，秦人执着于统一标准肯定是为了保证所有秦军战士使用的都是当时最优秀的兵器。

物勒工名的惩罚制度和四级管理制度是秦国兵工厂的主要管理制度。《吕氏春秋》中记载："物勒工名。"意思是器物的制造者要把自己的名字刻在上面，失职者将受到严酷的惩罚。例如，在某支出土兵器上可以看到：吕不韦作为内阁总理，是兵器生产的最高监管人；吕不韦下面的工师就是各兵工厂的厂长，监督兵器的制造；厂长的下边是丞，类似车间主任；而亲手制作这只兵器的是最底层的工匠。因此秦国的军工管理制度分为四级，从相邦到工师到丞再到一个个工匠层层负责，任何一个质量问题都可以通过兵器上刻的名字查到责任人。厂长要向相邦吕不韦负责，如果兵器出现问题，按秦国的制度，兵工厂厂长首先遭受处罚。处在这个金字塔式管理体系最底层的是数量庞大的工匠。秦朝的众多兵工厂能够按照统一的标准大批量的制作出高质量的兵器，物勒工名和金字塔式的四级管理制度是根本保证。

秦人远远超越了自己的时代，在两千年前农业文明刚刚开始成熟的时代，秦人就已经进行了标准化兵器生产，创造出了那个时代最强大的兵器制造业，并将青铜兵器制造发展到了极致。

四、现代标准化管理和秦代标准化管理比较分析

随着时间的推移，尤其是社会化大生产的发展和工业文明的形成，管理标准化日趋完善。例如目前制造业常用的标准化定额方法中，工艺定额配套表是典型代表，如表12-1 所示。

这个工艺定额配套表是为柴油机机架生产而制定的，这个表格中反映出机架生产的9 个不同步骤，以及每个步骤包括的不同工序对应的工具和工时。比如步骤 2 调节螺母，这个步骤是由三个工序组成，首先花 0.63 小时用小车完成对领料件的车操作；继而将车后的螺母运送到铣床，花 0.08 小时用铣床对螺母进行再加工；最后，钳工运用中钳调节车铣过的螺母。完成这个步骤后，对调节好的螺母进行第三步的操作。直到最后完成对整个机架的制造、安装和调节。

类似的定额表将一个个的孤立的个人经验蓄积为组织的财富，可以使得组织的运营对于个人的依赖降到最低程度。不仅可以使管理的对象不折不扣符合预期的要求或目标，如产品的尺寸、热处理的温度、生产线上的定额等，既不期望更多，而且可以使管理的对象比原先的水准更好，如不合格率、产品成本等。

表 12-1　柴油机机架工艺定额配套表

工艺定额配套表（中小件）

产品名称 6s70mc #24　工程编号 D1399A　部件图号 032A.0　部件名称　共1页　共 页

步骤	生产号	图号	零件名称	材料	数量	来源	工序1	工时	工序2	工时	工序3	工时	工序4	工时
1	344	0490778-1.1	轴销	35	1	领料件	小车	0.32						
2	345	0490779-3.1	调节螺母	20	1	领料件	小车	0.63	铣床	0.08	中钳	0.05	中钳	0.02
3	320	0547664-9.2	观察窗	透明有机玻璃	6	领料件	小车	0.7	划线	0.07	钻床	0.1		
4	321	0667038-4.1	法兰	Q235A	6	领料件	小车	0.32	划线	0.07	钻床	0.1	平磨	0.2
							中钳	0.03						
5	363	1231076-9.0	锁紧销	35	7	领料件	小车	0.17	划线	0.02	钻床	0.07		
6	329	1396033-5.0	垫圈	20	208	领料件	小车	0.22						
7	332	1763485-9.0	定距管	20	20	领料件	小车	0.23						
8	333	1764114-0.0	紧配螺栓	42CRMO	10	锻件	小车	0.17	热处理	0	小车	0.28	NC小车	0.17
							轧丝	0.3	入库	0	小车	0.17	磨床	0.2
9	268	1766821-9.1	导套	20	16	锻件	小车	1.03						

工艺路线：机架

到 1911 年，美国工程师泰罗出版了《科学管理原理》一书时，以上的标准化管理已经升华为客观系统的一门科学。现代标准化管理日趋完善，形成了以下几个突出的特点，而这些特点竟然大都能和两千年前的秦代标准化管理相呼应。

1. 操作方法标准化

现代科学管理通过对工人操作的动作研究，制定出各工序作业的标准操作规程。秦代农业标准化生产中，国家用制度保证所有农户都用最先进的方法种庄稼，国家对耕作的管理也非常具体，国家还用制度保证所有农户运用当时最先进的生产工具铁农具。秦代的兵器标准化，将优选出来的兵器技术标准固定，国家再通过法令将这些技术标准发放到所有的兵工厂。

2. 工时定额标准化

现代科学管理对工人的操作时间进行研究，制定出各种工序作业需要的标准时间，形成工时定额。秦代的兵器铸造业充分体现了工时定额标准化的思想，秦兵马俑出土的四万多支三棱箭头都有着相同的尺寸和金属配比结构，秦代已经充分推广了工时定额等相关技术的标准化。

3. 实行有差别的计件工资，超额有奖，完不成定额者受罚

秦代兵器铸造业中的"物勒工名"的奖惩制度，通过将制造者名字刻在器物上，劣质器物的制造者将受到严厉的惩罚，为自己的失职支付高额成本。秦代的"物勒工名"制度保证了兵器生产的高质量和高效率，但是工人基本上是终身制，工作压力很大，工作环境氛围非常差。这也一定程度上导致了秦代后期的衰败。

4. 按标准的工作方法培训工人

培训在秦代管理中未曾涉及。

5. 实行管理与执行的明确分工

准备工作和生产操作分开，管理人员与操作人员严格分工，明确各自的工作范围和职责，以提高管理和生产效率。秦代金字塔式的四级管理制度对管理和执行进行了明确分工，处在金字塔最底层的是执行操作工匠，上面是管理层丞、工师和相邦，从下到上层层负责。这样的管理金字塔式的格局大大提高兵器生产的效率和质量。

6. 推行全面质量管理（TQM）

管理不仅仅从生产管理的角度考虑，而是开始从整个企业的角度考虑推行管理标准化来保证质量与效益。这一点秦代管理中也尚未涉及。

五、中国秦代标准化管理案例分析结论

从以上的分析中可以得出结论：

（1）早于泰罗科学管理两千多年秦代标准化管理思想，已经初步具备了现代科学管理的诸多思想。高层次的管理思想和方法为秦国的壮大提供了丰富物质和军备力量。

（2）秦代标准化管理思想不够人性化，未能完全超越远古蛮荒时代，其中的部分标准化管理方法比较粗糙和初步，甚至非常残暴，使工匠和农民的生产处在异常恐怖生产氛围中。物极必反，否极泰来，严酷的管理方法也一定程度上导致了秦国的衰败和灭亡。

（3）早于泰罗两千年在中国秦代出现的标准化管理除了创造了一个伟大的国家以外，还谱写了世界科学管理史上早期最辉煌的乐章。

第二节　秦汉时期的管理实践与方法

秦朝结束了战国长期诸侯割据和战乱的局面，统一了中国。形成了一个统一的中央大帝国，进而统一了文字、货币和度量衡，实行了以法家为指导思想的皇权专制制度。由于秦朝实行了严酷的政治体系，最终导致了其在统治短短几十年后的覆灭。汉朝是继秦朝短期统治之后在中国历史上出现的统一的、长期的封建王朝。汉朝统治者采取"黄老之术"而实施的"休养生息"的政策，一定程度上恢复了长期战争所造成的百业萧条的局面，并在国家的法制、文化和经济管理方面开创了一个新的时代，这些制度体系和管理思想都为"文景之治"奠定了基础，使国家经济繁荣，国力强盛、人民安乐，呈现出一派太平盛世的景象。

一、秦始皇的集权管理思想

秦汉时期是中国管理思想发展的重要阶段，秦朝是中国历史上第一个大一统的封建王朝，秦始皇统一中国后，以法家为治国指导思想，开始实行权力高度集中的专制主义，以巩固自己的绝对统治地位。在政治上集中所有的权力于皇帝一人之手，皇位由子孙世袭。在中央政府中，秦始皇设立三公九卿，使政府建制更加健全化和职能化。并在全国推行郡县制，在全国建立了一套中央、郡、县、乡、亭多级组织的行政体系，从而形成了一个组织严密、政令畅通、权力高度集中的管理体系。在经济上，秦朝确立了土地私有制，完成了由领主所有制向地主所有制的转化。针对统一前六国的币制、度量衡、文字等不相同的情况，秦始皇统一了全国的货币、度量衡及文字。在文化上，为了维护思想上的统一性，秦始皇开始大力镇压以儒家为首的各个学派，并且将除官府保存的秦国史料和医药、农业等方面的专业书以外的书籍全部焚毁，同时还残忍地坑杀了儒生四百余人。这就是历史上有名的"焚书坑儒"。

秦始皇的集权管理思想巩固了封建国家的统治，有利于封建经济基础的建立，其所采取的各项管理措施，涉及政治、经济、军事、文化、社会等方面均为中国秦后历代王朝所沿袭。

但是秦始皇在政治方面实行皇帝独裁，中央集权的封建统治，在经济方面实行沉重的赋税政策，在文化上实行残酷的思想专制，最终导致了秦王朝的短命。

二、汉高祖的无为而治管理思想

汉高祖刘邦即位之初，面临的是一个经历了长期战争的残破局面，长期的暴政统治和战乱使得百业俱废，哀鸿遍野，全国人口大约只剩下三分之一。面对这种局面，汉初统治者不得不采取黄老之术，将无为而治的思想作为自己的政策指导思想，使得人民得以休养生息。

在政府官僚机构方面，为了保持政权的稳定，汉初的各级行政机构基本上保持了秦朝旧制，沿袭了中央集权的封建制度。但是刘邦认为秦朝灭亡的原因之一是因为没有分封宗室，因此他除了设置郡县制度以外，还大封诸侯王，这些诸侯王在各自的封地权力很大，为日后的叛乱埋下了祸根。在社会经济方面，汉初政府实行轻徭薄赋的税收政策，废除了秦朝沉重的赋税、徭役政策，对新开垦的田地最初几年给予完全免税的政策。为了增加农业劳动力，汉高祖颁布诏书，宣布因贫穷而自卖为奴隶者，"皆免为庶人"，恢复平民的身份；另外汉初政府还大量裁减军队，分给复员的官兵较好的田园住宅，作为恢复农业生产的重要力量，这些举措对于发展农业生产和增加政府税收有很大的促进作用。在法制方面，汉初政府由萧何定律令，韩信定军法，叔孙通定朝仪。通过废除秦朝的严刑峻法和推行新的基本法则，汉初社会得以在短时间内安定下来，为政府开展各项恢复和建设事业提供了前提条件。

三、汉武帝的经济管理思想

汉武帝刘彻是我国封建时代较有作为的一位政治家，亦是在我国宏观经济管理思想方面作出杰出贡献的一位管理专家。其在政的 54 年中，在国家经济、政治、文化管理中采取了一系列措施，维护了社会安定，促进了生产的发展。

1. 实行盐铁专卖，增加政府收入

汉高祖时期，增加重租税以抑制商贾活动，但冶铁煮盐之利仍为商人所垄断。到了文景时期，盐铁获利日益丰厚。到武帝时期，由于连年抗击匈奴，耗费极大，致使国库空虚，于是武帝决定实行盐铁专卖，使政府在此项上收入颇丰。

2. 开征财产税，统一货币制度

元狩四年，汉武帝决定开征财产税，规定凡不属官吏、三老和边境骑士者，有马车一辆，必须出"一算"，即一百二十文钱，商贾加倍，有船长五丈以上的纳税"一算"。商人按营业额、高利贷者按贷款额，每二缗纳税"一算"。纳税数额由个人自报，隐瞒不报或自报不实者，一经查出即没收钱财，并发往边疆劳役一年。汉初由于地方割据势力抬头，各地纷纷自行铸币。公元前 113 年，汉武帝下令将铸币权集中到中央，禁止郡国铸币。

3. 创立均输平准，由国家获取商业收入

均输平准之法在西汉之前早已施行。到汉代，由于经济复苏，商业渐渐繁荣，但全部被商人操纵，他们往往乘机抬高物价大发其财。武帝为了加强对商业利润的控制，由政府设官直接经营运输和商业。具体做法是：把郡国应上缴贡物连同运输所冲抵的财政上缴额，按照当地正常市价，折合为一定数量的当地土特产品上缴给中央派驻各地的均输官，均输官则将这些物品像以往商人那样运往需要这些物资的其他地区去销售，将所卖得的钱上交京师。

此外，在文化上汉武帝采用了董仲舒"罢黜百家，独尊儒术"的建议，使得儒家学说成为绵延中国整个封建王朝的正统意识形态。这一时期，汉代在继承了秦代高度集权的政治管理和军事的基础上还开始控制全国的经济命脉，形成了全国的经济调控系统，继续实行"休养生息"的安民养民的政策，使国力逐步强大。

第十三章 唐宋时期的管理思维与实践方法

第一节 唐宋元时期的管理思想——开立新制、变革求存[①]

唐朝是我国古代几千年封建史上政治、经济、思想、文化的鼎盛时期，当时的国力位居世界的前列。唐朝完善了隋朝的科举制度，开创了科举取士的先例，成为现代世界文官制度的早期形式。而唐太宗的治国思想、经济制度和管理思想开启的"贞观之治"的局面，为唐代几百年的统治奠定了基础。宋元时期管理思想属于中国古代管理思想的承接时期。这一时期尽管社会经济继续向前发展，但是社会矛盾日益尖锐。统治阶级中的部分人士从维护和巩固其统治的角度出发，主张采取一定的改革措施来缓和各种社会矛盾，这时期的管理思想承接并发展了中国的传统主流管理思想。北宋王安石推行的变法措施中所反映出来的管理思想就是一个杰出的代表。而元朝耶律楚材的"以儒治国"思想则有利于缓和民族矛盾、巩固统一的封建政权。

一、唐太宗的管理思想

唐太宗重视国家的管理，他的管理思想也非常丰富。首先，他对隋朝行政机构和官员职位设置都进行了改革。隋朝末年的战争状态使得行政区划十分混乱，唐太宗即位后，改天下为十道，其下再分为二百七十九州，使得行政区划相对合理和清晰。在任用官员方面，唐朝宰相采用了委员制，也就是把相权分别操掌于几个部门，由许多人来共同负责，从而改变了自东汉以来相权操掌于皇帝之手的局面。唐太宗素以勇于纳谏著称，他积极鼓励臣子提出错误，唐太宗不仅不予处罚，而且还给予嘉奖，因此，大臣们大多敢于发表不同意见。唐太宗还十分重视法律建设，从即位起，就开始组织专门人才编撰法律。在公元637年正式颁布的唐律有十二篇，共五百条，该律内容比较完整，条目比较简要，体式比较完整，司法机关职权范围比较清楚，办案人员的职责也比较明确。唐太宗在经济管理方面推行均田制和租庸调制，根据不同的情况授予农民一定的土地，其中又分为世业田和口分田两种，前者占十分之二，永远归本人所有，后者则占到十分之八，但是农民

① 苏东水：《东方管理学》，复旦大学出版社 2005 年版。

没有所有权，死后要收归政府。凡是受用的男丁，必须交纳租赋和服徭役，不服役者可以实物代役，这就是租庸调制。唐太宗还认为不可过分剥削百姓，否则会导致政权不稳，"天子者，有道则人推而为主。无道则人弃而不用，诚可畏也"。正是在这一思想的指导下，他才会力戒奢侈，节省开支，对农民实行轻徭薄赋，使人民得以休养生息。唐太宗非常重视人才的培养，选拔和任用。为了选拔人才，连10岁以下的童子中的人才也在考虑的范围之内。在用人问题上，唐太宗还提出"用人如器，各取所长"的见解，要求用人所长，充分发挥每个人的特点，形成一个效能很高的人才群体结构。

唐太宗李世民是我国历史上很有作为的一位君主，他在位期间任用贤能，励精图治，使唐政权逐渐巩固，社会趋向安定，物质财富逐渐富足，人民安居乐业，开创了为后人所称道的"贞观之治"。

二、王安石变法

王安石是北宋著名的政治家、改革家和文学家。这一时期尽管社会经济继续向前发展，但是社会矛盾日益尖锐。特别是小地主和封建国家之间的矛盾日益尖锐，加上庞大的政府机构支出和军费以及外族的赔付，政府财政窘迫难支。统治阶段中的部分人士从维护和巩固其统治的角度出发，主张采取一定的改革措施来缓和各种社会矛盾，王安石在宋神宗的支持下推行变法改革，新法大部分属于经济举措，他以理财和抑制兼并作为实施的手段，以增加政府的财政收入为改革的目标，力图改革当时政府的积弱现象，他的管理思想也基本体现在新法的措施中。

（1）在经济政策方面，摧抑兼并是王安石全部经济思想的核心，他认为如果政府不能掌握控制经济活动的能力，人人就都可以进行兼并，从而危及到封建统治。他把摧抑豪强兼并看成是国家的重要职能。他提出的摧抑兼并的主要方法就是让权贵和普通百姓一样也要负担规定的租税，从财政政策思想看，它体现了租税负担均平和普遍的原则，具有一定的积极意义。

（2）在政治改革方面，王安石打破旧的用人习俗，大胆提拔一批思想敏锐、有改革政治热情、地位并不显赫的中下级官员。不拘一格选人才的做法为改革事业提供了人才保证。同时，王安石还对现有的官员队伍进行了整顿，官员的升迁要以实际的政绩作为标准，对于无能之辈坚决撤换。对于反对改革的官员则调动其职务。为了节省开支，王安石在改革中对行政建制也作了调整，撤销了许多州县建制，不仅使政府的财政支出减少，也大大减轻了人民的负担。王安石变法最大的失败在于用人，就如司马光所言，变法之初用君子之人，而变法之后却用老成之人；君子乃德才兼备，你叫他辞职，他不会有所留恋；而老成之人，势必为兼顾自身利益，保住官职，左右逢源，变法的制度必遭阻碍。结果也正如司马光所料，这些老成之人反而陷害王安石，令其头痛不已！最终导致变法的失败。

三、耶律楚材的管理思想

耶律楚材是契丹族人，他是公元13世纪时辅助蒙古统治者进行改革的先驱者，是统一的元朝政权的奠基者。他提倡采用汉族制度，以儒治国。蒙古族入主中原时，本身还处在奴隶制的发展阶段，企图把游牧的生产方式搬到农业产区来，甚至有人主张对汉人实行残酷的屠城政策，耶律楚材向元太宗献策，认为可以在马上得天下，但是不可以在马上治天下，要想长治久安，就必须向汉人学习，元太宗采纳了其建议，任用儒者，采用汉法，从而促进了社会的进步。在经济方面，耶律楚材主张采取赋税制度。他奏请成立十路课税所，每路课税所设置正、副课税使二员，任用汉族儒生担任，蒙古族任用汉人知识分子始于此。同时在全国实行清查户口，编制户籍的工作，并要求列入国家编户的人口应承担国家赋役。政治方面，耶律楚材按照儒家礼法为蒙古政权"立仪制"，建立上下有序的封建朝廷仪制是元朝蒙古族统治的一个进步，使得蒙古族政权从此有了典章可循。文化方面，耶律楚材在元初率先实行科举取士，选中者免其赋役，并予任官，其中不少如张文谦、董文用等都成为元朝名臣。此外，他在保护、选拔、任用知识分子方面，也有不少贡献，他使金朝灭亡前后知识分子的悲惨境遇有所改变。

第二节　中国古代人才评价标准及现实意义

　　人才的选拔是一个亘古不变的课题，尤其是在当今，能否拥有适合企业发展需要的人力资源成为了企业生存发展的关键。人才的选拔必然牵扯到人才的测评，那么人才标准的确定就成为了人才选拔的首要因素。在现代，人力资源测评已经在很多方面做到了定量化，测评的准确性也得到了很大的提升。但与此同时，在一些方面还做得不够好，比如在人才评价标准的选择上，由于"德"的难以量化和考察，而淡化或者忽视"德"这一重要因素等。中国有着数千年辉煌灿烂的文明史，人们在长期实践中也积累了丰富而优秀的人才思想。那么对于上述的问题我们能否从古代的人才评价中找到一些借鉴之处做到古为今用呢？对此，本节尝试做些探讨。

一、中国唐宋时期的人才评价标准[①]

（一）中国唐宋时期的人才评价：德才观[②]

1. 人才评价的前提：以德为先

　　儒学将"德"作为评价人才的第一标准。儒家认为的德主要有五种，即"仁、义、礼、智、信"。《孟子·告子上》中写道："恻隐之心，仁也；羞恶之心，义也；恭敬之心，礼也；是非之心，智也。"到西汉时，董仲舒将其发展为"五常"。在评价人的时候，儒学强调以德为先，注重区别君子和小人。

　　恪守这一评判原则的还有诸葛亮，他基本上践行了先儒孔子的思想。在人才的识别上，他主要是区分直与枉、贤与小人。在他的《前出师表》中，他这样写道："侍中、

①　苏东水：《东方管理》，山西经济出版社 2003 年版。
②　陈志英："中国古代人才评价标准及现实意义"，《世界管理论坛暨东方管理论坛论文集》（2007）。

侍郎郭攸之、费祎、董允等，此皆良实，志虑忠纯……亲贤臣，远小人，此先汉所以兴隆也；亲小人，远贤臣，此后汉所以倾颓也……"这里可以看出他在评价郭攸之、费祎、董允所用的"良实，志虑忠纯"，评价向宠所用的"性行淑均"皆是从道德方面来说的，并且他还把君子和小人的区别摆到了关乎社稷存亡的高度。由于在中国历史发展中，儒学逐渐获得主导地位，而且日渐稳固，儒学思想也渐渐地被官方用于教化，为民众所接受，内化到人们的行为中，所以在儒学的这一评价人才标准也是为广大人们所接受。

2. 人才评价的方法：唯才是举

也即是在评价、识别人才时，抛却道德等其他因素，只要有才能就可以视之为人才，而可加以使用。奉行唯才是举这一评价人才的标准的代表人物，当推曹操。在公元205年的《选举令》："……有受金取婢之罪，弃而弗问，后以为济北相，以其能做。"[①] 公元214年的《求贤令》："……唯才是举，吾得而用之。"[②]公元214年的《敕有司取士毋废偏短令》："夫有行之士，未必能进取，进取之士，未必能有行也。陈平岂笃行。苏秦岂守信邪？而陈平定汉业，苏秦济弱燕……"[③]公元217年的《举贤勿拘品行令》："……其各举所知，勿有所遗……"[④]从上述四次选人令中不难看出，在评判人才时，曹操明确排除了以往为主流的"以德为首"这一基本准则，而将"才"放在首位。

3. 人才评价的两个方面：德才并重

事实上，儒家在主张选择人才时除上文所述应以德为先之外，还主张应该德才并重。《论语·泰伯》中说："如有周公之才之美，使骄且吝，其余不足观也已。"从中可以看出，孔子是把才与德看成人才的两个重要方面，而且才不能取代德，德也不能弥补才。司马光则把德才并重这一量才标准发挥到了一个新的高度。在他主编的长篇巨著《资治通鉴》中，"臣光曰：……夫聪察强毅之谓才，正直中和之谓德。才者，德之资也；德者，才之帅也……"[⑤]从中也可以看出，司马光不仅把德、才看做识别、选取人才的两个必要条件，而且也把这两个方面的甄别提到了关乎国之存亡、家之兴衰的高度，这方面是非常有价值的，笔者以为这也是评判人的一个法则。

（二）人才选取评价原则与方法

1. 以文取人

这里的"文"指的是文章、文才。在科举制创立之后，就确立了以考察人的文才作为评价人才及选官的标准。这种评价标准始于隋朝，在唐朝时得到了极大的完善。相对于"德"、"才"而言，这种选拔评价标准能够一定程度的显化"人才"这一模糊的概念，进而就可以在一定程度上将不同特质的人才进行量化的比较，这无疑是有利于人才的甄别和选拔的。这种评价标准，打破了以前人才选拔上依据门第、家世的格局，使低层的人才能够被更容易发现，从而得以进入上层社会。在杨坚创立这种制度伊始，在评价人才时尚结合"德行"进行综合的考虑。但随后，尤其是到明清之季，"文"内涵和形式不断地被固化，被狭隘为了"八股取士"，文的内容仅局限于几部经典章句和华

---

①②③④ 引自《曹操集》，皆转引自苗枫林：《中国用人史》，中华书局2004年版。

⑤ 出自《资治通鉴》卷1周纪1。

丽的诗赋。至此，固定格式文章的形式做得好坏作为了评价人才的标准，这显然是不利于选拔适合国家社稷发展的有实际能力的人才。这种僵化的选拔标准也最终为实践所屏弃。以文取人的标准除了考试这种形式之外，还有一种形式——上书。在这种形式中，"文"考察的标准主要是作"文"者的策论和见解，从而评价上书人的基本素质。这种方式比起考试的方式能更好地反映一个人的思想水平和能力。所以历朝历代都非常重视这一选拔形式和标准。这种近乎随机的选人方式能够更好地考察一个人的真正素质，选拔到能够符合实际需要的人才，弥补了定期选才的不足。[①]

2. 以术为才

即是把科学、技术作为衡量人才的一个标准。这种评价标准始于元朝。本来在元朝之前，懂得技艺的人被列为"四民"的最底层，根本不能与士人阶层相比，当然也没有人肯将其纳入人才的行列。到了元朝，由于蒙古族的先民为游牧民族，在工匠技艺上很匮乏，但由于战争和生活的需要，元朝统治者便给予了懂得工匠技艺的人很高的社会地位。在这个过程中，不自觉地将"术"作为了人才的一个标准，使人才标准的范围扩大。到了晚清，这种以术为才的标准被洋务派进一步推而广之。作为洋务派的代表人物之一的李鸿章，猛烈抨击当时及以前盛行的以"小楷、试贴、时文"作为评价选拔人才的标准，主张以术作为标准，建议招收测算、舆图、火炮、机器、兵法等，试之以事，成功者视为与科举取士相同的资格。不仅如此，他还将其扩大到人才的培养上，先后奏请设立天津水师学堂、威海水师学堂等培养一批以掌握现代科学技术为目标的人才。

3. 以门第取才

以门第作为评价选拔人才的标准在中国古代历史上由来已久，在一定程度上一直都贯穿于其中。世袭制和分封制长期存在，既得利益集团为维护自身的利益，使得他们在人才选拔评价时总是或多或少地倾向于族内，以门第的高低作为评价人才的标准。到了两汉魏晋南北朝时期，这种以门第作为评判标准的状况愈演愈烈。九品中正制和门阀即是产生于这个时期。九品中正制把士人按家世的尊贵程度分为九品，在评定人才时，主要品第为主考虑任用。这就从以才能为主要标准变为了以家世为主要标准，造成了"上品无寒门，下品无势族"[②] 的局面。

对于这种以门第作为人才评定的标准，自古就不乏反对者。墨子就猛烈抨击任用骨肉之亲、无故富贵等，提出"在农与工肆之人"甚至"四鄙氓民"皆可"竞劝而尚德"。生活在魏晋时期的刘毅也对这种评定制度进行了严厉的批评，在他的《九品八损疏》中，这样写道："……臣窃以为圣朝耻之！盖中正之设，于损政之道有八……"[③]这种评定制度事实上是在上层内部选拔，背离人才评价的原则，是扼杀人才的牢笼。

4. 人才标准的泛化

这种观点认为评定人才并没有一个固定的标准，不应当将人分为人才和非人才而利用，应该使才得其所。早在战国时期，"战国四公子"（即齐相田文、赵相赵胜、魏公

---

① 齐秀生："中国古代选官途径的演变及启示"，《东岳论丛》，2001 年 11 月，第 22 卷第 6 期。
② 刘爱玲："魏晋时期的门阀世族"，《前沿》，2004 年第 2 期。
③ 《资治通鉴》卷 81 晋纪 3。

子无忌、楚相黄歇）的用人行为就暗合了这一人才的评价标准。他们礼贤下士、不耻下交地"养士"，身边聚集了身怀各种技、艺、才、能的人。南北朝的刘昼也认为人才只有大小之分，并没有是或不是人才之分，对才关键要拔用得当。他提出："大盗、谗佞，民之残害，无用之人，苟有士术，犹能为国兴利除害……"武则天明确提出并且将其用于实践，她在《求贤制》中提出："……其有文可以经邦，武可以定边疆，蕴梁栋之宏才，堪将相之重任，无隔士庶，具以名闻……"虽然她在《求访贤良诏》中将人才分为八种①，但这种人才的分类方法涵盖的范围十分广泛，事实上几乎等于没有给人才一个固定的标准。正是由于这种最大化的人才标准，才使得武则天当政之时每年吏部选人的数量都以数千上万计，比正常需要高出两倍。清朝时期的龚自珍提出的"不拘一格降人才"也是契合于这种人才评判标准的。

当然，在中国漫长的文明发展历程中，除了以上七种曾经出现的标准之外，还有其他一些评定标准。比如，《吕氏春秋》中提出"智所以相过，以其长见与短见"②、"智归贵卒"③，也就是评价人才应看其是否有战略眼光，是否敏捷。唐太宗提出的"朕之授官，必择才行"④，即是在评价人才上应该从才和行两个方面综合考虑。杜牧在《孙武十三篇注》中提出文武并重的评价人才标准，等等。在此仅考察以上几种典型的评价标准，以供借鉴。

二、现实意义及结论

诚如在本书的开始所述，在中国数千年的文明史中诞生了许多优秀的思想，综合评价上文所列举的数种人才标准，结合现今社会、经济、企业发展的实际，可以得出如下结论⑤：

（1）在人才标准上应该采取权变的观点。也就是：随着发展的需要，人才标准的内涵应该随之发生变化，而不能一成不变，这也是人才评价的一条规律。反观上文的人才评价标准的变迁：武则天将人才的标准泛化是因为在当时她刚刚取得政权，广纳人才以笼络人心巩固政权成为当时的当务之急。"洋务派"提出以术为才，强调科技因素，是在当时民族危机加剧，出于富国强兵的目的。由此可见，人才的标准应该根据实际的需要而不断改变其内涵，以适应对人才需求的需要。当今，随着社会、经济、企业的不断发展，作为人作用对象的工作内容也在不断地发生改变，这就要求人才必须具备相应的素质。尤其是在人类进入21世纪以后，科技的更新速度不断加快，知识的老化速度加剧，信息扩散呈级数倍增长，新的产业不断出现，在这种情形下，对人力资源素质的需求和人力资源本身的素质都在不断变化的，所以更应该在人才标准上采取权变的观点。

---

① 《全唐文》卷96。
② 《吕氏春秋·仲冬纪·长见》。
③ 《吕氏春秋·开春论·贵卒》。
④ 《旧唐书·长孙无忌传》。
⑤ 陈志英："中国古代人才评价标准及现实意义"，《世界管理论坛暨东方管理论坛论文集》（2007）。

（2）人才标准应该多元化。在评定人才时，评定标准的内涵不应该是单一的，而应该涵盖不同的方面。这里有两层含义：一者是人才评定标准应该从多个方面去考察一个人，全面地评定其综合素质；二者是人才评定的标准应该具有普遍性，应该能够涵盖不同的行业和领域。回顾上面所论的古代人才评定标准，如战国"四公子"及武则天，他们之所以能够招揽到很多优秀的人才，为其所用，就在于采取了较为宽泛的人才标准。当今，社会新的行业和领域的不断出现和增多、教育的多元化则直接要求人力资源的评判标准必须多元化。

（3）当前的人力资源测评应该以古为鉴。从前面我们可以看出，中国古代在对人才评价上是有许多非常优秀的思想和做法，是值得我们借鉴的。上文所述的以德为先，德才并重以及人才标准的泛化，即使在如今看来，在人力资源的测评中也是应该遵守的法则。《吕氏春秋》中提出的"智归贵卒"。其中的"卒"不正是现在几乎所有顶级跨国公司在人力资源招募中所看重的人才的一个重要特质——"smart"吗！

第三节　中庸思想中的管理治理体系分析[1]

一、什么是中庸

何为中庸管理学？要回答这个问题，首先就要知道什么是中庸。

那么什么是中庸呢？《周易》说一阴一阳之谓道，世界的万事万物都是由阴阳而成，独阴不生，独阳不存。《周易》中的八卦、六十四卦其基本的元素不外乎一阳爻一阴爻，阳阴演化而生四象，四象而生八卦，八卦再生六十四卦。如此将一个由阳阴描述的简单化的世界，进一步复杂化、深刻化、具体化。同样，六十四卦经过互联以后又回到乾、坤，既济、未济四卦上来，如果对这四卦再进一步简化归纳，又复归到阴阳上来，由此可见，《周易》的思维既是综合的，又是分析的，也可以说既是有利于科学研究的，又是利于哲学研究的。那么阴阳之间关系又如何呢？

老子的哲学肯定了事物由阴阳相反相成，同时强调事物的反面。反面是事物的发展方向，逆可为顺，顺可为逆，柔可胜刚，阴阳总是在相互转化当中。弱可变强，强可变弱，也就是老子所说的"反者道之动"。孔子的中庸不仅强调事物的反面，还强调事物的正面，兼顾两端，用其"中"。中庸重"中"，老子重"合"，"合者"两端之所生的新事物，而"中者"则是两端中间的一个境界。所以老子在说宇宙的生成时说：道生一，一生二，二生三，三生万物，与《周易·易传》中讲的太极生二仪，两仪生四象略有不同。

由此可知，中庸有以下的内容：①事物是一个整体，任何事物都由阴阳而成，阴中有阳，阳中有阴，浑然一体。②构成事物中的阴阳两极在一个"中"的支配下和谐于

① 苏东水：《世界管理论坛暨东方管理论坛论文集》（2007），第34页。

一体并随之互动，在动态平衡下渐进地相互消长。从而使事物不断发展变化。③这个"中"是一个动态的"中"，也就是"时中"，"中"也就是我们通常讲的"度"，如果不能很好抓住这个度，就会"过犹不及"、物极必反。中庸我们知道了，那么在中庸思想指导下的管理就是中庸管理。④中和。《礼记·中庸》把中和思想提到了宇宙观的高度。它说："中也者，天下之大本也；和也者，天下之达道也。致中和，天地位焉，万物育焉。"这就是说，中和之道是天下最普遍的法则。⑤中庸与权变的关系，也就是一般性与特殊性的关系。

中庸要求事物从时间而言要保证过去、现在与未来的和谐；从空间而言，要保持局部与整体的和谐；从动态而言，要保持事物变化发展的和谐。所谓发展变化中的和谐就是要求以最小的成本、最没有后遗症的方法、最能保证可持续发展的方式进行，这个过程即是一个从肯定到否定，再到合的过程，这个方法也有三个阶段，即正、反、合。举例来加深对中庸的理解：

《汉书·贾谊传》中有一个善于屠牛者的故事，此人一早上可以分割12头牛，可是他所用的屠刀锋芒不受损害，碰到大骨头时，他就改用斧头，斧头也不受损害，之所以能这样，不是因为屠刀在运行中没有受到抵抗力，而是这种抵抗力相对屠刀而言，阻力较小而已，这种阻力的大小主要取决于持刀人对刀力的把握和速度的控制。屠牛者会解牛就是恰如其分地控制了刀力和速度，这样这把屠刀既可快速割肉，磨损又少，还起到磨刀的作用，有助于刀的锋利。这种恰到好处就是"中庸"，这种恰到好处的状态就是"中和"。但是对中庸绝对不能理解偏，认为中庸永远是以柔和的方式进行，缺乏刚猛，这恰恰不是中庸。因为中庸是"时中"，是动态的、是与时偕行的、是最讲究实事求是的。

我们继续对屠牛故事进行分析，当屠牛遇到大骨节时，用刀就不行，此时应改为斧头，用大斧砍，只要此时砍的力量和速度把握好一个度，牛就很快被解开，同时斧子也不会钝，反而会使斧得以磨砺。这种以斧换刀的做法，正是中庸的"时中"。由此可见，中庸是阴阳兼备、刚柔并济，该强则强、该弱则弱，文武之道、一张一弛。

孔子曰："中庸之为德也，其至矣乎，民鲜久矣。"朱子《注》说："中者，无过不及之名也。庸，平常也。"中庸两个字，以及孔子朱子这几句话，在现在有些人的心目中，是非常迂腐可厌的。有人误会"中"就是不彻底，有人误解"中"有模棱两可的意思。有人误解"庸"就是庸碌的意思，凡事"不求有功，只求无过"。这些认识都是错误地对"中庸"的理解，"中"是无过不及，恰到好处的意思。

按照冯友兰先生的说法，所谓恰到好处有两个方面：一方面就是道德说，另一方面就是利害说。就道德方面说，所谓做事恰到好处者，即谓某事必须如此做，做事者方可在道德方面得到最大的完全。就利害方面说，所谓做事恰到好处者，即谓某事必须如此用，做事者方能在事业方面得到最大的利益。儒家讲用中，做事不可过或不及，是就道德方面说"中"。道家讲守中，凡事都要"去甚，去奢，去泰"，是就利害方面说"中"。

无论就道德方面说"中"，或就利害方面说"中"，"中"均没有不彻底的意思。若所谓彻底者，从道义而言，就是应该做到的地步；从利害而言，就是获得完全成功的地步。不如此就会贤者过之，愚者不及，前功尽弃。因此，"中"就是最彻底的。

"中"也没有模棱两可的意思，譬如某人对于做某事有一意见，另外一人对于做此事另有意见。如某人之所见，正是做此事之恰好的办法，则此人之意见，即是合乎"中"，不必亦不可将其打对折，将其"折中"。

程子说："庸者，天下之定理。"定理者，即一定不可移之理也。所谓公式公律等，都是一定不可移之理，都是定理。康德说：凡是道德的行为，都是可以成为公律的行为。例如"己所不欲，勿施于人"的行为，是可以成为公律的。

程子又说："不易之谓庸。"不易即是不可改易。由此，可以看出"庸"有常的意思，也就是老子讲的常道。

以上是专从道德方面说庸。从功利方面说，凡是能使某种事最成功的办法，亦是最平常的办法。因此，孔子说"小人行险以徼幸"，"君子居易以俟命"。老子也说"大巧若拙"，"大智若愚"。意思是说，小人好用巧办法，往往误事。此所谓"聪明反被聪明误"。

中庸思想承认事物对立的两端是客观存在的，对于对立的两端应持"和而不同"的态度。孔子强调"执两用中"，既不"过"，也无"不及"。他在回答子贡问"师与商也孰贤"时说："师也过，商也不及"，"过犹不及"①，肯定了事物的变化超过一定限度即要转向反面。他还说："无适也，无莫也，义之与比。"② 表明处事要按适当的标准。孔子的中庸思想，既是一种世界观，也是一种对待自然、社会、人生的基本方法，具有很强的实践性。例如，在政治上，孔子主张"名正言顺"，"礼乐兴而刑罚中"，还主张"宽以济猛，猛以济宽，政是以和"③。在经济上，他主张"惠而不费"，"劳而不怨"，"欲而不贪"④。在伦理道德上，他认为中庸为"至德"，主张"直道而行"⑤。在美学上，他主张文质兼备，"乐而不淫，哀而不伤"⑥，等等。孔子以后，相传子思作《中庸》，认为"中"为"天下之大本"，中庸为最高的道德准则。以后儒者又不断对中庸加以诠释、发挥。朱熹认为中庸指行事"行得恰好处，无些过与不及"，而此又须"知得分明，事事件件理会得一个恰好处，方能如此"⑦，这使"中庸"不但成为儒者认为世界的基本方法和处事接物的基本准则，而且渗透到一般人的社会心理之中。

蔡元培先生认为"中庸之道"是中华民族之多数人所赞同，且较为持久的行为原则。申言儒家标榜的典范人物，从尧、舜、禹、汤、文、武至孔子，均不为"过与不及"，凡事持中庸态度；而持"极右派"的法家、"极左派"的道家，"无与中华民族性不适宜，只有儒家的中庸之道最为契合，所以沿用至两千年"。以为继儒家而起的孙中山的三民主义新学说"也是以中庸之道为标准"：民族主义持"国家主义与世界主义的折中"，民权主义为"人民与政府权能的折中"，民生主义"要使社会上大多数的经济利益相调和，而不相冲突，这是劳资间的中庸之道"，实乃"适合于中华民族性，而与古代的儒家相当"⑧。

①《论语·先进》。
②《论语·里仁》。
③《左传·昭公二十年》。
④《论语·尧曰》。
⑤《论语·卫灵公》。
⑥《论语·八佾》。
⑦《朱子语类》卷六十四。
⑧《蔡元培全集》第五卷。

中庸思想与老子的"反者道之动"思想并不矛盾，同时互为兼容。万物变化遵循的规律中最根本的规律就是"物极必反"，按照老子的话讲就是"反者道之动"。意思是说，任何事物的某些性质必然会发展到一定的度，到了这个度就会走向反面。是不是任何事物都有一个度，老子没有回答。但孔子的中庸之道回答了这个问题。这个度即是中庸之道之"中"。这个"中"是一个变化的、动态的中。更确切地讲，即为"时中"，做到了"时中"，也就把握好了这个度。也就做到了《周易》里的"与时偕行"，用今天的话讲就是与时俱进。

中庸是中国的传统哲学，其核心是和谐。"有对必有仇"，最后是"仇必和而解"。汤一介先生讲：马克思主义哲学讲矛盾，也不能片面夸大斗争。"文化大革命"的根本错误在于把斗争绝对化，所以讲无产阶级专政下继续革命。不要"解"，要斗到底，就斗垮了。

汉朝初年，儒生陆贾告诫刘邦可以"居马上得天下"，不可以马上治天下。意思是说，用暴力可"逆取"天下，可是在取得天下以后，就必须用文来"顺守"天下，这样国家才可以长久。

中庸作为一种哲学观，用这种哲学观去研究管理领域得出来的对管理学的一般原理性的框架结构，就是中庸管理学。

中庸作为一种哲学观，它有几个特点：其一，它是兼容并包的。"叩其两端而竭焉"。研究的依据越全面越符合中庸的要求。其二，与时偕行的。对当今而言就是站在全球化的高度来认识研究管理。其三，纵向而言，它是从历史的高度认识研究管理，它是对全部管理历史的总结，它不反对实证分析方法，但它反对通过一次或者个别的实证分析就贸然得出一般规律的不谨慎态度。比如，在医学方面有中医与西医之别，若用实证法对两者的功效进行比较，就会过于简单。尤其在短时间内通过一次或几次实验结果，就贸然得出西医优于中医的结论；也不能在某个特殊的领域进行实验和实证分析，就贸然得出中医优于西医的结论。我们要经过综合性地分析，要考虑时间因素、成本因素、用药的正负效果，不仅要从理论上分析，还要经过长时期的较广泛领域内的试验实证，最后才能下一个结论，也许这个结论不是非此即彼，而是兼容的，这也正是中庸思想之体现。其四，研究管理学不能局限于管理学的范畴，要对其文化、历史、政治、法律、经济、军事、文明之起源以及风俗习惯等都要进行研究，因为管理行为、管理理念受制于多方面的影响。其五，既然是一般管理学规律的探索，依照中庸的哲学观就必须对政府管理、军事管理、企业管理等都要进行研究，然后抽出一般性的规律。其六，在得出一般管理学原理的基础上，再应用于具体的特殊的管理领域，即可构成一个中庸管理学体系。否则只有一般没有特殊，只有抽象没有一般，均不是中庸观的要求。其七，对任何一种管理领域的研究和总结，或者讲对任何一个民族的管理思想的总结都要根据不同民族的思维方式，对其管理、文化、经济进行理解和认识。绝对不能以一种标准模式、一种价值观去看待、去理解不同民族的文化、管理，这种方法本身是不符合中庸精神的。在思维方式上、研究方法上，中庸的思维方式同样是兼容并包的，它既强调综合，又注重对问题分析；既要求在方向上对事物有定向性的研究，又要求对事物的把握更准确，这就要求研究方法更多地可以借助于数量方法、数学模型等，从而达到对事物中的准确把握。因此，中庸管理学必须依赖于多种学科以及现代科学的最新成果。

二、"天人合一"的终极目标

从上面论述中我们知道中庸不仅仅是一种哲学方法，还有价值层面的含义，中庸的终极目标就是天人合一。天人合一也是中国哲学的最基本命题，并且由天人合一这个基本命题和这个命题所表现的"体用一源"的思维方式。从根本上说也即是一种"普遍和谐观念"的宇宙人生论。此"普遍和谐观念"的理论大体上包含四个层次自然的和谐：自然的和谐、人与自然的和谐、人与人的和谐、人自我身心内外的和谐。其中人与人的和谐也包含人与组织的和谐，以及人与社会的和谐。若果以此进行推理下去，普遍和谐观也会有组织与组织之间的和谐、组织与社会的和谐、组织与自然的和谐。

中庸哲学与西方哲学和印度哲学不同，它是把对宇宙人生的认识建立在"天"、"人"和谐的基础上。宋朝的思想家邵雍说得明白，"学不际天人，不足以谓之学"。学问如果没有讨论天人的关系，不能叫做学问。那么，以"天人合一"的思想来认识研究管理，而管理本质是关于组织和组织成员的管理，也就是说管理学的本质是关于组织和组织成员的学问，其核心是发掘组织和人的价值，从这个角度而言，管理学就不能不考虑组织与天的关系、组织与组织的关系、组织与人的关系、组织与社会的关系，否则，"天道"就无法彰显，人也就不能"为天地立心"，"为生民立命"，"为天下谋太平"，天人关系也就无法"合一"。

现在人们强调"知天"（所谓掌握自然规律）只是一味用"知识"来利用自然，以至于无序地破坏自然，把"天"看做是征服的对象，而不知对"知识"应有所敬畏，这无疑是"科学主义"极端发展的表现。"科学主义"否定"天"的神圣性，从而也否定了"天"的超越性。这样，就使人们在精神信仰上失去依托。中国人的"天人合一"学说以为"知天"和"畏天"是统一的。"知天"而不"畏天"，就会把"天"看成一死物，而不了解"天"乃是有机的，生生不息的，刚健的大流行。"畏天"而不"知天"就会把"天"看成外在于"人"的神秘力量。而"人"则不体现"天"的活泼的气象。"知天"和"畏天"的统一，正是说明"天人合一"的重要方面，从而表现着"人"对"天"的一种内在责任。汤一介强调，我们不能把"天"和"人"关系看成是一种外在关系，这是因为"天即人，人即天"，"天"和"人"是相即不离的。

"天"和"人"之所以有着相即不离的内在关系，皆因为"天"和"人"皆以"仁"为性。天有生长养育万物功能，这是天的仁的表现。"人"既为天所生，又与天有着相即不离的内在关系。

那么，人的本性就不能不"仁"，故有"爱人和物之心"。"天人合一"不仅是人对天的认知，而且是"人"应追求的一种人生境界，这种境界当然也是组织以及组织成员的共同理想才是。因此，管理学所研究的对象即组织一定要以"天人合一"为自己的终极理想。如此，我们就不难理解企业家社会责任问题，企业家的精神问题。有人对企业家精神分成三个层次，即个体层次的、组织层次的与社会层次的。若用中国人的话说就是一个"修齐治平"的问题，即修身、齐家、平天下。如果进一步引申的话，也可变为修身、齐公司、治国、平天下。还有企业的外部经济问题，人的道德观念问题，企业伦理问题，甚至军事组织的伦理问题。

三、无为而治是中庸管理学的方法论

要实现天人合一的终极理想，就要具有"生而不有，为而不恃，长而不宰"的玄德，① 也就是要达到"无身"的人生境界，按照佛家说就是"无我"境界，儒家说法就是"毋我"的境界。唯有此，才能"处无为之事，行不言之教"，② 才能"治大国若烹小鲜"，也才能"圣人后其身而身先，外其身而身存，非以其无私邪？故能成其私"。③

"我无为而民自化；我好静而民自正；我无事而民自富；我无欲而民自朴。"④

最终达到"无为而无不为"。⑤ "无为而无不为"其实就是无为与无不为的中和，也可以理解为无为与有为的中和，因此，也可以纳入中庸的思想体系之中。

这种无为而治的思想用在管理学方面就是要求组织树立真正的管理就是减少管理的理念。"无为而治"就是通过领导的无为，激发部下的积极有为精神，也就是处理好领导的无为与有为关系，把握好一个度，从而使组织的积极性和创造性发挥到恰到好处，以实现组织效益的最大化和持久化。

此外，要实现"无为而治"，必须依靠文化的力量，这既是无为管理的要求，也是人性的必然要求，只要管理活动离不开人，管理就离不开文化，这是管理学所必然的要求，也是必须的要求。否则，管理就变成只能成全极少数人的野心和阴谋的工具，成为人类和谐的恶魔。诚如此，我们还不如放弃对它的研究。所谓文化的力量即是在人的精神层面树立起基本的价值观、道德观和廉耻感。正如谚语所说"窃贼亦有廉耻之心"，人丧失了廉耻，所有社会与文明会顷刻间崩溃。正像辜鸿铭先生所言，人没有了廉耻感，社会就只能依靠暴力来维持一段短暂的时间。但是暴力无法使一个社会长治久安。警察依靠暴力迫使商人履行合同。但法官、政府官员或共和国的总统又是如何使警察恪尽职守的呢？当然不全是暴力，最主要或许还是警察的廉耻感，或者利用欺骗。

那么，廉耻感对人类已经建立起来的最基本的三个组织，家庭、企业与国家来说，更是显得重要和不可或缺。在中国历史上这一伟大的事业是由周公和孔子共同完成的。孔子在周公思想基础上完成了他的仁与礼的思想体系，成为中国几千年以来共同信奉遵守的国教。到孟子时还提出"民为贵，社稷次之，君为轻"的理念来。今天，政府开始倡导构建和谐社会，其意义正在于此。当然，"天人合一"与天下为公的理想也要求体现在这种文化体系当中。

其次"无为而治"，还要建立一套独立的行之有效的制度体系，如果说文化伦理像一只无形的手帮助组织进行管理的话，那么这个制度体系就是一只有形的手帮助组织进

①《老子》第 51 章。
②《老子》第 2 章。
③《老子》第 7 章。
④《老子》第 57 章。
⑤《老子》第 37 章。

行管理。这个制度体系要发挥到这种有效的程度，就必须遵循一些基本的理念和原则，我以为首先要树立"制度第一，领导第二"的理念，领导一定要成为维护制度的模范，要保证领导成为维护制度、遵守制度的模范最有效的方法就是限制领导的权力。领导的权力不能高于制度，权力是制度规定下的权力。如何才能实现制度高于领导权力呢？中国古代的水、木、火、金、土五行相生相克的关系曾经启示了西方世界对政治学的研究。

春秋至西汉，是自然科学迅速发展的时期。学者们观察到自然界的一些事物往往是在相生相克中，达到协同合作的效果。如生物躯体各器官之间的关系就是这样。《大戴礼记·易本命》篇说："四足者，无羽翼。戴角者，无上齿。"正是生物机体构成的这种相关制约关系。使得它们能够在整体上协调配合，较好地适应生活环境。这些发现与战国时期逐渐成熟起来的阴阳五行学说是一致的。古代医家应用这些观念研究人体，确认人的身体可大致分为五个分系统，分别由肝、心、脾、肺、肾五脏统领。这五个分系统之间犹如木、火、土、金、水五行一样，具有相生和相胜的关系，形成一个稳定的具有内在调节能力的整体结构，因而能够抵御外邪侵扰，维持人的正常生命活动。

汉儒把这些思想移植过来，用以研究社会系统的管理，进一步寻找使君、臣、民达到协调统一的机理。其研究成果主要反映在董仲舒的《春秋繁露》之中。如：

"木者，司农也。司农为奸。朋党比周，以蔽主明，退匿贤士，绝灭公卿，教民奢侈……夫木者农也，农者民也，不顺如叛，则命司徒其率正矣。故曰金胜木。

火者，司马也。司马为谗，反言易辞以谮愬人，内离骨肉之亲，外疏忠臣……夫火者，本朝有邪谗荧惑其君。执法诛之。执法者，水也，故曰水胜火。

土者，君之官也。其相司营。司营为神，主所为皆曰可，主所言皆曰善，谄顺主指，听从为此。……夫土者，君之官也。君大奢侈过度失礼，民叛矣。其民叛，其君穷矣，故曰木胜土。

……夫水者，执法司寇也。执法附党不平，依法刑人，则司营诛之，故曰土胜水。"[1]

"东方者木，农之本。司农尚仁，进经术之士，道之以帝王之路……积蓄有余，家给人足，仓库充实，司马实谷。司马本朝也，本朝者火也，故曰木生火。

南方者火也，本朝。司马尚智……天下既宁以安君。官者司营，司营者土地，故曰火生土。

……西方者金，大理司徒也。司徒尚义……是以百姓附亲，边境安宁，寇贼不发，邑无讼狱，则亲安。执法者，司寇也。司寇者，水也。故曰金生水。

……器械既成，以给司农者。农者，田官也。田官者木，故曰水生木。"[2]

依照董仲舒的理论，社会管理也分为五个方面：司农（主管钱粮）、司马（主管兵事）、司营（主管宫廷事务）、司寇（主管刑狱）和司徒（主管教化）。此五方面之间存在着相促进、相制约的关系。

只是这种思想在当时是建立在皇权之下的一种制度设计思想，在那时也难以形成一种对皇帝权力有刚性克制的力量，当然，在中国历史也有过短暂的"王与马"共天下

---

① ②《春秋繁露·五行相胜》。

的东晋格局。在唐朝贞观时期也有过李世民自觉限制自己权力的做法。但是那个时期皇帝制度是历史的主流，形势使然，不可能有我们今天意义上的对建立相生相克的制度体系的理解和认识。

相生相克互为独立构建制度的思想用之于国家可以建立现代意义上的宪政，用之于企业可以通过股权结构的三角化实现良好的法人治理，从而使企业从人治管理到制度化管理。

五行相生相克的思想实际上也可以归属于中庸思想体系之中，所谓生与克，正好代表事物之两端，但是生与克既不可超过一定的度，也不可有生而无克或有克而无生。这就是既要相生又要相克，相生相克还要适度，否则，均不利于事物的发展。这是制度设计思想的根本原理。除此之外，在建立制度时还要遵循韩非所讲的"立可为之赏，设可避之罚"的原则。所谓"立可为之赏，设可避之罚"就是在立法的时候依据大数原理，以调动绝大多数的积极性和创造性为出发点。制度的赏格标准不要设计得太高，一般人经过努力就可以争取到赏赐。同样，禁止的条款也就是罚格标准要制定高一些。就像韩非所说即使瞎子在平地上走路，也不至于陷入深谷。总之要设立可以争取到的赏赐，设立可以避免的罚则。这样的话，也就可以避免"禁人所必犯，法不行也"的恶果，从而使法律制度行之有效，以求鼓励绝大多数，打击极少数人的目的。使法律推行起来顺畅，从而降低了执法的成本，也会减少腐败。

在制度的设计和变革时，还必须以组织文化为灵魂，否则会形成制度所保护的支持，所打击的、反对的与组织文化理念相背离的情况，使制度法律走向反面，与无为而治、天人合一的思想越来越远。

再次，正确的选拔人才、任用人才与和谐组织的建立也是实行无为之政的根本保证。

会用人是领导的主要本领。要会用人首先学会识人，学会识人就要对人才进行分类，刘邵的《人物志》里有很多关于识人用人的学问。但是它最基本的对人才的分类法是以中庸思想为依据的。从大的方面而言，刘邵对人才分为五类：最高级的人才即为中庸之人，也称为兼德之人，也称为英雄人物，也称为国体之人，即德法术兼备者；其次为兼才之人；再次为偏才之人，偏才以中庸为标准，偏刚强者为六类，偏柔顺者为六类，此十二类偏才均为人才；偏才以下即为伪人才，包括依似之人和间杂之人。

至于观人之法也体现了中庸哲学的全面观与孔子的识人思想一脉相承。像"听其言，观其行"，"视其所以，观其所由，察其所安"。

学会识人用人的本领作为领导固然重要，但建立一种用人考核的公平的人才制度更为重要。用人的方法是术，不是法，建立了一套唯才是举的公平制度，才是保证组织长久不衰的根本。此方面我们要以兼容并包为精神既要继承我们历史上的诸如察举制、科举制等，还要吸收西方社会的民主选举制度与文官制度。以及建立这种制度的价值理念和精神。从而真正实现"无为而治"与"天下为公"的政治理想。此外，组织建设至关重要，组织是实现目标的主力军，同时组织的和谐也是组织的价值所在。

组织建设方面要依据中庸的思想，根据组织行为学的基本原则处理好几种关系：个人与个人之间的关系；个人与组织的关系；自我管理与组织管理的关系；分与和的关系或者说分与统的关系；组织层次与管理幅度的关系；组织内部的沟通问题（法约尔就较好地解决了这一问题）；职权与责任的关系；统一指挥与控制的关系；人性化管理与科学管理的关系；正式组织与非正式组织的关系；组织任务的定性化与定量化的关系；组织目标效益最大化与可持续化的关系；组织制度与组织文化的关系……比如，有人总结说西方管理组织模式倾向于金字塔型，中国的组织模式倾向于树状的结构，这也体现了一种是有为的管理，一种是具有无为精神的组织文化。再比如，满负荷的工作制度与末尾淘汰制是否适用于中国人都值得研究。并且这些研究除了靠实践检验外，还要对民族文化做深入的探讨才行。

处理好这些关系都必须把握一个度。这个度掌握得好，组织的合力就会最大化，同时也最持久化。此外，实现无为而治，还要减少管理的内容，尤其在社会化程度高度发达，社会的非政府组织高度发达以及全球化趋势日益广日益深的今天，民主与自由已成为现代社会的潮流。一切组织都出现了企业化趋势，发挥好自己的绝对优势和比较优势，以天下为公为理念，合作、发展与共赢已成为社会的主旋律。

在政府管理方面，大社会、有限政府已深入人心。如果还想逆潮流而动，一切以控制为出发点，继续宋朝以来的"事为之防，曲为之制"的历史传统，大事小事都由政府控制。那么，精简机构、减负财税，就只能流于形式。一出现问题就认为自己没有管好，控制不严，于是继续增加管理的内容，要增加管理内容，只有增加管理人员的编制，同时制度也越来越烦琐，如此下去，就会像先秦寓言里说的一种名叫蝜蝂的动物，这种动物很喜欢背东西，无论遇到什么东西，总要设法背在身上，终于越积越多，越来越重，直到压死为止。

企业方面也应减少管理，能社会化的尽可能通过社会分工协作去解决，诸如分房子问题、买车用车问题、企业食堂问题以及子弟学校问题等，还有企业一旦规模太大，企业集团化管理问题就出现了，是继续推行一级法人制呢？还是采用控股公司的模式？采取的控股公司模式是一股独大呢？还是建立相对能够互相制衡的三角化股权关系呢？现在我们很多企业老板一谈股份制，一谈收购、兼并，非绝对控股不为。只有绝对控股才行，并且在企业内部管理上人、财权一人独揽，个个都想做秦始皇，自以为这就是法家韩非的思想，《韩非子》中的思想是这样吗？恰恰相反，《韩非子·解志篇》充分地解释了老子的无为思想，对《老子》推崇备至，《老子》虚静无为思想是韩非子的思想根源，读书读不到家反而会误己误人，更何况道听途说学来的只言片语。

无为思想在决策方面表现为集思广益，和而不同，要听取各方面的意见。古人也讲，"和则生物，同则不继"。同时还要使这种决策程序化、制度化。这既能保证决策的科学性，又能激励员工和各界人士对组织的忠诚，从而也使个人的价值得以体现，这也正是无为精神和天下为公思想的价值所在。

"民之难治，以其上之有为，是以难治。"① 司马迁也说："天下熙熙，皆为利来；天下攘攘，皆为利往。"又说："故善者用之，其次利道之，其次教诲之，其次整齐之，最下者与之争。"

天下是天下人的天下，天下不是一人的天下。无为而治的思想其根本仍然是中庸思

---

① 《老子》第75章。

想的体现。天下为公的理想，天人合一终极目标，必须无为而治才能实现。

上述所知，中庸是建立管理学的总方针，同时，"天人合一"是管理的目标。这种目标是一个整体的目标体系，既有道德的价值的，也有功利的利益的；既有短期的也有长期的；既有个人的价值实现，也有组织价值的实现；既有客观的可能性，也有主观的能动性，是主客观的统一。

在方法上，无为而治既是实现组织目标的方法，又是组织的出发点和归宿；既有文化精神层面上的，又的制度层面的，可以说是道、法、术的统一；既重视领导和干部的作用，又重视组织的整体合力，处处都体现着中庸的精神。

中庸管理学作为一门学科体系，仅止于此是不够的，它还必须包括对组织自身条件的研究、自身环境的研究、组织内部信息与外部信息的研究，以及如何使组织在一定主客观条件下制定正确的战略以及实施战略所需要微观层面上的管理和控制，形成一套道、法、术统一的学科体系来。并且在形成一般性管理框架后，还能根据组织性质的不同，领域的不同，或者行业的不同，形成组织的特殊性的管理学，也就是说既要形成一般规律的管理学，还要用之于政府，即为政府管理学；用之于军队可为军事管理学，不仅如此，以一般性的管理学原理与自身的组织相结合，还能建立起具有现实价值的、符合自己文化背景的组织管理学，从而指导自己的企业经营，自己的政府管理，等等。

四、对管理学历史的回顾及展望

从管理学历史看，西方是从企业经营管理开始认识管理的。西方的科学管理理论始于泰罗，泰罗的科学管理是以19世纪末期的工厂管理为背景进行总结的。工业革命的兴起，带来了近代机器大工业，机器大工业所创造的生产力，超过了以往人类创造的生产力的总和，由此引发了人对机器设备等物质的崇拜，反而视人为大机器的附属物，这便是以物为本的管理。过去人们常说的管理要以生产为中心，以财务为中心或以资本运营为中心，均属此类。因此，西方管理理论是在这一特殊环境、特殊的时代产生的，必然不能形成一般性地对管理的认识和总结。

西方社会宗教的独立完善，也导致了西方管理学在形成之初忽略了宗教和文化对管理的影响。西方社会在当时宗教相对独立，对社会有广泛深刻的影响，同时对西方社会的绝大多数人都发挥了一种心灵的教化作用，这种作用正好弥补了科学管理的不足，但在西方人总结管理学时，把这一作用和影响忽略了，从而使西方管理学在框架上有一个大的欠缺。

这也正是导致中国人在学习西方管理时产生重大错误的原因。中国管理学界在学习西方管理时自然也忽略了历史和文化，甚至宗教对管理的影响。西方人忽略了只是在学术上的忽略，在实践中本身有一个独立的基督教在发挥着教化人的作用，以及西方社会有较为完善的外部法治环境，促进着西方管理学的发展，也起到了弥补学术上的不足。但是，对中国人就不同了，我们自"五四"运动以来，就一直批判我们的传统文化，砸了毁了中国人的国教，即孔子为代表的儒家文化，使中国社会丧失了对人道德的基本教化，再加上对西方科学管理的片面学习，使管理科学进一步工具化，不但没有促进我们的管理，反而雪上加霜，培养了一批具有虎狼精神的企业家。这一点至今在管理学界仍执迷不悟。然而，随着西方社会企业管理实践的日益发展，西方管理学也在迅速发展，继泰罗之后出现了法约尔的组织管理理论。到厄威克时，他把法约尔、穆尼和泰罗的思想加以整理，并有机的结合，形成了比较完整的系统的管理理论。

第二次世界大战后期，西方又出现了重视人本管理的行为科学派，与此同时，西方的现代管理理论又出现了"管理科学"派，这一学派理论在继承泰罗的"科学管理"理论基础上，将近年来的最新科学技术成果应用到管理工作的多个方面，形成了许多新的管理思想和管理技术，使管理工作的科学性达到了新的高度。"管理科学"学派的主导思想是使用先进的数学方法及依靠计算机技术，使生产力得到最为合理的组织，以获得最佳的经济效益，而极少考虑人的行为因素。"管理科学"的重要特点是将数学模型广泛应用于经营管理。

之后又出现了"决策理论"学派，决策理论学派是以统计学和行为科学为基础的，他们认为，管理就是决策，决策分为程序性决策和非程序性决策。

20世纪70年代石油危机爆发后，美国企业受到日本的严重挑战，日本的商品充斥着美国的市场，美国一向认为最先进的企业管理发生了危机，他们开始对自己的现代管理进行反思。1981年威廉·大内发表了《Z理论》这本轰动美国管理界的名著。

"美国企业在20世纪90年代里将要面临的关键问题不是技术或投资，也不是规章制度或通货膨胀，关键问题将是我们如何对这一事实做出反应——日本人比我们更懂得怎样管理企业。"作者直率地指出："作为一个国家我们已经认识到技术的价值，也愿意采用科学方法对待技术，然而却从不重视人的作用。我们的政府拨出很多亿美元的经费去研究电机、物理和天文学的新技术。它支持复杂的经济思想的发展，却几乎没有拨出任何款项从事研究如何管理，以及如何组织人从事生产工作，而这些只有通过对日本人的研究才能学到。"威廉·大内系统地比较了美国企业管理同日本企业管理的差别，指出了如何从采用美国式管理的组织——A型组织向采用日本式管理的组织——Z型组织转变的许多措施，其核心就是要信任和关心职工。

当今，人类已进入信息时代。信息处理和传递技术的发展正在或仍将继续使企业生产经营活动及其组织产生重大变革。信息时代表现出如下基本特征：①信息化；②网络化；③知识化；④全球化。信息时代的上述特点影响着现代企业的管理，使企业管理正在朝着如下几个方面进行创新。

1. 管理思想创新

传统企业管理是以资源稀缺性原理和投资收益递减规律为理论基础的。信息时代的企业管理将以知识的无限性和投资收益递增规律为指导思想。在新的时代，知识和掌握知识的员工将比资本和土地等自然资源更为重要，知识将成为创造财富的最重要的资本。人本思想将真正成为企业管理的指导思想。

企业原有的劳资关系和雇佣关系将受到挑战。掌握知识的员工将获得企业剩余索取权，并将更多地参与管理。

2. 经营目标创新

（1）以可持续发展，代替利润最大化。长期以来都以利润最大化作为企业经营的目标，以盈利能力作为评价企业好坏，成败的唯一标准。新的时代，企业将以可持续发展作为企业最主要的战略目标。美国《幸福》杂志评选世界最优秀企业的9项指标，可以作为企业经营目标导向的一个例证。这 9 项指标是：创新精神；总体管理质量；长期投资价值；对社会和环境的责任；吸引和保留有才华人员的能力；产品和服务的质量；财务的合理性程序；巧妙使用公司财产的效率；公司做全球业务的效率。

（2）以公司市场价值代替市场份额。

（3）经营战略创新。传统的竞争战略是你死我活的零和博弈。信息时代的经营战略则是竞争与合作并存的双赢战略（孙子兵法的不战而胜）。

（4）生产系统创新。进入 20 世纪 80 年代后，出现了计算机集成制造系统（Computer Integrated Manufacturing Systems，CIMS）。CIMS 的核心是集成。它把成熟的管理方法与先进的制造技术，用数字化的信息技术连成一体，形成四大系统；计算机管理信息系统、计算机设计与开发信息系统、生产自动化信息系统和质量控制系统。从而大大提高了工作效率，从根本上改变了管理工作的面貌。

（5）企业组织创新。企业内部组织结构正趋向扁平化方向发展。

建立学习型组织。彼得·圣吉在《第五次修炼》中指出，企业应成为一个学习型组织，并提出了建立学习型组织的四条标准：①人们能不能不断检验自己的经验；②人们有没有生产知识；③大家能否分享组织中的知识；④组织中的学习是否和组织的目标息息相关。合资企业中合作双方更应成为学习型组织，这是长期合作的保证。

规模经济传统的观念正在改变。人们在信息时代经营中逐渐认识到，企业规模不是愈大愈好。

虚拟公司正代替传统的实体型企业，建立虚拟公司首先要拥有核心技术，能够抓住市场机遇，经过工业信息网络或国际互联网，寻找合适的合作伙伴，合作成员之间保持竞争与合作的企业文化。

由此可见，西方管理也向人本管理、系统管理发展，并且经营目标不仅重视效益最大化，更重视企业的可持续发展。中西管理正在逐渐趋同化。

20 世纪初诞生的管理学随着理论研究者和实践者的努力，理论与实践均呈现出空前的繁荣，流派迭出，新理论新思想不断产生，人才辈出。哈罗德·孔茨曾写过两篇著名的论文《论管理理论的丛林》（1961）和《再论管理理论的丛林》（1980），对 1980 年前的管理学领域内精彩纷呈的理论、主张等作过一个精辟的归纳与分析。

这些流派尽管各有自己对管理的看法，但就内容上来看不超过三大内容，即组织、管理方式以及经营。

例如，泰罗为代表的科学管理，从本质上可以归结为一种管理方式或方法；法约尔和韦伯的著作则是典型的组织研究成果；而行为科学派则既可以归结为组织的动力学过程，又可归结为以人为本的管理方式的探讨；西蒙为代表的决策理论学派主要是发展了决策的科学方法体系。至于权变理论学派、管理科学学派等其研究内容不过是组织及组织内部的科学方式方法。其中唯有日本代表的管理学派提出了研究经营理论及经营中的管理问题。

从另一个方面看，20 世纪的管理理论学派尽管派别林立，实际从研究方法看，每个学派均有那些代表人物习惯的学科分析方法来对管理进行研究。行为科学派是用典型的心理学知识、行为分析方法来研究组织、人际关系；系统学派则是用系统理论分析研究企业组织；经验学派则是用实证的，案例分析的对象直接是组织、组织中的管理问题，还有其他的管理科学学派的数理分析方法等。概而论之，这些方法的本质不过是从各自不同学科及相应分析方法角度对管理学的三大内容，尤其是组织与管理方式的研究而已，正是如此，才促成了管理学发展至今拥有众多学派，也正是如此，管理学才成为一门需要有众多学科支撑的学科，并且这方面仍在继续发展。如20世纪80年代开始的组织文化特性，离不开对文化的研究；90年代《第五项修炼》，离不开系统动力学知识和方法论。这些研究以及所用方法都对管理学作出了巨大的贡献，但遗憾的是至今未能形成一种从哲学层面有一个"一以贯之"的方法，从总体上形成对管理的认识和把握，这样会导致管理学知识的片面和零碎。管理学不像一个演绎的体系，没有公理，没有常道，更像一种多学科研究管理结论的拼盘，这样下去，会朝老子所说的"为学日益，为道时负"的方向去，这也正是用中庸思想研究管理学的价值所在。

五、构建中庸管理学体系

20世纪的人们在发展时竭泽而渔，使资源枯竭、生态环境恶化、物种减少、气候反常等，这一切给21世纪的发展带来困难和危机，人类不禁要问，人类何时毁灭？可以说20世纪是专业分工大发展的世纪，人类从专业化分工中获得了巨大的收益，20世纪所代表的文明是一种专业化分工的文明，这个文明从哲学方法上而言，其实是一种以分析思维为代表的。季羡林先生讲21世纪是东方文化的世纪，东方文化从思维方式上而言是综合性的思维，因此，我们也可以预言21世纪是综合思维的世纪，这种思维最主要的即是中庸的思维方法以及天人合一的哲学观，用这一方法将现代的管理理论和派别贯穿起来，使之形成一个有机的、整体的、系统的学科体系，此即是中庸管理学。

中庸管理学旨在解决如下之关系：人本管理与物本管理之关系；人文中宗教与哲学之关系；人文管理与科学管理之关系；制度管理与道德伦理之关系；领导之无为与部下有为之关系；管理与经营之关系；方法和目标之关系；定性和定量之关系；组织环境与组织之关系（用中国人的话说即人与天地之关系）；天下为公与产权私有之关系；虚拟经济与实体经济之关系；组织规模与组织效率之关系；组织规模与组织成员活力之关系；组织目标短期与长期之关系；组织局部利益与全局利益之关系；组织发展中的变革与成本之关系等。

那么，作为中庸管理学体系，又是如何将现有的管理学理论丛林囊括在一起，并在此基础上进一步创新，形成一门较为严密的系统的管理学体系呢？我认为首先将管理学研究的内容要从已有的管理学理论中抽出一般的规律，然后再进一步对这一规律进行验证和分析，以检验这一规律的普遍意义。

如果就管理学三大内容而言，首先是关于组织及其理论，组织实际上是管理系统本身的实现形式，也是管理系统的基本结构。在早期的组织理论中，组织是协调一群人行动的结构。这些人具有共同的目标，并以相应的管理制度予以约束。美国管理学家巴纳德定义组织为"有意识地加以协调的两个或两个以上的活动或力量的协作系统"。但更有名的组织理论始建于韦伯，韦伯的理想组织是所谓的"科层制"结构，即金字塔的结构。"科层制"结构有许多明显的优点，它使组织的工作秩序明显提高，在很大程度上还可以摆脱任人唯亲等一些弊病。但是它的缺点在于非常容易把组织法规当做组织目标，以及造成下级的官僚主义，缺乏创造性和主动性等。

现代组织理论更多地走向了管理哲学。较有代表的是系统理论和权变系统理论，系统理论认为组织是一个开放的社会技术系统，组织需要更多地解决子系统之间的协调，组织具有社会性和技术性两种基本属性，也就是组织既要服从于社会规则，又要服从于技术规则。

在从泰罗开始的科学管理中，组织基本上被理解为一种技术系统，企业类组织通过一系列的标准化、数量化、最优化的技术规范来提高组织的效率，甚至在韦伯提出的行政组织结构，就有一种颇为典型的技术系统设计，他要求：①组织内的明确分工；②组织的规章制度；③组织的等级体系，即"科层"；④管理人员不受感情影响的机械化、理性化；⑤由技术专家决定人员的作用和提升，鼓励忠于组织，保持人员稳定。

从上述设计中，组织类似一个技术的机器。分工造成了机器的部件；严格规章制度限定了机器部件之间的关系，就像传动用的链条或齿轮；等级体系确定了控制关系；技术专家决定人员就像决定部件是否需要更换；而更妙的是管理人员必须不受个人感情的影响。但是，第④、⑤往往不总被完全执行，从而导致其他几条出现问题。因此，组织由人组成的基本特点决定组织具有社会性，管理组织受到人的社会性影响，受到文化的影响，尤其在日本经济起飞之后，组织文化的理论有了大的发展。所以，我们可以说，管理组织的本质就是要解决好组织的社会系统和技术系统的关系，使两者和谐统一，从而较好地实现组织目标。那么，组织目标又是什么呢？组织目标是一个复合目标系统，不是一个简单化的单纯化的目标。至少应考虑个人目标与组织目标的关系，以求得两者最大的统一性与和谐性；组织功能目标与其他目标，如营利目标之间的关系，管理的重要任务就是协调两者目标的关系。功能性目标是组织长期存在的依据，而营利目标则是组织存在与发展的条件。

作为一个组织，还有整体目标、长远目标，还有为实现整体和长远目标的单元分目标和时间上阶段性目标，这些目标的和谐性一致性正是管理的任务。

从以上分析可以发现，关于组织理论的实质是实现一种平衡，一种和谐，通过的手段也是一种兼顾的动态平衡的手段。由此，我们可以说中庸可以作为组织理论的指导方针，这也就意味着对组织的管理须兼顾组织的社会性和技术性，以实现组织的目标的中和。

孟子说："天时不如地利，地利不如人和。"这句话强调了人是组织的核心。《管子》中也说："夫霸王之所始也，以人为本。""政之所兴，在顺民心；政之所废，在逆民心。""民恶忧劳，我佚乐之；民恶贫贱，我富贵之；民恶危坠，我存安之；民恶灭绝，我生育之。"这些都强调了管理之本是人，也就是我们今天讲的"以人为本"。当然，"以人为本"的管理并不能不兼顾组织的技术系统，组织的技术性是组织中的具有刚性的硬东西，没有此"硬件"，"软件"也难以发挥好作用，从这个意义上说人本管理其实质也是中庸管理。

其次是关于管理方式。科学管理是管理学形成的最初阶段，科学管理既是一种运动、一种思潮，也是一种方法论、价值观的变化。

从方法论的角度看，科学管理的实质恰恰在于它在方法上的革命。在泰罗的创造或以后的科学管理的创造中，工时研究、动作研究、计件工作制、成本核算方法、职能工长制等，是它最主要的内容，而这些无非是想通过规范化、定量化、最优化来使管理更有效率。

福特汽车公司就是科学管理方法论的一个成功案例，福特公司就是通过一套严密的分工体系和流水线作业，大幅度提高生产效率，把汽车推向普通大众。从科学技术研究中直接导致另一种管理学派，被称之管理科学。管理科学派重点是科学，管理只是科学的一个应用领域。科学管理重在管理，而科学只是一种方法和方法论。管理科学在更高程度上依赖于数学方法，其背后则是一种对于数学精确性的信仰。管理科学较之科学管理更加"目中无人"，它本身是一种管理的技术方法，但是，自20世纪以来，传统的以一种机械决定论的科学方法论被打破了，代之而起的是生物学、生态学和系统论的发展，尤其是自组织理论的问世，科学界进一步引进了世界的系统性、有机性和复杂性的观念。这些观念的进一步扩大引进到管理学领域，使管理科学得以进一步的发展。然而，科学管理近于尾声之时，就出现工业心理学，正是工业心理学的研究，为管理方法论又揭开了新的一页。科学技术的发展日益使人们无法摆脱它的控制，这是在西方文化批判中反复提到的命题，并且成为人们反对科学主义和技术主义的理由。管理越来越专业化、技术化，使人越来越依赖于计算机和通信，并且随着这种依赖路径的发展人越来越机器化，这与中国古代的"天人合一"的思想也越来越远。

最后，未来的管理方法应当是科学方法与人本方法的结合。科学管理方法的引进使管理迅速地发展成为一门具有普遍性的学科，并使企业极大地提高效率和效益。

但是，管理总是要通过人来实行，管理的根本对象又是人。因此，在科学管理和人本管理的结合方面，要体现以人为本的管理理念。

尽管管理方法的基本路线只有两条，即人本管理和科学管理，但现代管理的基本趋势都会是多样化。比如，管理的柔性化趋势，柔性化使组织更具有韧性，更具有适应性。

伴随信息技术、知识经济发展，所有的社会生活都有网络化趋势。管理的网络化趋势所带来管理方法改变的根本变化在于管理不再使用命令控制，而是通过交流等方式来传达组织信息，而所有的活动全都是对信息的操作。同时随着信息技术的发展，虚拟组织成为可能并日益扩大化，这些变化必将影响管理方式的极大改变。比如，证券交易公司的审批制度，网络尚欠发达之时，审批证券营业部必经严格的程序，但网络技术日益发达，通过接入一个终端就可进行网上交易，这种因信息技术带来的变化，必然导致对证券公司营业部审批制度变化。

因人本管理精神所在，文化管理在西方开始兴起，逐渐成为一种普遍的管理观念和管理方式，当然在中国传统管理思想中在先秦时期就已成为一种主流的管理理念和方式而被广泛地认同。

通过对上面管理方法的探讨，我们知道管理方式东西方逐渐在趋同，同时虽然管理的方式日渐多样化，但根本的路径还是两种，而最有效的方法既不是科学管理，也不是纯粹的人本管理，最好的是两者的相互结合，统一于一体。这也正是中庸管理精神之所在。

就经营理论而言，其根本是对组织资源的配置，与组织的外部环境以及外部资源成为一体，从而形成组织实现组织目标体系的战略和战术。也可说经营是组织战略和战术的统一。

从以上我们对管理三大内容及相关理论的认识，可以一言以蔽之曰：中庸管理。关于中庸管理的学问即是中庸管理学。如果用中国的传统的语言表述的话，中庸管理学有九大内容或九大要素，即"道、天、地、人、法、术、形、势、知"。

所谓"道"，用老子的话说有以下几层含义：老子说："谷神不死，是谓玄牝。玄牝之门，是谓天地根。"① 其意思是说，有一个生天地万物的根，这个根就是道。《老子》又说："有物混成，先天地生。寂兮寥兮，独立而不改，周行而不殆，可以为天下母。吾不知其名，强字之曰'道'，强为之名曰'大'。大曰逝，逝曰远，远曰反。"② 按照冯友兰的讲法，意思是说，道是不可名的，所以只能勉强给它一个称呼，既不可名，所以不可形容它，只能勉强举出四点：大、逝、远、反。第一是"大"，因道是"众妙之门"，一切事物都出于它。第二是"逝"，一切事物都出于道，其出就是道的逝。第三是"远"，一切事物都出于道以来，都各有生长变化，这就是道的远。第四是"反"，一切事物生长变化以后，又都复归于道。"夫物芸芸，各复归其根"，这就是道之反。从逝到反，是一切事物的发展变化的过程。每一个这样的过程，就是道的"周行"。这种"周行"没有停止的时候，这就是"周行而不殆"。

"道"又被称为"太一"，《老子》说："道生一，一生二，二生三，三生万物。"③ 道生一，所以道是"太一"。这个"太"就是太上皇、老太爷的那个"太"，皇帝父亲称为"太上皇"，老爷的父母称为"老太爷"。一是道之所生，所以道称为"太一"。这个"太一"生出了一，这个"一"就是气，"二"就是阴阳二气，"三"就是阴阳二气之和气，所以《老子》说："万物负阴而抱阳，冲气以为和。"

由此可见，"道"是生成万物的总原理。关于这一点《老子》还进一步论述："道可道，非常道；名可名，非常名。无名天地之始；有名万物之母。"④ 又说："天下万物生于有，有生于无。"⑤ 还说："道隐无名。"⑥ 看来，"无"就是"无名"，"有"就是"有名"。因为道不能说它是什么，只能说它不是什么。这就是"无名"。如果说道是什么，那它就是"有名"，就成为万物中之一物了。有就是存在，一切事物，只有一个共同的性质，那就是存在，就是"有"。

关于"道"是万物生成之总原理，韩非也有论述："道者，万物之所然也，万理之所稽也。"⑦ 除了道是万物生成之总原理，道还有"自然不变的规律"的意思，也就是常道。所谓"常"就是："夫物之一存一亡，乍死乍生，初盛而后衰者，不可谓常。唯夫与天地这剖判也俱生，至天地之消散也不死不衰者，谓常。"⑧意思是说，物之一存一亡，忽生忽死，开始兴盛，后来衰亡，这些都不是"常道"，也就说不能称为自然不变的规律，唯有那些与天地初分时一起生，直到天地消散也不死不变的东西，才可以叫做自然不变的规律即"常道"。

---

① 《老子》第6章。
② 《老子》第25章。
③ 《老子》第42章。
④ 《老子》第1章。
⑤ 《老子》第40章。
⑥ 《老子》第41章。
⑦⑧ 《韩非子·解老》。

常道中最根本的规律就是中庸，至于人事方面的"常道"或叫通则也有很多，如："天道无亲，常与善人。"① 这与孔子推崇的"仁"道一致，仁者爱人，仁者无敌，"仁者寿"。再比如："民之从事，常于几成而败之。"② "祸兮福之所倚，福兮祸之所伏。……正复为奇，善复为妖。"③ "曲则全，枉则直，洼则盈，敝则新，少则得，多则惑。"④ "不自见，故明；不自是，故彰；不自伐，故有功；不自矜，故能长。夫唯不争，故天下莫能与之争。"⑤ "我无为，而民自化；我好静，而民自正；我无事，而民自富；我无欲，而民自朴。"⑥

"道"在孔子的思想体系中也多有论述，"道"的本义是指道路。《易·履》有"履道坦坦"、"道听而途说"。⑦ "道"的意思还引申为政治路线。"礼之用，和为贵，先王之道，斯为美。"⑧ 实行了正确的政治路线，天下太平，叫治世，孔子称为有道，相反即乱世，孔子称为无道。孔子说："天下有道则见，无道则隐。邦有道，贫且贱焉，耻也；邦无道，富且贵焉，耻也。"⑨ "道"的意思又引申为人生观、世界观、思想体系和政治主张，以及深刻的哲理。孔子说："朝闻道，夕死可矣。"⑩ 子曰："士志于道，而耻恶衣恶食者，未足与议也。"⑪子曰："参乎！吾道一以贯之。……曾子曰：'夫子之道忠恕而已矣。'"⑫

"道"也指正确的方法。孔子说："富与贵，是人之所欲也，不以其道得之，不处也。"⑬

此外，"道"也指"天道、地道、人道"。《易·说卦》中"昔者圣人之作易也，将以顺性命之理。是以立天之道曰阴与阳，立地之道曰柔与刚，立人之道曰仁与义"。《易·系辞》中还说："易之为书也，广大悉备。有天道焉，有人道焉，有地道焉。"《易·谦卦》说："天道亏盈而益谦，地道变盈而流谦，鬼神道害盈而福谦，人道恶盈而好谦。"

"天道、地道、人道"，《老子》中也有："人法地，地法天，天法道，道法自然。""人法地"就是人道效法地道；"地法天"就是地道效法天道而来；"天法道，道法自然"即天道自道而来，道就是自然而然。只是孔子重视人事，多讲人道。《论语·公冶长》中载："子贡曰：夫子之文章，可得而闻也；夫子之言性与天道，不可得而闻也。"《论语·阳货》曰："君子学道则爱人。"荀子也说："道者，非天之道，非地之道，人之所以道也。"⑭ 唐代韩愈讲的道，也是尧舜传下来的先王之道，也是圣人之道，孔孟的仁义之道。近代郑观应认为宇宙之总规律叫道，"通天人之故，道者是也"。孔子学说是人世间的大道，"此中国自伏羲、神农、黄帝、尧、舜、禹、汤、文武以来列圣相

① 《老子》第 79 章。
② 《老子》第 64 章。
③ 《老子》第 58 章。
④⑤ 《老子》第 22 章。
⑥ 《老子》第 57 章。
⑦ 《论语·阳货》。
⑧ 《论语·学而》。
⑨ 《论语·泰伯》。
⑩⑪⑫⑬《论语·里仁》。
⑭ 《荀子·儒效》。

传之大道，而孔子述之声教天下万世者也。"①

　　"道"一词在《孙子兵法》中也有体现，孙子认为"道、天、地、将、法"五项是决定战争胜负的基本因素。原文如下："故经之以五事，校之以计，而索其情：一曰道，二曰天，三曰地，四曰将，五曰法。道者，令民与上同意，故可以与之死，可以与之生，而不畏危。"这里"道"的意思主要指政治、路线、战争是否正义、是否得民心，此道也有仁义的内涵。

　　杜牧曰："道者，仁义也。"李斯向问于荀卿，答曰："彼仁义者，所以修政者也，若子之事父，弟之事兄，若手臂之捍头目而覆胸臆也。"如此，始可令与上（下）同意，死生同致，不畏惧于危疑也。王晳曰："道，谓主有道，能得民心也。夫得民之心者，所以得死力也；得死力者，所以济患难也。"

　　《孙子兵法》对"道"论述和大义也未超出孔子的思想体系中对"道"的阐述。

　　"道"用之于管理方面，即为管理之道。"道"基本的要义包含在一个民族的文化当中，是精神层面的文化。作为管理之道所包含的精神层面的文化，就是一种组织文化，我们知道文化分为三个层面，按照梁启超在 1922 年写的一篇文章《五十年中国进化概论》中的意思，文化分为物质层面、制度层面和文化根本。文化根本就是伦理、哲学、信仰、理想层面的东西，这个根本就是"道"的基本内涵。它包括五个部分的内容，即信仰与价值理念；思维方式与哲学；管理文化与管理哲学；经营理念与管理理念；战略与理想等。当然不同的民族因文化不同而导致管理会有所差别。不同的组织，也会因地域文化的差异、行业特点及组织成员结构的不同，组织文化会有所不同。"道"的引进使管理不仅是科学的、艺术的，也是文化的、哲学的，并且在中庸思想的指导下，管理学成为一个整体、一个系统，是文化的、哲学的、科学的与艺术的统一。

　　中庸之道是管理之道中最核心的内容，它不仅是构建中庸管理学的基本方法，同时管理中的"道、天、地、人、法、术、形、势、知"也就是管理的全部内容，无不体现着中庸的精神。掌握了中庸，也就不难掌握中庸管理之道。

　　首先，中庸管理之道要求对待任何事物要先有综合的整体的考虑，按照西方人的说法，就是要有系统思维，而后再进行分析思维，逐步具体化，落实到具体的人、具体的组织，作更专业的研究，进行更专门的落实。

　　其次，中庸管理要求对待任何问题要学会疏导和渐进的方法。

　　再次，中庸管理要求正确认识五行中的相生相克。

　　第四，中庸管理要求凡事都要保持谦虚，留有余地，以《周易》中的谦卦为指引。

　　第五，中庸管理要求正确掌握，无为而治。无为而治其实质是无为与有为的中庸。

　　最后，中庸管理要求掌握认识天人合一的四季循环之道，从中体会四季分明的深刻道理，知道事物的发展变化之快与慢、逆与顺、人生之得与失、有与无的辩证关系。

　　所谓管理之"天"、"地"、"人"，就是孙子的"五事"中的"道、天、地、将、法"中的"天、地、将"，还有孟子的"天时不如地利，地利不如人和"，将两者合起来而成。孙子说："天者，阴阳，寒暑，时制也。地者，远近，险易，广狭，死生也。将者，智信仁勇严也。"在《孙子兵法》中，天偏重于天时气象的变化、气温的变化、

―――――――――――――

①《盛世危言》。

四季时令的变化；地偏于地理状况，其出发点考虑的是否有利于攻守进退。《孙子十家注》中，对此问题更为深化。天，不仅是指气候的变化等，更重要的要以人事为根本，符合天意民心即合天时，不符合天意民心的则不得天时。因此，"天"也有符合道之义，符合道也就有了"天道"的意思。地就是地利，一般而言易守难攻之地是谓兵家必争之地，仅就此理解天、地，还不能转化为管理之天、地。天、地一个指天时，一个指地利，再一引申就可理解为天是时间，地是空间，两者合到一起，就是从时间和空间来描述组织的外部环境。引用到管理中就是某一空间下的市场需求、政策环境、法律环境，某一空间的资源状况、交通状况、人心状况，而天时也是指某一区域、某一具体空间下的天时，空间变了，天时也变；时间变了，空间的情况也随之而变。空间和时间永远是连在一起的，所以人有"狡兔三窟"、"东方不亮西方亮"的说法。天时也有，地利也有，如果没有顺天应人，逆道而行，那天时、地利都不会是你的，从这个意义上讲，管理之"道、天、地、人"是统一的，无不贯穿着"道"。

"人"，就是人和。人和更能体现道的顺逆，"得道者助，失道者寡"。所谓人和包含着丰富的内容，不仅仅是"将"，即将才，还有君道与臣道的和谐，所以孙子进一步说，"将有能而君不御者胜"，仅于此也不行，还有训练有素的士兵，这些士兵与将帅形成紧密合作的组织，并且在组织内部人与人之间的关系，要如同兄弟父子般，这样的组织才是真正有战斗力的。

"人"，包括一个结构合理的领导集体。所谓结构合理即是以一个由深谙无为之道的领导，或者说一个具备中庸之德的领导为核心，如"北斗之星"，众星如法家之才、术家之才、清节家之才、臧否之才、智意之才、伎俩之才、文章之才、教化之才、外交辞令之才，还有善于用兵的骁勇之才而"拱之"，团结在核心的周围。根据行业的不同，形势的不同，择人而任势，以此为基础再建立一个和谐组织，所谓和谐的组织就是组织的合力远远大于每个个体力量的总和。当然人和的观念还应包括与客户关系的和谐，客户是组织的服务对象，对治国者而言，人民就是治国者的客户；对企业家而言，消费者就是客户，安民之道变为赢得消费者之道。但其根本都是一个征服人心的工作。此所谓得民心者得天下，得民心者聚天下之财。治国者何以能得民心，必须依靠一批人才，依靠一个政府组织；企业何以赢得客户之心，也必须依靠一批人才和训练有素的具有以客户利益为本，具有服务能力的团队。不如此，不管是政府还是企业都无法立于不败之地。尤其在全球化的今天，以世界眼光来看，企业之间存有竞争，政府之间的竞争也愈来愈激烈，谁能引来资本，谁能引来消费，谁的政策对人才有吸引力，谁的环境好，包括硬件和软件的环境等，谁的政府就有可持续的竞争力，谁的政府就强大。春秋战争时代的兼并、竞争格局在全球化的时代，将再次以经济、文化、政治、外交，甚至军事的形式重演。

管理之"人"，内容还包括，人才分类和识人用人之道以及组织制度的设计原理和组织文化因组织成员的文化背景的不同，时代的不同而有所不同。比如说中国人的组织模式，倾向于具有无为精神，层层互为信任的树状的组织结构，领导的风格也倾向于非英雄主义的风格。组织文化则更倾向于安和乐利的组织文化，中国人因为有农耕文明的历史背景，求安心理比求富求强心理更为强烈。此外，人与人之间关系和睦，心情的快乐也成为组织文化的重要因素。利益问题只要能得到基本的保障，或者能公平地进行奖惩，分配得较为合理即可。如果按照西方行为科学派的理论来理解经济利益是保障因素而非激励因素。这种组织文化在吸收引进西方人力资源管理，诸如满负荷工作法以及末尾淘汰制时就会不灵。满负荷工作法长期实施必须会导致员工对工作的厌恶，也会影响员工的身心健康。从长期利益考虑，会提高企业的管理成本、医疗成本，也会影响员工的创造性，最终影响管理效果。末尾淘汰制与中国人的安和乐利的心理相背甚远。因此，在东西方管理文化交流时，一定要注意各自历史文化的差异，忌犯文化的水土不服之症。

　　管理之"法"，关于"法"的思想，主要来源于《荀子》和《韩非子》，并且充分吸收了孔子关于礼、仁关系和德法关系的思想。同时关于"法"的独立性问题，把中国古代的五行相生相克与西方的法律思想统一了起来，使管理之"法"的思想更具有时代性和全球性。"法"是"道"的思想的体现和进一步具体化，也吸收了荀子所说的"礼者，法之大分，类之纲纪"。① "以礼为体，以法为用"礼法结合的传统思想。这也是孔子"人而不仁如礼何，人而不仁如乐何"，"导之以德，齐之以礼，民耻且格；导之以政，齐之以刑，民免而无耻"。在人性假设问题上，以孔子的"性相近，习相远"为根据。既不同意孟子的性善论、荀子的性恶论，也不赞同告子的非善非恶论，而是以孔子的中庸思想为指导，对"性相近，习相远"进行了分析，作出了人性是一定社会条件下的人性，是性恶、性善、非恶非善三者的统一体。也就是说当外部环境好时，人性倾向善的一面会展现出来；当外部环境恶劣时，人性倾向恶的方面会较多地展现；在绝大多数情况下人性是中性的。也因此从一定意义上可以说管理学的目标就是让更多的人展现人性更多的善，将人性的恶降为最低，或者控制在一定的限度内。若要此，就必须采取法德并用的治国方针，法或者制度的制定要体现道的精神，实现道法的统一。否则，人性之恶就会越来越多，对法的推行形成强大阻力，这样执法成本加大，腐败也会加剧，犯法之人还会越来越多，最终使法不能通行，社会陷于混乱。

　　为此，制定法或制度要坚持以下的原则：首先，法是一种客观标准，法是一种写出来的公布于天下的文件，要保持它的客观性、严肃性、持久性，就一定要实现立法、司法与行政的三分离，使三者之间相互制约，相互促进，这正像我们古代的金、木、水、火、土五行相生相克的关系。五行之中谁都不具备绝对的权力，既有被生的一面，也有被克的一面，同时也有克他和生他的一面，如此，万物发生才"生生不息"，就如《周易·节卦》中讲的"天地节而四时成，节以制度"。意思是天地四节循环往复的规律是天地之运行大法，自从人类以来基本上没有变化。之所以如此，就是五行相生相克原理在起作用。而人类社会却没有一个基本的不变的大法，其原因就是相生相克的多极化力量未能形成。此原则用之于政府则形成国家之宪法，用之于国际社会则形成世界联合政府之大宪章，用之于企业则形成相互制衡的法人治理，也因此保证企业的章程真正行之有效而非空文。

　　其次，制定法律制度要坚持大数原理，即以大多数人或者以大概率事件为制定法律的依据，不能以个别事件和小数原理为制定法律的依据。

---

① 《荀子·劝学》。

　　再次，要坚持韩非子讲的"立可为之赏，设可避之罚"。不要禁其所必犯，强人所难，致使法律制度难以执行，让坏人钻空子。赏赐的内容，都是一般老百姓能力范围中可以做到的事；设立刑罚，都是百姓能力范围可以避免的事。

　　当然，法规制度也不是永远不变的，也要与时偕行，但制度的变革一定要坚持一些原则和程序，以减少随意性。从历史经验看，变法如果没有十倍的利益，以不变法为好。

　　"术"即管理之术，主要指方法和权变。它包括产品、服务以及组织纪律、礼仪等层面的组织文化，还包括经营管理刚性的技术层面的内容，诸如财务管理，产品的技术管理，市场分析中的统计技术、信息处理技术，生产当中的工艺流程以及操作规程，还有企业管理中的电算化水平、标准化程度，企业文化当中的员工守则，寓教于乐的文体活动，还有管理者的领导艺术。

　　领导艺术主要指领导的权变艺术，权变艺术要坚持经权之道，也就是处理好经和权的关系问题。所谓"经"就是指原则性的东西，所谓"权变"是指灵活性的方面，经是本，权是末。权变不能离经之本太远，比如，在用人方面，用人的总方针是循名责实，按照考核的业绩作为晋升的主要依据，但在用人方面，也有"使功不如使过"的说法，这就是权变，就是"术"。但一定要注意原则性是第一位的，术是第二位的。在某种特殊的形势下，对待某些特殊的人，可以适当地采取灵活性的做法，但不可常用。否则，就会导致用人的价值理念发生偏离，长此以往，会使组织文化受到破坏。

　　当然，"术"更多的指方法，也就是对"道"的精神和"法"的原理进一步具体化，也就是说"术"是"道"、"法"的直接体现，管理的一切思想必须通过"术"来体现和完成，它和"道"、"法"同等的重要，如同孔子对待"仁"和"礼"一样。"仁"是"礼"的内容，"礼"是"仁"的形式，两者不可偏废，这也正是中庸精神在管理中的体现。

　　"形"，即管理之形，"形"主要借助《孙子兵法》中的形篇，孙子说："强弱，形也。"① 它不仅指有形的实力、有形的物质、军事实力，更重要的是对这些有形实力的部署和配置，从而扬长避短，使劣势转化为优势。"形"作为一般管理学中的概念，就是指组织的有形实力和有形资源，以及如何使这些资源得到最好的配置。一般而言，主要包括以下内容：①组织资源分析以及外部资源和外部环境的分析；②坚持扬长避短的原则；③集中优势原则；④专业化原则；⑤适当目标选择的原则；⑥局部目标与阶段目标围绕战略目标的原则。

　　形篇的内容以及所要遵守的原则，是基于对组织存在和发展的哲学思考。任何组织都有由小至大、由弱而强的可能性，同样，任何组织不管其如何强大或如何弱小，都会有弱点、劣势和优点、优势。并且，系统理论告诉我们，整体大于局部的总和，结构对功能和属性有决定作用，有限之中蕴含着无限，有就是无，无就是有。也正因为此，管理学才显现出它的价值来。

　　"势"，就是管理之势，势就是形势之势，是以形为基础的。势的思想主要来源于

---

① 《势篇》。

《孙子兵法》的形篇、势篇与虚实篇。所谓形就是看得见，有形的东西，或者称为有形的资源。势是领导者的一种指挥艺术，主要方法就是有形与无形的结合、虚与实的结合、奇与正的运用，以营造一种有利于自己竞争的态势。

孙子说："故善战者，求之于势，不责于人，故能择人而任势。任势者，其战久也，如转木石。木石之性，安则静，危则动，方则止，圆则行。故善战人之势，如转圆石于千仞之山者，势也。"

营造这有利的态势，一是要靠择人；二是要依靠选择地利；三是靠有利的时机；四是使自己隐于无形，就是孙子讲的形人而我无形，如此才能集中我的优势兵力，使敌人的战略优势发挥不出来，在局部转为劣势，这就是"我专为一，敌分为十"，从而创造我军的战备优势；五是善于调动敌人，也就是孙子讲的"致人而不致于人"，掌握战争的主动权，牵着敌人的鼻子走，"故善动敌者，形之，敌必从之，予之，敌必取之；以利动之，以卒待之"。曹操也说，"动敌必诱之以利"，"出其所必趋，攻其所必救"，从而控制敌人，最后达到消灭敌人的目的。

除《孙子兵法》外，还可兼顾吸收老子的兵法思想，"用兵有言：'吾不敢为主，而为客；不敢进寸，而退尺。'是谓行无行；攘无臂；扔无敌；执无兵。祸莫大于轻敌，轻敌几丧吾宝。故抗兵相若，哀者胜矣。"① 老子的意思是善于用兵的人不敢先发为主，宁愿后发为客，宁可后退一尺，不敢前进一寸。打仗要没有阵势，也就是孙子讲的"无形"，敌人抓你的胳臂时，你就没有胳臂，这就是虚实相变。打仗绝不可轻视敌人，这样就哀兵必胜。还说："善为士者不武；善战者不怒；善胜敌者不与；善用人者，为之下。"② 意思是真正的武士并不剑拔弩张，张牙舞爪，真正善于打仗的人，并不是怒发冲冠，吹胡子瞪眼，善于胜敌的人，不与敌人为敌。战争本来是残忍的事，但老子却说："夫慈，以战则胜，以守则固。天将救之，以慈卫之。"③ 老子还说："以正治国，以奇用兵。"④

由此，我们可以说用兵打仗之法与治国之道有相同处，也有不同处。在道的层面是相同的，都是以仁爱天下为本，战争的目的不是为了战争而是为了不战争，也就是止戈为武。但在方法上却不尽相同，"治国以正，用兵以奇"。因此在治国时多用儒家，在打仗时多用兵家，那么在企业管理方面呢？战争是政治的继续，其手段是消灭敌人，保存自己。企业管理应该是发挥自己的比较优势，为社会创造更有价值的服务和产品，其手段不应消灭对手，而更多地是与对手形成一种共赢的格局。要学会绝不独霸天下，独霸天下的时候就是政府要立法制裁的时候。这是市场经济体制使然，政府要解决好规模经济与市场活力的关系。

管理之势必须遵循虚实结合，虚与实相当，以实为基础，虚不可离实的原则。势与形主要是解决组织的经营问题，也含有领导的经营管理艺术，同管理之"术"一样，不能背离"道"、"法"。"道"主要指精神和思维方式；"法"则偏于科学管理的原理。

---

① 《老子》第 69 章。
② 《老子》第 68 章。
③ 《老子》第 67 章。
④ 《老子》第 57 章。

　　"知"，就是管理之知，孙子说："知彼知己，百战不殆；不知彼而知己，一胜一负；不知彼，不知己，每战必殆。"① 这句话充分揭示了信息对组织成败的重要。"知"就是信息的获取和加工判断，是实现管理活动的基础。首先，战略决策离不开准确充分的信息。其次，组织的正常运转也离不开信息。再次，创新更离不开信息。第四，控制本身是以信息反馈为前提的。第五，领导与沟通更离不开信息。最后，管理中的技术系统更是以现代化的信息工具为核心的。因此，把"知"列入中庸管理学是信息时代、知识经济时代的体现。如果用图示，中庸管理学框架如下（见图13-1）：

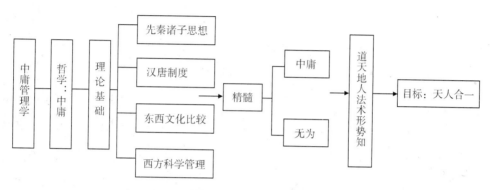

图13-1　中庸管理学

---

　　①《谋攻》。

第十四章 明清思想家管理方法与实践

第一节 王阳明管理思想实践与方法：现代价值探讨①

王阳明（公元 1472～1528 年）字伯安，人称阳明先生，浙江余姚人。由科举入仕，是明代最有影响力的学者、官员与将领。他对人心的洞悉和把握的到位，以及以此为基础所采取管理理念、管理策略和管理艺术，体现着对人的关怀和重视。他的管理思想在中国古代管理思想领域占有着重要的地位。

王阳明的思想既深刻影响着与他同时代人的思维模式和行为方式，其中的一些管理思想的精髓更是潜移默化地融入了中华文化和东方文化之中，并一代代传承下来，影响着现代中国人、东方人的思想和行动。其中王阳明的人力资源管理思想特别值得我们加以研究和关注。

一、人员任用制度：为政与为治

人是管理活动中最重要的资源。事业的成功往往需要各种人才的参与和共同努力。作为一名经历丰富的官员，王阳明在一生中用人无数。他认为，若为政不得其人，则必将导致行政效率低下和政治腐败，所以国家的治理关键在于用人。针对当时的朝政，王阳明在《陈言边务疏》中犀利地指出："今之大患，在于为大臣者外托慎重老成之名，而内为固禄希宠之计；为左右者内挟交蟠蔽塞之资，而外肆招权纳贿之恶，习以成俗，互相为奸。忧世者谓之迂狂，进言者目以浮躁，沮抑正大刚正之气，而养成怯懦因循之风，故其衰耗颓塌将至于不可支持而不自觉。"他认为，用人制度的缺陷和漏洞是造成国家管理机构过分庞大，管理人员素质参差不齐的原因。他还进一步指出：治理国家权力所掌握至关重要，如果大权掌握在"君子"手中则一国得治，掌握在"奸小"手中会导致祸乱滋生。用人制度考察不严，鉴别不明，则私党林立，良莠混杂，贪官污吏的横行不可避免，正所谓："此天下治乱盛衰系，所系君子小人进退存亡之机，不可以不慎也。譬诸养蚕，但杂一烂蚕其中，则一筐好蚕尽为所坏矣。"②

多年的管理经历使王阳明不仅在选才用人方面积累了实际的经验，同时也总结出了

---

① 苏东水：《世界管理论坛暨东方管理论坛论文集》（2004），第 52 页。
② （明）王阳明：《年谱三》卷三十五，《王阳明全集》，上海古籍出版社 1992 年版。

不少切实可行的方法和规律。以下分五个方面对他的思想观点进行阐述：

（一）"蓄才以备急"的人才储备战略

人才是立国之本和创业之源。王阳明通过他的作为告诉后人，培养高素质的人才不是一朝一夕就能完成的，需要提早为今后的发展做好准备。只有在事前建立好一个比较完备的人才蓄水池，才能关键时刻得心应手地用人，而不至于面对人才匮乏的局面。明朝时，内忧外患不断，王阳明指出：边境不安定是因为缺乏有力的军事力量，而军队战斗力太弱则是由于三军缺乏优秀的将领，因此他建议朝廷应该在平时培养一批将帅人才。

诚然，克敌制胜的关键在于选拔和培养得力的将才，但如果仅仅按照当时以武功选取将领的方法是不恰当的，因为按照这个标准只能获得善于骑射搏击的勇士，却招不到具有军事统御和指挥能力的人。对此，王阳明提出了一个比较完备的"蓄才"方案：将一些公侯子弟和武学生集中在一起，让文武兼具之人对他们进行专门培养，使这些人不仅学习书史骑射，而且研习韬略战术，并按期进行考察，鉴别他们的材质，经过三年时间的训练，再从中选拔将才人选。事实也证明了王阳明方案的可行性和效果，此后明朝的军事人才得到了扩充，质量也比以前有了很大的提高。

创设完善的人才机制是人才管理的一个重要环节。人才库的形成并不代表人才能够发挥其效应，还需要创设相应的工作环境和人际环境，协调处理好方方面面的问题，否则，人才或者会因为得不到合理的使用，面临能力的退化，或者会选择离开。选而不用、大材小用、用人不当都会造成人力资源的浪费。怎样才能合理地使用现有的人力资源，达到人尽其才、才尽其用呢？王阳明主张武职官吏，上至兵部尚书，下至侍郎主事，每岁之中应当分批更迭巡边考察，还应从科道部属人员中选择通变特达之人一同前去锻炼见习，考察边关要塞，熟悉敌情和边防将士，研究战略战术，掌握一定的将兵作战技能。这样，一旦边防缺乏将领即可派任其人，三军得将则有了克敌制胜的保障。

（二）"舍短以用长"的人才使用原则

人员任用是人力管理的关键。如果任用不当，不仅达不到知人的目的，也会造成人才资源的浪费。在用人问题上，王阳明提出"虽鄙猥之徒亦可用"的观点，用我们现在的话来说就是：即使是流氓也是可用的。其不拘泥于传统观念，不拘一格的选才用人方式，即便在今天也比较令人惊讶，更别说当时人们对此的反应了。王阳明当时的政敌曾多次攻击他所用之人有贪鄙者，有狂躁者，都属小人之列。对此，王阳明的解释是："故鄙猥之行，平时不耻于士列。而使贪使诈，军事有所不废也。急难呼吸之际，要在催锋克敌而已，而暇逆计其他乎？"[1] 他认为只有建立起尊重人才、重视人才的外部环境，才能有利于人才的成长与成熟。作为一名管理者应该珍惜每一个人才，挖掘他们身上的每一个优势，给潜在的人才创造表现的机会，不至白白浪费，才能为组织和社会创造更多的效益和成果。

---

① 《再辞封爵普恩赏以彰国典疏》卷十三·别录五·奏疏五。

　　由于人们在教育水平、文化背景、生活经历、各种能力上都存在着差别，所以在用人的时候，就特别应该考虑到这种个别差异，使每个人都能在最适合的岗位上充分发挥自己的所长。世界上十全十美的人是很难找到的，用人关键在于用他某些方面或某一方面的才能。"舍短以用长"原则指的就是要根据每个人的特长来委任责成。明朝时，边关将士的委任多因荐举，因而往往容易造成因朝廷官僚的矛盾纠纷而迁祸于边将的弊病，以骁勇强悍而著称者的将领，多因过失之罪名而遭到罢免。王阳明对这种现状十分不满，他认为人有长短明蔽之别，边关将领不能因小过而弃其勇才，而应当以国家利益为重，"用人之仁，去其贪；用人之智，去其诈；用人之勇，去其怒"。① 对那些有实战经验的人才要特别珍惜爱护，舍短用长，以巩固边防的战斗力。

（三）"简师以省费"的资源优化措施

　　王阳明认为，不仅要在人员配置上做到量才用人，达到"能与任宜"、"才与政合"的境界，同时还应注意人员的精减，避免出现人员众多而效率低下的局面，使每一个人才都能有所担当，保持较高的工作效率，从而节约有限的资源。

　　在长期从事的军队管理工作中，王阳明意识到边防薄弱并非由于军人数量不足，而是由于军队结构不合理造成的，对此，他提出了"兵贵精不贵多"的思想。因为老弱病残的士兵不仅在战时没有战斗力，直接影响边防守卫，而且大量冗兵还会在平时占用有限的军事资源，消耗军需，增加国家的负担。当然，善于"精兵妙战"的王阳明用兵之"精"不仅体现在用兵的人数、次数上，更表现在用兵的质量上。与其他将领相比，他用兵消耗少，收效却很大。在平定广西八寨时，别的将领率兵十万，而王阳明只用了三千，真正达到了"简师以省费"的效果。

（四）"明心以治军"的心理认同策略

　　管理者应该善于了解和把握被管理者的心理和情感需求，只有这样才有可能在许可的范围内进行积极调整，并对被管理者给予充分的理解和支持，以达到双方的有效互动，使得任务顺利完成。

　　王阳明的亲身实践充分说明了"明心以治军"的心理认同策略的有效性。在战争中，当他看到被朝廷征调的少数民族军队劫掠成性，祸民尤深，便立即决定解散原来调遣来的军队，重新在当地招募新兵。因为他看到，当地的老百姓不仅饱受战乱之苦，而且还要受到少数民族军队的骚扰，苦不堪言。一方面，抓住了老百姓们迫切希望安定下来、免遭战乱祸害的心理，王阳明顺利地从本乡本土招募到一批士气高昂并有亲人支持的士兵；另一方面，本土作战的当地士兵对周围的情况也比从外地调遣来的士兵熟悉得多，更有利于快速地平定起义。这样一来，既为国库节约了开支，又有利于随时调遣军队，把握作战的时机。这一策略的实行既赢得了民心，又使军队具有很大的灵活性，可谓一举两得。不仅如此，王阳明平定过的地方维持安定的时间也比他人长。难怪时人评论说："夫诸臣平贼，迟而变随；新建平贼，速而贼定。"②

---

　　①《陈言边务疏》卷九·别录一·奏疏一。
　　②《明史纪事本末》卷四十八·平南赣盗。

（五）"异业而同道"的职业心理定位

分工是社会发展的必然产物，有了分工便有了不同的职业。中国古代有所谓"百工"之说，更概括的则有士、农、工、商"四民"的划分。在自然经济状况下，这种职业划分往往带有家庭传递的特征。

对此，王阳明曾说："古者四民异业而同道，其尽心焉，一也。士以修治，农以具养，工以利器，商以通货，各就其资之所近、力之所及而业焉，以求尽其心。其归要在于有益于生人之道，则一而已。士农以其尽心于修治具养者，而利器通货，尤其士与农也；工商以其尽心于利器通货者，而修治具养，尤其工与商也。……自王道熄而学术乖，人失其心，交骛于利以相驱轶，于是始有歆士而卑农，荣宦游而耻工贾。"① 在他看来，士农工商只是不同职业的划分，而绝不同时意味着社会的不同等级。不同的职业承担着不同的社会责任，它们都为社会的生存和发展所必需，不同职业的人都对社会生活作出了积极的贡献。崇仕宦而轻工商，反映了士大夫的狭隘与偏见。虽然士的修治职能为社会运作所不可缺少，但说到底，社会的一切财富都是由农、工、商创造的，因此，只要各业人等尽心于自己的职业，都是对社会的积极奉献。可以说，王阳明的观点集中反映了儒家对待职业态度的思想精华，在当时具有一定的超前性。

二、人员激励心理思想

一个组织在得到了所需的人才之后，还应该考虑如何调动他们的积极性，使他们发挥出自己最大的作用，为整个组织创造出最大的价值。关于人员激励问题，王阳明以丰富的理论和实践留给了后人很多进一步思考的空间，对现代人力管理中的人员激励问题有着借鉴意义和应用价值。

（一）"行法以振威"的赏罚激励心理

所谓赏罚激励，就是通过奖励和惩罚等强化手段来激励人。王阳明所言的"行法以振威"即严明纪律，申明赏罚，加强管理制度。因为奖赏可以进一步肯定和鼓励积极的行为，而惩罚则可以否定和制止消极的行为。合理有效地使用奖惩，才能对被激励者起到强化的作用，达到管理的目标，然而，仅有精神上的表扬和物质的奖励是远远不够的。

在治军过程中，面对"法之不行，自上犯之"，"然而此辈，非势家之子弟，即豪门之夤缘，皆以权力而强委之也。彼且需求刻剥，骚扰道路，仗势以夺功，无劳而冒赏，懈战士之心，兴边戎之怨"② 的局面，王阳明指出：不公平会大大削弱军队战斗力，在这种情况下必须采取一定的惩罚的措施，只有这样才能赢得军心，否则纵然有百万之众的军队也难逃失败的结局。

为官期间，王阳明力主改革官吏的选取考察制度，加入赏罚分明的条规以此加强地

---

① 《节庵方公墓表》卷二十五·外集七。
② 《陈言边务疏》卷九·别录一·奏疏一。

方官的政治教养。他认为由于地方官政教不行，与缺乏行之有效的考察与监督是有因果关系的。他指出："大抵天下之不治，皆由有司之失职。而有司之失职，独非小官下吏偷惰苟安侥幸度日，亦由上司之人，不遵国宪，不恤民事，不以地方为念，不以职业经心，既无身率之教，又无警戒之行，是以驰荡日甚，亦宜分受其责可矣。"① 王阳明不仅要求朝廷要加强官吏管理与教育，而且身体力行，通令所属"各该衙门首领官今后俱要置立文簿，凡遇掌印佐贰及带俸等官公事出入，俱要开记月日；因某事到某处送迎，或承何衙门到某处差委，某年月日回任，岁终缴报本院，以凭查究。"② 由此可见现代管理中的考勤制度，其实在王阳明的时代就开始实行了，借此考察各级地方官。严考成，明赏罚，是王阳明改革地方官吏管理制度的手段，也是成为了加强地方官吏政治职责教育的重要措施。

(二)"敷恩以激怒"的反向激励心理

激励不仅可以是直接的，也可以是间接的。"敷恩以激怒"的反向激励心理就充分体现了这一原则，由于种种原因，如果无法直接对积极行为对象予以褒奖和其他形式的激励则可将激励的范围扩展到原来的激励客体之外却又与之密切相关的个体或人群中去，这种反向激励往往可以在一个组织中达到意想不到的效果。

王阳明在管理军队期间，对阵亡将领和士兵的亲属及家族亲属进行心灵上的安抚和生活上帮助，这虽然不可能对死去的战士有什么影响，但这些反向激励却大大振奋了周围的人群从而使军队的凝聚力和战斗力大大加强。

(三)"便宜以行事"的授权激励心理

"便宜以行事"相当于现代管理中常提及的在一定范围内授权给下属，使之体验到上级对他的充分信任，由此在心理上产生一种被认同感，并在工作中运用这些权力更努力地完成预定任务。王阳明在治军实践中常常运用这个原则。他认为，"便宜以行事"有助于"捐小以全大"、"严守以乘弊"，使被激励的主体在作战时更巧妙地实施战略，灵活地运用战术，从而争取更多的胜算。同时，他还指出在授权给下属之后，管理者对于下属最终的任务完成情况应遵循"责其大成，而萧萧挫失皆置不问"③ 的原则，切忌在考察过程中斤斤计较，不放过一些无关大局的小过失，只有这样才能真正达到激励的效果。

三、人员培训心理思想

合格的管理者是实现组织目标的保证之一，而管理对象素质的优劣也直接决定着管理的成功与否。因此，对组织成员进行高质量、高效率的培训已成为一项战略性任务。早在春秋时代，孔子、孟子就认为民众素质的提高将有利于国家的安定和繁荣，王阳明

---

① 《禁革轻委职官》卷十八·别录十·公移三。
② 《申明赏罚以励人心疏》卷九·别录一·奏疏一。
③ 《年谱一》卷三十三。

接受了孔子有教无类的教育观，认为接受教育和培训不是个别人的专利，而是每个人都拥有的权利。

王阳明深知人才的重要性，他认为再没有比缺乏人才更困扰国家的问题了。为此，他主张把教育放在一个极为重要的战略地位，认为天下治乱在于人才，而人才之养在于学校，学校教学应在成就德业和精益"生人之道"的技能，以待国家取用。

由于社会的不断发展，对人才的要求也越来越高，这就需要管理者根据工作需要对管理对象进行有目的的培训，使他们的个人素质、专业能力和技能得到进一步提高和开发。作为一个官员，王阳明在自身的实践中也认识到这一点。培训要密切联系组织的实际状况，体现出时效性的原则。尊重培训对象意愿进行培训，其效果比强制性培训和无实际意义的培训更能调动人的积极性，也更为行之有效和立竿见影。"务与切己处着实用功。前在寺中所云静坐事，非欲坐禅入定。盖因吾辈平日为事物纷拏，未知为己，欲以此补小学，收放心一段工夫耳。"[1] 王阳明认为，当学生没有正确的学习动机，缺乏纯净的学习心理状态时，教师就不要急于教授。学生自学也是这样，良好的心理状态和正确的学习动机不仅是实现教学目的的保证，而且也是提高学习效率的基础。所以他认为以静坐片刻"收放心"是十分必要的，但这不同于"坐禅入定"。用现代心理学术语来说，这种"静坐收放心"就是学习前的心理准备，以集中注意力和端正学习动机。

王阳明曾说："人品力量自有阶级，不可躐等而能也。"[2] 他认识到，同一年龄的人即使身心发育相同，但个性差异还是存在的。圣人、贤人、常人、愚人的认识能力自有不同，故有"生知"、"学知"、"困知"等区别。因此，在培训中一定要根据实际情况选择不同的培训方法。

同时，王阳明也注意到人的成长和发展都需要一个过程，而且这个过程长短在不同的人身上也表现的不一样。他说："与人论学，亦须随人分限所及。如树有这些萌芽，只把这些水去灌溉。萌芽再长，便又加水。自拱把以至合抱，灌溉之功皆是随其分限所及。若些小萌芽，有一桶水在，尽要倾上，便浸坏他了。"[3] 树木的成长都有一个过程，何况是人呢。对不同阶段的人，提出的要求和衡量的标准应有所不同。"只是人的资质不同，施教不可躐等。中人以下人，便与他说性说命，他也不省得，也须慢慢琢磨他起来。"[4]

王阳明在亲身的教学实践中，还特别注意保持与学生们的直接接触，通过交往来认识和了解学生的心理需求，他曾对其弟子说："圣人教人，如医用药，皆因病立方，酌其虚实温良阴阳内外，而时时加减之，要在去病，初无定说；若拘执一方，鲜不杀人矣！今某与诸君不过各就偏蔽，箴切砥砺，但能改化，即吾言已为赘疣。若遂守成训，他日误己误人，某之罪过，可复追赎乎？"[5]王阳明主张培训教育应当根据个性特征来成就他，发展他，而不是将学生束缚起来，塑造成一个模子里刻出来的。"只如狂者便从狂处成就他，狷者便从狷处成就他。人之才气如何同得！"[6]

---

① ⑤《传习录·上》卷一·语录一。

②《传习录·中》卷二·语录二。

③《黄直录》，《传习录·下》。

④《黄省曾录》，《传习录·下》。

⑥《传习录·下》卷三·语录三。

王阳明弟子众多，他的教学方法是：先让底子比较好的、早进门的学生对初学者进行辅导，再由教师对其指导。可见在培训中可以有针对性地选一部分人，通过他们影响更多的人，运用组织中的个体、人群和环境的作用力可以扩大教育培训的效果，发掘管理资源的再生性和重复利用率，达到直接培训一人，间接培训多人的效果。

在培训的方法上，他很重视启发诱导、循序渐进，并特别强调规章制度在人们行为养成中的作用。他说："故规矩诚立，则不可欺以方圆，而天下之方圆不可胜用矣；尺度诚陈，则不可欺以长短，而天下之长短不可胜用矣；良知诚致，则不可欺以节目时变，而天下之节目时变不可胜应矣。"① 此外，王阳明还看到了艺术在培养人的过程中起到的特殊效果。通过歌舞吟咏激发人们的意志、通过礼仪训练修正人的仪容、借助读书帮助人们树立起自己的理想。"故凡诱之歌诗者，非但发其志意而已，亦以泄其跳号呼啸于咏歌，宣其幽抑结滞于音节也；导之习礼者，非但肃其威仪而已，亦所以周旋揖让而动荡其血脉，拜起屈伸而固束其筋骸也；讽之读书者，非但开其知觉而已，亦所以沉潜反复而存其心，抑扬讽诵以宣其志也。凡此皆所以顺导其志意，调理其性情，潜消其鄙吝，默化其粗顽，日使之渐于礼义而不苦其难，入于中和而不知其故。"②

以上分三个方面分析了王阳明在人力资源管理方面的一些思想和基本观点。众所周知，儒家管理思想与当代企业管理实践已成为当前海内外中国儒家管理文化研究的热门课题。王阳明的管理思想正是儒家管理思想体系中的一个重要组成部分。不管是被人们称为儒家文化圈的东亚工业地区，还是将日本新儒家管理精神输入本国管理的欧美诸国，这些中国传统管理思想现今在这些地区企业经营中的成功案例已受到国际社会的广泛关注。人们正在剖视、思索和揭示这些管理思想的实践意义，并从其成功典例中寻找启示和教益。

特别是在日本，王阳明的管理思想有着不少实践者。被日本人视为国学大师的学者安冈正笃一直是日本首相们的阳明学导师，他还以多种讲学方式为日本工商界领袖和社会精英传授阳明学要义，使阳明学与日本政治、伦理、经济、企业管理等实际紧密地结合在一起，成为促进社会经济发展的一股强大动力。

日本工商界传奇式人物稻盛和夫是其中最突出的一位。出生于 1932 年的稻盛毕业于日本鹿尔岛大学应用化学专业，曾先后获得全球 6 所著名大学的名誉博士称号。1959年 4 月，27 岁的稻盛和夫，以 300 万日元的资本、28 名员工起家，创办了一家从事电子工业用陶瓷材料生产的京瓷公司。他也被人们誉为日本"经营四圣"之一。他将自己经营的秘诀归功于成功的管理，而他的管理思想和运作吸取了很多中国传统的东西，特别是王阳明对他的影响非常大。多年来，他笃信王阳明的管理思想，一直将其作为他管理企业的重要坐标。

在人才的管理和培养方面，稻盛经常用"京都制陶哲学"，向中外员工阐述自己的管理理念，其人才政策充分继承了这个因素。他认为员工个人的素质是企业生存的前提条件，要培养一个员工重要的不是他的技术，而是他的思想和品行。同时，稻盛意识到在当今社会中应赋予管理更多新的内容和含义，它不仅是对领导、管理者的要求，也是

---

① 《答顾东桥书》，《传习录·中》。
② 《训蒙大意示教读刘伯颂等》，《传习录·中》。

对普通员工，乃至整个企业的要求。

在用人方面，稻盛的原则是如果不能使对方与自己同心同德，就毫无留恋地辞退。在他看来，再优秀的人才，如果不能齐心协力，其巨大的能量就无法发挥。所以他虽努力地锤炼下属，却绝不会去追回离开的人。

稻盛善于激发全体员工的积极性，使整个公司的人都努力工作。回顾走过的道路，他曾感慨地说："当然，京瓷不是一般的努力，而是不输于任何人的努力。因为它在创业初期没有充足的资金，也没完善的设备，但它有全体员工废寝忘食地工作，不停地努力，只有这样，企业才能得到永恒的发展。经营公司好比是一场马拉松竞赛，如果起跑晚了，就只能拼尽全力去奔跑。"稻盛和夫认为在管理方面最重要的是建立一种能被所有员工共有的企业意识形态和企业精神。

可以说稻盛和夫的"京瓷管理哲学"是对王阳明管理思想的吸取、发展，为王阳明管理思想在现代企业经营中的运用提供了一个成功的案例和注脚。

第二节　明代社会人文习惯与商人社会责任意识分析①

明代，尤其是明中期以后，商品经济空前繁荣发展，商人形成了很强大的社会阶层。他们在取得自身事业成功的同时，还具有着强烈的社会责任感，注重对社会大众的真诚关怀，并因此推动了自身事业的进步。对明代商人社会责任意识及其社会关怀的考察，不仅有搞清历史问题的学术价值，于后世商业经营者也有着很好的启发和借鉴意义。

明代，尤其明中期以后，随着国内商品生产扩大，长距离商品流通更加频繁，商品经济得到了空前发展，商人资本空前活跃，他们"白银动以数万计，多或数十万两"②（卷七，《食货五》），如"平阳、泽（州）、潞（安）豪商大贾甲天下，非数十万不称富"③，徽商"藏镪有至百万者，其他二三十万，则中贾耳。"④（卷四，《地部二》）在事业上取得了相当的成就。不唯如是，众多明代商人在追求经济利益的同时，也能够考虑到对社会的贡献，将关注和改善社会公众利益、承担社会责任，作为自身活动的重要组成部分。

一、明代商人社会责任意识

明智的商人们敏锐地认识到，在积累起大量财富之后，"用财有道"便显得十分重要。传统中国社会一直受着儒家思想的熏陶，儒家思想倡导，对于财富"处得其道则为德义、为阜厚、为完美，否则为吝、为骄、为贪得、为怨府、为祸阶，是以君子藐不

---

①　苏东水：《世界管理论坛暨东方管理论坛论文集》（2007），第135页。

②　（清）叶梦珠：《阅世编》，上海古籍出版社1981年版。

③　（明）沈思孝：《晋录》，《四库全书存目丛书本》，齐鲁书社1997年版。

④　（明）谢肇淛：《五杂俎》，《续修四库全书本》，上海古籍出版社2002年版。

义之富，而尚夫喜施。"①（卷一四，《艺文·李君义行记》）这种观念已渗透到民族的意识和思维方式中，深刻影响和制约着各种社会行为，是故，要获得社会大众的认同和赞誉、取得事业的长久成功，能否迎合传统儒家价值观至关重要。商人们将这种理念概括为"轻财将以守富"②（卷四七，《太仆寺少卿席宁侯墓志铭》），"利布天下，方能利己"③，故非常注重"处财货之场而修高明之行"④（卷四六，《明故王文显墓志铭》），友睦公众、赈贫恤乏，"以弃为取，以散为聚，以仁义为奇赢，以好行其德为居积之术"⑤（卷一，《儆贪》），使自身区别于那些一味营金穴守铜臭、贪财没义者之流。而因此建立的良好社会声誉，为其长期经营培育了适宜的土壤和气候，充分体现出长线远鹜、谋求长期社会效应的战略眼光。

各类史料大量记载了明代商人在本族、本乡及附籍地、经营地……所到之处种种"善行"和"义举"。其或"养长老、慈幼孤、恤鳏寡、问疾病、吊祸丧、衣冻寒、食饥渴、匡贫窭、赈罢露、资乏绝"⑥（卷九六，《潘处士吴孺人墓志铭》）；或"生死、槽死、梁涉、哺馁、絮冻"⑦（卷三五，《太学生约之翁君墓表》）；或"修桥路、买渡舟、施槽、瘗暴、平粜、赈粥"⑧；或"揹徭役、甓道路、病者注药、亡者给槽、焚券弃责、掩骼埋胔"⑨（卷四七，《太仆寺少卿席宁侯墓志铭》）……总之，他们非常留心"公利"，"闾里有急者佐之，胸人惟恐不及，与人谋惟恐不尽"⑩（卷三四，《赠承德郎南京刑部主事黄双湖公墓志铭》），颇为重视自身的社会作用，将力量施于周围社会每处有需要的地方，因此"人以为霖雨焉"⑪（卷三五，《太学生约之翁君墓表》）。正嘉间一位文人在称赞某粮商时，甚至说了这样一段话："政不泽民久矣，由今日为独甚，宰牧既不暇一回面在民，民力尽于上，几无以自活，幸而一乡有富人焉！一乡之贫无告者担囊而趋之。"这些富人，"虽其初心本以自饶，而事之会必至于活人而止，是乡之富人反得养民为国，亦甚不可轻也。"⑫（卷一六，《衍庆堂记》）显而易见，商人凭借自身经济实力，逐渐在社会生活中发挥越来越重要的作用，承担更大的社会责任，"偶行宰牧之事"，当可视为一个事实。

这方面的史料俯拾皆是，兹择几例为证：弘正间歙县盐商黄豹，"见海滨灶丁有饥寒者，无室以蔽风雨，失时不婚嫁者，罹患难而逋官课者，周之惟恐后，海滨之人感戴之，不啻父母"。⑬正德间休宁粮商汪平山，逢"岁大歉饥，畜储谷粟可乘时射倍利"，而他却"不困人于厄，悉贷诸贫，不责其息，远近德之"。⑭嘉靖时吉安吴香山，营质

---

① （嘉靖）《重修三原志》，《四库全书存目丛书本》。
②⑨ （清）吴伟业：《梅村家藏稿》，《续修四库全书本》。
③ 张海鹏：《徽商资料选编》，黄山书社1985年版，第114页第330条。
④ （明）李梦阳：《空同集》，《文渊阁四库全书本》。
⑤ （清）贺贻孙：《激书》，《四库全书存目丛书本》。
⑥ （明）李维桢：《大泌山房集》，《四库全书存目丛书本》。
⑦ （清）钱谦益：《牧斋有学集》，《续修四库全书本》。
⑧ 张海鹏：《徽商资料选编》，黄山书社1985年版，319页第1015条。
⑩ （明）董份：《董学士泌园集》，《四库全书存目丛书本》。
⑪ （清）钱谦益：《牧斋有学集》，《续修四库全书本》。
⑫ （明）夏鍭：《夏赤城先生文集》，《四库全书存目丛书本》。
⑬ 张海鹏：《徽商资料选编》，黄山书社1985年版，第110页第325条。
⑭ 张海鹏：《徽商资料选编》，黄山书社1985年版，第288页第918条。

铺于粤，"粤之人走百里至闻韶负贩白餐，久雨，途泞滑，多仆，仆则米倾，号哭于途。君捐百金饬路，而行者不患雨，粤人感吴公如父母，而君之金钱布岭海间矣"。①（卷五，《吴香山姻丈七十序》）嘉万间长洲王处士亦是如此，某年"会大水溃田，处士周行田家，出箪食豆羹咽哺其老弱，募介特使筑堤捍水，贷母钱诸农人为荄捷石菑费，灑诸渠股引水，竟无患"。②（卷一一二，《王处士墓碑》）万历时徽商程维宰贾吴，"岁恶，饿者贸贸然载路。公……辄蹩躠曰：'丰年乐岁，权子母而秋毫析之，今乃坐视其死亡，任恤之义谓何？'遂不遗余力多方赈济，全活颇众"。③（卷一一，《鸿胪寺署丞南丘程公行状》）如是种种，反映出明代商人真诚的人道关怀，其舍利取义之精神尤其可贵。

商人们之"以身为倡"，还能够激励和带动更多人参与到社会关怀活动中，汇集更大的力量来帮助处在困境的民众。如嘉靖时安定盐商张绍，逢"邢中大饥，民相食"，遂与子世良"以米百石赈之，而邢中富商高翁之义，相率分赈者相望，邢中赖以全活云"。④（卷一六，《明故逸庵张翁合葬墓志铭》）嘉万间休宁程尚宾，值岁饥，"邑令富民以粟赈，无应者，公首捐廪，富民愧之，输粟麇至，所活人无数。"⑤（卷九五，《程封公詹孺人墓志铭》）万历时扬州吴一澜，客仪征，逢年大饥，"邑令募富户输济，多不应。澜适自楚市米归"，急诣邑令愿捐己米，其积极慷慨的姿态，使得"富者感动，共集得官民钱若干，澜周迴粜籴，存济无算"。⑥（卷一五九，《人物志·孝义》）明末宁化阴宜登，逢邑中兵过盗起，城乡乏食，其发放家粟，"以风动邑中好义者共为捐赈，少救流亡。时惟薛家坊大困，乃设粥厂三处，曰：'共此一片土，彼啼饥，吾饫腹，忍乎？'于是六坊果闻风效义，每坊各设粥厂，接续为赈，民以无饥"⑦（卷四，《人物》）。这些善举无不取得了良好的救济效果。

明智的商人们都很注意善自韬晦，这种意识在其社会关怀行为中也很明显。盖因明了"人道恶盈而好谦"的道理，他们济人缓急，但逊退而不矜其功、不求容名，更不见德色，努力做到"功德在人，淡然若非己出"⑧（卷一四，《列传·乡行》）。如成弘间安成王绰，贾华容，两次救民于饥，知县梁某欲旌授散官，他首次以"不敢当"辞之，再次则"曰：'公家急难，有财者输委，臣子职也。况所输者楚地之产，敢以此冒宠乎？'力辞不受"，而"梁叹服焉"⑨（卷二二，《安成王处士墓表》）。正嘉间洞庭翁参，"好排人难于立谈造次之顷，而不矜其能；人或阽于危亡，起而袵席之，而耻伐其德"⑩（卷一一，《翁春山暨配吴孺人行状》）。嘉万间徽商汪汝泽，其寿序作者称其"义声籍籍间巷间，而驰于千里之外"，又称"余既心慕君，而私窃意君富而好行其德，

① （明）罗大纮：《紫原文集》，《四库禁毁书丛刊本》。

②⑤（明）李维桢：《大泌山房集》，《四库全书存目丛书本》。

③ （明）鲍应鳌：《瑞芝山房集》，《四库禁毁书丛刊本》。

④ （明）胡缵宗：《鸟鼠山人小集》，《四库全书存目丛书本》。

⑥ （清）《江南通志》，《文渊阁四库全书本》。

⑦ （同治）《宁化县志》，《中国地方志丛书本》。

⑧ （民国）《明溪县志》，《中国地方志丛书本》。

⑨ （明）倪岳：《青谿漫稿》，《文渊阁四库全书本》。

⑩ （明）严果：《天隐子遗稿》，《四库全书存目丛书本》

其声音笑貌或有高自位置以表异者，乃一再觇君之面温和抑慎，行贤而锄自贤之色，已细察君之心若谷若谿，毫未尝有盛气矜志而临渊以为高也"，是故"余愈益肃然敛衽而庄君"①（壬戌上，《九如图序为汝泽汪君五十寿》）。歙县郑泽，贾金陵，"孳孳行义，恒恐弗及，又从通都大邑中夺贤豪长者权，其缓急人也，既以存亡生死矣，深自隐避，即受德之人，亦恒秘勿使知"②（卷三，《新安梦圃郑公行状》）。嘉万间歙县汪埧，"慕义若渴，仁厚不伐。众有大兴则鸠工聚材，一一董治，口不言劳；突无烟者待以举火若而人，口不言惠"③（卷一一，《处士可斋汪公行状》）。客观地讲，施恩而不事声张这种姿态本身就是传播声名的有效方法，采取这种姿态的结果，便是商人们更多地博得他人的尊重与信任。

二、明代商人的理财头脑和经营能力

在社会关怀中最明显的反映就是商人行为的计划性。很多商人对进行社会救济抱持着像对待商业经营一样的慎重态度，他们认真思考救济应该如何有计划地施行，即如何保证被救济者长久受益的问题，当然，这也是如何使自身不致因此困窘疲累的问题。如嘉万间歙县许本中，置义田义舍，"以居许之贫老孤独靡恃者而食之，月受米五斗，孟冬以量受衣絮，年五十加薪炭；已又推其邸舍六，计岁入缗钱可三十千，以五千资不能婚者，二千资不能葬者，治义塾邸之右，待不能束脩者，义阡郭之东，待不能窆岁者，自是歙人兴而为施予，往往以义声归本中"，有人将他比做三散千金救济民众的陶朱公范蠡，而他自己却略带得意地说："我何人也，而敢加陶朱公？公不为制，故再散千金而再尽之；我一散而割资不能半，而许之指迄今无食贫者，为制故也。"④（卷七三，《许本中传》）可见有了适宜的"制"，社会救济的作用就可以维持得更长久。又歙县余文义，"构义屋数十楹，买田百二十亩，择族一人领其储，人日晡粟一升，鳏寡废疾者倍之。丰年散其余，无年益资补乏，岁终给衣絮"⑤（卷一九，《人物·质行》）。也是将赈济来源稳定并将分配制度化，从而保证了救济活动的长期功效。从史料中可以看到，大多数商人对于宗族的救济，都会采取这种置义田义舍，按月按口授粮的方式。如歙县程达昌，居京口，歙人居京口者"不能举火凡三十余家"，他"量其家口若干，每口月授粟半升给之，岁余共捐粟二百余担"⑥（卷三八）。可以设想，若这二百担粮食是一次性发放，被救济者就非常可能很快消耗完分到手中的粮食，而为了维持先前的善名，商人则又需继续投入，如此循环，必将疲累不堪，但如果采取定时、定量发放的方式，对自身不致造成严重负担，对于被救济者也能助其更有计划、更长久地维持基本生计。还有婺源洪德税，"客京口，见江流风飚折楫摧舟，慨然捐数百金，买田三十亩糈

---

①（明）顾起元：《蛰庵日录》，《四库全书存目丛书本》。

②（明）顾起元：《雪堂随笔》，《四库禁毁书丛刊本》。

③（明）鲍应鳌：《瑞芝山房集》，《四库禁毁书丛刊本》。

④（明）王世贞：《弇州续稿》，《文渊阁四库全书本》。

⑤（嘉靖）《徽州府志》，《中国地方志丛书本》。

⑥（乾隆）《镇江府志》，《中国地方志集成·江苏府县志辑本》。

渡工拯溺者，名救生渡”①（卷二二，《人物十·义行二》）。其这样做应是考虑到渡口负责救济者，如果没有长期经济来源，非常可能因为在生活上无以为继而弃去，所以才以田米的收入支付生活费用，使得义渡不致瘫痪。此外，商人们还会采取以工代赈的方法，如嘉靖间闽商林素，在荒年率先赈济之余，“召工作筑室穿塚而厚与之直，曰：‘此古人荒政。’”②（卷一三一，《闾巷》）休宁金甫，“遇岁大祲，仿范文正公③遗意，大兴修筑之役于家阡，畚锸如云，厚给其值，如是三年，全活甚众”④（卷一一，《金全州公传》）。嘉万间休宁金弁，逢岁大祲，“饥殍载道，公计活之，而托之修垅墓、兴工作……于是乡人称金为德门，谓善积又善施也’”⑤（卷三〇，《太医院吏目面山金公暨配江氏墓志铭》）。如是种种，都体现了商人们高明的理财头脑和计划能力。

还有一个相当突出的例子值得特别注意，嘉万间徽商吴思沐，“贾乃在广济博施，欲所识穷乏者兼利而第施由亲始。其为所亲画策大都量人受事、量事受直，使门内无不受事之人，即无不受直之人。度三年贾余一年之蓄，即以一年蓄为别树置，而召其门内某某来受事；九年贾余三年之蓄，又为别树置，而召门内某某来受事。终君之世所树置贾区凡若干，而门内之人受事几遍。又为醵金之法，合数人权子母而息之，以先后受母而息子，岁满子完而人居然有与母。向来门内之人徒手赤贫者，各各渐有宛财……皆公所自出，而公卒未尝以其故损资……乃以次及疏兄弟及贫交，惟力是视”。对于所采取的办法，他说：“昔人谓郑公业有田四百顷而食常不周，吾亦慕之。然吾之意以为，与其待我分给，不若因我使人得自给。待我分给所给几何，人不周而己先竭；因我自给所给不乏，而我可以常因于不穷。”还说：“圣贤学问皆由近及远，故施由家始，斯步步实履，否则未有不仆者矣！”其胸襟不可谓不慷慨，其才略不可谓不超卓，也因此而为“同曹倚重，缙绅倾风”⑥（卷一二，《光禄寺署丞乐庵吴公传》），诚然实至名归。

六百年前的明代社会，先商们之社会关怀行为除了塑造形象的考虑外，更多是出于一种虔诚的道德追求，这种道德追求绝非用来标榜、用来哗众取宠、用来沽名钓誉，而是发自内心、自然而然的，是人生目标的重要组成部分。他们更深谙“量力而行则不竭，量智而谋则不困”⑦（《审知》下篇），行事心中有度，终能在社会关怀与长久经营之间保持适当平衡，树立起了贾而好施的健康形象。反观当今的中国富豪，其乐善好施的公众形象一直未能树立起来，问题就在于把慈善完全当做是形象工程来打造，尽管各种慈善活动接连登场，看起来颇为热闹，但很多富豪的财富观并没有发生根本变化，健康的慈善文化在中国远没有形成。“财富应当被视作一种责任，而不是特权”，慈善文化要在中国社会真正形成，不妨接续先商传统、学习先商的道德精神，以建立正确的财富观，重构中国商人贾而好施的积极形象。

---

① （乾隆）《婺源县志》，《中国地方志丛书本》。
② （明）何乔远：《闽书》，《四库全书存目丛书本》。
③ 指范仲淹，据载他最早建立宗族救济的设施和制度。
④ （明）陈懿典：《陈学士先生初集》，《四库禁毁书丛刊本》。
⑤ （明）焦竑：《焦氏澹园集》，《续修四库全书本》。
⑥ （明）鲍应鳌：《瑞芝山房集》，《四库禁毁书丛刊本》。
⑦ （清）唐甄：《潜书》，中华书局1963年版。

第三节　明清时期晋商的人文营销方法与策略①

明清时期，山西商人以其固有的诚信耐劳的淳朴作风，独具特色的商业管理机制，灵活多样的营销手段，在商界独领风骚，创造了驰骋疆海 10 万里，纵横商界 500 年，执中国商业、金融之牛耳的辉煌业绩。然而学者对晋商的关注则更多地倾向于其在金融、管理、用人制度等方面，笔者从晋商的发迹着手，有很大的惊喜：晋商的营销策略早已走在了现代人的前面，这才是晋商成功的"撒手锏"。本节对晋商的营销策略作了粗浅探讨，以求起到抛砖引玉的作用。

在明清著名的十大商帮徽州商帮、江西商帮、福建商帮、洞庭商帮、龙游商帮、广东商帮、宁波商帮、山东商帮、陕西商帮、山西商帮中，以山西商帮和徽州商帮最有实力。晋商，即山西商帮，是山西人从事手工业生产、贩运贸易、商品交换和金融业务的总称。山西省人经商历史悠久，自春秋以来至宋辽金元，史书屡有记载。它发轫于宋代，发展于明代，称雄于清代，衰败于清末民初，为明清时代商帮之首。称雄商界五百多年的晋商，曾一度执全国商业、金融之牛耳。为此，眼下书店货架上关于晋商的书籍多是一些晋商与票号及经营之道等内容的。笔者认为，晋商的账局与票号是其商品经营资本运营庞大后出现障碍，加上其经营范围扩大之发展的必然，而晋商的发迹是从"做生意"开始的，晋商经历了：易货交易—商品交易—票号，对晋商的研究还大有价值可挖掘。在经济学界晋商赢得与意大利商人媲美的殊荣，在中国乃至世界商业史上都占有重要的一页。"凡是有麻雀飞过的地方，就有山西商人。"晋商的"生意"做的范围如此广，如此成功，与其独特的营销策略不无关系。本节拟从营销的层面对明清时期晋商作一粗浅探讨，以求在东方管理文化复兴的今天，使东方营销为世人所关注。

一、诚信营销策略

晋商崇信尚义，名闻四海。近代名人梁启超也说："晋商笃守信用。"晋商以信以诚为本，人们也"莫不以为诚而信之"，这就招徕更多的顾客。在历史上，蒙古牧民只要看到刻印有"三玉川"、"长裕川"字样的砖茶就争相购买，甚至他们以砖茶代替银两作为货币在交易中使用。所以，蒙古牧民只要看到晋商的产品就争相购买；认准了某一品牌就长期购用，一生不变。晋商信用卓著，贸易双方产生了一种由信用交易产生的特殊结算形式——标期。太谷为全省商业中心，标期每季一期，届期结算旧债，再生新债，有借有还，体现了商人与顾主间建立的互相信赖关系。过标之期，各商云集，"通衢为之狭"。倘若有人不按规定执行，就要受到所有商号的指责，并采取一致行动，中止与他的贸易往来，如此一来，他就会落得个身败名裂的下场。晋商中有许多深负众望的商家，"舞弊情事，百年不遇"。祁县乔家在包头开设复盛公商号，做生意不图非分

---

① 苏东水：《世界管理论坛暨东方管理论坛论文集》(2007)，第 123 页。

利润，不缺斤短两，人们皆愿购买"复"字号所售之货。包头城里至今还流传着"大斗卖出"的故事。面粉是北方人喜欢吃的主食，平时销量很大。有的不法商人在称杆上做手脚，在顾客面前，秤杆翘得高，好像分量很足。可是顾客买回家，做成馍馍或烙成饼，总觉得比以往少了，还没吃几口就完了。于是，怨声四起，大骂不法商人，榨取老百姓的血汗钱。突然，一个好消息在城里传开了，说是"复"字号面店卖出的一斤面粉，往往多了不少，张家二婶说得快，李氏嫂子还没听明白，赵四奶奶已跑去看个究竟了。哎哟，买面的人太多了，哪里还能挤上去。莫急，莫跑，"复"字商号面粉堆成山，足够全城人吃个够。原来乔氏东家暗暗下令，把秤杆改"大"，一斤变成一斤一两。马克思说："信用，在它的最简单的表现上，是一种适当的或不适当的信任。"任何一个晋商从自己的利益考虑，都必须培养和保持良好的信誉，以此来取信于别人。乔家"复"字商号的面粉售出之事使人人都成了它的义务广告员："复"字号，就是好，大斗卖出，天天乐。晋商的代表人物之一——乔致庸，对经商的理解与众不同，首先重信誉，其次讲仁义，最后才是商利。乔致庸一生也的确是这样做的。

二、品牌营销策略

品牌即市场。品牌对商家的意义不仅仅在于一时能赚多少银子，而在于究竟能赚多久的银子。"一锤子买卖"好做，长久生意就难做了。一个好的品牌，可以占领市场，赢得消费者的长期信赖，那经济效益和社会效益显著就是不言而喻的了。否则，今天用这样一个品牌，明天又用另一个品牌，频繁地更换品牌，是难以赢得消费者信赖的。同时，也在为不断创新的品牌而加大了自身的成本，即使勉强维持商号不立即衰败，那也很难真正"做"大。没有自己过硬的品牌的商号，是难以发达和长盛不衰的。晋商从一开始，就非常注重创立并保持自己的品牌。晋商创造的品牌，涉及吃穿用诸方面，有绸、烟、茶、酒、药等。就穿着来说，除绸之外，皮货有名的有绛州珍珠毛皮、交城羊羔皮、大同老羊皮。吃的有文水葡萄干，太原藕粉，永济柿霜，太原产腐酱、腐乳、豆腐干、风味小吃、元宵等。用的有大同铜壶、铜瓢、铜火锅等。字号是商家的生命。字号，既是积累的信誉，又是无价的财富，晋商之所以能够长盛不衰 500 年，与他们从不轻易改换字号，分家不分号，倾心尽力地维护字号有密不可分的因果关系。晋商创立的百年字号比比皆是，更改字号的事极少发生。大盛魁商号康熙末年创立，从事对俄蒙贸易二百多年，在塞北广大的区域及俄罗斯享有盛誉，直至 1929 年才倒闭。大盛魁之所以能长盛这么久，一个重要的原因是未曾改过字号。在蒙古和俄罗斯地区，大盛魁字号就意味着诚信，既有质量保证，又有优质服务。比如大盛魁与茶商和烟商合作生产的"三九砖茶"和"祥生烟"，蒙民和俄罗斯商人只要看是大盛魁的货，便争相购买。晋商创立的著名票号日升昌、蔚泰厚、蔚丰厚、合盛元、大德通等，至少都近百年，轻易不改字号，是其共同信守的商业规则。晋商普遍把字号当做无价的财富，人改名，店改地，始终不改字号。相隔几千里远，仍用一个字号；经过了几百年，风云变幻，字号依旧。

三、危机营销策略

危机营销就是企业在面对危机时所采取的特殊的营销措施，以期最大限度地减少危机给企业造成的不良影响和损失。晋商在长达五百多年的兴盛期，无论是来自于外界谣言的危机、生意伙伴破产的危机，还是商号内部伙计或掌柜失误造成的危机不计其数，但大都能够挺过来，皆是因为他们寻求和把握危机中的有利因素，发挥危机营销的关键作用，化险为夷，创造了市场奇迹。"倒闭"亏本是件不愉快的事，祁县的乔氏东家却认为这又是一个新的商机，不动声色地"炒作"一下。甲倒下了，乙却慕名而来；挨了张三一拳，乔氏不还手；李四却冲上来，宁愿代替"受罚"，成了"复"字商号新成员。"复"字商号下属的某个店号亏损歇业，乔氏东家派人来清理，欠别人的，一文都不少还。别人欠的，去通知，还不还任由其便。这明明是吃大亏，挨了一拳，也不还手——状告官府。商号东家杨老五欠下6万银两，无力偿还。乔氏东家来视察时，杨老五跪下"咚——"磕了一个响头，乔氏急忙扶起，欠债之事一笔勾销。一家绒衣店借了5万银两，破产后将仅值几千的铺面抵押给"复"字商号，甚至一把斧头和一个筐筐都能抵债1000两银，东家乔氏依然面不改色，心不慌，不再追究。乔氏家族在包头地区拥有280多亩土地和17家店铺，都是他人破产抵债的。其改头换面而产生的效益，远远超出了"一把斧头，一个筐筐"这些不足挂齿的抵债价值。另外还有一个实例：乔家包头"复"字号名下通顺店卖的胡麻油掺假，乔氏东家怒极，当即命令通顺店掌柜伙计去柜上算账辞号，复又命顾天顺和李掌柜连夜写出告示，贴遍包头城，说明通顺号掺假事宜，并将掺假的胡麻油以每斤一文的价钱卖作灯油。同时，凡是近期到通顺店买过胡麻油的顾客，都可以去店里全额退银子，并可以低价购买不掺假的胡麻油，以示赔罪之意。出乎意料的是通顺店的生意比以前更加好了，新顾客和商家都慕名前来。其实，这都是"纠错"告示的效益。

四、合作营销策略

在今天，合作营销是一种新的企业之间合作竞争的新形式。然而，在几百年之前，晋商之间、晋商与相与之间等的合作营销关系且已存在，并获得了双赢。晋商的成功是群体的成功，在采购及销售方面相互扶助，处理纠纷等项目，"天下晋商是一家"，在与其他商帮竞争中，在与牙行及外商争斗中，晋商所表现出来的团结一致，互相合作，总让人惊叹和敬佩。太谷曹家与祁县乔家和渠家都是明末清初崛起的巨商。由于各自发家的"根据地"不同，乔家和渠家在蒙古市场上占有较大的份额，在关东也办有许多商号；曹家在关东市场上处于明显的垄断地位。三家的票号各发行一种叫"钱帖子"的信用券。有一年，不知为何盛传乔家和渠家在关东发行的"钱帖子"贬值的谣言，一时挤兑成风。乔家和渠家便亲自上门拿"钱帖子"向信誉卓著的曹家求救。本来，这正是把"竞争对手"置于死地的天赐良机，但在趁人之危、落井下石与慷慨允诺、鼎力相助之间，曹家选择了后者。乔家与渠家渡过了难关。"相与"是晋商与业务合作的商号的称呼。"相与"之前，一定要慎重选择，对其信誉要反复核查。"相与"一旦建立，就要同舟共济，轻易不能断绝往来，即使一方出现变故，另一方也要伸手相助，绝不可落井下石、趁火打劫。晋商之所以极少"窝里斗"，就是他们公认"天下晋商是一家"，有银子大家赚，"独吞"吞不了，往往连原本属于自身的那份儿本钱也会丢失。晋商家族内也很少出现"内争"，更鲜有因"内争"而两败俱伤的惨局。像乔氏家族内，始终能团结一致，共谋"做大"。同样，侯氏家族内兄弟分家后，各商号经营就有了差别，兄弟之间没有排挤和兼并，而是过些时间"重新混合而匀拨之"，"以有余补不足"，如此三分三合，在乡里传为佳话。由于晋商的这种"合作"使晋商成为同时代的"天外来客"，其辉煌是当之无愧的。

五、货真价实营销策略

"货真价实"和"童叟无欺"是许多老店、大店在店堂悬挂的条幅，是店铺对顾客的承诺。这既是晋商的商业道德观，也是义利相通的道德规范。经商为了取利，是人所皆知的。但晋商不赚昧心不义之钱，是靠优质的商品，公道的价格，去赚批零差价之利的。一个企业要赢得顾客，取信于民，固然有诸多因素，如礼貌待客，服务热情等，但最根本的是靠优质的商品和公道的价格取胜的。因为消费者是为买到物美价廉的商品才来光顾的。物美价廉才不怕"货比三家"，自然会有回头客。如果以次充好，漫天要价，顾客也只是上当一次，下次必不再来，故为商家忌，所以晋商以"诚招天下客，义纳八方财"为其经营最重要的原则。正是这种原则，使晋商的老店、大店，都有自己固定的长期的客户，对这些客户可凭购货单送货上门，货钱不方便还可赊账。晋商大多以薄利实惠而赢得客户的欢心，这也是其扩大营业数额、增加经营利润的有效办法。祁县乔氏在包头开的"复"字商号，生意上从不图非法之利，坚持薄利多销，其所用斗称，比市面上商号都略让些给顾客，其所售货物，从不缺斤短两，不掺假图利，故包头人愿买"复"字号货物，其生意也因此越做越好。

六、礼貌待客营销策略

晋商之所以善于理财，名扬海内，与他们善于揣摩顾客的心理是分不开的。每个消费者的心理，除希望买到物美价廉、称心如意的商品外，还希望买的顺心，受人尊敬、不被人欺。而买的称心和买的顺心，对不同性别、不同年龄和不同阶层的人来说，又各有所不同，晋商都摸得比较透彻，故能针对不同顾客而区别对待。就以称呼来说，对妇女有老太太、太太、大姐、小姐、大娘、大嫂之别，对男士则称老爷、先生、少爷、大爷、大哥等多种。这些称呼，并不是商人与顾客的辈分之称，而是对顾客的尊称。因为人人都喜好吃"顺心丸"，有礼貌地称呼，既体现着商人对顾客的尊重，是"仁"的表现，又对经营会产生很好的效果。晋商礼貌待客，在一些老店、大店形成了固定的程序。店堂门口多有专门接待顾客的人员，迎上前去，鞠躬寒暄，问买些什么，主动领顾客到柜台；顾客离开店堂，鞠躬送往，总要道一声："请再来，慢慢走！"顾客到柜台，售货员喜容迎接，先问买什么，很快从货架取货让顾客验看挑选，特别是对绸缎花布的不同顾客，还要主动介绍适合其穿着的花色，让顾客一一验看挑选，一直达到顾客满意为止。热情接待，百挑不厌，使购买者买的顺心。商店多备有顾客休息的桌椅，还供茶水、递烟袋，如果顾客众多，一时抽不出空接待，就让顾客先稍坐片刻。这一切的一切，都是为了取得顾客的欢心，能使进店的每个顾客都能有所买，做好生意。

七、关系营销策略

关系营销包括企业了解和更好地为其有价值的每个顾客服务的全部活动。一个企业在开拓市场、扩展业务、扩大经营规模、获得新顾客的同时，应尽力保留老顾客。如果在获取新顾客的同时，失去了老顾客，就像给渗漏的壶经常加水一样，市场永远得不到发展。高度满意的顾客对企业的忠诚会更长久，会购买企业更多的新产品和提高购买产品的等级。也能为企业和它的产品说好话，忽视竞争品牌和广告并对价格不敏感，及向企业提出产品或服务建议。同时，由于交易惯例化而比用于新顾客的服务成本低。晋商在关系营销上不仅深谙此道，而且运用的非常精彩。最典型的事例便是晋商与官吏的结交。票号为官吏提供各种服务，无微不至。为上京赶考求取功名的人汇兑、垫付路费，代办捐纳，运动功名，为无钱赴任者放款。这些未来的官吏、准官吏或官吏感激票号的帮助，一旦发达，则公私款项皆存于票号。票号与官吏结交，取得了官吏的信任，以至于到了亲密无间的地步。使官吏把票号当做自己的亲信。大德通的高钰追随赵尔巽，亦步亦趋，虽调任亦与之同行。百川通交好张之洞，协同庆交好董福祥，蔚盛长交好庆亲王，协成乾的北京老板杨哲臣与户部尚书戴鸿慈、那桐和西太后的亲信李莲英都是结拜兄弟。驻广东的历届老板，无一不是粤海关监督的磕头之交。晋商很好地利用关系营销，让目标顾客与票号利益相连，使目标顾客对票号忠诚，保持长久的关系，从而取得了巨大的成功。

八、方便顾客营销策略

企业都是依赖顾客而生存的，没有顾客的企业就不成其为企业。生产企业依赖商品赢得顾客，才能不断扩大商品产量，取得利润，有所发展。商品销售企业，依赖顾客盈门，才能扩大销售，赚取批零差价，生意兴旺发达。银行业依赖顾客存款，才能扩大经营资本量，放出款项，获取存贷利差，不断壮大和发展。因为晋商深深懂得这个道理，为了自己的生存和发展，总是时时处处"想顾客之想，急顾客之急"，"宁肯自己多麻烦，不让顾客有一点不方便"，以此来对待顾客，为顾客提供一切可能的方便。这恐怕就是当今人们把顾客看做企业"上帝"的根由。晋商所处的时代，商品多是论斤论尺，即使有部分商品成包成件，为便利顾客，不仅散货要包装好，便于顾客提携，成包成件者也可化整为零来销售。经营茶叶的，红茶多压成圆柱形，像根短粗木，锯成小段并破开零卖，砖茶同样可以切片。晋商开设的店铺，可以说都没有营业作息时间，日出而作，日落而息。即使这样，夜间有顾客来敲门，也是照样接待。清末，国家颁布银行法规，开始规定每日营业时间和星期日休假制度，而有的银行仍然登报声明星期日不休息。在他们看来，星期日休假，是让钱休息，与谋利相悖。乔氏"复"字号在包头乃至内蒙古一带，是资力最厚，连号最多，声势最大的一个商业组织。商业网点星罗棋布，经营范围十分广泛。除主要经营皮毛、绸缎、药材、茶叶、典当、估衣、钱业、粮食以外，各种社会阶层不同的物质需求，不分巨细，几乎应有尽有。特别值得一提的是，咸丰年间，还在塞外之地的包头，开设了复盛菜园，培种蔬菜，供应市面。由于行业新鲜，大受市场欢迎，获利自然丰厚。所有这些都是为着便利顾客，也是当时一些消费者购买力低下的反映。像卷烟，当今怕是不会有买几支香烟的人了。

晋商雄踞国内商界长达五百多年，其昔日的辉煌凝聚了东方人的智慧和非凡的才能，其营销实践更是为我们东方管理文化宝库增添了不少内容，许多方面仍是我们今天应发扬光大的。

第十五章 中国管理学学术的现代发展

第一节 中国近代管理学术发展

从 1840 年的鸦片战争到 1911 年辛亥革命的这段历史被称为中国的近代史。当西方国家已经完成了工业革命和资产阶级民主革命时，中国仍处于封建主义的专制社会。长期的封建专制导致了中国社会生产力的萎缩和经济发展的停滞不前，反映出中国近代管理思想上封建思想的根深蒂固和顽固不化。在西方列强靠着洋枪洋炮打开中国大门的时候，中国开始呈现许多新的思想主张和变革人物，从魏源、林则徐等地主阶级改革派的变革经济思想到"洋务派"代表人物李鸿章、张之洞等人掀起的"洋务运动"；从为变法维新运动而奋起斗争的资产阶级改良派代表人物康有为、梁启超等人到以孙中山为代表的资产阶级革命派的管理思想。其中一些民族资本家（如张謇、周学熙等）也开始崛起。从整体来说，这段时间也是中国历史上管理思想比较丰富的时期之一。这里限于篇幅仅介绍魏源、康有为、张之洞、张謇、孙中山等人的管理思想。

一、魏源的管理思想

魏源（公元 1794~1857 年），字默深，湖南邵阳人。是具有强烈资产阶级倾向的地主阶层改革家。他在长期的观察和研究中，逐步形成了自己的经济观、社会观，清末的魏源提出"师夷长技以制夷"的口号。并在此基础上提出了许多治国安民的具体主张。包括以下几个方面：

（1）变革观。他认为，改革的目的是便民、利民。改革要从实际出发，而不能生搬硬套。

（2）务实观。学问必施于政事，而学施于政事的原因就是富民强国。

（3）富民观。民富则国强，民困则国亡。

（4）本末观。他对"重本轻末"进行了重要修正。农业尽管是立国之本，工商业是富国之末，但是在新条件下更应该注重工商业的发展，才能富强国家。

中国历朝历代都是重农轻商，对科技的发明，认为是"奇技淫巧"。

（5）消费观。崇俭只能在统治阶级的上层权贵和社会的下属贫民中提倡，而对于中产阶级则应适当鼓励其消费。

（6）人才观。只有德才兼备者才能称为人才。

二、康有为的管理思想

康有为，广东新会人，出身于书香门第，自幼接受中国传统教育，继承了忧国忧民的士子情怀。其管理思想基本体现在其变法主张中。

康有为认为在全面变法中，政治改革是根本，而政治改革的目标就是实行君主立宪制度，只有实行了这一制度，其他各方面的变法措施才能逐次推行使中国国富民强，也才有可能达到他所期望的理想的大同境界。对于如何改革官制，他先是推崇设立议院，由民众推举产生议郎（即议员）组成议会，凡是国家大事都交付议会，由议员议行。但是后来他又主张开制度局。康有为主张设立的议会带有权力机构的色彩，而制度局较议会咨询的意味更浓。

康有为的经济管理思想以"富国"为先，其含义不仅限于增加封建财政收入，还有改进国计民生之意，故具体化为"富国"和"养民"两类发展资本主义经济的纲领，前者包括钞法、开矿、铸银、邮政、铁路、机器轮舟六项，也就是说要求发展近代货币信用制度和举办近代交通和采矿企业，而后者则包括农、劝工、惠商、恤商四项。康有为的经济管理思想虽然没有什么特别的创见，但是他能将前人和同时代人的进步经济观点加以吸收和综合。

三、张之洞的管理思想

张之洞，河北南皮人，为近代洋务派的代表人物之一。他的管理思想以经济内容居多，也涉及文化教育问题。在社会经济发展问题上，他一方面强调农工商共同发展的必要性，另一方面则把工业放在特别突出的位置。对于如何管理工业，他提出四条管理对策：

（1）在生产项目的选择上，他主张出口产品的生产和仿制进口商品。

（2）在企业管理形式上，他主张"官督商办"和"官商合办"。在经营上必须实施利权分离。即在具体权限划分上，企业的资本利息盈亏等事归商所管，而企业与法律、地方和其他企业的关系等问题，则由官统筹裁断。

（3）为了解决工业发展中的资金短缺问题，主张借外债。

（4）允许外国在华设厂经营。

此外，他肯定农业的根本地位，主张采用先进科技发展农业。关于商业，他则主张独立自主的对外开展贸易。

四、张謇的管理思想

张謇（jian）（1853～1926年），江苏南通人，张謇兄弟五人，他排行第四，故南通民间称他为"四先生"。光绪二十年恩科状元、立宪派领袖，张謇是中国近代著名的实业家、教育家，他的"父实业、母教育"的主张和实践具有深刻的历史意义，他一生创办了20多个企业，370多所学校，成立了我国第一所师范学校，它的建设标志着中国师范教育专设机关的开端。为我国近代民族工业的兴起，为教育事业的发展作出了宝贵贡献。毛泽东同志在谈到中国民族工业时曾说：“轻工业不能忘记张謇。”

　　张謇是中国第一代成功的民族资本家，其经营管理思想非常丰富。张謇经济思想的一个最重要特征就是以“棉铁主义”为中心的振兴实业思想。他把实业理解为包括农工商各部门在内的整个国民经济。更为明确地把大工业看做国民经济的中心。棉铁主义的主要内容是以棉、铁两种工业为起点和中心，有步骤地建立和发展各种工业部门以至国民经济的各个部门，以全面振兴实业。在创办和经营近代企业的实践过程中，他形成了一系列具体的管理见解，其中不乏创新观点和理论价值。

　　（1）他主张在企业发展时要充分重视利润的累积，因此他看重利润向再生产投资的转化，公积金就是这种转化的途径之一。

　　（2）在具体的生产管理方面，张謇充分意识到了成本管理的重要性。要降低成本可采取包括成本计算制、节约开支、采用先进的机器设备和生产技术等方法。

　　（3）重视人才的培养，对于企业管理来说，最重要的人才是具有现代意识的企业家。

　　（4）在企业经营形式上，他主张商办，而不赞成官办。他抨击了清末官办企业的种种弊端，要求严格控制官办企业数量，同时主张对民办企业实行政策奖励补助。

　　（5）为了提高劳动效率，他还十分重视对职工的劳动纪律管理。主张把劳动考核作为奖罚的依据。

五、孙中山的管理思想

　　孙中山是资产阶级革命派的代表人物，中国近代民主革命的伟大先行者。他以民权主义为特征的政治管理思想是在革命实践中形成的，并随革命的形势而不断发展。他认为民权主义是政治革命的根本，中国人民在推翻清政府的同时还要进行政治革命，推翻君主专制。1912年“中华民国”成立而中国封建社会的本质却依然没有改变，孙中山不得不与军阀继续斗争，一直到1924年他得到了中国共产党和苏联的帮助，与此同时，推动理论也渐趋成熟，由“旧三民主义”发展成“新三民主义”。20世纪20年代，孙中山不仅着手对国民党进行改组，还对“三民主义”进行了重新的诠释。关于民权主义，他提出了“五权分立”的原则，体现了对孟德斯鸠“三权分立”学说的发展。

　　孙中山的经济管理思想主要体现在耕者有其田和节制资本的主张上。前者要求土地价格由地主自行申报，政府按照这一价格征收百分之一的地价税，并有权按照这一价格随时购买，土地随着社会经济发展而上涨的价格部分则为国民所共享；后者是要求耕者有其私有田地。他主张节制私人资本和发展国家资本。节制私人资本的方法包括采用所得税制、工人失业救济等。发展国家资本是以国家的力量建立私人不能兴建的大型企业，同时防止私人资本垄断的危害。

第二节　中国现当代管理学术发展

　　从1911年的辛亥革命到现在近百年的历史中，中国现当代管理思想既不是在中国传统管理思想基础上自然生长出来的，也不是单纯从西方管理的思潮里引进得来的，而是在极其复杂的历史背景下形成的。在这个历史时期，从"五四"运动到抗日战争，至解放战争的胜利，官僚资本和民族资本企业占据了主导地位，对中国现代管理思想的发展起到了巨大的作用。自新中国成立以后，我国经济逐步得到了恢复，在当时我们没有社会主义建设的经验，因此主要吸收了苏联的一些管理模式、部分吸收西方和中国传统管理思想而建立起了一整套管理制度和方法。"文化大革命"使中国的管理实践停滞了10年。在改革开放后历经30年的发展，我国经济逐步腾飞，经济总量已跃升全球第二位，中国的经济发展成就巨大，中国企业尤其是民营企业的不断发展壮大，为中国企业管理的理论和实践提供了宝贵的经验。与中国古代和近代相比，中国现代管理思想和理论空前的繁荣，这主要是因为经济的发展和管理实践的极大丰富。在这个阶段马列主义、毛泽东思想、邓小平理论、"三个代表"和"以人为本"的科学发展观等管理思想的学习和研究具有重要的理论价值和指导意义。本节我们将从治国、治生、治家和治身四个角度来简要介绍中国现代管理思想。

一、中国现代的治国学术思想

关于国家管理的思想，我国从古至今已有不少丰富、深刻的阐述。1949年新中国成立以来，中国历代国家领导人更是提出了一系列富有创造性的国家管理理念和思想。

（一）以正确处理人民内部矛盾为主要内容的管理思想

中华人民共和国成立后，迫切需要新的国家管理思想来指导我国的社会主义建设。以正确处理人民内部矛盾为主要内容的管理思想适合了这种需要。"在社会主义社会中，基本的矛盾仍然是生产关系和生产力之间的矛盾，上层建筑与经济基础之间的矛盾。不过社会主义社会的这些矛盾，同旧社会的生产关系和生产力的矛盾、上层建筑和经济基础的矛盾，具有根本不同的性质和情况罢了。"为此，要尽快发展生产力，正确解决人民内部矛盾问题。"在我国现在的条件下，所谓人民内部的矛盾，包括工人之间、农民之间、知识分子之间及其三者之间的矛盾，工人阶级和其他劳动人民同民族资产阶级之间的矛盾等等"。人民内部的矛盾是在人民利益根本一致的基础上的矛盾，其性质不是对抗性的。解决人民内部矛盾的方法是"团结—批评—团结"，"就是从团结的愿望出发，经过批评或者斗争使矛盾得到解决，从而在新的基础上达到新的团结"。

（二）以发展经济为中心的管理思想

1978年中国共产党十一届三中全会是新中国成立以来中国历史上具有深远意义的伟大转折。这次全会彻底否定"两个凡是"的错误方针，实现了思想路线、政治路线、组织路线和重大历史是非问题上的拨乱反正和党的工作重点的转移，并提出了改革开放的重要任务。从此，中国逐步实现了从以阶段斗争为纲到以经济建设为中心的历史性转移，确立了一心一意搞现代化建设的政治路线。为了保证经济建设这个中心不受任何干扰，此后中央又相继作出了一系列重大决策。比如，中国共产党第十三次全国代表大会制定"一个中心，两个基本点"的基本路线，并强调这条路线要"一百年始终不能动摇"。之后，又提出了"三个有利于标准"，认为要用这些标准去判断改革开放的是非得失，从而摆脱了人们长期存在的姓"资"姓"社"问题的困惑。再如，提出社会主义本质和根本任务是解放生产力，发展生产力，消灭剥削，消除两极分化，最终达到共同富裕。此后，中共中央继续坚持解放思想、实事求是的思想路线，并在全面总结建设有中国特色社会主义的经验的基础上，提出了中国共产党在社会主义初级阶段经济、政治、文化的基本纲领以及经济体制改革的目标是建立和发展社会主义市场经济体制。多年的经济改革开放实践，深化和拓展了对社会主义市场经济的认识，极大地丰富和发展了中国国家管理思想。

（三）以构建和谐社会为主要目标的管理思想

在中国儒家思想传统中，历来强调"德治"的思想。而以德治国方略的提出，不仅是当代社会主义法制建设的内在要求和时代要求，也是对中国古代儒家德治思想的继承和创新。中国共产党十六大把"社会更加和谐"作为全面建设小康社会的目标之一，其后的十六届四中全会又把"提高构建社会主义和谐社会的能力"作为中国共产党执政能力的一个重要方面明确提出，表明构建社会主义和谐社会被提到了前所未有的高度，成为我们国家新的战略追求，成为我国社会主义现代化建设的新的战略任务和奋斗目标。构建和谐社会的总要求是民主法治、公平正义、诚信友爱、充满活力、安定有序、人与自然和谐相处。在构建和谐社会中，必须遵循以下原则：必须坚持以人为本，必须坚持科学发展，必须坚持改革开放，必须坚持民主法治，必须坚持正确处理改革发展稳定的关系，必须坚持在中国共产党的领导下全社会共同建设[①]。从国家民族发展的角度看，和谐应当是整体和谐、全面和谐，而不是局部的、片面的和谐。每个公民自我身心的和谐，人与人之间的和谐，人与社会的和谐，人与自然的和谐，不同利益阶层之间的和谐等，都是和谐社会的具体体现和基本特征。

二、中国现代的治生学术思想

在我国古代，治生一般仅仅是指获得和积累私人财富的学问，是一种以个人和家庭为本位的经济管理思想。而到现代，治生的概念已经扩展到企业管理。从历史的视角来回顾中国现当代治生思想，可以划分为以下三个阶段：

1. 1911～1949 年，官僚资本和民营民族资本企业发展时期

官僚资本企业起源于洋务运动时期，主要有官办、官督商办和官商合办三种形式。在辛亥革命以后，一些官僚军阀控制的"国营"企业接受帝国主义者的监督，企业的经营权被帝国主义者所控制。这些企业多数推行欧美资本主义的企业管理方法。抗日战争胜利后，官僚资本的发展达到最高峰。形成了以蒋介石、宋子文、孔祥熙、陈立夫和陈果夫四大家族为核心的官僚资本集团，在他们当权的 20 多年里，集中了约 200 亿美元的巨大财产，垄断了全国经济命脉。到 1947 年四大家族控制的工矿业资本额占全国工矿业资本总额的 70% ～80%，这一时期的企业管理的方式，有了较大的进步。首先，

---

① 2006 年 10 月中共十六届六中全会报告《中共中央关于构建社会主义和谐社会若干重大问题的决定》。

他们更多地采取了资本主义色彩的雇佣劳动管理方式。制订了较为严格的选用人才的标准和实施办法，吸收和培养了比较熟悉近代企业管理方法的知识分子参加企业工作。其次，成立企管协会，经常商讨改进管理办法，建立集中统一的生产指挥系统，定有财务管理与仓储保管制度。第三，出现了工会和在较大的官僚资本企业中派出稽查组，并秘密收买工头和工贼当特务，使企业的人事管理、劳动管理带有思想统制和行动统制的色彩。

中国民族资本主义出现在 19 世纪 70 年代，随着外国资本主义的刺激和中国资本主义的萌芽，部分商人、地主和官僚开始投资于新式工业，逐渐形成了中国的民族资本。第一次世界大战期间，西方列强忙于战争，同时由于工业品价格的上涨和爱国反帝运用的推动，中国民族工业发展进入了"黄金时代"。但是到了抗日战争期间，沿海民族工业因迁移、战争破坏和日本侵略者的掠夺，损失极其严重，后方民族工业也因官僚资本的压制和通货膨胀的影响而陷于停滞。民族资本企业的处境十分悲惨，濒临破产。它们为了在帝国主义和官僚资本主义双重压迫下生存和发展，在经营管理上开始采用科学管理方式，主要的方法包括：首先加强了供销管理。一方面大量购储廉价原料，以摆脱外国资本的控制；另一方面通过设立批发部和分销店，扩大销售网点，并加强广告和宣传活动，提高销量。其次，通过引进国外先进技术设备，安排合理的生产工艺，不断改善生产组织，努力降低消耗，建立质量检验制度。再次，在资金运用上，投资联号企业或创办附属企业，充实企业经营资金，与金融资本结合，便于动用银行资本，并开展各种形式的企业联营，同时加强了人才培养。

这时期有代表性的企业包括范旭东创办的久大精盐公司和永业制碱公司，陈光甫成立的上海商业储蓄银行，荣敬宗、荣德生兄弟创办的申新纱厂和茂新面粉厂，张元济的商务印书馆，穆藕初的上海厚生纱厂，卢作孚的民生船运公司，吴蕴初的上海天厨味精厂等企业。值得一提的是号称"棉花大王"的穆藕初，他不仅是第一个到美国学习棉花种植，棉花纺成纱、织成布，甚至怎么办工厂及有效管理等知识的留学生，而且也是第一个翻译泰罗《科学管理理论》的中国人，且他的中文版比欧洲版出得还早。在具体经营管理的基础上，他对泰罗的科学管理进行了中国式的改良，提出了纪律化、标准化、专门化、简单化和艺术化的五点原则。这些创新对中国企业改良的进步具有革命性的意义，穆氏的三家工厂成为当时国内设备最领先、管理最先进的棉纺织企业。

中国的民族资本企业大都集中于大城市，集中于轻工业，不可能形成独立的工业体系，又由于在技术、设备、原料及资金等方面依赖帝国主义，造成了它的先天不足。民族资本企业采用了大机器生产和较科学的管理方式，尽力摆脱封建主义与帝国主义的束缚，建立了许多有中国特色的企业管理制度和方法，形成了中国企业科学管理思想的萌芽。

2. 1949 ~ 1978 年，私营企业向国有企业过渡发展时期

新中国成立后很长的一段时间，我国经济体制是向苏联学习，1956 年初，通过全行业"公私合营"的模式，兼并了当时所有的私营企业，企业的所有制形式基本上转为国有性质。这个时期企业的管理体制上引进了苏联的整套企业管理制度和方法于国营企业中，普遍建立了生产计划管理，健全和完善了企业的管理机构，使我国国营企业的管理工作基本走上了科学管理的轨道。为了克服学习苏联过程中的缺点，在引进、吸收

与创新的基础上，结合本土企业管理的实践经验，总结出了"鞍钢宪法"的管理模式，即"两参一改三结合"（"两参"即工人参加管理，干部参加劳动；一改即改革不合理的规章制度；三结合即技术人员、工人、干部三结合）。其是一项具有普遍意义的经验，并在全国得到了推广。这一系列的改革，促进了企业生产，提高当时的企业管理水平，对探索中国现代管理模式，起到了重要积极的的作用。

从 1966 年开始的"文化大革命"10 年，是我国政治大动乱、经济大倒退的 10 年，也是企业管理大混乱的 10 年。在这个期间，全盘否定了新中国成立十几年来在实践中总结出的一套行之有效的企业管理制度和方法，以"阶级斗争"代替了企业管理，否定了企业管理的"两重性"，企业管理制度被废弃。管理机构被撤销合并，绝大多数管理人员被下放到车间劳动。而一些"政治"挂帅，不懂生产和管理的人被派到管理工作岗位，完全无视客观规律瞎指挥，使我国的企业管理工作遭到严重的破坏，整个国民经济到了崩溃的边缘。[①]

3. 1978～2008 年，国有企业、民营企业和外资企业并向发展时期

改革开放的三十余年，不仅是中国经济腾飞的三十余年，也是中国企业发展的三十余年。这三十余年中国实现了全方位的开放，中国人的生活、学习、工作、思想观念等各个方面都有了很大的改变和进步。三十余年来，中国的国有企业、民营企业、外资企业三股力量在中国市场此消彼长、相互博弈，它们的利益切割以及所形成的产业、资本格局，构成了中国经济成长的所有表象。中国的一批批企业也由小变大、由大到超大，有的还走出了国门到国外市场中进行博弈，有的更是进入了世界 500 强。因此三十余年的改革开放也是中国企业管理的一部变革史。回顾这三十余年，它是从启蒙时代、模仿时代到创新时代的过程：

（1）启蒙时代（1978～1991 年），这个阶段的企业主要是以提高生产效率和产品质量为核心导向。在提高产品质量管理方面，有邯郸钢铁厂厂长刘汉章提出的"模拟市场"和"成本否决"为指导思想的"邯钢经验"，浙江海盐衬衫厂步鑫生"打破大锅饭"的思想（1983～1984 年）、石家庄第一塑料厂张兴让"满负荷"工作法（1985年）、青岛海尔的"全方位优化管理法"即"OEC"的管理方式、石家庄造纸厂马胜利承包责任制（1987 年）等；在管理方法和技术上部分学习借鉴了当时日本企业的全面质量管理做法。采用上述管理模式，部分企业取得了成功，如 1990 年海尔获得了"国家质量管理奖"，四川长虹成为当时全国最大的彩电制造企业。

（2）模仿时代（1992～2000 年），这个阶段的企业是以抢占大众市场为核心导向。当时许多跨国公司开始全面进入中国，中国开始学习西方国外的管理经验，一些"海归"回国也把很多外国的先进经验带进中国。这个时候随着市场的开放，大多数企业更关心的是如何把产品卖出去，因此营销理论成了这个阶段的管理理论核心。4P 以及各种营销理论的出现、渠道的重视和发展，这些也成就了很多企业，使它们从此走上发展壮大之路。这个时期较为典型的企业管理模式，包括健力宝集团李经纬的中国式品牌营销模式、广东太阳神集团（1987～1998 年）"广告轰炸+人海战术"营销模式、郑州

---

① 周三多、陈传明、鲁明泓：《管理学——原理与方法》，复旦大学出版社 2003 年 11 月第四版。

亚细亚商场服务品牌化管理模式（1990～1997 年）、红桃 K 药业的塔基营销模式（1996 年）、华为基本法（1996 年）、摩托罗拉中国创始人赖炳荣的"外企本土化战略"（1996 年）等。

（3）创新时代（2006 年至今），这个阶段的企业是以顾客价值为中心和全面社会责任管理为核心导向。随着中国加入世界贸易组织以后，市场全面放开，市场竞争环境更加残酷，企业除了保证产品质量和营销以外，更需要关注消费者的需求和特点，从而需要产品创新，而这些创新的管理都是要以客户为中心的，因此也称为以客户为中心的管理时代。那么要真正以客户为中心，这就需要与中国本土的文化相结合，与中国的特色相结合，并根据这些特点进行企业的管理，中国管理模式就是这样在创新机制中形成的。其中较为典型的企业管理模式包括：华为建立与国际接轨的基于 IT 的管理体系（2002 年）、青岛海尔"人单合一"的国际化管理模式、格力电器董明珠的"自建渠道模式"（2004 年）、阿里巴巴马云的"网上信用管理模式"（2004 年）、IBM 董事会主席兼首席执行官彭明盛提出"全球化整合"战略（2006 年）等。此时期，复旦大学苏东水教授提出的"三为"："以人为本、以德为先、人为为人"的东方管理学思想（1997 年），是中国改革开放三十余年来由中国管理学者提出的较为系统的本土管理思想体系。

纵观中国三十余年来的企业管理，实际上经历了西方 300 年工业化管理的历程，现在许多企业一方面在继续保持着对西方先进企业的管理理念、方法和经验的学习；另一方面开始认真思考、总结中国企业三十余年来的成功经验和管理特色。他们不甘于照搬国外做法，逐步将眼光转向具有中国五千年历史文化中的管理智慧，并结合自身特色，探索创造适合本企业、本国特点的管理经验和管理模式。这些管理经验和模式不仅为刚刚处于雏形的中国管理思想提供理论基础，也必将为本土企业发挥巨大作用的同时，还必将为世界管理体系以及世界的企业管理作出更大的贡献。

三、中国现代的治家学术思想

中国传统文化历来强调治家。在"修身、齐家、治国、平天下"的逻辑中，治家被视为治国平天下的基础。中国人也历来讲究"家和万事兴"。从颜氏家训、朱子家训、曾国藩家书，再到现代的傅雷家书，人们可以看到历代中国人在家庭教育、家庭治理方面已经积累了大量的智慧。最为世人熟悉的《曾国藩家书》汇集了曾国藩本人对治家、修身、学习、理财、交友、用人和旅行等的看法，堪称家训典范。而晚近翻译家傅雷给留学海外的儿子傅聪的近百封家书，是家训与审美的完美结合。据悉，《傅雷家书》曾再版 5 次，重印 19 次，累计发行量逾百万册。

进入现代以来，中国家庭结构发生重大变化，原来四世同屋、子孙满堂的情况越来越少，更多的是核心家庭，即我们常说的三口之家。家庭结构的简化一方面减少了家庭治理的难度，另一方面正因为家庭结构的简化而产生的独生子女成长问题也越发引起人们的关注。独生子女加上中国城市经济发展迅速、物质生活水平提高，使得许多家庭培养子女的方式得以改变。中国与外面的联系更直接了，孩子所得到的资源也更丰富。这样的形势下成长起来的孩子，接触面或许比上一代人更宽广，日后更懂得世界的趋势然而，也正因为太注重个性的发展，太多资源的汇集，这些孩子成为家庭的霸主，不懂得奉献、孝敬，经受逆境的能力太弱。如何促进独生子女的道德、智力、心理、体能等全面发展，已经成为全社会都应当关心的中国重大课题。现在，人们越来越发现治家与领导、经营管理紧密相关。我国正处在改革开放和发展社会主义市场经济的历史性变革中，社会情况发生了很大变化，现实生活中形形色色、五花八门的东西对领导干部的诱惑越来越大，通过家庭进行诱惑也是其中一条重要的途径。为此，领导干部更应讲政治、讲正气，必须坚持从严治家。我们的干部，必须为人民用好权，更好地为国家服务，而决不能用这个权力来为自己牟取私利。"家财"越多越有可能滋长懒惰心理，扼杀创造精神。这对社会、对家庭都不利。

四、中国现当代的治身学术思想

中国儒家非常强调修身，并认为是管理他人、服务社会的起点。孔子的弟子曾子提出从天子到一般百姓，都要以修身为本。吾日三省吾身：替别人办事是否尽忠？与朋友交往是否诚实？老师所传学业是否复习了？孔子把修身之道具体化为九个方面，称之为"九思"：看要考虑看明白，听要考虑听清楚，脸色要考虑温和，仪态要考虑庄重，说话要考虑忠实，做事要考虑认真，有疑问要考虑请教，发怒要考虑是否有后患，看到可得的东西要考虑是否该得。孔子并提出在不同的阶段要重点注重的问题。比如在年少之时，重点在戒色；成人之时，重点在戒斗；老年之时，重点在戒得。这些古代的治身思想在今天仍然是具有非常重要的意义的。就如改革开放之初提出的以提高个人素养为基础的"五讲四美、三热爱"。而在企业领导人的自我修炼方面，就目前环境下而言应注意以下几点：①修身之道，主要是要以乐为本、以诚为基、以谦为益；②待人之道，主要包括与人为善、以礼相待、以和为贵；③成事之道，主要包括以勤为先、以俭为美、以志为纲。

第五篇

中国东方管理学的
学术研究

第十六章　中国东学思想的兴起

第一节　苏东水与东方管理学派

有效的管理是个人、家庭、企业、国家成功的关键。管理哲学贵在人为，管理行为贵在人和，管理之道贵在效率。"中国式管理"的精髓就是"以人为本，以德为先，人为为人"。当苏东水教授提出这些观点的时候，也许并未想到直接引擎了东方管理文化在世界的叫响。一个有着优秀文化传统的东方古国，一个处于经济蓬勃发展时期的伟大民族，需要有自己的管理文化，立足于中国现实文化土壤的"中国式"管理文化。早在 20 世纪 70 年代中期，苏东水教授就凭借一个学者的敏锐洞察力开始了对东方管理学的探索和研究，经过三十多年的潜心研究和身体力行，已经形成了完整的东方管理学理论体系和东方管理学派，被誉为"德艺双馨"的著名资深的经济学家和管理学家，堪称一代宗师。他被国务院表彰为"发展祖国高等教育事业有突出贡献的专家"。2004 年 12 月，教育部在他执教 50 周年发来的贺电中称赞他"探索创立了独特的东方管理学派，为中国管理科学走向世界做出了重要贡献"。

"最有希望、最有创造性的管理理论往往产生于经济迅速起飞的国家和地区"，"随着中国改革开放伟大实践的纵深发展，儒教文化圈和海外华商的迅速崛起，随着中国加入世界贸易组织、申奥成功、申博成功，东方管理学理论迎来了前所未有的发展机遇"。敏锐的洞察力和信心是苏东水教授理论研究取得丰硕成果的两翼，这是他和他的东方管理学派飞向世界的两翼，也是驰载中国传统文化与现代文明结合发展走出中国特色道路的两翼。

一、传统文化奠定理论根基

"以人为本，以德为先，人为为人"。这是苏东水教授创建的东方管理学派的要义，也是"中国式管理"的精髓。这看似简单的十二字在中国传统文化中可以找到其全部的渊源，同时又囊括了现代管理"人本"理念的丰富内涵。"以人为本"就是要求一切管理活动以人为中心，努力实现人的全面、自由、普遍发展。而该词的完整提法可追溯到《管子·霸言》，当时管子的"人本"思想还停留在工具论的层面上，此后又有孟子的"民贵"论等更接近现代人本管理哲学的思想。苏东水教授从 20 世纪 70 年代开始就陆续提出管理要以人为中心、"中国式"管理的基本精神是"人乃天"和"事人如天"等观点。最近几年，中央领导更加意识到"以人为本"的重要性，将其作为最基本的执政理念之一，这种理念很快由上至下渗透到各级政府、各行各业、各类企事业乃至每一个家庭和个人。"以德为先"即强调道德伦理在管理中的作用。管理者经常要运用权威来指挥和影响组织成员，其中有些权威是制度所赋予的，另一些则有赖于管理者的个人魅力和其他优秀品质，东方管理学更推崇后者。管理者要通过"修己"树立道德之威，在无形中影响被管理者，被管理者也要通过"修己"实施自我管理，以求更好地胜任本职工作。《论语·尧日》中讲到个人品行要"尊五美"，其中的"泰而不骄"、"威而不猛"两项可以看做对管理中道德之威的绝佳注解。

"人为为人"要求无论管理者还是被管理者必须首先注意自己的行为和修养，然后从为人的角度出发，控制和调整自己的行为，创造一种良好的人际关系和激励环境，充分发挥人的能动性和积极性，使人们能够更好地发展自我，服务社会。"人为为人"的理念落实在实践中，是倡导以身垂范、合理授权与自我管理，清代曾国藩对军队和家庭的管理就是"人为为人"的典范。"人为为人"的思想最初渗透在1987年出版的《管理心理学》（第一版）中，并成为苏东水教授独创的"人为科学"的理论基础。时至今日，以"人为为人"思想为主线的《管理心理学》已出第四版，发行量逾二百万册，该书的每一次更新都从一个侧面反映了东方管理学派的发展轨迹。

"人为为人"不仅仅是"人为科学"的理论根基，更是苏东水教授的做人准则。出身于福建泉州的一个爱国华侨家庭的他，其父为当地一代名医和慈善家，他从小受儒学熏陶，知书达礼，文化底蕴深厚。苏东水教授睿智过人、学识渊博，早在20世纪70年代中期，他就凭借一个学者的敏锐洞察力开始了对东方管理学的探索和研究，陆续发表了多篇颇具影响力的论文，如《〈红楼梦〉中的经济管理思想研究》、《中国古代行为学说研究》、《现代管理学中的古为今用》等。

作为东方管理学派创始人的苏东水教授，把东方管理学派与中国传统"人为"思想进行完美结合，他率领东方管理学派的数十名学者，编著《东方管理学派著系》（经典与案例丛书），该丛书包括东方管理学、中国管理学、华商管理学、治国、治生、治家、治身、人本论、人德论、人为论、人道论、人心论、人谋论、人缘论、人才论等十五部著作，简称"三学、四治、八论"。2005年秋，复旦大学百年华诞前，丛书的第一部《东方管理学》出版，堪称八年磨一剑。《东方管理学》是整个著系的总纲，它充分体现了东方管理学理论更臻成熟和完善。最近，《中国管理学》、《华商管理学》也已出版。经过多年探索和思考，从2006年开始，苏东水教授基于东方管理研究的现有成果，从"主体人"假设出发，计划编著的《人为科学》即将面世，并进一步夯实东方管理学的理论基础。2005年11月5日，《解放日报》刊载《探寻"海派管理文化"要义》的文章中谈到："海派管理的融合创新，其基础是中国管理文化。……中国管理文化的要义，就是复旦大学苏东水教授归纳的：以人为本、以德为先、人为为人。""以人为本，以德为先，人为为人"也是东方管理学派学者从事学术研究、管理实践的行动宗旨。2003年11月，《人民日报》记者以醒目的标题《让管理学向东方回归》撰文报道了苏东水教授及其创建的东方管理学派："东方管理学派创始人苏东水是一位致力于从事从中国深邃的优秀传统文化中挖掘现代管理的人。"并指出管理思想的回归主要表现在三个方面：一是强调人在管理过程中的作用；二是文化对管理发展的作用；三是东西方管理的融合。2004 年 12 月，《海峡摄影时报》把苏东水教授作为封面人物刊载，还专门刊载了题为《弘扬中华优秀传统文化复兴的资深学者》的长篇报道。

二、让东方管理文化在世界叫响

苏东水教授在四十余年的研究中，著作等身，硕果累累。他撰写出版的专著和由他主编的著作共计八十多部，其中荣获国家、省、市级和行业系统特等奖、一等奖的达 10 多项，比如：《国民经济管理学》荣获中国"国家图书奖"；《中国企业管理现代化研究》、《管理心理学》和《中国管理通鉴》分别荣获上海市哲学社会科学成果奖的特等奖和一等奖；《中国管理通鉴》在 2003 年还获得了上海汽车工业教育基金会 10 年重大成果奖。1991 年，苏东水教授担任所长的复旦大学经济管理研究所在国家教委对全国 22 所部委属高校的 147 个社会科学研究机构进行的评比中，获经济学类科研机构和综合类科研机构的第一名以及研究生培养的第一名。

在国内积累了一定学术基础和影响之后，苏东水教授及其研究团队开始走出国门，积极参加国际管理学界的学术研讨与交流。自 1992 年以来，苏东水教授率团先后前往日本、美国、法国、西班牙、加拿大、澳大利亚和瑞典等国家，参加由世界管理协会联盟（IFSAM）举办的历届世界管理大会，并多次在大会上作专题发言，扩大了东方管理学在世界上的影响。因其卓越的学术贡献，苏东水教授被推选为 IFSAM 中国委员会主席。应 IFSAM 的要求，他领导下的复旦大学经济管理研究所和上海管理教育学会等单位在上海召开了"'IFSAM'97 世界管理大会"，苏东水教授被推选为大会主席，并做了"面向 21 世纪的东西方管理文化"的主题报告，号召国内外学术界更加重视以中华文化为核心的东方管理文化。国内外有 50 多家新闻媒体报道了此次盛会，《人民日报》指出这次大会象征着"东方管理文化在世界叫响"。正是此次大会之后，外界开始称呼以苏东水教授为首致力于东方管理研究的学者群为东方管理学派。在 2004 年瑞典哥德堡的 IFSAM 理事会上，经过以苏东水教授为团长的中国代表的努力争取，中国力克加拿大、南非等竞争对手，赢得第九届世界管理大会的主办权，这届大会于 2008 年 7 月在上海召开，进一步推动中国的管理学说走向世界。

苏东水教授还发起举办了每年一届的"世界管理论坛暨东方管理论坛"，荟萃了众多国内外志同道合的学者，交流和展示东方管理学派成员的科研、实践成果。论坛至今已召开九届，每届都出版了论文专辑，合计近千万字，在国内外学术界和企业界产生了重要影响。迄今已举办十五届，出版《东方管理文库——世界管理论坛》十八卷。1999 年，苏东水教授在复旦大学创立了国内第一个东方管理研究中心，如今上海交通大学、华侨大学、江西财经大学和贵州大学等高校陆续建立了东方管理研究机构，这些机构都聘请苏东水教授担任院长、主任或名誉主任。为了推动东方管理从理论走向实践，苏东水教授还创设了东方管理学的实践基地——东亚管理学院、培养国际经营管理人才的东华国际人才学院和国际化的东方管理科学院。

三、闪亮东方智慧的现代价值

苏东水教授是对东方管理学信心最足的人，他多次说过，"最有希望、最有创造性的管理理论往往产生于经济迅速起飞的国家和地区"，"随着中国改革开放伟大实践的纵深发展，儒教文化圈和海外华商的迅速崛起，随着中国加入 WTO、申奥成功、申博成功，东方管理学理论迎来了前所未有的发展机遇"。这些论断反映了苏东水教授的历史责任感、民族荣誉感和治学品德，也显示出他对于管理学科发展趋势和东方管理学派发展机遇的敏锐洞察力。事实一再应验了苏东水教授的论断，回顾日本、新加坡、韩国东方新兴经济强国的发展历程，都是以东方优秀文化为依据探讨人生激励、心理满足、管理行为的真谛，造就高尚的国民素质，并运用于发展战略之中，倡导经济、社会和文化的全面协调可持续发展。在中华民族复兴的伟大时代，中国共产党中央和政府提出的"以德治国"、"以人为本"、"构建和谐社会"、"科学发展观"等方略都彰显着东方智慧的现代价值，东方管理理论也因此迎来了铸造辉煌的历史机遇。熟悉东方管理学派的人们无不为东方管理学派近几年来的蓬勃发展感到欢欣鼓舞。2003 年，正式设立东方管理学博士点、硕士点；2004 年，力克强劲的竞争对手，赢得 2008 年第九届世界管理大会的举办权；2005 年，第一届东方管理学博士生、硕士生入学；2005 年，深受各界瞩目的"东方精英大讲堂"在上海图书馆开讲。东方管理学理论也逐渐走向实践，当前我国的治国方略和各项具体政策越来越多地闪烁着东方管理智慧的灵光，东方管理和"中国式管理"也越来越多地受到企业家和政府官员的青睐。但东方管理学派的学者却始终保持着清醒的头脑和理性的思考。他们认为，为了使东方管理理论更好地成为促进经济社会协调发展的动力，必须加强东方管理理论可操作性的研究与探索，解决东方管理理论的应用与普及问题，尤其是要结合中国改革开放三十多年来的实践，加强对中国和东方各国社会文化背景下的管理案例的剖析。

毛泽东曾经说过，"中国应该对人类做出较大贡献"，以中国优秀传统文化为内核的东方管理学派也应该为世界管理理论与实践作出更大的贡献。东方管理学派的崛起还只是一个开端，我们相信，在苏东水教授等著名学者的带领下，东方管理学派和东方管理理论必将成长为枝繁叶茂的长青之树，昂然挺立于世界管理学说丛林之中。

第二节　中国东方管理哲学思想

管理活动是一个开放系统，难免受到哲学、经济、政治、文化和心理学等各种因素的影响，系统总结管理实践的管理理论也因此打上了地域和民族的烙印。正是基于这个原因，复旦大学学者群从 20 世纪 70 年代中期就开始探索如何立足于东方文化和现实土壤，博采古今管理学说精髓，创建一门真正适合中国乃至中国文化圈其他东方国家的管理学说。

在这一探索过程中，不断有境内外的同行参与交流，从国外翻译引进的许多著作对东方管理哲学思想的研究也有所启发。因此，目前已成雏形的东方管理体系是国内外众多学者齐头并进、集腋成裘的结晶。现在学术界有一种溢美之词，把研究东方管理学的学者看成是东方管理学派的一员。苏东水教授认为，能否称得上学派，关键是看有没有相对统一的哲学基础，因为管理哲学要解决管理的价值观和方法论这些最根本的问题。

20世纪80年代到90年代，苏东水教授先后提出了东方管理想"以人为本、以德为先、人为为人"的核心命题，治国、治生、治家、治身的"四治"框架，以及人、勤、道、变、和、实、信、效、法、威、器、术、筹、谋、圆十五个哲学要素。这些思想分别反映了在不同历史阶段的思考结果，经过梳理和整合，形成了他对东方管理哲学的认识，即东方管理哲学是以中国传统主流哲学为内核、融汇古今中外管理学说中合理的哲学成分的一种具有历史连续性、内在一致性、普遍适用性和强大辐射力的思想系统，它能够在最一般的意义上为国家治理、企业经营、家庭活动和个人修养活动提供指导和方法。

一、人本管理哲学

东方管理哲学的第一个层次是人本管理哲学，即管理要以人为中心，实现人的全面、自由、普遍发展。人本管理哲学可以分解为五个要素：人、勤、道、变、和。其中，"人"是人本管理哲学的出发点和终极目标及协调手段。下面分别作出解释：

（1）人。"人"要求以人为本，把人的价值作为管理的起点和终极目标。在中文里，"以人为本"一词的完整提法最早出自《管子·霸言》："夫霸王之所始也，以人为本。本理则国固，本乱则国危。"这里所说的"以人为本"，是指建立霸业的一种手段，显然管子的"人本"还停留在工具论的层面上。此后，又有孟子提出的"民贵"等更接近现代人本哲学的观点。1996年，在第三届IFSAM世界管理大会（巴黎）上，苏东水教授第一次提出东方管理学的基本精神是"人乃天"和"事人如天"，这一精神是基于历史连续性归纳出来的，因为东方管理哲学中的确有这样的传统。现实中的管理方法和操作可能经常与之相悖。即使在东方管理哲学的策源地中国也不例外。但最近几年，中国的领导层重新认识到"以人为本"的重要性，将其作为最基本的执政理念之一，这种理念很快由上而下渗透到各级政府、各类企业乃至每一个家庭和个人。

（2）勤和变。"勤"是对人的一种要求，在东方的传统中，不仅要求管理者勤勉为政，而且在一般民众中提倡克勤克俭的精神。勤与俭的关联也是一种东方特色的理念，勤俭立国、勤俭创业、勤俭持家的价值一直很受重视。"变"一方面也是对"人"的要求，另一方面表现为对人的需求的满足，管理者和被管理者（自我管理中）都要随时随地根据外部变化采取变通的方法，去实现自身发展或为他人服务，在东方管理哲学中此二者是合一的。

（3）道。"道"是一个内涵很丰富的词。西方管理学的先驱如约法尔、韦伯等都是从一般意义上理解管理的，此后工商企业管理学一枝独秀，在相当长的时间里几乎成了管理学的代名词，东方管理学体系从一开始就注重管理理论的内在一致性和普遍适用性，把管理活动划分为治国、治生、治家、治身四个层面。这四个层面的具体管理方法是有很大差异的，但老子说"治大国若烹小鲜"，王充则讲过"贤君之治国也，犹慈父之治家"，中国还有一句俗话叫"一屋不扫，何以扫天下"，这些都说明不同的管理活动有相通的规律，这些规律就是东方管理哲学中的"道"，"道"的载体是各种管理活动中的人以及人的行为，也即东方管理学是"以人载道"的，所以把"道"作为人本管理哲学的要素。

（4）和。"和"即"和为贵"。人本管理哲学的终极目标是人的发展，"和"是实现终极目标之前的中间目标和协调手段。在竞争和对抗的管理活动中，"人和"乃制胜法宝，这无须赘述；在个人和组织的发展中，"和"也具有重要的调节作用。历史证明，"以人为本"作为终极目标很容易走向极端，即个人主义、各种利益集团的本位主义以及人类中心主义，欧美国家自文艺复兴以来很重视以人为本，但为什么还会一度出现比前代更严重的社会危机？这些危机小到家庭破裂、劳资紧张，大到战争和环境污染，但都有一个共同病灶，就是忽略了"和"这个中间目标的调节。现在，中国的领导层很重视"和"：在国内强调和睦安定，建设和谐社会；在国际交往中，提出了"与邻为善、以邻为伴"；在"天人"方面，实践科学发展观。显然，这三个层面的"和"也同样适用于其他组织的管理。所以，可以认为"和"的要素是蕴含在人本管理哲学之中的，只有做到"和"，以人为本的终极目标才能够不偏不倚的实现。

二、人德管理哲学

东方管理哲学的第二个层次是人德管理哲学，即强调道德伦理的作用，管理者通过"修己"树道德之威，在无形中影响被管理者的行为，被管理者也要通过"修己"实施自我管理，以求更好地胜任本职工作。不同层次的管理参与者面临的道德要求是不同的，为此我们提出了三种不同基本道德：为官执政者要讲"官德"，经商营利者要讲"商德"，一般民众要讲"民德"。

人德管理哲学可以分解为五个要素：实、信、效、法、威。其中，"实"、"信"、"效"是对管理活动的参与者的基本道德要求，"法"是"德"的辅助手段，"威"是人德管理哲学的目标。

（1）实、信、效。"实"要求实事求是，在古今中外这都是一项"知易行难"的要求；"信"即诚实守信，《孙子兵法》中把"信"列为"将者"的五德之一；"效"本不是伦理道德的因素，但在东方文化中，"效"与"廉"、"勤"往往紧密联系，高效廉洁经常被作为对管理层的基本要求。

（2）法。在东方管理哲学中，"法"往往作为"德"的辅助因素。一般来说，依托法规和制度来实施管理可以避免"人治"的种种随意性和独断性，但也不应过分崇尚严法酷律的威慑力，正如《汉书·礼乐志》中讲的"王者承天意以从事，故务德教而省刑罚"，"德法兼容"是一种务实的选择。

（3）威。树道德之威是人德管理哲学的目标。在管理哲学中，管理者经常要运用权威来指挥和影响组织成员，其中有些权威是制度所赋予的，另一些则有赖于管理者的个人魅力和其他优秀品质，东方管理哲学更推崇后者。《论语·尧曰》中讲到个人品行要"尊五美"，其中的"泰而不骄"、"威而不猛"两项可以看做对道德之威的绝佳注解。

三、人为管理哲学

人为管理哲学也即"人为为人"的思想：无论管理者还是被管理者首先注意自己的行为和修养，然后从为人的角度出发，控制和调整自己的行为，创造出一种良好的人际关系和激励环境，充分发挥人的能动性和积极性，使人们能够更好地发展自我，服务社会。人为管理哲学源于苏东水教授对中国古代管理行为学的研究。

人类的生产行为和管理行为离不开物质技术设备和科学方法，管理行为中最重要的是决策行为（西蒙说过"管理就是决策"），同时"人为为人"讲究管理者与被管理者的互励互动，能够达到圆满合理是衡量"人为为人"实现程度的标准。所以，把人为管理哲学也分解为五个要素：器、术、筹、谋、圆。

（1）器、术、筹、谋。重器利器、巧妙运术本是中国早期哲学中的一个重要方面，但后来"器"和"术"被曲解为"奇技淫巧"，成为主流道德哲学的对立面，其服务于人的积极一面反而被忽略了。现在就是在"人为为人"的理念下，重新加强对"器"和"术"的学习和运用，提高管理效率和服务水平。"筹"和"谋"分别对应于战略和战术层面的规划与执行，正所谓"运筹帷幄，决胜千里"，在这两个层面的决策中，都要充分发挥民主，集思广益，用"人为"的积极参与，保证"为人"的绩效。

（2）"圆"即圆满合理，这是衡量"人为为人"是否成功的标志。"人为为人"的理念落实在实践中，是倡导以身垂范、合理授权与自我管理。基于这种要求，相关研究提出了东方管理哲学的"主体人"命题：人在组织中有分工和职位的差别，但每个人都是管理主体，个性和人格都是独立、完整和平等的，不存在谁依附谁、谁掌控谁的问题，而是为了实现组织的目标所进行的互相协同、互相支持、互相服务的关系。只有实现这样一种关系，一个组织或者一项管理活动才称得上是圆满合理的。这当然是一项很高的要求，但应该成为每一位管理者追求的理想和目标。

人本管理哲学、人德管理哲学和人为管理哲学是东方管理哲学的三个部分，这三个部分相辅相成，而且每一部分之下的三组要素也是一个统一的体系。社会只要能够做到"三为"，即"以人为本、以德为先、人为为人"，坚持新"三观"，即新的人本观、和谐观和发展观，则社会主义和谐社会将指日可待。

第三节　中国东方管理学的"五字经"

东方管理学是研究古今中外管理的理论与实践及其运行规律的现代管理科学的重要学派之一，它是一门融合东西方管理思想精华的新学科。它根植于东方管理文化，并从东方社会和管理文化的角度创造性地吸收了西方管理科学；它包含了若干不同区域中的群体成员共同在长期生产经营实践发展过程中逐步形成的、独特的价值观，以及以此为核心发展起来的行为规范、道德标准、群体意识、风俗习惯等。它是一门融合东西方管理思想精华的新兴学科。

一、东方管理学的研究对象

东方管理学是研究古今中外管理的理论与实践及其运行规律的现代科学，汇集了东西方各族人民的智慧，其研究的主要范围涵盖着渊源于亚洲黄河、长江流域、印度恒河、印度河流域和两河流域，以及非洲尼罗河流域的一切人类管理活动的精华，它也是东方各民族在漫长的历史生产和生活实践活动过程中创造并积累下来的。

中国管理的历史要大于西方。在中国，有史料可查的管理典籍可以上溯到两千多年前的《尚书》、《周礼》，虽然当时并没有形成一个符合现代西方标准的、能够体现各行各业各种管理工作共同特点的管理学，但史料已记载许多有关中国管理的组织设计、典章制度构建、信息沟通、物流管理及工程建设等方面的经典论著。

从文化的传承性来看，这些具体的管理人物和管理事件，都必然会在其后的管理实践中留下一定的痕迹，构成东方悠久的管理历史中的重要一环。

从内容来看，中国管理也要比西方管理丰富。中国管理除了涵盖了西方管理学科体系中的国家行政管理、企业管理、教育管理、工业管理、农业管理、科技管理、财政管理、城市管理等以外，还包括治家管理、治身管理等关乎人的生命存在质量的内容。

从目标来看，中国管理比西方管理更注重实现人与自然、人与社会、人与人的关系的和谐发展，即人的成长、成熟与生存质量。一般而言，西方管理强调完成的目标通常是企业利润最大化、股东利益最大化等，只是在近几十年才开始意识到：即便组织的目标是最好的，也会在一定程度上损害他人和社会的利益，或者实现目标的方式、方法也可能会违背一定社会人群的行为规范。这种意识的萌发实际上正是西方管理向东方管理回归的表现之一。

二、东方管理学的理论价值

1. 包容性

中华传统管理文化博大精深，得益于它在不断地发展完善的过程中，能够包容和吸收其他管理文化中优秀先进的成分。正是这种极具包容性的管理文化，才使得东方管理能够博采众长，汇纳百家学说而融为一体。

2. 人本性

东方管理强调人是管理的根本，是主体，追求的是人的全面自由的发展。因为没有人就没有了组织，没有了成功的可能。东方管理可以在特定条件下牺牲效率和利润来维持人的发展。

3. 系统性

东方管理讲究管理中的整体协调，反对简单的因果对应。整体观念是东方管理系统论的核心。

4. 创新性

东方管理在其不断的发展演化过程中，融合了多种其他学科的知识和理论，而第一次的融合，不仅丰富了东方管理的理论体系，而且还提供了新的更有效的方法来整合组织资源。

5. 柔和性

东方管理讲究在研究人们的心理和行为规律的基础上采用非强制方式，在人们心目中产生一种潜在的说服力，从而把组织意志变为人们自觉的行动。它主张的管理手段是"仁治"，东方管理的柔和性最终还是"以人为本"思想在管理中的真实体现。

6. 服务性

东方管理强人的群体意识，突出人的社会性、服务性，因此人人有义务为社会的安定和发展尽自己的一份力量。更重要的是，东方管理强调服务社会、服务他人的前提是"人为"，也就是要求管理者加强自身素质的修养。自身修养提高了才能更好地"为人"，即服务。

三、东方管理学的现代价值

（一）东方管理的推广代表了企业管理人性化的发展方向

现代管理学的研究和实践表明，无论是宏观管理还是微观管理，对人的进一步重视，对人的潜能的更深入的开发，无疑会造成管理效能的继续提高。东方管理理论和方法在企业管理上的作用，已经在越来越多的企业经营管理实践中得到了证明。对东方管理文化更深切的理解，将有助于更多的企业取得经济、社会和文化上的更大的综合效益。

东方管理的振兴，满足了现代管理要求强化人性、整体、共生和"人为为人"的管理价值的需要，推动其进一步走向整合化、柔性化和人性化。现代社会，人才作为企业中最宝贵、最稀缺的资源的观念，已经广泛为东西方管理界的人士所接受。但从本质上讲，倡导以人为本历来是东方管理哲学的专利。从以物为主的管理，转变为以人为主的管理；从硬性管理，转变为柔性管理，是西方管理理论的发展，在经历了几次重大的转变后才实现的。

人性化的管理，要求在企业中用富有号召力的企业价值理念，来包容员工的个人需要，创立一种人人认同并遵守的企业文化，并使员工以此为目标，自觉、主动、创造性地开展工作。从某种程度上，这正是体现了东方管理的精髓之一。可以预计，21世纪的企业将更加关注其各个环节上人的需要、尊严和价值的实现，管理将是更加人性化的、人本化的。

（二）东方管理的普及有助于提升产业竞争力，增强综合国力

随着新经济时代的到来，许多国内外著名企业已经逐步在失败的教训和成功的经验中，意识到核心竞争力的培养，将是未来企业赖以立足和发展的基石，而勤于学习、快速灵活、团队精神正是东方管理文化的灵魂。

知识活动乃是人区别于其他动物的特有的活动。知识是人类智慧的结晶，是人类个性力量的源泉。在新经济时代以前，知识产生的巨大经济效益，被物的生产关系所掩盖；而在现代经济中，知识是第一生产要素，是经济的核心要素。知识的联合将取代资

本联合和劳动联合，成为经济发展的关键。东方管理正是以知识的载体——人为管理的根本，它与西方管理中以追求利润为最高目标，把人作为实现这一目标的手段的"人本管理"有着根本的差别。日本、韩国、新加坡、中国台湾、中国香港等国家和地区现代化成功的经验表明，东方管理提升了它们的产业国际竞争力。同时，东方管理也是促进我国改革开放和现代化建设进一步发展的有力手段之一。

（三）东方管理的应用有助于人与自然、人与社会、人与人关系的和谐发展

东方管理文化的复兴，将避免个人主义、人类中心主义的失误。近代发展中国家的发展之道，必经人身、体制和心灵三次解放，而东方管理文化可能在三次解放中发挥重大作用。东方管理文化倡导人生健康、成功、自在，实现身与心、人与人、人与组织、人与环境的和谐一体，是对东西方管理文化整合的促进。

东方管理历来强调"和为贵"的原则，谋求的就是人与自然、人与社会、人与人关系的和谐统一。孔夫子主张"仁者爱人"，号召人们以血缘亲情之爱为根本，"推己及人"、"克己复礼"，故要求人们"感情发而皆中节"，即符合法度、常理，实现天下之"和合"。

日本创价学会名誉会长、国际知名学者池田大作，在《二十一世纪与东亚文明》中，将东亚文明的这种"共生性道德气质"描述为"在比较温和的气候、风土里孕育出的一种心理倾向，就是取调和而舍对立，取结合而舍分裂，取大我而舍小我。人与人之间、人与自然之间，共同生存，相互支撑，一道繁荣"。"东亚这种精神气质的特征，在于它不止于人类社会，甚至囊括自然，显示出宇宙般无边无际的广阔。"

现代西方管理界极力推崇的团队精神、合作竞争战略，以及强调企业的社会责任和经济的可持续发展，其实正是东方管理"和合"精神的简单翻版，而且在本质意义上讲也要肤浅得多。东方管理所积极倡导的注重和谐的伦理规范，有助于人们在物质、技术高度发达的今天，加强组织内部的凝聚力，满足人的精神需要，进行有效地国际合作，灵活适应环境的变化，为地球上的各种生物共建一个温馨美好的大乐园。

（四）东方管理的探索将促进治国、治生、治家、治身思想的升华和创新

如上所述，东方管理理论体系所包容的内容要远远超过西方管理。西方管理在企业微观管理理论与实践方面，的确走在了东方人的前面；但是它们的管理理论体系中很少涉及关于家庭的和睦、成长、理财、教育以及人自身德、智、体全面发展的内容，必须依靠东方管理的不断探索与发展来弥补。另外，东方管理的治国论与治生论中，有许多思想对于现实都有着十分巨大的指导作用，比如合作竞争的思想、德法兼治的思想等，还需我们不断地去发掘和整理。

东方各国思想家和实干家在治国、治生、治家、治身四个方面都有大量的论述和亲身实践的案例，但是由于长期缺乏系统理论体系的指导、归并和整理，难以形成可以进行系统传授和指导实践的原则及方法。东方管理学派提出的东方管理理论体系，从哲学思想、方法论，到具体的管理手段和方法，都进行了科学的界定，这必将为现代管理从治国、治生、治家、治身等方面，寻找到创新的突破口打下基础。

四、开创东方管理学"五字经"体系

20 世纪 70 年代以来，苏东水教授在复旦大学开始东方管理的研究，经过多年研究，汲取中国管理文化中道家、儒家、法家、释家、兵家、墨家以及伊斯兰教和西方管理、华商管理等派别主干思想的合理养分，终于开创性地提出了概括东方管理文化本质特征的"以人为本、以德为先、人为为人"的"三为"原理，在此基础上形成了治国、治生、治家和治身的"四治"体系，构建了人道、人心、人缘、人谋、人才的"五行"管理理论，并提出东方管理学的管理目标是人和、和合、和谐的"三和"理念。以此，东方管理学的体系可以总结为五个字："学"（三学）、"为"（三为）、"治"（四治）、"行"（五行）、"和"（三和），也叫东学"五字经"。东方管理学还从管理主体、管理权力、管理组织、管理文化和管理心理五方面，归结出管理成功的基本要素：以管理主体为出发点，凭借职位权力和非职位权力施加影响力，依靠管理组织去协调人们的活动，通过管理文化规范管理主体的心态、意识和行为方式等，从而使组织目标顺利实施。贯穿于这个过程的是管理主体的心理行为过程。因此管理主体也成为管理的归宿。就管理未来的发展来看，21 世纪管理的现代化包括管理思想的现代化、管理组织的现代化、管理手段的现代化、管理方法的现代化和管理人才的现代化五个方面。

五、东方管理学体系结构的主要内容

目前，根据已经取得的研究成果，东方管理的理论体系可以通过图 16－1 显示出来。

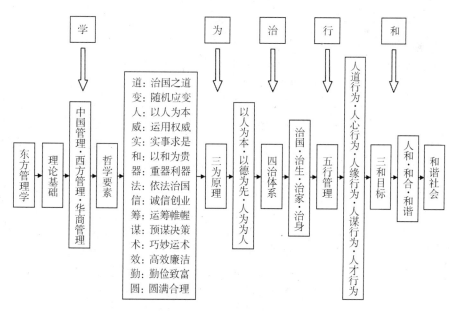

图 16-1　东方管理学体系结构

（一）学——"三学"

中国管理、西方管理以及华商管理的理论与实践是东方管理学的三大理论渊源。有些人对东方管理学存在误解，以为是专门研究古代典籍中的管理思想。东方管理学并不是要回到故纸堆，专门研究我国古代典籍中管理思想。其实，东方管理学是一门现代的管理学科，它是在融合古今中外管理思想、方法的基础上而形成的一门新兴的管理体系。

（1）中国管理学是研究中国本土的古代、近代和现代管理思想和实践，探索中国管理实践中普遍适用的规律、原理和方法的现代学科。它是以中华优秀管理文化为核心，以"三学"为理论基础，以东方管理学的"三为"、"四治"、"五行"、"三和"为主线，系统梳理、提炼我国古代、近代和现代经济管理实践的经验与教训，归纳出具有中国特色的、全球视野的现代管理模式的一门综合性学科。

（2）西方管理思想是渊源于古希腊文化传统，它在近代资本主义的条件下演变为具有一定科学形态的管理理论，从 20 世纪初泰罗《科学管理原理》开始发展成为科学化的理论体系，对现代人类的经济社会发展产生了重大影响。至今，西方管理理论的发展经历了三个阶段：

①西方第一代管理理论，即古典管理理论，包含了科学管理理论、管理程序理论和行政组织理论等，其理论是以"经济人"假设为基础和前提的物本管理。

②西方第二代管理理论，即行为科学理论，是以"社会人"假设为基础和前提的人本管理。行为科学理论包括对人际关系理论、个体行为理论、团体行为理论、组织行为理论等不同方面和不同层次的研究。

③西方第三代管理理论，即现代管理理论，是以"知识人"假设为基础和前提的人本管理和知识管理，代表了西方管理理论发展的新趋势。

（3）华商管理是中国传统管理文化与西方管理文化以及华商足迹所至的所在国管理文化相融合的成功典范。海外华商取得成功的根本原因，就是在多元文化环境中的适应性与创造性。东西方文化具有巨大的互补性，而二者的融合使海外华商具备了独特的经营智慧，从本质上来看这是一种融合创新。在东西方智慧的交汇点上，海外华人企业家们自觉地博取两种经营智慧的长处，并创造、提炼、萃取出一种全新的管理范式，促生了一大批精于经营管理同时具有强烈社会责任感的海外华商巨富。中国管理最迫切需要具备的素质就是适应多元化结构的管理智慧，因此华商管理的理论与实践是东方管理学的重要渊源之一，对华商管理的研究构成了东方管理学的一个重要组成部分。

（二）"为"——三为原理

苏东水教授认为，东方管理学的精髓是"以人为本，以德为先，人为为人"。它是对中国管理、西方管理以及华商管理等理论与实践融合、提炼、萃取的结果，是东方管理文化的本质特征，是贯穿东方管理学的主线，也是东方管理学派的宗旨。

（1）"以人为本"包含着两层含义：一是将人视为管理的首要因素，一切管理工作都围绕着如何调动人的积极性、主动性和创造性来展开，这是它的浅表内涵；二是通过给人们提供充分施展才华的空间，不断地运用挑战来锻炼人的智力、体力乃至意志品质，并在此全面发展的基础上，努力实现摆脱自然束缚的自由发展，提高人的生命存在质量。

（2）"以德为先"的"德"是指人的品德、修养。中国管理思想的逻辑起点是"修己"即自我管理，而以"安人"即理想化的社会管理及最终达到世界大同为归宿。"修己以安人"是带有根本性的管理方法。管理者通过自己的道德修养的提高，在无形中影响被管理的行为，从而达到管理的良好状态，即"安人"的目的。同时，人际关系也通过人的道德伦理来加以调节"人为为人"提出的关于管理本质的新概念。

（3）"人为为人"是指"每个人首先要注重自身的行为修养，'正人必先正己'，然后从'为人'的角度出发，来从事、控制和调整自身的行为，创造一种良好的人际关系和激励环境，使人们能够持久处于激发状态下工作，主观能动性得到充分发挥"。

（三）"治"——四治体系

四治体系是苏东水教授基于古今中外管理实践而提出的管理层次论。苏东水教授认为，东方管理学的主要内容包括四个方面：治国家、治生学、治家学和治身学。它不仅涵盖了管理实践中的各个层面，而且也符合中国儒家"修身、齐家、治国、平天下"的推演逻辑。

（1）治国就是国家管理，探讨从古至今治国的理念与实践精华。中华民族数千年来经历了无数次的改朝换代和多种外来文化的渗透，积累了丰富而深邃的治国理念、治国法则和治国方法。

（2）治生是经营、谋生计的意思。治生学就是探讨从古至今治生的理念与实践精华。东方管理的治生论，是以"德本财末"道德观和"诚、信、义、仁"伦理思想为哲学核心，并以"积著之理"为中心，依循所发现的客观经济规律，以及由此所发展出来的预测、战略计划、市场营销、人事管理和质量管理等方面的方法和技巧。

（3）治家指家庭管理，治家学就是探讨从古至今包括家庭伦理、家业管理和家庭教育等方面的理念与实践精华治身即自我管理。

（4）治身就是探讨从古至今个人修身之道、待人之道和成功之道的理念与实践精华。自我管理是个体成功的关键，也是治家、治生、治国的逻辑基础。在中国传统管理思想中，治身是一种体验之学，是一种个人的修养功夫。

（四）"行"——五行管理

五行管理是指对管理过程中运行的五种行为即人道行为、人心行为、人缘行为、人谋行为以及人才行为进行管理。"五行管理"是"三为"、"四治"理论在实践环节中的具体表现，并分别与现代西方管理学体系中的管理哲学、管理心理、管理沟通、战略管理以及人力资源管理等相对应。

（1）人道行为，即管理哲学，所谓人道是指人、人的价值、伦理道德、人的认识（包括自然、社会、人生、思维规律）以及历史观点等，包括客体、主体以及主体对客体的认知。

（2）人心行为，即管理心理，任何管理活动，只要涉及人，就必然与人的心理活动息息相关；任何管理过程最终的实现都必须通过心理认知环节。与财务管理和技术管理不同，心理管理主要以人的动机、个性、人际关系、情绪理念、领导风格、群体行为等切入点，对组织成员的心理状态及组织的心理氛围进行管理，进而提高员工的工作积极性。

（3）人缘行为，即管理沟通。所谓"人缘管理"就是因循事物发展的客观规律，合理地发挥人与其他物质资源的综合效率，以有效地实现人与自然、人与社会、人与人关系的和谐统一，到达逐步提高人的生存质量这一目标的过程。

（4）人谋行为，即战略管理。所谓"人谋"就是人聪明才智的代名词，是智慧的象征。它其实是管理者或智囊团对战略目标进行预测和形势分析，并运用权谋和策略等智慧性技巧来到达预期目标的行为。"人谋行为"包括了计划准备、决策实施和战略管理。

（5）人才行为，即人力资源管理。所谓人才，指的是人力资源中，素质层次相对较高的那一部分人，其具备的三个特征分别是创造性劳动、较大的社会效用和复杂性。东方管理学派认为，人才之所以成为人才，是因为社会行为主体在正确的价值观指导下的能动性的行为达到符合社会行为客体心理价值认知，并起到激发社会行为客体心理与行为的客观效果。这就是东方管理学在这一领域的最新研究成果"人为价值论"的观点。

（五）"和"——三和思想

"和"是东方管理的主旋律。在东方管理"三为"、"四治"和"五行"的创新运用过程中，均存在各种矛盾的和谐问题。"和谐管理"一直是东方管理研究的重要主题。东方管理学所提出的"三和"思想就是"人和、和合、和谐"的理念。

（1）"人和"是基础，"和合"是目的，"和谐"是最终的目标。"人和"的概念可以概括为各个要素之间的和谐相处。

（2）"和合"的概念强调了事物不同因素之间的相互冲突以及相互融合。

（3）"和谐"的概念是事物之间联系的一种存在状态，是对立事物之间在一定条件下，具体、动态、相对、辩证的统一。它体现的是一种均衡、平衡、配合、相生相胜、相辅相成、相反相成、相互合作、共同发展的关系。当前，我国提出构建和谐社会，提炼我国古代传统的和谐管理思想，已成为一个重要的课题。

第四节　东方管理学走向世界

以五千年的中华文明为核心的东方管理文化，从远古到今天，总是和周边文化处于川流不息的交汇之中，并远播世界。

一、东方管理学发展历程

东方管理学的探索最初源于对西方管理话语霸权的反思，是对当代中国经济管理实践的呼应。相关学者在探讨过程中，感到建立东方管理学，一是有利于国际交往；二是有利于发展具有中国特色的管理新学科；三是有利于纠正管理学严重西化的倾向，走东西融合的道路；四是有利于提高企业管理水平；五是有利于弘扬中华优秀文化，总结东方管理在中国改革开放以来成功事例，为治国、治家、治生和治身提供东方管理智慧。研究的目的是：融东西管理智慧于一体，讲东方管理"三为"艺术之真谛，贯通治国、治生、治家、治身，铸造现代管理之雄才大略。东方管理学从教学、原创和实践，历经三十年多年的探索，走向世界，经历了以下三个阶段：

（一）古为今用，洋为中用，融合提炼（1976～1986 年）

这个阶段体现为归纳、提炼中国古代、近代的管理精髓，汲取西方管理精华，并在现代经济管理情景下进行创造性转换和应用，逐步形成了以人为中心的管理理念，提出了"以人为本，人为为人"的观点。这个阶段主要是学习深研马克思主义经济管理原理，从管理学、人为学、心理学三个角度，重点从《资本论》、《红楼梦》、《孙子兵法》三本书中的管理思想来阐述东方管理思想的精华之处，发表了《〈红楼梦〉中的经济管理思想研究》、《中国古代经营管理思想——孙子经营和领导思想方法》、《中国古代行为学说研究》、《试论管理科学的对象和性质》等文章。《国民经济管理学》一书获得教育部一等奖，发行量逾 300 万；出版中国第一本行为科学著作——《中国社会主义行为科学研究》；出版以"人为为人"思想为基础的《管理心理学》和《中国企业管理现代化研究》，分别获得上海社会科学一等奖、特等奖。改革开放之初，在中国率先举办企业管理、国民经济管理、经济管理、管理心理学的电视讲座，赢得社会广泛赞誉。

（二）理论创新，独成一家，走向世界（1987～1997 年）

这个阶段体现为融合东西方管理精华，基于中国经济管理理论与实践，逐步提出具有中国特色、全球视野的东方管理理论。相关研究人员于 1987 年 7 月 1 日在《文汇报》发表了《现代管理学中的古为今用》的文章，同时首次提出了"以人为本，以德为先，人为为人"的东方管理理论的精髓和理念。初步形成东方管理学派，集众多智慧，经过三年的写作，出版了《中国管理通鉴》，得到上海哲学社会优秀著作一等奖。在 1997 年承接国家自然基金"东方管理学思想研究"的课题，出版《东方管理学》一书，系统阐述了"以人为本、以德为先、人为为人"的原理和实践。在此期间，参与 1992 年在日本东京举办、1994 年在美国达拉斯举办和 1996 年在法国巴黎举办的世界管理协会联盟（IFSAM）举办的第一届、第二届和第三届世界管理大会，分别提交《弘扬中华优秀文化，建立中国特色的管理学体系》、《东方管理文化的探索》等具有开创性和国际影响的学术报告。1997 年世界管理协会联盟（IFSAM）理事会决定在中国设立 IFSAM 中国委员会，推选苏东水教授为中国委员会主席，并首设世界管理论坛暨东方管理论坛。1997 年在中国主持召开了 IFSAM 国际大会，苏东水教授作了《面向 21 世纪东西方管理文化》的主题报告，传播东方管理文化。国内外 50 多家重要媒介报道，"东方管理文化在世界叫响"，它将为世界管理学科发展作出贡献。此外，开创了应用经济学、国家重点学科——产业经济学中的东方管理新学科方向。

（三）发展学派，创新体系，扩大影响（1998 年至今）

这个阶段体现为创立东方管理学派，创新东方管理学理论体系，组织参加国际会议，主办世界管理大会，将举办法国巴黎东方管理论坛。

其一，不断发展，首创学派。1999 年，世界华商管理大会召开，同时举行东方管理学派创立大会，历经 12 届世界管理论坛暨东方管理论坛，参会人数总计 5000 多人，共出版会议论文集 12 部，收录论文 1500 多篇，国内从事东方管理学研究的学术队伍已达到 200 多人，国内目前已有 20 多个东方管理研究学院、研究院、研究中心、教学研究实践基地，纵观古今，横跨中外，融合精髓，独树一帜，东方管理学派已经成为国际管理丛林的一个重要的新学派。

其二，创新理论体系。作为东方管理学派的创始人，恰逢 2005 年复旦大学百年校庆之际苏东水教授出版了《东方管理学》一书，创建现代东方管理学的"五字"理论体系："学"、"为"、"治"、"行"、"和"。《东方管理学》是东方管理学派研究成果的代表作。东方管理学派著系经过两年多的讨论已经形成，包括："三学"：东方管理学、中国管理学、华商管理学已正式出版；"四治"：治国学、治生学、治家学、治身学正在组织出版；"八论"：人本论、人德论、人为论、人道论、人心论、人缘论、人谋论、人才论正在编写中。

其三，组织参加国际会议。组织参加 1998 年到 2006 年的西班牙、加拿大、澳大利亚、瑞典、德国的五届世界管理大会，提出复兴东方管理文化的重要性，强调建立"以人为本"的和谐社会的观点，发表《伟大时代的新学说——东方管理学思想的兴起》、《东方管理文化的复兴》、《论东方管理教育》、《论东方管理哲学》、《试论中国管理模式》等国际上独具东方管理特色的学术论文。在全国率先设立东方管理学博士点与硕士点，开创当代管理模式之先河，为中国管理科学走向世界作出重要贡献。

其四，主办世界管理大会。2008 年 IFSAM 第九届世界管理大会是中国管理学界规模最大的一次会议，由复旦大学承办的 2008 年 IFSAM 第九届世界管理大会是东方管理学走向世界的重要标志。大会的主题为"东西方管理融合发展"，来自 20 多个国家的管理学家、学者、企业家和政府官员代表近 500 人出席此次会议，收到参会论文近 500 篇，录用英文论文 160 多篇，中文论文 110 多篇。第九届世界管理大会对弘扬中华优秀文化，对东方管理学的国际传播和创建中国特色的管理学科都起到重大推动作用。

其五，将举办法国巴黎东方管理论坛。由于在上海成功举办此次世界管理大会，IFSAM 决定从 2010 年在法国巴黎举办的世界管理大会起，将设东方管理论坛专题研讨会，这是国际管理学界对东方管理学的肯定和重视。

二、东方管理走向世界是 21 世纪管理的必然要求

（一）世界经济格局变动要求东方管理学崛起

在过去，世界经济发展中心由欧洲移向美国，而到今天，世界政治经济结构起大的变化，世界经济发展的中心可能移向亚洲，中国作为发展中的大国正经历着从传统封闭的农业社会向现代化工业社会转型，从计划经济向市场经济过渡。中国历经 60 余年重返世界舞台中央，今日中国经济发展面临的问题非常复杂，管理实践的内容非常丰富。从历史的经验看，管理学最有希望、最有创造性的地方正是这些经济迅速起飞的国家和

地区。可见，以中华优秀文化为核心和中国30年经济发展为背景的东方管理学的崛起是符合世界经济格局变动潮流的。

（二）科技革命推动东方管理创新

在21世纪，原本以钢铁工业为基础的传统产业，将会被以微电子制造为基础的信息产业和以基因生物工程为基础的生物产业所取代。微电子技术和基因生物技术将为国民经济的增长作出重要贡献。

在信息产业加速了人们之间的沟通和联系，极大地提高了人类各项工作效率的同时，基因生物技术正通过改变人的自身和周围各种生物，改变着人类生存的整个世界。这些技术不仅有助于从根本上防治目前尚"谈虎色变"的人类自身的某些顽疾，而且它还可以帮助人们"随心所欲"地打造自身和其他生命体。人们将可能不再需要依赖农民和土地就能够衣食无忧；"度身定做"的药物和基因治疗，也将会使人们更健康、更长寿。转基因物种、试管婴儿、人体器官克隆等技术的发展，在带给人们惊喜的同时，也使人们遇到了前所未有的难题。人类生命的意义将会被重新改写。

显然，社会正处于一个巨大变革的时代，不仅面临着许多科学技术的重大发明和发现，而且还必须考虑如何明智和人道地利用新知识，来造福子孙后代。新的科学技术革命势必带来一些我们无法想象的问题：人类将来一旦被自己制造的电脑所控制怎么办？新的电子信息技术一旦被"希特勒之流"所掌握，是否会带来毁灭性的后果？人工克隆、转基因动植物的出现，是否意味着大自然的结束？这一切问题的背后，都与人的价值判断和人性自身的要求有关。所以，现代科技文明发展的同时，人要求自身的发展与解放的呼声也日益高涨起来，成为与生物信息技术发展同时脉动的时代强音。伴随着"科技以人为本"的号召，与工业社会（后工业社会）相适应的管理理论和手段，也将会随之发生根本性的变革。人在管理中的地位日渐重要，而团体的合作也越发显示出了生命力。无论以家庭为本"家国一体"的东方管理文化，还是以个人为本、融集团生活为一体的西方管理文化，都同时开始了重视个人、家庭的作用。一些欧美学者也不得不承认，西方社会在经历了权威主义和个人主义的失落后，现在到了用"第三种价值观"——东方管理的儒家学说，来拯救衰退中的欧美文化的时候了。

新经济时代的到来，也提高了作为知识载体的人在管理中的地位和重要性。站在以信息技术为支撑的平台上来看，新经济时代的人本管理，将是一种集东西方人本思想精华，更加尊重个人的自由、弘扬人的创造性、崇尚人的自身价值、实现人的知识潜能和注重兼顾公平和效率的管理。

从广义来说，科技属于文化经济范畴，是一种在历史上起推动作用的最高意义上的革命力量。如何提高人们的科学文化素养，提高人的创造能力，弘扬科学的文化精神和人文功能，加快探索新型管理文化，已越来越受到业内人士的关注。这就要求在全新的视野下，运用东方管理观念尤是"以人为本，以德为先，人为为人"的"三为"思想重新思考现代管理人行为的本质、管理的内容、管理行为的规范化、最优化和数量化的适用范围与合理性。

（三）可持续发展观呼唤东方管理

以要求可持续性发展为中心的新发展观正成为全世界的共识。可持续性发展是一个全新的概念，它要求对环境、资源等加以有限制的、高效的利用，同时对之合理重建。可持续发展对经济管理，社会管理，人类的自我意识、自我调整和自觉发展，提出了更高的要求，而它同时也创造了新的管理发展的契机。

东方管理首提：和贵、和合、和谐的"三和思想"。主张人与自然、与社会的"和合统一"，反对人类中心主义，尤其反对为了满足人类无限膨胀的私欲，置周围的生物和环境发展于不顾，巧取豪夺，破坏生态。苏东水教授将这种思想发展成为一种积极的"人为"学。其中涵盖了十个方面的内容，即关于人的行为规律的研究、关于人的欲望和需要的研究、关于奖励和惩罚的研究、关于"人和"的研究、关于群体行为和组织行为的研究、关于用人的研究、关于领导行为的研究、关于权力运用的研究、关于发挥人的主观能动性的研究以及关于人的本性的研究。

东方管理理论认为，无论是一个社会，还是一个组织，都存在一个可持续发展的问题。西方管理强调和突出人的个性的自由和张扬，认为人们的一切思想和感情，都取决于人的肉体感受性，趋乐避苦、追求个人的物质利益是人的本性。其结果，必然是某人个性的充分张扬，可能会以损害他人和社会的利益为代价。东方管理则从研究人的欲望和需要出发，提出"执中求和"的主张，以便使社会上每个人都能按照群体的利益，来适当地节制自己的欲望和要求，分工协作，和谐进步。荀子认为："人之生，不能无群，群而无分则争，争则乱，乱则穷"，说的就是这个道理。所以，一个组织要持续发展，关键还是在"人和"，在于组织内人与人之间关系的协调发展；而一个社会的可持续发展，关键也就是在于人能否协调好与自然的和谐统一关系。

（四）西方"民主化浪潮"推动人德管理的回归

在 20 世纪七八十年代，西方企业中曾出现过"工人自治"、"自我管理"、"工作小组"等实践活动，许多企业还开始实施工作轮换制度、弹性工作制，实行民主管理、参与管理、建立企业恳谈会制度等，民主化的浪潮一时间甚嚣尘上。似乎管理者与被管理者的界限被打破了，工人与老板之间不再以高低贵贱相区别了。然而仔细研究一下就会发现，授予员工一定的自主权和活动空间，只不过是西方管理者应对日益高涨的人性解放呼声的一种妥协方式而已。从本质上看，管理者的统治地位是依然不可动摇的。

东方管理提出"三为"的"主体人"思想，主张人德管理，它不但重视人在社会的主体地位，还重视纪律与法规，更强调以道德软约束的方式，来规范员工及管理者的行为。管理者和被管理者之间，只是社会分工不同，并没有高低贵贱。管理者必须通过"修己"，作出道德示范，在无形中影响被管理者的行为，从而达到"安人"的目的。组织员工在自我认同的企业目标指导下，自觉、主动、创造性地开展独立或协作工作，自我控制、自我激励，并从工作中找到自己在社会中的归属。

当今世界的发展，已经将人的自由与解放，摆在了社会政治经济和科技进步的首要目标的位置。人与人之间、人与社会之间关系的和谐统一，已经成了 21 世纪人们不懈追求的崇高境界。反对战争、维护和平、抵制霸权，是世界上所有具有"仁德"思想的人们的共同呼声。可以预计，21世纪的管理必将在东方人德管理、以德为先的大旗下，实现新的复归，重新将人们生活的地球变成充满仁爱、宽容、信义、和谐的乐土。

三、东方管理走向世界的客观基础和重大意义

（一）东方管理走向世界的客观基础

管理的人性化从某种程度上体现了东方管理以人为本的精髓之一。进入全球化时代以来，知识管理、网络管理、创新管理等一系列新的理论，都充分注意到人的因素，这与我国古代儒家"天人合一"的理念下对"人"的理解是一致的。

中国的富强和东亚的繁荣是复兴东方管理的物质基础和实验场所。中国改革开放三十多年来，GDP一直保持高速、持续、稳定增长。第二次世界大战以来，日本和东亚的"四小龙"靠儒家资本主义的理念实现了现代化。这为东方管理的复兴和现代化提供了物质基础及实验场所。

文化传播手段的现代化推动东方管理的传播。现代传播手段使企业管理全面实现计算机化和企业进行信息化，从而极大地推动了东方管理的传播。

两种文明的交汇整合推动东西方管理文化融为一体。这必将促进21世纪管理学科有一个新的发展。

（二）东方管理走向世界的重大意义

东方管理复兴正在对整个世界的发展作出贡献。第二次世界大战以来西方管理界正加紧吸收东方的管理智慧。生态管理、绿色管理、可持续发展管理是现代人对古老东方"天人合一"思想的回应。创新管理、集成管理、知识管理、柔性管理、网络管理、合作竞争管理、后发展管理、跨文化管理，其实质就是"以人为本，以德为先，人为为人"的网络生态管理。

东方管理可以提升产业竞争力，增强综合国力。日本、韩国、中国台湾、中国香港现代化成功的经验表明，东方管理提升了它们的产业国际竞争力。东方管理也是我国改革开放、进行现代化建设的有力手段之一。

东方管理代表了企业管理人性化的发展方向。东方管理强化了企业管理的人性、整体、共生、人为为人的管理价值，企业管理正进一步走向整合化、柔性化和人性化。东方管理还是企业无形资产管理的精髓。无形资产管理在对"人"的管理上，与东方管理的人为为人学说殊途同归。

东方管理为现代家庭注入新的活力。无论过去、现在和将来，家庭都是未来社会培育新型管理主体的前提。东方管理为现代家庭教育、家庭理财和家庭和谐提供了要旨。

东方管理文化的复兴将避免个人主义、人类中心主义的失误，发展中国家的发展之道必经人身、体制和心理三次解放，而东方管理文化可能在第三次解放中发挥重大作用。东方管理文化倡导人生健康、成功、自在，实现身与心、人与人、人与组织、人与环境的一体，是对东方管理文化整合的促进。

（三）东方管理"三为原理"对世界思想贡献的意义

东方管理思想及开设的世界管理论坛与东方管理论坛已有13届，参与世界管理大会十届，参与者近万人，著文15部，已为世人普认，有益于世界文明的发展，已有相当的思想贡献。世界金融危机开始显现的三大后果：一是地缘政治的大变局，二是世界经济格局的变化，三是经济发展基本观念发生了根本变化。人们痛定思痛，开始重视"伦理道德"这个关键问题，所以，中国人创造的东方管理学术，强调的"以人为本"的发展观，"以德为先"的经营观和"人为为人"的人生观，已被外部世界所重视，在治国、治生、治家和治身各个层面所运用，具有重大的现实意义和深远的历史意义。

四、东方管理学对世界管理学的贡献

东方管理学派经过近五十多年的艰苦探索，融合东西方管理学的最新发展趋势，形成了一些最新的研究成果：

（一）构建了21世纪的管理学科体系

东方管理学是在融合"三学"（中国管理学、西方管理学和华商管理学）基础之上形成的，包含"三为"（以人为本、以德为先、人为为人）；"四治"（治国学、治生学、治家学、治身学）、"五行"（人道行为、人心行为、人缘行为、人谋行为、人才行为）、"三和"（和贵、和合、和谐）的完整理论体系。因此，可以说东方管理学作为21世纪的管理科学体系，融合了东西方管理文化精华、适应了新经济时代对新管理理论的需求。可以说，东方管理学是伟大时代的新学说，是现代管理科学的发展。

（二）创新了管理成功要素学说

东方管理学派认为新管理学中管理成功的要素包括管理主体、管理权力、管理组织、管理文化和管理心理五个方面。管理主体是管理的出发点和归宿。管理主体通常在组织内扮演人际沟通、信息传播以及决策制定等多方面的角色；管理权力就是管理主体在组织范围内为实施组织目标，对人们施加影响力的艺术或过程之凭借，管理权力包含职位权力和非职位权力；管理组织是管理主体有意识地加以协调两个或两个以上的人的活动或力量的协作系统，管理组织有正式组织和非正式组织之分；管理文化是一个组织体内管理主体的管理心态、管理意识、管理制度和行为方式的总和；管理心理主要是指管理主体的心理行为过程。这五个方面构成了管理成功的要素。

（三）探讨了管理学前瞻性论题

东方管理学派认为，管理发展的新趋势体现在产业管理、知识管理、管理反馈、流程再造、组织修炼、组织学习、网络化组织、未来管理等方面，但依据东西方管理文化融合的原理，这些新管理模式、方式、方法都可归入人为管理的理论体系。

相关学者在东方管理学发展的基础上，创建国际性"人为科学"，其体系结构：一是十五要素的哲学基础；二是"三为"本质思想；三是"九论"的内容：人本论，人德论，人为论，人道论，人心论，人缘论，人谋论，人才论，人和论，它对国际管理同仁是一个新贡献。

（四）提出了"人为为人"这一东西方管理的本质命题

其实，东西方管理文化之所以融合在"人为为人"这一东方管理文化的精髓之中是有其道理的。这既是当代管理行为的新思路，更是古老的东方管理思维在网络时代的完美展现。"人为为人"是人生之命题，是管理的本质，是以人为本、以德为先的思想基础，也是企业经营成功之道。

（五）开创管理教育之先河

苏东水教授开创的东方管理学派以复旦大学东方管理研究中心、东华国际人才学院、东亚管理学院等为教学、实践基地，创建了东方管理学这一新学科，并从 20 世纪 80 年代开始，在复旦大学经济管理系、经济管理研究所就开始在工业经济、企业管理、产业经济学等学科下招收东方管理方向的硕士生、博士生，近几年应用经济学和工商管理的博士后流动站开始招收东方管理方向的博士后。1999 年东亚管理学院在全国首先为大学生开设东方管理课程，2000 年组织东方管理实践精英开设东方精英大讲堂，2006 年由苏宗伟编著的《东方精英大讲堂——领先与创新专题》一书正式出版，更加扩大了东方管理思想的社会影响。

2003 年，复旦大学东方管理学学科正式批准为博士点，同年招收东方管理学专业的硕士研究生和博士研究生。复旦大学东方管理学科现有由教授、研究员、讲师组成的研究团队（含兼职）三十余人，设东方管理理论与中国工商管理实践、东方管理思想与中国公共管理实践、华商管理与东亚模式研究、人为科学与管理心理研究四个研究方向，均为国内首创。现在全国有东方管理研究中心和东方管理研究院、教学研究基地二十多家，东方管理学派形成了近三百人的学术队伍。

五、东方管理学走向世界之路径

（一）发挥"五缘"网络优势，更多参与国内外相关学术会议

今后，东方管理学派，尤其是组织国内东方管理研究机构、东方管理教学与研究实践基地的相关专家、学者、企业家、政府官员积极参加 IFSAM 举办的世界管理大会，并把握世界管理大会将设立东方管理论坛专题研讨会的重要机遇，发挥"五缘"（亲缘、地缘、文缘、商缘、神缘）网络优势，积极扩大东方管理的国际影响，更多参与管理类国际学术会议，宣传东方管理学，并相互交流，增长学识与见识，不断补充和完善东方管理学。同时，要总结中国台湾、新加坡等华裔企业以及中国新一代民营企业的成功经验，通过分析、探究它们的经营模式、管理策略和发展路径，形成更多原创性理论，更多参与国内外相关学术会议，促进东方管理思想的国际传播。

（二）争取出版中英文对照的《东方管理学精要》，扩大国际影响

随着东方管理学被国际管理学界的认可和重视，德国等一些国家的知名大学相继开设东方管理学课程，正式出版适合东方管理教育的英文版教材已成为现实需要。近期争取出版中英文对照的《东方管理学精要》，并附加相关案例，出版英文版《东方管理学精要》也有助于外国读者进一步了解东方管理思想。因此，出版中英文对照的《东方管理学精要》对于东方管理思想的国际传播和促进东方管理教育的发展意义重大。未来计划总结东方管理学的最新研究成果，再版《东方管理学》并出版英文版《东方管理学》，进一步扩大东方管理学的国际影响，相信这些善行必将对东西方管理融合研究作出贡献，一定意义上也是促进人类文明的传播。

（三）建立和完善东方管理学的国内外教学与研究实践基地

积极开展东方管理学教育，东方管理学博士生、硕士生和已经毕业的东方管理学专业的博士、硕士有许多人是社会成功人士、东方管理实践精英，这为东方管理学理论联系实际以及东方管理学与管理新实践的结合提供了有力平台。现在在全国已有许多东方管理教学与研究实践基地，随着中国的崛起，全球经济一体化和中国经济发展的需要，可以考虑为国内外大学的本科生、硕士生和博士生提供东方管理学教育，并结合国内的东方管理教学与研究实践基地，提供个性化的东方管理学国际留学生硕士、博士教育，争取成立东方管理学会和东方管理学院，还可以考虑对东方管理智慧有兴趣的外企人员尤其是企业高管提供东方管理讲堂和培训，促进东方管理学的传播与国际化发展。

目前，东方管理学科的教学、科研各项事业蒸蒸日上、蓬勃发展，国际影响日益扩大，但依然面临各种各样的挑战和考验。管理，产生于共同劳动活动中，历史表明最有希望、最有创造性的管理理论往往产生于经济迅速起飞的国家和地区。中国和上海的经济社会发展正在为东方管理学科建设创造着前所未有的机遇，在社会各界同仁的支持下，东方管理学科一定能够在世界管理理论丛林中一木参天，枝繁叶茂。

第十七章　东方管理学的"三为"学术研究

东方管理学的精髓是"以人为本，以德为先，人为为人"。它是对中国管理、西方管理以及华商管理等理论与实践融合、提炼、萃取的结果，是东方管理文化的本质特征，是贯穿东方管理学的主线，也是东方管理学派的宗旨。研究东方管理学需深入理解"三为理论"的具体内涵。

第一节　以人为本——人本管理

"以人为本"是强调高度重视人在管理系统中的作用，一切以人为核心，实现人的全面、自由、普遍的发展。所谓人本管理，就是一种把"人"作为管理活动的核心和企业最重要的资源，把组织全体员工作为管理的主体，围绕着怎样充分利用和开发组织的人力资源，服务于组织内外的利益相关者，从而实现组织目标和组织成员个人目标的管理理论和管理实践活动的总称。

一、什么是以人为本

"以人为本"强调的是人本管理，将人界定为主体人，主体人的最大特征就是能充分发挥自己的主观能动性，将道德在管理中的作用提高到一定的层次。

（一）以名为贵，利民为本

"以人为本"是当今媒体中使用频率极高的一个词，这说明很多人都认识到了在21世纪中作为知识载体的人的重要作用。在中国，"以人为本"一词最初出自《管子·霸言》："夫霸王之所始也，以人为本。本理则国固，本乱则国危。"这里所说的"以人为本"，是指建立霸业的一种重要手段。虽然管仲最早提出"以人为本"的"人本观"，但其进步性是比不上孟子"民为贵，社稷次之，君为轻"的"民贵观"的，因为管子的"人本"是工具论的，而孟子的"民贵"已经有了价值论的含义。

"以人为本"包含着两层含义：第一，将人视为管理的首要因素，一切管理工作都围绕着如何调动人的积极性、主动性和创造性来展开，这是它的表层内涵；第二，通过给人们提供充分施展才华的空间，不断地运用挑战来锻炼人的智力、体力乃至意志品质，并在此全面发展的基础上，努力实现摆脱自然束缚的自由发展，提高人的生命存在质量。

我们认为，"以人为本"是以现实人为本，不是以个人为本，而是以社会为本位的"以人为本"，是以广大的人民群众根本利益为本。以人为本，包括理想层面是以解放全人类为目标，实现人的自由发展，使每个人得到全面发展；现实层面就是要坚持立党为公，执政为民，为人民服务的宗旨；企业层面就是要坚持以人为中心的管理，实现"主体人"、"自我管理"的目标。要贯彻"以人为本"，就必须在各类组织、各个层面实施以人为本的管理——人本管理。

(二) 人为主体，相互服务

在管理学中讲"以人为本"，不能不提人性假设问题。在西方管理学中，早期有泰罗的"经济人"假设和梅奥的"社会人"假设，后来有比较辩证的麦格雷戈的 X-Y 理论。现代人力资本理论的开创者、1979 年诺贝尔奖金获得者舒尔茨认为：人力资本体现在人身上，是人的能力素质的总和；人力资本的投资收益率要远远高于物资资本的投资收益率。综观这些假设和理论，虽然也重视人，并没有超越管仲那种站在统治者（管理者）立场来"以人为本"并以此实现霸业的工具论。所以直到 20 世纪 80 年代，西方管理学根本上还是以物为本的。

现代东方管理强调"以人为本"的本质是把人作为管理活动的目的而非工具，这首先要求消解传统意义上管理者与被管理者的对立。为此，我们提出了东方管理的"主体人"假设。

"主体人"假设认为：简单的善与恶不是评判人性的合理标准，人不仅是其自身的生命主体、道德主体、精神主体，也是管理主体，组织中每个人的个性和人格是独立、完整和平等的，人在组织中有分工的差别和职位的差别，但在管理中都一律平等地处于主体地位，不存在谁依附谁、谁掌控谁的关系。在主体人理论中，人不再是管理的工具和手段，人和人之间也不再是管理和被管理的关系，而是为了实现组织的目标所进行的平等的互相协同、互相支持、互相服务、互相配合的关系。

(三) 天人合一，管理目标

人本管理的目标是天人合一。早在西周初期，周人即通过"德"的观念，在天与人之间建立了联系，开始萌发天人合一的思想。孔子继承了周代思想家的思想，提出人是万物之灵："人者，天地之心也。"[①] 孟子主张"尽心、知性"，而"知天"，以人心彰显天命，使天命和人性达到完美的统一，即达到天人合一，就能战胜一切事物。荀子提出：人"最为天下贵"。明确提出"天人合一"的概念范畴，是宋朝的张载。"天人合一"是张载哲学思想的主要概念之一，也是宋明理学中的重要概念。他在《正蒙·乾称篇第十七》和《横渠易说·系辞上》中第一次明确地提出了"天人合一"的命题："儒者因明致诚，因诚致明，故天人合一，致学而可以成圣，得天而未始遗人"。这是以"天人合一"为人生追求的最高精神境界。认为儒者致学成圣就是要达到这种"一天人，合内外"的精神境界。也可以说，这种境界就是"诚"，达于"诚"的进德修养

---

① 《礼记·礼运》。

过程就是"明"。

1996年，在法国巴黎召开的第三届世界管理大会上，苏东水教授提交了论文《东方管理文化的探索》，在文章中第一次提出东方管理思想的基本精神是"人乃天"、"事人如天"。在改革开放以前的几十年间，实施计划经济模式和以阶级斗争为纲的政治路线在一定程度上破坏了中国一脉相承的管理思想，尤其是过分强调集体主义，抹杀了个人的独立价值，"人乃天"、"事人如天"、"以人为本"、"天人合一"的基本精神被有意无意地遗弃。20世纪80年代时，曾经有不少学者反思这个问题，但他们倚重的理论主要是西欧文艺复兴以来发展起来的"人文主义"、"人本主义"。西方的"人本主义"、"人文主义"本身很有进步意义，但后来在资本主义经济不断膨胀的过程中逐渐蜕变成了"个人主义"和"人类中心主义"，西方发达国家的社会危机以及工业文明对环境的破坏都可以说明这一点。所以，不加区别地借用"人文主义"、"人本主义"和其他学说，并没有使得中国真正走上"以人为本"的发展道路。相反，改革开放的前十几年，我们的经济建设和企业管理倒是在许多方面重复西方国家的错误。

二、人本管理的理念

（一）民惟邦本，君舟民水

人本精神是中国文化的精髓之一，是儒家管理思想最鲜明的特色。《尚书·五子之歌》中就有"民可近，不可下，民惟邦本，本固邦宁"；《春秋·谷梁传》也提到："民者，君之本也。"充分肯定了人民大众是君王的治国之本。儒家主张"天生万物，唯人为贵"。孟子提出："民为贵，社稷次之，君为轻。"[①] 人民百姓才是国家的根本，根本稳定，国家才能安宁。孟子的思想充分显示他很重视人对国家社稷的巨大作用，人是立国之本。荀子则提出"君者，舟也；庶民者，水也。水则载舟，水则覆舟"的至理名言。他以"舟"和"水"来分别形容"君""民"关系，没有水，舟就无从浮起、行驶，然而，如果水中掀起万丈巨浪，亦会把舟掀翻。这里的寓意是：如果得到民众的支持，君王的天下才有保证；失去民众的支持，君王的天下随时会被推翻。所以说民为国家的基础，没有民也就没有国家。"君舟民水"的比喻对后世君王的政治统治影响极大。

道家管理的宗旨是"为无为，则无不治"，通过"无为"达"无不为"之高效，取"无不治"之结果。道学的基础和逻辑结构是以人为本，道家管理的核心在于"固本"。何为"本"？本者，民也，人也。"民者，万世之本"，"民为政本"。毫无疑问，人民是管理的根本。通常说抓工作要抓根本，看问题要看本质，做事情要有本事，不论干什么都要有本领等，都是以人为本的引申之义。可见，管理好人是组织取胜或成功的关键。

（二）尊道得道，为人之术

道作为治理天下的大本，能够具体解决人与自然、社会、心灵的冲突。在这一原理

---

① 《孟子·尽心下》。

下，老子明确提出了道家学说的人本管理原则。

1. 尊道原则

天地万物皆由冥冥之中的道支配，道是绝对的、永恒的，是不可改变和亵渎的，只可以体会、尊重、顺应。否则就不能"知常"，施之现实用于管理就会招致祸害。"道者，万物之奥"①。这就是说道是极深奥、极尊贵的。庄子这样说："夫道，有情有信，无为无形；可传而不可受，可得而不可见；自本自根，未有天地，自古以固存；神鬼神帝，生天生地；在太极之先而不为高，在六极之下而不为深，先天地生而不为久，长于上古而不为老。"② 道如此高深莫测，久远难定，必须信之尊之顺之。怎样尊道呢？老子回答："人法地，地法天，天法道，道法自然。"从"道法自然"可以推出管理要符合人的自然本性的结论，尊道和尊人在道学管理原则中是统一的。

2. 得道原则

要掌握并运用道，既要做到对天地万物的吉凶祸福的转化有一个清醒而又彻底的认识，还要使自己的精神修养与道契合。如何才能达到这种精神境界从而得道呢？老子回答：必须做到虚、静、一、守，"致虚极，守静笃，万物并作，吾以观复。夫物芸芸，各复归其根。归根曰静，静曰复命，复命曰常，知常曰明。不知常，妄作，凶"。先使自己虚，由虚致静，由静认知规律——"一"，坚决按照规律去做就是守。虚、静、守、一和无为、好静、无事、无欲是一致的。从个别来看，无为—自化、好静—自正、无事—自富、无欲—自朴，从整体上看，全部得道过程正是从无为到无不为的循环演变。

3. 御道原则

道学管理既是理论的结晶，也是实践的智慧。得道的目的在于应用——御道而行，实施到现实中去。统治者必须顺应百姓，服务人民，才能利己安民。管理者在实践中还要懂得"将欲夺之，必因与之"的取予之道，"夫惟不争，故天下莫能与之争"的不争之理，"无私，故能以天而私之"的为人之术。

（三）上善若水，造福万物

"上善若水"，是道家管理的学说人本管理的上善若水，造福万物。老子说："水善利万物而不争，处众人之所恶，故几于道。"水造福人间万物而又不争不悔，能接纳百川不分混浊污垢而自质清洁，这几乎就是"道"了。的确，人们所知的宇宙间又有何物能似水那样至柔、至刚、至净、至爱、能容、能大呢？管理者是否应该学习水那种效法自然之道的胸襟和气度呢？

老子说："持而盈之，不如其己，揣而锐之，不可长保。金玉满堂，莫之能守。富贵而骄，自遗其咎。功成名遂身退，天之道。"侯王掌管国家或天下，如何长久地保持金玉满堂、富贵荣华，才是他们的根本任务。持而盈之和揣而锐之，都不是长保的好办法。侯王的挫锐解纷，就是放手让臣子做事，自己坐收其成。

"为"和"不争"两者可以兼顾的理由在于天道自然。天不与任何东西相争，却可

---

① 《道德经》。
② 《庄子·大宗师》。

以善胜善应善谋，使万物自动服从天的指挥，天的这一功能，是自然运行的结果。侯王一定要遵循这个天道来治理国家，在治国时学习天道自然的精神，通过侯王的无为，使臣民自动地主动地去做各自的工作，从而达到无不为的效果。

"圣人无常心，以百姓心为心。善者吾善之，不善者吾亦善之。德善矣。信者吾信之，不信者吾亦信之。德信矣。"帝王考虑问题，应当依百姓之心为基础。常心，是固定一种观点、看法，往往有僵化的危险。帝王不要有常心，实际上就是要根据情况变化，随时调整自己的心态，作出符合实际的反应。百姓之心有善与不善、信与不信，帝王要了解它们，然后再来采取相应的措施。帝王不能用自己的善恶标准来统一百姓的善恶之心，要照察万物，顺应现实，自然无为。

君主"无为"，人民才可以"无不为"。君主"无为"就能顺民之性、因民之情而治，放宽束缚使得人民可以发挥自己的创造性。

道家的管理艺术是非常精妙的，真正把握起来并非易事，只有不断地努力修炼。汉文帝是老老实实地实行老子的哲学来治国的，他奠定了两汉400年天下的基础。清康熙帝善于艺术地运用黄老之道，取得了超过汉文帝的成就。一个十多岁的少年，处在内有权臣、外有强藩的情况下，能除害兴邦，内收人才，外开疆土，都自然而然地合于老子的"冲而用之或不盈"、"挫其锐，解其纷"的管理艺术，深得老子的妙用。因此，学习运用道家管理艺术不仅是必需的，也是肯定可以获得成功的。

历史见证，融合东西方管理学的人本管理原则，可是为全球经理人与管理者的基本原则，若水永恒于世。

三、以人为本的运用

（一）阴阳平衡，互相促进

《周易》强调平衡、和睦、互补，平衡即阴阳平衡，无论阴阳哪一方过盛，都会带来动荡。和睦实质上是指在社会组织中，人心与人情应当建立在共同意愿的基础上，互相补充，互相促进，既表现出人的主观积极作用，又不违背自然法则，即重视人的价值观念。以人为本的社会组织观念，早在三千多年之前就在我国开始形成。

20世纪70年代，深受中国传统文化影响的日本，经济迅速崛起，引起当时世界各国关注。当世界认识了日本以后，不约而同地发现日本企业非常重视人的价值观念，如团队协作精神，家庭意识，安稳心态的年龄工资与终身雇用的软件因素，其实它的核心是强调人的作用。

（二）公平公正，平等相待

东方管理学中以人为本的准则，其具体实施的基础之一就是公正原则。当员工感觉到受到不公正待遇时，通常会对该组织丧失信任和信心。公正原则首先要求管理者公平公正地对待员工，因为员工是企业或组织的根本，给员工以公正待遇是管理中首先要注意的问题。与东方管理文化相对应，西方管理学中也注重公正原则。法约尔提出的"管理的14项一般原则"中就有一条"公平原则"：在贯彻公道原则的基础上，根据实际情况对职工的劳动表现进行"善意"的评价。公正原则是保证组织内部平衡、激励和约束员工并存的机制。

青岛海信提出了每位员工发展的平等性，也就是强调员工的发展机遇是平等的。这其实就是在强调公正公平的原则，必须摈弃私人的恩恩怨怨，不能讲究亲亲尊尊的裙带关系。公平公正原则其实就是在企业内部管理制度方面，建立起严格的管理制度，建立规范的用人制度，强调唯才是用，推荐贤人能人。通过业绩考核评定员工的优劣，才能给予员工提升和嘉奖或处罚和淘汰。这样才能真正做到公正公平的原则。

(三) 爱民富民，安定人心

儒家思想家都强调国家的统治者要像爱护亲属一样对待臣民，提出管理者要关心、爱护被管理者，这样才能激励被管理者尊重、爱戴管理者，并为其所用。

孟子旗帜鲜明地主张民贵君轻，他说："民为贵，社稷次之，君为轻。"① 而对于管理者来说，"得其民有道：得其心，斯得民也"②。如何得到民心呢？"爱人者，人恒爱之，敬人者，人恒敬之"③，因此，要使被管理者爱戴、尊敬管理者，并甘心为其所用，管理者就必须爱之、敬之。这一激励策略是基于对上下关系的本质的认识而提出来的。在儒家思想家看来，上下关系并不纯粹是一种压迫与被压迫、奴役与被奴役、统治与被统治的简单关系，而是一种相互制约、相辅相成的关系。④

荀子说："不爱而用之，不如爱而后用之之功也。"不爱护民众而役使他们，不如先爱护他们然后再役使他们更有效。"爱而后用之，不如爱而不用者之功也。"先爱民众然后再役使他们，不如只爱护他们而不役使他们更有成效。他又说："故有社稷者而不能爱民……而求民之亲爱己，不可得也。民不亲不爱，而求其为己用，为己死，不可得也。"⑤ 掌握国家政权的人不能爱护人民，却要求民众对自己亲近爱戴，那是不可能的。民众不亲近不爱戴自己，要想让民众为自己所用，为国牺牲，那也是不可能的。《中庸》说："凡为天下国家有九经，曰修身也，尊贤也，亲亲也，敬大臣也，体群臣也，子庶民也，来百工也，柔远人也，怀诸侯也。""修身则道立，尊贤则不惑，亲亲则诸父昆弟不怨，敬大臣则不眩，体群臣则士之报礼重，子庶民则百姓劝，来百工则财用足，柔远人则四方归之，怀诸侯则天下畏之。"⑥

修养自身，就能够达到美好人格；尊重贤人，就不至于迷惑；爱护亲族，叔伯兄弟之间就不会有怨恨；敬重大臣，治理政事就不至于糊涂；体恤群臣，士就会尽力予以报答；爱护老百姓，老百姓就会受到勉励；劝勉各种工匠，财货就能充足；优待远方来的客人，四方就会归顺；安抚诸侯，天下就会敬服。这里说的"九经"从内外两个角度阐述了如何治理国家的基本策略，其中主要内容在于如何处理好与被管理者的复杂关系。这里提出的"尊"、"亲"、"敬"、"体"、"子"、"来"、"柔"、"怀"等措施都侧

---

① 《孟子·尽心下》。
② 《孟子·离娄上》。
③ 《孟子·离娄下》。
④⑥ 吴照云、邢小明："先秦儒家、法家激励思想的比较研究"，《世界管理论坛暨东方管理论坛论文集》(2009)。
⑤ 《荀子·君道》。

重于从不同对象的心理需要出发，通过情感激励来实现组织目标。这些措施也是儒家仁政爱民思想的具体化①。

第二节　以德为先——人德管理

中国在世界上被誉为文明古国、礼仪之邦，这都与以儒家思想为主干的中国文化，尤其是与其伦理道德学说的熏陶有密切关系。以孔子为代表的儒家思想，对形成中华民族的民族意识、民族心理、民族精神、民族文化、民族素质、民族品格道德伦理等，起着重要的作用，有的在当今乃至未来仍有其重要价值。"以德为先"是中国管理思想的逻辑起点、是中华民族优秀的道德传统。对管理者来说是"修己"即自我管理，而以"安人"是管理者通过自己的道德修养的提高，而使民众在其道德威望的影响下自然地达到管理的良好状态。同时，处理人际关系也通过人的道德伦理来加以调节的。

一、什么是以德为先

以德为先的概念是强调道德伦理的作用，要求作为管理者的个人需要"修身养性"，加强道德修养、提高自身素质，规范自身的言行，以身作则。即管理者先"修己"作出道德示范，在无形中影响被管理者的行为，从而达到"安人"，并实现共同发展的目的。而作为被管理者的员工要以德立身之本，以"诚、信、仁"立足于社会，在家庭内，要敬父母，爱子女，夫妻和；在家庭外，具备爱社会，爱国家，利他人的精神。以共同建立一个和睦相处、繁荣发展的理想社会。

（一）以德为先要爱人修己

中国儒家伦理道德观的一个基本内容是爱人修己，一个有道德、有品格、有德行的人，首先必须爱人重人，而爱人重人则必须严格律己修己。孔子认为，不爱人者不成其为人，更不能成为仁人。由此出发，孔子力倡爱人。"樊迟问仁。"孔子回答："爱人。"爱人是为人、成人的主要关键和第一要义，爱人则必须修己行道，亲仁爱众，不达独善其身，达则兼善天下。爱人与修己是中国儒家道德观的双轮、两翼，故中国历代儒家学者对此极为重视。

孔子所言爱人，注重实际行动，实际效果，反对言而不行，言行不一。孔子明确要求学生要做到："入则孝，出则悌，谨而信，泛爱众，而亲仁，行有余力，则以学文。"② 作为一个人、仁人的起码要求是爱众人以亲仁，否则不为人，更不为仁人。爱人是一个由近及远、推己及人的过程。儒家主张"爱有差等"。在各种人际关系中，首要的是亲子关系。因为人人都是父母所生，是父母生命的延续，所以要"亲亲为大"。

---

① 吴照云、邢小明："先秦儒家、法家激励思想的比较研究"，《世界管理论坛暨东方管理论坛论文集》（2009）。

② 《论语·学而》。

很难想象一个连自己父母都不爱的人，而能爱他人。孔子的这个思想是非常有道理的。"仁"的推广扩大而用于政治，则是爱众人，行仁政，这是为仁者的标准。

孔子指出，爱人必须修己，他深知一个有志向、有道德、有操守的人，才能爱人、爱众、济民。据此，孔子提出了修养论，强调修养的重要性。他说："德之不修，学之不讲，闻义不能徙，不善不能改，是吾忧也。"① 修养的目标是"道"，即人们的行为规范和道德准则；根据是"德"，即人们的内心情感和道德信念；依靠是"仁"，即处理的人与人之间的伦常关系；内容是"艺"，礼、乐、射、御、书、术的六艺；方法是学习、践履——闻善则学之，闻不善则改之，孔子主张守道与修德并重，学习与践履并举。只有这样，才能成为修己以安人、利人的君子。否则，便为小人。

以后的历代儒家学者，对孔子的爱人修己、博施济众、兼善天下的伦理道德学说，多有发挥。孟子终生所愿在学习孔子，极力弘扬亲亲爱人，推己及人的仁爱思想，告诫统治者要爱民亲民，尊民重民，以民为贵，与民同乐，博施于民，仁民爱物，所以要行仁道，施仁政，做仁君，不做民贼。这显然是对孔子的爱人思想的阐扬。

（二）　以德为先要明辨义利

义利的问题，是儒家伦理道德观的一个重要问题。义和利主要是指道德行为和物质利益而言；同时亦包含动机与效果之义。利有公利与私利之分，儒家学者历来注意义利之辨，力倡公利，反对私利。

义和利作为一对伦理道德哲学的范畴，最初是由孔子提出来的。他说："君子以义为上，君子有勇而无义为乱，小人有勇而无义为盗。"② 义为人的道德行为的最高标准，合义者积极为之，不合乎义者则不为之。孔子主张"见义勇为"，为义而为者是君子，为利而争者是小人。因此，孔子将义和利对举，作为划分君子与小人的标准。他说："君子喻于义，小人喻于利。"③ 力倡"见利思义"，而"罕言利"。

孟子比孔子更强调义的重要性。孟子认为，一个人的言论、行动，必须以义为标准，义者而言、而行，否则不言、不行。所以说："大人者，言不必信，行不必果，惟义所在。"一切行都以义为出发点和归宿地，则为大人、君子。反之为小人。孟子亦把行义与求利作为划分君子与小人的道德标准。一个道德品格高尚的人，只居求仁，行由义，做到这，就具备了仁人君子之德。因此，孟子重视义利之辨，尚义而轻利。以义相处，则会使国与国、家与家、人与人，彼此和睦相处，和谐共生，相济互补，天下太平。

荀子在继承了孔子、孟子的义利观的同时，阐发了自己的义利观，综合了先秦各家的义利观。荀子认识到，欲之求是人的本性之必然，是人的生命所必需，没有欲利之养，人就不成其为人，然而只求欲利，不道义，就会发生争夺，引起混乱，所以必须"以义制利"，"先义后利"，这样方可义利两有。凡人既有欲利，又好义，故应当兼顾义和利。但兼顾义利，并非是义利并重、同等，而是以义为重，先义后利，以义制利，以义胜利。

---

① 《论语·述而》。
② 《论语·阳货》。
③ 《论语·里仁》。

（三）以德为先要分清理欲

理和欲作为道德理性与感性欲望、社会规范与个人需求、群体利益与个人利益的论述，自先秦以降，历代儒者一直在探讨、求索，以求合理解决二者的关系。

孔子常讲欲的问题，他的以礼节欲说，实有其发端意义："七十从心所欲不逾矩。"[①]孔子认为，如果做到"克、伐、怨、欲不行"，"可以为难矣"，不"可以为仁矣"。就是说，能做到这几条，虽然是难能可贵的，但是还不够仁人的标准。仁人的标准是"克己复礼"。以礼来规范自己的言论行动，克制自己的物质欲望，符合礼的道德标准，才为仁人。他承认："富与贵，是人之所欲也。"[②] 他自己则是"食不厌精"，"脍不厌细"的。但是仍应以道义为上，"君子谋道不谋食。……君子忧道不忧贫"[③]。重道德礼义，轻物质欲望，以礼节欲而不灭欲，这就是孔子的理欲观。

孟子承认人的正当欲望的合理性。物质欲望的满足，名利富贵的追求，都是正当的、合理的、必需的满足。适度的追求，则为善德，不为恶行。欲望之所以是善的，是因为其出自人性，合乎人性，人性为善，故欲望为善。然而，人毕竟是有道德意识的人，不能为求欲而失义丧节，要持义守节，必要时则"舍生而取义"。孟子说："生亦我所欲也，义亦我所欲也；二者不可得兼，舍生而取义者也。生亦我所欲，所欲有甚于生者，故不为苟得也；死亦我所恶，所恶有甚于死者，故患有所不辞也。……一箪食，一豆羹，得之则生，弗得则死，呼尔而与之，行道之人弗受；蹴尔而与之，乞人不屑也。"[④] 生命和道义都是人之所欲者，当二者不可得兼时，则要舍生取义。

二、人德管理的原则和功能

（一）道德规范的原则

在中国两千多年的社会国家管理实践中，以孔子为代表的儒家伦理积累了大量丰富的经验，它的一些主要道德原则和规范，在当前对调整我国社会经济政治及对建设中国当代政治经济体制具有重要的借鉴作用。

1. 仁、义原则

"仁"是孔子的思想核心，也是他的道德管理的根本。孔子的仁的思想内涵是十分广泛的，从自爱开始，推广到爱最亲近的父母兄弟，再推广到"泛众"。在孔子看来，只要实行仁爱，就能协调社会矛盾，使社会和谐发展，达到合乎"礼"的标准的社会，"一日克己复礼，天下归仁"。孟子把"仁"与"义"统一起来，认为"仁，人之安宅也；义，人之正路。安宅而不居，舍正路而不由，哀哉！"使孟子的"爱人"原则、仁义原则更有了明显的阶级性，并把它看做是管理国家的最佳良方。

---

① 《论语·为政》。
② 《论语·里仁》。
③ 《论语·卫灵公》。
④ 《孟子·告子上》。

2. 惠民、富民原则

以民为本是儒家管理思想的优良传统。"修己"是自我管理的价值目标，也是为了"安百姓"，为此主张养民要惠。"惠"是"仁"的五个德目之一，恭、宽、信、敏、惠，要求"因民之利而利之"、"敛从其薄"，甚至要求"博施于民而能济众"。孔子反对残暴的剥削和压迫，反对"苛政猛于虎"的暴君。这些思想，对广大民众来说，显然是有一定好处的。孟子对"惠民"思想进一步作了发挥，提出了"仁政"，即"以不忍人之心，行不忍人之政"。首先必须实行"制民之产"，使老百姓富足，这样，老百姓就很容易走上从善的道路。他认为只有为政者给人民以实利，"推恩"于民，老百姓就会"中心悦而诚服也"。这就是"得其心"，"天下可运于掌"。孔孟之后，荀子明确提出了富国富民论。他说："上下俱富"、"兼足天下"；"下贫则上贫，下富则上富"，反对过重税赋，主张"以政裕民"。汉代刘向说："治国之道，爱民而已"。宋代程颐也说："为政之道，以顺民心为本，以厚民生为本，以安而不扰民为本。"所有这些思想，对当今管理都是很有启发的。

3. 贵和、和谐原则

人类社会是很复杂的，有人与人、人与家庭、人与国家、人与社会的关系。儒家伦理提出了贵和、和谐原则来处理这些关系，使之协调发展。孔子大力提倡"和"。在他看来，对上"和"，他要求人们做到忠、孝、尊、崇、恭、敬；对平级"和"，他要求人们做到忠、恕、信、义、敦；对下"和"，他要求为君、为臣者做到宽、厚、慈、惠。孔子之后，不同时代的不同思想家对"和"这个治国管理之道，从不同方面进行了发挥。孟子说："天时不如地利，地利不如人和。"《中庸》说："中也者，天下之大本也；和也者，天下之达道也。致中和，天地焉，万物育焉。"意思是说，中是天下最大的根本；和是天下最普遍的准则。达到了中和，天地就得其所、各归正位，万物就生育发展，欣欣向荣。历代政治家、思想家都极为重视用"和"来管理国家。在中国历史上，为了与各少数民族和睦相处，也以"和亲"、"和戎"、"和解"、"和议"，建立"和约"、"和盟"。7世纪唐代文成公主与吐蕃松赞干布的"和亲"，就是汉藏民族友好往来的一例。

在今天，为了实现国家的民族团结、和平发展，为了与全世界爱好和平人民的友好往来，"和"为贵的思想，仍然有它重要的意义。当然，这种"和"，应该同历史上与现实中一些无原则地调和社会矛盾和阶级矛盾的倾向严格区分，"和"的思想在社会历史发展中是有积极意义的。

（二）德行教化功能

重视教化，特别是道德教育，是中国传统文化的一个优良传统。孔子十分重视道德教化。他主张"为政"必须以"教民"为先。孟子更加明确地论述了道德教育对管理的重要性，他说："善政不如善教之得民也。善政，民畏之；善教，民爱之。善政得民财，善教得民心。"良好的政治比不上良好的教育能获得民心。荀子等人也从不同方面丰富了教育特别是道德教育在管理国家中的作用。荀子说："不教，无以理民性。"即不教育就不能整治人民的恶性。汉代贾谊说："教者，政之本道者，教之本。有道然后教也。有教然后政治也。政治然后民劝之。民劝之然后国丰富也。"就是说，教育是政治的根本。政治道德的最高准则是教育的根本。有了政治道德的最高准则，后才从事教育。有了教育，然后国政才能得以治理。国政得以治理，然后人民能够相互劝告勉励为善。人民相互劝勉而为善，然后国家就能富足了。这些思想至今仍然对我们有很重要的启示。我们根据当前我国社会道德建设的实践，对儒家常讲的仁爱、中和、廉敬、礼让、勤俭等传统道德赋予新的意义，对提高我国国民道德水平，协调人际关系，稳定社会秩序，仍具有十分重要的意义。

（三）实现"新三德"

"新三德"，即官德、商德、民德。是苏东水教授在改革开放市场经济的浪潮中提出的。在社会主义市场经济的建设中，需要社会有新的道德规范与准则来规范社会行为主体的行为。

1. 官德——富民与富国的统一

官德包含了两层含义：一是指为官者的道德伦理和素养，必须树立清正廉洁、执政为民的形象，具有为人民服务的公仆意识。抓好官德，可以从"以德治吏，依法治吏"两方面着手，首先"以德治吏"对各级领导干部进行道德教化，用道德意识予以规范和软约束。其次，在此基础上实行"以法治吏"，用法律制度加以硬约束。就当前的官德状况来看，加强这种"他律"或硬约束尤为重要。正如邓小平深刻指出的，制度与领导者个人相比，制度问题更带有根本性、全面性、稳定性和长期性。二是指在实现个人富裕的同时增加社会利益的经济结构，强调的是富民与富国统一的道德准则。市场经济中富民与富国之间是利益机制相一致的关系，国民越富裕，其国家税收越充足，国家亦越富强。一个国家的富裕和强盛往往取决于国民的富裕程度、创造财富的能力和国民的市场经济的道德素质。

2. 商德——经济利己心与道德利他心的统一

市场经济既是一种利己经济，又是一种利他经济，二者统一于市场经济的运行之中。与此相适的道德准则便是人的经济行为动机的利己心与利他心的统一，是物质文明与精神文明的统一。市场经济中人的经济行为的利己心与利他心统一的道德准则，是现代人的一种复杂的社会经济生活和精神状态的体现。利己心代表经济发展的原动力和价值增值源头，利他心则代表实现价值增值的手段，代表市场经济所需要的一切道德品质：如强烈的社会责任感，克勤克俭的作风，契约神圣的观念等。市场经济中人的经济行为的利己心与利他心统一的道德准则，最大价值在于对社会的协调发展和经济繁荣的促进作用。

3. 民德——竞争与合作的统一

在强调公民的道德规范的同时，更强调在成熟的市场经济中的竞争与合作，而"竞合"也是相辅相成协调发展的。市场经济既是一种经济主体之间相互竞争，优胜劣汰的竞争经济，又是一种互利互惠、互通有无的合作经济，二者统一于市场经济的运行之中。现代市场经济需要经营者的竞争意识与合作意识并存的道德理念。市场是竞争的同义语，没有竞争就没有真正意义的市场。市场经济是建立在信用与合作基础上的，这就要求市场经济的参与者必须具有契约神圣、信誉第一和真诚合作的精神。在现今社会，我们固然需要"独立"、"自由"、"坚强"、"重视学识"等个体价值观，但我们更需要"责任感"、"义务感"、"忠诚"、"奉献"、"宽容"、"服从"等社会价值，需要有公共道德的价值观念。

三、人德管理的运用

（一）以德为先在治身中的运用

个人以德为先，首先要求作为管理者的个人，"修身养性"，加强道德修养、提高自身素质，规范作为管理者的言行，以身作则。作为被管理者的员工要以德为立身之本，以"诚"、"信"、"仁"立足于社会。先秦儒家十分重视用德教礼治来提高被管理者的道德水平，并认为这是保障以德治国的重要因素。以德治身主要表现在私德和公德两个方面：

就私德而论，包含个人的品性和情操，有丰富的内容，但可以分作基本的与派生的两类，一类是基本的德性，包括仁慈、公道、诚实，另一类是派生的，与仁慈有关的为同情、友爱、关怀，与公道有关的则是正直、勇敢、直率，与诚实有关的则是忠诚、守信、厚道，等等。

就公德而言，首先是家庭道德，包括婚姻道德。家庭道德是调解家庭人际关系的行为准则，家庭人际关系不外四种基本的类型，即夫妻关系，父子关系，长幼关系，老少关系。在诸多具体的家庭道德规范中，抽象出家庭道德的基本要素，可以概括为"爱"、"平等"与"互助"。"爱"是一种生存动力，在爱的基础上才能产生出和睦的家庭氛围，所谓"家和万事兴"。"平等"是指男女平等、夫妻平等，包括权利与义务平等、人格平等。"互助"是休戚与共，风雨同舟。其次，是职业道德，即在职业中形成的调节员工与社会或员工相互间关系的行为准则。现代化社会职业分工非常精细，可以说各行各业都有特殊职业行为的道德准则。"敬业"、"勤业"与"乐业"，是贯穿在诸多具体职业道德中的共通道德。所谓"敬业"，是对自己从事的工作认真负责，尽心尽职，克己尽责。所谓"勤业"就是勤劳作业，勤奋学习，努力钻研，不断革新，提高效率。所谓"乐业"，就是把职业不仅当做谋生的手段，也是乐生的方式，以为社会公众服务为快乐。最后，公共场所中的道德，是指公共场所中人人必须遵循的有场所特点的行为规范。如公园、图书馆、体育场等。

（二）以德为先在治企中的运用

进行企业经营道德建设，首先在企业内部要苦练"内功"，即加强内在素质训练，形成良好的企业精神与文化氛围；对外树立良好的商业信誉和道德形象。除了一般的道德文明及修养，对企业来说，还得重点在质量道德、竞争道德与经营管理道德方面加强引导和教育。

质量道德是市场经济条件下，生产部门、服务部门在具体经济行为或行政行为过程中，所实际形成的与生产质量、服务质量和工作质量等相关的道德要求。提高质量道德，首先，应该从提高从业人员的综合素质入手，培养合乎质量道德要求的行为习惯，提高人们对工作的认真负责的敬业态度。其次，质量监督部门工作力度的加大，消费者质量监督意识，权利意识的增强对提高全社会的质量道德水准将起重要作用。

竞争道德体现着企业间利益的对立统一关系。如果片面追求企业自身的经济利益，竞争就偏离了它应有的轨道，也失去了它的积极意义和社会道德价值。职业伦理学研究表明，一个真正的有竞争意识的企业，不仅为今天的企业行为负道德责任，而且把道德责任延伸到未来，避免短期行为，树立责任感，这可以视为竞争道德的关键内容。一个真正的有竞争意识的企业，会利用高层次的竞争道德去创造更多的利润。事实上，竞争道德正是企业根本利益与社会最大利益统一。

经营管理道德是指经营主体在经营活动中应该履行的道德准则和规范，包括经营管理、经营决策、商业营销、商品宣传、广告、商品贮存等领域的道德问题，也包括生产和流通领域中其他专业经营人员的职业道德规范问题。

总而言之，质量道德、竞争道德、经营管理道德构成了企业经营道德的主体，也是社会主义市场经济道德、社会主义职业道德的核心内容。只有在发展社会主义的生产力，建立和发展社会主义市场经济体制的过程中，才能使企业经营道德的建设真正取得成效。

（三）以德为先思想在治国中的运用

以德为先在管理国家中的重要职能与作用主要体现在如下几个方面：

1. 在国家管理中的运用

以德为先在国家管理上的运用，就是以德治国。法治是他律，德治是自律，道德的实施不是依靠强制性手段，道德诉诸人民的良心，通过启迪人们得到的觉悟，激励人的道德情感，强化仁的道德意志，增强仁的荣辱观念，培养和形成古人所说的羞恶之心，从而使人们在内心深处形成道德行为的内在动因，形成自治的动力，这样就会提高国家治理效率，降低国家治理成本。

2. 国际交往的管理

国际道德就是在国际生活中存在的，为大多数国家所普遍接受的，按自由、平等、公平、正义、人权等道德要素来规范国际关系行为的观念和原则。20 世纪 70 年代在国际政治学领域中发展起来的道德利益论，否定了传统国际道德理论中抽象的道德原则，重新将道德和利益结合起来。他们认为在国际社会，本国利益作出适度的牺牲是各国很难接受的，但如果没有这种适度的牺牲，国际道德的建立是非常困难的。所以要实现国际间的和谐，其前提条件就是必须对本国的国家利益适度"自制"，相对性地去理解。不仅要承认其他国家也有其合法的国家利益，又要适时地调整自己的国家利益。否则，国际冲突将永无休止，谁家利益都难以实现。这种观点对国际道德的进一步发展是有利的。

在目前的国际社会中，正如现实主义学派代表人物摩根索所说，由于国家利益的存在，必须防止两个极端：一是过高估计道德对于国际政治的影响，二是过低估计道德对于国际政治的影响。但无论怎样，21 世纪随着人类文明的进步和国际道德意识的觉醒，国际道德将在国际事务中发挥越来越大的力量。"以德为先，人为为人"的东方管理思想精华，将逐渐展现其迷人的魅力，在调节国际事务中拥有举足轻重的地位。

第三节　人为为人——人为管理

"人为为人"是东方管理学的本质属性，是以创建"人为学"、东方管理学派"三为"理论的基础。"人为为人"，强调的是人为管理，即管理者要实施有效管理，首先要很好地提升自身的行为修养，然后才能更好地"为人"，使他人和自身都有所作为，为他人和为社会服务。

一、什么是人为为人

"人为为人"中"人为"是发挥人的积极性、能动性和创造性。重视人的道德和行为的可塑性，从而为人们提供了发展的可能性。并从"为人"的角度为他人、为社会服务的理念。"人为为人"概念的提出者苏东水教授认为："每个人首先要注重自身的行为修养，'正人必先正己'，然后从'为人'的角度出发，来从事、控制和调整自身的行为，创造一种良好的人际关系和激励环境，使人们能够持久地处于激发状态下工作，主观能动性得到充分发挥。""人为为人"从管理行为的主体、客体以及主体与客体的关系的角度揭示了古今中外一切管理行为的本质，要完整地了解东方管理思想，全面理解"人为为人"的丰富内涵是十分必要的。

（一）"人为"与"为人"辩证关系

"人为"与"为人"相联系，它有狭义的理解、广义的理解及互动的理解三个层面：

1. 狭义的理解

狭义的方面来说，"人为"是一种自我导向的个体心理行为。在强调个体内部指向的心理行为的同时，它强调主体人心理行为的可塑性。"人为"与"为人"相对应；"为人"则是指一种他人导向的服务行为。

2. 广义的理解

广义的"人为"则由"人为"（狭义的）、"为人"及"人为为人"三个环节构成。"为人"是他人导向的服务行为，是个体对外部对象的心理激励行为，强调自身心理行为的可塑性的同时，客观上产生服务他人的效果。"人为为人"则强调个体心理行为与外部对象心理激励的互动性。

3. 互动的理解

"人为"与"为人"是辩证统一的、相互联系并且可以相互转化的。这种互动关系就构成了"人为为人"。"人为为人"的动态过程强调个体心理与行为的可塑性同时，产生激发外部对象的心理行为的效果，并实现个体与他人在心理与行为的和谐与统一，从而使个体心理行为的塑造能够在正确价值观指导下与外界环境发生良性互动，实现服务他人的目的。

（二）"人为为人"内在关系

"人为"与"为人"的辩证统一就是"人为为人"。从"人为"和"为人"的概念分析中不难看出，"人为"与"为人"是高度统一的集合体。"人为"与"为人"互相联系并且互相转化。具体说来，"人为为人"概括了管理过程中的三对矛盾的统一运动：①义与利的关系问题，我们主张以义取利；②激励与服务的关系问题，管理既是激励，更是服务；③"人为"与"为人"的关系问题，个体必须从利他的角度出发，来实现利己的目的。对任何管理者或被管理者，都有一个从个人行为逐步向他人服务转变的过程。"人为为人"事实上代表了一种高度的道德境界——有理性的利他行为。这样的人具有比较稳定的道德准则，其行为以是否服务于别人并提高整个组织的工作绩效为依据。

"人为为人"的个性模式表现为自我导向和他人导向的高度融合和有机统一：作为生活在复杂社会关系中的个体，既要按照自身的价值准则行事，不为外在的力量所左右，同时又能够迅速适应环境的变化，对所在群体或组织的需求作出迅速响应，而不是墨守成规。

二、"人为为人"与"以人为本"、"以德为先"的关系

（一）"以人为本"、"以德为先"是"人为为人"的前提

"以人为本"强调管理活动中人的极端重要性，任何管理行为的出发点是人，最终归宿也是提高人的生活质量，促进人类社会的发展进步。"以德为先"突出了德治和软约束的作用，只有法治是不够的，必须注重道德教化和道德约束的作用。"以人为本"限定了"人为为人"的基本前提，而"以德为先"规定了"人为为人"的立足点是一种基于关系型的管理行为。

（二）"人为为人"是东方管理思想的核心

东方管理的核心思想体现为"人为为人"。中国传统管理思想十分丰富，其鲜明特点表现为重视人及人与人之间的关系的和谐，强调仁爱，关注行为的导向示范作用，这正是"人为为人"的内核。其基本逻辑是：如果我们希望别人头脑清晰行动敏捷，我们就要提供行为的榜样，并有足够的耐心和信任培育这种优良品质；如果我们希望别人诚实可靠善良，我们就应该以这种方式对待别人。

"以人为本、以德为先、人为为人"之间的关系可用图17-1的方式表现：

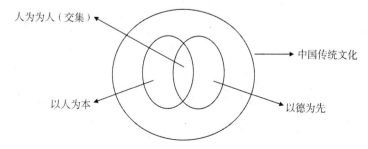

图17-1　"以人为本、以德为先、人为为人"之间的关系

"以人为本"和"以德为先"的融合部分就是东方管理的核心——"人为为人"。要达到"人为为人",必须先做到"以人为本"和"以德为先",在此基础上进行人际互动,就是"人为为人"。

三、人为为人的现代价值

"人为为人"概括了古今中外一切管理行为的本质特征,它也是面向未来的开放的管理思想,在促进未来管理学理论体系的建立和当今知识经济时代管理实践的发展等诸多方面具有重要的意义。

(一)"人为为人"的理论价值

1. 促进有中国特色的管理理论体系的建立

中国古代有非常丰富的管理学思想,但缺乏明晰的架构,显得比较支离破碎。"人为为人"高度浓缩了东方管理思想的精髓,为我们理解东方管理思想提供了很好的参照体系。

2. 融会贯通东西方管理学思想

"人为为人"是东方管理思想的核心,也是当代西方管理学的主要精神之一。"人为为人"概念的提出和发展,表明东西方管理学尽管形成的文化背景和社会经济特征不同,但对某些问题具有相似或相同的看法,管理学可以存在普遍定理。管理学的未来发展,不可能脱离东西方相互交流、相互影响这一重要途径。

3. 有助于管理学理论创新

创新是管理的永恒主题。"人为为人"凸显出管理活动中人的重要性,揭示了管理互动的根本方法,管理学理论研究必须关注人作为活动的主体和客体在管理实践中的角色和作用,探讨心理因素对管理活动的影响,探索除实证和演绎分析以外的其他研究方法,例如内省研究在管理学理论创建中的作用,促进管理学理论的创新。

4. 确立管理的终极目标

管理的最终目标不是组织或者工作绩效,而是人。促进人的和谐共处和自由发展,减少并消除各种以"管理"为名义的限制人性的桎梏,解放人的个性,释放个体创造的潜能,全面提升管理的层次和境界,促进物质生活质量和生活满意度的提高,就是管理的最终目标,也是"人为为人"这一命题的必然含义。

(二)"人为为人"对管理实践的启发

"人为为人"的实践意义在于,它并不是提供了一种具体的管理方法或技巧,以取得立竿见影的效果,而是建立了一个思考的架构,用来评价管理者的管理手段是否达到了要求。不存在适合于所有情境的万能管理方法,任何管理措施必须与具体环境结合起来,"人为为人"的应用同样要求如此。

1. 建设创造型企业文化

"人为为人"要求企业文化倡导认真倾听、积极思考、快速响应、不断革新的工作氛围,而不是所谓命令加训斥的严厉的工作环境。员工的自我意识被充分尊重,有更多的工作弹性，自我监控是控制的主要手段；管理者和被管理者的工作作风趋同，宽容并乐于接受新生事物；具有良好的沟通网络，信息传递速度加快，信息的作用得到充分发挥。

2. 倡导自我管理

自我管理的员工不再是某一个岗位上被动接受工作指令的"单元"，而是能够自我判断、适度范围内自我决策的真正意义上的人。管理者从"人为为人"出发，必须行动示范并给下属恰当授权；被管理者能够觉察到示范者的引导，结合自我工作任务积极参与管理。权力释放但不导致组织失控的原因在于具有共同的目标，因为自我管理不是"各顾各"的管理，而是相互协作、积极配合、有共同利益的管理。

3. 关心员工的心理健康

影响"人为为人"互动效果的一个重要因素是员工的心理健康状况。这里包含两层含义：一是没有心理疾病；二是具有合理的工作期望，能够理解组织的工作目标和工作方式。作为管理者，应该在满足员工物质要求的同时，关注更多的心理需求。要教会员工常见的心理保健方法，提高面对挫折时的应对能力；激发员工的成就动机，加大员工对工作的投入程度。

4. 应对知识经济对管理的挑战

"人为为人"的一个重要作用在于为知识经济时代的企业管理提供一系列管理的原则。随着经济全球化和我国加入世界贸易组织，中国经济将不可避免地融入全球新经济浪潮中。作为提升公司竞争力的强大武器——智力资本管理备受瞩目。管理知识员工的一个前提是公司的主管必须放弃过去那种经理人可以代替任何人决策，下属的任务只是执行的狭隘观点，必须"人为为人"：①自我示范，激发员工新知识的产生和应用；②充分信任员工，给员工更大的工作发挥的空间；③管理比自己更有知识的员工，管理者应是"人为为人"者的角色，充分放权，为员工服务；④员工对知识的学习和共享也要"人为为人"，倡导团队学习和集体讨论；⑤组织扁平化、模糊化，员工个人身份淡化，岗位交流成为新的时尚；⑥管理者能够与下属及时协商沟通，在某些情况下没有必要也不可能代替下属考虑问题，要把思考的权力交还给别人。

四、人为为人的管理机制

"人为为人"管理思想在实践中的运用就是人为管理。为了加深对"人为为人"管理思想的理解，提高人为管理绩效，更好地提高效益和促进经济发展，有必要对人为管理的运作机制进行深入研究。人为管理实践运作的动因在于东方传统文化下人格特质的特点和人际互动；就运作形态来看，人为管理具有四个不同的表现层面和两种不同的互动方向。同时，人为管理绩效受到很多因素的影响，人为管理思想的运用必须与具体管理情境紧密结合起来。人为为人具有一定的动因与特点。

人为管理的动因指的是人为管理实践中"人为"与"为人"的产生及其相互作用的动力传导问题，具体来讲，动因问题要解决的是管理者为什么要"人为"以及"人为"何以导致"为人"，从而形成二者之间的相互运动。可以以中国传统文化为分析背景，从人格特质和人际互动两个角度进行探讨。

（一）人为管理的动因

1. 人格特质分析

人格特质具有多种含义，这里不进行具体分析。这里讲的中国人的人格特质，是指在中国特有的社会文化背景之下，逐渐形成的中国人特有的思维特点、价值观念和行为方式。由于本节主要是考察"人为为人"的动因问题，所以，我们对人格特质分析的着眼点主要放在中国人处理自我与他人关系的行为方式上。

从文化传统来看，中国传统文化的一个明显特点就是讲究一个"仁"字。儒家主张"仁者爱人"，"己所不欲、勿施与人"。墨子主张兼爱互助，"天下兼相爱则治，交相恶则乱"。这种主张人人互助相爱的观点一直绵延不断，甚至到了现代，毛泽东同志要求"一切革命队伍的人都要互相关心，互相爱护，互相帮助"。为集体利益而鞠躬尽瘁的人经常成为我们这个时代的楷模而备受尊重。

但是，这种人人相爱的观点在现实生活中的表现具有复杂多变的形式，为他人服务的利他行为与旁观者的冷漠行为同时并存，所以我们不能一概不加分析地认为中国人的人格特质具有利他或自私的倾向。研究表明①，个人与他人的关系不同，其交往行为亦不同。如果是情感性的关系，例如家庭成员之间，社会交往的原则表现为一种需求法则，即在别人需要某种资源时尽量提供。如果交往主体之间的关系是工具性或目的性的，例如，类似于企业这样一种组织的内部成员之间的关系，目前不是情感性关系，但将来有可能发展成为情感性的关系，成员之间交往行为的基础是工具性的，表现为一种交换的特点：

情感互换：人心换人心，将心比心，我真心对你、你真心对我，我心里有你、你心里有我，我尊重你、你尊重我，我替你费心操神、你帮我排忧解难。

由此可见，中国人在正式组织这样具有共同的目标，并且有条件互相依赖的利益共同体里，为了实现组织目标，倾向于表现为一种情感互换型的行为方式。当然，这种情感互换的行为有其内在的逻辑假设，只是日常生活中没有被意识到。这种假设——人心相通，情同此心（或同情心、同理心）——构成了情感互换行为的前提。孔子的"性相近"，孟子的"人皆有不忍之心"，陆九渊的"人同此心"乃至民间的"天地良心"说的都是这个道理。心相通的现实意义，在于促成了情感互换行为的形成和发展。这种行为方式的原则是追求某种程度的回报性（其程度有高有低），情感基础是有条件的信任和喜欢别人，并具有一定的真诚性和相对稳定性。

正是这样一种行为特征，构成了东方管理文化"人为为人"的微观心理基础。"人为"倡导的"正人先正己"，首先注重自身的行为修养，其最终目的就是为了向"为人"的转化，以创造良好的人际关系环境，使别人的主观能动性得到充分发挥。有调查表明，在企业内职工们最重视的是领导者的行为表现，在回答"在什么样的情况下

---

① 社会学和社会心理学曾做过很多中国人人际交往行为的研究，其中从交往性质出发探究交往特点的研究较为充分，限于本书选题，不对各种研究成果进行综述。需要指出的是，把交往行为划分为情感性、工具性和混合性的做法并非完美无缺，受到部分学者以本土性、实证性为借口的诟病，但这并不妨碍这种结论对揭示人为管理动因的积极作用。

工作积极性最高"的问题时,"领导能将心比心"和"受到领导的重视"分别占第一位和第五位。这从一个侧面表明,领导者"人为"的重要作用和"人为"向"为人"转化后,对被领导者"为人"的巨大促进作用。服务业有一句著名的话:"你希望员工怎样对待你的顾客,你就要怎样对待你的员工。"这句话非常简洁的说明了要想员工发自内心的对待客户,管理者要问自己是否发自内心真诚对待自己的员工。

2. 人际互动分析

人际互动论的分析视角着重表明,"人为"与"为人"之间相互转换、不断递进、周而复始的运作形态的动因,在于人际交往中普遍存在的人际互动。

人际互动是个体社会化的必由之路,是各种组织存在和发展的重要方式,各个不同成员的角色和行为在不断的互动过程中得到认知、强化和执行。很难想象,一个现代企业的领导者可以在隔绝的状态下履行领导和管理的责任。互联网的普及改变了互动的方式和速度,提高了互动效率,但并没有改变人际互动的本质。基于人际互动这一最根本的动力机制,领导者的"为人"才能被被管理者感知,并且促成被管理者"人为为人"。

(二) 人为管理的特点

人为管理的动因决定了人为管理的特点:

1. 延迟性 (非同步性)

从情感互换行为出发理解人为管理的产生,首先必须要有一方"人为"行为的产生以作为互换行为的基础,其次通过"为人",影响和改变被管理者的行为,正因为此,"人为为人"不能成为"为人人为"。

2. 递增性

"人为为人"是一个蕴含深厚情感的行为,这种情感的回报具有增量的特点,"受人滴水之恩,必当涌泉相报",从领导者的"人为"到被领导者的"人为"是不断递增的运动过程。

3. 循环往复性

人为管理实践的起点是从管理者的"人为"到"为人",再到被管理者的"人为"和"为人",从而管理者、被管理者"人为"、"为人"交互运动、不断上升,最后提高管理绩效。

五、人为为人的表现与方向

人为管理实践可以在组织内部成员之间进行,也可以在群体与个体之间进行。同时,人为管理按照管理者和被管理者互动的性质,表现为两种相反的互动方向。人为管理的表现为以下四个层次 (见图17-2):

A 层次:人为管理实践中的管理者和被管理者都是个体。例如,某一个领导者对某一直接下属。

B 层次:人为管理中的管理者是个体,而被管理者是群体。例如,某一部门负责人对受自己领导的全体部门成员。

	个体	群体
个体	A	B
群体	C	D

图17-2　人为管理的不同表现层次

C层次：管理者作为一个群体出现，而被管理者是一个个体。这种情况相对比较少见，但并非不存在，例如，某一领导层的人为管理行为对某一下属的影响。

D层次：管理者和被管理者都作为群体出现。例如，高层领导群体对中层领导群体，中层领导群体对基层领导群体。

人为管理的这四个层次在不同组织中都不同程度地存在。应该强调的是，A层次是其他各个层次的基础，换言之，任何层次的人为管理行为的发生，首先是基于个体对个体的影响，离开个体对个体的影响，其他各个层次的人为管理行为便不会发生。

人为管理实践中的人际互动具有正向和负向两种方向（见图17-3）。

负向　　　　　　　原点　　　　　　　正向

图17-3　人为管理的互动方向

正向：管理者的"人为为人"导致被管理者的"人为为人"。

原点：管理者没有"人为为人"（无所作为），被管理者也没有"人为为人"。

负向：管理者的"人坏"（不好的作为）导致被管理者的'"人坏"。

不难看出，这几种"人为为人"的互动方向在企业管理实践中屡见不鲜。应该指出的是，东方管理学派所大力倡导的是正向互动的"人为为人"。因此，在实践中应努力制止负向"人为为人"并促使其向正向的方向转化。

六、"人为为人"管理的运用

（一）人为为人的目标

人为管理的目标就是管理实践所要追求的最高境界，这种境界对个体、群体和社会的含义是不同的。

1. 个体目标

管理活动中的每一个个体都是活生生的充满各种需要和欲望的人。就最高境界的目标来讲，应该是人际关系的和谐和心理健康。

关系在中国人的心目中具有很重要的地位，梁漱溟把凡事以关系为依赖的特征称为"关系本位"，杨国枢等人称之为"关系取向"。和谐融洽的关系不仅有利于其他工作目标的达成，更是中国人生活的中心议题和目标。良好的关系之所以成为人为管理的目标，是与关系在中国人生活中的重要作用分不开的。首先，关系在界定个体身份中有很大的作用，我们常听到别人自我介绍时会说自己是张三的学生，或者朋友、同事、老乡、亲戚等，这里的张三必定是对方了解的一个重要人物。建立在关系认知基础之上的人际认知，基本规定了双方之间关系的水平以及以后关系依赖性的程度。其次，不同类型的关系直接影响人际互动的方式，这一点中西方都一样，不过中国社会表现更为明显。费孝通教授 1948 年所揭示的中国人人际关系表现为"差序格局"的特点，即以自我为中心，向外围不断扩散，就像一粒石子投入水中激起的波纹一样，越远则波纹越大越淡，关系越一般，到今天依然适用。例如，由血缘和亲情决定的家人关系，是注重责任而不讲回报或回报性很低的；除此之外的其他类型的关系，应该是一种有条件的依赖型的关系，要相互讲人情并期望回报。

这里需要指出，强调关系和谐并不是完全排斥不和或冲突，事实上，有限的可控的冲突对强化组织的核心观念是有好处的，国外有些企业讲究冲突管理，就是为了让员工更彻底地了解并认同组织观念，为共同目标而努力。冲突的诱发和消解只能是一种手段，目的是为了和谐。

心理健康也是人为管理的个体目标。心理健康指一种身心健康的完美状态，个体能够精力旺盛地、敏捷地、不感觉过分疲劳地从事日常活动，保持乐观、蓬勃向上的精神风貌，适应紧张的生活，承受社会压力和挫折，积极安排自己的各种活动，使自己的心理、精神、情感融为一体，充满生机而且富有意义。

人为管理是注重发挥个体潜能的自我式管理，这种管理的结果不是使个体背负沉重的精神负担而忧虑重重，相反应该是个人心理健康水平的全面提高。具体表现为：①能够有效调节和控制情绪，及时处理紧张、愤怒、恐惧等不良情绪反应，培养乐观、积极的情绪。②有较强的意志品质，意志果断，自制力好，心理承受能力强。③具备积极交往的能力，乐于与人交往，在交往中能够保持独立而完整的人格，交往中的积极态度多于消极态度。④能够良好适应环境，心理行为能够顺应社会文化的进步，追求自我实现和社会奉献的统一。⑤保持健全的人格，具备积极进取的人生价值观。

2. 组织目标

核心能力是企业最宝贵的无形资产，开发企业核心能力的根本途径是智力资本的管理，而人为管理，是智力资本管理的有效手段。智力资本包括人力资本、结构资本和客户资本。人力资本管理要遵循人力资本价值识别——人力资本价值的增值——人力资本价值的拥有的思路；结构资本管理的关键在于通过组织结构、组织行为以及组织文化三个方面，使企业智力资本不断增值；客户资本管理的重点是建立良好的客户关系，把传统的公司与顾客之间的交易关系改变为共同学习的关系。无论哪种形态的智力资本管理，都具有共同的理念，那就是以身作则，尊重员工，激励员工，与员工或客户建立良好的关系，促进组织学习，营造公司与员工或者客户共同成长、共同分享收益的良好关系，建立良好的企业文化。用一句形象的话，就是"把人当人看"。不难看出，这些观念与人为管理的核心理念是相同的。

3. 社会目标

企业社会责任的承担和履行是人为管理的社会目标。企业战略目标必须着眼于长远，在追求经济目标的同时追求社会目标，融洽与所在社区的关系，在公众心目中留下良好的印象，取得社会大众的支持，从而实现企业长期的利润。

　　人为管理的实践者必定是具备管理道德的人，他们深刻理解道德与管理价值的关系，能够正确处理好管理中的义利关系。管理者以自身道德标准和日常行为率先示范，建立合适的奖惩机制，就会对被管理者产生巨大的影响力，这样久而久之，就会形成支撑管理道德的很强的企业文化，组织价值观就会被全体成员所共享，反过来对管理的各个过程产生巨大的反作用。企业对社会责任的承诺是人为管理从企业内部管理过渡到处理企业与社会关系时的一个必然结果，对企业来讲，通过各种社会公益活动，处理好与企业利益利害相关的有关部门的关系，承担必要的社会义务，追求有利于社会长远发展的目标，树立良好的公众形象，必然会引起社会的回报，即企业对所在社区的"人为为人"引发社区对企业的"人为为人"。

（二）人为为人的方式

　　人为管理如何在企业管理实践中实施？我们提出一般性的实施办法，这些办法不是具体行动的指南，而是如何行动的一些建议，企业管理者要结合自身情况思考具体的行动路线。

1. 行为示范，以身作则

　　"正人先正己"是人为管理的基本要义，作为管理者，在个人道德、工作态度、敬业精神、行为方式等方面必须要成为员工的榜样，说话才有比较大的影响力，才有可能发挥榜样示范的作用。相反，如果表里不一，言论与作为相悖，则必然"上有所好，下必甚焉"。我们可以在中国国有企业管理实践中找到很多这方面的例子。行为示范和榜样激励同样适用于知识创新型企业的管理。高层管理者引导员工进行知识创新，要求一线员工掌握"是什么"，自己必须发现"应该是什么"；管理者要领先员工进行知识学习，创造有助于学习的开放式环境，自觉消除各种不利于学习的障碍。

2. 权力下放，下属参与

　　人为管理要求实际的而不是只在口号上尊重和调动员工的积极性和创造性，现代企业管理者必须放弃过去那种自己做决定，让别人去执行的"命令—支配型"的管理模式，要充分下放权力，吸引下属参与管理。对待知识型的员工，不能以维护自己虚假的权威为借口，剥夺别人思考的权力，要在企业建立一种服从知识同服从权威同样重要的舆论氛围。知识的创造发生在每个人的大脑中，外人是无法控制的，管理者必须设计很好的激励机制鼓励员工把知识贡献给企业。我们必须记住一个最简单的道理：员工智力资本投入的多少是以将来的回报为预期的，没有人会像傻瓜一样明知道自己的意见不受重视仍然喋喋不休。

3. 结构模糊，充分流动

　　企业组织结构不是铁板一块，要适当增加弹性，员工不是经理人的附属品。人为管理要求人的潜能的释放和发挥，在组织结构这一层面，要朝着结构界限和员工身份适当模糊、人员可以相对自由流动以及员工的知识可以交流和共享的方向努力。如果因为部门分割的原因使某个员工的知识或技能不能为公司整体利益服务，这样的组织结构不能为公司创造价值就应该进行改造；如果是经理人员担心员工的流动会影响他控制的资源，并削弱他对下属的权威和影响力，这样的经理人完全可以解雇。员工流动和重组是为了发挥智力资本的价值，建设具有高度凝聚力又能为企业创造价值的团队。这些团体中的个人除了做到信息共享外，还要能根据工作需要迅速完成任务，并且能为别人和整个团队的利益着想，可以看出，这正是"人为为人"管理思想的生动实践。

4. 识别特征，有效激励

人为管理强调激励的不可或缺性，成功的激励不仅是管理者要努力做到的，更是员工的希望。谁不希望完成某项任务后得到上司的嘉许？但有效激励远非易事，我们认为要做好三个环节：一是要能够成功识别不同员工的知识和技能特征，这在知识经济时代尤为重要。按照詹姆斯·马丁的解释，按照技能的不同可以将员工划分为四类：第一类是具有无可匹敌价值的核心员工，这些人构成了企业的核心资产，必须想方设法留住他们，必要时可以通过股票期权或者职务晋升，让他们有作为公司重要成员的感觉。第二类是企业花费巨大代价才能替换的员工，包括绩效良好的团队成员，拥有关键专业技术的人以及掌握关键客户资源的人。这类人应予以重奖，以鼓励他们继续留在企业。第三类是从事的工作可以由其他人代替的员工。这类员工应该让他们与外部同样技能的人进行竞争，工作优秀者适当奖励，工作较差的可以辞退处理。第四类指没有独特技能可以被迅速替换的员工，即各种一般体力劳动者、劳务工人等。这些人必须让他们时刻有危机感，工作只有非常出色时才能给予物质鼓励。不难看出，企业激励的重点是第一类和第二类人，必须给他们足够的工作安全感，当公司精简机构时，裁减的只是他们的薪水而不是工作。二是成功激励的环节应为识别员工的需要。人由于知识技能、工作、成长环境和自我期望的不同，不同时间的需要是不一样的。管理者要具备这种识别的本领，"为人"的行为最好能够满足员工的主要需要。三是激励要及时。激励也是一种强化，无论正向还是负向，一定要在员工行为发生后短时间内进行，时间越长，激励效果越差。

5. 服务客户，合作双赢

随着消费者力量的不断强大和消费者的日趋成熟，有的学者提出了基于企业——顾客认知互动过程的企业战略观念。客户是与企业共同创造价值的重要合作伙伴，是企业知识的源泉之一和组织学习的重要动力。研究表明，客户对企业的忠诚度是员工忠诚度的反映，如果员工能为自己的工作所激励，并能够从工作中获得满足，那么他们在日常工作中会更积极地影响顾客，转而影响顾客购买和重复购买的可能性。员工对公司的忠诚度同样地会促进顾客对公司的忠诚，所以培养顾客忠诚度的重要途径是促进员工对企业的忠诚。

（三）"三为"思想的核心

"三为思想"是东方管理的核心内涵，三为思想的三个理念是解决人、社会和自然之间的三个矛盾：

（1）将"合天人"（天人合一）的理念作为一种世界观和思维方式，解决人与自然的矛盾问题，谋求人与自然的和谐。

（2）将"同人我"（人心合一）的理念作为一种行为原则，解决人与人之间的矛盾问题，谋求人与人、人与组织、人与社会的和谐。

（3）将"一内外"（身心合一）的理念作为一种修炼原则，解决个体的身心矛盾问题，谋求人自身身心的平衡和身心健康。

第十八章 东方管理学的"四治"学术研究

四治体系是基于古今中外管理实践而提出的管理体系层次论。东方管理学的主要内容包括四个方面：治国家、治生学、治家学和治身学。它不仅涵盖了管理实践中的各个层面，而且也符合中国儒家"修身、齐家、治国、平天下"的推演逻辑。"四治"涵盖了宏观、中观与微观的三个层面，其中治国就是在宏观层面上的管理，治生着重从中观的区域和行业经营展开，同时也包含了微观层面的企业运营管理，而治家与治身重在从微观层面探讨家庭管理与自我管理。

第一节 治国——国家管理

治国就是治理国家，侧重于国家层面的治理和管理，而国家的使命在于通过社会所赋予的公共权利，配置社会资源，平衡社会关系，缓和社会矛盾和冲突。所以，治国的根本在于牢固掌握政权，并使其发挥有效作用。政权的巩固和有效性，在很大的程度上取决于民众对政权的认同与拥护的程度，而民众对政权的拥护与认同，则取决于政权能否创造符合民众的根本利益要求。这两个逻辑决定了国家的确立与发展，必然要在两个基础上展开：一是人与社会的发展，二是国家与社会的秩序。这两个方面的基础存在着深刻的辩证和有机的统一。所以我们讲，治国的理念就是坚持以人为本，促进人的全面发展，这既是经济社会发展的目的，也是为了实现人的发展。世界著名学者重视中国古代政府如何管理国家的经验。2007 年诺贝尔经济学奖得主——芝加哥大学的罗杰·迈尔杰说：我有兴趣地了解儒教指导下的中国古代政府是如何运作的。[①] 本章将古今从治国目标、治国理念、治国法则等角度详细探索治国的策略。

一、治国目标

治国目标要以民生为基，以安定为重，以和谐发展为目的；治国的手段要以法治、德治的两种不可或缺的方法来管理国家。法治是安邦、强国之本，德治则是固本兴邦的必然选择。

1. 富国安邦
富国安邦是治国思想的最崇高境界，其他的治国思想都是围绕这个中心从不同的侧

---

① 2009 年 8 月 3 日《文汇报》。

面展开的。战国时的学者荀况认为：君主握有最高权力，但仅凭权力并不能使天下自行安定，必须实行正确的治国之道。有道才能兴邦，无道必然亡国。南宋学者叶适也认为，权势只能强迫人服从于一时，而道义才能令人心服口服。

孔子从仁爱的观点出发，想建立一个和谐的人与人之间互爱的社会，因而主张"克己复礼"，追求"安人、安百姓"，使"老者安之，少者怀之，朋友信之"的这样一个理想社会。孟子把孔子的德治发展成为"仁政"，不但主张要制民之产，使百姓"不饥不寒"，使鳏寡孤独都有所养；还要"以不忍人之心，行不忍人之政"，实行宽柔的政策；还主张与百姓同乐，使百姓的基本生存条件得到保证的同时，还要使他们有精神上的愉悦。他认为，只有百姓不饥不寒，"与民同乐"的社会，才是理想的社会。荀子提倡"王道"，也旨在建立一个有道德的、有法制的理想社会。

法家学派是在"必然之道"原则下建立国富兵强成霸王之业的治国目标。管仲是提出富国强兵目标并予以实施的首位法家人物。管仲在齐推行了国富兵强之政策，即所谓"务本饬末则富"、"选士利器则霸"[1]，亦即经济以农业为本、实战重人重物政策。商鞅提出富国就是要增加农业生产，要增加农业生产就是要人民力于耕，使民乐农而力农，社会贬抑商工。有曰："利出于地，则民尽力，名出于战，则民致死。入使民尽力，则革不荒，出使民致死，则胜敌。胜敌而草不荒，富强之功，可坐而致也。"[2]

2. 安居乐业

富国安邦的微观基础是人民的安居乐业，即富民。我国古代有关"富民"的思想起源很早。早在先秦古籍《尚书》中就有关于"裕民"、"惠民"的记载。这些为周代统治者所大力宣扬的"裕民"、"惠民"政策，就是要求对民众的物质利益给予一定的关心和照顾。

春秋时期孔子提出了个人关于"富民论"的看法，他认为"小人怀土"、"小人怀惠"、"小人喻于利"，是说处于社会下层的黎民百姓是最关心自己利益的，因此他要求统治者应"博施于民而能济众"，给民以实际的经济利益，使民"足食"、"富之"。只有在民"富"、"足"的基础上，才能使民接受统治者的教化，为统治者所驱使。这便是孔子著名的"富而后教"思想。在国家财政方面，孔子反对统治者厚敛于民，认为苛政暴敛只能使民穷财尽，国家财源枯竭，从而最终危及统治者政权本身。有鉴于此，他提出"百姓足，君孰与不足？百姓不足，君孰与足？"的主张，要求统治者节用薄敛，取民有节，以利于民的富足。

孟子不仅率先提出"民贵君轻"之说，而且把富民视为实现治国王天下的一个最基本的条件。在他看来，不仅治国需要富民，而且实现统一天下的王业也需要富民。至于富民的方法，孟子提出"易其田畴，薄其税敛，民可使富也"。即包括发展生产与减轻赋税两个方面。此外，他还提出"泽梁无禁"，主张开放被贵族地主所占领的山泽资源，以有利于民众获取财富。

荀子博取众家之所长，成为先秦诸子中富民思想的集大成者。其富民思想主要体现在他所著的《荀子·富国篇》中。在这篇著作中，他从理论上阐述了富民的必要性和

---

[1]《管子·幼官》。

[2]《商君书·算地》。

富国必先富民的意义，以及富民与富国的关系。他说："仁人在上，百姓贵之如帝，亲之如父母，为之出死断亡而愉者，无他故焉，其所是焉诚美，其所得焉诚大，其所利焉诚多。"就是说，统治者能否得到人民的拥戴，归根到底取决于人民得到实惠的多少。因此，统治者必须"以政裕民"，把富民作为自己的基本国策。另外，他还认为是否实行富民政策，是关系到国家盛衰兴亡的大事。所谓"王者富民，霸者富士，仅存之国富大夫，亡国富筐箧、实府库"。在荀子看来，富士、富大夫、富国库都是不足取的，只有富民才能实现王业。因此，他谆谆告诫统治者，不要与民争利。他说："裕民则民富，民富则田肥以易，田肥以易则出实百倍。"就是说，发展生产的目的是促进民富，而民富的结果，则能促进生产的更大发展，其结果"事成功立，上下俱富"，即在富民的基础上，国家也随之富强起来。从这里可以看出，在富民问题上，荀子坚持富国必先富民，民不富，则国不强；只有将富民与富国有机地结合起来，国家才能富强。这是荀子对儒家富民思想所作的总结性阐述。

3. 社会公正

公正即公平、正义与平等，作为社会道德范畴，其实质是协调社会和社会成员的权益关系，实现权益合理布局及分配．以保障人类的道德延续和推动社会的和谐发展。虽然古代中国社会有着十分明确的阶级划分和严格的等级规定，但是在追求社会公正方面也仍然有所成就，主要表现在古代中国社会保障事业的发展上。

在中国封建社会占统治地位的儒家思想和学说要求统治者要施行"仁政"，要对鳏寡孤独残疾贫病之人予以救助。道教经典《道德经》一书中也有"施恩布德，世代荣昌"、"天道无亲，恒与善人"等劝人为善之言，宣扬人们要想生活美满，长生成仙，必须积德行善；否则，行凶作恶之人不仅自身会有灾祸，而且还会殃及子孙。它劝导富有者要"矜孤恤寡，敬老怀幼"，"济人之急，救人之危"，以此积累功德，祈福求善。这些思想深入民间，广泛流传，对古代民间社会保障事业的兴起产生了巨大影响。

二、治国理念

治国理念作为一个国家管理者基本世界观的具体体现，决定了他们在解决现实世界中各种矛盾、各种问题时所采取的方法和手段。中华民族数千年来虽然经历了无数次的改朝换代和多种外来文化的渗透，创造出了数不胜数的治国良策和丰功伟绩，但就其所遵循的治国理念来看，那些成功的范例无一不深刻地反映出它所赖以生存的华夏文化渊源。

1. 以民为本

"以民为本"乃治国的基础，源于《尚书》所说"民惟邦本"，意思是只有民众才是国家的根本。通常，任何一个治国者上任时都会面临两大难题：一是要处理好人类发展与自然界发展的平衡；二是要使个人、阶层、阶级的发展和人类总体的发展相平衡，尤其是处理好治国者自己和天下百姓的关系。这也是考验治国者工作称职与否的基本标准。儒家提倡仁德，将"仁"的观念与政治实践相结合，就成为以"仁"的精神和思想来治理国家。

孔子主张推行"仁政"，将"仁者爱人"用之于治国，就是要国家的管理者爱民，要以人为先，以民为本。《大戴礼记》中说："孔子侍坐于哀公，哀公曰：敢问人道谁为大？"孔子对曰："人道政为大。古之为政，爱人为大。"

孟子主张"王政"，孟子所谓"王政"与孔子的"仁政"在本质上是一样的。孟子"王政"包括四项政纲：①选贤任能，要选聘德才兼备者组织一个廉洁高效的政府。②妥理财赋，要求统治者管理好国家财政。③施行仁政，即争取民心归附，施行仁政的首要政策是民生政策，以解决人民之衣食住等问题，使一般人民生活有保障，养生丧死无憾；其次则是社会政策，以解决社会上鳏寡孤独者的问题。④教民孝悌，即教化百姓，亲亲、敬长，只要人人能够孝爱双亲，尊敬师长，天下自会太平。通过这四项政纲建立大一统的太平盛世。

孟子认为人君治民之道，首先要推己及人，"老吾老以及人之老；幼吾幼，以及人之幼，天下则运于掌。……故推恩足以保四海，不施恩无以保妻子"。就是要推己及人，由近及远，推恩于他人，亲亲而爱民，使老百姓得到惠泽，则天下归心。其次，乐民之乐，忧民之忧，为政者要与人民群众同甘共务，休戚与共，与人民同乐同忧，"乐民之乐者，民亦乐其乐；忧民之忧者，民亦忧其忧。乐以天下，忧以天下，然而不王者，未之有也"。最后，治田畴，薄税敛，省刑罚，补不足。抓好农业生产，减轻百姓赋税负担，对收成不好，缺衣乏食者要予以补助。仁君治国，以德化为重，德主刑辅，刑罚之用乃不得已而为之。

孟子认为欲得天下，必须得天下之人民；欲得天下之人民，必须得天下人民之心。得天下民心的方法是：多做人民所欲的事，不做人民所不欲的事，要顺乎民意。"得天下有道：得其民，斯得天下矣。得其民有道：得其心，斯得民矣。得其心有道：所欲与之聚之，所恶勿施尔也。"[①]

总之，"以民为本"就是要国家管理者在制定方针政策时，一切要以老百姓的根本利益为出发点，关心人民的疾苦，减轻人民的负担。为老百姓谋福利，为老百姓办实事，与老百姓同甘共苦，同忧同乐，这样才能赢得人民群众的信赖与拥护，正所谓得人心者得天下，民为邦之本，"以民为本"就是要统治者爱民、养民、富民。如此，国家就会兴旺发达，繁荣昌盛。

2. 道法自然

道法自然的思想实际包含着三个层面的意思在内：一是指顺应自然界和人类社会的发展规律，正本清源，按照事物本来的运动发展规律去认识它、把握它、利用它；二是指按照管理活动本身所应该遵循的基本原则和规律办事，比如需要依靠组织结构来完成的任务就不能一个人蛮干；三是指依照人民大众的共同心理，顺势加以引导，使人民群众自觉地服从国家颁布的管理条例与法律。老子认为，"人法地，地法天，天法道，道法自然"[②]，也就是说，道的本性就是自然，一切事物不能违背自然，而要顺应自然。以这种天道自然观来指导治国实践，就是要"无为而治"。

在老子看来，不管是"以德治国"、"以智治国"，还是"以力治国"、"以法治国"皆不能违背人的自然本性。由"无为而治"出发提出"上得无为而无不为"的管理思

①《孟子·离娄上》。
②《道德经》。

想，即要求"体道"、"守道"的上得之人，对黎民百姓的管理应当师法自然之道，既不可违背自然规律而妄为，亦不可离开客观实际而强为，而应以"无为"而达到"无不为"的目的。老子和庄子反复强调，天道自然无为，人道应该遵从天道，顺应自然，实践无为。老子提出"为而不恃"、"为而不争"，庄子提出"功盖天下而似不自己，化贷万物而民弗恃"。老子提倡的"无为而治"并不是无所事事的懒汉似的管理方法，而是一种以最小的领导行为取得最大的管理效果的积极进取的管理方法。

吸收老子无为而治的思想，领导者在行使管理权时，既不能随心所欲地去"妄为"，亦不能脱离实际去"强为"，而要顺其自然，因势利导，严格按照客观规律办事，否则，就会遭到失败。利用规律即是顺应自然，创造良好和谐的环境，轻松愉快的工作，而不能逆自然法则，去创造规律，不要人为地去设置障碍，设置隔阂，对人对事不要有成见，不要居功自傲，不要太重名利，抛弃人为，顺应本性。做到这一点，就容易做到为人民服务，以人民的利益为利益。

在与自然和他人交往中，一个重要的度是不要反自然而为。从老子不争之德出发，从个人修养看，领导干部如能奉行不争之德，做到无名，当他们为国家和人民作出了贡献之后，仍然能在个人生活待遇和名誉地位上严格遵循"分外之物不可取，分内之物不可争"的道德准则，真正做到为国为民而不与人相争。这样既可缓解领导与群众的紧张关系，又可以营造和谐的人际环境，这对于廉政建设具有重大意义。

老子不争之德还包含着以和为贵的取向。与儒家和为贵的思想具有相通之处。现实生活中，充满了个人和个人、集团和集团、社群和社群、阶层和阶层的矛盾、对立和斗争。不争之德作为处理国家管理的一项原则，就是为了使斗争双方不两败俱伤，甚至同归于尽，而是通过互相协调，良性互动，化干戈为玉帛，来保持社会的稳定和发展，为人类和平相处提供了价值依据。

在现实当中，道法自然还要求那些国家和政府的管理者，首先应该加强对客观规律的认识。了解了这些规律，才能辨明自然和社会发展的方向，才不会犯原则性、方向性的错误。其次，作为国家和政府的领导人，还必须通晓处理各种事务的基本程序，也就是说要知道一些管理的基本方法和技巧，否则的话很可能事倍功半，自己还疲于应付。再次，国家和政府的领导人尤其要精通与人打交道的各种方式和方法，因为所有的领导意志最终都是要通过人去完成和实现的。下属工作积极性的高低，多数情况下要受到上级管理方式和方法的影响。其实，这也就是东方管理所以强调"人为为人"理念的重要原因。

3. 德法兼容

东方管理学要求治国者首先要为政以德。孔子认为，只有自己行得正，才能去要求别人；政其实就是正，治国者端正了自己，那么百姓就服从于政令了。所以，即使已经担任要职的管理者，也不能放松对自己的要求，还是要不断地强化道德意识，并不断吸收借鉴新的知识和技能。"以德治国"要求治国者做到以下几点：

（1）克明俊德。出自《尚书·尧典》，意思是说，如果治国者能发扬光大高尚的道德，就可以做到帝王家族和睦，百官职守昭明，万国协调发展，天下民心和善。这一传统治国道德目标，在《礼记·礼运》中被描绘成"大道之行，天下为公"的"大同"世界。为此，孔子要求治国从政者要遵守恭、敬、惠、义等道德准则，即"君子之道四焉：其行己也恭，其事上也敬，其养民也惠，其使民也义"。《左传》甚至提出更鲜明的论断："德，国之基也。"

（2）立身惟正。孔子说："政者，正也。子帅以正，孰敢不正？"韩非则精辟地指出："修身洁白而行公行正，居官无私，人臣之公义也。"陈宏谋编著的《从政遗规》记有："当官之法，唯有三事：曰清，曰慎，曰勤。""为政当以公平正大行之，是非毁誉，皆所不恤。""正以处心，廉以律己，忠以事君，恭以事上，信以接物，宽以待下，敬以处事，居官之七要也。"这都是关于"立身惟正"的具体说明。

（3）明道善策。我国传统德治中很重视行政决策要符合道德要求。因为，"国无政，不用善，则自取谪于日月之灾，故政不可不慎也。务三而已：一曰择人，二曰因民，三曰从时"。《荀子·议兵》认为："隆礼贵义者其国治，简礼贱义者其国乱。"《从政遗规·薛文清公要语》将"明道善策"的内涵概括为三要素，即"养民生，复民性，禁民非，治天下之三要"。

（4）举贤任能。孔子主张"举贤"，他告诫鲁哀公说："举直错诸枉，则民服；举枉错诸直，则民不服。"孟子提出"进贤论"，在他看来，"尊贤使能，俊杰在位"，就可"无敌于天下"。荀子更深刻地指出："法不能独立，类不能自行，得其人则存，失其人则亡。"结论是："贵贤，仁也。"唐太宗李世民晚年总结德治经验，撰写了《帝范》。其中《求贤》篇写道："夫国之匡辅，必有忠良。任使得人，天下自治。""为政之要，惟在得人"。"致安之本，惟在得人。"

（5）教而后刑。中华民族的数千年文明史告诉我们，治理国家时，只有法治与德治相结合，才能赢得民心，保持社会稳定，国家安宁。法治可以让人身服，德治则可以让人心服。高明的政治，总是把两者相结合，使宽猛刚柔配合得恰到好处，从而达到社会治理的目的。秦代以后出现的太平盛世，包括汉代的"文景之治"，唐代的"开元盛世"，清代的"康乾盛世"等，在治国方面无不显示着法治与德治相结合的作用和价值。

我国实行依法治国与以德治国相结合的治国方略是对古今中外治国经验的科学总结，但在本质和内容上不同于过去的模式。社会主义中国实施的是以依法治国为主，以德治国为辅，二者相结合的治国方略。社会主义以德治国把治者与被治者合二为一，强调的是用社会主义的道德治国，是强调培养植根于中华民族五千年的优秀道德传统的基础上，又体现时代特征、融传统美德与现代美德为一体的现代道德，是建立在全体人民普遍认同和自觉遵守基础上的社会主义道德体系。社会主义中国实施依法治国与以德治国相结合的治国方略，既可以保证我国社会稳定和健康发展，也能更好地促进我国有中国特色社会主义事业的顺利进行。

三、治国法则

所谓治国法则就是指在具体管理国家事务的过程中所遵循的基本原则和基本方法。

1. 强根固本

作为民众意愿代表的国家管理者，首要的任务就是解放和发展生产力，解决关系国计民生的重大矛盾，为经济的腾飞打基础、创造条件。

古人云："民以食为天。"国家和政府的管理者首先要把人民大众的温饱问题，当做头等大事来抓。尤其是在我们这样一个相对还不发达、处于由农业化向工业化社会转型的国家，解决十几亿人口的吃饭问题，一直是任何一届政府都无法回避的重中之重。《尚书·洪范》中提出的"八政"之首便是粮食，可见其重要程度。

教育是强国的另一根本。"衣食足"只是保证了民众物质需要的满足，而人对于信仰和终极关怀的探求，则需要发展各种教育来满足。通常人们在财富积累到一定程度，就会产生懈怠情绪。而教育则能够帮助人们培养忧患意识，使之养成艰苦奋斗的习惯。

"忧患意识"要求明智的管理者随时提高警惕，善于发现并堵塞任何可能引发"大堤"崩溃的"蚁穴"。所以，"君子安而不忘危，存而不忘亡，治而不忘乱，是以身安而国家可保也"①。国内动荡发生的根源，大多数政治家、思想家都认为与当权者没有处理好他们和百姓的关系有关，这其中包括国内各民族之间的关系。除了国家内部可能发生的动荡以外，国家的管理者还必须时刻警惕外来势力的渗透和入侵。虽然立国不应该以穷兵黩武为本，但强兵卫国的意识不可丝毫放松，即使在和平年代也应如此。

强根固本要求治国者掌握一系列的治国技巧。在管理职能上，强调领导、决策、计划、控制等方面的技巧。比如对领导技巧的重视上，中国西汉盛世的产生就是作为治国者的汉武帝雄才大略充分实施的结果。在文化上，汉武帝采取"罢黜百家，独尊儒术"统一了思想；在经济上，采取盐铁专卖的政策，奠定了雄厚的经济基础；在军事上，三征匈奴，稳定了边防。这些都充分显示了领导技巧的重要性。在微观管理上，注重谋略、公关、选才、用才、修己、奖罚、沟通等技巧。例如，在战国时，秦强而六国弱，秦有并吞天下之心，六国在抵抗秦国进攻方面有着共同的利益。在这样的历史背景下，苏秦提出了"合纵六国，以慑强秦"的策略，这在当时保全六国利益上取得了很大成效，抑制了秦平定天下的进程，这就是治国谋略技巧的成功应用。

2. 保民而王

中国两千年以前就有"治国保民"的思想。所谓"保民"思想指统治者在治理国家、管理民众时要能够体察民众的疾苦，要能够爱护、保养民众。它主要源于《尚书·康诰》中记载的周朝的开国统治者尤其是周公姬旦等人提出的"用保乂民"、"用康保民"的思想。周公特别强调统治者首先必须要有一颗关心体察民众的心，要求统治能够做到"恫瘝乃身，敬哉"，即要求统治者必须做到设身处地，把民众的苦痛当成自己的苦痛一样来加以体谅；要能够"知稼穑之艰难"、"知小人之依"，这里的"小人之依"用我们现代的话讲就是黎民百姓的疾苦艰难。在体谅和了解了百姓的疾苦艰难的基础上，统治者才能真正做到"怀保小民、惠鲜鳏寡"。周王朝的统治者为了能够做到保养民众，尤其是保障鳏寡老幼等弱势人群的生活，主要采取了以下六项政策措施："一曰慈幼，二曰养老，三曰赈穷，四曰恤贫，五曰宽疾，六曰安富。"

中国传统"保民"思想特别强调统治者必须能够体恤民众、保养民众，尤其是要能够为那些缺乏劳动能力的人提供基本的生活保障，并以此作为一个王朝兴衰的关键。孟子把施行仁政提到极端重要的地位，认为"三代之得天下也以仁，其失天下也，以不仁。国之所以废兴存亡者亦然"。管仲提出"兴德六策"和"九惠之教"，即"养长

---

① 《周易·系辞下》。

老，慈孤幼，恤鳏（鳏）寡，问疾病，吊祸丧"、"衣冻寒，食饥渴，匡贫窭，振罢露，资乏绝"，"人国，四旬五行九惠之教：一曰老老，二曰慈幼，三曰恤孤，四曰养疾，五曰合独，六曰问疾，七曰通穷，八曰振困，九曰接绝"。

历史的实践证明，每当王朝的统治者积极采取保障民众基本生活的措施时，总能保持当时社会局势的稳定，为王朝的繁荣奠定基础。

3. 集分适当

中国在战国时期初步形成封建君主专制的中央集权制，以商鞅变法为代表的一系列变法行动，使其初步形成。秦汉时期进一步确立和巩固，推行郡县制、车同轨、书同文，西汉推行"推恩令"、实行严密的监察制度，巩固了中央集权，实现了专制主义的决策方式和中央集权政治制度的有机结合。自秦汉之后，历朝历代都按韩非子的"事在四方，要在中央"的原则设立政权机构，大多数政治家、思想家都拥护中央集权。隋文帝综合汉魏以来的官制，在中央确立了三省六部制，唐太宗时进一步明确划分三省职权、分工合作，相互监督，使封建官僚机构形成完整严密的体系。宋元时期中央集权的强化。宋太祖以"强干弱枝，内外相制"为宗旨，全面实行分权制，强化相互牵制，军权、行政权和司法权收归了中央。但是，以分权达到过分集权也给北宋种下了积贫积弱的祸根。但是，北宋灭亡后，过度强化中央集权的弊病，引起了一些有识之士的注意。北宋王朝虽然通过"尽收权柄，一总事权"，大大削弱了地方割据势力的影响，但也造成了严重的后遗症。靖康之变金兵突破边防后，各州县几乎没有抵抗能力，继而汴京告破，两帝被掳，北宋灭亡。元朝大一统局面形成后，元世祖实行行省制度，有效地统治了空前辽阔的疆域，使中央集权制有了新的发展。明初废丞相，设三司，置五军都督府，实行特务制度，都是为了强化君权，清朝沿用明制，增设军机处，使议政王大臣会议名存实亡，标志着我国封建君主专制主义中央集权制度发展到顶峰。

用现代的话说，集分适当就是指要处理好中央和地方的关系。就经济管理来说，集分适当就是强调"农商并重、集权分权、政体改革、战略、国家交往、集贤用贤、德成并重"。

4. 开放创新

创新的本质，借用中国传统哲学中的一个范畴来说就是"生"。《周易·系辞下》云："天地之大德曰生。"而人类是靠自己的创新能力自立于天地之间，最有意义的人生莫过于不断创新的人生。所谓"生"，乃是说"世界"并非本来如此，亦非一直如此，而是生生不息、日新而月异。所谓"创新"，更具体地说，就是"无中生有"——从被抛弃、被忽略、被认为是"不可能"、"不必要"的"空白处"生出"有"来，独辟蹊径，别开生面，化腐朽为神奇。"无中生有"的前提是"有中生无"——超越已有的成果，不为权威的结论所束缚，不被流行的观点所湮没，不因眼前的困难而退缩。所以，我们也可以说，创新的本质就是"有无相生"。

自古以来，中国就是一个统一的大国，周边都是相对弱小的国家，因此，元朝以后的治国者考虑如何安抚往往要多于如何竞争，以致日益愚昧落后，最后国破受辱。历史证明，闭关锁国的政策祸国殃民，贻害无穷。其实，中国并非自古以来就夜郎自大，而且还曾经因为不断吸收借鉴外来文明优秀的东西，丰富和发展了华夏文明，创造了东方世界的辉煌。熟悉中国历史的人们都会发现，正是开放贸易和不断地向外来文明学习和借鉴，才支撑了华夏文明几千年源远流长的发展。正因如此，中国在"文化大革命"之后，迅速地推行改革开放政策，也才使得经济飞速发展有了坚实的政策保障。

第二节　治生——经营管理

治生，是经营家业，谋生计的意思。东方管理的治生论，是以"德本财末"道德观和"诚、信、义、仁"伦理思想为哲学核心，并以"积著之理"为中心，依循所发现的客观经济规律，以及由此所发展出来的预测、战略计划、市场营销、人事管理和质量管理等方面的方法和技巧。本节将重点讨论治生理念、治生策略以及治生行为。

一、治生理念

治生理念，主要反映东方管理文化中的生产经营管理思想与治生伦理。

1. 勤俭致富

《尔雅·释诂》云："勤，劳也。"可见，勤与劳两个字在中国古代的实际意思是相通的。勤劳观念在中国古代文献中出现得较早。《尚书》就有"惟德之勤"、"克勤于邦"、"与民用勤"、"勤思劳体"等说法。中华民族素以"刻苦耐劳著称于世"。刻苦耐劳，正是勤劳的另一种表述而已。

综观中国古代关于勤劳的论述，其具体含义可概括为：

（1）民生在勤。《左传·宣公十二年》载："民生在勤，勤则不匮，是勤可以免饥寒也。"古人认为，人类要发展，就必须勤劳。战国时代，诸子百家之一的农家提出，人人都应参加劳动，靠自己的辛勤耕耘求生存求发展。墨子更是大力倡导勤劳的美德，他说："赖其力者生，不赖其力者不生。"这一句名言，鲜明地表达了自食其力的观点，强调了人的生存发展都要靠自己的辛勤劳作。

（2）吃苦耐劳。这是勤劳的具体表现。勤与劳相通，而在一定意义上，劳与苦相连。只有真正经受得住吃大苦、耐大劳考验的人，才算得上具有勤劳美德的人。

（3）自强不息。勤劳美德的动因是自强不息。自强不息是进德、修业、立人之本。《周易·乾文言》有句名言："天行健，君子以自强不息。"

中国传统道德不但重视勤劳，而且重视节俭。勤与俭是一个事物的两个方面，互为表里，相辅相成。勤的本质在于勤奋努力，艰苦劳动；俭的本质在于对劳动者的尊重，对资源和劳动成果的珍惜，对物用的精打细算。勤因俭而贵，俭因勤而诚。假若只勤不俭，就像漏器盛水，即使创造再多的财富，也难免终将一空；假若只俭不勤，就像流水断源，没有活水源头，最终也免不了干涸。综观华商的家庭出身，多半是生活窘迫的农民和小商人等下层劳动者。正是因为他们生活无着，所以才能抱着"白手起家"的志向，前往海外，开始充满荆棘的异国生涯。然而，他们两手空空，再加上人地生疏，因此，很难找到一份合适的工作。为了生存下来，他们首先干体力劳动，这就是华商三步曲的第一步。接下去，他们勒紧裤腰带存钱，只要有一点小资本，就开始做小本生意，这是华商三步曲的第二步。第三步，扩大经营，力求发展，也就是在事业有一定起色后，或开分店，以求遍地开花；或进行多种经营，达到规避风险。大多数华商就是这样过来的。因此，"足下生财"生动地说明了华商的成功是靠自己的勤劳、靠自己的血汗才换来的。

2. 以义取利

在道德观影响下所形成的东方管理治生伦理，可以概括为四个字，即"诚、信、义、仁"。诚，就是诚实经营；信，就是讲求信誉；义，就是以义为利，不违法乱纪；仁，就是有仁爱之心。

商业信誉在东方治生实践中，一直被视为企业安身立命的根本，在明清时中国的一些地方，维护自己的商业信誉甚至被作为家规来执行。徽商吴南坡说："人宁贸诈，吾宁贸信，终不以五尺童子而饰价为欺"。"久之，四方争趣坡公。每入市，视封识为坡公氏字，辄持去，不视精恶长短。"① 也就是说，人们一看商品上的封条是吴南坡的字号，根本就不用看质量，绝对可以信赖。

治生还应该靠正当的手段，不乘人之危而牟利。清朝道光年间商人舒遵刚说，钱财就像是流动的泉水，靠欺诈致富，就好比自己堵塞了源头；而奢侈和吝啬都会使泉水枯竭。应该像圣人说的那样，正当致富，乐善好施，才是发财的正道。

被誉为"日本企业之父"的涩泽荣一，对此有深刻的体会，并因此创建了"《论语》加算盘"的企业经营模式。在他看来，如果企业家的素质太差，尤其是思想道德素质跟不上，"徒然成为利益的饿鬼"，"一心倾向一时之利而行"，则必将影响企业的发展。所以，企业家首先要端正义利、仁富的关系。其次，企业家还应摆正个人与社会、国家及民族的关系。他认为正确的经营理念应以谋求国家多数人致富为根本目的。

东方管理的治生也很讲求仁爱，想人之所想，急人之所急，扶危济困，周恤乡里，尽力而为，不计名利。儒家把握"仁"思想的核心。仁德与现代企业管理相结合就是要以人为本，关心人、爱护人、尊重人、理解人，在企业内部，领导者要以仁爱之心关心员工，爱护员工；对于顾客，企业要不断推出货真价实，物美价廉的优质产品和服务，这就是"仁"的体现，而那些生产假冒伪劣产品、坑害顾客的不法奸商就是非常不仁；对于社会，企业要讲社会公德，要遵纪守法。要承担相应的社会责任，在谋取利润的同时，不损害社会公益。

总之，儒家仁德思想是许多优秀企业和企业家的道德追求和价值追求，一家成功企业最终应使股东、顾客、员工、社会四满意。

3. 崇尚规律

在树立了正确的治生理念之后，治生之道其实不过是趋利避害，贱买贵卖那样简单。但是，贱买贵卖，并非人人都能做到，原因是要把握好一些经济规律，例如经济周期规律，商品价格取决于市场供求关系的规律，"务完物无息币"的规律等。

二、治生策略

治生策略，是指生产经营管理实践中的原则。

---

① 《明清徽商资料选编》，第279页。

1. 把握市场

治生的目的，就是为了盈利赚钱。因此，贱买贵卖成为治生活动的基本宗旨。要完成这个目标，就要掌握"与时逐"的原则。这里的"时"就是市场行情变化的趋势和规律性，所以，经营者应该认识并利用这些趋势和规律，"乐观时变"，把握贱买贵卖的最佳时机，才能盈利赚钱。

当某种商品在市场上供不应求，价格看涨时，因其畅销，容易获利，商人往往争相购存，而不愿轻易售出。然而，根据"贵上极则反贱"的规律，这种热门货价格高而且持续上涨的情况不会持久，必定会因供过于求而成为价格猛跌的冷门货。所以，"人弃我取，人取我与"原则，要求不去与人争购某种热门货，却去购存那些暂被冷落、价格较低的商品，储今日之饶，以待他时之乏。这其实反映了一种朴素的博弈思想，而这种思想在中国古代并不少见。

同时，如果知道了阴阳相生、物极必反的道理，当别人不收购时，以高出他人的价格收购，这就是"予"人（农民）以"惠"。这样做实际上是将市场上大量的粮食据为己有，取得了今后经营的主动权。而且掌握货源多，从丰歉差价中得利也就多，"予"就变成了"取"。当消费者需要粮食时，就可以以公道的价格出售，这又是"予"人以"惠"，但此时的价格与丰年的收购价有价差，即便"予人之惠"，仍可取得相当高的利润，"予"又转为了"取"。

2. 成本控制

经商应该长短结合，当前和未来结合，加强储备与加速周转相结合。只有薄利才可多销；只有加快商品资金的周转速度，方能最终厚得。古人经营的秘诀之一，也就是要货币不停地流转起来。

中国历史上有"治生祖"美誉的白圭，对自己的生活要求严格，却厚待手下众人。他节约个人消费是为了把财富尽量转化为商业资本，以获取更多的盈利；他待手下众人宽厚，以促使他们心甘情愿地为他的经营活动效力。

刘晏是中国封建时代的杰出理财家。他在改革漕粮转运的措施中，改陆运为水运，在改为水运的同时，又改直运为分段运。根据淮河以南水道、汴河、黄河、渭河，即江、汴、河、渭四段水力不同，先濬河道，各随便宜造船，以适应水力。以往由关东运粮到长安，采用陆运，运输迟缓，损耗浪费严重，改为水运既提高转运速度，又降低转运成本。

3. 质量管理

古语云："上种长石。"就是要精心挑选良种供应农家，以增加谷物收成。推而广之，也就是要求对产品的投入物质量进行严格的控制。在经营过程中，质量管理往往是和诚信结合在一起的。他们充分认识到，商业盈利靠商品的质量和服务态度来取得，永保信誉，才能成功。因此销售商品，绝不缺斤短两，货真价实，童叟无欺。如发现货质低劣，宁肯赔钱，也绝不抛售。

4. 开拓创新

中国古代商人在经商过程中，不乏开拓创新精神。以晋商为例，晋商的繁盛发展时期跨越明清两代，历时五百余年。如果首尾相衔，将其创业期和收缩期加在一起计算，大约有八百年。晋商的兴旺，是与晋商所富有的开拓创新精神和科学的管理分不开的。

晋商在发展过程中，既无外国的榜样可学，又无传统的模式可袭，全靠在实践中摸索、探求、开拓，在实践中建立并不断完善和发展全新的管理体制、管理机制与管理方法。其中，颇不乏匠心独运的创造。

如首创人身股制度，这实际上是中国式的股份制的雏形，特别是以劳力入股，将劳力与融资和设备置于同等地位，参与入股和分红，这在世界范围内也是独一无二的。它充分说明晋商对人的因素，特别是对人的内在积极性的调动和主观能动性的激发的高度重视。在商号或票号中，财东可以入资本股，总经理及其属下的所有管理人员和经营人员则可以入劳力股。大家都是企业的主人公和参与者，企业的兴衰与每一个员工都息息相关，从而把人与企业捆成了一个整体，极有利于调动大家的责任心和积极性。至于每个人的具体股份份额，则是严格按照每个人的职务、责任、资历、能力、德操、贡献等具体情况进行评定和实施的。又如酌盈济虚、抽疲转快在票号经营中的作用，也是一个特殊的创造。通过这种管理方法，可以极有效地平衡和调剂各地票号之间资金的互通有无，既保证了融资可以发挥最大的经济效益，又提高了各个票号的兑取信用；既支持和保证了经济发展对融资的实际需要，又开拓和激励了各个票号自身融资业务的发展。再如票号主动开辟新业务，资助寒儒塞士应考入仕；商号克服地缘劣势，主动与沿边、沿海、沿江的企业集团合作，从而实现借脚走路、借船出海的开放式发展战略；无论商号和票号都广设分店、分号，使商业和金融的血脉不仅遍布各地，而且流通自如，等等。晋商在其创造性的经营与大步幅的发展过程中，勇于开拓和严于管理不仅贯彻始终，而且二者也始终是一体化的。

三、治生行为

治生行为，是指从事生产经营管理的人所应具备的行为素质和技巧。

（一）预测决策

首先，预测行情。找到了市场行情变化的规律后，经营者便应该密切注意市场行情的细微变化，把握有关信息，准确地加以预测，提前做好准备，方能出奇制胜，收到奇效。

陶朱公根据自己多年对气候变化和农业生产的关系的观察，曾提出过一套预测农业收成丰歉的办法。他认为，木星运行到"金"的方位，这是大丰收年；运行到"水"的方位，这年庄稼会被毁掉；运行到"木"的方位，这年会小丰收；运行到"火"的方位，这年将发生旱灾。他还提出"旱则资舟，水则资车"，就是要求经营者根据经济发展运动的规律进行预测，以便通过事先囤积商品、经营商业而获利。从市场供求关系规律来看，市场不论其大小，商品的供给有余有缺，供过于求，商品会跌价，供不应求，商品会涨价。

其次，战略计划。制定战略计划的目的，不仅可以为经营者指明行动方向，而且还可以为控制设立相应的标准。《孙子兵法》总结了中国古代军事战略的智慧，包含了对主观与客观、知己与知彼、物质与精神、局部与全局以及当前与长远等诸多矛盾关系的正确认识。按照"商场如战场"的认识，东方管理治生理论借用了许多《孙子兵法》

的战略思想，从而使自己的理论体系丰富了许多。

再次，互通商情。我国十大商帮之一的晋商，便采取总号分号的经营方式，一般是五天一信、三日一函，互通各地商情，从而在长途贩运中收益甚丰。如晋商曹某在沈阳的富生俊商号，一次获悉当地因虫灾高粱减产后，大量收购包括陈粮在内的粮食，结果囤积至秋季粮价暴涨时卖出，大获其利。

（二）组织用人

1. 识人

白圭在总结自己的治生经验教训的基础上，创立"治生之学"并设学授徒。他经营商业，就像伊尹、吕尚运用计谋，孙吴用兵打仗，商鞅推行变法一样。如果一个人没有随机应变的才智，没有决断事物的勇敢，没有有取有予的仁爱，没有坚强守业的毅力，想要学习本事，也是无法同他讲的。所以，在白圭看来，欲成为一个精明强干的经营者，应当具备以下几个基本条件：

（1）智足以权变。要在经营中"乐观时变"，就要善于从多方面预测行情的变化，准确地实施"人弃我取，人取我与"原则，经营策略应有灵活性。

（2）勇足以决断。在看准行情后，必须及时决策，当机立断，要像猛兽凶禽扑食一样毫不犹豫，不失时机地抓住有利行情来达到自己的目标。

（3）仁能以取予。要舍得付出本钱，花费代价，明白后取必得先予、以予为取的"取予之道"。这就要求经营者一要具备取予适度的仁德；二要放下主人的架子，与作为助手的下属同甘共苦。应该说，只要经营管理者能够始终保持一颗仁爱之心，就不难体会中国古代经商者，经过多年经验的积累总结出来的"和气生财"所蕴含的深刻丰富的哲理。

（4）强能有所守。为了实现自己的经营目的，能百折不挠地干下去，既不为小利所动，也不因一时的挫折和于己不利的行情变化而心灰意冷，甚至惊慌失措。要耐心等待，力戒轻举妄动。

2. 用人

（1）劳动分工。我国最早有文字记载的、详尽的劳动生产分工的实践，是在《周礼》中。到春秋时代的管仲，则进一步主张以士、农、工、商四大类来划分全国居民，使其分业定居，终身从事一业，子孙世代相传，既便于管理，又有利于劳动技艺的提高。《淮南子·齐俗训》中也有"是故农与农言力，士与士言行，工与工言巧，商与商言数。是以士无遗行，农无废功，工无苦（粗劣）事，商无折货，各安其性，不得相干"的类似说法。这要比亚当·斯密的《国富论》早近两千年。

（2）尊重人的需要和欲望。商鞅认为，从历史上来看，人民愚昧，用智慧便可以统一天下；民智开通以后，就得用强制力来统一天下了。时至今日，民智普遍提高，人的本性也得到充分发展，饿了就要求饮食，累了就要求休息，艰苦了就要求安乐，地位低了就要求尊荣；在长短的量度中知道取长舍短，在轻重的称量里知道要重的不要轻的，而在利害的权衡中晓得求利而拒害，这也已成为当代人们的本性。虽然其中有些观点值得批判，但商鞅对于人性特点的描述对于经营者却极有帮助。这种思想与马斯洛的需求层次理论很有些相像，但却比后者早了几千年。

3. 待人

明清时的商人总结前人的经营之道，还特地为雇工订立了许多规矩。比如，顾客进店时，店员"必须挺身站立，礼貌端庄"，并和颜悦色地与顾客打招呼。洽谈生意要"谦恭逊让"，"出口要沉重有斤两"，要"如春天气象，惠风和畅，花鸟怡人"，做到"人无笑脸休开店"。做生意时，"须要花苗，言如胶漆，口甜似蜜，还要带三分奉承，彼反觉亲热，买卖相信。如最相熟者，还可说两句迎话，多大生意，无不妥矣"。顾客如果杀价低于成本，"必须笑容相待，推之以理，详之以情"，不可"浮草大意，回他去了"。"不论贫富奴隶，要一样应酬，不可藐视于人。只要有钱问我买货，就是乞丐、花子，都可交接"，接洽生意，"虽要言谈，却不要太多，令人犯厌，须说得得当，你若多言，不在理路上，人反疑你是个骗子"。相反，"三言两语，将几句呆话说完，及至结局，没得对答"，人家以为你不耐烦，生意肯定做不成①。以如此细致的店规，说东方管理治生理论过于空泛，恐怕是站不住脚的。

（三）关系营销

古人常说："酒香不怕巷子深。"这在强调了产品质量过硬，以诚实经营赢得顾客外，忽视了广告宣传的效应，实际是非常保守的小农经营思想。中国古代的经营者其实一直有注重广告宣传的传统。据《战国策·燕策二》记载，苏秦曾讲述一个马贩子的故事。这个人一连在市场上站了三个早晨，也没有人来过问他的骏马，于是他求助于伯乐，说："我有一匹骏马，想卖掉它，接连三个早晨立在市场上，没有人同我搭话，希望您绕着马看一看，离开后再回头看一看，请允许我给您一个早晨的费用。"伯乐于是就绕着马看了看，离开后又回头看了看，一个早晨马价竟上涨了十倍。现今流行的利用名人效应做广告，可谓与此同出一辙。

在现代市场经济社会中，企业的生存和发展完全依赖于市场，企业的存亡兴衰是由顾客决定的。顾客是企业的衣食父母，企业把顾客置于最重要的位置，将顾客比喻为上帝。企业需要不断地为顾客提供物美价廉的产品和优质满意的服务，从而获得合理利润，促进自身的发展，同时也推动经济繁荣，社会进步。

企业要想在市场中取胜，就需要时时刻刻以仁德之心来对待消费者，要处处为顾客着想，处处为顾客提供方便，要以真诚的态度，货真价实的产品和优质完善的服务，赢得顾客的信任、满意和放心，要为顾客创造价值。而所有这一切自始至终都是围绕着一个"仁"字，都不能离开这个"仁"字。就是要以仁德之心对待顾客，要与顾客将心比心。只有这样，一个企业的发展才不会偏离正确方向。

一个成功的企业在最大限度地追求利润和股东利益的同时，还要承担社会责任，兼顾商业道德，社会公德，使公司自身的发展与顾客价值、员工价值、社会价值相统一。要做到义利合一，当我们谈到经济利益时，不要忘记职业道德和社会公德。要见利思义，道德与经济利益兼顾，而绝不能唯利是图，见利忘义，这样就不会偏离企业的根本宗旨和正确方向。

---

① 田兆元、田亮：《商贾史》，上海文艺出版社1997年版。

第三节　治家——家庭管理

治家作为一项管理活动，主体是人，客体是家。"修身、齐家、治国、平天下"为儒家的精华所在。如果说"治国平天下"是多数人事业发展达不到的层次，那么"修身"（个人素质培养）和"齐家"（家庭事务管理）则是每一个人都无法回避的问题。本节将重点探讨治家理念、家风建设和家业管理三部分内容。

一、治家理念

著名学者梁启超在《中国道德之大原》一文中指出，中国人从来不把自己当做孤立存在的自我，而是把自己当做家族血脉承续和国家兴衰的一分子，从家族这个原点出发，道德就不再仅仅是自我的修养，而是强调自己对于他人的责任。因此，中国人的道德系统是植根于个人对家庭和社会承担的责任，是贯穿过去、现在和将来的历史性的价值系统。[①] 概括梁启超的观点，也认为家庭管理不仅仅是一家一户的事，还关系到个人发展和国家兴亡，这是千百年来形成的国民品性所决定的，这正是东方治家思想的价值所在。

（一）家庭和家族的内涵

1. 家与家庭的内涵

所谓"家"的意义在汉语里也是非常复杂的。"家"这个字，在古老的中国象形文字里，是在一个大屋顶底下，笼罩着一头猪，指有共同的经济生活——养猪——的人们所共同居住的处所，因此"家"的最基本意义是"居所"，在此基础上产生了家庭和家族的意义。家庭是以婚姻和血缘关系为基础的社会单位，成员包括父母、配偶、子女等；在中国的奴隶社会，"家"专指卿大夫的采地食邑，那时"家住"、"家事"都是特指的，后来这一意义才逐渐淡化。在中国漫长的封建社会，以国为家、"家天下"的儒家"家国伦理"思想一直居于统治地位，"家天下"语本《礼记·礼运》，"今大道既隐，天下为家"，即帝王把国家当做自己一家的私产，世代相传。因此，在中国的文化背景下，"家"不仅有地理、物理的形态和社会文化意义，政治色彩或政治意义也非常强。当然，这并不是说中国的"家"没有经济意义，"治家"最初的含义就是持家、管理家庭生计的意思，而且对于操持某一特定行业的人或家庭，在汉语中也都冠以"家"的称谓，如渔家、酒家、店家等，即使对于不从事经营、仅仅自给自足的普通农户，家庭也是最基本的经济单位。这一切特征都反映在治家的理念与方法之中。

2. 家族与家族制度

在"小家"之上，还有家族的概念。家族则是家庭外延的扩张，是指以血统关系

---

①《国性与民德——梁启超文选》，上海远东出版社 1995 年版。

为基础而结成的社会单位，包括同一血统的几辈人。家族制度是指生产资料为家庭所有，法律、礼教以保护家庭为基础，一切由家长支配的制度。中国的绝大多数地区远离海洋，气候湿润而水土肥美，于是，经营农业成为社会基本的、首要的经济生产内容。在同一块土地上，世代繁衍，家庭规模便可能愈来愈巨大。在中国古代相当长一段时间里，理想的家庭是那种人丁兴旺、多代同堂的大家庭，曹雪芹在《红楼梦》里描述的宁国府、荣国府这个贵族之家，就是一个最典型的传统大家庭。

3. 现代家庭的模式

家庭作为一种社会经济细胞，曾经历过漫长的历时演化过程。现代家庭产生的基础是婚姻，按现代人的理解只有个体婚才是合法规范的婚姻。但其实在个体婚以前，婚姻的形态经历了血亲杂交、血缘婚姻、亚血缘婚姻、对偶婚姻等多种流变。比婚姻关系更早被明确的是血缘关系。自远古以来，人类便有深刻的血缘意识。人类起先用自己的记忆力，尔后又用文字的形式记录着血缘关系。最先被明确的是母子关系，其次是兄弟姐妹关系和舅甥关系。所以《吕氏春秋》中说："太古尝无君矣，其民众而群处，知母而不知父。"然后才是现在非常重要的父子关系。

现代社会，夫妻式家庭是最普遍的家庭模式。夫妇式家庭的感情色彩浓厚，这类家庭是建立在相互吸引和爱慕的基础上的。它由较少的人所组成，相互间的联系密切。就扩大家庭而言，家庭成员之间的感情联系分散，也不那么强烈。由于社会习俗阻挠个人在其他地方得到安慰，因此，夫妇式家庭就是更加强调深厚的感情。这种感情色彩使得夫妇式家庭既亲密又脆弱。如果夫妻任何一方从家中得不到爱和安慰，那么双方也就很难继续相处。因此，在夫妇式家庭制度下，离婚率往往较高。

（二）道德教化

儒家将孝德作为家庭道德教化的出发点，《孝经》讲："夫孝德之本也，教之所由生也。"《孝经》在"民莫遗其亲"的亲情之中，教化人们"敬让不争"，"好恶知禁"，"谨身节用"。同时，《孝经》把这种孝道推广到国家的管理、治理方面，以尊君、忠君为天经地义，从而达到"以孝终天下"的目的。这种宣扬"孝"和"忠"的说教和思想，逐渐发展成为所谓的"名教"，维护着千百年中国社会的统治秩序。建立在血亲基础上的中国古代家庭，就这样奠定了以"孝"为本的道德教化，其家庭管理、教育等内部秩序都是围绕这一点展开的。

众所周知，古代中国是一个家族社会，尤其在社会中上层，家族规模庞大，且几代聚居，人际关系复杂，对家庭管理提出了很高的要求。在这种背景下，道德教化的意义格外明显。《红楼梦》中的王熙凤就是大家族管理的典型代表人物。在小说十三回到十五回中，王熙凤受托主持宁国府家务，并操办秦可卿的葬礼。为改变宁国府疲软散漫的无序状况，她采取了类似泰罗管理模式的方法，具体措施有：①管——"依着我行"、"点卯理事"；②卡——"俱有钟表"、"领牌回事"；③压——"乱了算账"、"王法正治"；④罚——"少了分赔"、"扣发月钱"；⑤打——"清白处置"、"二十大板"。在此后的情节中，这些管理措施变本加厉为：⑥诈——"挪用月钱"、"敲诈掠索"；

⑦抢——"明抢暗偷"、"贪财如命";⑧杀——"白刀进去","红刀出来"。① 事实证明,她的这些做法短期内见效显著,但完全忽略了道德教化的基本理念,不符合中国传统文化对家庭管理的要求,长期下来,虽然管理者苦心经营,但树敌太多,积怨太深,也无法挽回家族的败落,还背负了败家的罪名。

(三) 和睦为本

和睦幸福首先表现在家庭内部关系的协调和稳固。亲子之间的规范的基本内容是"孝"、"慈"。"孝"是就子女而言,"慈"是就父母而言。尊老爱幼是其核心思想,也是家庭管理的核心内容。子女尊敬父母长辈,满足他们合理的物质精神需求,父母既要供给幼子以衣食,更重要的是教育他们如何做人,成为有道德的人。"慈"、"孝"这一传统家庭管理理论对现代家庭来讲仍有一定的指导意义。

"和睦为本"同时也强调小家庭以外邻里亲属之间的和睦相处。六亲和睦的家庭管理理念,是家庭幸福美满的基础,要做到家庭成员和邻里之间和睦相处,必须做到互相谦让,互敬互爱,这也是中国传统文化"和为贵"思想的体现。就现代家庭而言,平等观念之上的和睦相处也是家庭邻里幸福的必要前提。前述所讲到的王熙凤治家失败的另一个原因,就是因为她没有认识到家庭管理目标的特殊性,背离了"和睦为本"的理念。

二、家业管理

虽然中国的治家思想和方法侧重于道德教化,但也并不排除家庭经济管理。汉语中,"治家"的提法最早见于《韩非子·解老》,其中说道:"治家,无用之物不能动其计,则资有余。"在这句话里,"治家"显然就是持家理财的意思。任何一个家庭,若要存在和繁衍、发展下去,必须对家业进行正确的经营管理,只有家业兴旺,家庭和睦的管理目标才能够有坚实的物质基础。

(一) 科学计划

计划是一种重要的管理职能,组织中的各项活动几乎都离不开计划,计划工作的质量也集中体现了组织管理水平的高低,这一规律对家业管理也适用。家庭计划贯穿在家庭生活的各个方面,直接影响到家庭的管理和正常秩序,对家庭稳定影响极大。

首先,强调家庭计划的目标性。家庭计划要以家庭的道德提高和稳定和睦为主要目标,中国俗语中的"家和万事兴"就是这个道理。因此,虽然家业管理主要是经济管理,但务必坚持"以人为本"。

其次,强调家庭计划的经济性原则,家庭计划注重财富的积累,勤俭节约,精打细算,既体现了家庭消费的现象,同时也是日常家庭计划的一个主要方面。

最后,强调家庭计划"远"、"近"结合,长期目标与近期计划紧密结合。中国战

---

① 苏东水:《〈红楼梦〉中的经济管理思想研究》讲义手稿。

国时期秦国商人吕不韦"奇货可居"的事例，既反映了长期计划与短期计划在政治方面的灵活运用，也可反映在以家庭为基本生产单位为主的经济生活之中。在家庭计划中注意将节用与积蓄联系起来，强调丰收年不能忘记灾害年，时刻提防突如其来的灾祸发生。"未雨绸缪"便是这个道理。

（二）勤俭持家

勤、俭是家业管理的两项基本要求。中国古人将"勤俭"二字视为"治生之道"，为"发家致富之本"，而懒惰与奢侈浪费则是败家祸国之首。勤俭持家，既是中华民族的优良传统，也是当前建设和谐社会所倡导的家庭美德的重要内容。

勤指勤快，要勤于劳动，反对懒惰。《朱子治家格言》第一句就是"黎明即起，洒扫庭除"。只有做到"勤"，才能增加家庭收入，有道是"民生在勤，勤到不匮"。俭指节俭，要生活俭朴，反对奢侈浪费。在现实生活中，就是要合理消费。在家庭消费中，量入而出，合理消费，无论从家庭的总支出，还是家庭成员的个人消费，以及家庭的日常消费和特殊消费，都有详细而深刻的认识。朱柏庐的"宜未雨而绸缪，毋临渴而掘井"[1] 说的就是消费中的有效安排和计划性。曾国藩在写给兄弟的家书中也特别嘱咐："尔辈以后居家，需学陆梭山之法，每月用银若干两，限一成数，另封秤出。本月用毕，只准盈余，不准亏欠。"勤俭并重就是要开源节流。一方面，重视对消费资金的积累，通过辛勤劳动，积少成多，集腋成裘；另一方面，反对铺张浪费，减少开支。

（三）家庭理财

孔子曾经说过，"君子爱财，取之有道"。其实，君子爱财，更当治之有道。如果不善于理财，即使有金山银山，总有一天也会坐吃山空。因此家庭理财成为改善家庭经济条件的一项重要手段。

1. 家庭理财的内涵与外延

孔子说："富与贵，是人之所欲也。"说到财富，古往今来，多少人为它的光芒四溢而晕眩。所以，孔圣人又说："不以其道得之，不处也。"这个"道"，不仅是一般人理解的合法之道，更是生财之道。

何谓理财？理财不是攒钱。通俗地讲，理财就是"生财、聚财、用财"之道。应包括开源，即不断寻求合法赚钱门道，将个人资产不断升值；也包括节流，也就是科学地消费，不让个人资产无谓地流失。理财的精髓在于用财之道，赚取钱财并妥善运用钱财。

家庭理财的目的：一是增加收入，每个人的收入高低各不相同，理财首先在于开源，通过理财，增加或创造财富。二是减少支出。每个人支出的方式和习惯都不同，理财还要注意节流，通过理财，以最小支出获得最大的效用。三是提高生活质量，经济状况的逐渐改善，是提高生活质量和增加生活乐趣的基本保证。

2. 传统社会的家庭理财

以家庭或个人（私人）致富为基本内容的中国古代私人理财思想滥觞于春秋时期，

---

① 《朱子治家格言》。

初步形成于战国时期。到西汉中期（公元前 1 世纪）臻于成熟，其标志是司马迁的《史记》这一巨著的问世。《史记》尤其是其中的《货殖列传》蕴含着丰富的中国古代私人理财思想，是私人理财发展史上的一座重要里程碑。

先秦开始中国就出现诸多优秀的理财家，其中吴越时期的范蠡（li）就是代表人物之一。范蠡是越国的上将军，他很有理财头脑，其主要理财思想之一是"劝农桑，务积谷"，之二是"农末兼营"，之三就是最为广泛流传的"夏则资皮，冬则资缔（chi），旱则资舟，水则资车，以待乏也"。范蠡把握天时变动的规律，讲求节令，超前预测，捕捉机遇，适应市场。所以其财富才能几次从"居无几何"到"致产千万"，被人称为陶朱公。

3. 现代社会的家庭理财方式

现代社会，人们的经济意识越来越强烈，对家庭理财也越发重视。家庭理财可以从狭义和广义两个方面来理解。从狭义来看，家庭理财主要是指购买一些金融产品，进行一些投资，主要目的是家庭收入的保值增值。这可以通过购买股票、债券、基金、保险，投资于房地产、古董和各种收藏品进行。目前，很多银行都开始提供个性化的家庭理财服务，以满足客户的不同需求。从广义来看，家庭理财还涉及家庭支出的安排以及家庭新收入来源的开辟。现在家庭理财在工薪收入家庭已越来越普及，家庭理财就是要精打细算才能让有限的资金发挥最大的作用。选择最适合自己的一类理财方式关键是依据每个人的心理承受能力和可供投资资金的多少。一般来讲，理财方式可分为保守型、稳健型和冒险型三种（见表18-1）：

（1）保守型理财方式。这适合家庭负担较重、可供投资的资金量较少、心理承受能力较低、年龄偏大的投资者。尽可能回避风险是保守型理财方式的首要目标。因此，可以考虑储蓄、国债、收藏这些风险性小的理财工具。如果你有某一方面的专业知识或是爱好，千万不要浪费，要充分展示你的才能，选择最适合你的理财方式。

（2）稳健型理财方式。这适合拥有一定量的投资资金、有一定的心理承受能力、生活也比较稳健的投资者。可以考虑以中度风险的金融商品为主，如投资收藏、保险、债券等；或开办自己的低投资高回报率的企业，也可以涉足股市、汇市这些高风险高收益的投资领域。

（3）冒险型理财方式。这适合拥有雄厚资金的投资者，特别是具有一定经济实力的年轻人，他们没有太多的负担和牵连，相对承受风险的能力大一些，这就可以把大多数资金投入到高风险高收益的项目上，要熟悉期货、黄金、不动产等高风险的商品，积极参与投资并设立有效的止损点。

表 18-1　理财方式比较

投资方式	收入	心理承受	投资风险	投资品种	投资期限	投资收益
保守型	低	低	低	国债、保险、储蓄	长期	低
稳健型	中	中	中	国债、保险、部分股票、汇市	中长期	中等
冒险型	高	高	高	股票、期货、黄金等	短中长期	高

三、家国和谐

中国的家庭管理并不是一个封闭的系统，而只是国家管理或社会管理的一个层次。孟子说："天下之本在国，国之本在家。"① 家庭管理的好坏直接关系到国家的统治秩序及社会的发展。儒家伦理思想强调要把家庭的重要性与国家的兴衰联系起来，并提出了一个总纲领，即"修身、齐家、治国、平天下"。由此，"欲治其同者，先齐其家"，"家齐而后国治"便成为中国传统家庭管理的指导原则。但现实中，这三者的关系更加复杂，往往是相互影响、相辅相成的。所以，在中国传统管理思想中，家庭内部的关系和秩序始终被人们所重视，这涉及家庭伦理、家庭教育等问题，同时积累了许多独到的经验和方法。

（一）家庭伦理

早在两千多年以前，《周易》已经比较深入的探讨过家庭管理和家庭伦理问题，从此奠定了中国家庭管理学伦理导向的基调。《周易》中直接或间接讨论了婚姻关系、长幼关系、教育学习、家计理财等多方面的内容。尤其是《家人·象》中关于家庭伦理宗法关系的阐述"家人，女正位乎内，男正位乎外，男女正，天地之大义也。家人有严君焉，父母之谓也。父父，子子，兄兄，弟弟，夫夫，妇妇，而家道正；正家而天下定矣"，不仅仅从经济学与管理学的意义上讲家庭分工，更注重不同家庭成员的社会学身份及在此基础上产生的权利和义务。

夫妻伦理是家庭伦理的第一个重要方面。"夫义妇听"的思想在儒家思想尚未走向专制的时代非常盛行，它要求古人以礼齐家时能做到夫妇有义。这时，在家庭角色分工中，还尚未着重强调女子单方面的义务。尽管她规定妇女的义务也非常苛刻而全面，但并不像宋朝之后疏于对男子进行家庭义务与伦理道德的训诫。夫妇有义首先是指夫妇有敬，它要求夫妇互敬互爱，古时夫妻关系处理得很好的男子会特别受到社会的尊重，甚至是举荐为官。不仅如此，在宋朝以前的一些时期，夫妻关系处理得很好的男子会受到社会的尊重，甚至是举荐为官。晋国的下军大夫冀缺就是靠这个品质而入仕的，他在地里干活时，妻子为他送饭，两个人相敬如宾，晋国大夫路过看到，就把他举荐给晋文公，理由是"敬必有德，德以治民"。

亲子之间的伦理是家庭伦理的第二个方面。前文中讲到晚辈对长辈须尽"孝"的义务，从另一个方面讲，长辈对晚辈亦须尽"爱"、"教"的义务，所谓"子不教，父之过"。在父母抚养子女的权利中，包括教育矫正子女任性的权利，即教育、培养子女的权利。其中也包括适当的惩罚权力。惩罚的目的不是为了公正本身，而是对任性的行为予以警告，纠正他们的错误，训练他们的意志。这种惩罚必须是道德性的，即不能以自身为目的、把子女当工具，而只能以教育为目的。让子女服务、管束子女，是为了子女本身的成长和幸福。管束是为了子女，还是为了自己，这是父母对子女的伦理精神的

---

① 《孟子·离娄上》。

分界、是现代平等伦理与封建不平等伦理的一个质的区别。

兄弟之伦是家庭伦理的第三个重要部分。《颜氏家训》中对兄弟关系也有很好的阐发。儒家伦理是建立在宗法家庭之上的。在宗法大家庭中，兄弟关系之重要仅次于父子。《家训》说："夫有人民而后有夫妇，有夫妇而后有父子，有父子而后有兄弟，一家之亲，此三而已矣。自兹以往，至于九族，皆本于三亲焉，故于人伦为重者也，不可不笃。"兄弟是同辈之人，比亲子更容易沟通、交流，处理兄弟姐妹的关系，务必做到兄姐爱护弟妹，弟妹尊敬兄姐。正如《颜氏家训》中所说："兄弟者，分形连气之人也。方其幼也，父母左提右挈，前襟后裾；食则同案，衣则传服，学则连业，游则共方；虽有悖乱之人，不能不相爱也。"在大家族中，兄弟关系处理得好坏还影响到子侄、妯娌、连襟间的关系。所以处理好兄弟姐妹之间的关系是家庭伦理建设的重要内容。

现代家庭伦理又被赋予新的内容，其中最重要的一个特征表现在民主、法律意识的增强。家长权威和家庭成员之间的单方向依附越来越少，家庭民主、家庭平等和法治化越来越深入人心，对维持家庭整体利益和家庭和睦目标的前提下，对家庭成员个人的人身权、财产权、隐私权越来越重视。这些趋势值得我们进一步研究探索。

（二）家庭教育

儒家将"孝、德"作为家庭道德教化的出发点。建立在血亲基础之上的中国古代家庭以"孝"为本进行道德教化，其家庭管理、教育等内部秩序都是围绕这一点展开的。家庭教育就是教会子女如何为人处事、待人接物，做遵守礼教、守道敬业之人。在儒家看来，有道德、有理想的人才能成贤成圣，在此基础上才能实现齐家、治国、平天下的政治理想。教育子女，是父母长辈的责任，教育是否得当，直接影响子女的前途命运。搞好家庭教育，要重视家庭的家风和家庭文化氛围。一个和睦进取、家风良好的家庭都有几个共同特点：注意精神建设与智力投资，形成文化层次氛围和雅趣；注重家庭成员修养、风度、谈吐文明，避免粗俗、流气；鼓励家庭成员提高文化素质，培养某种专长爱好、交流体会、技能；力求形成纯厚、刻苦、正派、勤奋的家风；家长要求子女严格，自己也要以身作则，作出风范和表率。

家庭教育有很多表现形式，既有显性的教育影响，如父母有目的、有意识的言传身教、榜样示范等，也有隐性的教育影响，如包含在家庭文化、亲子关系、家庭互动之中的教育影响。它是个体所接受的最早的教育，也是人一生中接受的最长时间的教育。可以说，家庭教育是个人社会化的摇篮，是培养合格社会成员的重要起点，也是社会稳定和发展的重要环节。因此，家庭教育关系到下一代的健康成长，关系到家庭的幸福、社会的进步，它具有不可替代的重要性。

1. 家庭智育：启蒙教育

家庭是新生儿成长的摇篮，父母则是孩子天然的老师，是孩子启蒙的引路人。孩子从出生到成人，约有三分之二的时间是在家庭里度过的，孩子小的时候，主要是在家庭中接受父母及其他长辈们的启蒙教育。父母的一言一行，每时每刻都在对孩子产生直接、间接、潜移默化的影响。父母如能师之以范、教之得法，就会产生良好的教育效果。也就说，父母是儿女最好的老师。家庭智育的主要任务是家长通过引导孩子积极学习基础知识，并形成基本技能技巧，关心提高孩子的智力水平，着重培养其观察力、思维力和想象力，培养孩子学习兴趣和习惯，端正学习态度，掌握学习方法，不断扩大知识面，除此之外也是对学校智育任务的配合。

2. 家庭德育：终生教育

家庭教育包括"德、智、体、美、劳"这五个方面内容，其中，德育居于首位。古今中外，无一不是如此。所谓家庭德育，就是在家庭的场合下由父母（或其他年长者）对于子女（或其他年幼者）实施的思想品德教育活动，以使子女（或其他年幼者）树立正确的世界观、人生观，养成良好的行为习惯，成为有理想、有道德、有文化、有纪律的社会主义建设人才。

在中国，人们常说的"家教"几乎约定俗成的专指道德教育。比如，我们指斥某人"没有家教"或者"家教不严"时，一定是这个人在做人、讲礼貌规矩等方面出了问题，而绝不是因为他没有知识或者不会审美。

目前，由于诸多因素的影响，很多家长存在着重知识教育、轻思想教育的倾向，甚至在智育过程中向孩子灌输"读书做官"、"读书找好工作"的思想，公开向孩子宣扬只要学习成绩好，其他方面可以随便的观点，殊不知在不知不觉之中养成了儿童的许多不良品德和错误的思想观点，渐渐地影响到知识、技能的学习，阻碍其智力发展，有些孩子甚至误入歧途。

如果说家庭智育主要发生在个体成长的早期阶段的话，那么家庭德育则是贯穿个体整个一生的。在儿童阶段，父母应该注重孩子的人生哲理、人生态度、价值观念等方面的教育，这也是个体道德成长过程中最为重要的阶段。然而，道德的养成并非一朝一夕的，需要家庭的长期监督和培养。

3. 家教宗旨：人为为人

现代家庭教育，需要以"人为为人"的思想作指导原则。在进行家庭教育实践中，首先，要以人为本。家庭教育要尊重孩子，倾听孩子的心声，注重孩子的参与权。其次，要建立学习型家庭。家庭中的每个成员，不管是父母还是孩子，要不断进取，不断学习。再次，要关注孩子个性化的培养，强调生存交往能力是人获得成功的关键，同时也要注重孩子多种能力的发展。最后，要注重和谐家庭关系的建设，唯有建立一种平等民主、开放互动的家庭人际关系，家庭教育才能取得预期成效。

家庭是每一个人生活的第一环境，是人们接受教育最长久的场所。家庭教育是人性全面发展的启蒙基地。科学的家庭教育应该以德育为核心，注重孩子的智力发展，帮助孩子树立正确的世界观、人生观，实现其人生的价值。

（三）家书家训

几千年的文明传承，使得中华民族积累了许多行之有效的培养良好家风的经验和做法。其中，家书、家训就是弘扬家德、改善家教的独到的方式。

《朱子治家格言》为清人朱柏庐所写，以寥寥数百字精辟地总结了古代治家之道，问世后即成为书香世家和官宦商家端正家风、振作家声的范例，堪称古代家训的经典。古代家训的另一经典是北齐颜之推编撰的《颜氏家训》，它以翔实的举例，生动的说理，分教子、治家、风操、名实等十二个类目将人生道理一一道来，绵密细长，*丝丝*

入扣。

　　晚清名将曾国藩虽然在政治舞台上叱咤风云，却深谙"居官不过偶然之事，居家乃是长久之计"的道理，其留下的家书家训，论文论学，修身修德，或长或短，情真意切，亦极为感人。因其"教子之道"，曾家代有人才，子辈中有外交家曾纪泽及算学家曾纪鸿，孙辈有诗学家曾广钧，曾孙辈则有教育家曾宝荪。一个著名家族的兴盛绵延不能不说有家书的惠泽贯穿其中。

　　文学翻译家傅雷在儿子傅聪留学海外的过程中，先后写了近百封家书给他，教导他立身行事、爱国成才，把中华民族的优秀道德融入了对儿子的谆谆教诲中。其声殷殷，其意绵绵，其情拳拳。由这些信件汇集而成的《傅雷家书》曾先后再版 5 次，重印 19 次，累计发行超过 100 万册。打开《傅雷家书》，就是走近一位父亲，聆听他"充满父爱的苦心孤诣、呕心沥血的教诲"。

　　在现代社会，家书、家训的价值正在被重新重视起来。虽然家人之间的联系方式越来越发达丰富，但书信仍然是最正式、最能够传达感情的，而且越来越多的人选择更方便快捷的电子邮件来传递家书。在创建和谐社区与和睦家庭的工作中，许多基层组织都发挥了家训的教育感化和引导约束的作用。据有关媒体报道，上海市青浦区赵巷镇，就在全镇开展家训治家的公民道德建设，全镇几乎家家户户都挂有"家训词"。大家纷纷根据自家的需要，精心撰写了内容丰富、教育性强的"家训词"。如今像"吃得苦中苦，方为人上人"、"敬老爱幼，亲邻和睦，遵纪守法，勤俭持家"、"舍小为大天地宽"、"和气生财，福满人间"等一批批催人奋进、深含教育意义的家训词，构成了一道公民道德建设美丽的风景线。"家训上墙"活动，使人们在耳濡目染、潜移默化中不断接受道德的熏陶，经常进行自我教育，不断提升道德素养，对提高全镇的文明程度，起到了积极的推动作用，收到了明显的成效。

第四节　治身——自我管理

　　治身，是一种体验之学，更是一种个人的修养功夫。其体现为在一定环境下经过不断努力，不断积功累行的过程，是对自己私欲的克服，也是对自身的身体、心灵、精神、情感、智慧水平的改善。其关键是必须通过主体人的自我认识、自我判断、自我选择和自我努力来实现。一个人要主宰自己的命运，就必须自觉、有意识地经过自我思考和选择，确定自己的人生价值和方向。本节主要内容包括治身之道、待人之道及成功之道三个方面。

一、治身之道

　　就如企业必须要有经营理念一样，作为个人的自我管理也需要一种理念和范式，以此来达成自我管理的目标。

（一）治身理念

1. 治身概念

中国传统思想本质上是一种"体验之学"，不仅体现为一种特色的思维方式，更是一种个人的修养功夫论。自然与人同时气化产物，因此具有同一性，自然与人在内在本质上是感应的。"身"需要"修治"，其根本原因在于身体是生理的，是感性欲望的集合。人皆有欲望，欲望则是扎根在身体上。

儒家认为人身"综摄了意识的主体、形气的主体、自然的主体与文化的主体，这四体绵密地编制于身体主体之上"。① 道家认为，人有"精、气、神"三宝；杜维明认为，伦理化儒学的中心课题是人格的完成，它是以身、心、灵、神的不同层次的修养，以及修身、齐家、治国、平天下的不同层次实现为环节的。

在"身"的组成要素中，"气"与"精"被视为盈满天地间的物质性材料，同时，"气"与"精"也是构成人身的基本东西，"人有气、有生、有知，亦且有义，故最为天下贵"。② "气"则由更细微的物质能量"精"化生，"凡物之精，此（化）则为生。下生五谷，上为列星……精也者，气之精也"。③ 自然与人同是气化产物，因此具有同一性，自然与人在内在的本质上即是感应的。④

"心"是人身的主体，支配欲望和认识等，"心者，形之君也，而神明之主也"。⑤ "心"通过对形气的宰治，实现对人的身体性与物质性的超越，将"心"升华至一种自然意识或绝对理性之境界。因此，身体被视为精神修养所体现之场所，人能够从自己身上寻得个人终极的根基（本性），并与超越的道（天）合一。

2. 治身境界

治身是一个具备礼义之德的渐进过程，其中所经历的境界也是一个由低到高的发展过程，古人有"圣人"与"君子"之分。

"圣人"是中国传统治身的过程中，人们追求的最高层次的理想人格。孔子把圣人视为儒家理想中的最高人格，圣人的人格特征包括两方面：

（1）内在心性修养达到了最高境界，其道德品质足以为人楷模，教化百姓。

（2）在经世济民，治国平天下方面建立了丰功伟绩，其历史作用足以名垂千古，百世共仰。

由于圣人是最高的人格境界，常人还是难以企及。"君子"往往成为人们所追求的人格境界。"君子"要达到"智、仁、勇"三德。要想达到这个境界，就必须加强自我修养。特别是"仁"，就是左边"人"字旁，右边是"二"字，就是两个人，意思就是想到自己，想到别人。可能对于我们来讲，"圣人"和"君子"都是太高的境界，而做一个"好人"还是可以的。北大季羡林先生给出来"好人"的定义，如果考虑别人比考虑自己更多是"君子"，那么考虑别人与考虑自己一样就算是"好人"了。"好

---

① ④ 杨儒宾："知言、践形与圣人"，《清华学报》1993 年。

② 《荀子·王制篇》。

③ 《管子·内业》。

⑤ 《荀子·解蔽》。

人"应该是成功人士（商界人士）的道德底线。

3. 五德理念

中国古代兵圣孙武曰："将者，智、信、仁、勇、严也。"梅尧臣注曰："智能发谋，信能赏罚，仁能附众，勇敢果断，严能立威。""故曹公曰，将宜五德备之。""五德"皆具是谓德才兼备。只有五德具备，才能成为大将，成为一名成功的领导者。中国古代兵家对于为将者的素质提出了"五德"的要求，"五德"模式翻译为今天的含义为：

"智"，即知识，信息，智慧，才能。领导者要多谋善断，随机应变，善于分析和决策；"信"即以诚信待人，言必行，行必果，说到做到；"仁"是仁者爱人，尊重、关爱、爱护、体贴部属，以仁爱对待顾客和社会；"勇"要求领导者要勇于创新，敢于进取，具有冒险精神；"严"就是要有严肃认真的态度，"令己以文，齐之以武，是谓必取"。要制定严格的规章制度，严格的管理，领导者还要严于律己。

正如，日本的经营之神松下幸之助所说："领导者要率先做他人的榜样，应该站在众人的前面。"三洋公司社长井植熏也曾说过，要想造就他人，先造就自己，处于领导地位的总经理和董事们首先要严于律己，敢于并且善于塑造自己。

领导者对组织、对社会有重大的示范效应，直接影响着一个组织、一个社会的风气，作用很大。松下幸之助认为，经营者要以身作则地处理事情，本身要最早上班，并工作到最晚，做大家的模范，这比什么都重要。与其为了顾虑员工的想法而伤脑筋，倒不如自己一心一意地工作，只要你自己尽全力专注地工作，这种认真的态度必能感动周围的人，使他们自动帮忙或积极工作。不论企业的规模如何，经营者以身作则的作风是最重要的。

（二）自我管理

修身的本质便是自我管理。一个优秀的管理者首先要具备管理自己的能力，然后才能更好地去管理他人。

1. 自正正他

领导者要真诚守信，有自身高的标准和道德修养才能影响他人。《大学》把治身的重要性描绘得更加淋漓尽致，明确提出："自天子以至于庶人，一是皆以修身为本。"又认为："欲治其国，先齐其家；欲齐其家者，先修其身；欲修其身，先正其心。……心正而后身修，身修而后家齐，家齐而后国治，国治而后天下平。"一个领导者，必须首先是一个自正的人。自正才能正他，自觉才能觉他，才能成为教练型的领导者。自我管理对于一个商人来说，永远是一门重要的必修课，因为其中包含了一个商人成功的要诀。李嘉诚给自己规划的日常管理的八个要点：

（1）勤是一切事业的基础。要勤劳工作，对企业负责，对股东负责。

（2）对自己要节俭，对他人则要慷慨。处理一切事情以他人利益为出发点。

（3）始终保持创新意识，用自己的眼光关注世界，而不是随波逐流。

（4）坚守诺言，建立良好的信誉。一个人良好的信誉是走向成功的不可缺少的前提条件。

（5）决策任何一件事情的时候都应该开阔胸襟，统筹全局。一旦决策之后，则要义无反顾，始终贯彻一个决定。

（6）给下属树立高效率的榜样。集中讨论具体事情之前，应预早几天通知有关人员准备资料，以便对答时精简确当，从而提高工作效率。

（7）政策的实施要沉稳持重。在企业内部打下一个良好的基础，注重培养企业管理人员的应变能力。决定一件事情之前，想好一切应变办法，而不去冒险妄进。

（8）要了解下属的希望。除了生活，应给予员工好的前途。一切以员工的利益为重，特别在年老的时候，公司应该给予员工绝对的保障，从而使员工对集团有归属感，以增强企业的凝聚力。

这八个要点，堪称李嘉诚的成功秘诀。

2. 修己安人

以"修己"作为出发点，进而推广到"安人"。"修己"，所谓"内圣"之道，指人的主体的心性修养；"安人"，所谓"外王"之道，齐家、治国平天下，从修己到推己及人，成己成物，成行成业，由"内圣"转向"外王"。修己与安人两者是必要非充分的条件关系。一个人首先必须"修己"，只有修己才可能安人。反过来讲，要想"安人"必须"修己"，不"修己"就难以"安人"，既要"安人"又不"修己"是办不到的。反之"修己"并不见得一定能够安人，并非只要"修己"就一定能够"安人"。

一个企业的兴衰存亡的关键在于它的领导者，一个优秀的领导者能够带领企业应对挑战，不断变革，把握胜机，可谓取胜之道在于领导，领导者的作用是十分重大的。领导者欲"正人"，有效地领导部属，首先要"正己"，管理好自己，以身作则，欲"安人"，首先要"修己"，要全面提高自身的素质和修养，只有这样，才可能赢得别人的信任和信赖，进而影响他人。领导者自身的素质包括具备丰富的知识、经验和良好的品质素养，多谋善断的智慧和高人一等的预见能力，这将成为决定领导者成功与失败的关键。

3. 通达之乐

通达之乐指无论在顺境逆境，一个有修养的德者始终能保持自己的修养，淡泊名利、宁静致远、乐观豁达的处世哲学。"道不行，乘桴浮于海"。人的选择是多种多样的，不一定非要一竿子插到底，学会选择和适当的变化，也是一种聪明之举。孔子周游列国，输出他的理想和道德，但世人当时并不接受他的学说。搞政治不行，那就做个乡村小教师吧！于是回到家乡广收弟子，同样是传播自己的学说。在家闲居时总是仪态舒展自如，神色和颜悦色，过着无忧无虑的个人生活，完全不像我们所想象的那样愁眉苦脸、严肃庄重。这是因为他虽然忧国忧民忧天下，但却不忧个人生活，在个人生活上抱着以平淡为乐的旷达态度，所以能始终保持爽朗的胸襟、愉悦的心情。说到底，孔子是因为深深懂得调整自己的心态和精神。因为"人能弘道"，人走到哪里，道就在哪里。孔子总是洒脱的，看淡成败，那就是从外王又回到内圣，把心灵的快乐放在第一位。孔子周游列国无所成就，但在死后他的学说被弟子广泛传播，成为一代的先哲。

邓小平也是一位通达知乐的践行者。他淡泊从容，宠辱不惊，以豁达的心胸和大智慧安享93岁高寿，这在全世界的伟人中并不多见。邓小平政治生涯中的坎坷和艰难曲折，集中体现在他那富有传奇色彩的"三落三起"中。邓小平一生中除政治上"三落三起"外，个人生活与家庭成员也屡遭不幸，但他在逆境中从不怨天尤人，始终保持乐观通达的心境。他说："如果天天发愁，日子怎么过？"他就是如此乐观的老人，几度沉浮，老而弥坚。周恩来曾经对人谈论过邓小平的领导风格，说他"举重若轻"，就是说，邓小平在领导风格上有一种迅速摆脱细枝末节的纠缠，直指战略目标的大气。在过去的政治生涯中，无论遇到什么样的艰难险阻，邓小平都能从容镇定地驾驭局势，引导着党的事业在曲折中前进；同时也以乐观的态度经受了"三落三起"的严峻考验，多次在人生磨难中找到了新的希望。邓小平的"三落三起"，体现出他始终保持乐观豁达的心境。

（三）力行重德

1. 道德践行

"行"指道德践行，孔子重视道德实践，道德践履。孔子说："君子名气必可言也，言之必可行也。"①"君子耻其言而过其行。""君子欲讷于言而敏于行。"要求人们在现实生活中重视道德践行，去践行"仁"道。荀子认为，一切道德知识最终都要落实在行动上，他说："行之，明也；明之，为圣人；圣人也者，本仁义，当是非，齐言行，不失毫厘，无他道焉，已乎行之矣。""知之而不行，虽敦必困。"②

儒家重视"躬行实践"，认为不能自身力行，以身作则，道德将会落空，朱熹针对"学者多阙于践履"之弊，提倡"学之之博，未若知之之要；知之之要，未若行之之实。"③王阳明明确提出"知行合一"的主张，认为"知是行的主意，行是知的工夫；知是行之始，行是知之成"，"真知即所以为行，不行不足以谓之知"。④

2. 志在天下

儒家提倡"明道、稽政、志在天下"的经世之学，儒家思想具有强烈的经世济民的社会责任感和参与意识。孟子曾说："如欲平治天下，当今之世，舍我其谁也？"宋代范仲淹的"居庙堂之高，则忧其民，处江湖之远，则忧其君"、"先天下之忧而忧，后天下之乐而乐"成为被历代名士所称颂的千古名句。明末东林学派以"救世"为己任，"风声，雨声，读书声，声声入耳；家事，国事，天下事，事事关心"。清代顾炎武提出"天下兴亡，匹夫有责"的名句，都反映出历代儒家仁人志士强烈的忧患意识和积极济世济民的社会责任感。

3. 重在气节

儒家注重气节和献身精神，为了实现自己的"仁"的理想和"经世"志向，不惜献出宝贵的生命，孔子要求"智者不惑，仁者不忧，勇者不惧"，要求仁人志士"无求生以害仁，有杀身以成仁"。孟子也大力提倡坚守气节，他说："富贵不能淫，贫贱不能移，威武不能屈，此之大丈夫。"孟子还主张"舍生取义"，认为人的生命诚然可贵，但绝不能为了苟生而放弃自己的原则和尊严。

---

① 《论语·子路》。
② 《荀子·儒效》。
③ 《朱子语类》卷十三。
④ 《传习录》中。

二、待人之道

人们通常说，做事先做人，要做人也就是要从待人接物开始。那么何谓做人呢？人生是个舞台，在这个舞台上，人要扮演各种各样的角色，处理各种各样的关系：比如要处理自己和自然界之间的关系，自我和他人之间的关系，自己思想和行为的关系。会做人就是要把这些关系处理好了。总之，做人的过程其实就是一个修身的过程。

（一）以礼相待

1. 谦虚

谦虚是一种不以自己的功德、才能、地位而自满、自夸、自傲，不自以为是，肯于向他人学习的品德。它建立在正确对待自己并尊重他人的基础上，是基于善无止境、功无止境的认识而采取的一种正确的态度。《尚书·大禹谟》中有一句道德名言："满招损，谦受益。"意思是说，自满于已获得的成绩，将会招来损失和灾害；谦逊并时时感到了自己的不足，就能因此而得益。被人们称颂为"力学之父"的牛顿发现了万有引力定律，对于自己的成功，他谦虚地说："如果我见的比笛卡儿要远一点，那是因为我站在巨人的肩上的缘故。"他还对人说："我只像一个海滨玩耍的小孩子，有时很高兴地拾着一颗光滑美丽的石子儿，真理的大海还是没有发现。"

历代思想家对谦虚之德多有议论。认为，宇宙无穷而个人渺小，与茫茫宇宙相比较，个人的一切，如学问、技能、事功、德业等都是微不足道和不值得夸耀的。明白了这个道理，人就能摆正自己的位置。在《论语》中，孔子说："三人行，必有我师焉，择其善者而从之，其不善者而改之。"意思就是：三个人在一起，其中必有某人在某方面是值得我学习的，那他就可当我的老师。我选取他的优点来学习，对他的缺点和不足，我会引以为戒，有则改之。

孔子曾经说过："君子不以言举人，不以言废人。"君子不因为某人的话说得好就推举他，也不因为某人不好就否定他的一切言论。这是因为"有德者必有言，有言者不必有德。仁者必有勇，勇者不必有仁"。话说得好的人不一定品德高尚，所以要听其言观其行。由此可见，一个领导者若真心求贤，就必须有诚意，以宽广的胸怀接纳人才，而这一切，是以谦虚和信任为前提。

2. 学习

《论语》开篇就讲："学而时习之，不亦乐乎？"孔子本人终生"学而不厌，诲人不倦"。他认为"智者利仁"，"智者不惑"。他主张通过"博学于文"来获得知识，他承认自己具备丰富的知识是"好古敏以求之"得来的。孔子"发愤忘食，乐以忘忧，不知老之将至"，他是终身学习的楷模。孟子把智列为"四德"之一，认为："是非之心，智也。"不学习，就没有判断是非的能力。荀子讲："君子曰：学不可以已。青，取之于蓝，而青于蓝；冰，水为之，而寒于水。……故木受绳则直，金就砺则利，君子博学而日叁省乎己，则知明而行无过己矣。"① 所以，我们讲只有学习才能有是非观，才能判明是非。只有不懈学习，才能不断自省，进而使自我境界不断提升。品德的修养和提高必须通过不断的学习来促进，之所谓"学到老用到老"。

3. 守礼

我们都讲中国是个"礼仪之邦"，为人谦虚，戒骄勿躁，在中国的传统文化和思想中，是追求个人修身养性、为人处世之道的一个非常重要的组成部分。礼作为规范人行为的一种规则，礼要求经由人的身体加以实践。礼在规定人的行动原则时，也起着化民成德的作用。

礼的概念和范畴非常之大，从广义来说，人在社会生活中的一切行为都可能用礼来规范。而"以礼相待"则更强调的是在人际交往中的守礼，这个礼指礼貌、礼节。儒家要求人们在人际交往中讲究礼貌、礼敬和礼让，对自己要注意仪容，克服不良习气，建立良好的品行，对他人应举止得体，按照礼的要求来尊敬他人，恭敬礼让。孔子在《季氏》中强调"不学礼，无以立"，反复强调无礼不行，无礼不立，认为人际交往中是否守礼是一个人道德修养的试金石。

以礼相待最基本的要求就是要注重自己的仪容仪表和语气态度，克服不良习气，杜绝野蛮、愚昧和粗鄙，讲究文明礼貌。而这种文明礼貌中所蕴含的基本精神和要求就是恭敬礼让。

我们讲用以礼相待来处理人际关系，这其中恭敬是我们所需要的道德精神状态和态度，而礼让则是在这种态度下所采取一种行为方式。人与人在交往的过程中，由于利益和价值观的不同，冲突和矛盾是不可避免的，而在不是关系到大是大非、大善大恶的根本原则的前提下，礼让是我们用以礼相待来处理矛盾冲突的一个原则。礼让待人就是在人际交往中的礼的前提下，一种主动谦让、舍己为人的美德，是儒家克己利人精神的一种体现。当然这种退让并不是无原则的退让，而是在坚持礼的基础上合理的退让，而且这种退让只能是在利益上的退让，而不能是道德上的退让。

（二）与人为善

与人为善，宽人严己，一直是中华民族的传统美德，也是我们用来处理人际关系的一个重要的基本原则。孟子言："爱人者人恒爱之，敬人者人恒敬之。"只要我们能善待他人，也就必然能得到别人的尊敬和回报。所以在自身修养中必须培养一种宽厚博大的胸怀，强调人与人之间在保留大是非前提下的相互同情和理解，建立人与人之间良好的关系，这样才能构建一个和谐社会。

1. 与人为善，与己为善

中国佛教的因果论认为"种善因得善果"，以此来劝人向善。佛家的因果轮回自不必去讨论其是非对错，而这种与人为善即与己为善的思想却是非常具有现实意义的。《论语》有言"宽则得众"，与人为善，宽以待人是一种营造良好人际关系的不二法门。生活中我们经常能看到平常经常帮助朋友的人一旦碰到困难的时候，受过他帮助的朋友

---

① 《荀子·劝学》。

纷纷施以援手帮助其摆脱困境；反之，平常那些只关心自己利益，对朋友漠不关心的人在碰到困境的时候也同样是门可罗雀。墨子认为，人人都有共同的善良的道德品质，在人际交往中，不要消极被动地去等待别人施爱和行善，而应当主动积极地去与人为善。我若爱人，人必爱我；我若利人，人必利我。

民间流传着这样一个故事，清朝时期，宰相张廷玉老家与一位姓叶的侍郎家是邻居。有一次，两家都要起房造屋，为争地皮发生了争执。张老夫人便修书一封要张宰相出面干预。这位宰相到底见识不凡，看罢来信，立即作诗劝导老夫人："千里家书只为墙，再让三尺又何妨？万里长城今犹在，不见当年秦始皇。"张母见书明理，立即把墙主动退后三尺。叶家见此情景，深感惭愧，也马上把墙让后三尺。这样，张叶两家的院墙之间，就形成了六尺宽的巷道，成了有名的"六尺巷"。张廷玉失去的是祖传的几分宅基地，换来的却是邻里的和睦及自己与人为善的美名。

2. 盲目行善，反致恶果

然而，我们说与人为善也不是盲目地、无原则地行善，在行善的同时还要保持自己明辨是非善恶的能力。古人说的仁、义、礼、智、信中的"智"的核心功能即明辨是非善恶，树立正确的道德观念。人们在道德行为的选择过程中，要明确哪些事情可为而哪些不可为，这样才能在与人为善的基础上作出正确的道德决断。是非善恶虽然在观念上易于区分，但在纷繁复杂的现实社会中却往往很难分辨清楚，善与恶有相对性的一面，同样是善和恶，也有大小高低之分。这就需要深刻理解蕴含于与人为善的大前提下的行善原则。明末著名思想家王夫之《读通鉴论》中曾经写道："推其所以然，辨其不尽然之实，均于善而醇疵分，均于恶而轻重别。"必须把握事情的实质，能够分析不同条件下善的大小轻重以及可能的后果，这样才能避免善心反遭恶报的尴尬境地。希腊寓言中的农夫和蛇的故事以及中国传统寓言故事中的东郭与狼的故事都异曲同工地说明了与人为善中的"智"的原则问题，只有把握了这个原则才能更好地与人为善。

3. 崇人之德，扬人之善

与人为善的另一个重要原则就是要崇人之德、扬人之善，即对别人所做的善事要加以崇扬。《荀子·不苟》中说："崇人之德、扬人之善，非谄谀也。"崇扬别人的高尚品德和善行并不是对别人的谄谀，正如《晏子春秋》中所言："不夺人之功，不蔽人之能。"而崇人之德、扬人之善另一层含义则是对别人所犯的错误和道德上的一些缺点不要大肆宣扬，唯恐天下不知，而是给别人以改正的机会。多褒扬并宣传他人与人为善的事迹，多记住别人的好处，而少在一些小事上对人耿耿于怀，这样才能创造出一种大家都与人为善的良好氛围。历史上各个学派对此都有自己的论述，但观点大同小异。《孔子家语·颜回》中写道："不忘久德，不思久怨。"《礼记·坊记》中说："善则称人，过则称己，则民不争。"《战国策》写道："不蔽人之善，不言人之恶。"《汉书》中说："记人之功，忘人之过。"这些古典论著中虽然说法不一，但共同的思想都是要崇人之善，蔽人之恶。崇人之德、扬人之善的第三层含义是对自己的善行应该淡然处之。清朝申居郧的《西岩赘语》中说的"君子不矜己善，而乐扬人善"即是这个意思。这种思想与受恩必报、施恩勿念有着异曲同工之妙。

(三) 以和为贵

如果说与人为善是人际交往的思想基础，以礼相待则是人际交往的具体行为准则，而"和"则是人际交往中的最高价值。和谐相处，保持群体中良好和谐的人际关系，这就是《论语·学而》中所说的"礼之用，和为贵。先王之道，斯为美"。"和"代表了道德的根本价值取向和作用，是一切伦理道德的精髓。道德和合则人与人之间可以建立和谐的人际关系。而前文所述在人际交往中遵循与人为善和以礼相待的原则，其最终目标就是要以群体利益之上的原则协调好各种人际关系，建立一个和谐的社会。

和谐精神渗透在中国传统文化的各个领域，几乎无所不在。概括起来，和谐精神的内涵可以归结为三个方面，即身心和谐、人际和谐和天人和谐。个人的身心和谐是一切和谐的基础，而将此精神拓展到待人接物和处事中去，则强调的是一种人与人之间的和谐，即儒家所强调的和贵精神；而古人更是将这种和谐精神拓展到人与自然之间，强调一种人与自然之间的和谐统一与共存，这些精神在今天仍然具有很大的价值。

(1) 和谐精神强调的第一层内涵是身心和谐，这种和谐的基础是个体自身的身心和谐，而这种身心的和谐是在追求物质享受与精神享受中实现的，否则，只有单方面的满足很难达到身心的和谐。人与动物的区别之一就是人具有社会性，也就是说人在有物质追求的同时，还具有精神追求。当然，人要在世界上生存，物质需求是必不可少的，但只要具备基本的物质条件，不至于受冻挨饿，人们便会安居乐业。相比之下，中国人更重视精神追求，追求心理的平衡与和谐。所谓"安贫乐道"、"知足常乐"、"革尽人欲、复尽天理"、"清心寡欲"等思想，就是要求人们单纯追求心理和谐而放弃肉体需要的具体体现，这些思想有其合理性的一面，但也并不完全可取。因为人活着，就必定会有物质方面的需求，否则便无以生存，更谈不到身心和谐之乐。只有把对物质的追求和对精神的追求协调起来，使两者处于一个合适的度和量，这样才能达到身心和谐。

(2) 和谐精神第二层内涵就是人际和谐，这也是我们传统的和贵精神的重点所在。人与动物的根本区别之一就在于人的社会性，所以处理好人际关系，讲究人际和谐和社会和谐一直就是人类与生俱来的重要话题。孟子曾说过"天时不如地利，地利不如人和"的著名论断，即认为人和是事业成败的关键性因素。而中国最早的人际和谐主要强调的是家庭和谐，《尚书·尧典》中提出的以家庭为本位的五种人际和谐的关系，即"父义、母慈、兄友、弟恭、子孝"，其文中所言："契！百姓不亲，五品不逊，汝作司徒，敬敷五教"，文中的"五品"就是指这五种人际关系，强调家庭之中要用和贵的思想来处理这五种关系，而家和万事兴的说法则是自古就有。所以总的来说，儒家特别强调通过各种人际关系的和谐来"致天下之和"，以家庭和谐、邻里和谐、朋友和谐、师生和谐、君臣和谐、君民和谐来最终实现"和谐天下"。

(3) 和谐精神的第三层内涵就是天人和谐，其强调的是人与自然之间的和谐。"天人合一"是中国哲学的一个根本观念，认为人生的最高理想就是自觉地达到天人合一的境界，物我本属一体，内外原无判割。大部分哲学家认为天是人的根本，是人的理想、自然的规律，亦即自然的准衡。天与人本来是对立的两极，而在和谐精神的作用下，达到了合一的境界。这种哲学观念是有其历史根源的。人类早期生产力比较低下，作为社会根本的农业对天时稍有不顺，则会造成灾害和饥荒，所以追求和大自然的和谐，追求天人合一的境界就是自然而然的事了。而现代社会对资源的过度摄取也已经给人类带来了很多恶果，天人和谐的精神仍然具有积极的现实意义。

三、成功之道

（一）以勤为先

以勤为先，是指把勤奋视为走向成功的基本抓手和重要路径，主张勤于劳动，反对懒惰和不劳而获。我国民间常说一句话，"穷不过三代，富不过三代"，其原因大概在于穷后方知勤奋，富裕往往是坐享其成。

勤奋是无价之宝：读书人勤奋读书，可以金榜题名；农民勤奋耕种，可以多收粮食；妇女勤奋纺织，棉布丝就会充足；工商业勤奋经营，财产就会不断增加。可以说，人生的名利和成就都会来自于勤奋，天下没有免费的午餐。明清两代广为流传的《增广贤文》告诫人们，"一年之计在于春，一日之计在于晨，一家之计在于和，一生之计在于勤"。在儒家思想勤奋理念的影响下，不仅中国民众崇尚勤于治水的大禹，也幻想出愚公移山、精卫填海的精神去教化世人，皇帝每年初春举行春耕的仪式，也是要倡导辛勤耕作。

中华民族是勤劳的民族，这一点不仅可以从我国灿烂辉煌的历史得到印证，也可以从近代以来在世界各地闯荡谋生的华人身上得到印证：无论在什么地方，无论环境多么恶劣，也无论地位多么卑微，华人都会用自己的勤奋努力赢得一片天地，也博得了当地人民的尊敬。在中国传统文化中，勤劳确实被当做最大的美德之一，也被认为是立身处世、走向成功的重要路径。

（二）以德为美

任何人的成功都离不开个人的价值观，而我国儒商的成功就是在自己的经营实践中，贯彻儒家文化的价值观，将儒家思想作为自己行为做事的准则和理念。儒商信奉儒家思想文化，注重道德和兼具经营才干的现代商人。儒商追求个人道德修养的不断完善，进而经世济民，为国家、为民族建功立业，造福社会。儒商的价值观表现为：信德、和德、仁德。

1. 信德，恪守诚信的原则

做人要以诚信为本，企业经营也要以诚信为本。诚就是要真诚，信就是要守信用。诚信，乃基业常青之本。

儒商将"诚信"看成企业管理的生命，在经营中讲信用，守合同，生产货真物实，物美价廉的产品，从而赢得顾客信赖，一旦丧失信誉，企业注定要失败。诚信是儒家提倡的重要的道德信条是处理人际关系的正确准则，诚实不欺，谓之信。[1] 孔子提倡"以信交友"，"与朋友交，言而有信"。做人要以诚信为本，企业经营也要以诚信为本。诚

---

[1]《论语·为政》。

就是要有一颗真诚的心，对待员工如此，对待消费者亦如此，要将心比心；信就是要守信用，诚实守信是企业的生命。人们常说"信誉是企业的生命"，等等，这些格言蕴含着深刻的哲理，一个成功的商人在其经营活动中，往往把诚信置于首位。

晚清大商人胡雪岩创办的胡庆余堂之所以声名卓著，就在于它"诚信为本，取信于民"的商业道德。课堂的营业厅有两块巨匾，一块面向顾客，上书"真不二价"四个大字；另一块面向柜台，上有胡雪岩亲笔书写的"戒欺"。这两块匾充分表明了胡庆余堂诚实守信的经营宗旨，由于该店在经营上始终重视诚信，以致后来广受顾客的信赖，成为驰名的百年老店。

日本企业之父涩泽荣一认为"信是万事的根本"，"如果不能坚守信这一个字，我们实业界的基础也无法巩固"。所谓商业道德，"其中最重要莫过于信"。日本管理学家土光敏夫在《经营管理之道》一书中，强调："维护公司的信誉，比照顾公司人员的面子更重要。"

2. 和德，以和为贵

"和"强调在管理中的地位和作用，即通过协调管理中的各种矛盾因素，以达到最佳的和谐管理状态。个人要提高品德修养，相互团结合作，发挥团队精神。此外，和德还有一层重要含义，就是现代企业与企业之间竞争的和德思想，要合作性竞争，在竞争中，相互学习，相互促进，争取双赢，甚至多赢，而不是超过那种你死我活的恶性竞争，不是那种损人利己，损人不利己乃甚害人害己的竞争，在竞争中合作，在合作中竞争，企业间通过这和源、和谐和竞争，为顾客创造价值，为社会创造价值。

人和是影响一个组织效率的主要因素，在企业中，人和解决得好，本身就能提高生产力，减少人力资源浪费；解决不好，人际关系复杂，甚至钩心斗角，相互拆台，给系统内输入再多知识、技术也必是事倍功半。那么，再好的企业文化也不过是表面文章。因此，在企业管理中要注重培养和德，每个人都要提高自身的品德修养，相互团结合作，发挥团队精神。

儒家强调"和"的观念，孔子说"和为贵"，这三字表意通俗，内涵深刻，其中蕴含着深邃的哲理和高超的人生智慧，"以和为贵"是一种人生观、价值观、整体观、大局观。孔子主张"君子周而不比"[1]，"群而不党"，"四海之内，皆兄弟也"[2]。值得注意的是，孔子提出的"和为贵"。他赞成"君子和而不同"，极力反对"小人同而不和"，只知随同附和，而丧失原则立场的"乡愿"。

日本公司具有极高的效率，极强的市场竞争力，日本国自明治维新以来，从一个国土狭小、资源贫乏、穷困落后的东方小国迅速成长为亚洲强国乃至今日的世界强国，都与日本国民精神中具有很强的向心力、凝聚力有关（当然还包括其他重要因素），而团队精神后面的文化根源就是中国儒家的"和"文化。所以，日本企业十分重视"和"，员工对公司具有极强的归属感和忠诚意识，往往是上下同欲，同心协力，具有很强的团队精神。松下电器的创始人松下幸之助曾说："一群人在一起做事情，最重要的是同心协力，由50人组成的团结团体，比1000个聚集的乌合之众力量要大得多，成就也大

---

① 《论语·为政》。
② 《孟子·公孙丑下》。

得多。"

3. 仁德，仁者爱人

松下公司的创始人松下幸之助认为，企业管理是实践性哲学，管理的智慧来源于实践。松下公司长期形成的企业文化也突出地表现在它的实践性上。松下认为，企业经营归根到底是为了共同幸福进行活动，因此，必须深刻认识人的本质，从事仁德管理，并且根据这种认识去从事工作。这是松下企业经营哲学的基点。松下认为，企业经营的秘诀，不过是顺应"天地自然的规律"去工作而已，经营顺应自然规律的表现就是生产优质产品，兼顾企业与员工的利益，收取合理的利润。企业管理者要有仁义之心，高尚的品德修养，兼顾员工与企业的利益的基本点在于对事物的"仁德"对待与处理，建立企业整体协调的对待自然万物的理念与价值观。

以传统文化精髓进行企业文化建设和员工素质修养培训，是海南航空集团的企业文化特点。对此，海航董事长陈峰这样说："目前中国人职业道德方面的意识很弱，不如西方成熟，而市场经济是有一定规则的竞争，随着中国市场经济的发展，传统文化中应该得到弘扬的东西没有确定起来。因此，做企业时仅仅有西方管理的一套往往力不从心，对付不了传统文化中的劣根，如上班要求打卡，有的人可以打完卡再溜出去。还有现在上市公司里的各种问题。总之，企业管理中还缺乏规范自己的理念。拿什么来规范呢？他发现仅有西方的管理制度是不够的，于是要求大家把人做好，加强对自身如何做一个好人的认识，实际上还是职业道德。修养方面的最基本的东西——做人训练好了，职业道德自然就好了。文化加上制度，就能使制度有效地执行下去。""在海航的历史中，我们就一直是秉承'内修传统文化精粹，外兼西方先进科学技术'的理念，开始有三个人时就做大事记，做文化读本《海航文化导读》、《员工守则》。每批员工都由自己来讲人道和做人的学问，讲创业史，读一本书。八年时间潜移默化、锲而不舍的工作，才形成今天海航企业文化的基本氛围，同时也锤炼了一批优秀干部。""'三为一德'是海航对管理干部的独特要求，'三为'即为人之君，为人之亲，为人之师。'为人之君'指干部要有君王一样的责任和君子一般的风范；'为人之亲'指要像亲人般地善待下级；'为人之师'指的是干部要别人做到的自己先做到，还要让别人从你那里学到东西。"这三句话构成了一个"德"字。

（三）以志为纲

受儒家"谦让"和道家"无为"影响中国传统文化中的确含有与世无争的思想，甚至到了近代演变成鲁迅笔下的阿Q精神，形成了"随大溜儿，不吃亏"的从众文化。不可否认，这确实是我国传统文化中不足的一面，明哲保身，不思进取。但与此同时，儒家文化也有较强的进取精神，强调"国亡而不知，不智；知而不争，不忠；忠而不死，不廉"① 的救死存亡，有"无求生以害仁，有杀身以成仁"② 的舍身求义，有"人无志，非人也"③ 的向上意识，还有"吾十有五而志于学"的励学传统，更有"三军

---

① 《说苑·立节》。

② 《论语·卫灵公》。

③ 嵇康：《家诫》。

可以多帅，匹夫不可以夺志”的刚毅，所有这些也在一定程度上构成了中国传统文化主流的一部分，单说中国传统文化中缺乏进取意识的明显有失偏颇。为此，有学者将“自强不息”或者说“刚健”作为中国传统文化精华的主要内容，是中国人积极的人生态度的最集中理论概括和价值提炼。或许可以这样说，以儒家文化为主体的中华文化强调仁、义、礼、智、信的安身立命之本，“地势坤，君子以厚德载物”构建了有序的社会。与此同时，中华文化还凸显了人的主体地位，坚信“天生我才必有用”，“天行健，君子以自强不息”则构成了中华精神的另一面。自强不息、厚德载物相辅相成，共同构成了中华文化的主流。也正是这种积极进取、刚健有为的思想，造就了中华民族自强不息的品格。

古人以立志为成人成事之本，是人生道路上的航标。虽然有志不一定都能够变为现实，但没有志向也难以成功。“人须立志，志立则功就，天下古今之人，未有无志而建功。”①　即使是读书做学问也不例外。“大凡为学，先须立志，志大而大，志小而小。有有志而不遂者也，未有无志而有成者也。立志之道，先须辨别何者是上等人所为，何者是下等人所为，我所愿学者，是何等样人，我所不屑为者，是何等样人。”②　在管理学界有一个著名的实验：将一只青蛙放进热水中，青蛙受到热水刺激后会迅速地逃离热水；如果把青蛙放进温水中，然后再慢慢加热，直到把水煮开，青蛙也不会再跳出来。青蛙是在没有压力的情况下失去了求生的目标，直至被烫死。其实，每个人都是有惰性的，在缺乏目标的情况下，往往每天重复着“明日复明日”的周而复始的简单生活，直至岁月蹉跎。正是在此意义上说，志是促进自己努力向前的内在动力源，这在缺乏外在压力的环境中尤其重要。正是在这种背景下，自然的奥秘与人类的事物合而为一，对天体运行及其性质的探讨兴趣，被对伦理的、社会因果关系的关注所压倒、取代。所以我们讲一个人必须有抱负和理想，不然就会碌碌无为。

---

① 《明太祖实录》卷三三。
② 张履祥：《初学备忘》卷上。

第十九章 东方管理学的"五行"学术研究

"五行管理"是苏东水教授在多年探讨人的有效心理行为过程中提出的新概念。"五行管理"是指对管理过程中运行的五种行为即人道行为、人心行为、人缘行为、人谋行为以及人才行为进行管理。这五种行为相互联系，构成了一个完整的系统，形成了一门现代管理新学科。"五行管理"是"三为"、"四治"理论在实践环节中的具体表现，并分别与现代西方管理学体系中的管理哲学、管理心理、管理沟通、战略管理以及人力资源管理等相对应。应说明的是，这种对应关系仅仅是指它们所研究的对象类似。从学科的内涵以及其所采用的概念体系来看，它们之间是不同的。

第一节 人道行为——管理哲学

人道行为，即管理哲学，所谓"人道"是指人、人的价值、伦理道德、人的认识（包括自然、社会、人生、思维规律）以及历史观点等，包括客体、主体以及主体对客体的认知。关于人道的学问可称为人生哲学，即关于人生意义、人生理想、人类生活的基本准则的学说，也就是道德学说。本节主要探讨"道"的内涵、人道管理思想及人道管理的运用。

一、"道"的内涵

在汉语中，"道"字有四十余种解释，大致可以分为几类：一是与道路、路程相关的用法；二是有"无"的含义；三是"本原"；四是规律、方法、技术等；五是特指某种中国思想文化体系，出自《老子》（即《道德经》）。

（一）"道"之本质

"道"作为中国古代哲学中的最重要的范畴之一，始于《老子》，"道，可道也，非恒道也。名，可名也，非恒名也。无名，万物之始也。有名，万物之母也。故恒无欲也，以观其眇；恒有欲也，以观其所徼。两者同出，异名同谓。玄之又玄，众妙之门。"[1] 可见，老子说的道不是"常道"或"可道之道"，而是那种揭示事物之间必然

---

① 马炳文：《道德经》，以下引用不另注明者，均引自《道德经》。

联系的本质东西，是一种无形的、不变的、不可名的恒道。在中国古代，诸子百家都将自己的理论和方法称为"道"，儒家、墨家、道家、阴阳家以及佛教等，都曾自命或称做"道教"。

老子还把"道"说成是"无"。"天下万物生于有，有生于无。"（《老子》第四十章）在老子看来，"无"比"有"更根本，"无"是天下万物的最后根源，因此这里的"无"也就是他所说的"道"。因为"道"是"无"，所以它是人根本无法感触到的，它没有任何物质的内容和属性，只是一种纯粹的思维抽象。老子形容"道"的特点是"其上不皦，其下不昧，绳绳不可名，复归于无物。是谓无状之状，无物之象"（《老子》第十四章）。就是说，一切具体的东西，光线照射到的上部明亮，照不到的下部则黑暗，而"道"是无状之状，无物之象。道是看不见，听不见，也摸不到的，"视而不见，名曰夷，听之不闻，名曰希，搏之不得，名曰微"（《老子》第十四章）。老子极力把"道"和具体的事物区别开，是要强调指出"道"完全是人的感官不能感触到的虚无缥缈的东西。这样的"道"等于"无"，没有任何物质属性和形象，超越于物质世界之上，成为物质世界的源泉，它本身当然不是物质实体，而只能是一种抽象的精神性的东西。

老子所说的"道"不是物质实体，而是产生整个物质世界的总根源，即本源，是绝对精神之类的东西。在他看来，"道"是第一性的，而世界万物是从"道"派生出来的，因此是第二性的。他把"道"叫做"万物之宗"，还说："吾不知谁之子，象帝之先。"（《老子》第四章）也就是说，"道"是宇宙万物的宗主，没有别的产生它的东西了。"道"是最原始的，存在于物质世界之前，正是由于"道"的存在，万物才得以产生。"道"产生万物的过程是"道生一，一生二，二生三，三生万物。"（《老子》第四十二章）这里的"一"可以解释为元气，也就是指原初的物质。原初的物质是从"道"产生出来，然后又进一步产生出宇宙万物来。

"道"是道家哲学的最高范畴，构成了其哲学体系的核心。老子吸收了"道"作为规律的含义，加以唯心主义的解释，使之神秘化，把它说成为宇宙万物的创造主和最后源泉。老子所说的"道"又是超时空的绝对，它先于天地而生，"寂兮寥兮，独立而不改，周行而不殆"（《老子》第二十五章）。也就是说，"道"是无声无形的，它不停地循环运行，却是独立而永远不会改变的。老子认为，一切具体的事物都不是永久性的，包括天地在内（《老子》第二十三章），而"道"却是永久的（《老子》第十六章）。万物都会消灭，而"道"依然存在。总的来说，物质世界的一切是转瞬即逝的，而产生出物质世界的那个"道"则常驻不变。

老子提出天道自然无为的思想，他说"道法自然"（《老子》第二十五章），又说，"道常无为而无不为"（《老子》第三十七章）。自然、无为是说"道"生育万物是无意志、无目的、自然而然的。"道"没有意志，因而它无所求，无所私，无所争。"生而不有，为而不恃，长而不宰。"（《老子》第十章）就是说，"道"生养了万物，但是不据为己有，也不以为是自己的功劳，也不去宰制它们。"道"正因为是自然无为的，所以它才有巨大的化育万物的力量："以其终不自为大，故能成其大。"（《老子》第三十四章）老子的天道自然无为的思想，为后来的唯物主义哲学家加以批判改造后成为反对宗教目的理论武器，但老子的自然无为思想在其唯心主义体系中是消极的。

自从老子把"道"作为其哲学的最高范畴以来，经历了一个从产生到发展，再到消亡的过程。虽然今天"道"一字仍然被广泛使用，但其现代含义除了作为道路之外，已经被人们引申为"规律"、"准则"、"法则"等，而人道一般被解释为人伦道德，泛指人类的准则、法则等。

（二）"道"与"人道"

在中国古代哲学史上，"道"这一哲学范畴被分成天道和人道两个系统。最早将"道"分成天道和人道的是春秋时期郑国的子产。《春秋左传》昭公十八年（公元前524年）记载："天道远，人道迩，非所及也。"把天道和人道区别开来，一是指自然现象，一是指人事现象，可以引申为我们今天所说的客体和主体。孟子曾说："诚者，天之道；思诚者，人之道也。"①《周易·说卦传》讲天、地、人三道："易之为书也，广大悉备，有天道焉，有人道焉，有地道焉。"由于天道与地道都是指客观事或物，属于客体范围，所以可将地道合于天道，这或许是后来仅有天道和人道的原因。佛教也讲天道和人道，但它们是作为佛教所说的六道之一来说的②。

按照今天我们对中国古代的天道和人道的理解，天道应是指世界的存在及其存在的形式；人道则是指人、人的价值、伦理道德、人的认识（包括自然、社会、人生、思维规律）以及历史观点等，包括客体、主体以及主体对客体的认知③。由天道和人道诸要素组成了"道"的系统，即一个具有多层次、多结构的整体系统。天道蕴含"道"的客体方面，即自然观、宇宙观；人道蕴含"道"的主体方面，即人生观、伦理观、历史观。中国古代有以天（道）与人（道）相合，有以天（道）与人（道）相分，也有以天（道）与人（道）交相胜、还相用，即既对立又统一等对天道与人道关系的不同的说法。

中国古代没有哲学称谓。在先秦时代，一切思想学派统称为"学"。到了宋代，有"义理之学"的名称。义理之学包括关于"道体"（"天道"）、"人道"（人伦道德）以及"为学之方"（治学方法）的学说。其中关于人道的学说可专称为伦理学，即关于"人伦"之理的学问，也就是说研究人与人之间的关系。

从这一含义推之，关于人道的学问可称为人生哲学，即关于人生意义、人生理想、人类生活的基本准则的学说，也就是道德学说。在中国古代，"道"与"德"本来是两个概念。孔子曾说："志于道，据于德，依于仁，游于艺。"④ 道是行为应遵循的原则，德是实行原则而有所德，也就是道的实际体现。后来作为一个完整的名词来看，道德是行为原则及其具体运用的总称。需要指出的是道家所谓的道德，其含义与儒家不同。《老子》以"道"为天地的本原，为万物存在的最高根据，以"德"为天地万物所具有的本性。

---

① 《孟子·离娄上》。

② 佛教认为，人是在"六道"之中轮回，这"六道"是指天道（佛教的"天"与"神"同义）、人道、阿修罗道、畜生道、饿鬼道、地狱道。上三道被称为"三善道"，而下三道则被称为"三恶道"。这里"道"的内涵是指道路之道。

③ 张立文：《中国哲学范畴发展史（天道篇）》，中国人民大学出版社1988年版。

④ 《论语·述而》。

中国古代伦理思想有一个显著的倾向，即肯定人在天地之间的重要地位。儒家的《易传》以天地人为三才，道家的《老子》以道、天、地、人为"四大"。《孝经》引述孔子的话："天地之性为贵。"《礼记·礼运》中有："人者，天地之心也，五行之端也，食味别声被色而生者也。"董仲舒说："天地人，万物之本也。天生之，地养之，人成之。天生之以孝悌，地养之以衣食，人成之以礼乐。"①《礼运》以人为天地之心，张载则提出"为天地立心"之说，认为天地本来无心，人对于天地的认识就是天地的自我认识，天地在人身上达到了自我认识。虽然这些说法上有所不同，但都肯定了人在宇宙间的重要意义，可谓是人类中心论。

二、人道管理思想

道家思想源于实践，更可应用于实践。体现在管理当中，"天道"意味着管理实践必须遵循规律，"人道"则要求在管理过程中必须尊重个人的价值。显然，"人道"比"天道"属于一个更高层次的管理哲学范畴。西方目前兴起的人本主义经济学正与"人道"管理思想相吻合。

（一）管理之道

管理的人道原则可划分为广义和狭义两种意义：广义的人道原则是指"把人当人看"，它具有两个方面的根本特征："一方面，人道主义是视人本身为最高价值的思想体系，这是人道主义'事实如何'方面的根本特征；另一方面，人道主义是主张将一切人都当作人来善待的思想体系，这是人道主义'应该如何'方面的根本特征。总而言之，人道主义便是视人本身为最高价值从而主张善待一切人、爱一切人、把一切人都当作人来看待的思想体系；简言之，便是视人本身为最高价值从而主张把人当人看的思想体系。"②狭义的人道原则是指"使人成为人"，它把人本身的发展、完善、自我实现看做是最高价值，从而把人本身的发展、完善、自我实现奉为道德原则的思想体系；简言之，便是视人本身的自我实现是最高价值从而把使人成为人奉为道德原则的思想体系。③这从本质上揭示了人道原则的基本内涵。

管理在本质上是对人的管理。管理的这一特性决定了人道原则在管理活动中的地位。人道原则是当代管理的必然趋势，就发达国家经历的演变过程来看，管理活动经历了非人道向人道转化的过程。资本原始积累时期所表现出来的那种野蛮摧残人、掠夺人的血腥管理方式，随着几百年来人道主义的发展、科学技术的进步、政治生活领域的民主建设，已失去了存在的基础。现代管理学家已将视野转向人，向着人道化管理的方向迈进。人道原则作为管理活动的一项一般伦理原则，包括下面几个相互关联的规定。

1. 肯定人的价值，将人视为一切管理活动的最高目的

人道原则认为，人是宇宙间的最高价值，人是世界的主体，世间的一切活动都是为了人的利益，人仅仅是因为人，就具有自身共同的价值尺度：人自身。人类的一切管理

---

① 《春秋繁露·立元神》。
②③ 王海明：《公正、平等、人道》，北京大学出版社 2000 年版。

活动，无论是调整人与自然的关系，还是调整人与人的关系，都是为了人自身的生存和发展，人与人类的利益。人首先是最终也是人的活动的目的。另外，人为了实现自己的价值与利益，必须通过自己的努力，在这个意义上讲，人同时又是手段。人是手段的规定仅仅表明人的价值和利益实现只能靠自己去争取，舍此别无他途。作为目的的人与作为手段的人虽然都是现实的人，但人是目的与人是手段都是两个不同层次的问题，人是目的是更为根本的问题，因此，人道原则认为，衡量一个社会、制度、管理、文化的优劣和进步与否的根本尺度，即是人及其利益。人是目的，表明了人类任何组织的管理活动都应以造福人类为宗旨。[①]

2. 坚持"为了人而管理"的管理目标

管理作为一种人文活动，必须使人们认同管理，在管理中感到愉悦，把管理不仅看成是组织和社会发展的需要，而且看成是自我发展的需要。从管理理论发展与实践来看，当代管理理论已经经历了泰罗的"科学管理"、梅奥的行为科学理论、（第二次世界大战后）管理科学理论三个阶段。现在是管理理论的第四个阶段，即企业文化理论。企业文化作为当代最先进的管理理论，也正在发生重大的嬗变，这就是企业管理与伦理的结合，这一结合被人称为管理史上的一场革命。

管理与伦理的结合不是要为管理活动提供伦理辩护，其深刻性在于启示人们必须树立一种全新的管理价值理念，即要使管理深深植根于有利于人的全面发展的目标之中。传统管理理论着重于生产过程的分析和组织控制研究，以物为中心，把人仅仅视为能带来利润的"工具人"、"经济人"，片面强调金钱的刺激作用，忽视了人的社会需求和自我实现的需要，是一种以制度为中心的刚性管理方法。现代管理理论（企业文化理论）把管理活动纳入"以人为中心"的轨道上来，在经营管理中重视人、相信人，以此原则开展管理活动，是一种以人为中心的柔性管理方法。人是生产力中最活跃的因素，是管理活动中最富有潜力的资源和最为宝贵的财富。现代管理应立足于人力资源的开发，尊重人的意愿，尊重人们的创造，充分释放人们的智慧和热情，不断提高人们的素质和士气。如果说，以物为中心到以人为中心是管理史上的一次重大飞跃，那么从以人为中心到为了人而管理则是人道原则对管理活动提出的新的合理要求。"为了人而管理"或者说"以人为最终目的的管理"的思想，是指管理无论是作为一种制度行为，还是作为一种人文活动，都应当是为了人的创造性、积极性的充分发挥，都要有利于人的全面发展，而不是要压抑人、限制人。人道原则在管理中的运用，必将推进管理向更高层次发展。

3. 树立"以人为本"的管理理念

管理目标是管理活动所要追寻的对象和所要达到的境地。管理目标是由关于物的目标是指管理以经济利益为内容目标，具体地说就是追求效益的最大化。任何管理都必须追求效益最大化，否则管理便没有存在的必要。因而，管理在进行决策、计划、组织、指挥、控制、激励、协调等活动中，都应为实现尽可能地创造一切条件，通过优质产品和优质服务造福人民、造福社会。管理活动的物质价值即在于通过取得效益的最大化对

---

① 高兆明：《管理伦理导论》，复旦大学出版社 1989 年版。

民众的幸福和社会的发展做出贡献。然而，关于人的目标比关于物的目标更为根本。这种将关于人的目标作为根本目标来追求的管理目标就是以人为本的管理目标和管理理念。这种以人为本的管理理念为管理处理各种关系提供了根本原则，从而成为管理建构道德准则、进行理论精神塑造的根本价值导向；这种管理理念在管理道德活动中既是激励机制的基本方向，也是约束机制的根本依据。

（二）效法自然

管理之道即人道，道家管理学说归根到底是对于人的生命的关怀的理论，道家管理最高智慧和原则就是"效法自然"。

自然是什么？如何效法？在道家看来，自然就是万物发生、发展的实质，它不是有意识地、人为地产生的，也不以人们的意志而存在，而是自然而然的演变过程。效法自然，就是认识、遵循客观规律，利用规律为我所用。所以效法自然不是无知盲从，不是随心所欲，也不是什么玄而又玄、可望不可即的东西。效法自然给予我们最重要的启迪就是看事物要寻求其本源和内在运动规律，既反对无所事事、放任自流，也反对贸然行事，搞"大呼隆"，否则就会带来无谓的遗憾和损失。

（三）无为而治

"为无为，则无不治"，即通过"无为"可达"无不为"之高效，取"无不治"之结果。

无为真就是不作为吗？显然不是。无为而治有三层意思：首先，无为不是无所作为，而是有所为，有所不为。其次，无为是"无"在作为，"无"在道家那里是无形无象、潜在的本质规律，规律不以人们的意志为转移再有所作为。第三，无为要求人们不要妄为而要善于抓住本质，从根本上解决问题，标本兼治，治本为主，从无为到无不为。

对于管理者而言，要采取无为而治，则首先要成为一个"有道之人"。管理者学道用道，必要记住"曲则全，枉则直，洼则盈，敝则新，少则得，多则惑，是以圣人抱一为天下式"①。自古以来，有道的人——圣人，必是"抱一为天下式"，不可动摇，不能偏颇，应固守一个原则自处。什么是"一"？"一"者，道也。人生于世，做人做事，要有一个准则。做教授、做木匠、做医生、做农民或做公务员等，职业不尽相同，就是在相同的职业中扮演的角色也不尽相同。但是，人格仍然是一样的。人要认定一个人生的目标，确定自己要做什么，要扮演何种角色。

管理者做到了"抱一而为天下式"，还需要有一定的品格修养。老子要求圣人"不自见故明，不自是故彰，不自伐故有功，不自矜故长"。"不自见故明"就是说不可以自以为聪明，固执己见，否则就要犯主观主义的错误。不自见但要自知，人贵有自知之明。知道自己有弱点，就去学习提高自己，多向群众请教。兼听则明，兼收并蓄。多吸收他人智慧，自己的智慧更大。博采众长，集思广益，领导者的管理就更加有效。"不

---

①《道德经》第二十二章。

自是故彰"就是说不可以自以为是。"自我感觉良好"或"一贯正确"的领导者最终招来的只能是挫折和失败。不要自以为是，而要实事求是才能开彰大业。"不自伐故有功"。"自伐"就是自我表扬。爱听表扬的话，有了成绩爱表功，"表扬和自我表扬"是常人所为。但作为领导者千万不可"自伐"。"自伐"，有功等于无功。领导者不以一点成绩而洋洋自得，应当更加努力去做"功在天下"、"功在国家"的事业，功高再加上谦虚才能望重。不自伐甚而闻过则喜，应当是领导者应有的风范。"不自矜故长"。"自矜"就是自尊心过重，过分的自尊心几同于清高傲慢。"谦虚使人进步，骄傲使人落后"，自矜之人既不利他，也无益于己，怎么能够成长前进呢？自矜的领导者，必然伴随着浮躁浮夸，或好大喜功或文过饰非或不思进取，给事业带来不应有的损失。

三、人道管理的运用

（一）赢取民心

获得被管理者的支持是成功管理的重要特征。那么，管理者怎样取得被管理者的民心呢？应当在实际管理的过程中，实施"合民情、利民富、促民强"的方略。

1. 合民情

合乎民情，首先要顺应被管理者之自然天性。"彼民有常性，织而衣，耕而食，是为同德"①。古人早就知道，老百姓有享乐的需要，富贵的需要，安全的需要和传续的需要，管理者只有满足群众的这些起码的自然天性需要，才能获取民心。反之，织不衣、耕不食或者衣不织，食不耕又不能给社会做出贡献，老百姓怎么能满意呢？其次，要体察民情。现实的民情到底是什么样子，当政者要心中有数，关心人民生活，减轻人民疾苦，自然就会受到老百姓的拥戴。要体察民情，就必须获取第一手资料，深入群众调查研究，才能准确地、有预见性地制定出合乎民情的政策。再者，要有切实可行的措施。只是知民情、察民情还是不够的，要做到合民情还必须适时地实行具体的措施。管子在齐国治理国家事务时，用过"老老、慈幼、恤孤、养疾、合独、问病、通穷、振困、接绝"九种措施，使齐国上下同心同德，国泰民安。当然，现代管理与其不可同日而语，要更复杂得多，措施相应也更加复杂，但是合民情的理念是值得借鉴的。

2. 利民富

民情是指人民的情性、情绪、情感等，合民情就是要合乎人民的多方面、各层次的需要，主要侧重管理中的精神因素。利民富则是着重经济角度，侧重于管理中的物质因素。当然，两者不可截然分开。利民富是道家一贯的主张。老子非常重视民生，希望百姓都能"甘其食，美其服，安其居，乐其俗"，有人称老子之学为养生之道也不无道理。管子发挥了道家学说，提出"凡治国之道，必先富民。民富则易使也，民贫则难治也。……是以善为国者，必先富民，然后治之"。的确，一般来说，人有恒产，才有恒心；仓廪实，衣食足，才知礼节荣辱。古往今来，治国管事，正反两方面经验教训都

---

① 《庄子·马蹄》。

证明了利民富的重要性，领导者不得不察。

3. 促民强

人一来到世间，就开始了顽强拼搏、自强不息的过程。还在婴儿时，人就会呼喊挣扎，从爬到走。少年苦读修身，"十年寒窗"。青年择业、成家、立事。老来与疾病抗争。真是历尽坎坷。民强也是人的天性本能之一。人有争先、好胜、夺标、成就的要强欲望。古人云："人存政举，人亡政息。"管理之事，贵在人才。因此，管理者应当促使人才的成长，造成人才辈出的局面。诸葛亮说过："夫治国犹于治身，治身之道，务在养神；治国之道，务在举贤。"管理者既要培养人才，发现人才，拥有人才；还要善于识别人才，锻炼人才，用好人才。实力的竞争归根到底是人才的竞争，民强至要，必力促之，这也是人本管理的一大要义。

（二）化解矛盾

《易经》指出："一阴一阳之谓道。"用现在的话来讲，道就是矛盾的统一，道的管理就是运用规律来正确认识和解决矛盾。道家的管理智慧就体现在对组织内外一系列利害转化关系的洞察，在这种转化中去取得最大的效率和利益。

道作为治理天下的大本，在此之下具体解决人与自然、人与人之间的矛盾应当以无为而自化，以好静而自正，以无事而自富，以无欲而自朴为原则，从而理乱求治，建立人与自然、与社会和谐的秩序，达到三者合一的管理的最高境界。道的管理原则具有强烈的现实性，老子认为人与自然失调、人与社会失序、人自身失衡，就是由于"有为"、"好功"、"有事"、"有欲"造成的。"企者不立，跨者不行，自见者不明，自是者不彰，自伐者无功，自矜者不长，其在道也。"对于管理者说来，"上诚好知而无道，则天下大乱矣"，应当清静无为，顺事物自然本性而不用私意，天下方才真正可以治理好。

（三）修心养性

管理者在管理实践过程中，也可以利用人道管理原则进行自我管理。自我管理在古代的说法叫"修心养性"。

1. 养身先养心

我国古代思想家认为，各种心理活动都支配人的活动。生理状态在一定程度上受心理状态的影响。《寓简》说："夫人只知养形，不知养神；只知爱身，不知爱神。殊不知形者载神之车也，神去人即死，车败马只奔也。"《艺文类聚》又说："太上养神，其次养形。""养神"就是调养与保护心理。养神有方才能使人神志清明，意志平和，情绪稳定，心情愉快，气血调和，经络通畅。神志安宁，性情舒畅，则健康长寿。因此，心理不健康则身体也会发生病变。这点也已得到现代西方心理学家的实证研究的证实。研究表明，个体胃溃疡、心脏病等与个体的生活压力、情绪调节、生活态度以及个性等息息相关。

对于现代企业而言，员工的心理健康已经成为一个非常重要的话题。企业完全有必要建立心理援助中心，帮助员工缓解心理压力，进行情绪调适，进而提升工作效率和积极性。

2. 养心须养身

"养身"就是调养与锻炼身体，例如四肢、肌肉、关节、筋腱等，使形体健壮。养生之本为养神，养生之末为养身。《素问·灵兰秘典论》说："心者，君主之宫也，神明出焉。……故主明则下安，以此养生则寿。"然而，身心之间的关系是交互的。没有健康的体魄，有良好的心态也是很难的。为了保持心理健康，首先也要求个体进行体育锻炼，保持身体健康。

练气功强调要心、息、形兼统，也就是这个道理。练气功主要环节是由调心（意识锻炼）、调息（呼吸锻炼）、调身（姿势锻炼）所组成，三者是相互联系，相互制约，相辅相成的。调心在三者中起着主要的、主导的作用。三者在意识的主动控制下，发挥整体作用。练功的过程实际上就是通过心理过程来调整自己的生理过程。调心就是调整心理状态，在意识的主导下进行机体内部生理功能的自我锻炼和自我调整；调身则是松弛肌肉，摆好姿势，练功时放松身体有助于入静。

3. 养生重养德

个体修心养性的重点其实是在"养德"。儒家养生、道家养生都是如此。《中庸》说："大德必得其寿。"孟子提出"收心"、"寡欲"，"富贵不能淫，贫贱不能移，威武不能屈。"老子则强调"恬淡虚无"、"少私寡欲"。《素问·上古天真论》说："嗜欲不能劳其目，淫邪不能惑其心，愚知贤不肖，不惧于物，故合于道，所以能皆度百岁，而动作不衰者，以其德全不危也。"可见，要做一个有道德的人，才能身体健康，心理健康。道德的修炼为修心养性的核心。

第二节　人心行为——管理心理

所谓的"人心行为"，即管理心理，任何管理活动，只要涉及人，就必然与人的心理活动息息相关；任何管理过程最终的实现都必须通过心理认知环节。与财务管理和技术管理不同，心理管理主要以人的动机、个性、人际关系、情绪理念、领导风格、群体行为等切入点，对组织成员的心理状态及组织的心理氛围进行管理，进而提高员工的工作经济性。本节主要从人心和人性角度，探讨在管理心理行为中如何有效激励，如何摆脱挫折的困扰，以良好的心态重新获得挑战。

一、心性之理

（一）人心与人性

什么是"人心"？其本意是指人的心脏。《说文解字》这样解释："心，人心也。"在我国远古时代，由于科学发展水平和认识上的限制，人们将心脏视为一种思维工具，因而后又衍生出很多含义，比如"内心"、"心灵"、"心智"、"意识"、"心绪"、"思虑"，等等。现在我们已经知道，真正让我们具有思维能力的是大脑。人心指的是人的心理行为，它是大脑的一种机能，是对客观现实的一种主观反应。

人的心理行为包括感觉、知觉、记忆、思维、情绪、情感、意志等心理活动，也包括价值观、个性、兴趣、能力等让个体富有差异性的特征。尽管心理学直到 1879 年德国人冯特在莱比锡大学建立第一个心理学实验室才正式宣布独立为一个学科，但人们对心理的探索早就开始了。一方面，从人类社会形成的时候起，人们就有必要与他人进行沟通、交往，这样在生活中必然要去理解自己与他人的心理行为。当然这种心理学理解完全是一种常识性的理解，并没有形成一些系统性理论建构。另一方面，古代先贤早从哲学角度，对人类的心理活动进行了系统的哲学建构。

比人心更进一步的概念是人性。人心仅限于对人的心理活动状态或心理特质的描述，而人性则涉及对人的本质的看法。所谓人性是指依赖于个人的本能的，与生俱来的需求、反应和通过后天环境学习而形成的价值观念、意识、理念的持续性心理特征总和。著名管理心理学家麦格雷戈指出，有关人性与人的行为的假设，决定了管理人员的工作方式。

对人性的认识，古今中外的贤哲都有许多高明的见解，这些见解虽然在时代、地域上有巨大的差异，但在思想深处都有一些惊人相似的方面，例如中国古代的性恶论与当代西方的 X 理论，中国古代的性善论与当代西方的 Y 理论，中国古代的性有善有恶论与当代西方的复杂人假设等，在许多见解的本质上是相似的，甚至是相同的。

(二) 我国古代的人性论

从人的自然本性来分析，中国古代对人性的探讨可以归纳为性善论、性恶论、性无善无恶论、性有善有恶论四个派别。

1. 性善论

性善论就是认为所有的人生来都具有一些善良特点。性善论首先是由孟子提出来的，并具有典型性。孟子的性善论主要指人生来具有恻隐、羞恶、辞让、是非四个"善端"。而因为这些"善端"，才能把人与动物区别开来。

性善论在管理上一般主张"施仁政"，强调道德本位思想，提倡人治。希望管理者和被管理者共同遵奉仁、义、礼、智、信等规范。

2. 性恶论

荀子、韩非子等人认为人的本性是丑恶的。荀子将争斗、不讲忠信、不讲文明礼貌，好利、好色等不良行为的原因都归结于人性本恶。韩非子将人性本恶讲得更加淋漓尽致。韩非子认为人的本性是丑恶的，即使是君臣、父子、夫妻之间的关系，也是相互利用的关系、讲究功利的关系，仁义礼智信都是骗人的谎言。

与性恶论主张相对应，性恶论者主张在管理活动中重视法治，提倡用严厉的奖惩来约束社会成员。

3. 性无善无恶论

告子、墨子提倡性无善无恶论。告子认为，性是天生的资质，就好比自然的杞柳，其本性是无所谓善与不善的。他又把性比作流水（"湍水"），认为人没有善与不善的定性，就正如同水没有东西流动的方向一样。墨子也认为，人的本性无所谓善与恶之别，完全由于在环境与教育的影响下人们学习的结果所致。

4. 性有善有恶论

性有善有恶论这一人性观比较复杂，至少包含三方面的内容：一是就个体而言，其本性有善良有丑恶；二是就群体而言，有些人性善，有些人性恶，有些人性有善有恶；

三是可以使人的本性向善，也可以使人的本性趋恶。先秦时就有人提出"有性善有性不善"说。董仲舒的性三品说，认为从群体而言，性有善有恶；扬雄持"善恶混"说；张载将人性划分为气质之性与天地之性，他认为天地之性是纯善的，而气质之性是"善恶混"的。性有善有恶论与西方的"复杂人"假设的思想相类似。

5. 对我国古代人性论的评价

综观我国古代哲学家对人性的争论，可以发现这些人的争论体现了两个理论路向："生命性路向"和"天命性路向"。

荀子、告子等人属于"生命性路向"。他们认为，所谓人性就是人与生俱来的本能和欲望。荀子认为这些本能与欲望是罪恶的，因而坚持性恶论；而告子则认为这些本能是无所谓善恶的，因而坚持性无善无不善论。

孟子等为代表的儒家主流思想则属于"天命性路向"。他们认为，人性就是人区别于动物而都有的特质，人的本性中包含有超越其身心有限性的永恒存在，即所谓的"天道"、"义理"、"天命"。正如孟子所言："恻隐之心，人皆有之；羞恶之心，人皆有之；恭敬之心，人皆有之；是非之心，人皆有。恻隐之心，仁也；羞恶之心，义也；恭敬之心，礼也；是非之心，智也。仁、义、礼、智，非由外铄我也，我固有之也，弗思耳矣。故曰：求则得之，舍则失之。"[1]

人的生命与天命、天道相通。天命就是人性。人要真正使自己的生活有意义，就必须通过内心修养来发掘这种超越他个人有限存在的内在本性，不要使其被屏蔽。由于人人内心都拥有这种善性，因而人人都可以通过发展自己的本性而成为圣人。

"天命性路向"人性观的内核就是天人合一的思想。天道与人心合一。正如陆九渊所言："在天者为性，在人者为心。"[2] "人皆有是心，心皆具是理，心即理也。"[3] 可见，天道、心性、义理均可通而为一。在儒家看来，人性中的这种德性来自天德，因而人皆有仁心。但人生命中也具有动物性，会有各种欲望和本能。因此，个体必须对欲望和本能进行节制，通过内心修炼，才能上达下开。所谓上达，即尽心、知性、知天，上达天德；所谓下开，即立己、成人、成物，下开外王之途。

与孟子的思想类似，道家和佛家的主流思想也大抵属于这一路向。只不过道家和佛家对本性的理解与儒家有所不同。儒家侧重德性，道家侧重道性，佛家则侧重佛性。在道家看来，道就是天地万物的根源，是每一事物缘起缘灭的内在基础。与儒家一样，道家也主张修炼，灭尽尘心，清静血气，从而显出本心，实现精神和肉体的双重解脱。佛家认为人性就是佛性，人人皆有佛性，因而只要注意修炼，人人皆可成佛。

可见，在中国传统心理学中，无论儒家、道家还是佛家，都强调从天人合一的角度去理解人性。个体与超越于个体而存在的天德、天道、佛性是融为一体的、互动的。比如儒家认为个体的心灵与道的内在相通，道家则强调人与自然之间的内在相通，佛家则强调个体的心理与菩提之道的内在相通。

---

[1]《孟子·告子上》。

[2]《陆九渊集·语录》。

[3]《陆九渊集·书》。

二、人心激励

任何行为都有其内在发生的原因。古今中外许多人对人的行为的原因、中介机制、目的都有大量的论述，例如，中国古人讲"食色，性也"，是说人有饮食、性欲等本能；韩非子等人认为"凡人之有为也，非名之则利之"，即认为人的一切行为都是受名利驱使的。

（一）西方的激励理论

西方激励理论从学科角度包括西方心理学激励理论、西方管理学激励理论和西方经济学激励理论等三个方面。

1. 西方心理学的激励理论

西方心理学路线的激励理论往往是与需要、动机联系在一起的。大概可以分为以下几类：

（1）以心理学家詹姆斯（W. James），麦独孤（William Mcdougall）、弗洛伊德（S. Freud）等为代表的本能论（Instinct Theory）。

（2）以赫尔（C. L. Hull）为代表的驱力论（Drive Theory）。

（3）以华生（John Broadus Watson）、巴甫洛夫（Ivan Petrovich Pavlov）等为代表的强化论（Reinforcement Theory）。

（4）以麦克利兰（D. C. McClelland）、阿特金森（J. W. Atkinson）等为代表的成就动机论（Achievement Motivation Theory）。

（5）以阿伯特·班杜拉（Albert Bandura）为代表的社会学习论（Social Learning Theory）。

2. 西方管理学的激励理论

管理学路线的激励理论是与现代管理理论的发展联系在一起的，尤其与现代人力资源管理的发展联系在一起。斯蒂尔斯和波特（Steers and Porter，1983）将管理学路线的激励模型归纳为三种：传统模型（Traditional Model）、人类关系模型（Human Relations Model）和人力资源模型（Human Resource Model）。

3. 西方经济学的激励理论

而经济学对现代激励理论的研究是与现代企业理论的发展联系在一起的。在新古典经济学的框架内，劳动力被作为一种可变投入要素，管理者的目标就是要尽力使成本最小化。诚然，强调技术特征（生产函数）是必要的，但是这并不能完全把握企业生产的实质。按照科斯（Coase，1937）的话来说，新古典经济学将企业内部视为一个黑箱的假设虽然具有"可控性"，但缺乏"现实性"。企业理论就是为使得经济假设更具有现实性而对新古典经济学进行突破的结果。科斯于 1937 年发表《企业的性质》一文，但是并没有引起多少人的注意。直到 20 世纪 70 年代，由于威廉姆森（Williamson）、哈特（Hart）、阿尔钦（Alchian）、詹森（Jensen）、阿克洛夫（Akerlof）等人的努力，现代企业理论才得以蓬勃发展。企业中的激励理论也得以迅速发展。从古至今，经济学路线的激励理论大致有以下几个流派：劳动力市场供求模型；契约经济学；委托代理理论；产权理论；人力资本理论。

纵观西方激励理论的历史发展过程，可以发现西方学者在激励理论的研究中出现的一些问题，主要表现在忽视对激励主客体相互关系的考察、忽视自我激励的研究、忽视激励的动态演进研究、忽视道德激励研究及漠视文化因子的影响等。

（二）"人为激励"理论

人为激励理论是东方管理学派在激励领域的最新研究成果。它是基于对西方激励理论研究的反思，融合我国传统文化精髓的一种新型激励模式。

所谓"人为激励"，即人为科学视角的激励，它是指一个主客体的交互过程，即在一定的时空环境下，激励主体采用一定的手段激发激励客体的动机，使激励客体朝着一个目标前进，同时，激励客体也会主动采取一些手段来诱导激励主体的行为，使激励主体表现出激励客体想要的行为。可见，人为激励就是激励主客体通过交互作用从而朝着一个预期目标前进的过程。对这个定义，应强调以下几点：

（1）激励主体与激励客体可能是分离性的，也可能是重叠性的。如果分离，在企业中就表现为不同个体（可能是垂直关系的上下级之间，也可能是水平关系的同事之间）；如果重叠，那就意味着个体对自身进行激励（即自我激励）。

（2）激励主体与客体的角色是动态的。个体可能是激励客体；但他完全有可能也在扮演激励主体的角色。激励主客体之间的关系是纠缠在一起的，不宜进行单向度理解。

（3）所谓一定时空环境，不仅指时间地点的变化会影响到激励的效果和演化过程，而且指激励主体群体与激励客体群体的行为也会影响到激励过程。

基于对激励主客体关系的考察，人为激励系统包括自我激励、他方激励以及相互激励三大层次系统。这三大系统依次与"人为"（狭义的）、"为人"以及"人为为人"对应（见图19-1）。自我激励是"人为"，而他人激励是"为人"。"为人"的实质就是要通过自己的"人为"去诱导他人进行"人为"。组织成员（既包括垂直关系也包括水平关系）各自的自励（即"人为"）与他励（即"为人"）行为就构成了相互激励（即"人为为人"）。可见，人为激励的逻辑前提是自我激励，他方激励、相互激励都得依赖自我激励才得以实现。企业中每位管理者或者员工"人为"、"为人"的结果，就会形成"人为为人"的最优激励局面。因此，"人为为人"相互激励构成了人为激励模式的本质特征。

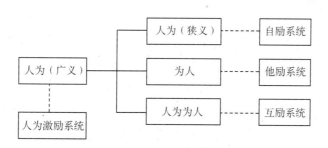

图19-1 人为激励系统的三大层次系统

人为激励理论强调交叉研究、自我激励以及人本激励，这正与西方现代激励理论发展的新趋势相吻合；人为激励理论强调的自我激励、道德激励、关系激励、动态激励正是西方激励理论一直以来所欠缺的；人为激励理论强调的融合中外古今，则可避免现在国内经济理论盲目西化的倾向，因而可以有效地指导中国企业的激励实践。因此，人为激励理论代表了未来激励理论发展的新方向，它开辟了激励理论研究的一种新传统。

三、人心挫折

（一）何为挫折

以往管理心理学中只关注激励，殊不知挫折更是值得关注的一个问题。挫折有名词和动词的用法。名词意义上的挫折就是指人们在从事有目的的活动过程中遇到自感无法克服的障碍而产生的情绪状态，它实际上是人们在需要（或期望）不能满足时产生的一种内心体验。动词意义上的挫折就是指妨碍人的需要的满足，造成心理创伤感的过程。我们这里采纳名词意义上的挫折含义。人的需要是不断发展和变化的。个体的需要不可能不折不扣的完全得到满足，可能有些需要满足了，而另外一些需要却没有满足。当个体的主要需要没有得到满足时，就会产生不愉快的情绪反应。组织成员产生挫折的原因可以从员工自身因素和外部因素两个方面来分析：

1. 外部原因

（1）职业压力——工作的业绩造成的压力等。现在，企业之间的竞争日趋激烈，企业的外部压力必然传导到组织内部，进而加大员工工作目标的压力。不仅如此，劳动力市场的激烈竞争也迫使个体必须为自己的职业生涯做好详细设计。职场生存、职业发展的诸重压力往往是让员工产生挫折感的重要原因之一。

（2）不公平分配——工资待遇。员工努力工作的结果就是获取回报。回报究竟是激励作用，还是起到挫折作用，就取决于回报分配的公平与否。比如，一些企业的收入分配和职位升迁都强调论资排辈，那么那些能力强、对组织贡献大的年轻人往往就会有一种受挫感。

（3）组织文化——与领导和同事的人际关系，以及是否适合企业文化。领导风格、组织气氛也有可能成为组织成员产生挫折感的外部原因之一。有些领导人作风粗暴，动不动责骂下属，这很容易挫伤下属的工作积极性。那些公司政治气氛比较浓厚的企业，也很容易挫伤那些有能力却不善于人际关系的员工的积极性。

2. 个体自身因素

当一种挫折行为产生时，有些人能够感受到挫折，而有的人不会感受到挫折或者虽然感受到了挫折，却不把它当一回事。同样的条件下，有的人反应微弱，若无其事，有的人反应剧烈，痛苦万分，有的人则愈挫愈勇。这些差异就是个体自身的因素造成的，主要有以下几种因素：

（1）组织员工的认识判断因素。对于一种挫折行为，如果个体认为无所谓时，便不会形成挫折感。相反，则容易产生挫折感。

（2）抱负水平。面对同样的工作业绩，那些期望值高、成就欲望强的人可能会大为不满，感到不足，而对那些期望值比较低的个体而言，也许已经大喜过望，心满意足了。

（3）挫折忍受力，即个体的耐挫能力。挫折忍受力弱的人，受到轻微的打击都会出现强烈的挫折反应；而挫折忍受力强的人，对严重的打击都会冷静地对待而不至于有强烈的挫折反应。个体对挫折的忍受力大小与个体的生理条件、心理特征、生活态度、挫折经历有关。待人处事豁达大度的人比那些斤斤计较的人对挫折的忍受力要强；历经艰辛的人比一帆风顺的人要易于忍受挫折。

（4）个体对挫折严重性的判断。当个人认为重要目标受挫时，挫折感比较重。个人的责任感也影响其对挫折严重性的判断。对同一目标受挫的反应，因责任感不同而不同。责任感强的人会有较大的挫折感，而责任感较弱的人则可能有较小的挫折感。

一般而言，挫折给个体造成的消极影响要远远大于积极影响。因此，一方面组织要尽量避免给个体造成挫折；另一方面，一旦产生了挫折，也要赶快对职工的心理进行引导，尽量克服挫折对个体的消极影响。

（二）挫折反应

1. 积极反应

（1）替代——所谓替代就是指个体以新的目标来替代旧的受挫的目标。也就是我们讲的失败了再来过。新的目标可能蕴含着质也可能蕴含着量的变化。从质的角度而言，它意味着确立一个完全不同于受挫目标的具有新质的目标。

（2）升华——个体将那种焦虑、愤懑等消极情绪转化为奋发图强、争取上进等积极情绪。亦即化悲痛为力量。

2. 消极反应

（1）攻击——个体遭遇挫折后，往往引起内心的愤怒和焦虑。

（2）退缩——个体在遭受挫折后也可能会变得易受他人的暗示，盲目追随别人，开始变得凡事畏缩不前，缺乏自信。

（3）厌世情绪——有些个体对挫折的承受能力比较低，意志也不是很坚强，在遭到严重挫折后，若没有得到周围人们帮助，就会产生厌世轻生的念头，有的人甚至产生自杀行为（日本年轻人自杀人数激增，就是因为各种压力太大）。

（4）压抑——个体受到挫折之后，通过意志的努力将受挫的体验深藏心底或遗忘的反应方式。这一做法虽然可以暂时减轻焦虑，但并不能从根本上解决问题。

（三）调适策略

个体在遭遇挫折后，自己可以采取一些调适策略来缓解自己的紧张焦虑情绪，以下对这些策略作一简单介绍：

（1）态度积极——害怕失败是人性的一大弱点。事实上，自己的目标暂时没有达到，并不意味着今后不可能达到。我们对待挫折的正确态度应是：不要为打翻的牛奶而哭泣。

（2）合理归因——失败与成功的原因有时是多方面的，既有外部的，也有内部的。只有从外部、内部多个方面进行分析，才能真正了解自己的失败的教训，成功的经验

（3）善待错误——任何人都会犯错误。在面对错误时，应把它看成是一个暂时性，而且可以给你带来幸福的事件。

（4）情绪宣泄——挫折必然会产生紧张、焦虑情绪，这种情绪一定得以某种方式发泄出来，心理才能保持平衡。采用情绪宣泄的方法，可以使人返回理性的自我，恢复正常的行为。

（5）心理防卫——个体还应努力提高自己对挫折的承受能力，建立积极的心理防卫机制。可以从以下几个方面入手：首先，正确认识自己。其次，锤炼意志。面对挫折，要善于控制住自己的情绪，沉着冷静地加以应对。再次，善于思考。遇到挫折时，不能沉湎于痛苦、烦恼、焦虑的情绪感受，要分析原因、思考对策，这样才能真正减轻心理压力。

第三节　人缘行为——管理沟通

所谓"人缘行为"就是因循事物发展的客观规律，合理地发挥人与其他物质资源的综合效率，以有效地实现人与自然、人与社会、人与人关系的和谐统一，到达逐步提高人的生存质量这一目标的过程。中华民族历来就有重视人际关系的传统。维持良好和谐的人际关系成为修身的一个重要组成部分。依靠良好的人际关系形成的人际关系网络，以诚相待、以信为上、以和为贵是海内外华商成功的重要经验。本节主要探讨人缘管理的内涵、特征和目标，介绍五缘网络的主要内容，并讨论人缘沟通的渠道、类型和管理。

一、人缘和合

（一）人缘研究的内涵

东方管理学派创始人苏东水教授很早就开始关注人缘关系网络的问题，在 20 世纪 80 年代初期对泉州经济发展战略的研究中，创造性地提出了"五缘"价值论，即亲缘、地缘、文缘、商缘、神缘。

从东方管理思想来看，人缘是指个人或组织具有的五缘（亲缘、地缘、文缘、商缘、神缘）关系网络。人缘是一种社会资本，这种社会资本的积累主要依靠个体的信用、信誉和信守等修养和品质。人缘管理（Interpersonal Relationship Management）则是指遵守"信用、信誉、信守"三信原则，充分利用五缘（亲缘、地缘、文缘、商缘、神缘）关系网络，协调组织内外各种人际关系，调动多方资源，进而实现组织目标。

人缘已成为我国企业界不可忽视的稀缺资源。在经济全球化进程加快，国内外企业竞争日益激烈的市场环境中，企业只有深刻认识人缘的重要，重视道德诚信经营，才能获得更好更快的发展。

我们追源溯流，中国古代人缘关系研究发达于春秋战国，成熟于秦汉。对人缘关系的探讨，一方面是为了加强对自身的认识，以更好达到德行的最高境界；另一方面也是为了给人们的生活实践更好的指导，让个体更好地完善自身，和谐待人，推动社会文明的进步，从而达到社会秩序稳定。关注自身，关怀他人，注重国家、社会稳定及和谐人缘关系的实现是中国传统的人缘关系理论的最大特征。

中国文化由于它产生的环境和历史条件的特殊，有自己的特点，如果以中国文化与西欧文化加以比较，我们就会发现两者的本位和价值取向迥然相异。西欧文化以个体为本位，奉行的是个人主义，强调的是人权、人格、独立和自由，人际关系主要靠契约来维持，所以有人称西方社会是"契约社会"；中国文化以群体为本位，以家庭为中心，强调的是家、族、宗、国，人际关系重伦理，所以有人说中国社会是"伦理社会"。在中国历史上长期占统治地位的儒家文化，在结构上最大的特点便是伦理中心主义。这种以伦理为中心的文化构架，以家庭为中心，由小而大，由近而远，由亲而疏，延伸扩展，形成社会关系的网络。

（二）东方人缘管理的特征

（1）东方人缘管理的核心在于"人"，要充分认识"修己"与"安人"，"人为"与"为人"的意义。一个组织或一个企业，如果人人都重视自我修养和自我行为的约束，管理成效无疑会得到提高。而大家推己及人，以正当的行为来参与或从事管理，这样的管理活动自然成功，才能实现真正的"人性管理"。

（2）东方人缘管理的精神在于"中庸"，即中庸之道。中庸之道的实质是讲求合理与适度。任何事情都要注意一个合理的范围，不偏不倚。而人缘管理的目的本来就是力求使事物处于合理的最佳和谐状态，以发挥出最佳效益。这种追求事物的合理性，也就是中庸，是人缘管理的标准之一。

（3）东方人缘管理的最佳原则是"情、理、法"三者有机结合。在人缘管理过程中，首先要动之以情，用感情、语言去打动对方，如若不行，则要严肃地晓之以理，向对方把道理说透。若再不行，决不姑息手软，要毫不留情地依照规章制度加以处理。

（4）东方人缘管理的最高境界是"无为而治"，即自动化管理。一个企业或组织中的成员都能自觉地按照规范和要求办事，尽其所能地发挥自己的力量，维护组织的宗旨和荣誉，这就是人缘管理的最高境界，亦即是孔子所说的"从心所欲不逾矩"。

（5）东方人缘管理的基础是权威。权威是权力和威信的函数，古往今来，权威是普遍存在的。在人们相互依赖的联合活动中，没有权威就无法组织起来，现代人缘管理者如果没有权威，就无法完成历史使命。作为一种人缘管理的文化，必然反映着其所处的特定的时间和地域。中国有着与西方截然不同的社会制度和文化背景。只有根据中国的特定情况，建设中国式的现代化人缘管理，才能更好地为社会主义现代化的宏伟事业服务。

（三）和合是东方人缘管理的最高目标

管理活动中的每一个个体都是活生生的充满各种需要和欲望的人。他们当然渴望能够提高管理绩效，使公司收入最大化，个人获得较多的物质酬赏，但他们同样渴望自己拥有和谐的人际关系。

"究天人之际，通古今之变，成一家之言"，司马迁在这里所讲的"际"，就是关系。自古以来，天人之学、义理之学、会通之学并称三大学问，其中的天人之学，即指探索人与自然关系的学问。《易经》讲道："乾道变化，各正性命，保合太和，乃利贞。首出席物，万国咸宁。"意即依据天道的变化，人获得自己的命运和本质，变化会有差异和冲突，但是冲突又有融合，即走向太和，而和的价值指向是万国安宁与繁荣，这是符合天地变化之道的。道家创始人老子提出"人法地，地法天，天法道，道法自然"①，呼吁人们要以尊重自然规律为最高准则，以崇尚自然、效法天地作为人生行为的基本归依。儒家对天人合一观念进行了许多阐发。孔子主张以"仁"待人，以"仁"待物，即所谓"推己及人"，"成物成己"。《中庸》认为"致中和，天地位焉，万物育焉"。强调天、地、人的和谐发展。孟子提出"尽其心者，知其性也；知其性，则知天矣"②，所追求的是通过"尽心知性知天"的途径，达到"上下与天地同流"的境界。史书上记载的"网开三面"、"里革断罟"等典故，无不体现古人善待自然万物的生态伦理思想。③

"天人合一"代表着中国人的人生精神，就是追求人与自然界的统一。所谓"天地变化，圣人效之"。儒家认为"天地生万物"，人与万物都是自然的产儿，主张"仁民爱物"，由己及人、由人及物，把"仁爱"精神扩展至宇宙万物。道家把自然规律看成宇宙万物和人类世界的最高法则，认为人与自然的和谐比人与人的和谐还要崇高快乐。佛家认为万物都具"佛性"，所谓众生平等，即指万物皆有生存的权利。儒、佛、道在人与自然和谐的观点上完全一致。④

（四）诚信是东方人缘管理的基石

现代企业已充分认识到"诚信"是管理者必需的商业道德规范，也是管理者与被管理者沟通的基本原则。"重诚守信"是现代企业相互合作的重要前提，也是公平竞争赖以维护的重要准则。

诚实不欺，谓之信。《大学》云："所谓诚其意者，毋自欺也。""人而无信，不知其可也"。⑤ 孔子提倡"以信交友"，"与朋友交，言而有信"。人缘建立在诚信基础上，做人要以诚信为本，企业经营也要以诚信为本。诚即要有诚实的心，对待员工如此，对待消费者亦如此，将心比心。信即信用、信任、威信。"信者，使人不惑于刑赏也。"信是管理者立足之本，只有讲信誉、信守诺言以及赏罚有信，管理者才能拥有威信，才能使管理决策得到有效执行。良好的信誉可以使松散的人际关系、商业联系变得紧密，使各种人际交往和商业交往活动变得富有生气。反之，其结果必然会危及各种交往关系本身。《管子·乘马》中说："非诚贾，不得食于贾，非诚工，不得食于工。"这些格言蕴含着哲理。晚清大商人胡雪岩创办的胡庆余堂之所以声名卓著，就在于它"诚信为本，取信于民"的商业道德。

---

①《老子》。

②《孟子·尽心上》。

③④ 王家瑞："和"文化与和谐社会建设，《世界管理论坛暨东方管理论坛论文集》（2006）。

⑤《论语·为政》。

二、五缘网络

人缘关系网络主要包括亲缘、地缘、文缘、商缘和神缘。即亲缘相溶、地缘相近、文缘相连、商缘相通、神缘相循。

（一）亲缘：亲缘相溶

亲缘，就是宗族、亲戚关系，它包括了血亲、姻亲和假亲（或称契亲、如金兰结义等）；亲缘的结合是人类历史上最古老最原始最自然的结合方式，在任何一个社会中，亲缘纽带都普遍具有重要意义。人类的亲缘意识最早产生于原始社会旧石器晚期的母系氏族时代，当时"其民聚生群处，知母不知父"《吕氏春秋·君览》开始朦胧地意识到自己与生母的血统关系。进入父系氏族时代，由对偶婚建立的对偶家庭，使父亲确知自己的子女，从此人类血统世系开始按父系计算，财产也按父系继承。

家庭企业正是以亲缘交往规则这样一种不正规的组织和管理制度、营销原则，来"合理"地配置资源，"有效"地进行企业运作的。以家庭为中心的"亲属圈"及其交往规则既代表了家庭工业的凝聚力，也是家庭工业自我保护的坚实"堡垒"。家庭组织和家庭伦理规范是保守企业技术和财务秘密的社会性基础。

亲缘关系是基于血亲和姻缘而产生的关系，这种关系不同于一般的社会关系，具有长期性、稳定性，基于血亲而产生的社会关系还具有无法选择性。亲缘关系对私营企业主的创业有巨大的作用。在农村经济中，亲缘同样具有重要作用。中国农村经济在20世纪80年代之所以发生翻天覆地的变化，根本原因在于导入了以家庭经营为主的联产承包责任制。

企业里一个个网络状的亲缘群体，对企业内部管理的影响是多方面的，有利也有弊。利表现在：企业能借助亲缘关系获得必要的创业资本，借助亲缘关系获得创业所需的人力资源，借助亲缘关系获得创业的便利或其他社会资本，有助于形成强大的内聚力。然而，企业中的亲缘群体毕竟远不能代表企业整体，因而不免带来问题和矛盾，从而形成消极影响：易于导致企业职工的内部冲突，易于助长企业宗派裙带风的盛行，易于束缚其成员的个性发展。

（二）地缘：地缘相近

地缘，就是邻里、乡党等关系，即通常所说的"小同乡"或"大同乡"；地缘意识产生于原始社会末期农村公社的出现。那些个体家庭的人们，为了相同经济利益需要，居住在同一个地域里，形成以地域为联系纽带的统一体——村落。到了阶级社会，地域单位便扩大为乡、镇、县、州（郡）、省等建制单位，县、州、郡地域单位往往又与共同方言联结在一起，增添了一层亲切感。同一地域出生的人们便互称为同乡，形成地缘观念。

早期华侨，背井离乡，远涉重洋，移居南洋及世界各地谋生。到达目的地后，面对人地两生的复杂环境，寄人篱下，受人支配，尝尽人间辛酸苦辣。既得不到祖籍国政府的保护，更无法获得侨居地政府的支持。他们深切感到，为图生存须和衷共济，求发展须团结互助。基于此，他们便以相同的出生地或共同方言以及姓氏等为联系纽带，进行联络感情，增进友谊，自发地建立起同乡会馆和宗亲会馆，再往后便创立同业公会和商会等。

（三）文缘：文缘相连

文缘是指同学、同行之间的关系，有共同的利益和业务关系，有切磋和交流的需要和愿望，由此组合而成的人群，其组织形式便是同学会、同业公会、商会和研究会等。文缘组织的出现则比较迟，它产生于手工业与农业分离的第二次社会大分工之后，但在奴隶制社会手工业劳动者属于奴隶范畴，没有人格自由，不允许成立自身组织。因此，文缘组织它产生于中古封建社会。

文缘关系在现代经济生活中，同样具有重要作用。一些 MBA 学员甚至公开表示，MBA 的课程学习不仅是学到了经济管理方面的知识，更是营造了一张良好的同学关系网络。同学关系对个人的职业发展具有非常重要的作用。

我国吸引外资的一个重要举措就是做好同中国留学生群体的联络工作，保持同留学生群体的稳定、紧密、健康的互动关系。这再次说明了文缘具有非常重要的经济价值。留学生虽然出国，但是与亲属、朋友、同学、同事等社会关系依然存在，他们与故土的五缘关系纽带相当牢固。因此，他们对祖国有着深厚的感情，始终没有忘记自己是炎黄子孙，报效培育自己的父母之邦是他们的应尽义务和使命。目前有 20 多万留学生已经回到中国内地，他们或担任欧美跨国公司在中国企业的执行总裁、总经理、部门经理，或担任欧美财团和金融机构在中国分机构的首席代表，或担任欧美国家和地区在中国办事处的商务主管，或自己创办企业。而这样的势头，每年以 10% 左右的速度在增长。因此，在引进外资方面，不可不重视留学生群体存在的事实，不可不依靠留学生群体穿针引线的作用，不可不激发留学生群体健康积极的力量，不可不运用留学生群体在工商财贸业的渠道。

（四）商缘：商缘相通

"商缘"即经贸关系。所谓商缘，以物（如土、特、名、优）为媒介而发生关系并集合起来的人群，如以物为对象而成立的行会、研究会之类的组织。

古往今来，泉台经济贸易来往不断，海峡两岸对峙期间，泉台民间易货贸易和小额贸易始终不停，两岸渔民通过海上捕鱼以货易货，或由台湾商人通过港澳和东南亚各国代理商进行转口贸易。这种经贸联系是难以剪断的。泉州与台湾人文地理经贸上的深厚关系，尤其是作为家乡的凝聚力，使得泉州成为台商心目中的一块圣地，到泉州投资不仅可以避免到其他国家投资必然要遇到的各种社会文化、心理方面差异所造成的摩擦，而且还可以为家乡的发展出把力，这也是许多台胞、侨胞的一大愿望。泉州与台湾人文地理经贸上的深厚关系，不仅说明两地原本同出一源，而且表明到泉州投资就像在台湾投资一样，生活等各方面如同在自己家里一样自在舒服。这种深厚的关系对台商投资意向影响是很大的，不是一两个优惠政策的作用可比拟的。

商会，是联络商务，传达商情，维护商人权益的总机关。它既可以联络商人的感情，又可以筹谋商业的发展，如今的商业时代，是一个优者胜、劣者败、智者兴、愚者

第十九章　东方管理学的"五行"学术研究　　　　　　　· 319 ·

亡的时代，商会的位置更显得重要。所以，各都会城市、通商要埠，及各地方的行政区域均有设立商会的必要。商业中的各种事务，如商品的调查、商产的改良、商货的销售、商价的涨落，以及商人的争执、商业的交涉、商战的竞争等，无不依赖于商会的管理。

（五）神缘：神缘相循

"神缘"即宗教信仰关系。所谓神缘，就是以共同的宗教信仰和共奉之神祇为标志进行结合的人群，其组织形式便是神社、教会等。

由于泉州与台湾源远流长的关系，特别是众多的泉籍移民，把故乡风俗习惯与宗教信仰带到台湾岛上，至今岛上的婚丧喜庆、逢年过节仍保持着泉州故土的旧例。台湾人普遍信奉圣女海神——妈祖（即天妃林默娘），全岛 500 多座天妃妈祖庙，其中台北、台南、高雄、台中、新竹等主要城市的 300 多座妈祖庙都是从泉州市区的天妃宫分灵的。台北万化龙山寺是从晋江县安海龙山寺分灵的，历史悠长，规模宏大，由泉籍晋江、南安、惠安 3 县移民募捐筹建，而由此再分灵各地的龙山寺遍布台湾，有 441 座，如清雍正年间泉州移民公建的台南龙山寺，乾隆时建的淡山龙山寺，至今颇具规模。台湾的 98 座清水祖师庙，是从安溪县清水岩分炉的。此外，泉州的关圣庙、保生大帝萧太傅等也是许多台胞崇拜的神祇。不少台胞经常返乡谒祖，参拜神灵，烧香还愿。宗教关系客观上已成为联结两岸的精神纽带之一。

三、人缘沟通

（一）沟通渠道

沟通通道有两种情况：正式的或非正式的。正式沟通网络一般是垂直的，它遵循权力系统，并只进行与工作相关的信息沟通；非正式沟通网络常常称为小道消息的传播，它可以自由地向任何方向运动，并跳过权力等级，在促进任务完成的同时，非正式沟通满足群体成员的社会需要。

正式的群体沟通网络有链式、轮式和全通道式等三种。链式严格遵循正式的命令系统；轮式把领导者作为所有群体沟通的核心；全通道式允许所有的群体成员相互之间进行积极的沟通。每一种渠道的有效性取决于所关注的变量。如果关注成员的满意度，则全通道结构最佳；如果关注信息传递的精确性，则链式结构最佳。

非正式沟通系统是信息通过小道消息的方式传播，而流言也大量滋生。小道消息有三个特点。首先，它不受管理层控制；其次，大多数员工认为它比高级管理层通过正式沟通渠道解决问题更方便、更可靠；最后，它在很大程度上有利于自身利益。小道消息具有过滤和反馈双重机制，它使我们认识到哪些事情员工认为很重要。从管理的角度出发，可能更重要的是，对小道消息进行分析并预测其流向来看是可行的。由于只有一少部分人（不足 10%）积极向其他人传递信息，通过了解哪一个联络人认为某种信息十分重要，能够提高我们解释和预测小道消息传播模式的能力。

对于管理者而言，也可以采取一些手段来减少小道消息的传播：公布进行重大决策的时间安排；公开解释那些被怀疑或隐秘的决策和行为；对目前的决策和未来的计划，强调其积极一面的同时，也指出其不利的一面；公开讨论事情可能的最差结局，这肯定比无言的猜测引起的焦虑程度低。

（二）组织内的沟通类型

任何企业内部都有两类性质的交往沟通关系。

1. 纵向关系

纵向关系是指企业中，领导和部下、管理者和被管理者之间的人际关系，又称序列关系，这是企业内不同层次的关系。在纵向关系中，虽然关系双方的角色和地位不同，其交往行为也有主动和被动之分。但就关系来说，双方应是平等的，其中领导者在这种关系中有主导作用。

上下级的关系是否融洽，取决于领导者的实际影响力。领导者的影响力有两种：权力性影响和非权力性影响。非权力性影响是领导艺术中最微妙的成分，它似乎看不见、摸不着，却无所不在。它是促进企业上下级之间相互关系的重要因素。

2. 横向关系

横向关系是企业中同层次人员之间的人际关系，也称平行关系，它与上下级的纵向关系构成了企业纵横交错的人际关系网，即企业的人际关系结构。

横向关系的双方有相同的活动空间、权利、义务，因而在地位上是平等的，不存在主从关系。但这种关系由于工作过程中双方的互动存在，又带有强制性的因素。重视横向关系的建设有利于企业形成良好的群体氛围，使员工存在于一个和睦融洽的人际关系当中。和谐亲密的人际关系，不但有利于凝聚组织的向心力，而且有利于保持人的心理平衡，促进员工的工作效率和企业整体运转效率。

（三）组织内的沟通内容

企业人际关系的沟通主要包括情感沟通和需求沟通两个方面。

1. 情感沟通

情感沟通是要求交流双方通过互相体验对方的处境来理解对方的心境，取得情感的融洽和相互的吸引。从现代管理的角度看，情感沟通就是"感情投资"，是协调企业良好人际关系的最佳方式。具体的指企业的领导者通过一系列能够引起被领导者感情共鸣的手段，包括物质、金钱、时间和精力上的付出，使被领导者对领导在心理上产生敬重、爱戴、拥护和信任的感情，心甘情愿地为企业的目标而工作。

"感人心者，莫先乎情"，感情虽不是商品，但却是一种非常重要的资源。这种资源的内在价值不是用金钱可以衡量的。但感情的投资，必定会产生物质的效果，创造企业的财富。凝聚力是靠情感维系的，用情感沟通的手段培养和巩固企业的内聚力，这是现代企业"文化"制胜的表现。

2. 需求沟通

需求沟通是指双方通过沟通，相互了解对方的需求，从而增进双方的相互理解和相互支持。管理者要通过沟通去了解下属的需求，从而在工作中尽量去满足下属的需求。对于员工而言，也要通过沟通去了解企业的需求，了解上司对最近工作的安排，在工作中尽心尽责，超额完成上司安排的任务。

（四）沟通管理

首先，企业必须重视沟通管理。从管理的角度来说，沟通是看不见摸不着的，需要企业长期形成的企业文化来支撑。良好的沟通，能为企业创造一种团结、融洽、向上的工作氛围和营造员工主人翁的工作精神，极大地提高企业的整体运作效率和抗风险能力。"沟通"，在今天的经济生活中占有了越来越重要的地位。日新月异的技术，全球化的市场，众多的合作关系，对突发事件快速反应，都需要有效的沟通来解决。所以，在某种意义上"沟通"的效率就是企业的效率，是整个企业生存发展的关键。如果一个企业不重视沟通管理，大家都消极地对待沟通，忽视沟通，员工既不找领导，也不去消除心中的愤恨；不去主动地发现问题和解决问题，因此大家共同造就了企业内部的无所谓。在无所谓中，员工更注重行动而不是结果，管理者更注重布置任务而不是发现解决问题。

其次，管理者必须培养自己的人缘沟通技巧。一方面要善于向上一级沟通，另一方面必须重视与部属沟通。许多管理者喜欢高高在上，缺乏主动与部属人缘沟通的意识，凡事喜欢下命令，忽视沟通管理。"挑毛病"尽管在人力资源管理中有着独特的作用，但应考虑方式方法，切不可走极端，"鸡蛋里挑骨头"，无事找事就会适得其反，挑毛病必须实事求是，在责备的过程中处理好员工改进的方法及奋斗的目标，在"鞭打快牛"的过程中又不致挫伤人才开拓进取的锐气。首先要学到身为主管有权利也有义务主动和部属沟通，而不能只是高高在上简单布置任务。

最后，强调双向的沟通。不必要的误会都可以在沟通中消除。一方积极主动，而另一方消极应对，沟通也不会成功。所以，加强企业内部的沟通管理，要重视沟通的双向性。管理者，要有主动与部属沟通的胸怀；部属也应该积极与管理者沟通，说出自己心中的想法。只有大家都真诚的沟通，双方密切配合，企业才可能发展。

第四节　人谋行为——谋略管理

所谓"人谋"就是人聪明才智的代名词，是智慧的象征。它是管理者或者智囊团对战略目标进行预测和形势分析，并运用权谋和策略等智慧性技巧来达到预期目标的行为。"人谋行为"包括了计划准备、决策实施以及战略管理。东方管理学派在这一领域最新研究成果是人为决策理论。我国古代的决策谋略思想可以在现代企业管理中得到充分而有效的运用。本节从人谋原理、人谋艺术和人谋决策等方面阐述东方管理的人谋思想。

一、人谋原理

（一）人谋含义

谋者，"计也议也图也谟也"。"计，筹策也；议，谋也；图，谋划也；谟，议谋也。"[①]

---

①《说文大字典》。

可见，计、议、图、谟与谋在古代意义相通。《书洪范》也讲到："明作哲，聪作谋。"另《诗集传》也说："咨事之难易为谋。"可见，在东方管理中，人谋概念其实就是人聪明才智的代名词，是智慧的象征。它其实是管理者或者智囊团对战略目标进行预测和形势分析，并运用权谋和策略等智慧性技巧来达到预期目标的行为。用现代的语言讲，人谋包括了计划、决策以及战略管理。

我国古代人谋思想主要体现在治国、治军中，用在企业管理中极少，这主要是中国对企业管理不够重视以及传统的商品经济不发达造成的。但人谋在国家、军事管理中的一些重要思想同样可以拓展到企业管理中。

（二）人谋特征

在几千年的发展中，东方人谋思想表现出了以下几个特征：

1. 团队论

为了能集思广益，收集更多人的智慧，智囊团成为东方管理中最富特色的谋略团队。《左传》："析公奔晋，晋人置诸戎车之殿，以为谋主。"这里就是对于谋略团队以及作用的一个很好诠释。《三国志·蜀法正传》："以正为蜀郡太守、扬威将军，外统都畿。外为谋主。"

优秀的谋略团队所能产生的巨大作用是东方管理者所较早就认识到的。这些在中国古代许多权贵豪门就养食客、门下来出谋划策，吕不韦据载有门客三千，这不仅帮助他著就《吕氏春秋》，而且谋划成中国历史上最大的成功案例——小投资、一个美人；大成就，谋到江山。这些智囊团可以算作中国管理者在用人和制定战略的团队。用智谋实现目标本身就是管理，这可以算做管理中目标实现的极佳手段。另外《史记·平原君列传》中载：公元前255年，秦国有吞并赵国之意。国难当头，平原君的门客毛遂挺身自荐，以三寸不烂之舌，说服楚王与赵国结盟共御强秦。毛遂就在二十个食客中脱颖而出，最后完成预定目标，成为最早实现自己价值的人才。

2. 人本论

东方人谋从其开始就一直以人为主，强调决策者（人）的主观能动性，突出人的思维和智慧（即中国古代所谓的心其实也就是人类的智谋）。《说文解字》曰："谋：从言声某。"言者：心声也。所以东方管理中所谓人谋更强调的是人的心智。《鬼谷子》就曰："心者，神之主也，志意、喜欲、思虑、智谋，此皆由门户出入。"《宋史·岳飞传》也记录了人谋在作战中的作用，"勇不足恃，用兵在先定谋"。大意是指：用兵打仗不能完全依靠勇敢，关键在于要首先制定谋略。由此可见，在东方管理学中，以人为本，人谋为上的理念一直占据主要位置。

这点在现代管理学中越来越受到管理者的重视。他们细分目标消费者及其需求，针对不同层次的目标消费者进行市场细分，定位、开发不同产品，大胆地将个性元素、感性元素和时尚元素融入产品和品牌，并赋予每一产品不同的个性，进行大品牌统率下的个性演绎与传播，真正做到以人为本。

3. 创新论

"兵者，诡道也"。这深刻地指出了计谋诡异、新奇的重要性。所谓计谋，就是要确定创造性地解决问题的方案。从这意义上讲，谋本质上就是创新。创新思维在计谋活动中具有举足轻重的作用。"凡战者，以正合，以奇胜。故善出奇者，无穷如天地，不竭如江河"。① 可见，因变而立事，事或能成。兵无常势，水无常形，既要顺道而行，又要不拘一格，在事物矛盾面的相易相生之中做到游刃有余，才能成事。

创新思维的基本特征就是新颖性，它要求打破惯常的解决问题的方式，以一种新的方式来处理事情。这就要求决策者能洞察事物之间的新的关系。创新思维的第二个特征就是创造性想象的参与。创新能力就是想象、预见和提出见解的能力。创造性想象参与后，能结合以往的知识经验，在头脑中形成新的假设、新的形象，这是创新活动顺利进行的必要条件。创新思维需要多种心理活动过程作支撑：逻辑思维与非逻辑思维的互补与运动；发散思维与辐合思维的互补与运动；柔性思维与刚性思维的互补运动；垂直思维与侧向思维的互补与运动。

4. 系统论

我国古代谋略家都注重从全局来分析系统的变化过程，确立适用于系统的原理和方法，主张以系统思维来解决问题。这比西方提出的系统论整整早了几千年。我们这里仅以《孙子》为例来加以说明。在《孙子》一书中，我们可以发现，孙子是将计划决策看做是一个系统，包括收集信息、作出计划、制定策略，等等，除了分析计划决策系统内部各子系统之间的关系外，他还照顾到计划决策系统与军事作战这个大系统的关系，甚至还考虑到该系统与政治、经济、外交等系统的相互依赖、相互制约的关系。《孙子》还提出了定量分析法与层次分析法的雏形，而这两个方法是现代系统论中的两个基本方法。比如，"十则围之，五则攻之，倍则分之"。② 这里就是采用定量分析法。"凡用兵之法，全国为上，破军次之；全旅为上，破旅次之；全卒为上，破卒次之；全伍为上，破伍次之"。③ "上兵伐谋，其次伐交，其次伐兵，其下攻城"。④ 显然，这里是应用了层次分析法。

5. 心理论

前已论述，计谋始于竞争。这种竞争不仅表现为肉体、武器上的对抗，更表现为双方心理上的较量。我国古代兵家思想就特别强调心理战。所谓"不战而屈人之兵"，即运用非武力的心理手段，使对方产生错觉、态度改变、意志涣散、士气崩溃，从而获取最后的胜利。历史上有名的"楚歌一首三百唱，八千子弟归江东"事例，就是心理战的成功典范。"三军可夺气，将军可夺心"⑤，作为领导人决不可在心理上输给对方。

计谋心理战主要从三个方面来展开设计：一是利用人的心理需要；二是利用人性弱点；三是利用人的认知错觉。人性弱点包括贪婪、懒惰等，人的心理需要包括求生本能、安全需要、爱与归属的需要、自我实现的需要等，而人的认知错觉包括心理定式、心理疲劳、视觉错觉、听觉掩蔽、暗示等。"能而示之不能，用而示之不用，近而示之远，远而示之近；利而诱之，乱而取之，实而备之，强而避之，怒而挠之，卑而骄之，佚而劳之，亲而远之"。⑥ 这著名的诡道十二法其实就是从心理战的角度提出的。

① 《孙子·势篇》。
②③④ 《孙子·谋攻》。
⑤ 《孙子·军争篇》。
⑥ 《孙子·计篇》。

二、人谋艺术

我国古人非常注重谋略思想，这可以从众多的典籍中看出。例如，《尚书》、《老子》、《论语》、《左传》等都对谋有不同程度的论述。当然，对"谋"研究得最深入的则是兵家学说。归纳而言，我国古代"谋"思想有以下几条基本原理：

（一）知彼知己，百战不殆

信息是预谋决策的基础。任何特定的决策必须基于给定的信息。正如著名经济学家哈耶克所指出的那样，社会所面临的根本问题，不是资源的最优配置，而是如何最佳地利用散布于整个社会的信息。为了决策成功，就必须千方百计地使自己的信息更加充分。

"知彼知己者，百战不殆；不知彼而知己，一胜一负；不知彼，不知己，每战必殆"。① 说的就是要了解自己与他方的信息。全面掌握信息的一方肯定是每战必胜。"成功而出于众者，先知也"。② 因此，竞争者必须在"未战之时，先料将之贤愚，敌之强弱，并之众寡，地之险易，粮之虚实。计料已审，然后出兵，无有不胜"。③ 正所谓："知彼知己，胜乃不殆；知天知地，胜乃不穷"④。

全面了解己方信息，尽量向对方隐瞒己方信息，千方百计收集对方信息，就成了预谋决策中的一个重要方面。全面了解己方与他方信息，主要是要了解"五事"，进行"七计"。五事者，"一曰道，二曰天，三曰地，四曰将，五曰法"。⑤ "道"就是恩信道义，"天"即天时，"地"即地利，"将"即将领应具备"智、信、仁、勇、严"五德，"法"即"曲制、官道"。"七计"即衡量计算以下七个方面："主孰有道？将孰有能？天地孰得？法令孰行？兵众孰强？士卒孰练？赏罚孰明？"

"不知敌之情者，不仁之至也，非人之将也，非主之佐也，非胜之主也"。因此，要尽量收集他方信息，以对他方了如指掌。收集他方信息的方法之一就是要用间，即利用间谍去了解敌情。"凡军之所欲击，城之所欲攻，人之所欲杀，必先知其守将、左右、偈者、门者、舍人之姓名，令吾间必索知之"。⑥ 孙子将用间概括为五种：乡间、内间、反间、死间、生间。方法之二就是可以创造条件诱导对方发出信息。"策之而知得失之计，作之而知动静之理，形之而知死生之地，角之而知有余不足之处"。⑦

（二）用兵之道，以计为首

预先决策是争夺竞争胜利的第一步。孔子曾说："暴虎冯河，死而无悔者，吾不与

---

① 《孙子·谋攻》。
② 《孙子·用间》。
③ 《百战奇略·计战》。
④ 《孙子·地形》。
⑤ 《孙子·计篇》。
⑥ 《孙子·用间篇》。
⑦ 《孙子·虚实篇》。

也。必也临事而慎，好谋而成者也"。① 管子也说："夫强之国，必先争谋。"② 荀子也特别强调谋略的重要意义："不战而胜，不攻而得，甲兵不劳而天下服，是知王道也。"③

我国古代兵家更是对预先决策的重要性作了深刻的阐述。"上谋知命"。④ 最高级的预谋是去发现事物发展的内在规律。预谋决策包括几个步骤：收集信息、计算、预谋策划以及最后决策。知彼知己之后，自然要去计算权衡双方实力对比，去寻找克敌制胜的方法、措施。《孙子》的第一篇就是《计篇》。张预在《孙子·计篇》的注脚中就写道："用兵之道，以计为首……将之贤愚，敌之强弱，地之远近，兵之众寡，安得不先计之？"何为计呢？"计者，选将、量敌、度地、料卒、远近、险易，计于庙堂也。"⑤ 计算已定，则要预谋策划，进行决策。孙子说："上兵伐谋，其次伐交，其次伐兵，其下攻城。"⑥ 说的也就是要以计谋取胜。这与荀子的"王道"思想何其相似。

事先做好了预谋决策，就可以立于不败之地。"夫未战而庙算胜者，得算多也；未战而庙算不胜者，得算少也。多算胜，少算不胜，而况于无算乎？吾以此观之，胜负见矣"。⑦《商君书·战法》更是指出："若其政出庙算者，将贤亦胜，将不如亦胜。"说的是"庙算"正确可以弥补将帅的缺陷，最终能取得胜利。

计算、预谋策划以及最后的决策在竞争中要取胜必须强调以下四个方面：①先胜性。"胜兵先胜而后求战，败兵先战而后求胜"。⑧ 意思也就是：先谋而后事者昌，先事而后谋者亡。②全胜性。"凡用兵之法，全国为上，破军次之；全旅为上，破旅次之；全卒为上，破卒次之；全伍为上，破伍次之。是故百战百胜，非善之善者也；不战而屈人之兵，善之善者也"。⑨③长远性。"自古不谋万世者，不足以谋一时"。领导人在决策时，一定要有长远的眼光，要立足现实，又要有超前意识，才能谋取长久的胜利。"人无远虑，必有近忧"。⑩ ④全局性。"不谋全局者，不足以谋一域"。着眼于整体，而非部分，全局胜才是最更根本的目的。

（三）合于利而动，不合于利而止

合乎利益原则是决策的基本准则。利益也就是满足人们需要的客观条件，是一个基础性的范畴。马克思主义认为，利益最贴近现实生活资料的生产，每个既定的社会关系，首先都表现为利益关系。我国古代的一些思想家，也已经认识到利益的重要性。"富与贵，是人之所欲也"。"贫与贱，是人之所恶也"。⑪"民之为道也，有恒产者有恒心，无恒产者无恒心。苟无恒心，放僻邪侈，无不为矣"。⑫ 意思是：有固定产业和收

① 《论语·述而》。
② 《管子·霸言》。
③ 《荀子·王制》。
④ 《说苑·权谋》。
⑤ 《十一家注孙子·曹操》。
⑥⑦⑨ 《孙子·谋攻》。
⑧ 《孙子·形篇》。
⑩ 《论语·卫灵公》。
⑪ 《论语·里仁》。
⑫ 《孟子·滕文公上》。

入的人，才有坚定的道德观念和行为准则。

兵家更是主张利益原则是决策的基本原则。"凡兴师十万，出征千里，百姓之费，公家之奉，日费千金；内外骚动，怠于道路，不得操事者，七十万家"①。"久暴师则国用不足……故不尽知用兵之害者，则不能尽知用兵之利也"②。正因为如此，所以孙子主张速战速决。"夫战胜攻取而不修其功者凶，命曰费留。故曰：明主虑之，良将修之。非利不动，非得不用，非危不战。主不可怒而兴师，将不可以愠而致战。合于利而动，不合于利而止。怒可以复喜，愠可以复悦，亡国不可以复存，死者不可以复生。故明君慎之，良将警之，此安国全军之道也"③。可见，在孙子看来，国家利益是战争决策的最终衡量标准。他甚至认为，作为将领应"进不求名，退不避罪，唯人是保，而利合于主"。若君主违反"战道"，将领可以"君命有所不受"："战道必胜，主曰无战，必战可也；战道不胜，主曰必战，无战可也。"亦即作为一个"生民之司命，国家安危之主"的将领应一切以国家利益作为其决策的准则。

激励士兵也需要以利。"取敌之利者，货也"④。曹操注解道："军无财，士不来；军无赏，士不往"。所谓"重赏之下，必有勇夫"就是此意。正因为利是决策的基本准则，所以也可以利用利益去诱惑对方，使对方中计。正所谓"利而诱之"，使之必趋，则吾可待而歼之。

（四）两利相权从其重，两害相衡趋其轻

合乎利益原则是决策的基本原则。然而利与弊往往是结合在一起的。对于聪明的领导人而言，选择方案时也往往会同时虑及这两个方面。例如，"智者之虑，必杂于利害。杂于利而务可信也；杂于害而患可解也。"⑤ 意思就是，智者决断时都会虑及利与害两个方面，在有利的情况下考虑不利的方面，而不利时考虑有利的方面，祸患就能解除。

决策中，会面临许多可行性方案。权衡利弊，反复比较，则是选择方案的基本方法。两利相权从其重，两害相衡趋其轻。孙子在《孙子》中提出了这一"最优"准则。《孙子》中大量关于"善战"的思想其实就是讲要在各种方案中选择"善之善者"，即最佳方案。

问题是在现实生活中，任何方案都有利有弊。利弊有时又不是那么容易权衡，而现实又要求必须果断从中作出选择，犹豫不决就会丧失宝贵的时机，从而陷入步步落后的困境。此时要寻求"最优"方案往往成为空想。因此，"满意原则"往往也就替代"最优原则"成为选择方案的基本准则。

我国古代思想家对满意原则作了生动的阐述。"为政犹沐也，虽有弃发，必为之。爱弃发之费，而忘长发之利，不知权者也"⑥。意思是说，管理好比洗头，即使会掉些头发，但仍然要洗。舍不得掉几根头发的损失，而忘了洗头能促进头发生长的好处，就

---

① 《孙子·用间篇》。
②④ 《孙子·作战篇》。
③ 《孙子·火攻篇》。
⑤ 《孙子·九变篇》。
⑥ 《韩非子·六反》。

是不懂得权衡利弊得失的人了。"行衢道者不至，事两君者不容。目不能两视而明，耳不能两听而聪。"① 意思是：在十字路口徘徊不定的人，任何一条路的尽头他都不可能到达，就像同时侍奉两位君主一样，任何一方都不能容纳他，也就像眼睛不可能同时看清楚两件事情，耳朵也不可能同时听清楚两个声音一样。在众多的可行方案中，找出一个令决策者可以接受的"满意解"，而无须花费过多的时间、精力去寻找理论上的"最优解"，这样也就可以克服犹豫不决，更能把握时机、当机立断。

（五）谋贵众，断贵独

"众人之智，可以测天；兼听独断，惟在一人。此大谋之术也。"② "谋贵众，断贵独。"③ 这两段话说出了集思广益与独立决策之间的关系，也指出了决策的一般过程。在谋划时要吸收众人的意见，在决断时则贵有独立思考之精神。这非常符合现代科学管理决策方法。

我国古代早就知道遇事要征求意见的道理。"女则有大疑，谋及乃心，谋及卿士，谋及庶人，谋及卜筮。女则从，龟从，筮从，卿士从，庶民从，是之谓'大同'。"④ 意思是说，如果遇到重大疑难，自己要多思考，同时要与各级官员商量，与老百姓商量，与以龟甲和占卦者商量。自己有了主意，预测人士赞同，各级干部赞同，老百姓也赞同，这就是所谓"完全一致"。"以天下之目视则无不见也，以天下之耳听则无不闻也，以天下之心虑则无不知也。辐辏并进，则明不塞矣。"⑤ 说的是领导人应该广泛采纳群众的意见，让群众和自己一起来考察情况，解决问题。虚心接纳群众的意见是保证领导人不武断专行，不被自己的局限性和别人的局限性所蒙蔽的重要途径，是成功管理所必需的决策基础。

（六）因利制权，诡道制胜

竞争是冷酷无情的。兵不厌诈是竞争的一个基本特征。"兵者，诡道也。"⑥ 用现代语言来讲，就是应该尽力采纳一种新异、奇特、诡异的策略（方案）来进行竞争，这样才能立于不败之地。总结而言，我国古代思想家提出了以下一些"诡道"制胜的规律和原理。

示形藏形。"能而示之不能，用而示之不用，近而示之远，远而示之近；利而诱之，乱而取之，实而备之，强而避之，怒而挠之，卑而骄之，佚而劳之，亲而远之。"⑦ 通过示形，调动对手，向对方传以虚假信息，从而使对方落入我方圈套。与示形相反，藏形则是要把自己的实力、行动、企图严密的隐匿起来，毫无形迹。"善守者藏于九地之下，善功者动于九天上。"⑧ "善攻者敌不知其所守，善守者敌不知其所攻。"⑨ 通过示

---

① 《荀子·劝学》。
② 《说苑·权谋》。
③ 《美芹十论》。
④ 《尚书·洪范》。
⑤ 《管子·九守》。
⑥⑦ 《孙子·计篇》。
⑧⑨ 《孙子·形篇》。

形与藏形，我方就可以"致人而不致于人"，亦即牢牢地把握住主动权。

避实击虚。"夫兵形象水，水之形避高而趋下，兵之形避实而击虚。"① 避开敌方坚实之处而攻击其虚弱环节。所谓虚实，一般来说，无者为虚，有则为实；空者为虚，见者为实，弱者为虚，强者为实。避实击虚就是要避开勇敌、强敌、治敌、饱敌、逸敌、兵力众多之敌、戒备森严之敌；攻击怯敌、弱敌、乱敌、饥敌、疲劳之敌、戒备松弛之敌。"朕观诸兵书，无出孙武，孙武十三篇，无出虚实；夫用兵识虚实之势，则无不胜焉。"②

奇正相生。"战势不过奇正。"③ 正奇的含义甚广，作战常法为正，作战变法为奇；明攻为正，偷袭为奇；正面为正，迂回为奇。正与奇是结合而共生。正奇结合，可战无不胜；正奇相生，无穷无尽。"战势不过奇正，奇正之变不可胜穷也。奇正相生，如循环之无端，孰能穷之。"④ 了解奇正相生、正奇结合，则是为了出奇制胜。"凡战者，以正合，以奇胜。故善出奇者，无穷如天地，不竭如江河。"⑤

因敌制胜。"计利以听，乃为之势，以佐其外；势者，因利而制权也。"⑥ "水因地而制流，兵因敌而制胜。故兵无常势，水无常形；能因敌变化而制胜者，谓之神。"⑦两段话说的都是用兵要根据敌人的不同特点及其不同变化而决定取胜的方针。这一思想，对于后世的兵家思想影响甚为深远。

三、人谋决策的基本原则

（一）信息原则

"知彼知己，百战百胜。"说的就是决策前要尽量收集各方面的信息。信息是决策的基础。若竞争者双方信息不对称，则胜者往往是那些信息较为充分者。对于经营管理而言，不仅要收集自己、对方的信息，还要收集市场上的其他信息特别是消费者的信息。近年来，我国一些企业已经开始重视市场调查，并根据消费者的需要来制定产品和营销决策，然而总体而言，我国企业对消费者行为、消费者需求研究并不深入。而国外企业大都非常注重市场研究，有研究表明，美国大公司的市场调研费用占销售额的 3.5%。鉴于信息在经营管理中的重要作用，现在许多企业都设立了首席信息官（CIO）。我国十大商帮之一的晋商，采用总号分号的经营方式，一般是五天一信，三日一函，互通各地商情，从而在长途贩运中收益甚丰。这充分说明信息收集对于决策成功的重要的作用。

（二）利益原则

"合于利而动，不合于利而止。"这一原理换用现代语言来讲就是：决策要讲求经济效益原则。而在过去的计划经济体制下，企业一直追求产量或产值最大化。在市场经

---

①⑦《孙子·虚实篇》。

②《唐太宗李卫公问对》。

③④⑤《孙子·势篇》。

⑥《孙子·计篇》。

济条件下，企业一般会去追求利润最大化。然而，即便是市场经济，仍然会有部分职业经理人为了个人的成就感或名声，会去追求市场占有率最大化、规模最大化，也仍会有部分国有企业追求预算最大化。决策的利益原则告诉我们：企业的经营决策必须时刻以企业的利润最大化为准则。

（三）满意原则

"两利相权从其重，两害相衡趋其轻。"讲的是如何在众多备择方案中作出选择，当然最理想的就是选择最佳的方案。然而，任何方案都有利弊，有时人们没法作出准确的判断。因为人们一方面不可能掌握所有完备的信息，另一方面人们对信息的处理能力亦有限。有时，决策是需要在非常短的时间内作出的，而仔细收集信息和挑选最佳方案要花费金钱、时间和精力，这种搜索成本的存在也可能使最佳选择很难得到。这时，我们就应以"满意原则"来取代"最优原则"。

（四）纳言原则

"谋贵众，断贵独。"说的是领导决策时要注意多去征求他人的意见，尽量多做些备择方案以供选择。虚心纳言是决策成功的基础。巨人集团的陨落、太阳神的没落、爱多VCD的衰落无一不说明一点：一人包打天下实在太容易决策失误。如何纳言呢？"勿妄而拒，勿妄而许。许之则失守，拒之则闭塞。"[①]不要轻易拒绝，也不要轻易许诺。在现代经营管理中，发挥智囊团的功效也很有必要。不过，对于领导者而言，始终要明白一点：谋是谋、断是断，谋划时吸收众人意见，决断时则应独立思考。

（五）权变原则

"因利制权，诡道制胜。"说明的是领导应该具有创新精神，要根据企业外部环境的变化和市场情况，制定出各种应变的计划，以立于不败之地。变，是世界的本质。现在外部市场环境变化日益加快，很多企业就是因为其计划决策跟不上外部环境变化的步伐而惨遭失败。传统的"大鱼吃小鱼"的兼并威胁已经被"快鱼吃慢鱼"的速度威胁所取代。对于企业来讲，唯一的方法就是因敌制胜、践墨随敌。

第五节　人才行为——人才管理

所谓"人才"就是具备较高素质、知识、技能、能力和经验进行创造性劳动后，产生较大社会净财富和价值的那部分人。"人才行为"就是对人才界定、甄选、评价、使用、培养等一系列的制度体系的建立和实施过程。本节首先阐释了人才为强国之本和企业基业常青之根的理念，然后就人才界定标准、人才甄选方法及人才使用方法进行讨论。

---

① 《管子·九守》。

一、人才是第一资源

大量古今中外的理论研究和实践探索使人们越来越深刻地认识到，人才是国家富强昌盛、企业兴旺发达的根本保证，人的重要性引起了越来越多的关注。

（一）人才为强国之本

人力资源已经被世界所公认是"第一资源"。人的能力表现为体能、技能和智能三者的高度统一。人的体能是指人在生理和心理上的健全程度。人的技能则是指人的基本技术与掌握生产流程合理规则的熟练程度；人的智能是指人在各种领域中创造性开发及其创新性含量的程度。现代社会中，可以粗略地把基本上未接受过教育的文盲、半文盲，只能从事简单体力劳动的人作为仅具有"体能"的人，将科学家、工程师、教师、医师、高级技师等专业人才作为具有"智能"的人，而其余的劳动者作为具有"技能"的人。我们通常所说的人才一般是指具有"智能"的人。

如果社会为保持一个人健全体能需要支付的费用是 1 的话，那么，与此同时，要使其获得技能的费用将是 3，而同时要使其获得智能的费用则是 9。但是，人的体能、技能和智能能为社会创造的财富与价值却是 1：10：100。因此，大体上说，"人才"能为社会创造的净财富与价值相当于其他人的几倍、十几倍，甚至更高。

古今中外的许多例子也说明了这个道理。东汉末年，刘备虽有关羽、张飞、赵云等猛将，但是，手下的谋士，如孙乾、糜竺辈，却"非经纶济世之才"①，无法善用这些"皆万人敌"②的武将。因此，在相当一段时间里，只能在各地诸侯割据的夹缝中颠沛流离。只是在"三顾茅庐"请出诸葛亮这样能统观全局、运筹帷幄的人才之后，刘备的事业才欣欣向荣，在较短的时间里，创下与曹魏和孙吴三足鼎立的基业。而在诸葛亮去世，关、张、赵、马、黄等"五虎上将"相继凋零的情况下，蜀汉人才难以为继，国力迅速衰弱，终于在三国中最早被灭。

（二）人才乃企业基业常青之根

1990 年，美国麻省理工学院教授彼得·圣吉（Peter Senge）在其撰写的《第五项修炼》一书中开宗明义地提出了一个问题："为什么 1970 年财星杂志列名'500 大企业'排行榜的公司，到了 20 世纪 80 年代却有三分之一已销声匿迹？"这个问题一经提出，便引起了许多学者和企业家的兴趣。一些研究表明，绝大多数企业，即使是那些声名显赫的企业寿命都不长，一般难以超过 40 年，而在 21 世纪，甚至难有所谓百年老企业。这是什么原因呢，企业怎样才能实现从优秀到卓越，保持基业常青？

对这个问题的回答就是人才。企业并不是一堆物质要素的简单组合，企业最核心的要素是人。

近年来，人才对企业生存与发展的重要性也被国内越来越多的企业认识到。一些中

---

①② 罗贯中：《三国演义》第三十五回。

国企业界的有识之士提出："企业无人则为'止业'"。这一充满哲理的思想正在成为许多企业的共识。

（三）人为价值论

所谓人为价值，是指社会行为主体在正确的价值观指导下的能动性的行为达到符合社会行为客体心理价值认知，并起到激发社会行为客体心理与行为的客观效果。这是东方管理学派关于人才价值论的最新研究观点。

1. 人为价值的行为过程表现为主体人的行为能够为行为客体所接受

社会行为客体与社会行为主体之间能达成一种心理认同。如果我们说人的行为是有价值的那么它的本意就是说主体人的行为激发了客体人对某种行为效果所具有的有"价值"或者有"意义"的现象的心理价值感受或者认知。所以人为价值活动必然体现出动态的心理价值感受激发的过程，这个激发的核心就是对来自对人文价值意义的感受的心理驱动。

2. 人为价值蕴含着社会行为主体的行为与社会行为客体之间达成了一种行为协调、统一的客观效果

在东方管理学派看来，人才的本质就是人的行为必须有价值，必须符合社会客体的需要，也必须与社会客体的行为匹配。因此，作为人才，个体首先要能自我认同、自我实现、自我发展，同时必须符合社会的需要，并能在群体中起到带头作用，实现人才价值。

现代知识更新日趋加速，人力资源市场的竞争也日趋激烈。对于劳动者个人而言，如何提升自己的竞争力或者说可雇佣性已成为每个人必须思考的问题。个体只有不断识别社会的需要，提升自己的素质、能力，自我激励，自我发展，才能获得他人、企业以及社会的认同，也才能实现自己的价值。

二、人才的界定标准

中国自古以来就十分重视人才，古代著名军事家孙膑曾指出："天地之间，莫贵于人"。任何一个组织乃至一个国家的建立和维持，都必须获得和拥有一批它所需要的人才。这正是中国古人的经验之谈："为政之要，惟在得人"，"人在政举，人去政息"。

（一）古代的人才界定标准

《礼记·礼运》篇中所描绘的上古大同社会"天下为公，选贤与能，讲信修睦。故人不独亲其亲，不独子其子"，当时的人才界定标准可以归结为品德、才识、胆略和功绩等标准。

先秦时期选拔人才注重对人实际才能的考察，孔子提出了人才选拔的自然观察法，他提出了以下七条标准：①远使之而观其忠，即把他放在远处任职，考察他的忠诚；②近使之而观其敬，即把他放在身边使用，考察他的崇敬心，看他是否遵守礼仪；③烦使之而观其能，即交给他麻烦复杂的事务，考察他处理问题的能力；④卒然问而观其知，即突然向他提问，考察他的智慧；⑤告之以危而观其节，即告诉他处境危险，考察他的气节；⑥醉之以酒而观其性，即让他醉酒，考察他的仪态；⑦委之以利而观其守，即给他好处利益，考察他的德行操守。

战国时期的李克也提出了五条人才标准：①居而视其所亲，即考察一个人平常亲近哪些人；②富而视其所与，即考察一个人如何支配自己的财富，看他富贵时会把财富施于哪些人；③达而视其所举，考察他在权高位重、声名显赫之时举用何种人；④穷而视其所不为，考察一个人在困厄之时能否保持高尚的操守；⑤贫而视其所不取，考察一个人穷困时是否能守住气节而一介不取。

到了春秋战国时代以后，对人才主要通过察举等方法来选拔。《管子·立政》中强调以德、功、能为举荐选拔的标准。

三国时期的诸葛亮认为对人才的选拔和考评绝非易事，不仅提出了人才界定的"七观"法，还进一步指出，正确了解和把握一个人的内在素质比制订考察的素质标准更为复杂和困难，这个观点直到今天看来还是非常正确的。诸葛亮"七观"的主要内容有志、变、识、勇、性、谦、信这几项，他指出界定一个人是否是人才要：①问之以是非而观其志，即把他放在是非正误之间，看他明辨是非，判断对错的能力和心志是否正派；②穷之以辞辩而观其变，即以诘问辩论的方法，提出尖锐的问题，极力让他参加辩论，观察他观点的变化，看其随机应变的能力；③咨之以计谋而观其识，即与其商议谋略计划，观察他的见识是否高明，是否具有远见卓识；④告知以祸而观其勇，即告诉他艰苦和祸乱即将来临，考察他是否临危不惧，是否有克服困难的毅力和勇气；⑤醉之以酒而观其性，即用美酒招待他，观察他的品性；⑥临之以利而观其廉，即让他在有利条件下或以金钱之利，考察其操守，看他是否廉洁；⑦期之以事而观其信，即托付他办事，考察他是否诚信有义。

到了魏晋南北朝时期，人才的选拔开始采用九品中正。九品中正实行之初，依然以品德测评为重，有六条中正的标准：一是忠恪匪躬；二是孝敬尽礼；三是友于兄弟；四是洁身劳廉；五是信义可复；六是学以为己。州郡的中正官依据此六条标准把本州郡的士人分别评定为上上、上中、上下、中上、中中、中下、下上、下中、下下三等九级，称为九品。

到了隋唐，科举制逐渐形成发展，并在中国历史上延续了一千三百多年。科举考试把本来注重对德、能、绩、效全面测评的选拔制度逐渐囿于对知识的考试。考试主要以对儒家经典的理解和掌握水平作为选拔的标准，先贴经，每经十贴，每贴三言，通六以上为及格。然后口试，问经义十条，通十条为上上，通八条为上中，通七条为上下，通六条为中上，以上皆为及格。然后答时务策三道，通二为及格。而到了明清两代，科举制渐渐走进了死胡同，取士以作八股文为标准。

古人通过长期的社会实践和经验积累，提出了各种各样的人才界定标准，这些理论和实践经验是我们今天研究人才问题的宝贵财富。

（二）人才的定义

所谓人才，指的是人力资源中，素质层次相对较高的那一部分人。人才具有以下三个特征：

1. 创造性劳动

人才从事的则是相对比较复杂的劳动，而且人才从事的劳动都是必须经过一定时期的专门学习和培训，具备了某些特殊的知识、技能、能力和经验之后才能从事这种劳动，尤其是需要作出一些突破性的创造性劳动。

2. 较大的社会效用

人才的创造性劳动，使得人才发挥出超过社会平均效用的较大社会效用，为社会发展作出了较大的贡献。

3. 复杂性

人才的复杂性表现在两个方面，从社会效用来说，不同效用之间本身的含义和量化标准存在着很大的模糊性，使人才定义的界定变得十分复杂；从人才的社会性来说，从一个角度来看，可能具有很大的正面社会效用性，但是从相反的角度来看，可能具有的是负面的社会效用性。因此这个复杂性决定了必须对人才的价值进行具体问题具体分析。

（三）东方管理学派论人才标准

东方管理学派认为，在对人才进行考核时，要根据苏东水教授最早提出东方管理的"十五要素说"，必须注重以下十五个方面："道"、"变"、"人"、"威"、"实"、"和"、"器"、"法"、"信"、"筹"、"谋"、"术"、"效"、"勤"、"圆"。

1. 道

道，就是经营管理的能力。东方管理主张一切工作必须遵循客观规律。作为人才，他必须熟悉他所从事的工作的规律，必须掌握工作所要求的知识、技能。

2. 变

变，就是随机应变的能力。也就是在把握客观规律的基础上，随时随地根据外部环境的变化而相应地采取变通的方法，去解决工作中所遇到的具体问题。外部环境变化了，人在实际工作中也必须作出相应的调整。

3. 人

人，就是以人为本，理解他人，尊重他人。一个任何事情都是从自己角度思考的人无法让大家信服，也无法在现实生活中顺利开展工作。

4. 威

威，就是恰当运用权威的能力。在工作实践中，通常都要涉及运用权力来指挥和影响组织成员的过程。其中有些权力是制度所赋予的，而有些权力则是依靠个人的魅力、品格和专长等自发产生的。相对而言，东方管理理论更主张个体能依靠自身的道德素质和人格魅力来树立个人的权威。

5. 实

实，就是实事求是的态度。《论语》中，孔子强调修身是一切管理的基础，从天子直到普通百姓，都应该以修养个人的善良品性作为根本。而实事求是的精神和工作作风，是其中很重要的品行之一。孔子认为，管理者不能仅仅凭着自己的主观判断，就妄断下属的善恶或事情的曲直。他告诫说："知之为知之，不知为不知，是知也。"这就要求我们界定一个人才时要考察他是否凡事量力而行，扬长避短，办任何事情都应该注意时机和地点的选择，要不偏不倚，既不要过激也不要不及。

6. 和

和，就是处理人际关系时以和为贵。人际关系能力是影响工作成功的关键因素。在我们这个深受儒家文化影响的"关系本位"的国度里，我们在界定人才时特别需要考察这一点。

7. 器

器，就是重器利器，即个体是否具有一定的工程、技术等方面的专业性知识。对于管理者而言，一定的技术背景更有利于管理工作的开展。

8. 法

法，就是依法治理的能力，即考察个体是否能在平等的基础上公正地对待每一个人和每一件事。

9. 信

信，就是诚实守信。在东方，人们要求管理者"正人先正己"，就是希望管理者能够通过自身修养的提高，在群众中树立良好的个人形象。个人形象的树立和保持的过程，就是一个人信用的建立过程。《孙子兵法》在谈到将帅的素质时，曾经提出了"智、信、仁、勇、严"的"五德"标准，也就是号令统一，言必行，行必果，取信于人。显然，朝令夕改，巧言令色、满腹阴谋诡计的人是得不到他人的信任和爱戴，也就无法胜任工作。

10. 筹

筹，就是运筹帷幄的能力。《孙子兵法》中指出：兴兵作战之前，充分估计各种主客观条件，精心运筹帷幄的，胜利的可能性就大一些；预见获得胜利的主观条件不充分，就不容易得胜。因此，在实际工作中，只有那些善于运筹帷幄的人才能最大程度地保证最终获得成功。

11. 谋

谋，就是预谋决策的能力。所谓凡事预则立，不预则废，讲的就是要提前预谋筹划，才能把握局势发展的先机。人才需要具备"谋"，"谋"更侧重于预测和把握未来发展的动向；而前面提到的"筹"则是根据当时当地的内外部条件，侧重比较各种备选方案，两者是有区别的。

12. 术

术，就是巧妙运术的能力，即讲求方式方法。同样的一件工作，采用不同的管理手段和方法，其效果会截然不同。我们所选拔的人才必须是善于运用各种工作方法的人。

13. 效

效，就是工作要高效廉洁。所谓廉洁，就是不贪财货，立身清白。东方管理在强调人提高工作效率，合理利用资源的同时，也注重从人的自身道德素质这一根本入手，主张身教重于言教。可见，这种以德为先的思想正是保证指挥管理高效畅通的重要原则。

14. 勤

勤，就是要勤俭。东方管理不仅要求人们勤勉为政，而且提倡人人克勤克俭，反对奢侈享乐。

15. 圆

圆，就是要充分考虑企业各个利益相关人的利益，力图使企业的整个局面圆满合理。这要求管理活动一定要符合广大群众的需要，要兼顾各方面的利益。能兼顾他人利益的人才是最能实现东方管理最佳境界的管理者。

三、用人艺术

（一）礼贤下士

中国有个典故叫"三顾茅庐"。说的是三国时期，刘备仰慕诸葛亮的才能，要请他帮助自己打天下，便不厌其烦三次亲自到诸葛亮居住的草房去请他出山，共图大业，最后诸葛亮才答应。从此诸葛亮的雄才大略才得以充分发挥，为刘备的事业"鞠躬尽瘁，死而后已"。

用人唯贤和用人唯亲是两条根本对立的用人路线。用人唯亲就是出自私心，凭个人好恶、个人亲疏、个人恩怨或小团体、小宗派利益来选人用人。只要是自己的亲朋戚友，只要是对自己"尽忠"的一律加以重用。这势必排斥真正的人才。用人唯贤就是出自公心，严格按德才兼备的标准选才用人。只要是人才就一律加以重用，这是事业兴旺发达的保证。而对人才的使用，首先要尊重人才，信任人才。人才都有比较强的自尊心和成就感，当他们受到社会和他人的尊重和信任时，就会产生一种向心力、合作感，形成巨大的精神鼓舞和无形的动力。因此，必须谦恭地对待贤士，以礼相待，显示爱心和诚意。没有这一点，根本谈不上人才的合理使用。

（二）用人不疑，疑人不用

用人不疑就是对于一个人才，你既然使用他，就要大胆放手让他在其职权范围内充分发挥积极性和创造性，而不能轻易地、毫无根据地怀疑他。疑人不用就是说如果你怀疑他，在未弄清楚之前，可以先不使用他。

只要是人才，只要你用他，就要使他有职有权，有自我发展的条件和机遇。大胆放手使用，使他有强烈的事业心，责任感，早出成果，快出成果。如果你用他，又怀疑他，处处插手，时时干预，使他无所适从，久而久之，他就会丧失主人翁精神、丧失自信心，难以尽职尽责。对于那些还未弄清楚的，仍值得怀疑的人，可先不用他。但必须抓紧时间了解清楚。如果长期挂起来不用，又毫无根据的怀疑，也有可能埋没人才。

（三）用当其才，用其所长

清代诗人顾嗣同写有一首《杂兴》诗，诗中说"骏马能历险，力田不如牛；坚车能载重，渡河不如舟。舍长以就短，智者难为谋。生材贵适用，慎勿多苛求"。这首诗生动形象地说明了人才使用的一个重要问题，就是要努力发掘人才的才能优势，发挥人才的长处。

由于人才的成长和发展过程总会受到主客观因素多方面的影响和制约，因而每个人才的德、识、才、学、体诸方面的发展都是不平衡的，都有长处和短处。人才使用中要注意扬长避短，充分利用他的长处。

　　曾国藩是中国近代历史上有影响的人物之一，为毛泽东、蒋介石同时推崇，最根本的是他的用人之道。李鸿章刚到曾国藩手下做事的时候，除了好吃懒做之外，几乎无一技之长，其他人都对其深恶痛绝，必欲驱之为快，但曾国藩却独具慧眼，看到李鸿章的才能。李鸿章眼光敏锐、见识深刻，看问题常常能一针见血，曾国藩一方面时加责骂，以折其傲气；另一方面则法外开恩，免其值班，还时时主动屈尊与其讨论战略战术，每每通宵达旦，全然不知疲乏。曾国藩一番苦心，终于造就了一个近代史上的大人物。而曾国藩对待左宗棠又是另一番景象。左宗棠虽然才大器弘，但是为人非常傲慢，得罪过不少人。但曾国藩却爱才心切，执意栽培他，要兵给兵、要饷给饷，总是全力给他发展空间，使他有机会从浙江、福建一直打到甘肃、新疆，最终成为一代名臣。

（四）要有用人气度

　　漫画家方成曾画过一幅漫画，叫《武大郎开店》。因为店主人是矮子，所以雇用的店员必须比他矮才成，害怕店里有高过他的职员。现在有的人才管理者也犯武大郎开店的毛病，遇到才能超过自己的人，就想方设法予以排斥，或借机给小鞋穿，这就会埋没人才。

　　合理的使用人才，要求人才管理者有广阔胸怀，有容人之量。对曾有过缺点错误已改正的人才不要吹毛求疵，揪住不放；对曾反对过自己而在实践中已有认识的人才不必求全责备；特别是对才能超过自己的人大胆提拔、重用。唐太宗曾经总结他用人的几条成功经验：第一，古帝王往往妒忌有才能的人，而我见到别人的才能好似就是我自己的才能；第二，一个人做事，不能样样都会，我用人总是用他的长处，避免用他的短处；第三，人主升进贤良的人，喜爱得要抱到怀里来，黜退犯错误的人，厌恶得要抛到沟里去，我敬重贤良，原谅犯错误的，使他们都得到适当的待遇；第四，人主常憎恨正直人，明杀暗杀，历朝都有，我即位以来，褒奖正直，从没有黜责过一人；等等。可见他用人的气度大，能使他治国安邦。

　　综上所述，用人艺术是不可忽视的重要问题，它直接关系到人才使用的最佳发挥和事业的成功。

第二十章 东方管理学的"三和"学术研究

"和"在我国古代得到了极大的关注。"和"也是东方管理的主旋律和目的，在东方管理"三为"、"四治"和"五行"的创新运用过程中，均存在各种矛盾的和谐问题。"和谐管理"一直是东方管理研究的重要课题。东方管理学所提出的"三和思想"就是"人和、和合、和谐"的理念。"人和"是基础，"和合"是目的，"和谐"是最终的目标。

第一节 人和文化

"以和为贵"的思想是儒家人本思想的核心所在，孟子指出"天时不如地利，地利不如人和"，由此可见人和的重要性。但是，人和并不意味着盲目苟同，无原则的附和及随波逐流，而应该是内和外争。人和文化可以应用于个人管理、家庭管理、企业管理和国家管理等各个不同的层面。以企业管理为例，在企业的经营管理过程中，和为贵的目的就是为了充分发挥每个人的积极性和创造性，使企业价值最大化。深受儒家文化影响的日本企业和诸多华商企业在实践中，自觉应用和为贵的思想于管理过程，取得了极大的成功。本节将从理论和实践两个方面阐释东方管理"人和文化"的思想。

一、人和内涵

"人和"的概念可以概括为各个要素之间的和谐相处。"人和"可分为三个层次：第一层次发生在个体内部，要能做到心平气和，个体的欲望与现实能到达一种平衡，强调对自身的管理；第二层次是个体与个体之间，能做到相互理解、友好相处，强调的是人际关系的相处；第三层次是个体和群体之间和谐相处，个体认同群体的价值观，群体也让个体自由的发展。其强调的是人与社会或企业的关系。"人和"更强调人与人之间微观层面的运用。

（一）"和"的概念

中华传统文化十分重视"和"。那么，什么是"和"呢？史伯说："以他平他谓之和。"[①] 贾谊说："刚柔得道谓之和。"[②] 春秋时的晏婴认为"和"就是"济其不及，以

---

① 《国语·政语》。
② 《贾子·道术》。

泄其过"①。这里的"济"是"增加"的意思；"泄"是减少的意思。不足之处要增加，过多之处要减少。

在中国哲学中，"和"标志着天地的正位与阴阳的协调。作为观念的"和"，源于作物的生长。从具体的饮食之"和"抽象为人们关系之"和"的发展过程，使它为完整的中庸概念的形成奠定了伦理基础。

（二）以他平他谓之和

史伯即伯阳父，中国西周末期思想家。西周将亡之际，他同郑桓公谈论西周末年的政局时，提出"和实生物，同则不继"的思想，指出西周行将灭亡，原因是周王"去和而取同"，即去以直言进谏的正人而信与自己苟同的小人。史伯第一次区别了"和"与"同"的概念。他说："以他平他谓之和，故能丰长而物归之，以同裨同，尽乃弃矣"。他从发展的角度来看和与同，认为不同的事物互相结合才能产生百物，即和者以他平他，所以生机勃勃；如果同上加同，不仅不能产生新的事物，而且世界的一切也就变得平淡无味，没有生气了，故而死气沉沉。和者生机勃勃，同者死气沉沉。总之，和是宇宙的本然状态，和是自然的一种动作，也可以是人们按自然本性应对自然的思维方法。无论是状态还是动作，是环境还是方法，和总是由两相对反、互为他者的元素激荡而成。这就是所谓的"以他平他谓之和"。② 史伯的这个思想带有朴素唯物主义和朴素辩证法因素。

（三）执中以致和

讲到"和"，也不得不讲"中"。"中也者，天下之大本也；和也者，天下之达道也。天地位焉，万物育焉。"③ 可见，"中"是本体，而"和"只是一种方法，一种手段。"中"就是指事物要达到和谐，它的各个方面就要确定一种关系，而这种关系又确定了各个方面之间应有的度。这个度的分寸要掌握得当，否则不是过分，就是不足。儒家把这个度的最佳分寸定为中庸。

作为哲学范畴的中庸，其完整概念包括"中"与"和"两个方面，即执中以致和。执中，表示采取正确的方法；致和，反映达到了理想的目的。"中"是本体，而"和"是方法、手段。"中"与"和"是连在一起的。只有事物的各个方面都能适度，即中的程度，事物的总体才能达到协调、和谐的状态。中庸的目的是要达到事物总体和谐。因此要求事物的各个方面要以事物的总体要求出发，正确处理好各个方面的关系。当某些方面出现不同意见，甚至矛盾时，每个方面都应该从事物的总体要求出发，以和为贵，把各方面的矛盾降到最低程度。

"执中致和"就是执政者以其中直之性和中节之情，实行合乎中道的法律制度，让矛盾中的各方各得其位，使创生中的万众各张其性。但由于"执中"权在君不在民，而原本作为协助君王"执中致和"的士人，在利禄的诱惑下成为官僚机构的一员之后，

---

① 《左传·昭公二十年》。

② 庞朴：《和谐原理三题》，《新华文摘》，2007 年第 15 期。

③ 《中庸》。

竞投王所好，使君权失去了稳定的、理性的制约力量，这样，其"中"不中、其"和"不和便成为经常的社会现象。而今天，当我们运用"执中致和"的思想资源服务于构建"和谐社会"时，一定要忠实地分析这一理论的本义，注意克服其主客观的历史局限性，使它重新焕发出新的活力。孔子中庸观的要义是"执其两端，用其中于民"，"过犹不及"，也就是主张执中以致和，无过无不及，使矛盾双方达到和谐统一。

二、以和为贵

以和为贵是中国传统文化的精髓，强调的不仅是身心和谐、人际和谐、天人和谐，而且更注重内部和谐，提升对外竞争的实力，即"内和""外争"的理念。

（一）文化传统

中国传统文化中有着许多关于"和为贵"、"和气生财"、"家和万事兴"的思想，重视建立融通的人际交往、有序的社会秩序、和谐的社会关系，认为"天时不如地利，地利不如人和"，"得道多助，失道寡助"，只有"志同道合"、"同心同德"、"和衷共济"，才能做到"和则一，一则多力，多力则强"，从而"天下同归而殊途"。孟子提倡"老吾老以及人之老，幼吾幼以及人之幼"①。主张无为而治的道家最反对社会冲突，最希望实现社会和谐。《老子》给人们描绘了一个人与人之间"无欲"、"无为"、"无争"，彼此和谐相处，宽大为怀，人人"甘其食、美其服、安其居、乐其俗"的理想社会。

在处理人际关系时，"和"与"同"始终是中国古代管理文化所关注的一对含义不同的范畴。孔子提出理想人格是以宽厚处世，协和人我，从而创造和谐的人际环境。如"君子和而不同，小人同而不和"②，又如"君子矜而不争，群而不党"，其意即保持和谐而不结党营私，行为庄重而不与他人争执，善于团结别人而不搞小团体。在这里，孔子区别了"和"与"同"两个概念，"和"指多样性的统一，"同"指一味附和乃至结党营私。孔子明确主张，君子应取前者而弃后者。宋代张载在《正蒙·太和篇》中讲："有像斯有对，对必反其为；有反斯有仇，仇必和而解"，表明宇宙世界、人间社会充满矛盾，但在矛盾的解决上主张"仇必和而解"，而不是"仇必仇到底"，这种对待矛盾的朴素辩证法思想，对于当今构建和谐社会大有裨益。

中国传统文化中的世界和谐，在儒家其理想就是"天下"。《尚书·尧典》说："百姓昭苏，协和万邦。"《周易·乾卦》说："首出庶物，万国咸宁。"即主张万邦团结，和睦共处。孔子提出"四海之内皆兄弟"③，又说："远人不服，则修文德以来之，既来之则安之。"④ 孟子提出"仁者无敌"⑤，主张"以德服人"⑥，提倡王道，反对霸道。

---

①⑤《孟子·梁惠王上》。

②《论语·子路》。

③《论语·颜渊》。

④《论语·季氏》。

⑥《孟子·公孙丑上》。

王道与霸道相反，霸道以武力做后盾，处理国内和国际关系；王道则是利用和平的手段，通过在国际间建立相互信任关系而扩大其影响。中国传统文化各家各派都有其和谐社会模式。道家以"小国寡民"为梦想，主张无欲、无为、无争；墨家以"爱无差等"为梦想，倡导兼爱非攻、尚同尚贤；法家以"富国强兵"为梦想，倡法治，图实效；佛教以"善地净土"为梦想，强调同体共生、乐善好施。但最具代表性的，还是儒家描述的"大同社会"。

（二）内和外争

儒家是既主张和为贵又主张竞争的。首先，儒家的"和"是有原则的"和"。即真正有德行的人是善于与人和睦相处，善于协调各种关系的，但并不是意味着盲目苟同，并不是意味着无原则地附和、随波逐流。这里的"和"是指协调、和谐，而"同"是指无差别的同一。其次，儒家在"和"与争的关系上，主张以和为主，以竞争为辅的原则，和是目的，竞争是手段，争是为了在更高层次上取得和，竞争并不排斥人和。儒家坚持以和为贵为手段和方法来解决现实生活中的一切矛盾与冲突，因此，儒家的基本原则是能和则和，内部和谐的最终目的是为了进一步增强对外竞争的实力，即"内和""外争"。在激烈的市场竞争中，即在和外部企业竞争的过程中，如果没有内部的人和是绝对没有竞争优势的。对外竞争优势的基础是内部的人和。正如诸葛亮在《将苑·和人》中所言："夫用兵之道，在于人和，人和则不劝而自战矣，若将吏相猜，士卒不服，忠谋不用，群下谤议，谗匿互生，虽有汤、武之智，而不能取胜匹夫，况众人乎。"

人们在研究日本企业成功的原因时，发现其成功主要来自内部极强的凝聚力。"和"是日本文化的重要基础。日本民族是一个典型的"内和""外争"民族。在本企业内部，日本人强调雇员与公司紧密结合，以"和"的观念来处理上下级和同事的关系，鼓励以团体目标为导向，个人目标服从团体目标，形成利益共同体。日本企业在国内市场上的相互竞争是相当激烈的，但是，当日本企业面对的是外国企业时，所有的日本企业就会联合在一起，形成一股强大的力量，最终战胜对方。松下幸之助曾经说过："事业的成功，首在人和"、"公司上下能不能团结一致，往目标上努力，是企业成功与失败的关键"。在世界经济中占有重要地位的日本企业，并不只是一两个企业，而是大量的企业，是整个日本经济。日本企业之所以成功，是由于他们强调"以和为贵"、"内和"、"外争"。

（三）人和应用

在现代众多管理实践中，人和的思想都可以得到有效运用。具体说来，可以运用到个人管理、家庭管理、企业人际关系管理以及国家管理中去。在个人管理方面，人和理论可以应用到个人心理情绪的调整上。在家庭管理方面，主要可以用来处理家庭各个成员之间关系的协调，营造一种良好的家庭氛围。在企业人际关系管理方面，可以用来处理企业与企业之间、劳方与资方之间、上级与下级之间、同事之间的关系。在国家管理方面，则主要是运用到对社会矛盾的管理，对各个阶层之间冲突的管理以及民族之间的冲突管理等。

1. 人得中和之气则开刚柔均

人和运用的第一个层次就是在对自身的管理上。人要心气和平，才能做到刚与柔的平衡。要控制自己的情绪，才能做到心平气和。

个人心气为何容易不平和呢？原因在于个人的预期（或者说欲望）与现实的差距太大。在这样的情形下，只有两种途径可以缓解个人内心的冲突，而实现平和。第一种途径就是要克制自己的欲望，"克己复礼"，各个宗教讲求约束欲望也是这个道理；第二种途径就是社会要为个人安排一种合法、合理的途径去实现自己的欲望，能有途径让个人去表达自己的欲望。后一种途径行为动因在个人，但其实更重要的是在于社会制度的设计。

2. 家和万事兴

家庭是个人隶属关系中最重要的群体。个体生命中的大部分时间都是与家庭成员在一起的。家庭和睦了，做事情才能更有精力、动力和能力。要看到家"和合"的利益，不能轻易被自己的情绪所左右。

在家庭中，也容易发生冲突。毕竟每个人的个性不同，婆媳关系、夫妻关系、父母与子女的关系等都容易出现磕磕碰碰。在碰到冲突时，各方都应本着"大家和合"的精神去协调。要看到大家"和合"的利益，不能被自己的情绪所左右。

3. 和气生财

和气生财不仅仅是指做生意要对顾客和气，也是指要对员工和气，要照顾员工的利益，而且也指对竞争对手也不要采取过激的竞争行为。在任何企业中，都存在着劳资双方的关系，如何协调好双方的关系是决定企业对外竞争力的关键。只有内部和谐、团结、有凝聚力的企业，才能在对外竞争中立于不败之地。

被誉为松下"经营之神"的松下幸之助十分重视"和"在企业管理中的作用。他说："事业的成功，首在人和"；"一群人在一起做事情，最重要的是同心协力，团结一致"；"公司上下能不能团结一致，往目标上努力，是企业成功与失败的关键"[①]。儒家的仁爱思想，对于建立和谐的人际关系，增进员工之间、员工与企业之间的感情，建设企业文化，具有重要的现实意义。东亚一些国家和地区，如日本及亚洲四小龙，继承儒家学说，在企业经营中，将"以和为贵"，"和气生财"作为重要的经营准则，形成了"以人为本"的管理思想，在整个经营过程中强调对人的关心、爱护和尊重，重视人的积极性和创造性的发挥，讲究富有人情味的管理，因而取得了明显的效果。

（四）平正和民

人和思想同样可以用在国家对社会的管理上。现在，我国提出构建"和谐社会"正是体现了这种思想。荀子指出"平正和民之善"，要求执政当局必须"中得人和"。那么怎么来定义"政和"呢？

荀子认为，政和的首要要求就是要守序。正所谓"人生不能无群，群而无分则争，

---

① ［日］松下幸之助：《松下经营成功之道》，军事谊文出版社1987年版。

争则乱，乱则离"。因此，"先王案为之制礼义以分之，使有贵贱之等，长幼之差，知贤愚、能不能之分。皆使人载其事而各得其宜，然后使俸禄多少厚薄之称，是夫群居和一之道也"①。这里讲到的是要形成一个比较稳定的社会阶层结构，让每个人各处其位。"政和"并不是否定阶层差别，而是要承认这种差别，但政府要营造一种各个阶层相互流动的顺畅通道，让人们能有选择自己生活方式的权利，有一种公正、公平、公开的方式让人们追求自己的理想。

三、中庸之道

"中庸之道"是儒家学说的根基，在儒学中占有重要的地位，也是东方古代管理文化的重要理念。一般而言，中庸有广义和狭义之分。广义上的中庸就是哲学化、道德化和伦理化的中庸，而狭义的中庸仅限于指人的行动（行为）模态上的中庸。②

（一）"中"的观念

"中"的观念产生于原始狩猎经济和原始军事民主政治。从历史的演进中可以考察到"中"的观念。实际上"中"的观念是对原始经济基础同原始民主政治之间关系的反映。孔子的"仁"学与中庸就是"中"观念的发展，"中庸"是历史和逻辑的产物。抽掉中庸的特定具体伦理内容，中庸即具有了作为一般方法论的意义：中庸思维。中庸思维对矛盾和发展的深刻理解，其有关发展原则、策略、主体极地位的思想及其思维框架的特点对我国现代化管理方式有着深刻的现实意义。

（二）现代思维

中庸思想在中国历史长河中，主要是作为一种调节君臣、父子、长幼、贫富的道德规范而存在，它维护的是"先王之道"和"礼"。这种"先王之道"和"礼"核心是"贵贱有等"。虽然中庸强调"中"，强调"叩其两端"、"执两用中"，具有灵活性与机动性，中庸思想的"权"、"变"的灵活性始终服务于"固执中正"之"礼"的鲜明原则性，即君臣、夫妻、父子、长幼的秩序不可动摇。在此原则下，关系可以适当调整，则中庸思想便视之为大逆不道，决无"权"、"变"的可能。所以，中庸思想在实质上是维护已有统治的一种道德说教，带有很强的愚民色彩。所以，必须进行现代性转化，才可以在管理活动中普遍适用。作为伦理化的世界观，"中庸思想"有着特定的历史局限性与缺陷。但作为一种一般的思维方式，我们认为"中庸思维"有着强大的生命力，在我国现代化进程中，中庸的方法论有着巨大的范式作用。区分"中庸思想"与"中庸思维"是我们面临的一个重大课题。

中庸注重外"和"时其根基是内"强"。将内在的坚守不移与外在的柔和完善融合于一体的"强"也就是中庸所追求的理想主体。经济全球化，不能消溶解构中华民族在世界文化中的主体地位。中国有自己文化相对独立的地位与发展轨迹，在任何时候都

---

① 《荀子》。
② 张德胜、杨中芳：《论中庸性：工具理性、价值理性、沟通理性之外》，《社会学研究》，2001 年第 2 期。

不能照搬西方管理思想和方式。中庸思维的"以分求一",其现实意义应在于揭示世界发展的多元与统一的关系。分是必然的,没有分也就没有了"一""群",没有世界各国的独立地位也就没有世界文明,世界的发展是各国不同发展道路的整合。这也就是中庸思维的"和而不流"、"和而不同"。

中庸思维强调对"道"的坚持,从现代意义上讲,"道"即规律、根本。最重要的意义指对根本的"坚守中正",指对规律的固执。事物发展有着客观规律,社会发展也存在客观规律,现代化管理不言而喻也必须遵守规律。具体而言,现代化过程中要遵守市场规律、经济规律,要符合民心的向背。

从思维模式上,中庸思维内含着"主—客—主"多极主体思维模式的萌芽。多极主体注重主体极,多极主体思想坚持主体地位上的平等观,这也正是中庸思维的一大特点。西方哲学注重人与自然,西方传统思维是主客两极的框架;中国的中庸思维是人与人基础上的"人—物—人"即"主—客—主"的框架,这是东方哲学传统一以贯之的思维框架。在当今全球化进程中,与中庸思维的思维框架也是符合的。主—客—主模式日益显示出其勃勃生命力,从此意义上讲,这也就是中庸思维、东方哲学的生命力。

过去对中庸的批判往往把中庸思想与中庸思维混淆起来。我们应全面把握中庸,不对中庸作片面表层的理解,真正区分中庸思想与中庸思维。总之,在新世纪的管理理论和实践中,中庸思维方式应该大力予以肯定。

（三）中庸管理

管理者要达到预期的目的,必须掌握"中庸之道",注意分寸,掌握火候,抓住时机,严防"过"与"不及"。为达到管理的目标,需要进行适度控制。适当的人才安排到最能发挥才能的合适岗位,实现人事的最佳结合,做到人尽其才、才尽其用。管理中的激励也需要适度。东方管理是"情、理、法"的有效结合:"情"为本,即人性化;"理",即适度性和合理化;"法",即规章制度。用合理化的制度和合理化的人情达成适度管理,才能真正做到"人为为人"。

要做好中庸之道的适度管理,具体来讲体现在以下三方面:

首先要树立"度"的观念,注意管理的数量方面,要有基本的数量分析。管理者必须对管理客体的各方面情况了如指掌、心中有数,这是做好管理工作的前提。例如,在解放战争期间,毛泽东自始至终非常注意敌我双方力量的数字统计,分析战争的发展趋势,把握其量变到质变的关键点。当敌我力量对比发生明显的变化时,不失时机地使我军由战略防御转为战略进攻,夺取了解放战争的胜利。管理工作和指挥战争一样,也只有做到情况清楚、胸中有"数",才能掌握火候,处理得恰到好处。

其次是选取最佳度。管理者要想实现最优化的管理,就必须在多与少、大与小、长与短、快与慢、动与静、松与紧、宽与严、张与弛、刚与柔、进与退等之中作出最佳度的选择。由于各种事物都有其特殊性,最佳度也是各不相同的,即使同一事物,在不同的时期、不同的发展阶段,最佳度也是不一样的。因此选择事物的最佳度单凭实践经验是不够的,还必须掌握丰富的科学理论知识,这样才能提高科学分析能力,寻找出事物的最佳度。

最后是把握最佳度。要把握管理的最佳度，做到适度管理，最重要的就是按最佳适度办事。首先，当事物在其质的范围还有发展余地，客观上要求保持事物的度时，要恪守事物的度，不要随意去破坏它，不要过头，也不要不及。现代化的机器、装备和零件，从设计、制造到使用都不允许超过一定的误差，否则就会造成浪费、损失甚至事故。其次，当事物的发展客观上需要并可能超过事物的度时，就要敢于冲破旧的度，建立新的度来促进事物的发展，从动态中把握最佳度。质量管理中，适度的产品质量标准不是凝固不变的，日本丰田汽车公司的产品之所以在竞争中畅销不衰，很重要的一个原因，就是能根据市场的变化不断地调整汽车产品的质量标准，随着社会生产力的发展、科技的进步以及消费者购买力的提高，产品标准相应地发生变化。

第二节　和合思想

和合是中国传统文化精神的精髓和首要价值，它是以天人合一为核心内容的一种思想理念和思维方式，广泛地体现在阴阳五行论等许多方面的思想学说中，表现为儒、墨、道、释各家的一种相近的倾向，构成了中国传统思想文化的一个基本倾向和特征。自秦汉以来，中国文化就倡导"和合"精神，深刻地影响了中国思想文化的发展。这里我们从三个方面论述东方管理的和合思想。首先阐释和合思想的内涵、阴阳和合的思维方式以及和合思想的现代价值；其次分析了"和而不同"思想的内涵及其在人缘关系和国际关系处理上的应用；最后剖析了竞合文化的特点及其在战略联盟管理中的运用。

一、阴阳和合

（一）和合的含义

在中国文字中，"和合"最初是两个单独的字，早在甲骨文和金文中就出现了。"和"，原意是声音相应的意思，后来演化为和谐、和平、和睦、和善等。"合"，原义是指上下嘴唇合拢的意思，后来演化为融合、结合、合作、凝聚等。"和合"后来成为一个整体概念。"和"讲的是一种和谐，和平相处；"合"讲的是合作，融合；而"和合"放在一起，则强调了事物不同因素之间的相互冲突以及相互融合。"和合"思想比"和"与"合"都前进了一步。

中国传统文化中的"和合"思想内涵可概括为五个方面[1]：①差异与和生，和合是差分、异质元素以及多元要素和合而生生。和合不是否定冲突，但冲突必须经过融合，才能产生新事物。②存相与式能，天地间的存有都是相，式能则是存相方式的种种潜

---

① 蔡方鹿：《张立文教授的和合学研究概述》，《中华文化论坛》，1997 年第 2 期。

能,存相与式能之间有一个结合选择的过程。③冲突与融合,冲突是融合的前提和原因,而融合则是冲突的理势和结果,冲突必须融合,才有意义。④汰劣与择优,和合是诸多异质因素融合而形成的新事物,因此对各种要素有必要进行优化选择。⑤烦恼与和乐,和合能协调、和谐人的精神生活,消除人的烦恼与焦虑,陶冶人的情操,净化人的心灵,由人和而天和,进而天人合一,其乐融融。

"和合"的概念强调了事物不同因素之间的相互冲突以及相互融合。东方和谐观强调的是和而不同,和而不流。和合是中国传统文化精神的精髓和首要价值,它是以天人合一为核心内容的一种思想理念和思维方式,广泛地被儒、释、道和其他文化流派普遍接受,成为贯通中国文化思想领域的一个综合性的概念。儒家讲求阴阳和合,释家讲求因缘和合,而道家则强调天人和合。"和合"更强调中观层面的运用,这种和合思想体现在现代企业之间关系上,就是企业与企业之间不仅存在竞争,更有合作。现代战略联盟组织的出现正是这种竞合关系存在的明证。

(二)和合的思维方式

阴阳和合不仅仅是一种理论体系,更是一种辩证思维方式。阴阳和合强调的是多元协调。东方文化认为矛盾确实存在,但却不是那种你死我活的争夺。和合文化强调的是一种相反相成的矛盾,矛盾一方之所以存在,正是因为有了另一方的存在。矛盾双方在斗争的同时,还有一种和谐,一种配合。阴阳和合不仅仅是一种理论体系,更是一种辩证思维方式。这种辩证思维不同于西方黑格尔的辩证法,主要体现在以下几个方面:

1. 阴阳和合强调的是多元协调,而不是二元对立

"易有太极,是生两仪,两仪生四象,四象生八卦。"[①] 两仪,就其性质来说,称阴阳;就其法象来说,称天地;用《周易》的语言来说,称乾坤。阴、阳,乾、坤等确实是一对矛盾。但这种矛盾却是统一在太极之下的。太极为宇宙万物之本源,它的本源性正在于它的阴阳两性。吉林大学的陈恩林认为,周易和合思想的核心是阴阳的对立统一。其特征有四个:一是主张阴阳尊卑有序的和合;二是认识到了事物阴阳和合的多样性并主张容纳多样性;三是认识到了事物阴阳和合的两端而主张追求中道,中道是阴阳和合的主要表现形式;四是认识到了事物阴阳的和合与不和合是并存的、互相转化的[②]。

《中庸》云:"和也者,天下之达道也"。肯定"和"是最高的准则。《中庸》又说:"万物并育而不相害,道并行而不相悖,此天地之所必为大也。"事实上,现在的地球上,许多生物被消灭了,而人类自己亦处于危难的边缘。可见,自然界的各种生物除了彼此相胜之外,更是一种相互依存的关系。这再次说明,阴阳和合强调的是多元协调,而不是二元对立。

2. 阴阳和合强调的是和合生生,而不是双重否定

按照阴阳和合思维方式,矛盾双方不是一种彼此取代,而是在相互补充、相互转化、相互融合。阴阳之间是一种相生相连、相生相继、相合相生、相生相济、相胜

---

① 《易·系辞传》。

② 陈恩林:《论〈易传〉的和合思想》,《吉林大学社会科学学报》,2004年第1期。

相克、相反相成的关系。相反相成、相胜相克的结果就不是裂变，而是一种圆融。因此，老子才能说："万物负阴而抱阳，冲气以为和。"《周易》也才说："生生之谓易。"孔颖达这么解释："生生，不绝之辞。阴阳变转，后生次于前生，是万物恒生，谓之'易'也。"

3. 阴阳和合强调的是有序对称，而不是无序竞争

宇宙不仅是和谐的，更是有序对称的。有序不仅表现在事物的发展呈现一定的规律，还表现在总体结构上的一种对称性。阴阳和合就体现了这种对称性。

在阴阳和合理论基础上形成的五行学说更是体现了这种有序对称性。金木水火土这五种基本物质元素之间存在相生相克的关系，这说明世界万物之间普遍存在这种相生相克的辩证关系，世界上没有任何物质不是从其他物质派生出来的。现代系统论以及耗散结构论也证明了宇宙有序对称规律的存在。一个系统的功能取决于其系统结构的有序化程度。而这种有序并不意味着系统各要素的均匀分布，而是包含了各要素通过自组织而产生的等级层次的分化。没有这种层次分化，就不存在有序。

有序对称说明了事物各要素之间相互作用，相互制约，耦合互动的关系。这种思想体现在人与自然的关系中，就是人的行为不仅改变着自然，但人又受制于自然。人在实践的同时，伴随着反实践。当反实践累积到一定程度时，就产生了实践的异化。这说明人与自然之间存在一种对称关系。

（三）和合思想的现代价值

阴阳和合思想在现代具有重要的价值。从管理学的视角来看，和合思想可以在以下领域得到有效运用：人与自然的关系；人与人的关系；人与企业的关系；企业与企业的关系；民族与民族的关系；国家与国家的关系。阴阳和合的管理原则有两条："六位成章"和"刚柔立本"。

1. 六位成章

"六位成章"原意是指《周易》六十四卦每一卦都是由六爻所组成的稳定结构，每一爻都是这个结构的一个层次，在一卦里每一爻都因其性质和位置空间不同，表现出彼此相互联系的关系。也就是说其中一个因素的变化，会引起整体结构的变化。"六位成章"说明，任何管理系统都是一个稳定的系统，管理就是要使这个系统保持稳定和谐。企业是由多个职能部门组成的，为了企业的稳定和谐发展，必须理顺部门之间的关系。"六位成章"的哲理与现代管理思想是相通的。

2. 刚柔立本

"刚柔立本"可以解释为"刚柔，即阴阳。论其气，即谓之阴阳；论其体，即谓之刚柔也"。所谓"立本"，"言刚柔之象，在立其卦之根本者也"。每卦的根本是阴阳的变化和相互配置，阴柔阳刚。阳刚代表刚健猛烈，积极的东西。阴柔代表柔弱温和，消极的东西。阴阳二性的调和，构成大千世界稳定协调的状态。在整体的关系上上级为刚，下级为柔，上、下级阴阳调和，协调配合。在管理模式上，制度代表刚，软性的文化代表柔，刚柔相济。

阴阳调和也是需要调控的理论与方法指导的。《周易》的调控原则是"天地设位，

圣人成能"，"天地节而四时成"。节以制度，不伤财，不害民①。"君子以裒多益寡，称物平施。"② 简单说就是圣人成能，节以制度，称物平施的控制原则。"圣人成能"是按"天地设位"的规律来行事的。在企业管理中为了实现企业自己所定的目标，需要对企业进行有效管理与控制。虽然管理模式不同，但管理的原则是一致的，即按照自然存在的客观规律，有效控制其进程，要有条不紊地实现企业自己所制定的目的。

二、和而不同

东方和谐观强调的是和而不同，和而不流。"和实生物，同则不继。以他平他谓之和，故能丰长而物归之；若以同裨同，尽乃弃矣。"这种和合思想体现在现代企业之间关系上，就是企业与企业之间不仅存在竞争，更有合作。战略联盟组织的出现正是这种竞合关系存在的明证。

（一）"和而不同"的含义

孔子讲到"君子和而不同，小人同而不和"，这就是对"和"与"同"进行了区分。"同"是一种简单的附和或者复制，而"和"是一种融合与创新，是不同事物、不同方面相互补充、相互协调，最终达到主体上的和谐。"和"包含不同事物的关系。许多不同的事物之间保持一定的平稳，谓之和。"和"可以说是多样性的统一。"和实生物"，"和"是新事物生成的规律。而仅仅是表面的"同"，并不能生成新事物。不同观点的相互补充称为"和"，而简单的附和则是"同"。

（二）人缘应用

"和而不同"的思想已经成为中国人处理人际关系的一条基本准则。这条原则不仅仅能用于个人的人际关系处理，而且可用来处理企业内部人际冲突，也可以用来构建企业文化。在企业中，每个人都有自己的个性，都有自己对业务的独特想法，如何把每位员工聚集到组织目标上来，就是企业文化要做的事情。诚然，每个企业的文化都各具个性，都是企业长期经营累积的结果，但任何强企业文化必定具有一个共同特征，即能营造一个共同的组织价值体系，以实现"和而不同"。

（三）国际应用

和平与发展仍然是当今世界的主题。当今世界是总体和平，局部战争；总体缓和，局部紧张；总体稳定，局部动荡。从某个局部、某个片断来看，是冲突与紧张；从总体趋向和最终结果来看，是交流、对话与融合。国内的求稳定、求发展、求和谐，与对周边国家讲安邻、睦邻、富邻，在国际交往中讲合作、信任、共赢，讲照顾彼此关切，寻找利益共同点，是相互联系的。冲突是客观存在的，有时甚至是很尖锐的。但总的趋

---

① 《周易·节象》。

② 《周易·谦象》。

向，还是在冲突中走向融合，即取长补短，共存共荣，圆融通达，和而不同。当然，"和"不是没有条件，而实力就是至关重要的条件，没有实力，"和"就可能是一厢情愿。

三、竞合共赢

"竞合共赢"顾名思义就是在一个国家、组织或者个人都必须通过竞争与合作的过程，达到共同的利益，使人们获得双赢、共赢甚至是多赢的格局。按照哲学辩证法的观点，事物都具备矛盾的两面性，就如市场经济的发展，仅有竞争没有合作，则限制了企业所能获取的利润率。所以，当企业之间的无序竞争白热化而市场规则日益完善透明时，唯有通过合作才能使企业获利和持续发展。

（一）竞合文化的特点

1. 我国传统文化中的竞合思想

竞合文化是"和而不同"思想在企业经营界的具体运用结果。儒家哲学最看重一个"和"字，反复挖掘它所具有的深刻内涵，并将其作为统治管理之道来推行。"和为贵"的哲学思想，直接影响了现代企业经营理念的形成。

在企业之间的关系上，强调进行合作性的竞争。儒家哲学所倡导的"和"，是不同于"苟合"的，即不讲原则的调和矛盾，保持所谓的和气。"和"与"同"是两个内涵不同的哲学概念。"和"是指在承认矛盾、肯定差异基础上的和谐，"同"是指否定矛盾、抹杀差异的和谐。前者是追求对立面的协调、统一，不回避矛盾，想方设法去解决矛盾；后者却是混淆是非，无原则调和，甚至同流合污。

2. 古代纵横家"远交近攻"战略的实践

纵横家是指战国时从事政治外交活动的谋士。其主要代表人物有苏秦、张仪等。他们分别代表合纵（六国联合拒秦）、连横（六国分别事秦）两派。苏秦合纵，张仪连横，南与北合为纵，西与东合为横，故有纵横家之称。战国时期，秦国经过商鞅变法，日益强盛，国力不断扩张，引起关东各国的恐慌，他们任用以苏秦为主要代表的谋士们献计，互相结盟，联合韩、魏、齐、楚，形成南北"合纵"联盟与秦对抗。但是结盟的各国之间互相猜疑，矛盾重重，在对抗秦的进攻方面，各有打算。苏秦被刺死后，"合纵"瓦解。张仪作为秦相，首倡"连横"。秦国用武力胁迫魏韩两国背弃纵约，与秦建立联盟，"东西为横"，因称"连横"。后来关东六国又联合起来，赶走张仪，推楚怀王为纵长，出魏、楚、燕、韩、赵五国之兵伐秦。可兵到函谷关被秦军所败，"合纵"又瓦解，魏、韩两国又转而屈于秦，形成秦、魏、韩三国"连横"、齐与楚两国"合纵"的对抗形势。秦国设计谋骗取楚国与齐国绝交，又约楚怀王至秦合盟，并扣留楚怀王至死。关东各国虽还想合纵，但情况更加困难。此后，秦又采取了远交近攻的策略，一面设法拉拢东方的齐国，稳住不邻之国；一面积极对外用兵，不断侵占邻近国家的土地。由于联盟各国的合纵形势已遭彻底破坏，终于使秦得以一一击破，统一了六国。

从古代纵横家的"合纵连横"和"远交近攻"战略，我们可以看到当时秦国虽然力量比较强大，但对方在数量上占多数。假如是一对一的话，秦国可能完全胜出。但若六国联合起来，谁是最后的赢家并未可知。可见，要想取得胜利，单靠一个人或一个国家的力量是不够的，必须实行联合。无论是"合纵连横"和"远交近攻"战略，都是联合同盟者，实行环环相扣的整体战略、步步为营的办法，达到最终目的。

3. 现代市场综合的竞合共赢的运用

现代企业的竞争在某种意义上可以说是一种伦理竞争，它包含着深层次的伦理道德关系。在市场经济条件下企业的运作，竞争与合作是不可分割的。竞争的消极作用，从一定意义上说是由于竞争参与者之间缺少必要的协调与合作而引起的。

市场经济是竞争型的经济，各个企业为了寻求生存与发展的空间，必然产生竞争。但是现代企业的竞争在某种意义上可以说是一种伦理竞争，它包含着深层次的伦理道德关系。在市场经济条件下企业的运作，竞争与合作是不可分割的。经济运行以致整个社会生活带来某种消极的作用，如一定社会资源的无效损耗，一定程度经济秩序的失常，以及造成人的心理的过分紧张而导致的精神危机和人格异化等。如果把儒家贵和思想引入市场竞争机制中，以"和"的生成性来补益"争"的损耗性，以"和"的规范性来调节"争"的失序性，以和谐的心态来淡化争的紧张与异化，达到以和济争，和争互补，就可以使市场经济争而不乱，争而无伤，既充满活力，又健康有序地发展。随着市场经济的深入，市场已由"完全竞争"的竞争型发展阶段转化为以"竞争合作"、"合作竞争"的合作型为主导的市场经济新阶段。

（二）竞合共赢新形式——战略联盟

从 20 世纪 80 年代中期开始，全球兴起了一种新的企业间组织形式——战略联盟。所谓战略联盟，即市场中两个或两个以上的企业自愿组成的，一种企业之间松散的、以契约形式为纽带，追求长期、共同、互惠利益的战略伙伴关系。联合双方仍保持着本公司经营管理的独立性和自主经营权，彼此依靠相互间达成的协议结成松散性的联盟的整体（肯德基和可口可乐、微软和 IBM）。

企业战略联盟具有以下一些基本特征：

（1）独立性强。参与企业战略联盟的企业之间关系完全是平等的，这种关系不受经济实力的影响，具有明确的战略目标，目的是为国际市场或地区性市场服务，充分发挥企业的各自优势。

（2）风险性小。战略联盟所提供的产品往往是通过各个企业之间外联型、相互衔接的附加值生产网络而实现其增值的，各企业往往都是从自己所从事的那一个环节上的营销活动获取相应利润的，这样可以充分发挥各自企业的产品优势、市场优势、技术优势、管理优势、服务优势，并能够充分利用这些优势很好地满足顾客需求。

（3）约束性弱。企业战略联盟一般只是具有特定意义的某种协议，仅仅是企业的意向书，只是强调参与战略联盟的企业各方进行合作的重要意义及目的，以及在市场营销活动中怎样进行有效的合作，并不要求企业承担相应的法律义务，更不涉及违约责任。企业还可以与战略联盟以外的其他企业再组成一个新的企业战略联盟。

（4）多维竞争。即并不强调在产品市场上限制产出，而经常是多个产业的企业行为。所以，它是一种"竞合"关系。战略联盟的动因并没有和产业市场失灵挂钩，因为战略联盟并不完全是同一产业的企业行为。所以，动因既可以是产业外生的，也可以是产业内生的，一般是内外因素的综合作用。战略联盟的目的是拓展竞争空间。

（三）"人为为人"是竞合共赢的主导思想

协作型文化的特点概括起来就是"人为为人"四个字。在"人为为人"中，首先是"人为"，即每个人先要注重自身的行为修养，"正人必先正己"，然后从"为人"角度出发，来从事、控制、调整自己的行为，创造一种良好的人际关系和激励环境，使人们能够持久地处于激发状态中工作，主观能动性得到充分发挥。

这指出了"针锋相对"策略的本质，也即是具有了保证合作能够产生并延续的文化的全部特征。首先，"人为为人"的概括简明易记，易于传播和传授。其次强调"人为"，这正与博弈论这一研究人的行为的学科和先代竞争依靠人的思想是一致的；更进一步，"人为"要求人的行为要"正人必先正己"，与"针锋相对"策略中第一步要先以"合作"待人是一样的，只有先示人以"合作"，先"正己"才能给对方以榜样和信心，使其相信你的承诺，因为这样的承诺是以行动来支持的。正如克瑞普斯指出的没有行动支持的承诺是无价值的。所以"人为为人"首先强调"人为"。再次，其强调"为人"，也反映出了"针锋相对"策略的"回报"本质，即要为他人利益来行为，要为他人着想，他人好则自己也好，他人不好则自己也不好。"为人"的含义不仅限于此，"为人"更强调是要"为了人的全体"，"为集体的整体"最优而行动，这就更指出了合作的本质。从"为人"的这个角度出发也能使我们更全面地认识"回报"的意义，回报不仅要对他人对集体有益的行为进行回报，予以奖励，也要对他人作出的对集体有害的行为作出相应的"回报"——"惩罚"，因为唯有这样才能有效地防止有损集体的行为发生。"惩罚"也是"为人"的另一方面，这是全面理解"为人"含义必须要认识到的。没有强硬的实力，是不能有效"为人"的。可见"人为为人"一句话概括了所有促进协作型竞争产生和存续的文化本质，可以说"人为为人"是为了达到帕累托最优均衡（如"囚徒博弈"中的"合作与不合作"）而必须具有的文化或"知识结构"。"人为为人"在市场经济中也起着根本的基础性作用。市场经济最重要的道德基础是"责任感"，具有责任感的信誉对参与交换的双方都是十分重要的，可以说是最根本的竞争力。可以看出，"人为为人"的文化正是培养"信誉"这种根本竞争力的最有效手段。

第三节　和谐社会

构建和谐社会，在中国古典文本中既有系统的理论论述，又有实施的一些措施；既有像《左传》、《国语》治国处事经验的对话叙事，又有像总结历代统治经验的《资治通鉴》的记叙。领悟中华和谐之道，对构建现代和谐社会，有一定的借鉴意义。构建和谐社会，长期以来是中华民族的价值理想。无论是商周以前禅让制的王道之治，还是《礼运》篇"大同"的理想世界，以至孙中山"天下为公"的共和理想，都没有放弃构建和谐社会的追求。这里我们首先介绍国内外思想家对和谐的认识，剖析和谐的内涵，然后对和谐社会进行界定，分析构建社会主义和谐社会的必要性和可能性，接着在分析总结我国古代构建和谐社会的经验教训的基础上，提出目前构建现代和谐社会的策略。

一、何为"和谐"

"和谐"两个字按照字典的解释是：配合得当与匀称。但这样的一个解释仅仅是一种描述，而并没有给出"和谐"的内涵。

（一）先贤的认识

我国古代思想家认为的和谐总是和"人"联系在一起的。即和谐的产生离不开人的参与。对和谐的研究也绝不能忽略人的因素，人与自然、人与人、人与社会以及人自身的和谐问题，都是和谐范畴的重要组成部分，这是一种人文主义和谐观。"天人合一"的理论更是这种人文主义和谐观的体现。

中国传统文化特别强调和谐是包含了矛盾与冲突的和谐。"和而不同"、"和实生物，同则不继"等观点表明，和谐问题的提出就是和矛盾、冲突联系在一起的。如果没有矛盾和冲突，就不存在和谐。真正的和谐也必然容纳一定程度的矛盾与冲突。

在如何实现和谐的态度上，也有积极和消极两种观点。积极和谐论的代表是墨子，他主张积极地去追求和谐的实现，认为通向没有矛盾的和谐社会的道路是以兼易别。除了在思想路线上提倡"非命"、"尚力"，用"天志"来统一人民的思想以外，在政治路线上必须做到尚贤、尚同、兼爱、非攻、非乐、节用。而老子则是消极和谐论的主张者，他认为和谐应通过妥协退让、与世无争的手段来实现。

中国传统文化强调由里及外的和谐观。个体通过个人内在的修炼，首先实现身心和谐，然后以此为基础逐步实现人与人、人与社会以及人与自然的和谐。比如，儒家就特别提倡"修身、齐家、治国、平天下"的逻辑顺序。"古之欲明明德于天下者，先治其国；欲治其国者，先齐其家；欲齐其家者，先修其身……身修而后家齐，家齐而后国治，国治而后天下平。自天子以至于庶人，壹是皆以修身为本。"[①]

（二）和谐的含义

"和谐"是事物之间联系的一种存在状态，是对立事物之间在一定条件下，具体、动态、相对、辩证的统一。它体现的是一种均衡、平衡、配合、相生相胜、相辅相成、相反相成、相互合作、共同发展的关系。和谐也是主体从价值论角度出发对事物特定存在的主观感受。"和谐"反映的不仅是事物存在状态的本身，而且也是主体对事物特定状态的价值认同，反映了主体的价值目标和价值追求。

1. 和谐产生的前提

任何事物之间总是存在着或多或少的差别，任何事物也总是与周围的其他事物发生

---

① 《大学》。

着这样或那样的联系，整个世界是相互联系的统一整体。事物之间的差别与联系就是和谐产生的前提。

2. 和谐不仅是一种客体存在，更是一种主观感受

"和谐"反映的不仅是事物的存在状态本身，而且也是主体对事物特定存在状态的价值认同，它反映了主体的价值目标和价值追求。对和谐的研究不仅应从本体论角度出发去探求事物之间的均衡、相生相胜、相反相成的关系，也应该从价值论的角度去考察和谐所规定的价值取向。

3. 和谐的价值标准

和谐的价值标准：特定系统内相互依赖、相互作用的诸要素、诸子系统之间能良好的并存和发展。"万物并育而不相害，道并行而不相悖"，应是人类所追求的理想境界。

（三）研究的对象

"和谐"要研究的是以下几个问题：

（1）身心和谐的问题，即人自身组成部分间的关系问题，它寻求的是一种心气平和。

（2）人际和谐，即研究人与人之间的关系问题。

（3）群己和谐，研究的是人与群体、社会之间的关系问题，在这类关系中，个体能否认同群体的价值体系是和谐的关键。

（4）天人和谐，研究的是人与自然之间的关系，在这类关系中，人类社会的可持续发展成为关注重点。

和谐是一切事物的原则，工作、学习、生活、文章、条例，它们内在必须是和谐的，和其他事物的关系必须是和谐的。和谐包含着矛盾，与此同时也有妥协。和谐包含着严格，也有宽容，和谐包含着一分为二，也包含着合二为一。有阴有阳，方方面面都能存在，找到自己的位置。这就是物质的本质，物质不灭定律。

二、和谐社会的界定

（一）和谐社会的内涵

什么是和谐社会？胡锦涛同志在省部级主要领导干部提高构建社会主义和谐社会能力专题研讨班上明确指出，我们所要建设的和谐社会，应该是民主法治、公平正义、诚信友爱、充满活力、安定有序、人与自然和谐相处的社会。这六大价值目标，体现了我国经济社会发展的新要求和我国社会出现的新趋势。

民主法治，就是强调要依法治国，发扬社会主义民主，充分调动各方面的积极因素；公平正义，是指要妥善处理好各方面的利益，做到社会公正、公平；诚信友爱，就是做事做人要诚实，讲信用，互相帮助，人们之间能融洽相处；充满活力，就是要尊重任何有利于社会进步的创造，让每个人的聪明才智能得到充分发挥；安定有序，就是社会安定团结，人民安居乐业，社会公共管理完善；人与自然和谐相处，就是要可持续发展，不能牺牲后一代的利益来满足当前的利益，在保持经济发展的同时，要注意生态保护、生态平衡。

（二）构建和谐社会的意义

和谐社会，是人类千百年来孜孜以求的美好理想。古希腊哲学家毕达哥拉斯第一个明确地把"和谐"作为哲学的根本范畴。他有两句最有名的格言："什么是最智慧的——数。""什么是最美的——和谐。"认为万事万物都是和谐的，"和谐"是一种极致的美。

政治领域中的"和谐社会"理想。将哲学中的"和谐"引入政治领域，就产生了和谐社会的理想。从苏格拉底开始，"和谐"被引入社会领域和人学领域。柏拉图阐述了"公正即和谐"的观点，提出"理想国"构想。亚里士多德认为，一个国家的政权应该由中等阶层来掌握，这样能够很好地协调贫富两个阶层的利益、矛盾和冲突，从而实现社会的稳定与和谐。

马克思在《共产党宣言》中一再提倡"社会和谐"，认为"它们是关于未来社会的积极主张"。中国共产党在"十六大"提出了构建"和谐社会"。和谐社会已经成为当今出现频率最高的词之一，成为我国人民的一个奋斗目标。

1. 构建和谐社会的必要性

（1）和谐是人类的美好追求，也是社会主义社会的必然要求。社会主义社会不仅意味着要进行政治、经济以及文化建设，而且也意味着要进行社会建设。只有社会和谐，才能充分挖掘潜力，使各种社会资源得到充分利用，不因社会经济矛盾造成动荡。

（2）历史经验表明，调动一切积极因素，团结一切可以团结的力量，是革命、建设以及改革的成功之道。

（3）随着改革的深入，目前我国社会出现了新的利益阶层与内部矛盾，缓和这些矛盾，营造稳定局面已成为社会发展的一个重要课题。

（4）当社会经济结构发生剧烈变化，社会利益矛盾不断增加，社会稳定问题非常突出。社会的和谐发展问题自然被提到了比过去任何时候都更为重要的位置。

2. 构建和谐社会的可能性

尽管人均 GDP 从 1000 美元向 3000 美元跨越时，社会结构会剧烈变化，社会矛盾会加剧，但还是有一些国家和地区能够平稳而成功地跨越这一重要的历史阶段。20 世纪 70 年代到 90 年代的亚洲"四小龙"，便是创造这种经济奇迹的典型代表。目前我国同样拥有亚洲"四小龙"当时所拥有的天时、地利及人和。改革开放以来，我国综合国力大幅度跃升，人民得到实惠最多，社会长期保持安定团结、政通人和，国际影响显著扩大、民族凝聚力也极大增强，而我党的执政能力也与时俱进，这次提出"建设和谐社会"这一目标更是明证。所有这些表明，只要全党、全国人民万众一心，构建和谐社会就一定能取得成功。

（三）和谐社会界定的要点

1. 和谐社会不是否定差别，也不是消除差别

和谐必须是多样性的事物共存并相互制约、平衡；如果多样性被消解，那么和谐是没有任何意义的。多元是和谐的前提，和谐则是多元的归宿。

2. 和谐必须是一个社会结构合理的社会

社会结构合理是指社会各个子系统之间必须有一个比较均衡、比较稳定的关系。社会结构包括人口结构、家庭结构、城乡结构、区域结构、职业结构、阶层结构等。社会结构不合理，则会拉大社会距离，扩大社会矛盾。

一个结构合理的社会，必然是一个社会各子系统之间以及各子系统内部和谐的社会，社会各阶层和谐的社会，城乡之间和谐的社会，区域之间和谐的社会，民族之间和谐的社会，代际之间和谐的社会，中央与地方和谐的社会。

3. 和谐必须是多种水平、多个层次的和谐

我们要建设的和谐社会，除了社会结构和谐外，至少还包括以下几个方面：

（1）人自身的和谐。就是要实现人的自由全面发展。个人必须有正确的世界观、价值观和人生观，能有效克制自己不现实的欲望，能通过合理、恰当的途径去实现自己的目标，能理性地处理个人与自然、个人与社会的关系，进而真正融入自然、社会和集体之中。

（2）人与自然的和谐。有些地方的经济发展是以环境的破坏为代价的。生态环境的破坏制约着经济社会的发展，也影响了人民生活水平和生活质量的提高。所以，建设和谐社会必须重新审视人与自然的关系，必须坚持科学的发展观，强调可持续发展。

（3）人与群体的和谐。个人需要集体，集体也需要个人。个人与集体的和谐，不仅符合个人的利益和需求，也符合集体的利益和需求。然而，个人利益与集体利益之间并不总是一致的，它们之间会发生冲突。在这种情况下，个人必须基于长期利益以集体为上，寻求一种和谐状态。

（4）外部环境的和谐。目前，世界格局正朝着多极化方向发展，各个国家之间正在形成一种相互制约、相互影响、相互依存的关系。经济全球化使地球变得越来越小，甚至成了一个所谓"地球村"。在经济全球化时代，各个国家必须与世界其他国家达成一种和谐发展的关系，才能实现自身的发展。

三、和谐社会的构建

和谐社会一直是历代君王追求的目标，后来一些农民起义的领袖也追求和谐社会，并以此聚拢人心。然而，从政治和社会制度来讲，历朝历代君王所追求的和谐社会都不是我们现在所追求的社会主义和谐社会。

（一）和谐社会的构建策略

目前，我们要构建的和谐社会不同于封建社会时期的和谐社会，我们要构建的是社会主义和谐社会。正因为社会主义和谐社会姓"社"，因此这样的和谐社会才是可以长久维持的。社会主义和谐社会的构建可从以下几个角度入手：

1. 从我国传统文化中吸取构建和谐社会的思想与方法

中国传统文化的精髓就是"和合"。东方管理学也将"和"作为十五个哲学要素之一，对"人和文化"、"和合思想"进行了深入讨论。这些关于"和"的理论探索都可为构建和谐社会提供参考。

东方管理研究的目标就是要融合古今中外的管理思想，为企业管理、社会公共管理提供理论武器，为构建和谐社会奉献自己的力量。因此，不仅关于"和"理论的探索，东方管理学关于"治国"、"治生"、"治家"、"治身"的研究都与和谐社会构建息息相关。和谐社会的构建离不开国家的治理，离不开产业、企业的管理，也离不开家庭关系的管理，同样还离不开人自身的修炼。因此，东方管理理论完全可以作为和谐社会构建的实践利器之一。

2. 引导民众进行个人修炼，形成一种良好的社会文化

构建和谐，首先就要在全社会营造一种和谐文化，让全社会的老百姓都能提高自身修养。个人的修炼是整个社会和谐的基础。苏东水教授提出治身要讲"六义"，这六条原则可视为个人修炼的准则：

（1）与人为善。即以善心去和他人交往，从好的角度去看事物。这条原则也可以延伸为"与邻为善"。

（2）以义取利。即处理好义利关系，不能见利忘义、忘恩负义、重利轻义。

（3）以诚为基。即讲诚信，守信用，信守承诺，做一个负责任的人。

（4）以和为贵。即从"和而不同"的角度与他人交往，求大同，存小异，建立和谐的人脉关系。

（5）以乐为本。即生活要有乐趣，工作要有兴趣，这样身心才能健康，工作也才能高效（好的心态）。

（6）以礼相待。即对待长辈、老师、领导、他人要有礼貌（尊师重道），对小学生最好多些爱心和关怀。

3. 妥善处理社会各阶层之间的关系

建设和谐社会的中心任务就是应该降低两极分化的程度，并将这种分化程度控制在一定的程度之内。没有阶层分化，是不现实的；但阶层之间财富差距拉得太大，也会产生诸多社会问题。因此，构建和谐社会的一个很重要方面，就是要切实关心弱势群体的生产生活问题。首先，要解决弱势群体的就业问题。弱势群体特别是城市弱势群体中很大一部分是下岗工人。如何解决这些人的再就业问题，如何拓宽就业渠道，已成为政府面临的重大问题。其次，构建完善的社会保障体系，为弱势群体提供一个比较安全的保护体系。最后，应该建立健全法律援助体系，为弱势群体提供法律支撑，引导他们依法维护自己的合法权益，妥善化解矛盾。

4. 德法同治，法以扬德，德以贯法

和谐社会必须是一个社会行为规范合理的社会。法律是正式的、成文的规范；而道德则是约定俗成、不成文的规范。前者是强制性的、刚性的、外在性的规范；而后者则是非强制性的、柔性的、内在性的规范。"德"、"法"各有优势，"德"的优势在于具有强内在控制性，"法"的优势在于具有国家权力机构的支持，因而具有强有力的约束力，但"法"的要求比较低，有些人违背了道德，受到社会舆论谴责，但并不一定能得到"法"的制裁。

古人云"德主刑辅"，"约之以法，导之以德"为天下治国之道，是有相当道理的。仅有"德"，无法惩戒和杜绝犯罪，仅有"法"也不足以对全部的失范行为进行约束。两者必须结合，必须相互渗透，相互促进，才能构建一个和谐社会。法以扬德就是强调法律与道德这两者之间必须协调，法律的目的就是用来宣扬道德；德以贯法则是指所有法律的设定必须体现社会道德的要求。道德是防止犯罪的一种有效手段。

（二）构建和谐社会的有效体系

构建和谐社会，政府的公共管理职能必须得到充分重视。随着市场经济的进一步发展，传统的行政管理模式机构臃肿、办事效率低下等弊端越来越明显。而社会上各类非营利性组织则大量涌现，公民的社区意识与日俱增，公共产品、公共资源、公共政策等日益受到公众关注。因此，政府构建一个与时俱进的公共管理体系是构建和谐社会的关键之一。

在建立有效的公共管理体系的过程中必须特别注意以下两点：第一，政府部门要事先确定好社会发展的指标体系，指标体系必须完整，切合中国实际，同时要逐步向世界看齐，指标体系一旦制定出来，就必须作为对政府相关部门、领导的考核依据；第二，制定公共政策必须面向大众，必须向社会广泛征求意见，充分考虑各个阶层的利益和诉求。

科学发展与建设和谐社会是众望所归、世人拍手称快的事情。尽管怎样才能建成和谐社会，是一个仁者见仁、智者见智、道路非常复杂的过程，但严格的法制环境是和谐社会的基石却是一个不争的事实。和谐社会，要有和的感受，必需谐的基础，即规范、协调、法制。真正的和谐是建立在法制和道德基础上的。但遗憾的是，我国虽然不断加大立法进程，严格法制程序，但执法不严、有法不依，权力、人情常常凌驾于法规之上或扭曲法制过程，再加道德上社会诚信的缺失，我们现在实际上是一个有法制但未严格执行的软法制的社会。软法制动摇了和谐社会建设的根基，给科学发展和社会和谐埋下了许多潜在的危害。比如弱势群体、贫富差距，不少人把和谐社会与平衡、平均、和气、不出问题、不显冲突等联系起来。因此，一旦出现矛盾、冲突，想尽一切办法缓和，甚至违规、违法地应对；为了和谐而"和谐"（即为了表面和谐而采取虚假和谐方式）所导致的关照弱势群体、减少社会冲突的理念和思维定式，往往使这种不规范渠道非常奏效，结果形成了"小闹小解决、大闹大解决、不闹不解决"的社会习惯，这种习惯慢慢演化成一种风气和文化，并逐步变成一种潜规则，甚至将法制规则排挤出局。解铃还需系铃人，消除上述影响和谐社会建设的危害只能从法规和执行体系中存在的问题入手。首先是继续健全和完善法规；其次是严格执法过程，并使其置于舆论和社会的监督之下；再次是消除和减少法规和制度的模糊界限，明确权力和法规、制度的作用范围；最后是科学合理地利用一些管理机制，从而形成一个法制完善和严密执行的社会环境，这样失落的诚信和道德才会逐步回来。换句话说，道德、诚信、规范的社会行为不是号召出来的，而是通过法律制度和规范运行慢慢营造出来的。①

总之，和谐社会的构建是一项长期任务，必须付出艰苦的努力。前面论述的几点也仅仅是从东方管理理论角度所做的考察。由于东方管理理论根植于中国传统文化，致力于构建适合中国国情的融合古今中外的管理学体系，因此东方管理理论必定可以为和谐社会的构建提供参考与支撑。

---

① 席酉民：《和谐社会的三颗"地雷"》，《管理学家》，2007 年 2 月。

第二十一章 华商管理的学术研究

"有水的地方就有华人，有华人的地方就有华商"。华商管理是中国传统管理文化与西方管理文化以及华商足迹所至的所在地管理文化相融合的成功典范。华商管理融合了中华优秀文化、西方文化和华商所在地文化。因此，研究华商管理学，离不开东方管理文化。现代管理学之父德鲁克认为，对于传统文化，可以利用它而不要改变它。在人类社会发展的过程中，不论什么民族，也不论在什么时候，人们总是不断地吸取传统文化中的有利因素，并融入自己的自主性和创造性。我们在研究华商管理学时，也同样要把优秀的传统管理文化作为一个重要的理论来源，继承和发扬光大其精华。本章将从华商的创业与发展、华商管理的文化渊源、华商经营与创新及新华商的形成与发展趋势等方面进行探讨。

第一节 华商创业

华商管理是中国传统管理文化与西方管理文化以及华商足迹所至的所在国管理文化相融合的成功典范。海外华商取得成功的根本原因，就是在多元文化环境中的适应性与创造性。东西方文化具有巨大的互补性，而二者的融合使海外华商具备了独特的经营智慧，从本质上来看这是一种融合创新。在东西方智慧的交汇点上，海外华人企业家们自觉地博取两种经营智慧的长处，并创造、提炼、萃取出一种全新的管理范式，促生了一大批精于经营管理同时具有强烈社会责任感的海外华商巨富。中国管理最迫切需要具备的素质就是适应多元化结构的管理智慧，因此华商管理的理论与实践是东方管理学的重要渊源之一，对华商管理的研究构成了东方管理学的一个重要组成部分。

一、华商含义

从广义上看，华商是指具有中华民族血缘与文缘关系，兼具西方管理特色的商业群体。狭义的"华商"是指"华侨"和"华人"密切相关的一个概念。所谓"华侨"是指中国在海外定居谋生并保持中国籍侨民的总称。所谓"华侨"是指中国在海外定居谋生并保持中国籍侨民的总称。所谓"华人"（Ethnic Chinese）又称外籍华人或华族，是指已取得外国国籍的原华侨及其后裔。

"华商"是一个历史范畴，在不同的历史时期具有不同的含义，并且有一个不断变化和演进的过程。最初，华商是指从事海外贸易的中国商人。其后，演变为华侨商人或工商企业家。第二次世界大战后，"华商"的含义就进一步演变为华人工商企业家，这一用法一直延续至今。

华商首先是华人。"华人"的概念没有很明确的外延，一般用三种标准加以界定，即国籍、血统和文化。一是国籍标准。华人移民外国，一般不能马上取得所在国国籍，许多人保留了中国国籍。二是血统标准。具有华人血统是"华人"应有之义。三是文化标准。海外华人作为炎黄子孙，自然都带有中华文化的天赋。根据上面的叙述，海外华人是指在海外有中国国籍的人（通常称为"华侨"）和在海外有纯华人血统的人，以及在海外有部分华人血统、具有中华文化价值观，并愿意承认为华人的人。第二次世界大战以后，海外华人的人数增长很快，分布很广，到底有多少海外华人，并没有确切的统计。有的学者估计亚洲有华侨华人 16143008 人，美洲有 2317845 人，欧洲有 675083人，大洋洲有 343255 人，非洲有 99346 人，合计 19578537 人。多数学者估计现在海外华人华侨有 3000 万人。

海外华人和华侨中的企业投资者或经营者即为华商。目前，对华商的界定也有分歧。大体上说，"华商"这一概念有三种含义：一是广义的华商，指具有中国文化传统的华商企业投资者和经营者，包括中国大陆、港澳台和海外华人华侨的企业投资者和经营者；二是狭义的华商，指具有中国文化传统的中国海外移民及其后裔中的企业投资者与经营者，不包括中国大陆和港澳台的投资者和经营者；三是介于上述两者之间的，指具有中国文化传统的中国港澳台同胞和海外华人华侨的企业投资者和经营者，不包括中国大陆企业的投资者和经营者，但包括在中国内地创办"三资企业"的中国港澳台和海外华人华侨。我们界定的含义是第三种。

华商虽然处于不同的国家与地区，但他们在成长过程中都具有相似的经历和文化环境，具有以下六个特征。

（1）华商大多数都是中国内地沿海地区的移民及其后裔，移民特征和少数族裔特性深刻地影响着社会经济各层面包括企业经营管理。移民海外的华人华侨在多数国家或地区成为少数民族。

（2）华商具有中华文化传统的价值观，尤其是岭南和闽南区域文化的影响。岭南和闽南区域文化是历史上中原文化南迁的产物，受游牧民族文化与北方民族大融合的影响较小，传统色彩更浓；同时，与其他地区文化相比，岭南合闽南区域文化又具有较大的海洋性特征。

（3）华裔受西方文化和居住所在地文化的影响较大。华商比较集中的中国港澳台与东南亚地区，多数经历了相当长的殖民地或半殖民地的历史，如菲律宾、印度尼西亚、新加坡等曾经先后沦为殖民地，马来西亚曾经沦为半殖民地，东西方文化交融是这些地区突出的文化景观，包括企业及其经营管理方法的交融。

（4）华商所具有的传统文化在现代化进程中率先进行扬弃。中国港澳台与东南亚地区都在 20 世纪中期以后相继开始经济起飞，现代化进程中传统因素的调适与变动，传统文化中适应现代化进程的部分得到保留和发扬，不适应现代化进程的部分得到调整或抛弃，从而带来包括企业经营管理方法在内的多方面的深刻变化。

（5）华商的文化价值观具有代际差异。华人移民到海外，在文化价值观方面要受居留地文化的影响，并随着时间的推移而逐步增加，这就使华商的文化价值观具有代际差异。就以移民为载体的中华文化在海外的发展趋势而言，我们可明显看到两次蜕变。第一次蜕变是从侨民文化到华人文化。在东南亚，这一过程已基本完成，在发达国家华人群体中，这一过程正在进行。侨民文化的价值取向是"落叶归根"，华人文化的价值取向是"落叶归根"，其文化成长的营养更多取自当地而非故土。第二次蜕变是从华人（族群）文化融入或整体于当地（民族）文化。在东南亚，这一过程正在进行。由于血缘、文化具有相对稳定性，因此，这一过程将持续相当长时间。

（6）华商的文化价值观具有区域差异。华人移民的分布很广泛，具有"有阳光的地方就有华人"的说法。分布在不同地区的华人，受居留地文化的影响是不同的。由于世界各地华人群体规模实力、内聚力、社会地位各不相同，其外部发展条件也大相径庭，华人文化的成长、变异程度也不一致。

二、华商历史

华商企业所创造的奇迹让世人有目共睹，至今依然充满活力。最初的华商经济实际上就是指东南亚地区的华侨经济，以下就以东南亚地区为例，研究华商的创业史。

（一）第二次世界大战前的艰苦创业——早期华商资本的形成

华商资金的积累和经营规模随着历史的发展而不断扩大。但是，作为真正意义上的华商资本的形成，从东南亚地区来看，则出现在19世纪后半期。第一次世界大战爆发后，欧洲资本无力东顾，使其对东南亚的投资大为减少，但同时对那些与战争有关的原料和商品的需求却大为增加。因此，那些与战争密切关联的东南亚华侨经济行业得以迅速发展。也正是从这一时期开始，华侨金融业随着华侨经济的发展而进入了一个蓬勃发展的新阶段。从第一次世界大战后到1929年世界经济危机爆发前，华侨经济在东南亚出现了一段繁荣时期。随后爆发的第二次世界大战，使东南亚华侨经济雪上加霜，受到了空前的打击和破坏。

（二）第二次世界大战后华商的迅速崛起——华商向集团化、多元化、国际化发展

第二次世界大战后，随着东南亚各国相继独立，它们相继进入了建设民族独立国家、发展民族经济的新的历史阶段。东南亚国家大力推进工业化进程，使得东南亚地区成为第二次世界大战后，尤其是20世纪60年代以来在世界上经济发展最快的地区之一，这无疑为聚居在东南亚各国的华商的兴起和发展提供了难得的机遇。

1. 规模集团化

华商经济从一开始就是在家庭或家族、同族经营的基础上发展起来的，家庭经营曾是过去华商经济事业的主要形式。近年来，随着华商企业的大规模化、国际化，华商企业集团虽然逐渐采取了现代资本主义股份公司的形式，但仍保留着浓厚的家族或同族经营色彩。如泰国的卜蜂集团，该集团目前为全世界最大的动物饲料生产营销集团，年产销1500万吨，分布全球24个国家，在全球拥有170个饲料厂，每周生产雏鸡2500万只，是目前全球第二大肉鸡一条龙生产集团。位居新加坡四大银行集团之首的大华银行

集团，从 1974 年起便跻身世界 500 家最大银行之列。现今，该集团在东南亚、中国台湾、中国香港、日本、美国、韩国、澳大利亚、越南及中国等 18 个国家和地区设立了500 多家分行和办事处，是新加坡四大商业银行拥有分支机构最多的银行。

2. 产业多元化

促使华人产业结构在战后发生变化的因素，除了华侨华人在第二次世界大战前资金积累、第二代华人的教育水平的提高之外，还有两个原因：一是一些国家对华侨华人在商业中的经济活动采取种种限制政策，迫使华人在这些行业的资本不得不转投到其他部门；二是一些国家政府采取了鼓励工业投资的政策。这样，华人资本构成从原来以商业为主转变为包括制造业、金融业等行业的多元化的产业结构。如马来西亚的郭氏兄弟集团，该集团拥有规模庞大的经营部门和企业群体，涉及工业、种植业、酒店、贸易、房地产、航运、金融保险、广播电视等部门行业，资本遍及十多个国家和地区，是东南亚地区最大的华商企业集团之一。从华商企业集团多元化经营的总趋势看，具有混合性特征的企业集团越来越多。

3. 投资国际化

第二次世界大战后华商企业跨国投资遍及全球，主要集中在传统的东盟五国及中国、中国香港、中国台湾等地。投资的类型既有原有行业的地域性延伸，也有跨行业的投资。投资涉及的行业已经十分广泛，主要集中在金融、制造业、商业、房地产业等。从整体上看，东南亚华商企业的跨国并购活动仍以传统第三产业为主，在制造业行业也主要是是以传统的原材料加工工业为主。如丰隆集团是由郭芳枫兄弟合营的丰隆公司发展起来的郭氏家族企业，后来分成两支，分别在新加坡和马来西亚发展，估计家族财富超过 100 亿美元。丰隆集团的核心企业——丰隆控股公司的股东中就有创业的四兄弟家族 30 人，而马来西亚丰隆公司的情况也完全一样。丰隆集团的投资主要通过收购国外企业、直接投资设厂以及经营合资项目等方式来进行，经营范围涉及金融、房地产、酒店、保险、制造业、贸易等，投资已遍及中国大陆、中国香港、马来西亚、中国台湾、菲律宾、印度尼西亚、新西兰等国家和地区。可见，丰隆集团的投资也走向国际化格局。

（三）东南亚金融危机后的产业调整——经济全球化背景下华商方略

随着经济全球化步伐的加快，华商参与世界经济的方略已发生重大变化。其主要表现是：

1997 年 7 月爆发的东南亚金融危机，对于亚洲经济和世界经济都是一个极大的冲击，华人经济也不可避免地遭受沉重打击，尤其是在华人经济中占有重要地位的金融业、房地产业和进出口业更是首当其冲，倒闭企业、破产者难以计数，华人经济损失惨重。但是，华商企业也不是完全处于被动状态。为克服危机造成的困境，一些企业集团在危机爆发后不久就采取了对策，并利用危机带来的机遇寻求发展；在金融危机过后，为了解决经营遭到重创、资产严重缩水和面临着生存危机等问题，华商企业集团积极调整海外投资策略，改变企业管理方式，在建立新型的现代企业制度上做了不少的尝试，使华商经济获得了新的发展。

1. 调整企业经营结构，加强核心事业

金融危机后，华商企业为了解决经营遭到重创、资产严重缩水和面临着生存危机问题，采取出售非主营或成长瓶颈的资产，充实到核心行业或将经营核心转到更具盈利潜力的行业。调整、纠正多元化的经营战略，将企业归拢到最具竞争优势的核心业务。如马来西亚金狮集团（Lion）先后出售了亚洲商业金融和马英保险，减少在商业、食品、不动产、化工及汽车等非主流业务的投资比例，强化钢铁、车辆和轮胎等核心业务投资，也有些华商企业将主业由传统行业转移到科技含量较高的行业，寻求新的利润增长点。如马来西亚云顶集团减少对赌博、娱乐休闲业的投资，积极向电力、石油天然气勘采、邮船业等行业转移。印度尼西亚金光集团属下的香港中策集团正筹划发展电子商务和物流服务中心，还入股在美国上市的太平洋商业网络公司，现公司中约40%业务属于高科技。

表 21-1 华人大富豪资产减少状况

	所在国家或地区	资产额（亿美元）		减少额（亿美元）	减少率（%）
		1997 年 5 月	1998 年 3 月		
蔡道行	印度尼西亚	72.7	20.3	52.3	72.0
李兆基	中国香港	146.6	101.2	45.4	31.0
郭炳湘	中国香港	123.1	82.3	40.8	33.1
郭令明	新加坡	57.8	28.5	29.3	50.8
郭鹤年	马来西亚	7.01	42.4	28.2	39.9
黄奕聪	印度尼西亚	54.3	27.0	27.3	50.2
黄廷芳	新加坡	69.9	48.3	21.6	30.9
李嘉诚	中国香港	109.8	89.2	20.6	18.8

资料来源：朱炎、郭梁：《世界华商经济年鉴》（1998～1999）。

2. 接受增资，实行企业经营重建

为了重建陷入经营困难的企业，部分华商企业通过接受国内外的增资，进行资产重组，甚至为了避免企业破产，不惜出让控股权和经营权，以此来渡过危机。这在金融业表现最为突出。一些东南亚华商银行金融机构已完成增资任务，提高了银行资本充足率。以泰国为例，在泰国 10 家华商控股的商业银行中，有的被国有化，几十年的心血付诸东流，如郑午楼家族的京华银行、苏旭明家族的泰国第一银行等；有的被迫将控制权交与外方以求生存，如兴业银行的 54.5% 股份被新加坡发展银行收购、亚洲银行的 75% 股份被荷兰的 ABN 银行收购。

3. 建立现代企业制度，形成抵御风险的内部机制

目前，华商企业正处于在管理模式改革的过渡期。以家族模式建立商业王国的老一代华商期望通过第二代、第三代接受现代管理的高等教育进而推动企业管理模式的进步，同时企业所有权亦可牢牢掌握在家族人的手中。华商企业在管理模式上的改革，表现出种种非家族化的趋向。一是管理制度化，如采用公司制、引进人才等，广招族外贤才，突破发展"瓶颈"。培养接班人，使家族企业与专业化管理有机结合。二是开展国际经营，摆脱纯粹的家族式管理，向社会化的企业过渡。三是两权分离，实现家族管理的所有权与经营权分离，放松控制权，发展下属分支机构。四是铸造企业精神，将创业者的优良传统制度化，形成长远的企业精神，使其价值观和创业精神内化为一代又一代员工的自觉行动。

4. 利用机遇，寻求新的发展

金融危机固然对华商企业发展产生了强烈的冲击，但从另一个角度看，也同时带来了一些发展机遇，有些华商企业就充分地利用这一机遇，采取适当措施促进企业的新发展。马来西亚郭氏（郭鹤年）兄弟集团重组了其区域酒店经营网络，1999 年 6 月，集团属下的香格里拉（亚洲）公司全面收购在新加坡、马来西亚和泰国上市的 3 家香格里拉酒店的股权，重组和精简系内业务和架构，使郭氏兄弟集团的酒店业务几乎全由香格里拉（亚洲）公司持有，由此该公司已成为拥有 36 家酒店的区域大型酒店集团。

由于中国台湾企业在金融危机中受害比较轻，因而在利用危机所带来的机遇，寻求新的发展方面就更为积极也更具效果。如果统一（President）、万泰（Wantai）、新光（Sinkong）、和信（Koo's）、东帝士（Tuntex）和中华开发（China Development）中国台湾地区六大企业集团共同出资 5 亿新台币，设立了专门收购东南亚上市企业的投资公司。

总而言之，经过 1997 年亚洲金融危机冲击，一批新的华商企业通过调整产业结构、经营机构、经营战略和管理方式，重整旗鼓，日益崛起，已进入转型升级发展阶段。

三、华商文化渊源

（一）中国传统文化

生活在海外的华商，不论是第一代，还是第二、三代，都或多或少地受到中国文化的影响。他们表现出一些与其他族裔商人不同的、带有浓厚中国文化色彩的特征。主要包括：

1. 以"仁"为本

"仁"是孔子思想的核心内容之一。儒家在其学说中，向人们提出了著名的"仁、义、礼、智、信"，并将这"五常"作为社会人际关系的道德规范。秉承中国优良文化传统的海外华商，都能把"仁"字奉为自己人生处世的信条，以"仁"待人，以"仁"处事。

2. 以"和"为贵

"和"即调和、和谐与协调。马来西亚"种植大王"李莱生还经常光着膀子，汗流浃背地和工人一起干活，并进行倾心交谈，拉近了劳资间的距离。这样一来，企业的下情能够及时地上达，上下沟通的管道畅通无阻，问题一出现就能及时地得到解决，矛盾产生后也能很快得到化解，从而避免因问题的积压和矛盾的激化，最终导致劳资对立和冲突的难堪局面。

3. 以"俭"为美

"俭"，即"节约"、"节省"。"船王"包玉刚在企业管理中，就特别重视控制成本和费用开支。他的原则是"应省则省"。所以，他一直要求下属的船长们精打细算，不让他们多耗费公司的一分钱。为此，他亲自和技术人员及船长一起，共同研究如何降低燃料油消耗，怎样减少人员的费用。

4. 以"信"为上

儒家学说的"五常"中，"信"字也被恭列进去，这说明我们这个民族是很重视信誉的。在华商企业中人际信誉甚至能够取代法律强制的作用。华商所处东南亚各地，法律体系尚不健全，市场规范尚未发育，而华商在这种环境下已习以为常，他们在资金运用、企业管理、风险回避等方面已自成体系，行之有效。遇到商业纠纷，除非万不得已，一般是不会对簿公堂的，因为那样不仅会耗时费力，而且将使商业秘密、交易运作统统公之于众。他们常常"私了"，由华人社团与侨领出面斡旋仲裁，息事宁人，以免在关系圈有失面子。强调人情而轻于合同，注重情感而疏于法制，人际信誉能够取代法律强制的作用。

（二）所在国文化

华商在继承中华传统文化的同时，还逐渐融入了所在国的文化。有的华商为了避免与当地居民的文化冲突，加入了当地的国籍和选择了当地的宗教。如在印度尼西亚、马来西亚、菲律宾，不少华人就加入了伊斯兰教或天主教。所在国文化对华商管理影响的一个重要结果是使华商管理更具兼容性、适应性。而事实也证明，在经济上取得显著成就的，正是那些适应所在国文化，主动融入所在国主流文化的华商。

第二节　华商经营和创新

从华商的发展历史我们可以发现，华商初期创业身处异国他乡，由于缺乏资本、信息、技术及成熟的管理经验，华商企业大多实行家族制的经营管理模式，来降低创业成本，并通过彼此非契约性（以亲缘为纽带）的凝聚力和创造力，从家庭作坊和店铺起步，逐步发展形成企业组织形态，并通过以"五缘"为纽带的社会网络和商业网络来扩大经营规模，形成了一个独具特色的网络系统——华商网络。

一、家族制企业

（一）家族制企业的界定

"家族制企业"本身是由"家族"（社会组织）和"企业"（经济组织）二合为一的，但它并不是一个在法律意义上可以界定的社会组织，也不是一个仅仅从经济学和管理学的角度就可以界定清楚的企业组织，学者们对家族企业的定义并没有一致的看法，我们认为，家族制企业是指家族成员拥有全部或大部分企业所有权的企业，其所有者之间具有血缘亲缘关系，且拥有相当部分企业产权并能适当控制其经营权或能够对经营权实施有效影响的企业。

中国人历来都十分重视家族血缘的关系。绝大多数杰出的华商企业家对企业内部的家族般的人际关系予以极大的重视，并在管理实践中培养出一种使企业成员把企业看得如同家族一样的伦理规范。海外华商的企业，大部分都是一些家族型企业，带有浓厚的家族血缘色彩。这种由家族成员共同创办起来的家族企业管理核心——董事会和总经理，必然都要由本家族的成员共同组成。而且，家族的主要成员往往身兼两职，既是董事，又是经理。华商在企业的人事安排上，也是以与家族血缘和地缘关系的亲疏远近为准绳，来进行选择和取舍的。

（二）家族制企业的缺陷

华商家族企业犹如一个大家庭，纵向井然，横向融合有序，人人都生活在这张关系网中，克勤克俭，严于自律。在家族主义的影响下，家长权威颇高。在家长权威的笼罩下，企业的经营者容易表现出专权与教诲相结合的家长式领导作风。家族制作为一种管理模式，是特定经济环境和特定时代的产物，它在企业创业阶段，优点表现得特别明显，随着企业规模的扩大，家族制管理的方式显露出了较多的弊端：

（1）缺乏民主管理机制，独裁决策，以人治代替法治。由于在这种家族制企业中，都有一个由创始人家庭或个人构成的核心，存在所有权和经营权不分的特点，企业的产销和经营管理由企业主以及与企业主有亲属关系的"自己人"控制。在企业由小到大的艰苦创业过程中，逐渐养成了创始人说一不二的独断专权作风，其拥有至高无上的决策权威及权力具有独占性和片面性，不容旁人否认，创业者靠这种权威来号召、感染、指挥组织员工工作。因而，尽管目前华商已拥有成千上万家企业，但人们很少能像记住可口可乐、东芝、索尼、IBM 那样记得几家华商企业，反倒对企业的拥有者李嘉诚、林绍良、王永庆等耳熟能详。企业虽为家庭所有，但它毕竟不是一个单纯的家庭组织，而是一个社会经济组织，组织的行为就必须要有一个客观的公正标准，才能使组织的秩序得以规范。独裁的决策纵然能随机应变，但它难以避免其决策的非科学性而带来的巨大损失。

（2）公司利益与家族利益相冲突。过度的家族制视企业为家族的一部分，往往倾向于将企业当做家族的附属品。而家族是个狭隘的团体观念，一旦家族成员的价值判断与效忠的对象成为其家族利益而不是整个公司，即两者之间发生矛盾，产生冲突时，个人常常以自己和家族的利益为最高的考虑。遇到企业危机时首先考虑的往往是家族的利益，而不是企业的存亡。由于家族成员位居要职，也为他们损害公司利益来满足私利开了绿灯。甚至当家族某些业务经营不利时，携巨款而逃，以保全个人和家庭的利益。所以，家族制管理导致的"企业家族化"现象成为华人企业的最大缺点。

（3）滥用亲情，排斥人才，压抑个性，阻碍创新。往往家族企业中，既不管家族成员的能力如何，也不管他们对经营企业是否感兴趣，都位居要职，掌管着企业各部门的权力，不仅使非家族优秀人才很难进入公司管理层，而且往往导致企业走下坡路，甚至破产。如美国华人企业家王安一直对其亲手创办的王安公司保持着控制权，1985 年他将公司的主要控制权转给儿子王列。但王列并没有王安的声望与能力，与公司的高层管理人员不和。在王安去世后不久，王安公司不断走下坡路，不得不于 1992 年 8 月向政府申请破产。

二、华商网络化经营

华商网络是指"海外华商在非政治的、形态不拘的联系中，凭借五缘文化纽带，基于经济利益而形成的泛商业网"。它是以海外华人商人群体为特定主体，以家族、族群、地区、行业、社团等为基础，以五缘为重要纽带，以共同利益关系主要是共同经济利益关系为核心，以泛商业性为特征的网络系统。"五缘"包括亲缘、地缘、文缘、商缘、神缘。所谓亲缘，就是宗族亲戚关系；所谓地缘，就是邻里乡党关系；所谓文缘，就是文化关系，通过它可组合起有共同文化渊源、有切磋与交流的需要和愿望的人群；所谓商缘，就是因物品（如土、特、名、优等）的交易而发生的关系；所谓神缘，就是共奉之神祇宗教关系。

华商网络是由华商的社会网络和华商的商业网络构成的；而华商的社会网络和商业网络又分别有不同的构成内容。所谓华商的社会网络是指华商的社会性关系网络系统，它是以中华民族文化认同为纽带的人际关系网络。从构成内容上看，包括个人性、家族亲族性、地域性、方言性、族群性等关系网络。从功能上看，可分为政治性、经济性、文化性等关系网络。所谓华商的商业网络是指华商企业之间的经济关系网络系统，它是以共同的经济利益为核心的商业贸易金融网络。从组织形式看，华商的商业网络包括华商企业之间、企业内部之间、企业与行业公会之间、行业公会之间的关系网络等；从企业经营运作过程看，华商的商业网络包括华商企业的生产网络、营销网络、资金网络、信息网络、技术网络和人力资源网络等。正是这些纵横交错的商业网络帮助海外华商及时引进技术，直接参与上游产品销售；拓展营销渠道；迅速融通资金；有效避开政策限制，分散风险；沟通信息，建立资源共享的信息网络等。比如，新加坡中华总商会 1995 年推出了"世界华商电脑网络"，通过国际网络将成千上万的华商资料信息，有计划地传递给世界各地用户，可以在瞬息时间把世界各地的华商联系起来。

20 世纪后半期，华商网络得到很大发展。20 世纪五六十年代以来，传统的华商网络仍然延续，并突破地域性、帮派性、行业性而得到发展。20 世纪七八十年代以后，华商国际化经营加强，东南亚各国华商企业大举展开跨国经营，欧美等地华人数量日增，经济力量开始壮大，中国本土的改革开放也吸引着华商资本前来寻求合作。地域性、行业性的华商网络随之走向国际化。这是华商网络进一步发展的最突出成果。华人社团走向国际联合，形成世界性的同乡、同宗联谊会，名类繁多。各国华人社团进一步走向整合，至 20 世纪 90 年代初大体完成。

华商网络的功能是一个有着多层次多方位的系统，对于华商企业的发展壮大、华商所在国经济、区域经济和世界经济的发展；对于华商政治意识的整合；对于海外华人族群之间的互动、沟通以及对于华人传统文化认同感的强化等都有着重要的意义。也正因为华商网络的重要性，李光耀在 1993 年于香港举行的第二届世界华商大会上就特别强调："如果我们不利用华族网络，扩大和掌握这些机会，那将是很愚蠢的。"

三、华商企业的治理机制

中国传统文化所形成的独特的家族文化对海外华商产生了重要的影响，随着工业化浪潮的兴起、经济全球化的加速和西方文化影响的加深，华商的家族观念和家族伦理发生了较大的变化。自 20 世纪 80 年代以来，华商企业的治理机制正在不断的变革中。越来越多的华商企业采取了公司制和股份制形式，实行人才机制社会化，引进家族外人才来管理企业，使企业向现代公司制度方向发展。

（一）华商企业的制度变革

从历史上看，企业一般经历了"家族公司—家族控股—外部股份分散化公司—法人持股公司"四个阶段。从家族公司到法人持股公司这样的企业制度变革是一个历史的必然趋势。现在，海外华人企业制度大多已进入第二个阶段，即家族控股阶段。今后，海外华商企业特别需要在以下两个方面进行制度变革：一是实行资本大众化，采用股份有限公司的组织形式。不仅可以突破传统家族经营方式下企业资金来源渠道狭窄的障碍，而且可为企业的经营和发展积累大量的资金。二是追求经营管理现代化，吸收并保持第一流的非家族人才参与经营管理，而家族成员在企业中担任高级职务的人只有称职和胜任的才能继续留用。只有走这种制度化道路，才能促进家族式企业快速、健康和可持续发展。

（二）用人机制的管理变革

华商企业在用人机制方面以往更多的注重关系、能力和信任度三个维度的考虑，来分配企业中的重要岗位，这种情况很不利于企业的创新和发展。现代企业发展不仅受到技术专业化和管理专业化的挑战，而且将受到市场变化的影响，仅仅依靠家族成员的知识结构、能力水平也很难保证企业的持续发展。因而，海外华商企业用人机制转移已成为一种历史的必然，即由家族式管理转化为专业化管理，由任人唯亲转向唯才是举，由创业人及其子孙的独裁式管理转化为组织管理和科学管理，有效构建现代企业组织流程体系，人才激励、约束、竞争与发展机制，形成"能进能出、能上能下、能升能降"的高绩效文化氛围，最终完成所有权和经营权的分离，实现企业内的公司治理。

（三）代际传承

华商家族企业的代际传承问题主要表现在三个方面：

首先是传承的规划。一个企业的持续发展必须具备企业的战略规划，而家族企业传承规划则是战略规划的基础。在传承规划中家产的分配方式又是最重要的一点，因为华商家族企业一般都沿用传统的"家产均分制"，企业作为一种家产每个儿子都有份，所以对于企业传承者必须要明确传承的规划，对于企业的发展至关重要。

其次是继承人的选拔和培养。现今对继承人的选拔，有两种方式：一种是赛马式，其意是利用管理发展的过程中从许多候选人中选择适当的人选；另一种是培养式，在选定心目中的人选后加以培养训练。最成功的传承系统应着重在权利及知识经验的转移，特别要注重继承人的权威塑造和文化认同。

最后是传承的方式和时机。从家族企业历史发展看，代际的权力传承主要有三种方式：第一，垂帘听政；第二，撒手不管；第三，扶上马走一程。相比较第三种方式是较为成功的，因为继任者可以在父辈的帮助下，逐步建立威信和吸取经验，更有利于企业的经营管理和发展。所以家族企业不仅要传承权利，更重要的是要能够传承企业主的企业家能力、企业的文化资本和社会的网络资本，以此让继承者建立企业的威信，达到顺利交接的目的。在继承企业的时机方面，最好选择企业稳定的时期和创业企业家精力最旺盛时期，因为新老交替要有一定的融合期，平稳时期进行交接有利于规避风险。那么企业在什么时间考虑传承和接班人的问题？笔者认为，应当提前 10 年。在我国几乎所有成功企业的基本特点，就是对优秀的企业家的个人素质和创业能力的强烈依赖，而不是依靠某种体制结构和所特有的优越性。而这一企业家才能的不可替代性将成为企业换代能否继任成长的严重桎梏。给接班人锻炼的机会，创业者在该隐退就引退，让企业的潜在的接班人尽可能早地参与到企业的经营管理之中，通过实践和竞争使继任者的身份明朗化，逐步凝聚成企业外环境和企业内成员认同的新权威。一个企业，如果出现"临终遗言"式的"床前交班"，这个企业今后的成长是危险的。

第三节　新华商

"新华商"的概念是加拿大籍华人企业家王辉耀在 1999 年所著的《我在东西方的奋斗——从 MBA 到外交官、新华商》一书中提出的。其从华商广义的角度认为，新华商是指 20 世纪末期开始在海外和中国本土逐渐成长壮大起来的新一代商人，包括了回国创业的一大批留学生企业家，也包括了在国内受过良好教育，在国内商业市场创出一片天地的年轻企业家，同时还包括一大批民营企业家、私营企业家、三资企业主管、外企首席代表、国有大中型企业的一批年轻的而知识文化素质高的新型企业家等。除了企业家和创业型人才之外，新华商还可以涵盖更为广泛的商业领域中的人才，包括职业经理人、法律、金融、财务、管理、咨询、网络、公关、房地产、第三产业等多方面的人才都可以纳入新华商这个阶层。他们大多受过正规教育，掌握外语，有现代化意识，有国际化观念，懂得科技与信息，他们于世纪交替之际走上世界经济大舞台，是一代既有西方先进科学技术知识又受到东方传统文化观念影响的先锋战士，这一代新华商将会对 21 世纪的亚洲经济发展产生不可估量的影响。

一、新华商的形成

从本节研究的角度，新华商主要是指 21 世纪前后以高科技创业及金融服务业为主流的新经济活动中涌现出来的一大批海外华人企业家，及近二十多年来一批出生在中国本土在海外留学、移民中产生出来新生代的华商，如美国 Yahoo 前 CEO 杨致远、美国亚信公司董事长刘耀伦、中国香港的电讯盈科主席李泽楷、搜狐 CEO 张朝阳、亚信科技中国公司董事长丁健、百度董事长李彦宏等人。这些人生动地诠释了知识经济的力量，也打造了年轻一代新华商的创业传奇。新华商目前的来源可大致划分为三类：

第一类是海外老华商的下一代。下一代的新华商代表人物，如李嘉诚之子电讯盈科主席李泽楷，长实副主席李泽钜，包玉刚的女婿吴光正，霍英东的儿子霍震霆，曾宪梓的儿子曾智明，郑裕彤的儿子郑家纯、郑家诚等，这些人都有很好的家庭背景。

第二类是在海外依靠自己奋斗出来新成长起来的新一代商人，如在 Nasdaq 上市的 Yahoo 原 CEO 杨致远、Board Vision 公司创始人陈丕宏、Google 中国区总裁李开复等。

第三类是近年较有影响的一类，是近二十年来一批出生在中国本土在海外留学、移民中产生出来的华商，如田溯宁、张朝阳、丁健、吴鹰、李亦非等。这批新华商的数目相当大，能量也不小。仅仅是在金融、财务和风险投资领域，就活跃着一大批这样的新华商，如曾任世界银行常务副行长、代行长的张晟曼，美林证券的亚洲区主席刘二飞，J. P. 摩根的副总裁邓喜红，华平（亚洲）公司总经理孙强，美国 IDG 公司高级副总裁熊小鸽，摩根·斯坦利前中国区首席代表汪潮涌等均为留学归国的学子。海外归来的新华商不仅活跃在金融投资界，也活跃在其他各行各业，包括前诺基亚（中国）高级副总裁刘持金、微软（中国）区原总裁高群耀、美通公司总裁王维嘉等。

二、新华商的特征

无论是中国港台澳还是欧美、东南亚的老华商或老一代海外企业家，他们的经商理念体现的是重伦理、崇道德、讲仁义，总之他们用自己的成功证明了东方文化的魅力和儒家学说的现代价值。相对而言，和大部分的老华商不一样，新华商具有许多不可比拟的优势，新华商正在改变着传统的华商形象，他们具有其鲜明的特征：

（一）知识化程度高

这批新生代华人所受的教育程度普遍提高，具有丰富的知识结构，具有驾驭知识经济时代的本领。北美地区的华人以人才济济而引人注目，在新经济浪潮中诞生的新华商，既保留了东方传统，又大都受过现代教育，在经营理念上属于中西合璧，具有全球视野。新华商在文化知识方面有着很好的准备。因此，他们相对集中在服务贸易和高科技等新兴产业领域，像许多网站、信息产业企业和高水准的咨询公司都出自他们之手。

（二）国际化视野

这代新华商具有国际的背景，了解中西文化，熟悉国际间经济活动的特点和习惯，能站在国际的大局势下看问题。他们四海为家，频繁地穿梭于世界各地，在理想与现实间寻找自己的位置。正是这样一批新华商，他们由于熟悉中西文化背景，常常左右逢源地游走在世界商业舞台上，其自身有的素质和活动能量让人刮目相看。

（三）前瞻性商务意识

这代新华商具有现代商务意识，熟悉市场商务运作。新华商们从事的是高科技前沿或商务咨询这些领域，高瞻远瞩，引领潮流。近年来，以信息技术、生物技术等为主导的新经济席卷全球。华资高科技产业也遍及电子及电器制造工业、生物科技及制造工

业、稀有金属冶炼等经济领域。据统计，在美国硅谷的 7000 多家企业中，总裁有 17%
是华人。如前所述，从硅谷的杨致远、陈丕宏、段晓雷，到中国香港的李泽楷，年轻一
代新华商的创业传奇，生动地诠释了新经济的力量。

（四）冒险精神

20 世纪 80 年代，海外华人的生存状态大为改观，他们获得第一桶金的方式已不再
是按传统的方法，而是靠知识、技术和敢于冒风险的精神。在这类创业中成功者很多，
如杨致远、李彦宏等人，都是以自身的技术专长，结合风险资本成功上市，以此获得了
长足的发展。在成功的背后表现出他们具有的冒险精神。

（五）多技能性

新华商的成功优势之一是动手能力很强。这些新生代人具有很强的学习能力。他们
聪明睿智，极富创新意识，工作快节奏、高效率，他们中的多数人都有自己的专业和专
长，不仅精通外语，而且有很强的实际操作技能。他们常常是手拎笔记本电脑，乘着飞
机、打的士，在全国乃至世界范围内寻找商机和合作伙伴。

三、新华商的发展趋势

如果说老华商曾经为中国的改革开放提供了必要的资金、技术和管理经验，那么在
经历了三十多年的改革开放之后的今天，新华商精英在各行各业中正在成批涌现，会逐
渐成为中国市场经济发展的领军力量，给经济、政治和文化等各个领域带来巨大的影
响，给中国的经济带来了新的活力，推动着中国新经济的发展，也将成为连接中国与世
界经济的桥梁。

（1）新华商是华商经济的传接者：我们现在正进入知识经济的时代，需要新华商
嫁接进新的经济、新的技术、新的理念；新华商所涉及的领域包括了 IT、金融、传媒
这些高利润的新兴行业，这些年轻的 CEO 凭着高学历，以及硅谷、华尔街的工作经历，
高端进入，并带来了新的理念、新的思路、新的企业文化。

（2）新华商充当了创业大潮中的中坚力量：在新华商的创业大潮中，各行各业已
涌现出了一批优秀的人才和企业，包括了 IT 创业和传统企业。

（3）新华商是中国经济与世界经济接轨的桥梁：在海外的经历，具备了国际交往
能力，在商战中具有攻击力的竞争意识和冒险精神，使他们学到了国际先进的管理理
念，能沟通不同的文化的差异，并具备高度的责任感和敬业精神。

（4）新华商将带来更多的资金、技术和人才：新华商不仅能带来新的技术，更能
带来技术人才，并且通过风险投资及资本市场的运作，取得公司发展的巨额资金。

可以预见，新华商们是中国与世界经济接轨的催化剂，是坚固的桥梁和纽带，是新
经济的推动者和传统经济的结合者。新华商的商务舞台已不再是拘泥于一地，而是跨越
省际国界，跨越整个东西方。新华商们将成为新的创业大军，是知识经济时代和信息时
代的耕耘者和传播者，他们会提升中国企业的进步，推动中国企业的革命，会带来新思
维、新观念和新价值。

结 束 语

21 世纪东西方管理融合
与发展的趋势

——当代中国东方管理科学的创新与实践

一、管理文化融合与发展

随着全球经济一体化的进程不断加快，国际文化交流向纵深发展，东西方管理文化融合与发展越来越成为当今管理理论与实践发展的重要趋势。在历届世界管理大会和世界管理论坛暨东方管理论坛上，我们连续发表论文《弘扬东方管理文化，发展现代管理学科》、《东方管理文化的伟大复兴》、《面向 21 世纪的东西方管理文化》等文章，阐述我们对当代管理理论发展及管理文化发展态势的一些看法。在这些文章中，我们已初步阐明了东西方管理文化发展的趋势，我们认为当代东西方管理文化必然走向融合与发展，这股趋势不可阻挡。以下着重从管理文化融合的必然性及东西方管理文化融合发展趋势的五大特点来阐述当前东西方管理文化的发展趋势。

（一）东西方管理文化融合的必然性

东西方管理文化融合有其深刻的时代背景，以经济发展为根本动因，以文化交流为主要形式，当前东西方管理文化融合有其历史必然性，主要体现在以下五个方面：

1. 经济全球化为动因

20 世纪 90 年代以来，以信息技术革命为中心的高新技术迅猛发展，不仅冲破了国界，而且缩小了各国和各地的距离，使世界经济越来越融为整体。一方面，在世界范围内，各国、各地区的经济相互交织、相互影响、相互融合成统一整体，即形成"全球统一市场"；另一方面，在世界范围内建立了规范经济行为的全球规则，并以此为基础建立了经济运行的全球机制。在这个过程中，市场经济一统天下，生产要素在全球范围内自由流动和优化配置。目前，经济全球化已显示出强大的生命力，并对世界各国经济、政治、军事、社会、文化等所有方面，甚至包括思维方式等，都造成了巨大的冲击。这是一场深刻的革命，任何国家也无法回避，唯一的办法是如何去适应它，积极参与经济全球化，在历史大潮中接受检验。管理文化在这一历史大潮中也要经受住规模空前的洗礼，而管理理论与实践要发展，东西方管理要对话，它们之间的交流是不可避免的。在这一时代大背景下，东西方管理文化不断走向融合与发展成为一种历史的选择。

2. 国际文化交流的影响

文化交流是人类交往的产物，是文化发展的重要途径。文化的个性、特殊性决定着文化交流的必要性；文化的共性、普遍性提供了文化交流的可能性。任何国家和民族的文化都是一定社会实践的产物，有其长处，也有其局限。一国只有向其他国家的文化吸收营养，才能永葆青春，永具活力，管理文化亦是如此。管理文化交流是管理文化发展的内在要求，是由管理文化的普遍性和特殊性的矛盾决定的，不同民族的管理文化既有特殊性又有普遍性，是个性和共性的统一。无论从西方比较管理研究，还是从企业文化研究都可以看出西方最新的管理理念极为重视管理文化对管理的巨大影响。根植于企业文化的软约束在管理中作用并不比来自企业制度的硬约束小。企业文化往往成为一个企业的无形资产，并使其他企业难以模仿。东西方管理学者们都认识到交流的必要性，唯有相互交流才有可能创新出符合世界潮流又能立足于本国实际的管理理论。东西方管理文化的交流随着东西方管理融合这一大趋势而不断得到发展，东西方管理文化的交流和融合越来越受到重视。

3. 追求社会和谐的需要

中国文化，历来追求人和社会的和谐、人与自然的和谐。中国古代学者和政治家，视民不相争、夜不闭门、路不拾遗为中国社会最理想的状态。他们大力追捧这一理想社会。中国的古代哲学家老子，则倡导遵循世界的法规（道），达到人与自然的和谐。而西方对和谐社会的看法则略有不同，西方人认为：好的社会，并不是简单地推行和谐，简单地要牺牲"小我"来成全"大局"；好的社会，在于最大限度地保障个人的政治、经济、社会权利。这些不同并不会给东西方的交流带来阻碍，相反它们能从各自的优劣势中汲取经验和教训。人与自然和谐相处，就是生产发展，生活富裕，生态良好。追求社会和谐就体现在人与人、人与社会和人与自然的关系上，这是和谐社会在人与自然关系上的延伸。从根本上来讲，不管是东方，还是西方，和谐社会都是人类共同向往的生活状态。

4. 管理研究的进展

随着管理研究的推进，管理文化在三个方面表现出从东方到西方，再从西方到东方的回归：其一是大家所公认的"人在管理过程中的作用"；其二是文化对管理发展的作用；其三是东西方管理文化的融合。而第三点东西方管理文化的融合正在成为管理理论与实践发展的最新趋势，今后管理研究的技术和方法，研究的思路和视角，研究的领域和热点，都将更多地从东西方管理文化融合的背景下做深入探讨。未来东西方管理学者需要进一步挖掘、利用、融合东西方管理理论和研究方法中各自可以互补的精华与优势，从而推动管理理论与实践的进一步发展。

5. 中华优秀文化传播

泱泱中华五千年文明史，其光辉璀璨、熠熠生辉，无与伦比。随着中国经济的飞速发展，中国在世界的影响力越来越大，在世界政治、经济等领域扮演了越来越重要的角色。在文化领域，中国传统的优秀文化也开始走出国门，走向世界。从《道德经》到《论语》再到《孙子兵法》，这些古代中华优秀文化的典范已成为世界各国耳熟能详的经典大作。它们成为中华文化的象征，成为世界各国人民了解中华文化的重要通途。与此同时，这些传统经典中所包含的管理文化也逐渐向世界传播开来，为西方人士所了解。随着中国的和平崛起，中华优秀文化对外传播成为不可阻挡的时代潮流，东西方管理文化势必在这一潮流中互动、互补、共融、共进。

（二）新趋势

东西方管理文化融合与发展越来越成为当今管理理论与实践发展的重要趋势，主要体现在以下五大方面：

1. 人本管理文化的回归

中国古代思想家强调"人为政本"，所谓"水能载舟、亦能覆舟"。那时所讲的"人本"主要是从政府与官员的角度探讨，但带有强烈的为国忧民的色彩。在观念层面上与当今新经济时代所倡导的"人本主义"本质上是相同的。从西方管理学的发展历程看，从以泰罗为代表的科学管理到以梅奥、麦戈雷格、马斯洛为代表的行为科学，再到多种管理学派并存的柔性管理，西方管理思想走出从漠视人到重视人，逐步向人本管理思想发展的轨迹。西方管理理论"人本化"的倾向与东方人本管理思想是完全一致的。由此可见，西方管理学向东方管理学的回归是一种历史的必然。

2. 人德管理文化的回归

对伦理道德的强调是东方管理智慧的重要特质之一。西方经济发展到今年的网络经济，也意识到没有发达的网络道德保障网络的安全，是不会有发达的网络经济。在新经济时代，"以德为先"正是适应了新管理的需求。西方越来越强调的社会责任体现了这种向中国人德文化的回归趋向。

3. 人为管理文化的回归

东方管理智慧历来强调合作共存。万物共存而不相悖。成就他人的过程也就是成就自己的过程。西方管理理论近期对"竞合"（Co-opitition）的研究可以说是对中国传统这种和谐观念的回归。

4. 人和管理成为东西方的共识

人和管理，即管理要"以和为贵"。管理的终极目标是人的发展，"和"是实现终极目标之前的中间目标和协调手段。在竞争和对抗的管理活动中，"人和"乃制胜法宝；在个人和组织的发展中，"和"也具有重要的调节作用。历史证明，"以人为本"作为终极目标很容易走向极端，即个人主义、各种利益集团的本位主义以及人类中心主义，欧美国家自文艺复兴以来很重视以人为本，但为什么还会一度出现比前代更加严重的社会危机？这些危机小到家庭破裂、劳资紧张，大到战争和环境污染，但都有一个共同病灶，就是忽略了"和"这个中间目标的调节。目前，西方社会开始意识到"和"的重要性，尤其是"人和"管理的重要性。中国的领导层很重视"和"：在国内强调和睦安定，建设和谐社会；在国际交往中，提出了"与邻为善、以邻为伴"；在"天人"关系方面，实践科学发展观。显然，这三个层面的"和"也同样适用于其他组织的管理。所以，"和"的要素是蕴含在管理之中，是管理的应有之义，只有做到"和"，以人为本的终极目标才能够不偏不倚的实现。就"和"的意识和人和管理而言，东西方不约而同朝人和管理的方向努力，在人和管理方面已形成共识。

5. 人道哲学的融合

"道"是一个内涵很丰富的词，人道的内涵，主要指尧舜孔子的仁义之道。"人道"

是指人、人的价值、伦理道德、人的认识（包括自然、社会、人生、思维规律）以及历史观点等，包括客体、主体以及主体对客体的认知。关于人道的学问可称为人生哲学，即关于人生意义、人生理想、人类生活的基本准则的学说，也就是道德学说。"人道"的本旨就在于"使人成为人"，它把人本身的发展、完善、自我实现视为最高价值，把"使人成为人"奉为道德原则的思想体系。"人道"要求在管理中必须尊重个人的价值。目前西方兴起的人本主义经济学正与"人道"管理思想相吻合，可以说东西方在人道哲学方面逐渐呈现融合的态势。

以上五大方面的特点表现出管理文化从中方到西方，再从西方到中方的回归历程，展示了东西方管理文化从最初彼此对立到互相学习、互相借鉴，再到不断融合的历史过程，这一历史进程也深刻揭示了东西方管理文化融合的必然性、可能性及不可阻挡的趋势。

二、管理科学的走向

当前东西方管理融合与发展的新趋势必然影响到对管理科学认识的变化。

（一）从狭义到广义的认识

对什么是管理科学，引起了很大的争议。对什么是管理科学的问题存在很多不同看法，如：有的人把它等同于西方"管理科学"学派的内容；有的人仅把它理解为现代管理的方法；有的人则认为管理科学就是电子计算机+数学；还有人认为管理科学是研究以最佳投入产出关系的组织经济和社会活动，使系统良性运行，并使各利益主体需求获得相对满足的一门独立的应用性学科；等等。

广义的管理科学可以包括政治、经济、科技等方面的管理。经济管理科学则包括工厂企业的管理、部门经济的管理、国民经济的管理和世界经济的管理等。管理科学并不是一门单纯属于计算机的学科，它是一门具有多功能、多层次、多属性等特点的学科，是一种综合地研究生产力、生产关系和上层建筑的科学体系。管理科学是介于自然科学与社会科学两者之间的一门新兴的学科。

（二）从个性到"三性"

管理科学源于西方盛于西方，其研究重点，经历了由古典管理理论阶段的生产管理和组织管理，到行为科学理论阶段的人和组织行为的管理，再到现代管理理论"丛林"阶段的众多理论流派的转变。其研究重点就要在于对单一理论与现象的解释，注重管理中的个性研究。我认为对管理科学这一概念的认识要从"三性"，即管理科学的规律性、管理科学的二重性、管理科学的融合性三个方面进行本质的探讨。

1. 管理科学的规律性

对管理科学进行研究，就是要研究和掌握管理的规律性，提高生产技术和经营管理水平。其目的是为了按照生产力，生产关系和上层建筑发展运动的客观规律来管理企业，提高社会经济效益，为此，管理科学应该研究以下三个方面的规律性。

（1）按照生产关系运动规律的要求进行管理。生产关系运动的规律，即政治经济学所揭示的社会经济规律。

（2）按照生产力发展规律进行管理。

（3）按照上层建筑方面的规律进行管理。

2. 管理的两重性

所谓管理的两重性，是指管理所具有的自然属性和社会属性。前者是管理所具有的组织、指挥和协调生产的特性，它反映了现代社会化大生产过程中协作劳动本身的要求，是各种不同的社会生产方式都可以共有的一系列科学方法的总结；后者是管理所具有的监督职能，它反映了生产资料占有者或统治阶级的意志，是为一定社会历史条件下的生产关系服务的，受到一定经济基础的影响和制约。马克思有关管理两重性的论述，体现了生产力和生产关系之间的辩证关系，表明管理这门综合性学科既有生产力范畴的内容，又有生产关系方面的内容。

从管理作为一门独立的科学来看，应当有所侧重，而且侧重点主要应当是生产关系。

3. 管理科学的融合性

管理科学这三方面通过管理的具体工作融合为一个管理的总体，又通过管理独具体工作得以存在和表现。它可以归纳为以下三种形式：

（1）三个方面的内容分别表现为三种不同的管理工作。

（2）三个方面的内容共同表现为一种管理工作。有些企业管理工作是由多种因素共同引起和决定的，既具有合理组织生产力的内容，又具有完善生产关系和上层建筑的内容。

（3）两个方面的内容共同表现为一种管理工作。

管理工作这三个方面的矛盾和统一，就融合为管理科学的总体。我们要从总体上对这三个方面同时进行研究。管理科学既然要研究生产力、生产关系和上层建筑三方面的问题。研究经济规律和生产力规律（包括自然规律），就必然同许多学科如政治经济学、国民经济管理学、企业管理学、工业经济学、行为科学、数学以及各种技术科学等发生紧密的联系。因此，管理科学具有介于社会科学和技术科学之间的综合性特点，科学体系也应该按其研究对象的内容来建立。

以上可见，管理科学具有两重性和融合性，具有发展生产力的共性，同时还具有完善生产关系与推动上层建筑发展的特性。

（三）研究对象的变化

管理科学是为人类的管理实践服务的。管理活动是人类的一项基本实践活动。因为任何有组织的活动都程度不同地需要管理，所以自从有组织的活动产生以来，就有了人类的管理活动。管理科学是一门综合性的科学。管理的实质是经济意义上的管理，是用以知道人们如何有效地管理社会生产、交换、分配、消费诸过程的一切活动的。所谓管理，就是对社会总过程各环节的活动进行决策、计划、指挥、监督、组织、核算和调节。管理科学是从管理实践中形成和发展起来的，由一系列的管理理论、职能、原则、形式、方法和制度等组成的科学体系；是由社会科学、自然科学和技术科学相互渗透综合而成的。因此，管理科学的研究对象就不能仅局限于企业管理领域，而应该有较为宽泛的研究对象，主要包括政治、经济、科技等方面的管理。同时必须注意到管理是一门综合地研究生产力、生产关系和上层建筑的科学体系，它的研究对象应该涉及自然科学与社会科学之间的各个学科。

三、东方管理学的创新

中国"东学"，即中国的东方管理科学，自 20 世纪 70 年代中起，经复旦大学东方管理学派的探索与研究，迄今已三十多年了。在历史长河中，30 年不算长，但是其学说的源头，也是东方管理之水的源头则有三千多年的历史。《周易》、道家、儒家、佛家等传统管理文化的智慧是其思维创新的结晶，也是我们东方管理学说智慧的源头活水。如"上善若水"之说中的"水"，形容管理之水变化多端，是永恒而没有终结的，其利害之处、哲理之深那就丰富了。三千年如水的源头的中国东方管理学说，比起近百年西方管理学科的历史，那早三千多年了。苏东水教授认为综观宇宙事物的运行规律，可以说，管理的本质是"人为为人"，集中一个字是"变"，像水一样的变动发展乃至无穷。管理若水，有永恒之道，乃以人为本、以德为先、人为为人，造福人间万物，川流不息。

（一）东方管理学的精要体现："五字经"

东方管理科学是在中国创新、融合古今中外管理精华、东西方管理融合发展的基础上，在文化、哲学、人本、道德、技术（方法）五个层面融合的基础上，以及在管理文化、管理教育、管理交流需求的基础上建立的。东方管理科学的创新主要体现在五个字，也即东学"五字经"："学"（三学）、"为"（三为）、"治"（四治）、"行"（五行）、"和"（三和）。东方管理学以体现东方管理文化本质特征的"以人为本、以德为先、人为为人"的"三为"原理，在中国管理、西方管理和华商管理的基础上形成了治国、治生、治家和治身的"四治"体系；以人本论、人德论、人为论为核心，包括人道、人心、人缘、人谋、人才"五行"管理的东方管理理论体系，并提出其管理目标是构建和谐社会的和贵、和合、和谐。

（二）东西方管理精华融合过程之典范：东方管理学形成历程

在东方管理学的创新与发展过程中，我们经历了三个阶段：从 20 世纪 80 年代的探索阶段，到 90 年代的创新阶段，再到 1997 年以后的发展阶段。这三个阶段分别是：①20 世纪 80 年代：古为今用、洋为中用阶段；②20 世纪 90 年代：理论创新、创立学派阶段；③1997 年至今：走向世界、影响扩大阶段。[①]

2008 年 7 月由中国国民经济管理学会等机构联合在上海复旦大学召开的 IFSAM 第九届世界管理大会，提出了东西方管理融合与发展的主题，具有现实和深远意义。这是中国管理界有史以来第一次真正意义上具有国际性的世界管理大会，是盛世之会，也为东方管理文化、东方管理学进一步走向世界提供了广阔的平台。一个有着优秀文化传统

---

① 东方管理科学研究院编写组：《中国"东学"三十年——东方管理学的创新与发展》，《世界经济文汇》，2006 年第 6 期专辑。

的东方古国，一个处于经济蓬勃发展时期的伟大民族，需要有自己的管理文化、自己的管理学说。东方管理文化不仅能在"世界叫响"，东方管理学说更必将长成参天大树，枝繁叶茂，巍然屹立于世界管理理论之林。

四、管理的核心价值

早在世纪之交，苏东水教授就写了《世纪之交的管理文化变革》等文章，阐述了东西方管理文化的融合态势，提出管理的核心价值就是"以人为本、以德为先和人为为人"。他认为管理的本质、核心及最有价值的精华所在就是"人为为人"。

（一）"以人为本"

"以人为本"一词的完整提法最早出自《管子·霸言》："夫霸王之所始也，以人为本。本理则国固，本乱则国危。"这里所说的"以人为本"，是指建立霸业的一种手段，显然管子的"人本"还停留在工具论的层面上。作为中国传统道德基础的"仁"，其根本含义即是"人"。孔子的主要思想之一是"仁"，孔子归结"仁"为"仁者，人也"①。这里的"人"，首先是处在管理系统之中的人，即所谓"民"。中国传统文献中对"民"的重要性的论述极其丰富，如《孟子》的"民为贵"等。中国传统管理哲学是以人为核心的，但是上述的"人本"思想还停留在工具论的层面上，离近现代的人本管理哲学还有一定的距离。

东方管理学的"以人为本"包含着两层含义：一是将人视为管理的首要因素，一切管理工作都围绕着如何调动人的积极性、主动性和创造性来展开，这是它的浅表内涵；二是通过给人们提供充分施展才华的空间，不断地运用挑战来锻炼人的智力、体力乃至意志品质，并在此全面发展的基础上，努力实现摆脱自然束缚的自由发展，提高人的生命存在质量，这才是"以人为本"的深层内涵。

以人为本作为科学发展观的核心，得到了普世的认同，以人为本在不同的时代背景下不断得到升华。东西方管理、理念和做法有很多不同，但是也有不少人类共同的东西，如对"人本精神"的追求。2008年5月22日的环球时报上有文详撰"以人为本拉近中国与西方的距离"，可说这是"以人为本"在时代的升华，也充分显示了东西方在人本理念上的融合。以人为本上升到国策的层面是对社会主义核心价值的升华，彰显了新时代背景下"人本"观念的深入人心。

（二）"以德为先"

东方管理文化强调道德伦理的作用。《大学》中说："德者，本也。"儒家管理思想的逻辑起点是"修己"即自我管理，"修己安人"包含了带根本性的管理方法。"修己"就是让管理者作出道德示范，在无形中影响受管理者的行为，从而达到"安人"的目的。"以德为先"即强调道德伦理在管理中的作用。对于管理者而言，高水平的道

①《礼记·中庸》。

德修养是必备条件之一。正所谓"德者，才之帅也；才者，德之资也"。"君子之德风，小人之德草。草上之风，必偃。"① "为政以德，譬如北辰居其所而众星共之。"② 在管理中，管理者经常要运用权威来指挥和影响组织成员，其中有些权威是制度所赋予的，另一些则有赖于管理者的个人魅力和其他优秀品质，东方管理学更推崇后者。管理者要通过"修己"树立道德之威，在无形中影响被管理者，被管理者也要通过"修己"实施自我管理，遵守职业道德，以求更好地胜任本职工作。

（三）"人为为人"

"人为为人"其实是两个有分有合的命题。"人为"的根本问题是发挥人的积极性。与西方管理相比较，也可以部分归结为激励问题。荀子说："人之性恶，其善者伪也。"这个"伪"不是假装，而是"人为"，即人的努力。在东方管理文化中"人为"思想贯穿始终而形成了颇具特色的"人为学"。东方管理学的精髓是"以人为本，以德为先，人为为人"。它是对中国管理、西方管理以及华商管理等理论与实践融合、提炼、萃取的结果，是东方管理文化的本质特征，是贯穿东方管理学的主线，也是东方管理学派的宗旨。"人为为人"是指"每个人首先要注重自身的行为修养，'正人必先正己'，然后从'为人'的角度出发，来从事、控制和调整自身的行为，创造一种良好的人际关系和激励环境，使人们能够持久地处于激发状态下工作，主观能动性得到充分发挥"。"人为为人"从管理行为的主体、客体以及相互关系的角度揭示了古今中外一切管理行为的本质。"人为"是一种自我导向的个体心理行为。在强调个体内部指向的心理行为的同时，强调"主体人"心理行为的可塑性。"为人"则是指一种他人导向的服务行为，是个体对外部对象的心理激励行为。在强调自身心理行为可塑性的同时，客观上产生服务他人的效果。"人为为人"则强调个体心理行为与外部对象心理激励的互动性，"人为"与"为人"互相联系并且互相转化。

五、东方管理实践的典范：华商的成功之道

实践是检验管理创新成功之道，全球华商是实践东方管理的典范。华商管理是中国传统管理文化与西方管理文化以及华商足迹所至的土著管理文化相融合的成功典范。世界华人的成功之道是什么？国内外的许多管理学者都在探讨这个问题。我认为是世界华人对以中华优秀文化为核心的东方管理文化的成功运用。

（一）运用"人缘"文化——强调"以人为本"的观念

世界华人利用华商之间形成的网络进行经营，即运用"人缘"文化，强调"以人为本"的观念。华商网络以亲缘、地缘、文缘、商缘、神缘为纽带，这"五缘"的本质是具有东方特质的关系。通过"五缘"形成的华商网络是一种社会网络，它可以提供情感、服务、伙伴关系、经济等多方面的支持。世界华人的成功是因为华商网络发挥

---

① 《论语·颜渊》。

② 《论语·为政》。

了重要的作用。这也是"以人为本"观念的体系。

(二) 遵奉"人德"文化——具有"以德为先"的素质

世界华人成功的另一个原因是遵奉"人德"文化,极为重视商德。其内涵可概括"诚"(以诚相待)、"信"(以信为上)、"和"(以和为贵)。

"诚"是儒家最基本的道德规范,也是华商处理社会人际关系的道德规范。秉承中国优良传统的海外华商,把"诚"字奉为自己人生处世的信条,以"诚"待人,以"诚"处事。不仅对自己的属下讲"诚",而且在与其他人的经济往来中也是如此。所以,华商又有"诚商"的美誉。"诚"与"信"相伴而生,华商深谙此理,正因为华商以"诚"在先,所以才有了信誉在后。

"信"也是儒家的基本道德规范。在儒家学说的"五常"中,"信"字被恭列其中。一个人要在社会上立得住脚,并且有所作为,就必须为人诚实,讲究信誉。在华商企业中人际信誉有时甚至取代法律的强制作用。华商众多的东南亚各地,法律体系尚不健全,市场规范尚未发育,而华商在这种环境下已习以为常,他们在资金运用、企业管理、风险回避等方面自成一套手段,并行之有效。有时,华商强调人情,注重情感而疏于法制。人际信誉成为华人商业信誉的重要基础和依据,诚信实际上成为一种资产、一种保障,道德约束成为法律强制之外的又一重要商业机制。正因为商业网络是华人赖以合作经营、共同发展的天地,人际信誉也就愈显重要。如果缺乏基于诚信的人际信誉,这种网络也将难以维系。

"和"体现了儒家学说中的"和合"思想。"和"即调和、和谐与协调。孔子说:"礼之用,和为贵。"孟子更是将"人和"置于"天时"和"地利"之上。"和为贵"为儒家思想的著名格言,深受中国传统文化影响,信奉"和为贵"处世哲学的华商们,都很善于处理令许多西方老板很感棘手的雇主与员工关系。从新加坡华侨代表陈嘉庚的亲力亲为到马来西亚"种植大工"李莱生汗流浃背地与工人们一起干活,都体现了华商极为重视"人和"。华商的成功与华商奉行"和为贵"的思想是分不开的。

(三) 坚持"人为"文化——体现"人为为人"的影响

世界华人在其创业过程中坚持"人为"文化思想,充分体现了"人为为人"的深刻影响。华商管理中的"人为"文化具体表现在"俭"、"搏"、"善",即勤俭、拼搏、慈善上。勤俭和拼搏体现了华商的人为,慈善体现了华商的为人。

"俭",华商以"俭"为美。这是墨子提出的一种经世思想,也是中国社会几千年来所推崇的美德。华商移居他乡,谋生不易,更珍惜点滴所得,在日常生活中严格奉行勤俭的原则。这种以勤俭为原则的生活习惯,也被他们带到企业管理中,使他们在企业生产和管理的每一个环节上,都做到精打细算,厉行节约,以尽量降低成本,增加效益,获得更高的利润。例如,"船王"包玉刚在企业管理中特别重视控制成本和费用开支,他的原则是"能省则省"。印度尼西亚木材大王黄双安把公司院子里工人丢弃的各种小木块逐一捡起来,准备留作他用。

"搏",拼搏是华商艰苦创业的真实写照。华商创业的成功,需克服诸多令人难以想象的困难。从华商的家庭出身看,多半是生活窘迫的农民和小商人等下层劳动者。他们多数在生活极为艰难时前往海外，开始充满荆棘的异国生涯。他们缺少资金，没有退路，只有拼搏，白手起家。可以说，华商的成功是靠勤劳、拼搏和血汗换来的。

"善"，华商成功后非常注重慈善。他们的慷慨与勤俭形成鲜明的对照。例如，李嘉诚对国内教育、福利事业捐赠，已超过 10 亿元人民币，其中最出名的是在广东汕头捐建了汕头大学。邵逸夫为祖国教育事业的捐献也超过 10 亿元人民币。另外还有陈嘉庚、黄怡瓶、王克昌等众多的华人关心祖国的教育事业。他们用这种方式来回馈社会。

随着全球化进程的深入，世界越来越"平"，人类交往的广度和深度的发展，文化交流的规模越来越大，速度越来越快，层次越来越深，东西方管理融合的趋势也越发明显。东方管理科学正是在这样的背景下，融合了东西方管理精华的结果。东方管理"以人为本、以德为先、人为为人"的"三为"精髓与理念可视为未来全球化背景下东西方管理运营的基本原则，它将以其独特的优势和博大精深的内涵，为深化和发展管理理论，丰富管理实践作出更大的贡献。它必然走向世界，为世界管理研究和实践的发展作出自己的贡献！

附录 历届世界管理论坛暨东方管理论坛

届数	论坛主题	时间	地 点
首届	面向 21 世纪东西方管理文化	1997-07	上海浦东汤臣大酒店、上海外国语大学
第一届	东方管理学派创立学术大会——管理的国际化与本土化	1998-10	上海市教育会堂
第二届	21 世纪世界华商管理的发展	1999-11	上海西郊宾馆
第三届	东方管理文化与当代经济发展	2000-04	安徽黄山国际大酒店
第四届	新概念、新国企、新规则	2000-12	复旦大学逸夫科技楼
第五届	东方管理文化的创新与发展	2001-10	上海万豪虹桥大酒店
第六届	东方管理与产业发展	2002-12	复旦大学逸夫楼报告厅
第七届	东方管理科学的创新与发展	2003-11	上海交通大学安泰楼
第八届	东方管理、中国管理、华商管理	2004-12	上海国际会议中心
第九届	东方管理与和谐社会——两岸东方管理学术研讨会	2005-12	复旦大学逸夫楼报告厅
第十届	全球化背景下的东西方管理	2006-12	上海国际会议中心、上海外国语大学
第十一届	弘扬中华优秀文化,发展东方管理科学	2007-12	北京大学
第十二届	东西方管理融合与发展	2008-07	上海复旦大学
第十三届	走向世界的东方管理	2009-10	南京河海大学
第十四届	正义、可持续性与人为为人	2010-07	法国巴黎
第十五届	东方管理、华商管理与中国软实力	2011-03	泉州国立华侨大学
第十六届	东方管理 3000 年、30 年与未来——中国管理模式的创新	2012-12	中国上海工程技术大学
第十七届	人与人、社会（组织）、自然的和谐发展——中国管理模式的融合创新	2013-10	江苏宜兴

参 考 文 献

［1］马克思、恩格斯：《马克思恩格斯全集》，人民出版社 1978 年版。

［2］马克思：《资本论》，人民大学出版社 1975 年版。

［3］苏东水：《东方管理学》，复旦大学出版社 2005 年版。

［4］苏东水：《东方管理》，山西经济出版社 2000 年版。

［5］苏东水：《管理学》，东方出版中心 2001 年版。

［6］苏东水：《中国古代经营管理思想——孙子的经营领导思想方法》，《管理世界》，1985 年 5 月。

［7］苏东水：《现代管理学的古为今用》，文汇报，1986 年 7 月 1 日。

［8］苏东水：《论东学与国学》，《世界管理论坛暨东方管理论坛论文集》（2007），第 1 页。

［9］张岱年：《论中国文化的基本精神》，中国铁道出版社 1996 年版。

［10］南怀瑾：《易经系传别讲》，复旦大学出版社 1997 年版。

［11］中国人民解放军军事科学院战争理论研究部《孙子》注释小组：《孙子兵法新注》，中华书局 1997 年版。

［12］张连宝：《孙子兵法与管理心理》，黑龙江科学技术出版社 1995 年版。

［13］吴九龙：《孙子兵法校释》，军事科学出版社 1997 年版。

［14］苏宗伟：《东方管理学教程》，上海财经大学出版社 2009 年版。

［15］孙耀君：《西方管理思想史》，山西人民出版社 1987 年版。

［16］崔乃鑫：“《孙子兵法》管理思想初探”，《辽宁工程技术大学学报（社会科学版）》，2002 年 7 月。

［17］张再林：“《孙子兵法》与现代管理思想”，《西北大学学报（哲学社会科学版）》，1997 年 3 月。

［18］孙毅：《略论“管理幅度”》，《管理现代化》，1995 年 1 月。

［19］周憬：“管理幅度探析”，《宝鸡文理学院学报（社会科学版）》，2000 年 9 月。

［20］乔良、王湘穗：《超限战》，解放军文艺出版社 1999 年版。

［21］陈学凯：《制胜韬略——孙子战争知行观论》，山东人民出版社 1992 年版。

［22］［法］安德烈·博福尔：《战略入门》，军事科学院外国军事研究部译，军事科学出版社 1989 年版。

［23］周三多：《孙子兵法与经营战略》，复旦大学出版社 1995 年版。

［24］（明）王阳明：《王阳明全集》（上、下），上海古籍出版社 1992 年版。

［25］吴雁南：《心学与中国社会》，中央民族学院出版社 1994 年版。

［26］方尔加：《王阳明心学研究》，湖南教育出版社 1998 年版。

［27］杨国荣：《王学通论》，上海三联书店 1990 年版。

［28］苏东水：《中国管理通鉴·人物卷》，浙江人民出版社 1996 年版。

［29］苏东水：《管理心理学》，复旦大学出版社 1997 年版。

［30］俞文钊：《领导心理学导论》，人民教育出版社 1993 年版。

［31］燕国材：《中国心理学史料选编》，人民教育出版社 1989 年版。

［32］燕国材：《明清心理思想研究》，湖南人民出版社 1988 年版。

［33］潘菽、高觉敷：《中国古代心理学思想研究》，江西人民出版社 1983 年版。

［34］朱永新：《管理心理学》，高等教育出版社 2002 年版。

［35］朱永新：《中华管理智慧——中国古代管理心理思想研究》，苏州大学出版社 1999 年版。

［36］潘承烈、虞祖尧等：《中国古代管理思想之今用》，中国人民大学出版社 2001 年版。

［37］〔日〕稻盛和夫：《追求成功的热情》，时事出版社 1997 年版。

［38］〔美〕加里·德斯勒：《人力资源管理》（第六版），中国人民大学出版社 1999 年版。

［39］刘兆吉："王守仁的心理学思想"，《西南师范学院学报》，1984 年第 2 期。

［40］王利明："古代管理思想与现代企业的人本管理"，《山西财经大学学报》，2001 年第 3 期。

［41］叶行昆："论商鞅变法与制度创新"，《财经研究》，1999 年第 2 期。

［42］院合宽："论中国古代的管理思想"，《西安邮电学院学报》，2004 年 4 月。

［43］张春龙、龙京沙："湘西里耶秦代简牍选释"，《中国历史文物》，2003 年第 1 期。

［44］唐任伍："论商鞅与色诺芬农战思想的异同"，《河南师范大学学报（哲学科学版）》，1995 年第 5 期。

［45］于欣："《吕氏春秋》'德'论研究"，《社科纵横》，2005 年 4 月。

［46］王绍东："论商鞅变法对秦文化传统的顺应与整合"，《内蒙古大学学报》，2002 年第 5 期。

［47］杨青："论秦代机械工程的标准化"，《西北农林科技大学学报》，1995 年。

［48］陕西秦俑考古队：《秦始皇兵马俑坑一号坑发掘报告》，文物出版社 1984 年版。

［49］刘树林："商鞅变法的历史启示"，《甘肃政法学院学报》，1994 年第 3 期。

［50］张维迎："所有制、治理结构与委托代理关系"，《经济研究》，1996 年第 9 期。

［51］吕庆华："中国零售业竞争战略模式探讨——《孙子兵法》竞争战略模式的启示"，《经济问题》，2004 年第 12 期。

［52］李维安、李建标、张俊喜：《公司治理理论精要》，机械工业出版社 2006 年版。

［53］张维迎：《企业的企业家——契约理论》，上海三联书店、上海出版社 2001 年版。

［54］金三何：《武经七书》，哈尔滨出版社 2006 年版。

［55］孙膑：《孙膑兵法》，北京燕山出版社 1995 年版。

［56］［美］彼得·圣吉：《第五项修炼》，上海三联出版社 2002 年版。

［57］李维安、武立东：《公司治理教程》，上海人民出版社 2002 年版。

［58］冉光圭："公司治理理论结构 一个契约观"，《中国乡镇企业会计》，2006 年第 4 期。

［59］苏东水：《东方管理学》，复旦大学出版社 2005 年版。

［60］马洪："新理念·新国企·新规则"，《世界管理论坛暨第四届东方管理论坛文集》，2000 年。

［61］苏东水：《东方管理》，山西经济出版社 2003 年版。

［62］苏东水：《管理心理学》，复旦大学出版社 1992 年版。

［63］苏东水、彭贺：《中国管理学》，复旦大学出版社 2006 年版。

［64］殷海光：《中国文化的展望》，上海三联书店 2002 年版。

［65］东方管理科学研究院编写组："中国'东学'三十年——东方管理学的创新与发展"，《世界经济文汇》，2006 年第 6 期专辑。

［66］蔡秀玲、杨智馨：《情绪管理》，扬智出版社。

［67］郑佩芬：《人际关系与沟通技巧》，扬智出版社。

［68］［美］D. Goleman：《EQ》，张美惠译，时代出版社 1996 年版。

［69］［美］A. Huber：《EQ 情绪智慧》，星晨出版社 1996 年版。

［70］林佳慧："坐禅的心理历程及其对情绪智力之效应"，华梵大学工业管理学研究所硕士论文（未出版），1998 年。

［71］苏东水：《管理通鉴》，浙江人民出版社 1995 年版。

［72］芮明杰：《人本管理》，浙江人民出版社 1997 年版。

［73］刘云柏：《中国兵家管理思想》，上海人民出版社 1995 年版。

［74］胡建绩、陆雄文：《企业经营管理战略》，复旦人民出版社 1995 年版。

［75］周书德：《白话孙子兵法》，三秦人民出版社 1991 年版。

［76］波特：《竞争战略》，华夏出版社 1997 年版。

［77］陈凯元：《晋商的智慧》，海潮出版社 2005 年版。

［78］丁言模：《天下晋商》，广东经济出版社 2002 年版。

［79］朱秀海：《乔家大院》，上海辞书出版社 2006 年版。

［80］潘文伟：《中国商帮》，改革出版社 1996 年版。

［81］苏东水：《管理学》，东方出版中心 2001 年版。

［82］张阳、周海炜：《基于东西方管理文化的战略管理》，《世界经济文汇》，2001 年第 1 期。

［83］何似龙、施祖留：《转型时代管理学导论》，河海大学出版社 2002 年版。

［84］褚良才：《孙子兵法研究与应用》，浙江大学出版社 2002 年版。

［85］何似龙、施祖留：《转型时代管理学导论》，河海大学出版社 2001 年版。

［86］周昌忠：《中国传统文化的现代性转型》，三联书店 2003 年版。

［87］葛兆光：《七世纪前中国的知识、思想与信仰世界》，复旦大学出版社 1998 年版。

［88］周海炜、张阳："中国传统战略思想的历史文化分析"，《世界经济与政治论坛》，2001 年。

［89］冯友兰：《中国哲学史》上册第八章《（老子）及道家中之（老学)》，华东师范大学出版社 2000 年版。

［90］汤一介：《我的哲学之路》，新华出版社 2006 年版。

［91］芮明杰：《管理学的现代观点》，上海人民出版社 1999 年版。

［92］（汉）司马迁：《史记》，中华书局 2006 年版。

［93］冯友兰：《中国哲学史新编》，人民出版社 1985 年版。

［94］钱穆：《中国文化史导论》修订本，商务印书馆 1994 年版。

［95］［美］哈罗德·孔茨、海因茨·韦里克：《管理学》，郝国华、金慰祖、葛昌权等译，经济科学出版社 1993 年版。

［96］［美］丹尼尔·A. 雷恩：《管理思想的演变》，李柱流、赵睿、肖聿、戴畅等译，中国社会科学出版社 1997 年版。

［97］袁闯：《管理哲学》，复旦大学出版社 2004 年版。

［98］陈来：《冯友兰选集》，吉林人民出版社 2005 年版。

［99］雷原：《中国人的管理智慧》，北京大学出版社 2004 年版。

［100］苗枫林：《中国用人史》，中华书局 2004 年版。

［101］《资治通鉴》卷 1 周纪 1。

［102］《资治通鉴》卷 81 晋纪 3。

［103］《吕氏春秋·仲冬纪·长见》。

［104］《吕氏春秋·开春论·贵卒》。

［105］《旧唐书·长孙无忌传》。

［106］苏东水：《东方管理》，山西经济出版社 2002 年版。

［107］吴敦序：《中医基础理论》，上海科学技术出版社 1995 年版。

［108］张顺江：《中国决策学》，当代中国出版社 2003 年版。

［109］梁海明：《老子》，山西古籍出版社 1999 年版。

［110］纪江红：《周易》，京华出版社 2004 年版。

［111］刘爱玲："魏晋时期的门阀世族"，《前沿》，2004 年第 2 期。

［112］庞钰龙：《易经管理大智慧》，中国文联出版社 2002 年版。

［113］吴敦序：《中医基础理论》，上海科学技术出版社 1995 年版。

［114］杨文衡：《易学与生态环境》，中国书店 2003 年版。

［115］黄寿祺、张善文：《周易译注》，上海古籍出版社 1989 年版。

［116］（宋）朱熹：《周易本义》，中国书店 1994 年版。

［117］余心言：《人的价值与物的价值》，青岛出版社 1994 年版。

［118］徐复观：《中国人性论史》，上海三联出版社 2001 年版。

［119］洪丕谟：《论语：现代版》，上海古籍出版社 2001 年版。

［120］《论语》，陈国庆译，陕西人民出版社 1996 年版。

［121］《道德经》，安徽人民出版社 1990 年版。

［122］成中英：《C 理论：中国管理哲学》，学林出版社 1999 年版。

［123］南怀谨：《易经系列别讲》，复旦大学出版社 1997 年版。

［124］徐复观：《中国人性论史》，上海三联出版社 2001 年版。

［125］董小苹：《不同世界的中学生：中日美中学生价值观比较》，上海社会科学院出版社 1996 年版。

［126］萧功秦：《知识分析与观念人》，天津人民出版社 2002 年版。

［127］唐凯麟：《重释传统：儒家思想的现代价值重估》，华东师范大学出版社 2000 年版。

［128］阎钢：《内圣外王——儒家人生哲学》，四川人民出版社 1995 年版。

［129］《宋明理学史》编写组：《宋明理学史》，人民出版社 1984 年版。

［130］陈荣耀：《追求和谐——东方管理探微》，上海社会科学院出版社 1995 年版。

［131］陈荣耀：《比较文化与管理》，上海社会科学院出版社 1999 年版。

［132］北京大学哲学系外国哲学史教研室编译：《古希腊罗马哲学》，商务印书馆 1982 年版。

［133］陈平、燕媛：《孙子兵法应用 466 例》，长春出版社 1996 年版。

［134］孟子：《孟子》，任大援、刘丰译，甘肃人民出版社 1997 年版。

［135］杨国枢、余安邦：《中国人的心理与行为：理念与方法篇》，台湾桂冠图书公司 1993 年版。

［136］（宋）程颢、程颐：《二程集》，中华书局 1981 年版。

［137］余英时：《中国近世宗教伦理与商人精神》，台北：联经出版事业公司 1987 年版。

［138］马长寿：《氏无彩》，上海人民出版社 1984 年版。

［139］杜维明、岳华：《儒家传统与现代转化》，北京广播电视出版社 1992 年版。

［140］秦家懿、孔汉思：《中国宗教与基督教》，吴华译，北京三联出版社 1990 年版。

［141］牟宗三：《中国哲学的特质》，北京三联出版社 1993 年版。

［142］赵吉惠、郭厚安、赵馥杰：《中国儒学史》，古籍出版社 1991 年版。

［143］张立文、张绪通、刘大椿：《玄境——道学与中国文化》，人民出版社 1995 年版。

［144］田广清：《和谐论——儒家文明与当代社会》，中国华侨出版社 1998 年版。

［145］张绍学：《以人为本》，西南财经大学出版社 1998 年版。

［146］孙通海、王颂民：《诸子精粹今译》，人民日报出版社 1993 年版。

［147］罗丝·本尼迪克特：《文化模式》，华夏出版社 1998 年版。

［148］复旦大学：《世界经济文汇》，2006 年第 6 期专辑。

［149］苏东水："东方管理文化的探索"，《当代财经》，1996 年第 2 期。

［150］戴中亮："委托代理理论述评"，《商业研究》，2004 年第 19 期。

［151］于东辉、于东智："论公司治理问题的表现形式"，《山东社会科学》，2006年第 2 期。

［152］叶陈刚、程秀生："公司治理学科发展的新阶段——《公司治理学》述评"，《南开管理评论》，2006 年第 2 期。

［153］楼宇烈："国学百年争论的实质"，《光明日报》，2007 年 1 月 11 日。

［154］么振华："国学的冷热之争"，《中国教育报》，2003 年 3 月 16 日。

［155］国学：中国式商道"新外衣"，《中国经营报》，2006 年 8 月 21 日。

［156］振兴国学："恋旧莫如创新"，《人民日报》（海外版），2004 年 12 月 17 日。

［157］苏宗伟：《东方精英大讲堂》，复旦大学出版社 2007 年版。

［158］东方管理科学研究院编写组："中国'东学'三十年——东方管理学的创新与发展"，《世界经济文汇》，2006 年第 6 期专辑。